中国证券民事赔偿案件司法裁判文书汇编

THE COURT'S JUDGEMENTS COLLECTION OF
CIVIL COMPENSATION CASES IN SECURITIES IN CHINA

刘俊海　宋一欣　主编

北京大学出版社
PEKING UNIVERSITY PRESS

总目录

序

大力弘扬股权文化，全面建设投资者友好型社会

刘俊海

一、全面建设投资者友好型社会是推进我国资本市场大繁荣与大发展的战略选择

时任国务院总理的温家宝同志在 2013 年的《政府工作报告》中指出，要"深化金融体制改革，健全促进实体经济发展的现代金融体系，提高银行、证券、保险等行业竞争力，加快发展多层次资本市场"；并提出"要坚定不移地把扩大内需作为经济发展的长期战略方针，充分发挥消费的基础作用和投资的关键作用"。

当前，我国资本市场暂时低迷的症结并非资金之匮乏，而是信心、诚信与法治之匮乏。而这些匮乏都可归结为股权文化之不彰。为进一步充分发挥投资者与金融消费者对于我国虚拟经济与实体经济的巨大驱动作用，加快发展多层次资本市场，建议将"大力弘扬股权文化，全面建设投资者友好型社会"写入政府工作报告。

（一）全面建设投资者友好型社会是有中国特色的社会主义资本市场存在与发展的根本目的之所在

党的十七大报告提出"创造条件让更多群众拥有财产性收入"。这里的"财产性收入"主要是与劳动性收入（如劳动报酬）相对而言的投资性收入（尤其是证券投资收入）。邓小平同志也多次强调要鼓励一部分人先富起来。他在 1992 年视察南方提及资本市场改革试点时更明确提出，"社会主义要赢得与资本主义相比较的优势，就必须大胆吸收和借鉴人类社会创造的一切文明成果，吸收和借鉴当今世界各国包括资本主义发达国家的一切反映现代社会化生产规律的先进经营方式、管理方法"。美国历史上的每一次股灾无不伴随着投

资者权益保护制度的全面升级和改版，1933 年《证券法》、1934 年《证券交易法》、2002 年《上市公司会计改革与投资者保护法》（简称萨班斯法）与 2010 年《多德-弗兰克华尔街改革与消费者保护法》即其适例。投资者权益保护贯穿于美国资本市场的全过程，全面推进投资者权益保护事业也应成为我国资本市场改革与发展的主旋律。

（二）全面建设投资者友好型社会是改善投资者关系、提升公司治理水平、强化公司竞争力的关键

公司良治的重要试金石之一就是弘扬股权文化，尊重股东价值。凡是贬损股东价值、侵害股东合法权益的上市公司，都不可能成为具有投资价值的公司。有些公司标榜自己重视投资者关系，并在网站上虚情假意地开设投资者关系栏目，但未受到投资者的认同。有些公司虽然资本规模和经营规模庞大，但由于偏离了股权文化而被投资者抛弃，进而丧失了竞争力。

弘扬股权文化有助于匡正迷失航线的公司控制股东和经营者的错误思维方式，有助于凝聚一大批认同和追求股东价值投资的投资者和管理精英，建立投资者与经营者共舞的利益共同体，有助于在公司内部和资本市场树立上下和谐、内安外顺的和谐局面。为提升公司竞争力，必须在完善公司治理的过程中大力弘扬股权文化。

（三）全面建设投资者友好型社会是推动资本市场和谐永续健康发展的助推器

广大投资者是整个资本市场的基石，投资者的出资是资本市场的物质基础，投资者的利益是上市公司及其董监、监事、高级管理人员的行为指南，投资者的意志是影响资本市场繁华衰败的决定力量。在和谐的投资环境下，广大投资者普遍拥有公平感、安全感和幸福感。弘扬股权文化是打造多赢共享的资本市场生态环境的关键。

（四）全面建设投资者友好型社会是拉动实体经济可持续稳定增长的火车头

就实体经济而言，资本是财富之母，劳动是财富之父，消费是财富之源。证券市场是信心市场。在股权文化匮乏的国家和地区，投资者在开展投资活动时必然战战兢兢、如履薄冰。因此，加强投资者权益保护工作的实质就是保护投资信心，保护投资兴业活动，

保护国民经济又好又快地永续增长。

（五）全面建设投资者友好型社会是我国资本市场法治建设的首要任务

股东权益的保护状况是检验一个资本市场成熟度与法治化程度的试金石。衡量一个国家或地区的市场经济体制是否完善，可以从投资者、消费者和劳动者的权益保护状况等三大指标得到基本验证。资本市场法治的历史就是一部为投资者权利保护而奋斗的历史。公司法如此，证券法如此，证券投资基金法也莫不如此。弘扬健康向上的和谐股权文化、切实保护好投资者权利是我国资本市场法治的首要宗旨，并贯穿于整个资本市场法治建设的全过程，而非权宜之计。

（六）全面建设投资者友好型社会有助于从根本上消除资本市场中的不和谐、不稳定因素

原中国证券监督管理委员会主席郭树清曾在阐述对内幕交易零容忍的监管政策时指出："小偷从菜市场偷一棵白菜，人们都会义愤填膺，但若有人把手伸进成千上万股民的钱包，却常常不会引起人们的重视。这就是内幕交易的实质，也是防范和打击这种犯罪活动的困难之所在。"

在投资者友好型的证券市场中，广大投资者仅对侵害其合法权益的特定侵权人怒目相向，主张权利，而对于正常市场风险导致的投资损失往往从容淡定，认赌服输；而在投资者友好度欠缺的证券市场中，广大投资者不仅对侵权失信行为恨之入骨，而且往往无法平静理性地看待正常的市场风险，甚至将市场风险也归咎于监管者。为从根本上遏制机会主义的失信侵权行为，提升广大投资者的幸福指数，构建社会主义和谐社会，必须高度重视建设投资者友好型社会。

实践已经并将继续证明，大力培育多赢共享的股权文化，全面建设投资者友好型社会，是我国资本市场尽快摆脱亚健康状态的政策抉择，是我国资本市场可持续健康发展的重要保障，是我国资本市场存在与发展的根本宗旨，是提升上市公司治理水平的关键点，是贯穿我国资本市场发展、改革、创新、监管与稳定的主旋律。这

不仅是法治工程、规范工程与监管工程，也是规模宏大的发展工程、创新工程与民心工程。

二、深刻把握股权文化的六大核心内容

（一）股东主权

所谓股东主权就是彻底确认股东在公司治理中的主人翁地位，真正理顺股东与经营者之间的代理（主仆）关系，全面尊重股东依据法律和章程所享有的各项权利和利益，尤其是知情权、决策参与权、分红权、监督权与转股权等。这意味着，股市就不再仅仅是上市公司和发行人的圈钱工具，而且是投资者取得投资回报、分享中国资本市场和国民经济健康发展的成果的聚宝盆。重融资、轻投资，重圈钱、轻回报的游戏规则必须转变。

公司权力（包括公司治理权）的合法根基在于股东主权思想。美国总统林肯的人民主权思想，即民有（from the people）、民享（for the people）、民治（by the people）的政治民主观点对于在公司领域落实股东民主也有重要启发。由此推演出去，可以断言：公司的权力源于股东（from the shareholders），公司的权力为了股东利益而行使（for the shareholders），公司的权力由股东来行使（by the shareholders）。遗憾的是，受几千年重农抑商的封建历史的影响，我国传统文化中股东主权思想的基因并不发达。要弘扬股权文化，首先应当树立股东主权思想。

在股东大会中心主义的立法框架下，固然要树立股东主权思想；在董事会中心主义的立法框架下，依然要树立股东主权思想。无论是股东会中心主义还是董事会中心主义，仅仅表明公司内部治理机构之间在经营决策方面的职责分工而已，即使董事会中心主义也未颠覆主权思想。个中道理如同政治生活中行政权的适度集中并不能撼动人民主权思想一样。

（二）股权平等

股权平等思想意味着在基于股东资格而发生的公司与股东、股东与股东之间的法律关系中，所有股东均按其所持股份的性质、内容和数额享受平等待遇，并且免受不合理的不平等待遇。股权平等是股权文化中的重要内容，渗透资本市场法治的全部领域。

股权平等原则包括股份内容平等和股权比例平等两层含义。二者密不可分，相辅相成。股份内容平等是指公司发行的每一类股份的内容应当相同。持股类别不同的股东之间无平等可言。股权比例平等是指，持有相同内容和相同数量的股份的股东在基于股东地位而产生的法律关系中享受相同待遇。我国《公司法》第 104 条第 1款关于一股一表决权的规定，第 35 条关于按实缴出资比例分配股利的规定，第 187 条第 2 款关于公司财产有限责任公司按照股东的出资比例分配、股份有限公司按照股东持有的股份比例分配的规定等皆以股权平等原则的第二层含义为前提。当然，不同种类的股东享有的权利内容可以不同。例如，普通股东与无表决权股东的待遇就可以不同。

股权平等的核心是妥善处理股东之间包括大小股东之间的利益关系，构建控制股东与非控制股东各得其所、相互尊重、和谐相处的股东利益共同体。既反对控制股东恃强凌弱，也反对小股东以小讹大。

股权平等是物权平等精神在公司法领域的延伸。股权平等与《物权法》中的物权平等原则一脉相承。在社会主义市场经济条件下，各种所有制经济形成的市场主体都在统一的市场开展经营活动，都要遵守统一的市场规则。只有地位平等、权利平等，才有公平竞争，才能形成良好的市场秩序。因此，《物权法》第 4 条明文规定："国家、集体、私人的物权和其他权利人的物权受法律保护，任何单位和个人不得侵犯。"这就是物权平等保护的立法思想，这就彻底抛弃了国家所有权优于集体所有权、集体所有权优于私人所有权的传统所有权等级论。

各种市场主体对相同的物权享有同等的权利，适用相同的市场交易规则，当物权受到侵害时，不管侵害人是谁，都要承担同样的民事责任。当物权转化为股权，股东由物权主体变为股权主体时，亦应遵循相同的股权平等理念。

手心手背都是肉。无论是民企还是国企，都是我国社会主义市场经济大家庭的重要成员。民企、国企必须依法经营、公平竞争、互利合作、共同发展。民企、国企依法取得的权利都是平等的，没有等级贵贱之别。脱离法治的"国进民退"和"民进国退"都是错误的，都必须旗帜鲜明地予以反对。平等保护是最大、最好的法律保护。

我们要在资本市场领域打破一切有形的、无形的所有制等级论、所有权等级论和股权等级论。要把平等的光芒照耀到资本市场的每一个角落，不管持股大小，不分年龄，不分职业背景，也不管他的财富之多寡。

（三）关怀弱者

股东弱势地位之形成要么源于先天竞争力之不足，要么源于后天竞争力之不足。就后者而言，中小股东与控制股东或者管理者相比，在经济实力方面的不对等、在信息占有方面的不对称以及成本外部化程度和资源的单方先行转移的差异性，往往决定了中小股东存在的长期性以及扶助中小股东利益的艰巨性。

向弱者适度倾斜的原则是贯彻和捍卫平等原则的必然要求。应当承认，国家作为公权力执掌者在介入市场活动时应当一碗水端平，对包括强势群体与弱势群体在内的全体社会成员都应予以一体平等保护。问题在于，抽象的立法文件或者理论体系中的法律平等、形式平等、抽象平等并不能代替残酷的现实生活中的经济不平等、实质不平等、具体不平等。要恢复强者与弱者之间的平等地位，必须根据不同之事不同对待的平等理念，把实践中已经向强者倾斜的天平回归平等的原位，帮助弱者收复失去的平等待遇。因此，向弱势股东适度倾斜的原则不仅不违反平等原则，恰恰是坚持、捍卫和发展了平等原则，弘扬了实质平等文化，并最终贯彻了权利神圣原则。

向弱者适度倾斜的原则是维护社会公共利益的必然要求。由于广大人民群众为数众多，涉及千家万户，因此量大面广的投资者群体的合法权益不仅具有私权和民事权利的特点，还具有社会权和社会公共利益的特点。集万家之私乃为天下之公。因此，国家向弱者适度倾斜不仅仅是保护弱势群体的问题，也是捍卫社会公共利益的问题，是推进资本市场法治，构建和谐资本市场秩序的重要组成部分。

旗帜鲜明地向弱势股东尤其是中小股东倾斜是和谐股权文化的

重要标志，是现代资本市场法治的理性选择与永久胎记，而非资本市场法治长河中的昙花一现，更不是民粹主义的情感宣泄。公司王国的通行证是资本多数决，在绝大多数情况下，控制股东可以轻而易举地通过对公司决策权（包括股东会决策与董事会决策）与人事权（提名和选举多数董事、再由多数董事控制经理层人事任免）的实际控制而获得自我保护。因此，强化股权保护的重心乃在于保护中小股东。

（四）股东民主

股东民主就是指全体股东当家作主，共同行使应由股东群体共同行使的权利，维护股东群体的共同利益。股东民主的反义词就是股东专断、股东独裁。

股东民主的核心是充分挖掘股东会制度的资源，坚持股东集体参与决策，反对个别股东在股东会之外向股东会、董事会和公司经理层发号施令；坚持将多数股权蕴含的意思表示拟制为公司的意思表示，反对将少数股东的意思表示拟制为公司的意思表示；坚持股东集体决策的程序严禁、内容合法，反对股东集体决策的程序瑕疵与内容违法。

我国政治生活中的全国人民代表大会是国家最高权力机关，而公司生活中的股东会是公司最高权力机关。股东会是实现股东集体参与公司决策的重要民主平台。为维护股东权利、完善公司治理，必须大力弘扬"程序严谨、内容合法"的主旋律，激活股东大会制度，从而使其真正成为公司的最高权力机关而非"橡皮图章"或"大股东会"。

政治生活领域中处理人民之间的相互关系的民主规则主要体现为少数服从多数的人头多数决规则。例如，在选举区县人民代表大会代表时，每个选民只有一票表决权，即使某一选民腰缠万贯，也仅有一票表决权。注重个人品德和专业能力的民事生活领域（如董事会决策）亦实行人头多数决规则。相比之下，处理股东与股东相互关系的股东民主规则主要体现为少数股权服从多数股权的资本多数决规则。上市公司股东会作出决议时，一股代表一个表决权，少数股权的意思表示服从多数股权的意思表示。除了股权民主的资本多数决，物权民主也存在资产多数决。例如，《物权法》第76条规定，业主大会作出决议时，应当遵循面积多数决与人头多数决的双重多数决规则。如果说《物权法》是人头多数决与资产多数决之间的中庸之道，《公司法》中的股东大会制度和《证券投资基金法》中的基金持有人大会制度则彻底体现了资产多数决、资本多数决（包括简单资本多数决与绝对资本多数决两种形态）的法律精神。

要激活股东大会和董事会决策机制，充分发挥网络投票功能，完善股东网络质询程序，鼓励股东全员投票表决。要反对控制股东越过公司的股东会和董事会对上市公司发号施令。股东大会和董事会的会议应当遵循"程序严谨、内容合法"的八字方针。基于股东民主思想，《公司法》第22条专门设计了针对内容瑕疵和程序瑕疵的股东会决议和董事会决议的救济之道。对实体有瑕疵的公司决议，股东有权诉请法院确认无效；对程序有瑕疵的公司决议，股东有权诉请法院予以撤销。

（五）股东诚信

诚实信用原则是帝王规则，是证券发行和交易的最高行为准则，堪称资本市场的最高法律。任何法律条文都是对"诚实信用"这四个字的解读和细化而已。诚实信用原则的落实能使股东放心投资、安心投资、开心投资。

所谓诚实信用原则，是指法律主体在实施法律行为时应当自觉按照普通理性人应当遵循的法律和道德准则约束自己的言行，讲究信用，严守诺言，在追求自身利益时尊重或增进国家利益、社会公共利益和他人利益。诚实信用原则兼具道德性规范和法律强制性规范的双重特点，虽然不是一项具体的制度，但作为一项抽象的原则，对于一切市场主体的一切市场行为发挥着引导、规范和制约作用。

诚实信用原则具有最低要求、中庸要求与最高要求等三个层次的要求。最低要求是，当事人在追求自己的利益与幸福生活时，不能损害国家利益、社会公共利益和他人利益；中庸要求是，当事人在追求自己的利益与幸福生活时，实现自身利益与国家利益、社会公共利益和他人利益的多赢共享；最高要求是当事人在追求自己的利益与幸福生活时，倘若自身利益与国家利益、社会公共利益和他人利益发生冲突，优先礼让国家利益、社会公共利益和他人利益。

损人利己、损人害己、损人不利己、损公肥私都有违诚实信用原则。诚实信用原则鼓励利益主体之间的多赢共享、公平公正。虽然先人后己、毫不利己、专门利人是一种美德，但法律不苛求当事人公而忘私，毫不利己、专门利人，更不苛求当事人损己利人。

为遏制证券市场的虚假陈述、内幕交易和操纵市场行为，无论是1998年《证券法》，还是2005年修订的《证券法》都在第4条要求证券发行、交易活动的当事人遵守自愿、有偿、诚实信用的原则。这意味着发行人、承销人、保荐人、律师、会计师、上市公司、控制股东、董事、监事、高管以及监管者，无论在一级市场还是在二级市场，都要诚实守信。

不仅市场主体和公民要诚信，政府也要诚信。国务院2004年颁布的《全面推进依法行政实施纲要》明确把诚实守信列为依法行政的基本要求之一："行政机关公布的信息应当全面、准确、真实。非因法定事由并经法定程序，行政机关不得撤销、变更已经生效的行政决定；因国家利益、公共利益或者其他法定事由需要撤回或者变更行政决定的，应当依照法定权限和程序进行，并对行政管理相对人因此而受到的财产损失依法予以补偿。"

互联网再大，也大不过法网。不仅传统的资本市场活动要遵循诚实信用原则，在虚拟世界中开展的资本活动（如有限责任公司或者合伙企业创始人的网络融资活动）也要遵循诚实信用原则。

简言之，诚实信用原则既是各类资本市场主体（包括上市公司、证券金融服务机构与投资者）开展资本活动、缔结法律关系、取得权利、行使权利、履行义务、承担责任的行为指南，也是监管机构、法院和仲裁机构对合同、协议、广告和公司章程等法律文件予以妥当解释的重要规则，还是法院和仲裁机构的主要裁判思维。除了商人与投资者之间要讲诚信，商人之间、投资者之间、市场主体与监管者之间也要讲诚信。

鉴于诚实信用原则的重要性，有必要进一步强化上市公司、控制股东、实际控制人和董监高以及中介机构的诚信义务，进一步健全失信行为的民事责任和行政责任，乃至刑事责任的追究机制。值得注意的是，中介机构是广大投资者的受托人和代理人，而非委托人（如拟上市公司）的受托人。控制股东不仅要对中小股东诚信，还要对公司外部人诚信，尤其是要对债权人诚信。如果控制股东对公司和中小股东不诚信，损害了上市公司的利益，小股东可以对控制股东挺身而出，提起《公司法》第152条规定的股东代表诉讼。如果控制股东欺诈上市公司债权人，债权人可援引《公司法》第20条第3款主张揭开上市公司的面纱，让控制股东与上市公司共同承担连带赔偿责任。

（六）多赢共享

我国社会主义资本市场应当比任何国家的资本市场都更强调资本市场各方主体的多赢共享。我国的资本市场生态环境应当定位于各行其道、各得其利、各行其权、各尽其责、包容开放、公平公正。要解决反对违背法律规则与伦理规则的"大鱼吃小鱼、小鱼吃虾米"的庸俗的达尔文主义思想在资本市场的潜滋暗长。要反对融资方尤其是控制股东及为其提供专业服务的中介机构（包括券商、会计师事务所、律师事务所、资产评估机构等）单赢独享、公众投资者任人宰割的单边市场模式。

就微观公司治理而言，上市公司既要为控制股东、实际控制人和董监高创造财富，也要为劳动者、消费者、当地社区、环境利益甚至为子孙万代创造更多的福祉。上市公司和资本市场各方既要着眼于近期利益，也要着眼于远期利益；既要着眼于控制股东和实际控制人的利益，也要着眼于公众投资者的利益；既要着眼于公司的长远利益，也要重视广大股东尤其是中小股东的利益诉求。上市公司既要追求营利的最大化，也要争取成为受人尊重的公司。当然，要反对上市公司、控制股东和实际控制人滥用公司社会责任理论，否定股权文化和股东主权思想。相反，上市公司要致力于构建股东利益与劳动者利益、消费者利益、环境利益、未来代际利益等社会公共利益和谐相处、互利共赢的社会环境。

要大力推进社会责任投资活动。基金管理公司等机构投资者应当成为积极股东，而非消极股东；要成为对社会负责任的股东。既要强调价值投资，也要与时俱进，追求绿色投资、低碳投资、可持续投资。IPO核准制度也要进一步加大鼓励绿色投资的元素。

三、六大政策建议

要大力弘扬股权文化，必须进一步建立健全投资者友好型的法律体系、行政监管体系、公司治理体系、司法救济体系、社会监督体系和投资者维权教育体系。

（一）要构建以证券法为龙头的投资者友好型法律体系

弘扬股权文化作为法律的灵魂，应当贯穿于公司法与证券法。不仅资本市场的基本法律（如《物权法》《信托法》《证券投资基金法》）要弘扬股权文化，其他配套法律（如包括《合同法》《侵权责任法》《民事诉讼法》《行政诉讼法》《仲裁法》、税法）也要体现投资者友好型的价值取向。要提升我国资本市场的国际竞争力，必先提升我国资本市场法律的国际竞争力，进一步增强法律的公正性、统一性、包容性、开放性、前瞻性、可操作性、可诉性。为加大投资者保护力度，建议推动立法机关尽快同步联袂修订《公司法》与《证券法》，并在条件成熟时制定"投资者权益保护法"。

（二）要构建投资者友好型的行政监管体系

投资者友好型政府是和谐资本市场的重要特征。弘扬股权文化，资本市场监管者责无旁贷，更要以身作则。监管者要带头尊重、敬畏和保护投资者权益，进一步强化服务型政府和法治政府的意识。为改善和加强我国投资者权益保护工作的统一协调，建议成立国务院投资者权益保护委员会，作为对证券市场以及涉及证券市场的投资者保护工作进行宏观协调、组织和指导。日常办公机构设在中国证监会。在证券市场的"三公"秩序受到践踏、投资者权益和信心严重受挫时，监管者要旗帜鲜明地与广大投资者站在一起。我国社会主义市场经济体制虽已建立，但尚不完善。当前，我国资本市场还存在不理性、甚至失灵的现象。当契约自由、市场博弈机制失灵或被强者滥用时，监管者就不应迁就畸形的契约自由与市场博弈，而应挺身而出、有所作为，以康复契约正义，完善公平交易与自由竞争机制。当市场主体慎独自律、市场理性自治时，政府就应减少干预；当市场主体丧失理性、市场失灵时，政府干预必须到位，以康复市场功能。

(三) 要构建投资者友好型的公司治理体系

公司治理的关键在于妥善处理股东与经营者、控制股东与非控制股东、公司内部人与公司外部人之间的利益关系。上市公司经营者要牢固树立敬畏股权的股东主权意识，要全面尊重广大股东尤其是中小股东的各项权利，尤其是知情权、决策参与权、分红权、监督权等。经营者要时刻对投资者心存感恩心态，真正做到诚实守信，勤勉尽责。对控制股东与非控制股东，经营层要一视同仁，并主动关心处于相对弱势地位的非控制股东。

证券公司与基金管理公司等中介机构在向投资者提供服务时，也要树立投资者本位的经营理念，并加强细节管理，完善内控措施。要敦促专业机构慎独自律、见贤思齐、改恶向善，建立"一心二维三品四商"的内部治理体系。其中，"一心"是强调对广大投资者具有感恩之心。"二维"强调既注重专业机构的营利性思维，更要注重专业机构的社会性思维。"三品"强调机构的产品（金融服务）、机构的社会责任品质（企品）与控制股东和董监高的道德品质（人品）的三位一体。"四商"强调同时提高机构的智商、情商、法商、德商，进一步强化机构的法律意识与伦理意识。

(四) 要打造投资者友好型的司法救济体系

没有救济，就没有权利。在民事责任、行政责任与刑事责任三大法律责任之中，民事责任立于基础性地位。股权文化应成为法官和仲裁员裁判投资者权益争讼的重要裁判思维。人民法院应对投资者权益争讼案件采取"开门立案、凡诉必理"的积极态度，在立案、审理、判决和执行诸环节充分体现公正、快捷的原则，重点解决立案难、执行难的问题。鉴于投资者权益争讼案件量大面广、专业性强，建议在法院内部设立专门合议庭审理投资者权益争讼案件，加强对法官的资本市场法律业务培训，培养一大批德才兼备的资本市场法官队伍。法官在裁判活动中应当慎思明辨，求索规则；析案以理，胜败皆明；平等保护，关怀弱者。

我国当前的资本市场存在投资者维权收益与维权成本之间的严重失衡现象。换言之，受害投资者维权收益过低、维权成本过高、举证困难、胜诉结果得不偿失的老大难问题，广大守信者甚至"为追回一只鸡，就要杀掉一头牛"。即使法院判决守信者胜诉，往往只保护胜诉原告预付的法院案件受理费，而不保护原告预付的律师费和其他合理费用支出。即使投资者获得胜诉判决，能否获得执行依然存疑。由于维权收益远远小于维权成本，绝大多数投资者宁可忍气吞声，进一步助长了欺诈现象。这种理性的沉默有其制度根源。维权成本与维权收益如此失衡，还有谁愿意为维权而奋斗?!

为提高维权收益，建议立法者把惩罚性赔偿制度从消费领域和食品安全领域推广到资本市场领域，将封顶式的惩罚性赔偿规则改为上不封顶、下要保底的惩罚性赔偿规则（最低为投资者实际损失的十倍金额），且不苛求投资者未能识破欺诈的阴谋。投资者未能识破欺诈骗局的，固然享受惩罚性赔偿；能够识破欺诈骗局的，也有权享受惩罚性赔偿。要坚决摒弃"知假买假者不是投资者"的错误观念。

为降低守信者的维权成本，建议最高人民法院出台司法解释，明确守信者支付的合理律师费由败诉的失信方承担。守信者为迎战失信者而支付的其他诉讼费用（包括但不限于取证费、误工费、交通费、食宿费、通讯费、打字复印费、上网费等）作为派生损失也属于实际损失的范畴，也应由败诉的失信方负担。这样就可以从根本上解决守信者"为追回一只鸡，就要杀掉一头牛"的老大难问题，实现"不但追回一只鸡、而且赚回一头牛"的维权新气象。

为降低守信者的举证负担，立法者应当针对在信息占有方面处于劣势地位的投资者等守信者予以适度倾斜，在守信者维权的民事争讼中进一步扩大举证责任倒置规则的适用范围，适度减轻守信者的举证责任负担，适度加重失信者的举证责任，从而避免受害者由于举证不能而遭受不利后果。

法院和仲裁机构在贯彻证据规则时，也要向处于信息弱势地位的守信者适度倾斜。首先，裁判者对处于信息优势地位的当事人，依法坚决贯彻举证责任倒置规则，责令被告自证清白。其次，裁判者应根据实质平等原则善用举证责任分配规则，责令信息优势占有者承担较重的举证责任，而不能机械地适用谁主张、谁举证的规则。

最高人民法院《关于民事诉讼证据的若干规定》第 7 条规定，在法律没有具体规定，依该规定及其他司法解释无法确定举证责任承担时，法院可根据公平原则和诚实信用原则，综合当事人举证能力等因素确定举证责任的承担。例如，当金融消费者从 ATM 机取到假钞、诉请银行承担损害赔偿责任时，法院就可责令银行证明消费者所取假钞并非来自其控制下的 ATM 机。其三，当事人因客观原因不能自行收集的证据，可申请裁判者调取。鉴于实践中一些法院和仲裁机构在繁重的裁判压力下拒绝或怠于依职权调取证据，尤有必要强调法院和仲裁机构在必要情况下依职权积极调取证据，充分展现能动司法的理念。

当前，我国资本市场中的维权途径尚不通畅，存在投诉无门的现象。必须进一步疏通维权通道，弘扬调解文化。建议建立由协商、民间调解、申诉（行政调解）、仲裁与诉讼组成的"金字塔"结构。五大途径在运用数量上应依次递减。要鼓励行业协会对其所属会员与交易伙伴之间的纠纷开展民间调解。监管者有权对其投资纠纷开展行政调解。要鼓励证券业协会和上市公司协会开展民间调解活动。为降低纠纷解决成本，节约司法资源，建议成立中国投资者协会，履行投资指导与投资纠纷调解的职能。

为从根本上解决守信者告状无门的问题，建议人民法院尽快扭转保守的思维定势，对各类民事纠纷采取开门立案、凡诉必立的服务型政策，积极受理各类案件尤其是法无明文或规定不明的案件。人民法院要采取快立案、快开庭、开审理、快判决、快执行的司法政策，彻底破解立案难与执行难的两大难题，及时挫败不法奸商通过马拉松式诉讼拖垮权利人的诉讼阴谋。

为化解群体纠纷蕴含的社会不稳定因素，建议充分借鉴美国集团诉讼的经验，进一步激活全国人大常委会 2012 年 8 月 31 日通过的《民事诉讼法》第 55 条规定的公益诉讼机制，"对污染环境、侵害众多消费者合法权益等损害社会公共利益的行为，法律规定的机关和有关组织可以向人民法院提起诉讼"。因此，建议尽快组建中国投资者协会，中国投资者协会有权为了捍卫公众投资者利益而以原告身份对侵权人提起公益诉讼。此外，《民事诉讼法》第 54 条规定的诉

讼标的是同一种类、当事人一方人数众多在起诉时人数尚未确定的
代表人诉讼制度也是处于雏形状态的集团诉讼制度，但至今尚未被
司法实践使用过。

有人认为，集团诉讼会助长社会不稳定因素。此种观点值得商
榷。从美国经验看，集团诉讼在受欺诈的证券投资者、消费者以及
大规模产品责任侵权甚至潜在性大规模产品责任侵权中的受害者维
权时发挥了积极作用。首席原告与专业律师在法院的监督下，有条
不紊地与被告商家展开对等的诉讼交锋。至于被代表的广大不特定
受害者依然在自己的居住地正常工作与生活，既无需先行支付律师
费，也无需到法院出庭作证，只需等到法院的胜诉判决就可以在自
己的银行账户上收到足额赔偿金。不但权利人的诉讼成本大幅降低，
被告商家也免于长年累月疲于应付成千上万的单独诉讼。正是由于
在组织和规范大规模民事诉讼方面的独特社会功效，美国的集团诉
讼制度在其他国家也获得了积极推广。建议我国立法者解放思想，
开拓创新，大胆借鉴美国的集团诉讼制度，并就集团诉讼的具体程
序性、技术性规则作出详细规定。

（五）要建立投资者友好型的社会监督体系

团结就是力量。为进一步推进投资者权益保护事业，建议建立
投资者协会制度，由中国证监会负责组建中国投资者协会。投资者
协会要充分借鉴消费者协会的成功工作经验，切实发挥好投资指导、
投资纠纷调解的投资者维权职责。投资者协会可代表公众投资者提
起公益诉讼。投资者协会还可与上市公司协会与证券业协会开展对
等谈判，共同协商制定资本市场的执业规范、伦理规范和纠纷解决
机制，彻底消除"霸王合同"的根源。要满腔热忱地鼓励新闻媒体
和自媒体根据自负其责、理性文明的原则对侵害投资者权益的行为
进行监督。要允许和鼓励投资者通过做空机制和揭露失信行为获得
合法利润，并为公众投资者权益保护工作提供具有价值的案件线索。

（六）要建立投资者友好型的投资者维权教育体系

资本市场是信心市场。加强投资者教育工作对刺激投资信心具
有重大意义。投资者教育的核心是弘扬股权文化，主旨在于帮助广
大投资者成为成熟理性的投资者，全面树立科学、睿智、理性、合

规、文明、审慎、价值与诚信的投资意识。

广大投资者在选择投资目标时要自觉树立"三品合一"的投资理念，破除对技术分析和亲朋好友推介的迷信与依赖，重点关注上市公司的产品（包括内在品质与外在品牌）、企品（企业的综合竞争力与社会责任感）与人品（董监高、控制股东与实际控制人的价值观与道德操守）。

投资者既要大胆行使与维护权利，也要珍惜与严肃对待权利。要强化投资者的法律风险防范思维，自觉识别和抵制欺诈等失信行为。个别投资者痴迷于内幕信息，要么卷入内幕交易，要么遭受虚假信息之苦，教训十分深刻。

要进一步拓宽投资者教育客体。决不能把最容易侵害投资者权益的行为人排斥在投资者教育活动之外。受教育者既包括广大投资者，也包括上市公司、控制股东、董监高、证券公司、基金管理公司与中介机构。"投资者教育"不应被狭义地理解为"教育投资者"，而应被理解为"有关投资者权益的教育"。为避免歧义，建议把投资者教育更名为"投资者维权教育"。

绳锯木断，水滴石穿。只要资本市场各方和全社会在内心深处牢固树立尊重股权、敬畏股权、服务股权、维护股权的主流价值观，并把股权文化落实到资本市场立法、执法、守法、司法与护法的各个环节，全面建设投资者友好型社会，就一定会在资本市场释放出更多的正能量，就一定会迎来资本市场辉煌灿烂的明天！

导言
中国证券民事赔偿诉讼的回顾
与展望（1990—2013）

宋一欣

一、中国证券民事赔偿诉讼回顾

（一）中国证券民事赔偿诉讼制度

证券民事赔偿诉讼主要指虚假陈述民事赔偿诉讼、内幕交易民事赔偿诉讼、操纵股价民事赔偿诉讼三种，广义上则包括基金份额持有人维权诉讼/仲裁、权证持有人维权诉讼/仲裁、债券持有人维权诉讼/仲裁、短线交易维权诉讼、股东代表诉讼等。

本文统计时段定为 1990 年底至 2013 年 5 月 31 日。

中国证券市场形成后，证券法律、法规逐步得到完善，标志性的法律、法规为 1993 年的《股票发行和交易管理暂行条例》《公司法》和 1998 年的《证券法》。同时，随着中国证券市场的快速推进，各类违法违规行为人利用法律和监管上的疏漏，发生了一系列侵犯投资者合法权益的事件，影响了证券市场的稳定发展。

在《证券法》颁布前后，已出现投资者自发拿起法律武器维权的事例，最早为 1996 年刘中民诉渤海股份虚假陈述民事赔偿案，之后又出现了红光实业虚假陈述民事赔偿案、银广夏虚假陈述民事赔偿案与亿安科技操纵股价民事赔偿案。

在这种情形下，2002 年 1 月 15 日，最高人民法院颁布了《关于受理证券市场因虚假陈述引发的民事侵权纠纷案件有关问题的通知》，由此，证券虚假陈述民事赔偿制度得到初步确立，投资者可以依法对侵权行为人提起民事赔偿诉讼，因而，以大庆联谊虚假陈述民事赔偿案为首案的证券民事赔偿诉讼也进入了操作实施阶段，2004 年，通过上海市律师协会，律师编写出台了《律师代理投资者证券市场民事赔偿案件业务操作指引》（2012 年重订）。

之后，最高人民法院又颁布了两个涉及虚假陈述民事赔偿司法解释，完善了证券民事赔偿诉讼制度，即《关于审理证券市场因虚假陈述引发的民事赔偿案件的若干规定》（2003 年）、《关于审理涉及会计师事务所在审计业务活动中民事侵权赔偿案件的若干规定》（部分涉及，2007 年），并在《民事案件案由规定》中，最高人民法院规定了证券虚假信息纠纷、证券内幕交易纠纷、操纵证券交易市场纠纷的案由。

2010 年，最高人民法院形成了《关于审理证券市场侵权民事赔偿案件的若干规定（讨论稿）》，为虚假陈述、内幕交易、操纵股价等三个证券市场侵权行为民事赔偿合一的司法解释草案。2010 年—2011 年间，最高人民法院民二庭在北京、上海、宁波等地分别召开证券侵权民事责任司法解释研讨会，讨论这一司法解释草案。2013 年，最高人民法院重新形成了《关于审理证券市场虚假陈述侵权民事赔偿案件的若干规定（修订初稿）》，并开始在内部征求意见，这一草案是对 2003 年公布的《关于审理证券市场因虚假陈述引发的民事赔偿案件的若干规定》的修订，而这将意味着，三个证券市场侵权行为民事赔偿司法解释将仍采取分开立法的方式。

2012 年 2 月 10 日，最高人民法院发布了《关于人民法院为防范化解金融风险和推进金融改革发展提供司法保障的指导意见》，其中涉及证券市场投资者维权的部分，是这样表述的："各级人民法院要从保护证券期货市场投资人合法权益、维护市场公开公平公正的交易秩序出发，积极研究和妥善审理因证券机构、上市公司、投资机构内幕交易、操纵市场、欺诈上市、虚假披露等违法违规行为引发的民商事纠纷案件，消除危害我国证券期货市场秩序和社会稳定的严重隐患。要妥善审理公司股票债券交易纠纷、国债交易纠纷、企业债券发行纠纷、证券代销和包销协议纠纷、证券回购合同纠纷、期货纠纷、上市公司收购纠纷等，保障证券期货等交易的安全进行。"

以 2005 年《证券法》修订为契机，开始探索内幕交易、操纵股价的法律规制，公安部、中国证监会试行了《内幕交易认定办法》

《证券市场操纵价格认定办法》，最高人民检察院、公安部出台了《关于经济犯罪案件追诉标准的补充规定》《关于公安机关管辖的刑事案件立案追诉标准的规定（二）》，2009年，全国人大通过《刑法修正案（七）》，在《刑法》中增设了严惩从证券、期货交易中获取内幕信息以外其他未公开信息行为即老鼠仓行为的条款。

在内幕交易、操纵股价民事赔偿方面，2007年5月30日，最高人民法院副院长奚晓明在全国民商审判工作会议（南京会议）上发表讲话，表示投资者因内幕交易而对侵权行为人提起的民事诉讼，法院应当受理。

2010年11月16日，中国证监会、公安部、监察部、国资委、预防腐败局五部门前所未有地联合下发了《关于依法打击和防控资本市场内幕交易的意见》。2011年7月13日，最高人民法院发布了《关于审理证券行政处罚案件证据若干问题的座谈会纪要》，规定在推定内幕交易成立的情形下，如果当事人提出的相反证据能够排除其交易活动是利用了内幕信息，可不认定其行为构成内幕交易。2012年5月22日，最高人民法院、最高人民检察院联合公布内幕交易刑案处理司法解释《关于办理内幕交易、泄露内幕信息刑事案件具体应用法律若干问题的解释》。

（二）中国证券民事赔偿诉讼案件

1. 概述

在虚假陈述民事赔偿案方面，据不完全统计，23年来，约有15 000名投资者成为虚假陈述民事赔偿案件的原告（大多数案件单独起诉，少数案件共同起诉），涉诉或涉案标的约15亿元左右，约有95家上市公司因虚假陈述被处罚或被制裁（含有的上市公司多次被处罚而多次被股民维权起诉的），也有个别上市公司及保荐人主动建立补偿基金限时赔付的。其中，毕马威会计师事务所、德勤会计师事务所、普华永道会计师事务所等几家国际著名审计机构的在华分支机构也被列为被告，涉及全国各地有管辖权的中级人民法院（包括指定管辖）或明确专属管辖权的其他法院共48家中的37家。加上内幕交易民事赔偿案件与操纵股价民事赔偿案件，截至2013年5月31日，中国证券欺诈侵权民事赔偿案件累计有101起。

标志性的或影响较大的虚假陈述民事赔偿案件（含虚假陈述、欺诈上市）迄今为止有12起，以起诉或标的为序，分别为：东方电子案（约4.45亿元）、银广夏案（约4.20亿元）、万福生科案（约3.0亿元）、华闻传媒案（约1.0亿元）、佛山照明案（进行中）、科龙电器案（约3 000万元）、东盛科技（约2 500万元）、大庆联谊案（约2 000万元）、五粮液案（1 900万元）、九发股份案（约1 400万元）、生态农业案（约900万元）、杭萧钢构案（约600万元）等。在虚假陈述民事赔偿案中，自2001年投资者彭淼秋诉嘉宝实业虚假陈述民事赔偿案获得首次获赔以来，大约90％以上的原告通过和解或判决，受害者获得了部分或全部赔偿，赔偿的方式包括现金或股票。

这些年来，在法律指引下，虚假陈述民事赔偿案的维权已取得长足的进展，呈现出全方位、多角度、及时性、联合维权、依法推进、信息联动、胜诉成功率及执行到位率高的特征。

但亦存在相当的不足，即投资者参与率较低、信心不足、信息沟通还不到位等问题。从制度层面看，存在地方保护主义还在起作用、司法机关能动性不足、全国各地法院判决不尽一致、立法空白、执行不到位等问题。

据选样估算，由于信息、地域、成本、信心和信任度等方面的限制，主动提起虚假陈述民事赔偿的投资者，不会超过适格投资者总人数的10％，起诉总标的不会超过可计算损失总值的5％。这反过来说明，违法违规者的违法成本仍不是很大，故对证券民事赔偿诉讼的作用尚有限，其功能与作用尚需拓展。

在内幕交易民事赔偿案方面，自2007年5月30日最高人民法院奚晓明副院长讲话以来，案件仅有3起。2008年9月，南京市中级人民法院立案审理的陈宁丰诉陈建良内幕交易天山股份股票民事赔偿案，这是中国首起内幕交易民事赔偿案。之后，又产生了陈祖灵诉潘海深内幕交易大唐电信股票民事赔偿案，李岩、吴屹峰诉黄光裕内幕交易中关村股票民事赔偿案，3起案件共涉及原告股民7人。

在操纵股价民事赔偿案方面，产生了3起案件，自奚晓明副院长讲话以来，案件仅2起，即股民18人分别诉程文水、刘延泽操纵中核钛白股价民事赔偿案，股民王永强诉汪建中等操纵中信银行、中国石化、万科 A 股价民事赔偿案等，2 起案件共涉及原告股民 19 人。另外，在奚晓明副院长讲话之前，有 1 起，2000 年间，有一批投资者诉罗成等操纵亿安科技股价民事赔偿案，诉至广州市中级人民法院，最后裁定不予立案。

虽然，2007 年最高人民法院对内幕交易、操纵股价民事赔偿诉讼制度开了口子，但由于相应法律规定不甚健全，以及某些地方法院的不积极作为，迄今为止，全部 5 起内幕交易、操纵股价民事赔偿诉讼案件中，除陈宁丰诉陈建良案撤诉外，其余 4 起均被法院驳回，而这样的结果是使法律正义得不到伸张，投资者权益得不到有效保护，违法违规人却得以逃脱法律追索，使内幕交易、操纵股价民事赔偿诉讼事实上中止。

因此，尽快制定与出台内幕交易、操纵股价民事赔偿的司法解释，是证券市场及投资者们所真正所期望的。

2. 典型案例

（1）虚假陈述民事赔偿诉讼典型案例有：东方电子虚假陈述民事赔偿案，银广夏虚假陈述民事赔偿案，万福生科虚假陈述民事赔偿案，华闻传媒虚假陈述民事赔偿案，佛山照明、粤照明 B 虚假陈述民事赔偿案，科龙电器虚假陈述民事赔偿案，东盛科技虚假陈述民事赔偿案，大庆联谊虚假陈述民事赔偿案，九发股份虚假陈述民事赔偿案，五粮液虚假陈述民事赔偿案，生态农业虚假陈述民事赔偿案，杭萧钢构虚假陈述民事赔偿案，渤海集团虚假陈述民事赔偿案，红光实业虚假陈述民事赔偿案，嘉宝实业虚假陈述民事赔偿案，锦州港虚假陈述民事赔偿案，郑百文虚假陈述民事赔偿案，绿大地虚假陈述民事赔偿案等。

（2）内幕交易民事赔偿诉讼典型案例有：陈宁丰诉陈建良证券内幕交易民事赔偿案，陈祖灵诉潘海深证券内幕交易民事赔偿案，李岩、吴屹峰诉黄光裕证券内幕交易民事赔偿案等。

（3）操纵股价民事赔偿诉讼典型案例有：股民诉程文水、刘延泽等操纵股价民事赔偿案，王永强诉汪建中操纵股价民事赔偿案等。

这些典型案例的"案情回溯"可参见本书附录一（中国证券民

事赔偿典型案例案情回溯),这些典型案例的裁判文书及相关情况,大多可以通过本书"中国证券民事赔偿涉讼案件索引表"在本书中检索到。

3.2012 年两个典型案件的社会评价

(1)杭萧钢构案:列全国法院十大调解案之首

中国法院网 2012 年 3 月 10 日公布,杭州市中级人民法院审理的陈艳军等诉浙江杭萧钢构股份有限公司证券市场虚假陈述赔偿纠纷系列案列为全国法院十大调解案之第一。

陈艳军等诉浙江杭萧钢构股份有限公司证券市场虚假陈述赔偿纠纷系列案〔浙江省杭州市中级人民法院(2007)杭民二初字第 133号〕的基本案情是:陈艳军等 127 人先后以杭萧钢构与中国国际基金有限公司就安哥拉住宅建设项目上信息披露违反法律法规对股民形成误导为由向杭州市中级人民法院提起诉讼,请求判令杭萧钢构赔偿原告投资损失、佣金和利息等损失。2007 年 4 月 30 日,中国证监会对杭萧钢构下达的行政处罚决定书中认定杭萧钢构存在未按规定披露信息和披露的信息有误导性陈述等违法行为。杭州市中级人民法院针对该案原告众多、利益牵涉面广、社会影响大且潜在当事人多,若处理不当,会影响资本市场和社会稳定的特点,于受案之初便制定了对 127 件案件进行通盘考虑、整体处理的审理思路。法院先后多次做双方当事人的调解工作,释法明理,使杭萧钢构对其行为的法律后果及法律责任有了正确的认识,即只有诚恳接受调解、积极赔偿才能修复上市公司信誉。使原告充分认识股市投资行为本身存在的风险以及股票市场的系统风险,逐步引导原告调整过高的诉讼期望值,接受以调解方式化解矛盾纠纷。充分发挥律师在调解工作中的重要作用,取得 127 位原告代理人律师的理解与支持。最终,118 件案件一次性达成调解协议,原告获得了 82% 的高比例现金赔偿。随后,剩余 9 件案件也顺利调处。

本案的调解意义为:本案因上市公司在信息披露方面有误导性陈述而引发,涉及受损股东众多,赔偿数额较大,且正值国际金融危机的负面影响逐步显现,资本市场震荡加剧之际。杭州市中级人民法院准确把握形势和案情,正确选择优先调解的审判方法,成功调解结案：一是实现了债权最大限度的保护。一百多位受损股民获得了比例高达82％的现金赔偿并已全部赔付到位，这是至今在证券虚假陈述案件中受偿比例最高的案件，被媒体称为"史无前例"的高额赔偿。二是充分发挥了调解一揽子化解全部纠纷的优势。杭州市中级人民法院在受案之初便制定了通盘考虑、整体处理的审理思路，采取了求同存异、分类处理的审理方案，118件一次性调解解决，剩余9件也顺势处理。三是坚持依法调解，注重释法解疑，引导当事人理性解决纷争。法院在分清责任的前提下，引导当事人平等自愿地解决纠纷，真正贯彻了依法调解原则。四是实现了互利双赢的最佳办案效果，127件系列案件的妥善审结，依法维护了股民、上市公司以及公司新旧股东的利益，受到了地方党委、政府和社会各界的一致好评。

（2）东盛科技案：2012年度人民法院十大典型案件

《人民法院报》2013年1月5日讯，由该报编辑部评选出了2012年度人民法院十大典型案件。这十大案件均为该报2012年所报道的社会关注度高、案情疑难复杂或审判结果有重大突破、借鉴作用的典型案件。其中便包括了东盛科技案。

东盛科技案的基本案情是：原告王霞琴等148名小股东以东盛科技的虚假陈述行为使其在投资东盛科技股票中遭受包括投资差额、印花税、佣金及利息等损失为由，向法院起诉要求赔偿损失。2012年6月18日，陕西省西安市中级人民法院公开开庭审理了此案。法院经审理查明：东盛科技于1996年11月5日在上海证券交易所挂牌交易，股票代码600771。2010年4月13日，因东盛科技2002年至2008年期间，没有按规定披露将资金提供给控股股东及其他关联方使用，未按规定披露对外担保事项，未按规定披露银行借款事项，中国证监会对东盛科技及郭某、张某等15名责任人因虚假陈述作出了行政处罚决定。对于这起小股民诉上市公司虚假陈述案，西安市中级人民法院非常重视，决定调解此案。2012年12月7日，经法院主持，148名原告与被告协商达成和解协议：东盛科技于和解协议签订之日起10日内向王霞琴等148名小股东共支付1 295.84万元，逾期各原告可依法申请强制执行。

中国人民大学法学院教授肖建国点评：本案是 2012 年最大的虚假陈述索赔案，是继东方电子、大庆联谊、杭萧钢构、科龙电器等证券市场虚假陈述民事赔偿的成功案例之后的又一经典案例。因上市公司在信息披露方面有虚假记载、误导性陈述、重大遗漏、不正当披露等虚假陈述行为而引发，往往涉及众多受损股东，赔偿数额较大，对证券市场和上市公司影响甚巨，而西安市中级人民法院处理的东盛科技虚假陈述民事赔偿系列案就是这种情况。对于这起小股民诉上市公司虚假陈述案，西安市中级人民法院准确把握形势和案情，本着调解优先、鼓励当事人和解的原则，经过长期细致的沟通协调，最终达成和解协议，成功调解结案。一是充分发挥了调解一揽子化解全部纠纷的优势。西安市中级人民法院院长任高潮等院领导制定了通盘考虑、整体处理的思路，亲自参与制订调解方案，采取了分类处理的方案，逐一确定了 148 件案件的具体赔偿及补偿数额，一次性调解解决。二是坚持在分清责任的前提下，依法调解，针对双方当事人争议较大的揭露日时点、系统风险等主要焦点问题积极引导当事人作出正确的判断，适度平衡双方利益，引导当事人平等、自愿、理性地解决纷争。尤其是本案两个虚假陈述揭露日的认定，对今后处理类似案件具有借鉴意义。三是实现了债权最大限度的保护。148 位受损股民获得了 1 295.84 万元的赔偿，是证券虚假陈述案件中受偿比例较高的案件。四是实现了互利双赢的最佳办案效果。148 件系列案件的妥善处理，综合平衡了股民、上市公司以及公司法人股股东等各方的利益，极大地提升了投资者对证券市场的信心，增强了人民法院在社会公众、广大投资者心目中的公信力。

二、中国证券民事赔偿诉讼的进展与期盼

（一）2012 年底以来中国证券民事赔偿诉讼的进展

从 2012 年底以来，中国证券民事赔偿诉讼再次进入活跃期。其标志如下：

其一，东盛科技案的全面和解。

2012 年 12 月 7 日，历时两年多的投资者诉东盛科技虚假陈述民事赔偿案，终于在陕西省西安市中级人民法院主持下原被告双方达成全面和解，东盛科技公司共向王琴霞等 148 名股民共支付 1295.84

万元。该案中，根据各人的交易情况，分别达成了不同的赔付比例。

其二，佛山照明案、绿大地案、五粮液案投资者积极参与诉讼。

2013 年 3 月 7 日，号称"现金奶牛"的佛山照明公司因虚假陈述被中国证监会行政处罚。消息传出，投资者反响十分强烈，受害的投资者纷纷委托律师起诉佛山照明公司。3 月 27 日，首起案件已为广州市中级人民法院所受理。

引起投资者关注的绿大地刑事诉讼案历经一折三波后，终于尘埃落定，而相应的投资者诉绿大地虚假陈述民事赔偿案也在 2013 年 5 月初正式展开。

而两年多来一直受到投资者关注的投资者诉五粮液虚假陈述民事赔偿案，在 2013 年 5 月 28 日到期后，全面展开对该案的审理。在五粮液案中，首次出现权证持有人维权的情形，五粮液公司曾发行过认购权证与认沽权证，其中，认购权证持有人若行权，则自动转成股东，而其买入价为认购权证买入价与行权价之和。

其三，中证投资者发展中心责任有限公司成立。

2013 年 2 月 22 日，中国证监会宣布"中证投资者发展中心责任有限公司"成立，注册资金 30 亿元，主要职责是通过买入持有股票，代理投资者进行维权，以股东身份参与上市公司治理；通过调解、和解、仲裁、诉讼等方式，对上市公司违法违规等损害投资者行为进行约束等。

应当讲，中证投资者发展中心的成立，是继中国证券投资者保护基金有限责任公司、中国证监会投资者保护局设立后，又一针对投资者权益保护的重大措施，有可能对中国投资者权益保护体系、格局和工作深化产生重要影响。

比照台湾地区 2002 年"证券投资人及期货交易人保护法"及依此法成立的财团法人"证券投资人及期货交易人保护中心"及其实践，可以发现中证投资者发展中心的成立，无疑是借鉴了前者的成功经验。

在投资者通过既定规则行使合法权益受阻，或通过民事诉讼渠道行使法定权益力不从心时，作为一个经官方授权的非营利公益机构，通过持股、受托和引入"诉讼担当"制度等方式，成为一个有实力、有担当、有背景、可发挥投资者权益保护的主力机构，存在是很有必要性的。特别在股东大会及决议侵权纠纷、股东代表诉讼、短线交易纠纷、老鼠仓纠纷以及大范围的基金、债券、权证的持有人或破产重整案的债权人或证券咨询服务中服务对象等被侵权时，更是如此。

其四，平安证券主动推出对万福生科投资者先行补偿方案。

2013 年 5 月 10 日，中国证监会宣布万福生科公司欺诈上市及虚假陈述案予以行政处罚预先告知，对涉嫌犯罪部分，移送公安机关追究刑事责任，同时，中国证监会对保荐人平安证券等中介机构予以行政处罚及实施行政监管措施。

在这一过程中，平安证券与万福生科实际控制人龚永福主动推出对万福生科适格投资者的补偿方案，并设立 3 亿元的利益补偿专项基金，由平安证券以零成本方式先行向投资者补偿。

无论平安证券推出方案是否出于减轻罚责或公关秀的动机，与其他保荐人对待受害股民的态度相比较，平安证券的态度还是积极的，应予肯定。这场偿付，在国内资本市场史上是第一次，它实质上是券商本身、虚假陈述行为人通过券商共同实施的一次有限度的保护投资者权益的自纠行动，在目前无法实施集团诉讼的情况下，依靠行政监管的威慑力走出的一条和解之路，具有一定的示范性。

之前，可援引的案例是：2012 年 6 月 20 日，因 IPO 招股书造假被香港证监会勒令停牌超过两年的洪良国际（00946.HK）宣布，与香港证监会达成庭外和解协议，同意以回购股份的方式向股东赔偿 10.3 亿港元。这是香港市场第一起上市公司因财务造假向公众股东回购股份的里程碑式事件。相比较洪良国际，平安证券只走出一小步而已。

就补偿方案本身而言，优点是明显的，即时间快捷；投资者无须支付任何经济成本；程序简单，全程电子化；设定适格投资者的条件宽泛；补偿计算中未扣除系统风险，有利于投资者。但也存在不足。2013 年 5 月 16 日，长年在证券市场从事维权活动的宋一欣律师、臧小丽律师、薛洪增律师、厉健律师、刘国华律师、许峰律师（起草人）联名向平安证券发出了《关于进一步完善平安证券补偿万福生科投资者方案的公开呼吁》，提出如下改进意见：网络补偿系统开放时间应延长到两年；建议将补偿方案改为期满未发出有效指令的视为接受；需要修改和完善损失计算方法。

其五，中国证券投资者保护基金有限责任公司成为万福生科补偿基金的基金管理人。

中国证券投资者保护基金有限责任公司成立于 2005 年 8 月 30 日，主要从事证券公司被撤销、关闭和破产或被证监会采取行政接管、托管经营等强制性监管措施时，按照国家有关政策对债权人予以偿付。这次在平安证券设立对万福生科投资者的利益补偿专项基金时，中国证券投资者保护基金有限责任公司成为该基金的管理人。

从中国证券投资者保护基金有限责任公司成立后的作为看，其为证券市场投资者提供服务方面的公信力没有问题，但其成为万福生科投资者利益补偿专项基金的基金管理人，是否表明该公司已开始转型，并准备介入证券民事赔偿诉讼中的投资者服务领域？

其六，中国证监会严查 IPO 违规。

继对万福生科及其保荐人平安证券开出历史上最重的罚单之后，2013 年 5 月中旬起，先后有保荐机构南京证券、民生证券等五家券商被中国证监会公开点名或受到处罚，华锐风电等几家上市公司遭立案调查或受到处罚，由此，中国证监会严厉打击证券欺诈发行行为，可谓之重启发行市场之前奏。只要中国证监会依法处罚了这些上市公司及其保荐人，受害的投资者将有机会提起民事赔偿诉讼。

其七，虚假陈述行为人自我曝光事件不断增加。

许多时候，虚假陈述行为人自曝家丑的情况并不多，多数情况下是在中国证监会作出立案调查、责令整改或行政处罚决定以及证券交易所予以公开谴责时，才将违法违规行为的信息披露出来。但近期以来，开始出现违法违规者自我曝光的情况。虽然披露的是违法违规行为的细节，但主动披露总比被动公告要好。

2013 年 3 月 7 日，华锐风电发布公告称，公司经自查发现，公司 2011 年度财务报表的有关账务处理存在会计差错。其净利润差异比例达到 -21.7%，意味着由于"会计差错"公司 2011 年年报披露的净利润数据虚增了 1.68 亿元。3 月 10 日，时任董事长的韩俊良提出辞职。4月12日，华锐风电公告称，收到北京证监局《关于对华锐风电科技股份有限公司采取责令改正措施的决定》。4月20日，华锐风电发布关于前期会计差错更正的公告称，经核实，公司2011年净利润多报1.77亿元。5月29日，华锐风电公告称，收到中国证监会《立案调查通知书》，因涉嫌违反证券法律、法规，被证监会立案调查。

而华锐风电股票从2011年1月13日上市，发行价为每股90元，短短两年多，跌幅最高达80%，截至2013年5月29日收盘，华锐风电复权后股价累计下跌87.2%，投资者损失惨重。由此，我和厉健律师展开了维权诉讼的前期委托征集，而2013年3月7日"自曝家丑"之日倒可以成为法律上的虚假陈述更正日。

（二）中国投资者权益保护制度的期盼

从长远看，以保护投资者权益计，至少应从下述方面加以完善，而证券民事赔偿诉讼只是投资者权益保护的一个环节。

其一，推动建立投资者保护协会。如同设立消费者保护协会一样，使该协会成为中小投资者联合表达意见、寻求保障、得到援助的合法场所与组织，并通过授权或引入"诉讼担当"制度后，使该协会可以直接代表权益受损的投资者起诉侵权行为人，为其追回损失。

对于涉及投资者权益保护的重大事项，应经过投资者保护协会的听证调查程序。

其二，推动建立"证券市场投资者权益保护基金"。这是针对因虚假陈述、内幕交易、操纵市场产生的受害者的赔付基金，使投资者权益受到侵害并提起诉讼后，不会因为被告无财产执行而出现"司法白条"的局面，这个基金不同于目前已有的针对证券公司破产的"证券投资者保护基金"、针对证券交易所的"证券交易风险基金"、证券登记结算公司的"证券结算风险基金"，同时，该基金还可适用于因违法行为导致上市公司破产时，给予受害投资者救济的补偿基金。

其三，推动制定"投资者权益保护法"（亦可先行制定"投资者权益保护条例"）。明确将证券市场投资者重新定位并转定义为证券市场工具或产品的金融消费者，将所有信息披露文件看成合同的要约、承诺、修订和补充，由此，可以在证券市场中顺利引入惩罚性赔偿制度，可以让权益受损的投资者对侵权行为人提起惩罚性赔偿诉讼，并在制定中国民法典时，载入加大投资者保护力度的条款。

借鉴诉辩交易制度，凡是证券欺诈行为人事后实施的赔付措施较主动、全面、及时的，相应的行政处罚可适度从轻。针对证券欺诈行为，建立强有力的举报奖励制度。

2013 年 5 月 6 日，国务院常务会议提出，制定投资者尤其是中小投资者权益保护相关政策。中国证监会投资者保护局有关负责人表示，中国证监会要完善法制环境，通过研究《证券法》增设"投资者保护"专章、推动证券期货投资者保护法的制定等方式，从源头上保护投资者权益。

其四，推动、完善民事赔款优先制度。在《公司法》与《证券法》中，有关民事赔款优先行政罚款或刑事罚金的条款，但鲜有执行的，因此，应当将该条款的实施落到实处而非悬空，对此，应将收缴的行政罚款或刑事罚金，收缴国库转缴有关基金或直接转缴有关基金，通过建立针对虚假陈述、内幕交易、操纵市场的受害者的赔付基金将该条款落实，促成建立行政没收所得及罚款、刑事没收所得及罚金直接转变成投资者的损失补偿款的财政制度。

其五，推动建立上市公司董监事及高管人员强制保险制度，让各类保险机构也参与对证券市场侵权行为人及侵权行为的监督和制约，使得投资者在胜诉后保证有财产可赔（保险公司先行赔付），构成社会监督和市场监督的重要一环。

其六，推动修订《证券法》中反欺诈上市条款，在现行撤销发行、撤销上市、加利息退还购股款基础上，引入机会损失与惩罚性赔偿制度；对已上市股份，不仅适用侵权法，也考虑适用物权法；对申购后卖出并亏损者，用申购买入价补偿，若上市后买入并亏损者，应要求欺诈发行人回购。

其七，推动修订《民事诉讼法》，借鉴美、加、欧、澳、日、韩等国建立的集团诉讼制度的经验，建立中国的集团诉讼制度，在开启集团诉讼制度过程中，可先行全面落实法律和司法解释已经作出规定的共同诉讼制度，特别是落实已有的诉讼代表人制度、落实人数不确定的并需要法院公告的共同诉讼制度。

推动修订法院现行收费管理办法，确实降低证券市场投资者的维权成本，应当明确证券民事赔偿诉讼案件以共同诉讼总标的计算诉讼受理费，股东代表诉讼案件应当按件收取诉讼受理费。

其八，推动完善《刑事诉讼法》《行政诉讼法》有关附带民事诉讼制度，使证券民事赔偿能以附带民事诉讼的方式直接进行，使投资者的维权活动能够在第一时间得到推进。

推动提高证券刑事诉讼案件审理、判决结果的公开性和透明度，并建立相应的可查询渠道，以方便广大证券市场投资者维权与民事诉讼。

其九，推动强化最高人民法院对地方法院在处置投资者权益保护案件时的协调、指导与有效监督，减少同案不同判，同一条文不同理解的情况，以及地方法院在投资者权益保护诉讼案件中的不积极作为的情况。

其十，推动建立证券民事赔偿制度引入仲裁制度中，增加证券民事赔偿其他解决渠道，并修订《仲裁法》有关规定或制定相应的司法解释。

（三）虚假陈述民事赔偿司法解释之建议

2003 年 1 月 9 日，最高人民法院出台了司法解释《关于审理证券市场因虚假陈述引发的民事赔偿案件的若干规定》，实施 11 年来，对推进证券民事赔偿的进展起了重要作用，总体上讲，是一部具有立法前瞻性与施法合理性的善法。

当然，在新的市场条件下，该司法解释亦需要作出必要的修订，笔者建议如下。

其一，建议保留前置条件的规定，做出扩大化调整。

十多年来，在证券市场大幅改制与扩容的背景下，查实的虚假陈述案件并未因受到行政处罚或刑事判决而减少，年均可起诉的虚假陈述民事赔偿案件在 40 件左右，若加上证券交易所公开谴责的、自我公开承认违法的，则年均可起诉的虚假陈述民事赔偿案件至少会在 60—70 件以上。

现行司法解释颁布之初，笔者同许多人持相同的观点，认为前置条件的做法有欠缺，但实践的结果是，这一规定总体上有利于保护投资者权益与方便举证，只是前置条件文件范围有点窄。因此，建议放宽而非放弃前置条件，并作出清晰的表述。而事实上，让法院立案庭在立案阶段实施重大性审查，有可能导致投资者诉讼的立案进度大幅延缓。

笔者建议的条文如下：

"投资人对虚假陈述行为人提起民事赔偿的诉讼时效期间，适用民法通则第一百三十五条的规定，根据下列不同情况分别起算：

（一）中国证券监督管理委员会或其派出机构公布对虚假陈述行为人作出行政处罚决定或其他表明其存在虚假陈述行为的文件之日；

（二）中华人民共和国财政部、其他行政机关以及有权作出行政处罚的机构公布对虚假陈述行为人作出行政处罚决定或其他表明其存在虚假陈述行为的文件之日；

（三）虚假陈述行为人未受行政处罚，但已被人民法院认定有罪的，作出刑事判决生效之日；

（四）证券交易所或证券交易场所对虚假陈述行为人作出公开谴责或其他表明其存在虚假陈述行为的文件之日；

（五）虚假陈述行为人主动公开表示其存在虚假陈述行为之日；

（六）其他能证明虚假陈述行为人存在虚假陈述行为的文件亦可作为起诉依据的，需经过法院对其是否符合重大性条件的实体性审查。"

其二，建议继续沿用集中管辖的规定，推进制定专属管辖的规定。

实际上，现行司法解释中关于集中管辖的规定，经过十多年的司法实践，证明是行之有效、适合现状的规定。集中管辖，有助于投资者合法权益的有效保护，有助于保证证券民事赔偿案件的审判质量与司法公信力，也有助于一定程度遏制、抵制地方保护主义侵袭司法裁决。

当然，如果能在上海、北京、深圳依据证券交易所所在地管辖原则，设立证券专属法院或证券专属法庭来审理各类证券案件与证券民事赔偿案件，则更上佳。事实上，依证券交易所所在地管辖审案，是有先例的，还有司法批复可循。

其三，建议肯定行政和解新模式。

过去，在证券民事赔偿案件中，通常是在法院主持下的庭内和解或庭外自行和解（少数），实践表明，通过与投资者协商或诉前非诉调解，以补偿专用基金的方式甚至以保险理赔的方式，先行偿付适格投资者（潜在原告）的损失，在取得优先求偿权后再向虚假陈述行为人求偿，从而快速而低成本地完成投资者赔偿事宜，是可以探索的。它可以为诉讼分流，其核心是依靠行政监管的威慑力并以市场化的手段，走一条投资者零或低成本获取补偿的行政和解之路，因而，探索行政和解新模式与保持行政监管威慑力是互动的。

从这个意义上讲，行政和解要成功，行政监管威慑力是前提，要使诉前非诉调解成功，必须维持诉讼中的前置条件文件，必须有可调解的确定性，这对保护投资者权益很重要。当然，前置条件文件范围应当尽量放宽，在特殊情况下，才启动重大性认定程序。

其四，建议以多路径方式确定计算损失时段。

这种计算损失时段指虚假陈述实施日至虚假陈述揭露日或更正日之间的时段。

以往大多数证券民事赔偿案件都只认定一个揭露日，赔付从一个实施日到一个揭露日计损，谓之"单线"。有少数案件是多个实施日分别至多个揭露日计损，互相之间是同向前后关系，谓之"串联"。实际上，还采用了一个实施日至分别不同的多个揭露日计损，或多个实施日分别至同一个揭露日计损，而时段之间是同向并行关系，谓之"并联"。从而使补偿范围最大化，也解决了多个实施日至多个揭露日或更正日之间计损的分歧。因此，依据最大补偿原则，采用最宽泛的适格投资者来认定计损范围。

在以往的司法实践中，赔付不足是普遍存在的问题，宜重新以最大补偿原则计损，甚至引入惩罚性赔偿制度，向投资者利益倾斜。

其五，建议废置系统风险因素条款。

系统风险条款在司法实践中一直存在争议，而且规定的标准不明晰，建议修订现行虚假陈述民事赔偿司法解释时，废止该条款。

目　录

（一）

大庆联谊、申银万国证券虚假陈述民事赔偿案

主题词：大庆联谊　申银万国证券　虚假陈述　侵权　赔偿

1. 阮月琴等诉大庆联谊石化股份有限公司、申银万国证券股份有限公司诉讼案

黑龙江省哈尔滨市中级人民法院

民事判决书

（2003）哈民三初字第 472 号[①]

原告：阮月琴等 20 人。

委托代理人：宣伟华，国浩律师集团（上海）事务所律师。

委托代理人：徐少辉，国浩律师集团（上海）事务所律师。

委托代理人：宋亦群，国浩律师集团（上海）事务所律师。

被告：大庆联谊石化股份有限公司，住所地：黑龙江省大庆市大同区林源南街 5 号。

法定代表人：李秀军，董事长。

委托代理人：冉志江，北京市竞天公诚律师事务所律师。

委托代理人：阎海廷，北京市竞天公诚律师事务所律师。

被告：申银万国证券股份有限公司，住所地：上海市常熟路

[①]　本司法裁判文书系国浩律师（集团）上海事务所宣传华律师提供。

171 号。

  法定代表人：王明权，董事长。

  委托代理人：倪建雄，该公司法律部经理。

  委托代理人：陆建承，上海市翟建律师事务所律师。

  原告阮月琴、浦慧英等 20 人诉被告大庆联谊石化股份有限公司（以下简称大庆联谊）、被告申银万国证券股份有限公司（以下简称申银万国）虚假陈述证券民事侵权赔偿一案，本院受理后，依法组成合议庭，公开开庭进行了审理。原告阮月琴、浦慧英等 20 人的委托代理人宣伟华、徐少辉、宋亦群，被告大庆联谊委托代理人冉志江、阎海廷，被告申银万国委托代理人倪建雄、陆建承到庭参加诉讼。本案现已审理终结。

  原告诉称：被告大庆联谊在 1997 年发行上市前所编制的 1994 年、1995 年、1996 年会计记录，比其改制母体大庆联谊石化总厂下属相应企业虚增 16 176 万元人民币，并将大庆市国税局一张 400 万余元的缓交税款批准书涂改为 4 400 万余元。上述虚构利润、虚假文件内容载入了大庆联谊 1997 年 4 月 26 日公布的招股说明书和随后发布的上市公告书中。

  被告大庆联谊 1997 年年报虚增利润 2 848.89 万元，其中：内部销售业务产生的尚未实现的利润在合并会计报表时未抵消，虚增利润 939.13 万元；加工产品增量未销售部分利润计入当年损益，虚增利润 796.88 万元；为大庆联谊提供劳务的应付未付费用未计入当年损益，虚增利润 1 058.60 万元；大庆联谊的费用未计入当年损益，虚增利润 54.26 万元。此外，被告大庆联谊的募集资金未按招股说明书披露的投向使用。被告大庆联谊在招股说明书中承诺将募集资金投入四个项目，在 1997 年年报中亦称"公司四个募股资金项目投入情况良好"。但事实上，大庆联谊的募集资金均未投入上述四个项目，其中有 25 700 万元转入母公司大庆联谊石化总厂用做流动资金，5 000 万元违规拆借给被告申银万国，6 000 万元投入证券市场，其余资金投资于其他项目。

  被告申银万国在为被告大庆联谊编制发行上市材料时，对有关文件的真实、完整性未作认真核查，致使申报的材料含有重大虚假信息。二被告违反证券法规的虚假陈述行为和事实，已经中国证监会于 2000 年 3 月 31 日分别发布的证监罚字（2000）16 号、（2000）15 号《处罚决定书》予以查明并处罚。

原告认为：被告大庆联谊违反证券法律规定，在证券发行和交易过程中，对重大事件作出违背事实真相的虚假记载、误导性陈述，致使原告入市和交易，从而造成投资损失。被告申银万国应当知道被告大庆联谊虚假陈述，而未出具保留意见，属共同侵权，应对原告损失承担连带责任。根据二被告上述虚假陈述事实，以及最高人民法院《关于审理证券市场因虚假陈述引发的民事赔偿案件的若干规定》及其他法律规定，特提起诉讼，要求判令：

1. 被告大庆联谊赔偿因虚假陈述而给原告阮月琴、浦慧英等 20 人造成的经济损失（包括投资差额损失、佣金、印花税、利息）共计 314 394.93 元；

2. 被告申银万国承担连带赔偿责任；

3. 二被告承担诉讼费和诉讼成本费。

原告为证明其主张的事实成立，在本院开庭审理时出示了以下证据：

证据一：阮月琴、浦慧英等 20 位原告的身份证明，此证据意在证明原告的诉讼主体资格合法。

证据二：被告大庆联谊的企业工商登记材料。

证据三：被告申银万国的企业工商登记材料。

证据四：被告大庆联谊在 1997 年 4 月 26 日的《中国证券报》上刊登的《招股说明书》。

证据五：被告大庆联谊在 1997 年 5 月 20 日的《证券时报》上刊登的《上市公告书》。

证据六：被告大庆联谊在 1998 年 3 月 23 日的《中国证券报》上刊登的 1997 年年报。

证据七：中国证监会 2000 年 3 月 31 日对被告大庆联谊所作的证监罚字（2000）年第 16 号《处罚决定书》。

证据八：中国证监会 2000 年 3 月 31 日对被告申银万国所作的证监罚字（2000）年第 15 号《处罚决定书》。

原告以上述证据意在证明二被告存在侵权的事实。

证据九：被告大庆联谊日期为 1999 年 4 月 20 日的董事会公告，原告意在证明 1999 年 4 月 21 日为揭露日。

证据十：以 1999 年 4 月 21 日作为虚假陈述揭露日，大庆联谊股票到 1999 年 6 月 21 日累计成交量达到 100％ 的记录，原告意在证明 1999 年 6 月 21 日为基准日。

证据十一：上海证券登记结算公司黄浦代办处出具的原告大庆联谊股票交易记录单，原告意在证明损失的计算依据。

证据十二：综合说明一份，原告意在证明损失计算的方法和过程。

证据十三：原告损失计算表，原告意在证明损失的计算过程和结果。

证据十四：对诉讼成本（邮寄费、材料费、差旅费、诉讼费、人工成本费、通讯费、查询费、其他杂费）的计算表，原告意在证明诉讼成本的计算方法。

证据十五：中国证监会 2000 年 3 月 31 日对北京星河律师事务所所作的证监罚字（2000）年第 19 号《处罚决定书》及从黑龙江省工商行政管理局调取的被告大庆联谊工商档案，原告意在证明被告申银万国构成共同侵权。

被告大庆联谊辩称：

1. 原告向法院主张权利已超过诉讼时效期间，其诉讼请求不应得到支持。虽然最高人民法院法释（2003）2 号规定原告提起民事赔偿的诉讼时效期间从行政处罚决定公告日或刑事判决生效日起计算，但本案中原告主张其 1999 年 4 月 21 日就已经知道虚假陈述侵权行为的存在，依据《民法通则》关于诉讼时效的规定，原告的诉讼时效期间从 1999 年 4 月 22 日至 2001 年 4 月 21 日。由于《民法通则》无论在法律效力还是法的位阶上都高于最高人民法院的司法解释，因此本案应适用《民法通则》关于诉讼时效的规定。原告未在诉讼时效期间内提起诉讼，已丧失胜诉权。

2. 原告关于揭露日的确定不符合法律规定，揭露日应为 2000 年 4 月 27 日。1999 年 4 月 21 日被告大庆联谊首次公告涉嫌虚假陈述，公告全文至今仍保留在股市公开的信息栏；2000 年 3 月 31 日证监会签发了对被告大庆联谊的处罚决定，大庆联谊收到后依照行政处罚决定生效的程序，于 2000 年 4 月 27 日接受处罚并公告了处罚全文。因此有关虚假陈述的违法、违规行为，是 2000 年 4 月 27 日被揭露的。大庆联谊此前的公告，仅是在相关知情人被隔离审查后对投资者进行风险提示，不可能对尚未查明的虚假陈述予以充分、全面的揭露。最高人民法院法释（2003）2 号中有关揭露日的定义，应正确解读为对虚假陈述进行的完整、准确、清楚、无误的揭示，并足以让一般投资者能够据此得出上市公司在某一重大事件方面存在虚假陈述的结论或判断，而不是对上市公司所作的怀疑或猜测性报道。

3. 原告投资大庆联谊股票的交易损失，主要是受系统风险及影响股价走势的多种因素所致，与被揭露的虚假陈述没有显而易见的因果关系。投资者追捧新股是 1997—1999 年度普遍存在的现象，在 1997 年度发行的股票开盘后，在二级市场的价格往往高于发行价二至三倍，特别是流通股在 5 000 万股以下的中小盘股票最受追捧。大庆联谊股票的发行价是 9.87 元/股，但开盘后在二级市场的价位飞涨，最高达每股 33.98 元。从新股、次新股到低价股，持续下跌一年半之久。凡是在 1997—1999 年度参与证券交易的投资者，都知道这是次新股从高价到低价的必然归宿，根本与有无虚假陈述不相干。大庆联谊股票因属石化类传统企业股，在 1999 年度"5·19"行情到来之前跌到历史最低点，是新股、次新股价格必然向发行价下跌的普遍现象。自 1999 年 4 月 21 日披露涉嫌虚假陈述、接受审查、接受并公告处罚决定，不仅未能导致价格继续下跌，而且自当年 5 月 10 日起随大盘上涨，从历史最低点持续上扬达一年半之久。1999 年之前上市的石化类股票共 6 只，其中 4 只因系国企大盘股或曾受处罚不具可比性，其余两只石炼化和中国凤凰股价走势与大庆联谊起落相似，亦间接证明了虚假陈述对大庆联谊股票的价格没有显而易见的影响。

4. 大庆联谊没有侵犯原告的知情权，原告的交易损失能否得到补偿，应与虚假陈述行为的"实际控制人"大庆联谊石化总厂协商。证监会已经查明本案涉及的虚假陈述行为人是大庆联谊石化总厂，被告大庆联谊在 1998 年 5 月 6 日才依法取得法人资格和营业执照，此前根本不具备法人行为能力和责任能力，因此对大庆联谊石化总厂此前以被告大庆联谊名义实施的违法行为不应承担侵权责任。故请求本院驳回原告的诉讼请求。

被告大庆联谊为证明其所主张的事实，在本院开庭审理时出示了以下证据：

证据一：大庆联谊的《企业法人营业执照》，大庆联谊以此证据意在证明其是 1998 年 5 月 6 日才合法成立的，对于此前大庆联谊石化总厂以其名义实施的行为不应承担责任。

证据二：中国证监会 2000 年 3 月 31 日对大庆联谊所作的证监罚字（2000）年第 16 号《处罚决定书》，大庆联谊以此证据意在证明虚假陈述是各单位及个人共同形成的，原告放弃向其他虚假陈述参与人主张权利造成本案许多事实不能查清。

证据三：大庆联谊石化总厂所作《证明》及对大庆联谊董事任职情况的列表。

证据四：大庆联谊的《招股说明书》。

大庆联谊意在以上述两份证据证明大庆联谊石化总厂是实际控制人和虚假陈述人，应直接承担虚假陈述的法律责任。

证据五：同因虚假陈述行为起诉的股民严伟虹的《起诉状》，大庆联谊以此证据意在证明股民是 2000 年 4 月 27 日才得知大庆联谊虚假上市的，2000 年 4 月 27 日应是虚假陈述揭露日。

证据六：上海证券交易所综合指数、大庆联谊股票和齐鲁石化等八家上市公司股票的 K 线图，大庆联谊以此证据意在证明虚假陈述与原告诉称的损失之间没有因果关系。

证据七：公告披露申请表，大庆联谊以此证据意在证明 1999 年 4 月 21 日不是揭露日。

被告申银万国除同意被告大庆联谊的答辩意见外，另辩称：

1. 申银万国没有实施侵权行为，也没有同大庆联谊共同实施侵权行为，对大庆联谊的虚假陈述不应承担侵权责任及连带责任。原告起诉的虚假陈述事实，包括《招股说明书》和《上市公告书》以及其他所为"侵权事实"，均系大庆联谊单独所谓，申银万国既不明知，也未参与。原告的损失同申银万国的行为之间不存在因果关系，申银万国不应承担责任。

2. 申银万国在本案中没有过错，应予免责。大庆联谊涉及欺诈上市的问题共有四项，即：（1）黑龙江省体改委出具的虚假批文；（2）大庆市工商局出具的虚假营业执照；（3）黑龙江省证券公司出具的虚假股权托管证明；（4）经涂改的缓交税款批准书。作为主承销商和上市推荐人的申银万国，根本无法鉴别、识别、查验和阻断这些制假造假现象。大庆联谊涉及的虚假陈述行为，超出了申银万国审核的能力和义务，依法应由实施欺诈者自行承担责任。原告认为申银万国未尽到主承销商的注意义务和勤勉尽责义务，既无证据支持，又无法律依据，实属苛求。

3. 原告的损失计算有失客观和公正。因此申银万国亦请求本院驳回原告的诉讼请求。

被告申银万国为证明其所主张的事实，在本院开庭审理时出示了以下证据：

证据一：中国证监会 2000 年 3 月 31 日对申银万国所作的证监罚字（2000）年第 15 号《处罚决定书》，申银万国以此证据意在证明其存在的问题是过失，且已经接受了相应的行政处罚。

证据二：中国证监会 2000 年 3 月 31 日对大庆联谊所作的证监罚字（2000）年第 16 号《处罚决定书》，申银万国以此证据意在证明是大庆联谊填写的虚假内容，其即使存在问题也与大庆联谊是不同的问题，不应与大庆联谊承担共同侵权责任。

证据三：大庆联谊 2000 年 4 月 26 日的董事会公告，申银万国以此证据意在证明揭露日不是原告主张的 1999 年 4 月 21 日。

开庭审理中，原被告双方对上述证据当庭进行了质证并分别发表了质证意见。双方对相对方出示的证据的真实性均无异议，但均不同意相对方就所出示的证据而阐述的观点及所要证明的问题。本院对原被告双方出示证据的真实性予以确认。另本院依据被告申银万国的申请，向中国证券登记结算有限责任公司上海分公司调取了原告大庆联谊股票交易记录，原被告双方均认可以此交易记录为准。

本院认为本案的争议焦点在于：

1. 被告大庆联谊是在 1998 年 5 月 6 日正式成立，虚假陈述行为由大庆联谊石化总厂作出，大庆联谊是否应承担责任。

2. 哪些原告的股票交易损失与大庆联谊的虚假陈述行为存在因果关系。

3. 被告申银万国是否应承担责任。

4. 原告向法院主张权利是否超过诉讼时效期间。

本院经审理认为：

1. 大庆联谊石化总厂以被告大庆联谊名义发布招股说明书、上市公报和 1997 年年报，已被中国证监会以欺诈上市、虚报利润、募集资金未按上市公告书说明的投向使用，严重违反《股票发行与交易管理暂行条例》的有关规定给予处罚，根据最高人民法院《关于审理证券市场因虚假陈述引发的民事赔偿案件的若干规定》（以下简称《若干规定》）第十七条的规定，其行为构成虚假陈述。《若干规定》第二十二条第一款规定："实际控制人操纵发行人或者上市公司违反证券法律规定，以发行人或者上市公司名义虚假陈述并给投资人造成损失的，可以由发行人或者上市公司承担赔偿责任。发行人或者上市公司承担赔偿责任后，可以向实际控制人追偿。"本案中实际控制人虽为大庆联谊石化总厂，但根据此项规定，原告将大庆联谊作为被告，要求其承担赔偿责任并无不当。

2. 根据中国证监会的处罚决定，被告大庆联谊存在两个虚假陈述行为，即欺诈上市虚假陈述和 1997 年年报虚假陈述。被告大庆联谊于 1997 年 4 月 26 日公布《招股说明书》和《上市公告书》，1998 年 3 月 23 日公布 1997 年年报，根据《若干规定》第二十条第一款的规定，上述日期应分别为被告大庆联谊两个虚假陈述行为实施日。被告大庆联谊于 1999 年 4 月 21 日首次在《中国证券报》上公告，对 1997 年年报涉嫌利润虚假、募集资金使用虚假等内容进行公告，根据《若干规定》第二十条第二款的规定，本院确认该日为被告大庆联谊 1997 年年报虚假陈述行为揭露日。2000 年 3 月 31 日，中国证监会对大庆联谊欺诈上市、1997 年年报内容虚假陈述行为作出处罚，2000 年 4 月 27 日公布于《中国证券报》，首次揭露了欺诈上市的虚假陈述行为。本院据此确认大庆联谊欺诈上市虚假陈述行为揭露日为 2000 年 4 月 27 日。另根据《若干规定》第三十三条之规定，上述两个揭露日至大庆联谊股票累计成交量达到可流通部分 100％的日期分别为 1999 年 6 月 21 日、2000 年 6 月 23 日。故上述日期应分别为确定两个虚假陈述行为损失赔偿的基准日。经核实揭露日至基准日期间，每个交易日收盘价的平均价格分别为 9.65 元、13.50 元。《若干规定》第十八条规定："投资人具有以下情形的，人民法院应当认定虚假陈述与损害结果之间存在因果关系：（一）投资人所投资的是与虚假陈述直接关联的证券；（二）投资人在虚假陈述实施日及以后，至揭露日之前买入该证券；（三）投资人在虚假陈述揭露日及以后，因卖出该证券发生亏损，或者因持续持有该证券而产生亏损。"故本院确认原告阮月琴、浦慧英等 17 人符合该条规定的股票交易损失与大庆联谊的虚假陈述行为存在因果关系。被告大庆联谊应对原告阮月琴、浦慧英等 17 人的实际损失承担赔偿责任。承担赔偿责任的范围为《若干规定》第三十条规定的："虚假陈述行为人在证券交易市场承担民事赔偿责任的范围，以投资人因虚假陈述而实际发生的损失为限。投资人实际损失包括：（一）投资差额损失；（二）投资差额损失部分的佣金和印花税。前款所涉资金利息，自买入至卖出证券日或者基准日，按银行同期活期存款利率计算。"其中投资差额损失的计算方法为《若干规定》第三十一条规定的："投资人在基准日及以前卖出证券的，其投资差额损失，以买入证券平均价格与实际卖出证券平均价格之差，乘以投资人所持证券数量计算。"和第三十二条规定的"投资人在基准日之后卖出或者仍持有证券的，其投资差额损失，以买入证券平均价格与虚假陈述揭露日或者更正日起至基准日期间，每个交易日收盘价的平均价格之差，乘以投资人所持证券数量计算"。投资差额损失部分的佣金和印花税分别按 3.5‰和 4‰计算。原告唐修兰、朱泉林等 3 人具有《若干规定》第十九条规定的情形，即在虚假陈述揭露日之前已经卖出证券或在虚假陈述揭露日及以后进行的投资，本院据此确认原告唐修兰、朱泉林等 3 人的股票交易损失与大庆联谊的虚假陈述行为不存在因果关系。

3. 被告申银万国作为大庆联谊股票的上市推荐人，对被告大庆联谊上市文件的真实性、完整性负有法定的审核义务，其未尽必要的审核注意义务，使含有虚假信息的大庆联谊股票得以发行上市。因其编制的材料含有重大虚假信息，于 2000 年 3 月 31 日被证监会处罚，4 月 27 日公布于《中国证券报》。在被告大庆联谊的虚假陈述行为没有揭露或者更正之前，发行市场的虚假陈述行为必然对交易市场产生影响，投资人在二级市场的投资判断仍可推定为对招股说明书、上市报告等的信赖。作为上市推荐人应当知道上市材料存在虚假，而没有提出异议或保留意见，根据《若干规定》第二十七条的规定，被告申银万国与被告大庆联谊对欺诈上市虚假陈述构成共同侵权，应对大庆联谊欺诈上市给原告造成的损失承担连带责任。

4.《若干规定》第五条规定："投资人对虚假陈述行为人提起民事赔偿的诉讼时效期间，适用民法通则第一百三十五条的规定，根据下列不同情况分别起算：（一）中国证券监督管理委员会或其派出机构公布对虚假陈述行为人作出处罚决定之日；（二）中华人民共和国财政部、其他行政机关以及有权作出行政处罚的机构公布对虚假陈述行为人作出处罚决定之日；（三）虚假陈述行为人未受行政处罚，但已被人民法院认定有罪的，作出刑事判决生效之日。因同一虚假陈述行为，对不同虚假陈述行为人作出两个以上行政处罚；或者既有行政处罚，又有刑事处罚的，以最先作出的行政处罚决定公告之日或者作出的刑事判决生效之日，为诉讼时效起算之日。"依据该条规定，本院确认本案的诉讼时效起算之日为中国证监会对大庆联谊欺诈上市相关责任人作出处罚决定的公布日期 2000 年 4 月 27 日。本案的原告在 2002 年 4 月 27 日之前已向本院起诉，并未超过诉讼时效期间。

另原告请求被告给付诉讼成本费的主张无法律依据，本院不予支持。

综上，依照最高人民法院《关于审理证券市场因虚假陈述引发的民事赔偿案件的若干规定》第五条、第十七条、第十八条、第十九条、第二十条、第二十二条第一款、第二十七条、第三十条、第三十一条、第三十二条、第三十三条之规定，判决如下：

1. 被告大庆联谊石化股份有限公司于本判决生效之日起十日内赔偿原告阮月琴、浦慧英等 17 人实际损失 206 186.71 元（每人具体金额见附表）。

2. 被告申银万国证券股份有限公司对上述实际损失中的 176 074.48元承担连带赔偿责任。

3. 驳回原告唐修兰、朱泉林等 3 人的诉讼请求。

案件受理费 7 225.92 元（原告已预交 2 540.30 元），由原告负担 1 623.12 元，被告大庆联谊石化股份有限公司负担 5 602.80 元。

如不服本判决，可在判决书送达之日起十五日内，向本院递交上诉状，并按对方当事人的人数提出副本，上诉于黑龙江省高级人民法院。

审判长　王晓杰

审判员　聂文雎

代理审判员　彭华杰

二○○四年八月十九日

书记员　张志刚

附表：

每人获赔金额明细表

姓名	大庆联谊赔偿额	申银万国连带赔偿
阮月琴	14 106.20 元	
浦慧英	15 788.99 元	15 452.07 元
沈慧萍	5 165.46 元	
熊松煌	4 350.01 元	4 350.01 元
姚思思	23 918.38 元	23 918.38 元
黄　蓓	6 086.07 元	4 217.14 元
施美英	9 783.61 元	9 134.06 元
李冬琳	23 461.15 元	20 727.79 元
王申申	23 394.32 元	23 394.32 元
胡文瑛	10 300.72 元	10 300.72 元
黄新娣	3 715.67 元	3 715.67 元
李冬青	11 032.82 元	9 476.16 元

（续表）

姓名	大庆联谊赔偿额	申银万国连带赔偿
华　澄	9 054.19 元	8 300.67 元
陈立言	3 797.45 元	3 797.45 元
诸文浩	8 136.71 元	7 093.05 元
戴少云	15 628.22 元	15 628.22 元
傅小明	18 466.74 元	16 568.77 元

阮月琴损失计算方法：

1. 欺诈上市

1997 年 12 月 24 日至 2000 年 1 月 5 日期间买入 10 300 股，此期间内全部卖出，与欺诈上市不存在因果关系。

2. 1997 年年报

1998 年 8 月 24 日至 1999 年 1 月 13 日买入 5 700 股，期间卖出 3 200 股，剩余 2 500 股损失与 1997 年年报虚假陈述存在因果关系。差额损失为平均买入价 15.28 元与实际卖出平均价 9.74 元之差乘以股数 2 500 股之积，即 13 850 元。

佣金和印花税 103.88 元，利息 152.32 元。

大庆联谊赔偿 14 106.20 元，申银万国不承担责任。

浦慧英损失计算方法：

1. 欺诈上市（申银万国）

1997 年 7 月 4 日至 2000 年 1 月 5 日期间买入 2 400 股，此期间卖出 1 100 股，剩余 1 300 股于欺诈上市揭露日后基准日前卖出 300 股，基准日后卖出 1 000 股，该部分损失与欺诈上市存在因果关系。差额损失为平均买入价 24.91 元与实际卖出平均价 13.86 元之差乘以股数 300 股之积；平均买入价 24.91 元与 13.5 元之差乘以股数 1 000 股之积，总计 14 725 元。

佣金和印花税 110.44 元，利息 616.63 元。

损失总计 15 452.07 元。

2. 1997 年年报

1998 年 8 月 5 日至 1998 年 10 月 21 日期间买入 400 股，亦受 1997 年年报影响，于 1997 年年报虚假陈述揭露日至基准日后卖出。

差额损失为平均买入价 16.58 元与 9.65 元之差乘以股数 400 股之积，即 2 772 元。

佣金和印花税 20.79 元，利息 34.99 元。

损失总计 2 827.78 元。

3. 欺诈上市

1997 年 7 月 4 日至 2000 年 1 月 5 日期间买入 2 400 股，此期间卖出 1 100 股，剩余 1 300 股，再扣除受年报影响的 400 股，其余 900 股受欺诈上市影响，损失与欺诈上市存在因果关系。差额损失为平均买入价 28.61 元与 13.5 元之差乘以股数 900 股之积，即 13 599 元。

佣金和印花税 101.99 元，利息 1 163.48 元。

损失总计 14 864.47 元。

2、3 损失合计 17 692.25 元。

因原告请求赔偿数额为 15 788.99 元，少于应赔偿数额。大庆联谊应当按照原告请求数额 15788.99 元予以赔偿，申银万国对其中 15 452.07元承担连带赔偿责任。

沈慧萍损失计算方法：

1. 欺诈上市

1997 年 7 月 22 日至 1999 年 2 月 2 日期间买入 4300 股，于 1999 年 4 月 27 日前全部卖出，与欺诈上市不存在因果关系。

2. 1997 年年报

1998 年 8 月 6 日至 1999 年 2 月 2 日期间买入 700 股，1997 年年报虚假陈述揭露日后基准日前卖出，与 1997 年年报虚假陈述存在因果关系。差额损失为平均买入价 16.64 元与实际卖出平均价 9.39 元之差乘以股数 700 股之积，即 5075 元。

佣金和印花税 38.06 元，利息 52.40 元。

大庆联谊赔偿 5165.46 元，申银万国不承担责任。

熊松煌损失计算方法：

欺诈上市：

1997 年 6 月 10 日买入 400 股，1999 年 4 月 21 日买入 800 股，合计 1 200 股，欺诈上市虚假陈述基准日后卖出，损失与欺诈上市虚假陈述存在因果关系。差额损失为平均买入价 16.95 元与 13.5 元之差乘以股数 1 200 股之积，即 4 140 元。

佣金和印花税 31.05 元，利息 178.96 元。

大庆联谊赔偿 4 350.01 元，申银万国承担连带责任。

姚思思损失计算方法：

欺诈上市：

1997 年 5 月 26 日至 1997 年 7 月 18 日期间买入 1 700 股，欺诈上市虚假陈述基准日后卖出或持有。差额损失为平均买入价 26.88 元与 13.5 元之差乘以股数 1 700 股之积，即 22 746 元。

佣金和印花税 170.6 元，利息 1 001.78 元。

大庆联谊赔偿 23 918.38 元，申银万国承担连带责任。

黄蓓损失计算方法：

1. 欺诈上市（申银万国）

1998 年 4 月 10 日买入 500 股，欺诈上市揭露日至基准日后仍持有，损失与欺诈上市虚假陈述存在因果关系。差额损失为平均买入价 21.65 元与 13.5 元之差乘以股数 500 股之积，即 4 075 元。

佣金和印花税 30.56 元，利息 111.58 元。

损失总计 4 217.14 元。

2. 1997 年年报

1998 年 4 月 10 日买入 500 股，1997 年年报虚假陈述揭露日至基准日后仍持有，损失与 1997 年年报虚假陈述存在因果关系。差额损失为平均买入价 21.65 元与 9.65 元之差乘以股数 500 股之积，即 6 000 元。

佣金和印花税 45 元，利息 106.89 元。

损失总计 6 151.89 元。

原告请求数额为 6 086.07 元，少于大庆联谊实际赔偿额。大庆联谊赔偿 6 086.07 元，申银万国对其中的 4 217.14 元承担连带赔偿责任。

施美英损失计算方法：

1. 欺诈上市（申银万国）

1997 年 6 月 3 日至 2000 年 3 月 10 日期间买入 3 700 股，欺诈上

市揭露日前卖出 2 700 股，剩余 1 000 股在欺诈上市揭露日后至基准日前卖出。该部分损失与欺诈上市存在因果关系。差额损失为平均买入价 20.89 元与实际平均卖出价 12.2 元之差乘以股数 1 000 股之积，即 8 690 元。

佣金和印花税 65.18 元，利息 378.88 元。

损失总计 9 134.06 元。

2. 1997 年年报

1998 年 8 月 3 日买入 500 股，亦与 1997 年年报虚假陈述存在因果关系。差额损失为平均买入价 19.8 元与 9.65 元之差乘以股数 500 股之积，即 5 075 元。

佣金和印花税 38.63 元，利息 65.3 元。

损失总计 5 178.93 元。

3. 欺诈上市（大庆联谊）

扣除与年报虚假陈述存在因果关系的 500 股，仍有 1 000 股与欺诈上市存在因果关系。差额损失为平均买入价 16.585 元与实际平均卖出价 12.2 元之差乘以股数 1 000 股之积，即 4 385 元。

佣金和印花税 32.89 元，利息 186.79 元。

损失总计 4 604.68 元。

2、3 损失合计 9 783.61 元。

大庆联谊赔偿 9 783.61 元，申银万国对其中的 9 134.06 元承担连带责任。

唐修兰损失计算方法：

1997 年 6 月 27 日至 1998 年 3 月 18 日期间买入 600 股，1999 年 4 月 22 日卖出，损失与欺诈上市不存在因果关系。二被告不承担责任。

李冬琳损失计算方法：

1. 欺诈上市（申银万国）

1997 年 7 月 9 日至 1999 年 3 月 29 日期间买入 2 000 股，欺诈上市揭露日至基准日后未卖出，损失与欺诈上市存在因果关系。差额损失为平均买入价 23.39 元与 13.5 元之差乘以股数 2 000 股之积，即 19 788 元。

佣金和印花税 148.41 元，利息 791.38 元。

损失总计 20 727.79 元。

2. 1997 年年报

1998 年 4 月 3 日至 1999 年 3 月 29 日期间买入 700 股，损失亦与年报虚假陈述存在因果关系。差额损失为平均买入价 15.52 元与 9.65 元之差乘以股数 700 股之积，即 4 109 元。

佣金和印花税 30.8 元，利息 71.57 元。

损失总计 4 211.37 元。

3. 欺诈上市（大庆联谊）

扣除与 1997 年年报存在因果关系的 700 股，另 1 300 股与欺诈上市存在因果关系。差额损失为平均买入价 27.66 元与 13.5 元之差乘以股数 1 300 股之积，即 18 377 元。

佣金和印花税 137.87 元，利息 729.91 元。

损失总计 19 249.78 元。

2、3 损失合计 23 461.15 元。

大庆联谊赔偿 23 461.15 元，申银万国对其中的 20 727.79 元承担连带赔偿责任。

王申申损失计算方法：

欺诈上市

1997 年 6 月 27 日至 1998 年 8 月 21 日买入 5 000 股，2000 年 4 月 27 日前卖出 3 500 股，尚余 1 500 股于欺诈上市基准日前卖出 900 股，其余 600 股基准日后卖出。差额损失为平均买入价 30.16 元与实际卖出价 14.28 元之差乘以股数 900 股之积；平均买入价 30.16 元与 13.5 元之差乘以股数 600 股之积，合计 24 288 元。

原告请求赔偿数额为 23 394.32 元，少于实际差额损失。被告大庆联谊赔偿原告 23 394.32 元，申银万国承担连带赔偿责任。

胡文瑛损失计算方法：

欺诈上市：

1997 年 6 月 6 日至 1998 年 2 月 18 日期间买入 800 股，欺诈上市揭露日至基准日后仍持有。差额损失为平均买入价 25.75 元与 13.5 元之差乘以股数 800 股之积，即 9 800 元。

佣金和印花税 73.5 元，利息 427.22 元。

损失总计 10 300.72 元。

大庆联谊赔偿 10 300.72 元，申银万国承担连带赔偿责任。

黄新娣损失计算方法：

欺诈上市：

1997 年 7 月 17 日买入 200 股，2000 年 5 月 26 日卖出，损失与欺诈上市存在因果关系。差额损失为平均买入价 31.2 元与 13.5 元之差乘以股数 200 股之积，即 3 540 元。

佣金和印花税 26.55 元，利息 149.12 元。

损失总计 3 715.67 元。

大庆联谊赔偿 3 715.67 元，申银万国承担连带赔偿责任。

李冬青损失计算方法：

1. 欺诈上市（申银万国）

1997 年 7 月 7 日至 1999 年 4 月 13 日期间买入 1 500 股，1997 年 7 月 9 日卖出 300 股，剩余 1 200 股，欺诈上市基准日后仍持有。损失与欺诈上市存在因果关系。差额损失为平均买入价 21.03 元与 13.5 元之差乘以股数 1 200 股之积，即 9 036 元。

佣金和印花税 67.77 元，利息 372.39 元。

损失总计 9 476.16 元。

2. 1997 年年报

1999 年 4 月 12、13 日共计买入 400 股，亦受 1997 年年报虚假陈述影响。1997 年年报虚假陈述基准日后仍持有。差额损失为平均买入价 13.16 元与 9.65 元之差乘以股数 400 股之积，即 1 404 元。

佣金和印花税 10.53 元，利息 3.7 元。

损失共计 1 418.23 元。

3. 欺诈上市（大庆联谊）

1997 年 7 月 7 日至 1999 年 4 月 13 日期间买入 1 500 股，1997 年 7 月 9 日卖出 300 股，剩余 1200 股，扣除与 1997 年年报虚假陈述存在因果关系的 400 股，800 股与欺诈上市存在因果关系。差额损失为平均买入价 24.96 元与 13.5 元之差乘以股数 800 股之积，即 9 168 元。

佣金和印花税 68.76 元，利息 377.83 元。

损失总计 9 614.59 元。

2、3 损失合计 11 032.82 元。

大庆联谊赔偿 11 032.82 元，申银万国对其中的 9 476.16 元承担连带赔偿责任。

华澄损失计算方法：

1. 欺诈上市（申银万国）

1997 年 5 月 23 日至 1998 年 8 月 4 日期间买入 900 股，欺诈上市基准日后仍持有。差额损失为平均买入价 22.27 元与 13.5 元之差乘以股数 900 股之积，即 7 893 元。

佣金和印花税 59.20 元，利息 348.47 元。

损失总计 8 300.67 元。

2. 1997 年年报

1998 年 8 月 4 日买入 200 股，亦受 1997 年年报虚假陈述影响。差额损失为平均买入价 19.45 元与 9.65 元之差乘以股数 200 股之积，即 1 960 元。

佣金和印花税 14.7 元，利息 27.11 元。

损失总计 2 001.81 元。

3. 欺诈上市（大庆联谊）

1997 年 5 月 23 日至 1997 年 6 月 3 日期间买入 700 股，受欺诈上市影响。差额损失为平均买入价 23.08 元与 13.5 元之差乘以股数 700 股之积，即 6 706 元。

佣金和印花税 50.3 元，利息 296.08 元。

损失总计 7 052.38 元。

2、3 损失合计 9 054.19 元。

大庆联谊赔偿 9 054.19 元，申银万国对其中的 8 300.67 元承担连带赔偿责任。

陈立言损失计算方法：

1. 欺诈上市（申银万国）

1998 年 2 月 25 日至 2000 年 3 月 13 日期间买入 2 000 股，期间卖出 1 400 股，剩余 600 股欺诈上市基准日后仍持有。差额损失为平均买入价 19.6 元与 13.5 元之差乘以股数 600 股之积，即 3 660 元。

佣金和印花税 27.45 元，利息 110 元。

损失总计 3 797.45 元。

2.1997 年年报

1998 年 8 月 14 日买入 200 股，亦受 1997 年年报虚假陈述影响。差额损失为平均买入价 16.14 元与 9.65 元之差乘以股数 200 股之积，即 1 298 元。

佣金和印花税 9.74 元，利息 16.91 元。

损失总计 1 324.65 元。

3. 欺诈上市（大庆联谊）

1998 年 2 月 25 日至 2000 年 3 月 13 日期间买入 2 000 股，期间卖出 1 400 股（含 1997 年年报），剩余 600 股欺诈上市基准日后仍持有。差额损失为平均买入价 17.44 元与 13.5 元之差乘以股数 600 股之积，即 2 364 元。

佣金和印花税 17.73 元，利息 71.05 元。

损失总计 2 452.78 元。

2、3 损失合计 3 777.43 元。

大庆联谊按照 3 797.45 元赔偿，申银万国承担连带赔偿责任。

诸文浩损失计算方法：

1. 欺诈上市（申银万国）

1997 年 7 月 10 日至 1998 年 4 月 9 日期间买入 800 股，1999 年 6 月 22 日前卖出 500 股，尚余 300 股与欺诈上市揭露日后基准日前卖出。差额损失为平均买入价 37.43 元与实际卖出价 14.88 元之差乘以股数 300 股之积，即 6 765 元。

佣金和印花税 50.74 元，利息 277.31 元。

损失总计 7 093.05 元。

2.1997 年年报

1998 年 4 月 9 日买入的 200 股，亦受 1997 年年报的影响，揭露日后至基准日未卖出。差额损失为平均买入价 20.92 元与 9.65 元之差乘以股数 200 股之积，即 2 254 元。

佣金和印花税 16.91 元，利息 40.39 元。

损失总计 2 311.3 元。

3. 欺诈上市（大庆联谊）

1997 年 7 月 10 日至 1998 年 4 月 9 日期间买入 800 股，1999 年 6 月 22 日前卖出 500 股，尚余 300 股，扣除与 1997 年年报存在因果关系的 200 股，尚有 100 股与欺诈上市存在因果关系。差额损失为 70.44 元与 14.88 元之差乘以 100 股之积，即 5 556 元。

佣金和印花税 41.67 元，利息 227.74 元。

损失总计 5 825.41 元。

2、3 损失合计 8 136.71 元

大庆联谊赔偿 8 136.71 元，申银万国对其中的 7 093.05 元承担连带赔偿责任。

朱泉林损失计算方法：

1997 年 6 月 23 日至 1998 年 3 月 2 日期间买入 900 股，受欺诈上市影响，因于 1999 年 4 月 27 日欺诈上市虚假陈述揭露日前卖出，与欺诈上市不存在因果关系。二被告不承担责任。

刘继华损失计算方法：

1997 年 7 月 14 日买入 1 000 股，受欺诈上市影响，因于 1999 年 6 月 7 日欺诈上市虚假陈述揭露日前卖出，与欺诈上市不存在因果关系。二被告不承担责任。

戴少云损失计算方法：

1997 年 6 月 11 日至 7 月 18 日期间买入 1 000 股，受欺诈上市影响，于欺诈上市虚假陈述揭露日至基准日前卖出 200 股，其余在基准日后卖出。差额损失为平均买入价 28.53 元与实际卖出价 14.28 元之差乘以股数 200 股之积；平均买入价 28.53 元与 13.5 元之差乘以股数 800 股之积，合计 14 874 元。

佣金和印花税 111.56 元，利息 642.66 元。

损失总计 15 628.22 元。

大庆联谊赔偿 15 628.22 元，申银万国承担连带赔偿责任。

傅小明损失计算方法：

1. 欺诈上市（申银万国）

1997 年 6 月 23 日至 1998 年 8 月 22 日期间买入 1 500 股，受欺

诈上市影响，欺诈上市揭露日至基准日后仍持有。差额损失为平均买入价 24.02 元与 13.5 元之差乘以股数 1 500 股之积，即 15 780 元。

佣金和印花税 118.35 元，利息 670.42 元。

损失总计 16 568.77 元。

2.1997 年年报

1998 年 8 月 10 日买入 500 股，亦受年报虚假陈述影响，损失与 1997 年年报虚假陈述存在因果关系。差额损失为平均买入价 17.84 元与 9.65 元之差乘以股数 500 股之积，即 4 095 元。

佣金和印花税 30.71 元，利息 50.7 元。

损失总计 4 176.41 元。

3. 欺诈上市（大庆联谊）

1997 年 6 月 23 日至 1998 年 8 月 22 日期间买入 1 500 股，受欺诈上市影响，扣除与年报存在因果关系的 500 股，尚有 1 000 股与欺诈上市存在因果关系。欺诈上市揭露日至基准日后仍持有。差额损失为平均买入价 27.11 元与 13.5 元之差乘以股数 1 000 股之积，即 13 610 元。

佣金和印花税 102.08 元，利息 578.25 元。

损失总计 14 290.33 元。

2、3 损失合计 18 466.74 元。

大庆联谊赔偿 18 466.74 元，申银万国对其中的 16 568.77 元承担连带赔偿责任。

2. 陈丽华等诉大庆联谊石化股份有限公司、申银万国证券股份有限公司上诉案

黑龙江省高级人民法院
《民事判决书》

（2004）黑民终字第××号

原告：陈丽华等 23 名投资人（名单略）。

被告：大庆联谊石化股份有限公司。

法定代表人：李秀军，该公司董事长。

被告：申银万国证券股份有限公司。

法定代表人：王明权，该公司董事长。

原告陈丽华等 23 名投资人因认为被告大庆联谊石化股份有限公司（以下简称大庆联谊公司）、被告申银万国证券股份有限公司（以下简称申银证券公司）的虚假陈述行为给其投资股票造成了损失，侵犯其民事权益，向黑龙江省哈尔滨市中级人民法院提起诉讼。

原告诉称：被告大庆联谊公司和被告申银证券公司在证券市场实施虚假陈述行为，已经受到中国证券监督管理委员会（以下简称中国证监会）的处罚。这不仅有中国证监会的《处罚决定书》证实，大庆联谊公司 1999 年 4 月 21 日发布的董事会公告中也承认。二被告的虚假陈述行为使原告在投资大庆联谊公司股票中遭受了损失，应当对给原告造成的损失承担赔偿责任。请求判令大庆联谊公司赔偿原告经济损失 960 063.15 元，申银证券公司对此承担连带赔偿责任；由二被告负担本案诉讼费和诉讼成本费。

原告提交以下证据：

1. 身份证明，用以证明 23 名原告的诉讼主体资格合法；

2. 1997 年 4 月 26 日《中国证券报》上刊登的大庆联谊公司《招股说明书》、1997 年 5 月 20 日《证券时报》上刊登的大庆联谊公司《上市公告书》、1998 年 3 月 23 日《中国证券报》上刊登的大庆联谊公司《1997 年年报》，用以证明虚假陈述事实；

3. 2000 年 3 月 31 日中国证监会所作的证监罚字（2000）年第 15、16 号《处罚决定书》，1999 年 4 月 20 日、1999 年 11 月 26 日和 2000 年 4 月 26 日大庆联谊公司发布的三次董事会公告，用以证明行政主管部门已经对二被告的虚假陈述行为进行了处罚，大庆联谊公司对其虚假陈述的事实不予否认；

4. 上海证券登记结算公司黄浦代办处出具的股票交易记录单、关于原告经济损失计算方法的综合说明、经济损失计算表，用以证明原告方的经济损失以及该损失的计算方法；

5. 对邮寄费、查询费、差旅费、通讯费、材料费、诉讼费、人工费以及其他杂费等费用的计算表，用以证明原告方主张的诉讼成本。

被告大庆联谊公司辩称：

1. 本案所涉虚假陈述行为，是大庆联谊公司石化总厂（以下简称联谊石化总厂）以大庆联谊公司名义实施的；大庆联谊公司在 1998 年 5 月 6 日才依法取得法人资格和营业执照，不应对此前联谊石化总厂实施的违法行为承担民事责任。

2. 中国证监会的处罚决定是于 2000 年 4 月 27 日公布的，也就是说，2000 年 4 月 27 日是大庆联谊公司虚假陈述行为的揭露日。1999 年 4 月 20 日大庆联谊公司的董事会公告，仅是对投资者进行风险提示。原告方将这个日期作为大庆联谊公司虚假陈述行为的揭露日，不符合法律规定。

3. 原告方投资大庆联谊公司股票的交易损失，主要是受系统风险及影响股价走势的多种因素所致，与大庆联谊公司被揭露的虚假陈述行为没有显而易见的因果关系。

4. 原告既然主张其于 1999 年 4 月 21 日从大庆联谊公司董事会公告中知道了虚假陈述行为的存在，其提起本案侵权之诉时，已超过了法律规定的两年诉讼时效期间，其诉讼请求不应得到支持。应当驳回原告的诉讼请求。

被告大庆联谊公司提交以下证据：

1. 联谊石化总厂出具的《证明》、大庆联谊公司董事任职情况列表、《招股说明书》，用以证明虚假陈述行为是大庆联谊公司的实际控制人联谊石化总厂实施的，应当由联谊石化总厂直接承担虚假陈述的法律责任；

2. 《企业法人营业执照》，用以证明大庆联谊公司是在 1998 年 5 月 6 日合法成立的，因此对成立前联谊石化总厂以其名义实施的行为不应承担责任；

3. 中国证监会的证监罚字（2000）年第 16 号《处罚决定书》，用以证明虚假陈述行为是多个单位与个人实施的，原告方放弃向其他虚假陈述参与人主张权利，会造成本案许多事实不能查清；

4. 另案股民严伟虹的《起诉状》，用以证明股民是在 2000 年 4 月 27 日才得知大庆联谊公司的虚假上市行为，因此应当将 2000 年 4 月 27 日确定为大庆联谊公司的虚假陈述行为揭露日；

5. 上海证券交易所综合指数、大庆联谊公司股票和齐鲁石化等 8 家上市公司股票的 K 线图，用以证明原告诉称的经济损失与大庆联谊公司的虚假陈述行为之间没有因果关系。

被告申银证券公司除同意被告大庆联谊公司的答辩理由外，另辩称：原告起诉的虚假陈述事实，包括《招股说明书》《上市公告书》以及其他所谓"侵权事实"，均系大庆联谊公司所为，依法应由实施欺诈者自行承担责任。对大庆联谊公司的虚假陈述，申银证券公司既不明知也未参与。要求股票承销商和上市公司推荐人识别、查验和阻断这些制假造假现象，超出了申银证券公司的审核能力与义务。原告的诉讼请求应当驳回。

法庭主持了质证、认证。经质证，双方当事人均对对方出示证据的真实性无异议，但均不同意对方基于这些证据而主张的证明目的。此外，法庭根据被告申银证券公司的申请，向中国证券登记结算有限责任公司上海分公司调取了 23 名原告的大庆联谊公司股票交易记录，双方当事人均认可此交易记录。

经质证、认证，哈尔滨市中级人民法院查明：

被告大庆联谊公司正式成立于 1998 年 5 月 6 日。

1997 年 4 月 26 日，联谊石化总厂以被告大庆联谊公司的名义发布《招股说明书》。该说明书中，载明被告申银证券公司是大庆联谊公司股票的上市推荐人和主承销商。1997 年 5 月 23 日，代码为 600065A 的大庆联谊公司股票在上海证券交易所上市。1998 年 3 月 23 日，联谊石化总厂又以大庆联谊公司的名义发布《1997 年年报》。1999 年 4 月 21 日，根据有关部门的要求，大庆联谊公司在《中国证券报》上发布董事会公告，称该公司的《1997 年年报》因涉嫌利润虚假、募集资金使用虚假等违法、违规行为，正在接受有关部门调查。2000 年 3 月 31 日，中国证监会以证监罚字（2000）年第 15、16 号，作出《关于大庆联谊公司违反证券法规行为的处罚决定》和《关于申银证券公司违反证券法规行为的处罚决定》。处罚决定中，认定大庆联谊公司有欺诈上市、《1997 年年报》内容虚假的行为；申银证券公司在为大庆联谊公司编制申报材料时，有将重大虚假信息编入申报材料的违规行为。上述处罚决定均在 2000 年 4 月 27 日的《中国证券报》上公布。

从 1997 年 5 月 23 日起，原告陈丽华等 23 人陆续购买了大庆联谊公司股票；至 2000 年 4 月 27 日前后，这些股票分别被陈丽华等 23 人卖出或持有。因购买大庆联谊公司股票，陈丽华等 23 人遭受的实际损失为 425 388.30 元，其中 242 349.00 元损失发生在欺诈上市虚假陈述行为实施期间。

另查明：从被告大庆联谊公司《1997 年年报》虚假行为被披露的 1999 年 4 月 21 日起，大庆联谊公司股票累计成交量达到可流通部分 100％的日期是同年 6 月 21 日，其间每个交易日收盘价的平均价格为 9.65 元；从大庆联谊公司上市虚假行为被披露的 2000 年 4 月 27 日起，大庆联谊公司股票累计成交量达到可流通部分 100％的日期是同年 6 月 23 日，其间每个交易日收盘价的平均价格为 13.50 元。上海证券交易所股票交易的佣金和印花税，分别为 3.5‰和 4‰。

本案争议焦点是：

1. 大庆联谊公司应否对联谊石化总厂以其名义实施的虚假陈述行为承担民事责任。

2. 原告的股票交易损失与虚假陈述行为之间是否存在因果关系。

3. 申银证券公司应否对虚假陈述行为承担连带责任。

4. 原告的经济损失如何确定。

5. 原告向法院主张权利，是否超过诉讼时效期间。

哈尔滨市中级人民法院认为：

本案是因《中华人民共和国证券法》（以下简称《证券法》）施行前实施的证券虚假陈述行为引发的侵权纠纷，审理本案应当适用 1993 年 4 月 22 日以国务院第 112 号令发布的《股票发行与交易管理暂行条例》（以下简称《股票管理暂行条例》）和最高人民法院《关于审理证券市场因虚假陈述引发的民事赔偿案件的若干规定》（以下简称《证券赔偿案件规定》）。

关于第一点争议。《招股说明书》《上市公告书》和《1997 年年报》，都是联谊石化总厂以被告大庆联谊公司的名义发布的。这些行为已被中国证监会依照《股票管理暂行条例》的规定认定为虚假陈述行为，并给予相应的处罚，本案各方当事人对此均无异议。《证券赔偿案件规定》第二十一条第一款规定："发起人、发行人或者上市公司对其虚假陈述给投资人造成的损失承担民事赔偿责任。"第二十二条第一款规定："实际控制人操纵发行人或者上市公司违反证券法律规定，以发行人或者上市公司名义虚假陈述并给投资人造成损失的，可以由发行人或者上市公司承担赔偿责任。发行人或者上市公司承担赔偿责任后，可以向实际控制人追偿。"大庆联谊公司是上市公司和大庆联谊公司股票的发行人，大庆联谊公司的实际控制人联谊石化总厂以大庆联谊公司的名义虚假陈述，给原告陈丽华等23名投资人造成损失，陈丽华等人将大庆联谊公司列为本案被告，要求大庆联谊公司承担赔偿责任，并无不当。

关于第二点争议。《证券赔偿案件规定》第十八条规定："投资人具有以下情形的，人民法院应当认定虚假陈述与损害结果之间存在因果关系：（一）投资人所投资的是与虚假陈述直接关联的证券；（二）投资人在虚假陈述实施日及以后，至揭露日或者更正日之前买入该证券；（三）投资人在虚假陈述揭露日或者更正日及以后，因卖出该证券发生亏损，或者因持续持有该证券而产生亏损。"原告陈丽华等23人购买了与虚假陈述直接关联的大庆联谊公司股票并因此而遭受了实际损失，应当认定大庆联谊公司的虚假陈述行为与陈丽华等人遭受的损失之间存在因果关系。大庆联谊公司所举证据不足以否认这种因果关系，关于不存在因果关系的主张不予采纳。

关于第三点争议。《股票管理暂行条例》第二十一条规定："证券经营机构承销股票，应当对招股说明书和其他有关宣传材料的真实性、准确性、完整性进行核查；发现含有虚假、严重误导性陈述或者重大遗漏的，不得发出要约邀请或者要约；已经发出的，应当立即停止销售活动，并采取相应的补救措施。"《证券赔偿案件规定》第二十七条规定："证券承销商、证券上市推荐人或者专业中介服务机构，知道或者应当知道发行人或者上市公司虚假陈述，而不予纠正或者不出具保留意见的，构成共同侵权，对投资人的损失承担连带责任。"根据中国证监会《处罚决定书》的认定，本案存在两个虚假陈述行为，即欺诈上市虚假陈述和《1997 年年报》虚假陈述。这两个虚假陈述行为中，欺诈上市虚假陈述与被告申银证券公司相关。作为专业证券经营机构，大庆联谊公司股票的上市推荐人和主承销商，申银证券公司应当知道，投资人依靠上市公司的《招股说明书》《上市公告书》等上市材料对二级市场投资情况进行判断；上市材料如果虚假，必将对股票交易市场产生恶劣影响，因此应当对招股说明书和其他有关宣传材料的真实性、准确性、完整性进行核查。申银证券公司编制被告大庆联谊公司的上市文件时，未经认真审核，致使申报材料含有重大虚假信息，已经构成共同侵权，应当对投资人的损失承担连带责任。

　　关于第四点争议。《证券赔偿案件规定》第三十条第一款规定："虚假陈述行为人在证券交易市场承担民事赔偿责任的范围，以投资人因虚假陈述而实际发生的损失为限。投资人实际损失包括：（一）投资差额损失；（二）投资差额损失部分的佣金和印花税。"第三十一条规定："投资人在基准日及以前卖出证券的，其投资差额损失，以买入证券平均价格与实际卖出证券平均价格之差，乘以投资人所持证券数量计算。"第三十二条规定："投资人在基准日之后卖出或者仍持有证券的，其投资差额损失，以买入证券平均价格与虚假陈述揭露日或者更正日起至基准日期间，每个交易日收盘价的平均价格之差，乘以投资人所持证券数量计算。"第二十条第一款规定："本规定所指的虚假陈述实施日，是指作出虚假陈述或者发生虚假陈述之日。"第二十条第二款规定："虚假陈述揭露日，是指虚假陈述在全国范围发行或者播放的报刊、电台、电视台等媒体上，首次被公开揭露之日。"第三十三条规定："投资差额损失计算的基准日，是指虚假陈述揭露或者更正后，为将投资人应获赔偿限定在虚假陈述所造成的损失范围内，确定损失计算的合理期间而规定的截止日期。基准日分别按下列情况确定：（一）揭露日或者更正日起，至被虚假陈述影响的证券累计成交量达到其可流通部分 100% 之日。但通过大宗交易协议转让的证券成交量不予计算。（二）按前项规定在开庭审理前尚不能确定的，则以揭露日或者更正日后第 30 个交易日为基准日。（三）已经退出证券交易市场的，以摘牌日前一交易日为基准日。（四）已经停止证券交易的，可以停牌日前一交易日为基准日；恢复交易的，可以本条第（一）项规定确定基准日。"

被告大庆联谊公司实施了欺诈上市虚假陈述和《1997 年年报》虚假陈述，前者表现在 1997 年 4 月 26 日公布的《招股说明书》和《上市公告书》，后者表现在 1998 年 3 月 23 日公布的《1997 年年报》。因此，两个虚假陈述行为的实施日分别为 1997 年 4 月 26 日、1998 年 3 月 23 日。1999 年 4 月 21 日，大庆联谊公司首次在《中国证券报》上对该公司《1997 年年报》涉嫌虚假的问题进行了公告，应当确认此日为《1997 年年报》虚假陈述行为的揭露日。2000 年 4 月 27 日，《中国证券报》公布了中国证监会对大庆联谊公司虚假陈述行为作出处罚的决定，应当确认此日为欺诈上市虚假陈述行为首次被披露日。自上述两个虚假陈述行为被揭露日起，至大庆联谊公司股票累计成交量达到可流通部分 100％的日期，分别为 1999 年 6 月 21 日、2000 年 6 月 23 日，这是确定两个虚假陈述行为损失赔偿的基准日。

现已查明，前一个基准日的大庆联谊公司股票交易平均价格为 9.65 元，后一个基准日的平均价格为 13.50 元，而股票交易的佣金和印花税分别按 3.5‰、4‰计算。按此方法计算，在虚假陈述实施日以后至揭露日之前，原告陈丽华等 23 人购买大庆联谊公司股票，因卖出或持续持有该股票遭受的实际损失为 425 388.30 元。这笔损失与被告大庆联谊公司的虚假陈述行为存在因果关系，大庆联谊公司应当承担赔偿责任。其中在欺诈上市虚假陈述行为实施期间发生的 242 349.00 元损失，应当由被告申银证券公司承担连带责任。

关于第五点争议。根据《证券赔偿案件规定》第五条第一款第（一）项的规定，投资人对虚假陈述行为人提起民事赔偿的诉讼时效期间，从中国证监会或其派出机构公布对虚假陈述行为人作出处罚决定之日起算。中国证监会对本案所涉虚假陈述行为人作出的处罚决定于 2000 年 4 月 27 日公布。自此日起算，原告陈丽华等 23 人提起本案侵权之诉时，并未超过法律规定的两年诉讼时效期间。

另，原告陈丽华等 23 人请求判令被告给付诉讼成本费用，该主张没有法律依据，不予支持。

据此，哈尔滨市中级人民法院于 2004 年 8 月 19 日判决：

1. 被告大庆联谊公司于本判决生效之日起 10 日内赔偿原告陈丽华等 23 人实际损失 425 388.30 元（每人具体赔偿金额详见附表，本文略）；

2. 被告申银证券公司对上述实际损失中的 242 349.00 元承担连带赔偿责任。

案件受理费 14 610.63 元，由原告陈丽华等 23 人负担 5 719.81 元，被告大庆联谊公司负担 8890.82 元。

一审宣判后，大庆联谊公司和申银证券公司不服，分别向黑龙江省高级人民法院提出上诉。

大庆联谊公司的上诉理由是：

1.《证券赔偿案件规定》是根据《中华人民共和国民法通则》（以下简称《民法通则》）、《证券法》《中华人民共和国公司法》（以下简称《公司法》）以及《中华人民共和国民事诉讼法》（以下简称《民事诉讼法》）等法律制定的司法解释，其中《证券法》于 1999 年 7 月 1 日起才施行。本案所涉虚假陈述行为，一个在 1997 年 4 月 26 日实施，一个在 1998 年 3 月 23 日实施，均早于《证券法》施行之日。在《证券法》施行前用于规范证券市场的《股票管理暂行条例》，是国务院证券委员会发布的部门规章，不具有行政法规效力，《股票管理暂行条例》从《证券法》施行之日起已经作废。中国证监会根据《股票管理暂行条例》的规定，已经对本案所涉虚假陈述的责任人进行了处罚。原判令与虚假陈述行为无关的上诉人承担证券法规定的赔偿责任，上诉人在承担了这个赔偿责任后，必然要再向实际控制人（也就是虚假陈述的责任人）追偿。这对已经接受了处罚的虚假陈述责任人来说，是重复的、追加的民事处罚。故原审既依据已经废止的《股票管理暂行条例》，又引用根据《证券法》制定的司法解释来判决上诉人承担赔偿责任，是适用法律不当，应当免除上诉人的民事赔偿责任。

2. 在原审中，上诉人举出其他法院对类似案件的判决以及 K 线图等大量证据，用以证明揭露日之前的股票市场价格未受虚假陈述行为的影响，投资者在二级市场的获利或损失均与上诉人未披露的信息和募集的资金无关，被上诉人的损失是其在二级市场的投机行为造成的，虚假陈述行为与被上诉人的损失之间不存在因果关系。原判虽然将有无因果关系列为争议焦点之一，但无视上诉人所举的大量证据，以证据不足为由，仍然作出被上诉人损失与虚假陈述行为之间存在因果关系的判断。至于证据充分的标准和依据是什么，他们不做说明，这种做法不符合审理和认定因果关系的诉讼程序规则。

3. 原判认定《1997 年年报》虚假陈述的揭露日为 1999 年 4 月 21 日。既然这个日期是揭露日，那么所有投资者自该日起都应当知道虚假陈述行为已经发生。根据《民法通则》的规定，被上诉人在 2001 年 4 月 21 日以后对《1997 年年报》虚假陈述提起诉讼，显然超过了诉讼时效期间。原判不采纳上诉人关于超过诉讼时效的观点，但不说明自己的理由。

4. 原判认定联谊石化总厂是本案两个虚假陈述行为的实施者和上诉人的实际控制人。虚假陈述行为实施者和上市公司的实际控制人，是两个不同的概念，其诉讼权利义务及赔偿责任承担应有明显区别。原判没有说明这两者之间的区别。

5. 对投资人已卖出的股票，应当按先进先出原则计算买入均价。而本案有些被上诉人的股票买入均价超过最高买入价，甚至超过股票历史最高价，明显与事实不符。此外，股民利息损失不应由上诉人赔偿。原判认定的赔偿数额有误。请求二审撤销原判，改判驳回被上诉人的诉讼请求，由被上诉人负担一、二审诉讼费。

申银证券公司的上诉理由是：

1. 上诉人制作的《招股说明书》仅针对一级市场，又被不断披露的信息所覆盖，被上诉人在二级市场不断地以投机为目的进行股票买卖，原审判决对此未涉及，对上诉人显然不公。

2. 上诉人不是重大虚假信息的发布主体，信息的真假系法律事实，此事实的出现并不依赖上诉人是否认真审核，原审判决认定上诉人"未经认真核查，致使申报材料含有重大虚假信息"不当。

3. 原审判决将本应由会计师事务所承担的责任也一并判由上诉人承担不公。除此以外，同意大庆联谊公司的其他上诉理由。请求二审撤销原判，改判驳回被上诉人的诉讼请求，由被上诉人负担一、二审诉讼费。

被上诉人陈丽华等人辩称：

1.《股票管理暂行条例》是国务院发布的行政法规，不是部门规章，至今未被废止。原审判决适用法律并无不当。

2. 本案不存在系统风险导致股价随大盘波动的情形，上诉人没有提供存在系统风险的有力证据。根据《证券赔偿案件规定》第十八条的规定，只要投资人符合该条规定的情形，应当认定虚假陈述行为与投资人损失之间具有因果关系。

3. 本案诉讼时效期间起算日为中国证监会对大庆联谊公司作出行政处罚公布之日即2000年4月27日，投资人起诉没有超过诉讼时效期间。

4.《招股说明书》不仅是一级市场，也是二级市场投资人投资的重要依据。被上诉人投机是证券市场的正常交易行为，应受法律保护。申银证券公司虽然不是《招股说明书》的发布主体，但因《招股说明书》由其制作、审核并签字，其是责任主体。申报材料含有重大虚假信息，申银证券公司应当承担赔偿责任。

二审庭审中，上诉人大庆联谊公司提交以下新的证据：

1. 哈尔滨市中级人民法院（2003）哈民三初字第403号民事调解书，即原告严伟虹与被告联谊石化总厂达成调解协议；

2. 2004年8月4日《上海证券报》刊登的《股民败诉ST渤海案皆因"系统风险"》以及山东省济南市中级人民法院（2002）济民二初字第12号民事判决书，内容为判决驳回原告张鹤诉银座渤海集团股份有限公司虚假陈述民事赔偿诉讼请求案；

3. 大庆联谊公司股票在1999年4月20日至1999年6月21日的K线图。

大庆联谊公司提交上述证据用以证明：证券市场存在系统风险，投资人的损失是系统风险所致，与大庆联谊公司的虚假陈述无关，应当追加联谊石化总厂为本案被告。

被上诉人对上诉人提交证据的真实性无异议，但认为民事调解书的原告选择了调解权利，与本案无关，对上诉人的主张无证明力。

黑龙江省高级人民法院经审理，确认了一审查明的事实。

二审应解决的争议焦点是：

1. 关于本案法律适用的问题；

2. 关于是否存在系统风险的问题；

3. 关于是否让申银证券公司承担了会计师事务所审核责任的问题；

4. 关于虚假陈述行为人与上市公司实际控制人的责任问题；

5. 关于诉讼时效期间的起算问题；

6. 关于损失数额的计算问题。

黑龙江省高级人民法院认为：

关于第一点。作为司法解释，《证券赔偿案件规定》制定的依据和解释的对象，既包括《证券法》，也包括《民法通则》和《公司法》等法律。本案所涉虚假陈述行为虽然发生于《证券法》施行前，不能依照《证券法》追究行为人的责任，但任何民事行为均须遵循《民法通则》确立的诚实信用原则，遵守法律、行政法规以及相关行业规则确定的义务，否则就应依据《民法通则》和相关法律、行政法规的规定承担民事责任。《股票管理暂行条例》是国务院颁布的旨在监管证券市场的行政法规，其中不仅明确规定了证券发行人、上市公司和承销商等证券市场主体在证券市场中的信息披露义务，规定了对虚假陈述行为的行政处罚，而且还规定了虚假陈述行为人应当承担民事赔偿责任。该行政法规及相关部门规章、行业规则，是确定当事人是否违反《民法通则》诚实信用原则并构成侵权的具体标准。本案所涉虚假陈述行为，发生于《股票管理暂行条例》颁布施行之后，中国证监会依据该条例对虚假陈述行为作出认定和处罚，原判也将该条例作为法律依据，并根据《证券赔偿案件规定》作出裁判，并无不当。上诉人大庆联谊公司称原判以《证券法》为依据来确定行为人的赔偿责任，经核对原判文本，并无此事，这是大庆联谊公司对原判的误读。大庆联谊公司又称《股票管理暂行条例》不具有行政法规效力，已经废止，该理由没有任何法律依据。如前所述，《股票管理暂行条例》对虚假陈述行为人，不仅规定应予行政处罚，还规定应承担民事赔偿责任，而且《民法通则》第一百一十条也有"对承担民事责任的公民、法人需要追究行政责任的，应当追究行政责任"的规定。行政责任与民事责任是两种不同的法律责任，不存在重复或追加处罚的问题。大庆联谊公司因虚假陈述行为被中国证监会予以行政处罚，不影响其对因给投资者造成的损失承担民事赔偿责任。大庆联谊公司称原判令其承担民事责任属于重复处罚，对其于《证券法》生效前实施的虚假陈述行为应免除民事赔偿责任的上诉理由，不能成立。

关于第二点。《证券赔偿案件规定》第十九条第（四）项规定，被告举证证明原告的损失或者部分损失是由证券市场系统风险等其他因素所导致的，人民法院应当认定虚假陈述与损害结果之间不存在因果关系。此条虽将系统风险作为免除民事责任的条件之一，但对系统风险这一概念未作明确定义，双方当事人也对系统风险有不同的理解，故应依据通常理解确定系统风险的含义。证券业通常理解，系统风险是指对证券市场产生普遍影响的风险因素，其特征在于系统风险因共同因素所引发，对证券市场所有的股票价格均产生影响，这种影响为个别企业或行业所不能控制，投资人亦无法通过分散投资加以消除。上诉人大庆联谊公司上诉认为，原判未考虑系统风险对造成被上诉人损失的影响，并为此提交了相关股票价格和上证指数变动等证据支持自己的这一主张。大庆联谊公司既然提出这一主张，首先应当举证证明造成系统风险的事由存在，其次应当证明该事由对股票市场产生了重大影响，引起全部股票价格大幅度涨跌，导致了系统风险发生。但纵观大庆联谊公司向一审和二审法院提交的所有证据，并不能证明 1999 年 4 月 21 日至 2000 年 4 月 27 日期间，证券市场存在足以影响所有股票价格下跌的合理事由，更不能证明该事由与股市价格波动的逻辑关系。对虚假陈述行为和所谓系统风险如何影响股价变动以及各自影响的程度，大庆联谊公司也没有提出具体的区分判断标准和有说服力的理由。经考察，1999 年 4 月 21 日至 2000 年 4 月 27 日期间，股票市场的大盘走势图反映股票交易比较平稳，上证综合指数并未发生大幅度下跌。在此期间，大庆联谊公司欺诈上市虚假陈述行为持续影响着股票价格，股民在信息不对称的情况下继续投资购买大庆联谊公司股票，由此形成的投资损失，当然与虚假陈述行为之间存在因果关系。至于大庆联谊公司在二审提交的其他法院关于虚假陈述侵权赔偿案民事判决，不仅因该判决尚未发生法律效力，而且因该案投资人股票交易时间段、虚假陈述行为对投资人影响程度均与本案不同，不能作为处理本案的依据。由于大庆联谊公司提交的证据不能证明系统风险确实存在，原判以证据不足为由，否决大庆联谊公司关于存在系统风险，应当免除赔偿责任的抗辩主张，并无不当。

关于第三点。上诉人申银证券公司上诉认为，对《招股说明书》进行审核是会计师事务所的职责，其无能力承担此项义务；况且《招股说明书》仅针对一级市场并不断被后续披露的信息所覆盖，投资人在二级市场是以投机为目的进行股票买卖，不是根据《招股说明书》介绍的情况进行投资，因此主张不应由其对虚假陈述承担共同侵权的连带责任。

根据《证券赔偿案件规定》，对发行人或者上市公司的上市文件，证券承销商、证券上市推荐人或者专业中介服务机构都有责任审核，都可能对发行人或者上市公司的虚假陈述行为承担连带责任。以上述主体为被告的诉讼，属于普通共同诉讼。在一审诉讼中，原告基于其诉讼利益的判断而选择其中某些人当被告，不违反法律规定。法院根据原告的请求确定诉讼参加人，是尊重当事人的诉讼选择权，并无不当。在虚假陈述行为被完全揭露前，即使其他信息披露义务人后续披露了其他虚假信息，也不能排除投资人对在先披露信息的信赖。投资人进行股票交易以期获取收益，是合法行为；投资人的投资动机，并非法定的免除损害赔偿责任的条件。虚假陈述行为给从事合法股票交易的投资人造成损失，不能因投资人交易动机的不同而免除虚假陈述行为人的赔偿责任。上诉人申银证券公司作为证券经营机构，推荐并承销上诉人大庆联谊公司股票发行，是法定的信息披露义务人。申银证券公司未尽到法律所要求的勤勉、审慎注意义务，没有对源于大庆联谊公司的虚假陈述予以纠正或出具保留意见，而且自己还编制和出具了虚假陈述文件。同时，申银证券公司没有向法院证明其存在法定的免责事由。申银证券公司违法行为的内容和性质，已被中国证监会的行政处罚予以确认。申银证券公司就原判认定其"未经认真审核、致使申报材料含有重大虚假信息"提出的异议，与已经生效的行政处罚相矛盾，明显不能成立。原判依据《证券赔偿案件规定》第二十七条的规定，判令申银证券公司承担共同侵权的连带责任，并无不当。申银证券公司关于其不应承担责任的上诉理由，没有法律依据和事实根据，不予支持。

关于第四点。经查，本案所涉虚假陈述行为，确实是在上诉人大庆联谊公司成立之前，由联谊石化总厂以大庆联谊公司名义实施的。大庆联谊公司是联谊石化总厂以其部分下属企业组建成立的公司。因此，联谊石化总厂不仅是虚假陈述行为人，也是上市公司大庆联谊公司的实际控制人。被上诉人在一审中仅起诉了大庆联谊公司和上诉人申银证券公司，未起诉联谊石化总厂，故联谊石化总厂不是必须参加诉讼的主体。作为上市公司，大庆联谊公司可以在先行承担赔偿责任后，再根据《证券赔偿案件规定》第二十二条的规定向实际控制人联谊石化总厂追偿。大庆联谊公司与其实际控制人联谊石化总厂之间的责任分配或转承关系，属另一法律关系，不在本案审理范围。

关于第五点。尽管上诉人大庆联谊公司的《1997年年报》虚假陈述行为于1999年4月21日披露，尽管在原审诉讼中部分被上诉人也称其于该日知道虚假陈述行为发生，但是根据《证券赔偿案件规定》第六条的规定，投资人以自己受到虚假陈述侵害为由，对虚假陈述行为人提起民事赔偿诉讼的，必须以有关机关的行政处罚决定或者人民法院的刑事裁判文书为依据，人民法院才应当受理。在有关机关的行政处罚决定或者人民法院的刑事裁判文书没有作出和公布前，投资人无从提起诉讼。所以，如果按《民法通则》第一百三十七条的规定，"从知道或者应当知道权利被侵害时起计算"投资人提起的虚假陈述侵权损害赔偿案的诉讼时效期间，对投资人是不公平的。原判根据《证券赔偿案件规定》第五条第一款第（一）项的规定，从中国证监会对虚假陈述行为人作出的处罚决定公布之日计算本案的诉讼时效期间，是正确的。大庆联谊公司此项上诉主张没有依据，不予支持。

关于第六点。经查，原判计算买入证券平均价格的方法是：以实际交易每次买进价格和数量计算出投资人买进股票总成本，再减去投资人此间所有已卖出股票收回资金的余额，除以投资人尚持有的股票数量。按此种方法计算，不排除个别投资人买入证券的平均价格高于股票历史最高价的可能。这只是计算投资人投资差额损失过程中可能出现的一个数据，而且这个数据在很大程度上取决于投资人在揭露日前后的股票持有量。这个数据不等于投资人购买股票时实际成交的价格，其与大庆联谊公司股票历史最高价之间没有可比性。由于证券交易的复杂性，目前用于计算投资人投资差额损失的方法有多种。只要这些方法符合《证券赔偿案件规定》第三十条、第三十一条、第三十二条确定的原则，结果公平合理，使用哪种方法计算，在法院的自由裁量范围之内。原判采用的计算方法符合《证券赔偿案件规定》，有利于保护多数投资人的利益，故不予变更。上诉人大庆联谊公司关于原判确定的损失赔偿数额不当的上诉理由，不予采纳，同时由于《证券赔偿案件规定》第三十条第二款已明确规定，虚假陈述行为人在证券交易市场承担民事赔偿责任的范围包括利息，即所涉资金利息自买入至卖出证券日或者基准日，按银行同期活期存款利率计算，故对大庆联谊公司不同意给付投资差额损失部分利息的上诉主张，也不予支持。

据此，黑龙江省高级人民法院依照《中华人民共和国民事诉讼法》第一百五十三条第一款第（一）项的规定，于 2004 年 12 月 21 日判决：

驳回上诉，维持原判。

（略）

2004 年 12 月 21 日

（二）

圣方科技虚假陈述民事赔偿案

主题词：圣方科技　虚假陈述　侵权　赔偿

3. 李凡诉黑龙江圣方科技股份有限公司诉讼案

黑龙江省哈尔滨市中级人民法院

民事调解书

（2002）哈经初字第 557 号①

原告：李凡，男，汉族，住江西省南昌市。

委托代理人：宋一欣，上海市新望闻达律师事务所律师。

被告：黑龙江圣方科技股份有限公司，住所地：黑龙江省牡丹江市东三路 98 号。

法定代表人：唐李，董事长。

委托代理人：贺立辉，该公司董事会秘书。

案由：虚假陈述证券民事侵权赔偿纠纷。

原告李凡诉称，被告 1999 年 11 月的董事会决议公告存在虚假陈述行为。原告于 2001 年 4 月 13 日至 2001 年 4 月 24 日以每股 16.045 元买入圣方科技 1 800 股，2001 年 10 月 16 日以每股 11.24 元的价格全部卖出，受到损失。故请求：

1. 被告赔偿股票投资损失 9 381.64 元及相应的佣金、印花税；

2. 诉讼费用由被告负担。

---

① 本司法裁判文书系上海新望闻达律师事务所宋一欣律师提供。

被告黑龙江圣方科技股份有限公司辩称，被告披露的信息属于未决信息，所公告的董事会议案有待股东大会通过；对股价的实质性影响期间有限，原告购入股票时，该信息已不具投资实效性；被告对虚假陈述行为进行了纠正。原告的损失属于系统风险，与被告的虚假陈述行为无关，不同意赔偿。

诉讼中，原、被告双方对以下事实予以确认，原告于2001年4月13日至2001年4月24日以每股16.045元买入圣方科技股票1 800股，2001年10月16日以每股11.24元的价格全部卖出。原告在被告虚假陈述实施日后买入圣方科技股票，2001年5月19日虚假陈述行为更正日后基准日前卖出，所受损失与被告的虚假陈述之间存在因果关系，被告应按照原告买入该股票的平均价格与卖出该股票的平均价格之差，乘以原告所卖出该股票的数量，赔偿原告的投资差额损失8 649.00元，同时赔偿原告投资差额损失部分的佣金和印花税各25.95元。

本案在审理过程中，经本院主持调解，双方当事人自愿达成如下协议：

1. 被告黑龙江圣方科技股份有限公司给付原告李凡8 743.07元；

2. 原告李凡已预交案件受理费385.27元，被告黑龙江圣方科技股份有限公司负担一半；

3. 被告黑龙江圣方科技股份有限公司将上述款项于2004年5月1日前付至上海市闻达律师事务所。

上述协议，符合有关法律规定，本院予以确认。

本调解书经双方当事人签收后，即具有法律效力。

审判长　王晓杰

审判员　聂文雎

代理审判员　彭华杰

二○○三年十一月二十五日

书记员　张志刚

（三）
阿继电器虚假陈述民事赔偿案

主题词：阿继电器　虚假陈述　侵权　赔偿

4. 投资人诉阿城继电器股份有限公司诉讼案

黑龙江省哈尔滨市中级人民法院
民事裁定书

（2008）哈民三初字第 156 号①

原告：×××。

委托代理人：张洪明，北京市未名律师事务所律师。

被告：阿城继电器股份有限公司，住所地：哈尔滨市南岗区赣水路高新技术产业开发区 15 楼。

法定代表人：高志军，董事长。

原告诉阿城继电器股份有限公司虚假陈述赔偿纠纷一案，本院依法进行了审理，现已审理终结。

原告诉称，阿城继电器股份有限公司在 1999 年至 2004 年上市公司年度报告中未按规定披露为控股股东阿城继电器集团承担银行贷款债务及财务费用事项，该虚假陈述行为于 2008 年 7 月 23 日受到证监会的行政处罚。原告是阿城继电器股份有限公司的投资者，因于 2003 年 3 月 31 日至 2006 年 2 月 9 日期间在证券市场上分次买入股票，于 2006 年 2 月 9 日之后卖出或持有股票而遭受重大损失。据

---

① 本司法裁判文书系北京未名律师事务所张洪明律师提供。

此，请求赔偿 191 515 元。

本院审查认为，原告起诉时没有提供有关机关对阿城继电器股份有限公司的行政处罚决定或公告，不符合最高人民法院《关于审理证券市场因虚假陈述引发的民事赔偿案件的若干规定》第六条第二款之规定，故依据《中华人民共和国民事诉讼法》第一百四十条第一款第（三）项、最高人民法院《关于适用〈中华人民共和国民事诉讼法〉若干问题的意见》第一百三十九条之规定，裁定如下：

驳回原告的起诉。

如不服本裁定，可在裁定书送达之日起十日内，向本院递交上诉状，并按对方当事人人数提出副本，上诉于黑龙江省高级人民法院。

审判长　孙国涛

审判员　刘坤杰

审判员　周志杰

二○○九年十二月八日

书记员　张　宇

5. 投资人诉阿城继电器股份有限公司上诉案

黑龙江省高级人民法院

民事裁定书

（2010）黑立民终字第 4 号①

上诉人（原审原告）：×××。

被上诉人（原审被告）：阿城继电器股份有限公司，住所地：哈尔滨市南岗区赣水路高新技术产业开发区 15 楼。

法定代表人：高志军，该公司董事长。

上诉人因与被上诉人阿城继电器股份有限公司虚假陈述赔偿纠

---

① 本司法裁判文书系北京未名律师事务所张洪明律师提供。

纷一案，不服哈尔滨市中级人民法院（2008）哈民三初字第 156 号民事裁定，向本院提起上诉称，原审裁定认为事实错误，起诉时原告向法院提交了六个证据，每个证据均提交了一份副本，其中证据五即为：《阿继电器关于收到证监会〈行政处罚决定书〉的公告》。阿城继电器股份有限公司作为上市公司，在受到中国证监会行政处罚后，按照《证券法》的规定，在指定媒体上发布了《阿继电器关于收到证监会〈行政处罚决定书〉的公告》。该公告属公开查询资料，且将该公告提交法院立案。哈尔滨市中级人民法院以此为由驳回起诉，剥夺了上诉人的诉权、受损投资者寻求救济的权利。请求贵院撤销哈尔滨市中级人民法院（2008）哈民三初字第 156 号民事裁定书，裁定哈尔滨市中级人民法院对本案予以受理。

本院经审查认为，本案系虚假陈述赔偿纠纷，原审裁定认为，原告的起诉不符合最高人民法院《关于审理证券市场因虚假陈述引发的民事赔偿案件的若干规定》第六条第（二）项的规定，并无不当。依据最高人民法院《关于适用〈中华人民共和国民事诉讼法〉若干问题的意见》第一百三十九条的规定，起诉不符合受理条件。根据《中华人民共和国民事诉讼法》第一百五十三条第一款第（一）项和第一百五十四条的规定，裁定如下：

驳回上诉，维持原裁定。

本裁定为终审裁定。

审判长　郭玉伟

代理审判员　薛贵先

代理审判员　孙儒捷

二○一○年七月二十二日

书记员　李　松

（四）

锦州港虚假陈述民事赔偿案（A 股）

主题词：锦州港　虚假陈述　侵权　赔偿

6. 董国明等诉锦州港股份有限公司诉讼案

辽宁省沈阳市中级人民法院
民事调解书

（2003）沈中民（3）权初字第 20 号[1]

原告：董国明，汉族。

原告：杨铭炜，汉族。

原告：祝莉萍，汉族。

原告：密晓勤，汉族。

原告：杨贞，汉族。

原告：李志伟，汉族。

原告：王庆康，汉族。

原告：施丹杰，汉族。

原告委托代理人：宓雪军，浙江裕丰律师事务所律师。

原告委托代理人：厉健，浙江裕丰律师事务所律师。

被告：锦州港股份有限公司，住所地：锦州市经济技术开发区锦港大街一段一号。

法定代表人：关国亮，该公司董事长。

---

[1]　本司法裁判文书系浙江裕丰律师事务所厉健律师提供。

委托代理人：王健，该公司首席法律顾问。

委托代理人：王砚茂，该公司法律顾问。

案由：证券虚假陈述赔偿纠纷。

原告董国明等诉称，被告的股票于 1999 年 6 月在上海证券交易所上市 A 股，简称锦州港，证券代码为 600190。2002 年 9 月，财政部对被告作出了行政处罚决定。根据最高人民法院《关于审理证券市场因虚假陈述引发的民事赔偿案件的若干规定》的规定，虚假陈述揭露日为 2002 年 10 月 22 日。原告认为，被告对其虚假陈述给投资人造成的损失应承担赔偿责任；张宏伟原系锦州港股份有限公司的法定代表人，对公司的虚假陈述行为负有责任；广发证券股份有限公司系锦州港股份有限公司锦州港股票上市发行的主承销商及上市推荐人，辽宁证券有限责任公司系锦州港股份有限公司锦州港股票的上市推荐人，北京毕马威华振会计师事务所系锦州港股票上市的会计师事务所及年度报告的审计机构，对虚假财务报告出具无保留意见的审计意见，其行为构成共同侵权，对投资人的损失应承担连带赔偿责任。原告董国明等人以锦州港股份有限公司、张宏伟、广发证券股份有限公司、辽宁证券有限责任公司、北京毕马威华振会计师事务所为共同被告提起本案诉讼。

原告董国明在 2001 年 7 月 16 日买入被告锦州港股票 8 000 股，2002 年 10 月 22 日后继续持有，因被告的虚假陈述导致经济损失，请求判令被告支付赔偿款项 43 485.18 元及诉讼费用。

原告杨铭炜在 2000 年 11 月 24 日买入被告锦州港股票 5 300 股，2002 年 10 月 22 日后继续持有，因被告的虚假陈述导致经济损失，请求判令被告支付赔偿款项 39 608.77 元及诉讼费用。

原告祝莉萍在 2001 年 8 月 9 日买入被告锦州港股票 1 600 股，2002 年 10 月 22 日后继续持有，因被告的虚假陈述导致经济损失，请求判令被告支付赔偿款项 8 091.11 元及诉讼费用。

原告密晓勤在 2001 年 7 月 2 日至 2002 年 10 月间买入被告锦州港股票 3 000 股，2002 年 10 月 22 日后继续持有，因被告的虚假陈述导致经济损失，请求判令被告支付赔偿款项 18 224.56 元以及诉讼费用。

原告杨贞在 2001 年 8 月 10 日至 2002 年 10 月间买入被告锦州港股票 2 000 股，2002 年 10 月 22 日后继续持有，因被告的虚假陈述导致经济损失，请求判令被告支付赔偿款项 8 415.53 元以及诉讼费用。

原告李志伟在 2001 年 8 月 15 日至 2002 年 10 月间买入被告锦州港股票 2 000 股，2002 年 10 月 22 日后继续持有，因被告的虚假陈述导致经济损失，请求判令被告支付赔偿款项 8 186.24 元及诉讼费用。

原告王庆康在 2001 年 8 月 10 日买入被告锦州港股票 400 股，2002 年 10 月 22 日后继续持有，因被告的虚假陈述导致经济损失，请求判令被告支付赔偿款项 2 047.15 元及诉讼费用。

原告施丹杰在 2001 年 7 月 2 日买入被告锦州港股票 2 000 股，2002 年 10 月 22 日后继续持有，因被告的虚假陈述导致经济损失，请求判令被告支付赔偿款项 14 303.67 元及诉讼费用。

被告锦州港股份有限公司辩称，对财政部作出的处罚决定没有异议，但在计算原告的损失时，应当按照最高人民法院《关于审理证券市场因虚假陈述引发的民事赔偿案件的若干规定》的规定扣除证券市场系统风险。

经本院审理查明，原告董国明、杨铭炜、祝莉萍、密晓勤、杨贞、李志伟、王庆康、施丹杰分别于 2000 年 11 月至 2002 年 10 月间，购入被告上市的锦州港 A 股（600190）股票。2002 年 10 月 22 日，中华人民共和国财政部对被告作出的处罚决定在媒体上披露，认定被告存在 1996 年至 1999 年编造虚假会计资料，1998 年至 2000 年分别虚构在建工程支出款项等违反《中华人民共和国会计法》的行为，对其予以通报，并处以罚款 10 万元。2002 年 10 月 22 日后，各原告继续持有锦州港 A 股股票。各原告认为其共有经济损失人民币 142 362.21 元，为索要此款诉至本院。2005 年 4 月 12 日，各原告放弃对张宏伟、广发证券股份有限公司、辽宁省证券公司（辽宁证券有限责任公司）、北京毕马威华振会计师事务所的起诉。

本案在审理过程中，经本院主持调解，原、被告自愿达成如下协议：

1. 被告锦州港股份有限公司于 2005 年 4 月 12 日前一次性给付各原告人民币 92 535.00 元（附表略）；

2. 双方当事人无其他纠纷。

案件受理费 5 744.49 元，由各原告承担（附表略）。

上述协议，符合有关法律规定，本院予以确认。

本调解书经原、被告签收后，即具有法律效力。

审判长　金庆宝

审判员　陈宏林

审判员　史军峰

二〇〇五年四月十二日

书记员　姜元科

（五）
锦州港虚假陈述民事赔偿案（B股）

主题词：锦州港　虚假陈述　侵权　赔偿

7. 徐倩诉锦州港股份有限公司诉讼案

辽宁省沈阳市中级人民法院
民事调解书

（2003）沈民四外初字第7号①

原告：徐倩，女，汉族。

委托代理人：宋一欣，上海新望闻达律师事务所律师。

被告：锦州港股份有限公司，住所地：锦州市经济技术开发区锦港大街一段一号。

法定代表人：关国亮，该公司董事长。

委托代理人：王健，该公司首席法律顾问。

委托代理人：王砚茂，该公司法律顾问。

案由：证券虚假陈述赔偿纠纷。

原告徐倩诉称，原告系被告B股股票的投资者，被告锦州港股份有限公司系上市公司，于1998年5月19日在上海证券交易所上市B股，代码900952，简称"锦港B股"。2001年9月至12月，财政部对被告锦州港股份有限公司的2000年及以前年度执行《会计法》

---

① 本司法裁判文书系上海新望闻达律师事务所宋一欣律师提供。

的情况进行了检查，2002年9月对其作出了行政处罚决定。根据最高人民法院《关于审理证券市场因虚假陈述引发的民事赔偿案件的若干规定》的规定，虚假陈述更正日为2002年10月22日，原告根据被告的信息披露，先后购买被告的B股股票2 000股，因其虚假陈述导致投资损失合计1 880.33美元，以汇率1∶8.29计，折合成人民币15 587.94元（包括投资差额损失、印花税、佣金及利息）。现依法起诉，请求判令被告赔偿原告损失15 587.94元，并承担本案诉讼费用。

被告锦州港股份有限公司辩称，对财政部作出的处罚决定没有异议，但在计算原告的损失时，应当按照最高人民法院《关于审理证券市场因虚假陈述引发的民事赔偿案件的若干规定》的规定扣除证券市场系统风险。

经审理查明，2001年5月16日，原告徐倩首次购入被告上市的锦州港B股（900952）股票2 000股，成交价为每股1.475美元。此后原告多次买卖被告上市的锦州港B股（900952）股票并获得该上市公司的分红及送股。截至2004年10月31日原告徐倩仍持有锦州港B股股票2 000股。2002年10月22日，中华人民共和国财政部对被告作出处罚决定，认定被告存在1996年至1999年编造虚假会计资料、1998年至2000年分别虚构在建工程支出款项等违反《中华人民共和国会计法》的行为，对其予以通报，并处以罚款10万元。原告徐倩认为其损失折合人民币15 587.94元，为索要此款诉至本院。在诉讼中，原告徐倩自愿放弃对张宏伟、广发证券股份有限公司、北京毕马威华振会计师事务所、香港毕马威会计师事务所的诉讼请求。

本案在审理过程中，经本院主持调解，双方当事人自愿达成如下协议：

1. 被告锦州港股份有限公司于2004年12月24日前一次性给付原告徐倩人民币8 573.37元；

2. 案件受理费546元，由原告徐倩承担；

3. 双方当事人无其他纠纷。

双方当事人一致同意本调解协议的内容，自双方在调解协议上签名或捺印后即具有法律效力。

上述协议不违反法律规定，本院予以确认。

审判长　宋坤赤

审判员　王晓航

审判员　马越飞

二○○四年十二月二十一日

书记员　姜东峰

（六）

沈阳新开虚假陈述民事赔偿案

主题词：沈阳新开　虚假陈述　侵权　赔偿

8. 投资者等诉沈阳新区开发建设股份有限公司诉讼案

辽宁省沈阳市中级人民法院

民事调解书

（2003）沈中民（3）权初字第 13 号①

原告一：×××。

委托代理人：胡凤滨，黑龙江省高盛律师事务所主任律师。

委托代理人：张洪明，黑龙江省高盛律师事务所证券部律师。

原告二：×××。

委托代理人：胡凤滨，黑龙江省高盛律师事务所主任律师。

委托代理人：张洪明，黑龙江省高盛律师事务所证券部律师。

被告：沈阳新区开发建设股份有限公司，住所地：沈阳市浑南新区世纪路 1 号。

法定代表人：赵家桢，该公司董事长。

委托代理人：李哲，该公司法律顾问。

案由：证券虚假陈述民事赔偿纠纷。

原告诉称，原告于被告 1999 年度失真的会计报告对外公布后分别买入黎明股份（股票代码 600167）12 000 股、1 000 股，并分别于

---

① 本司法裁判文书系北京未名律师事务所张洪明律师提供。

被告虚假陈述揭露日后卖出 12 000 股、500 股，原告一认为其损失为 25 841 元，原告二认为其损失为 1 205 元。二原告请求法院判令被告赔偿其损失并承担诉讼费用。

被告沈阳新区开发建设股份有限公司未作答辩。

经本院审理查明，2000 年 4 月 12 日，被告在中国证券监督管理委员会指定的上市公司信息发布的专业报刊《中国证券报》《上海证券报》上分别发布《沈阳黎明服装股份有限公司 1999 年年度公告》。2001 年 4 月 21 日，被告在《中国证券报》《上海证券报》上发布《沈阳黎明服装股份有限公司关于 1999 年年度报告中会计报告相关数据进行调整的公告》，该公告称：被告 1999 年度对外公布的会计报告失真。原告于被告 1999 年度失真的会计报告对外公布后分别买入黎明股份（股票代码 600167）12 000 股、1 000 股，并分别于被告虚假陈述揭露日后卖出 12 000 股、500 股，原告一认为其损失为 25 841 元，原告二认为其损失为 1 205 元。二原告为索要此款将被告诉至法院。

另查，被告沈阳新区开发建设股份有限公司原名沈阳黎明服装股份有限公司，原股票简称黎明股份，现股票简称沈阳新开。

本案审理过程中，经本院主持调解，原、被告自愿达成如下协议：

1. 被告沈阳新区开发建设股份有限公司赔偿原告一损失 18 100 元，于本调解书生效后十日内给付；

2. 被告沈阳新区开发建设股份有限公司赔偿原告二损失 900 元，于本调解书生效后十日内给付；

3. 原、被告无其他争议。

案件受理费 1 102 元由原告一承担 1 050 元，原告二承担 52 元。

上述协议，符合有关法律规定，本院予以确认。

本调解书经原、被告签收后，即具有法律效力。

审判长　金庆宝

审判员　陈宏林

代理审判员　姜　梅

二○○三年六月十二日

书记员　关　兵

（七）
大唐电信虚假陈述民事赔偿案

主题词：大唐电信　虚假陈述　侵权　赔偿

9. 郑剑中诉大唐电信科技股份有限公司诉讼案

北京市第一中级人民法院
民事判决书

（2009）一中民初字第 7533 号[①]

原告：郑剑中，男，住……

委托代理人：杨兆全，北京市华堂律师事务所律师。

委托代理人：王瑞静，北京市华堂律师事务所律师。

被告：大唐电信科技股份有限公司，住所地：北京市海淀区学院路 40 号（研 1 楼二层）。

法定代表人：曹斌，董事长。

委托代理人：陈骥，男，汉族，大唐电信科技股份有限公司职员，住……

委托代理人：王建平，北京市德恒律师事务所律师。

原告郑剑中诉被告大唐电信科技股份有限公司（以下简称大唐电信公司）证券虚假陈述赔偿纠纷一案，本院于 2009 年 5 月 8 日受理后，依法组成合议庭审理了本案。本院于 2009 年 6 月 25 日公开开庭进行了审理。原告郑剑中的委托代理人王瑞静，被告大唐电信科

[①]　本司法裁判文书系北京威诺律师事务所杨兆全律师提供。

技股份有限公司的委托代理人陈骥、王建平到庭参加了诉讼。本案现已审理完毕。

原告郑剑中起诉称：1998 年 9 月 21 日，大唐电信公司在北京市海淀区新技术开发试验区注册成立，其注册资本为 43 898.64 万元。同年 10 月，大唐电信公司的股票在上海证券交易所（以下简称上交所）挂牌上市，股票代码为 600198，其控股股东为电信科学技术研究院。

经中国证券监督管理委员会（以下简称证监会）调查认定，*ST 大唐在 2004 年年度报告中虚增该年度利润总额 3 718 余万元，且在 2004 年年度报告的会计报表附注中没有披露 2004 年期末存货可变现净值的确定依据，构成了原《中华人民共和国证券法》第一百七十七条规定的"所披露的信息有虚假记载……重大遗漏"的行为。证监会就此于 2007 年 8 月 20 日向 *ST 大唐下发了《行政处罚事先告知书》（以下简称事先告知书），并于 2008 年 5 月 26 日向大唐电信公司下发了《行政处罚决定书》（以下简称决定书）。

证监会公告大唐电信公司虚增利润的消息后，大唐电信公司的股票价格出现波动。郑剑中根据大唐电信公司披露的信息，买入大唐电信公司股票造成损失 646 222.72 元。根据《中华人民共和国证券法》的规定，上市公司应对公司披露的信息的真实性、全面性承担责任，大唐电信公司发布虚假信息造成了该公司股票之投资者的损失，应当对股民承担完全的赔偿责任，郑剑中因此请求本院判令大唐电信公司向其赔偿经济损失 646 222.72 元及截至赔付之日止的利息（暂计至 2009 年 1 月 12 日为 54 785.17 元）。

原告郑剑中向本院提交了以下证据予以证明：身份证的公证书、账户卡、对账单、大唐电信在 2007 年 8 月 21 日发布的关于收到事先告知书的公告、决定书。

大唐电信公司答辩称：

1. 大唐电信公司虚假陈述的事实已被证监会处理，大唐电信公司对此也进行了披露，且披露的程序合法；

2. 根据《中华人民共和国证券法》和最高人民法院《关于审理证券市场因虚假陈述引发的民事赔偿案件的若干规定》的规定，大唐电信公司认为郑剑中能够证明其购买其股票的时段是在法定的时间范围内，因此大唐电信公司同意就郑剑中在披露日之前购买大唐电信公司股票所造成的损失给予赔偿，但是对于超过法定时间购买的股票所造成的损失，不应当赔偿，应当予以驳回。

被告大唐电信公司向本院提交了以下证据予以证明：《立案调查通知书》（以下简称通知书）、大唐电信公告、事先告知书、事先告知书之公告、K线图两份、上证指数两份。

经本院庭审质证，双方当事人对原告郑剑中提交的身份证的公证书、账户卡、关于收到事先告知书的公告、决定书无异议，本院予以确认。大唐电信公司对郑剑中提交的对账单之形式真实性予以确认，本院认定该对账单之形式真实性。郑剑中对大唐电信公司提交的证据之真实性予以认可，本院认定大唐电信公司提交的证据之真实性。郑剑中对大唐电信公司提交的事先告知书、事先告知书之公告的关联性予以认可，本院认定该事先告知书、事先告知书之公告的关联性。

双方当事人对以下涉及本案争议焦点的证据持有异议：

1. 郑剑中提交的对账单，证明在大唐电信公司虚假陈述揭露日之前购买大唐电信公司的股票并遭受损失。大唐电信公司认为该证据与本案没有关联性。就该证据的关联性问题，本院认为：对账单中涉及虚假陈述实施日之后至虚假陈述揭露日之前购买大唐电信公司股票部分与本案具有关联性，其余部分与本案并无关联性。

2. 大唐电信公司提交的通知书、接到通知书之公告、K线图、上证指数，旨在分别证明证监会立案调查通知的时间和内容，大唐电信公司于 2005 年 11 月 8 日在全国性媒体上首次公开披露了虚假陈述行为，首次披露的效果是 2005 年 11 月 8 日 600198 放量大跌、2005 年 11 月 8 日大盘平稳略有攀升 0.05 个百分点。郑剑中对这些证据的真实性予以认可，但认为与本案没有关联性。本院经审查认为：大唐电信公司提交的通知书、接到通知书之公告的内容与本案涉及的基本事实——虚假陈述行为的确定有关，故本院对该两份证据的关联性予以认定。

3. 大唐电信公司提交的事先告知书、事先告知书之公告，旨在证明大唐电信公司对虚假陈述行为的后续披露。郑剑中不认可该事先告知书和收到事先告知书之公告的证明内容。就该事先告知书和收到事先告知书之公告的证明内容问题，将在论理部分述及。

本院根据上述认证查明：大唐电信公司于 1998 年 9 月 21 日在北京市海淀区新技术开发试验区注册成立。同年 10 月，大唐电信公司股票"大唐电信"在上交所挂牌上市，股票代码为 600198，注册资本 43 898.64 万元。

2005 年 4 月 6 日，大唐电信公司对外公布了 2004 年年报。

2005 年 11 月 7 日，大唐电信公司因涉嫌存在虚假信息披露行为，被中国证券监督管理委员会北京监管局（以下简称北京监管局）立案调查。大唐电信公司对此在次日的《中国证券报》上发布了公告。公告内容为："公司于 2005 年 11 月 7 日接到证监会北京监管局通知，通知全文如下：大唐电信公司因涉嫌存在虚假信息披露行为，我局已决定对你公司立案调查。特此通知。公司将积极配合此项工作，并将调查进展情况及时履行信息披露义务。敬请投资者注意投资风险。特此公告。"

2007 年 8 月 20 日，证监会以大唐电信公司 2004 年年报虚增 37 186 597.53 元利润及未披露 2004 年末存货可变现净值的确定依据构成"重大遗漏"为由向大唐电信公司发出处罚字〔2007〕2－1 号事先告知书。次日，大唐电信公司在《中国证券报》上发布了事先告知书的公告。公告的内容是："2007 年 8 月 20 日，公司收到证监会下达的事先告知书（处罚字〔2007〕2－1 号）。主要内容是：一、《告知书》称公司存在如下违法行为：1. 公司 2004 年年报虚增利润：公司在 2004 年度报告公开披露的 2004 年度利润总额为 62 385 759.04 元。但公司 2004 年通过费用资本化、少提资产减值准备、不当确认投资收益等方式，虚增该年度利润总额共计 37 186 597.53 元。2. 公司 2004 年年报存在重大遗漏：公司在 2004 年年报年度财务会计报告的会计报表附注中没有披露 2004 年末存货可变现净值的确定依据。二、《告知书》认为公司所披露的信息有虚假记载和重大遗漏，拟决定对公司处以 30 万元罚款，同时责令改正违法行为；并对相关责任人分别予以罚款和警告。特此公告。"

2008 年 5 月 26 日，大唐电信公司收到证监会对其作出的

〔2008〕28 号决定书。该决定书认定：

1. 公司 2004 年年报虚报利润总额共计 37 186 597.53 元；

2. 公司 2004 年年报存在重大遗漏，没有披露 2004 年期末存货可变现净值的确定依据；上述行为构成了原《中华人民共和国证券法》第一百七十七条规定的所披露的信息有"虚假记载"和"重大遗漏"的行为。为此，证监会对大唐电信公司及其直接负责的主管人员予以处罚。大唐电信公司就该情形，于 2008 年 5 月 27 日在《中国证券报》及《上海证券报》上予以公告。公告内容为："2008 年 5 月 26 日，公司收到证监会下达的〔2008〕28 号决定书。主要内容如下：一、决定书称公司存在如下违法行为：1. 公司 2004 年年报虚增利润：公司虚增该年报利润总额共计 37 186 597.53 元。2. 公司 2004 年年报存在重大遗漏：公司在 2004 年年度报告的会计报表附注中没有披露 2004 年期末存货可变现净值的确定依据。二、证监会行政处罚决定如下：责令股份公司改正虚假陈述行为，并对公司处以 30 万元的罚款；对上述违法行为的直接负责的主管人员分别给予警告、罚款等处罚。"

由于大唐电信公司在 2005 年和 2006 年连续两年亏损，上交所对其股票进行了特别处理，股票名称前被加上了"ST"。2004 年度的业绩追溯为亏损后，其公司名称由"ST 大唐"变为"﹡ST 大唐"。

2005 年 4 月 6 日至 2005 年 12 月 23 日期间，郑剑中（股东账号：A108172585）买卖大唐电信股票（600198）的情况如下：2005 年 4 月 7 日买入 7 400 股，成交均价为 9.659 元/股；2005 年 9 月 8 日买入 10 000 股，成交均价为 7.079 元/股；2005 年 10 月 24 日买入 5 000 股，成交均价为 7.682 元/股；2005 年 11 月 1 日买入 5 000 股，成交均价为 8.334 元/股；2005 年 11 月 2 日分别买入 5 000 股，成交均价为 8.456 元/股，买入 5 000 股，成交均价为 8.356 元/股，买入 5 000 股，成交均价为 8.496 元/股，买入 7 000 股，成交均价为 8.607 元/股。郑剑中自 2005 年 4 月 6 日起至 2005 年 11 月 8 日止，累计买入大唐电信股票数额为 49 400 股，该 49 400 股的买入均价为 8.282 元/股。自 2005 年 11 月 8 日至 2005 年 12 月 23 日期间，大唐电信股票的累计成交量达到其可流通部分 100%，每个交易日的收盘价的平均价格为 7.58 元/股。

另查，郑剑中买入大唐电信股票的佣金为 3‰，印花税为 1‰。郑剑中持有的大唐电信股票 49 400 股在 2005 年 12 月 23 日之前并未卖出。

再查，2005 年 4 月 7 日上证综合指数收盘点位分别为 1 225.49；2005 年 11 月 8 日上证综合指数收盘点位为 1 110.15；2005 年 12 月 23 日上证综合指数收盘点位为 1 144.87。

上述事实，还有双方当事人的陈述在案佐证。

本院认为：本案性质为证券虚假陈述赔偿纠纷。证券虚假陈述是指信息披露义务人违反法律规定，在证券发行或者交易过程中，对重大事件作出违背事实真相的虚假记载、误导性陈述，或者在披露信息时发生重大遗漏、不正当披露信息的行为。作为上市公司的大唐电信公司对外发布的公告，必须真实、准确、完整，不得有虚假记载、误导性陈述或者重大遗漏。但是，大唐电信公司在 2005 年 4 月 6 日公告其 2004 年年报中，虚报利润总额共计 37 186 597.53 元，且存在重大遗漏，没有披露 2004 年期末存货可变现净值的确定依据，被证监会作出了行政处罚，故本院对大唐电信公司存在虚假记载和重大遗漏的事实予以认定。同时，最高人民法院《关于审理证券市场因虚假陈述引发的民事赔偿案件的若干规定》（以下简称《关于虚假陈述赔偿的规定》）第二十条第一款规定，"本规定所指的虚假陈述实施日，是指作出虚假陈述或者发生虚假陈述之日"，故本院依据上述规定，确定 2005 年 4 月 6 日为大唐电信公司虚假陈述的实施日。

（一）关于虚假陈述揭露日

《关于虚假陈述赔偿的规定》第二十条第二款明确规定："虚假陈述揭露日，是指虚假陈述在全国范围发行或者播放的报刊、电台、电视台等媒体上，首次被公开揭露之日。"本院据此并结合本案案情，确定大唐电信公司虚假陈述的揭露日为 2005 年 11 月 8 日，即大唐电信公司在《中国证券报》上发布关于其收到北京监管局因其涉嫌虚假陈述而向其发出决定立案调查通知书的公告之日，理由如下：

（1）大唐电信公司在其于 2005 年 4 月 6 日公布的 2004 年年度报告中，进行了"虚增 2004 年年度利润总额 37 186 597.53 元，且在该年度报告的会计报表附注中没有披露2004年期末存货可变现净值的确定依据"的行为，后经北京监管局立案并经证监会调查，确认大唐电信公司上述行为构成虚假陈述，大唐电信公司对此予以认可，证监会亦因此最终对大唐电信公司及其相关责任人作出了行政处罚。此结论性事实与大唐电信公司于2005年11月8日在《中国证券报》上发布的公告内容前后呼应，且完全相符，是国家行政监管机构对大唐电信公司该公告中所述涉嫌存在虚假陈述行为的最终证实。该公告登载于全国范围发行的《中国证券报》上，且系首次公开披露。因此，上述事实符合《关于虚假陈述赔偿的规定》中关于"首次被公开披露"之规定。

（2）证监会作为国家证券监管机构，其立案调查的性质不仅属于国家的一种行政监管措施，而且属于行政监管力度和行政监管手段都相当强烈的行政监管措施。根据相关行政法规的规定，证券监管机构只有在掌握较为确实充分的证据的前提下，才能对涉嫌证券市场违法、违规者进行立案稽查。因此，大唐电信公司于2005年11月8日发布的关于其收到北京监管局因其涉嫌虚假陈述而向其发出决定立案调查通知书的公告内容，对于所有投资者都应属于具有较强警示性的投资信息，足以影响投资者的投资决策，符合有关虚假陈述"揭露"之客观要求。

（3）虚假陈述被揭示的意义就在于其对证券市场发出了一个警示信号，提醒投资人重新判断股票价值，进而对市场价格产生影响。大唐电信公司2005年11月8日公告的内容，不仅较为实际，而且已明确写明"敬请投资者注意投资风险"，故其足以提醒投资者要重新判断股票价值，注意证券市场投资风险，否则风险自负，这是对于一个理性投资人的基本要求。因此，从投资人理性的角度出发，当投资人获悉北京监管局的决定立案调查通知书内容时，应当预料到其中所涉大唐电信公司的行为可能被定性为虚假陈述，进而影响自身的投资决策，防范投资风险。故大唐电信公司2005年11月8日公告的内容符合虚假陈述足以满足"揭露"之本质要求。

（二）基准日的确定

《关于虚假陈述赔偿的规定》第三十三条第（一）项规定："投

资差额损失计算的基准日，是指虚假陈述揭露日或者更正日后，为将投资人应获赔偿限定在虚假陈述所造成的损失范围内，确定损失计算的合理期间而规定的截止日期。基准日分别按下列情况确定：（一）揭露日或更正日起，至被虚假陈述影响的证券累计成交量达到其可流通部分 100％之日……"根据上述规定，本案自 2005 年 11 月 8 日至 2005 年 12 月 23 日大唐电信股票的累计成交量达到了其可流通部分 100％，故 2005 年 12 月 23 日应被确定为基准日。

（三）关于郑剑中投资大唐电信公司股票的损害结果与大唐电信公司虚假陈述之间是否存在因果关系

《关于虚假陈述赔偿的规定》第十八条规定："投资人具有以下情形的，人民法院应当认定虚假陈述与损害结果之间存在因果关系：（一）投资人所投资的是与虚假陈述直接关联的证券；（二）投资人在虚假陈述实施日及以后，至揭露日或者更正日之前买入该证券；（三）投资人在虚假陈述揭露日或者更正日及以后，因卖出该证券发生损失，或者因持续持有该证券而产生亏损。"本案中，郑剑中自 2005 年 4 月 6 日至 2005 年 11 月 8 日期间买入了大唐电信股票，同时郑剑中在 2005 年 11 月 8 日之后因卖出及持有大唐电信股票发生了亏损，故本院认定大唐电信公司的虚假陈述与郑剑中的损害结果之间存在因果关系。

郑剑中作为普通的投资者在决定购买大唐电信股票时，无疑是对该上市公司所披露的信息只能给予足够的信任，大唐电信所有已经披露的信息都应当是郑剑中购买大唐电信股票时所信赖的对象。大唐电信公司除存在虚假陈述外，还存在重大遗漏行为，即未披露 2004 年期末存货可变现净值的确定依据，而该两项虚假陈述无疑会对股价产生一定的影响，现大唐电信公司未提供证据证明其有免责事由的存在，故大唐电信公司应赔偿郑剑中因购买大唐电信股票受虚假陈述影响而遭受的合理损失。但是，郑剑中在 2005 年 4 月 6 日之前及 2005 年 11 月 8 日之后买入的大唐电信股票不在本案赔偿范畴之内。

（四）关于郑剑中购买大唐电信股票至虚假陈述揭露日期间是否存在市场系统风险

《关于虚假陈述赔偿的规定》第十九条第（四）项规定，被告举证证明原告的损失或者部分损失是由证券市场系统风险等其他因素所导致的，人民法院应当认定虚假陈述与损害结果之间不存在因果关系。此条虽将系统风险作为免除民事责任的条件之一，但对系统风险这一概念未作明确定义。根据证券业通常解释，系统风险是指对证券市场产生普遍影响的风险因素，其特征在于系统风险因共同因素所引发，对证券市场所有的股票价格均产生影响，这种影响为个别企业或行业所不能控制，投资人亦无法通过分散投资加以消除。

经考察，2005 年 4 月 6 日至 2005 年 11 月 8 日期间，股票市场的大盘走势图反映股票交易比较平稳，上证综合指数并未发生大幅度下跌。在此期间，大唐电信公司的虚假陈述行为对其股票价格的波动确实存在一定影响，股民在信息不对称的情况下继续投资购买大唐电信公司股票，由此形成的投资损失，当然与虚假陈述行为之间存在因果关系。由于大唐电信公司亦未提交证明市场系统风险确实存在的证据，故本院对大唐电信公司赔偿郑剑中合理损失的同时，不考虑市场系统风险的扣除。

（五）郑剑中的合理损失及其计算

《关于虚假陈述赔偿的规定》第十九条第（一）项、第（二）项规定，"被告举证证明原告具有以下情形的，人民法院应当认定虚假陈述与损害结果之间不存在因果关系：（一）在虚假陈述揭露日或者更正日之前已经卖出证券；（二）在虚假陈述揭露日或者更正日及以后进行的投资"。根据以上司法解释的规定及郑剑中提交的股票对账单能够确认，郑剑中在 2005 年 11 月 8 日以后买入的大唐电信股票与大唐电信公司虚假陈述之间没有因果关系，不应在赔偿范围之内。而郑剑中自 2005 年 4 月 6 日至 2005 年 11 月 8 日期间持有的大唐电信股票产生的损失与大唐电信公司虚假陈述之间存在因果关系，为本案的赔偿范围。

《关于虚假陈述赔偿的规定》第三十条第一款规定："虚假陈述行为人在证券交易市场承担民事赔偿责任的范围，以投资人因虚假陈述而实际发生的损失为限，投资人实际损失包括：（一）投资差额损失；（二）投资差额损失部分的佣金和印花税。"第三十一条规定："投资人在基准日及以前卖出证券的，其投资差额损失，以买入证券平均价格与实际卖出证券平均价格之差，乘以投资人所持有证券数量计算。"第三十二条规定："投资人在基准日之后卖出或者仍持有证券的，其投资差额损失，以买入证券平均价格与虚假陈述揭露日或者更正日起至基准日期间，每个交易日收盘价的平均价格之差，乘以投资人所持证券数量计算。"因大唐电信公司的虚假陈述及重大遗漏行为与郑剑中投资大唐电信股票产生损失之间存在因果关系，故大唐电信公司作为过错方应当赔偿郑剑中的直接损失。具体损失包括郑剑中投资大唐电信股票的差额损失、佣金、印花税及利息。郑剑中投资大唐电信股票的差额损失的计算方法如下：2005 年 4 月 6 日虚假陈述实施日至 2005 年 11 月 8 日虚假陈述揭露日期间，郑剑中共买入大唐电信股票 49 400 股，该 49 400 股股票的买入均价应为 8.282 元/股，郑剑中于基准日后持有 49 400 股大唐电信股票，以 2005 年 12 月 23 日为基准日，大唐电信股票的基准价为 7.58 元/股，郑剑中买入大唐电信股票均价与基准价之差为 8.282 元－7.58 元＝0.702 元，故郑剑中持有的大唐电信股票 49 400 股的损失为 0.702 元/股×49 400 股＝34 678.8 元。郑剑中的佣金损失为 34 678.8 元×3‰＝104 元，印花税损失为 34 678.8 元×1‰＝34.68 元，上述三项损失合计 34 817.48 元。

郑剑中要求大唐电信公司赔偿其投资损失 646 222.72 元的诉讼请求，本院支持其中的 34 817.48 元，其余损失本院不予支持。

关于利息损失的计算标准，《关于虚假陈述赔偿的规定》第三十条第二款规定："前款所涉资金利息，自买入至卖出证券日或基准日，按银行同期活期存款利率计算。"郑剑中要求按照中国人民银行同期贷款利率的标准计算的主张，没有法律依据，本院不予支持。本院仅支持其自买入至基准日期间的中国人民银行同期活期存款利率。

综上所述，依照最高人民法院《关于审理证券市场因虚假陈述引发的民事赔偿案件的若干规定》第十七条、第十八条、第十九条、第二十条第一款、第二款、第二十九条、第三十条、第三十一条、第三十二条、第三十三条第（一）项之规定，判决如下：

1. 本判决生效后十日内，被告大唐电信科技股份有限公司赔偿原告郑剑中投资损失 34 817.48 元及利息损失（自 2005 年 4 月 6 日至 2005 年 12 月 23 日止，以 34 817.48 元为计算标准，按照中国人民银行同期活期存款利率计算）；

2. 驳回郑剑中的其他诉讼请求。

如果被告大唐电信科技股份有限公司未按本判决指定的期间履行给付金钱义务，应当按照《中华人民共和国民事诉讼法》第二百二十九条之规定，加倍支付迟延履行期间的债务利息。

案件受理费 10 810 元，由原告郑剑中负担 582 元（已交纳），由被告大唐电信科技股份有限公司负担 10 228 元（本判决生效后七日内交纳）。

如不服本判决，可在判决书送达之日起十五日内向本院递交上诉状，并按对方当事人的人数提出副本，同时根据不服本判决部分的上诉请求数额交纳上诉案件受理费（向本院领取交费通知书），上诉于北京市高级人民法院，如在上诉期满后七日内未交纳上诉案件受理费，按自动撤回上诉处理。

审判长　阴　虹

代理审判员　宁　勃

代理审判员　郑伟华

二〇〇九年七月二十四日

书记员　袁　洁

10. 郑剑中诉大唐电信科技股份有限公司上诉案

北京市高级人民法院

民事判决书

（2009）高民终字第 4807 号①

上诉人（原审原告）：郑剑中，男，住……

委托代理人：杨兆全，北京杨兆全律师事务所律师。

---

① 本司法裁判文书系北京威诺律师事务所杨兆全律师提供。

委托代理人：张秋敏，北京杨兆全律师事务所律师。

被上诉人（原审被告）：大唐电信科技股份有限公司，住所地：北京市海淀区学院路 40 号（研 1 楼二层）。

法定代表人：曹斌，董事长。

委托代理人：王建平，北京市德恒律师事务所律师。

委托代理人：李娜，北京市德恒律师事务所律师。

上诉人郑剑中因与被上诉人大唐电信科技股份有限公司（以下简称大唐电信公司）证券虚假陈述赔偿纠纷一案，不服北京市第一中级人民法院（2009）一中民初字第 7533 号民事判决，向本院提起上诉。本院于 2009 年 9 月 8 日受理后，依法组成合议庭进行审理。本案现已审理终结。

郑剑中在本案一审中起诉称：大唐电信公司于 1998 年 9 月 21 日在北京市海淀区新技术开发试验区注册成立。同年 10 月，大唐电信公司股票"大唐电信"在上海证券交易所（以下简称上交所）挂牌上市，股票代码为 600198。经中国证券监督管理委员会（以下简称证监会）认定，大唐电信公司在 2004 年年度报告中虚增该年度利润 3 718 万余元，且在 2004 年年度报告的会计报表附注中没有披露 2004 年期末存货可变现净值的确定依据，构成了所披露信息有"虚假记载"和"重大遗漏"的行为。证监会就此于 2007 年 8 月 20 日向大唐电信公司下发了《行政处罚事先告知书》，并于 2008 年 5 月 26 日向大唐电信公司下发了《行政处罚决定书》。证监会公告大唐电信公司虚增利润的消息后，大唐电信股票价格出现波动。郑剑中根据大唐电信公司披露的信息买入大唐电信股票造成损失 646 222.72 元。根据《中华人民共和国证券法》的相关规定，上市公司应对公司披露的信息的真实性、全面性承担责任。大唐电信公司发布虚假信息造成该公司股票之投资者的损失，应当承担完全的赔偿责任。故郑剑中诉至法院，请求判令：

1. 大唐电信公司向郑剑中赔偿经济损失 646 222.72 元及截止赔付之日止的利息（暂计至 2009 年 1 月 12 日为 54 785.17 元）；

2. 大唐电信公司承担本案诉讼费用。

大唐电信公司在本案一审中答辩称：

1. 大唐电信公司虚假陈述的事实已被证监会处理，大唐电信公司对此也进行了披露，且披露的程序合法；

2. 根据《中华人民共和国证券法》和最高人民法院关于审理虚假陈述案件的司法解释的规定，大唐电信公司认为郑剑中能够证明其购买股票的时段是在法定的时间范围内，因此，大唐电信公司同意就郑剑中在披露日之前购买大唐电信公司股票所造成的经济损失给予赔偿，但是对于超过法定时间购买的股票所造成的损失不应赔偿，应予驳回。

一审法院审理查明：大唐电信公司于1998年9月21日在北京市海淀区新技术开发试验区注册成立。同年10月，大唐电信公司股票"大唐电信"在上交所挂牌上市，股票代码为600198，注册资本43 898.64万元。

2005年4月6日，大唐电信公司对外公布了2004年年报。

2005年11月7日，大唐电信公司因涉嫌存在虚假信息披露行为，被中国证券监督管理委员会北京监管局（以下简称北京监管局）立案调查。大唐电信公司为此在2005年11月8日的《中国证券报》上发布了公告。公告内容为："公司于2005年11月7日接到中国证监会北京监管局通知，通知全文如下：大唐电信公司因涉嫌存在虚假信息披露行为，我局已决定对你公司立案调查。特此通知。公司将积极配合此项工作，并将调查进展情况及时履行信息披露义务。敬请投资者注意投资风险。特此公告。"

2007年8月20日，证监会以大唐电信公司2004年年报虚增37 186 597.53元利润及未披露2004年末存货可变现净值的确定依据构成"重大遗漏"为由，向大唐电信公司发出处罚字〔2007〕2-1号《行政处罚事先告知书》。2007年8月21日，大唐电信公司在《中国证券报》上发布了《大唐电信公司关于收到证监会〈行政处罚事先告知书〉的公告》。公告内容为："2007年8月20日，公司收到中国证券监督管理委员会下达的《行政处罚事先告知书》（处罚字〔2007〕2-1号）。主要内容是："一、《告知书》称公司存在如下违法行为：1. 公司2004年年报虚增利润：公司在2004年度报告公开披露的2004年度利润总额为62 385 759.04元。但公司2004年通过费用资本化、少提资产减值准备、不当确认投资收益等方式，虚增该年度利润总额共计 37 186 597.53 元。2. 公司 2004 年年报存在重大遗漏：公司在 2004 年年报年度财务会计报告的会计报表附注中没有披露 2004 年末存货可变现净值的确定依据。二、《告知书》认为公司所披露的信息有虚假记载和重大遗漏，拟决定对公司处以 30 万元罚款，同时责令改正违法行为；并对相关责任人分别予以罚款和警告。特此公告。"

2008 年 5 月 26 日，大唐电信公司收到证监会对其作出的〔2008〕28 号《行政处罚决定书》。该处罚决定书认定：

1. 公司 2004 年年报虚报利润总额共计 3 718 6597.53 元；

2. 公司 2004 年年报存在重大遗漏，没有披露 2004 年期末存货可变现净值的确定依据；上述行为构成了原《中华人民共和国证券法》第一百七十七条所披露的信息有"虚假记载"和"重大遗漏"的行为。为此，证监会对大唐电信公司及其直接负责的主管人员予以处罚。大唐电信公司就该情形，于 2008 年 5 月 27 日在《中国证券报》上予以公告。公告内容为："2008 年 5 月 26 日，公司收到中国证券监督管理委员会下达的〔2008〕28 号《行政处罚通知决定书》，主要内容如下：1.《行政处罚决定书》称公司存在如下违法行为：(1) 公司 2004 年年报虚增利润：公司虚增该年报利润总额共计 37 186 597.53 元。(2) 公司 2004 年年报存在重大遗漏：公司在 2004 年年度报告的会计报表附注中没有披露 2004 年期末存货可变现净值的确定依据。2. 中国证监会行政处罚决定如下：责令股份公司改正虚假陈述行为，并对公司处以 30 万元的罚款；对上述违法行为的直接负责的主管人员分别给予警告、罚款等处罚。"

由于大唐电信公司在 2005 年和 2006 年连续两年亏损，上交所对其股票进行了特别处理，股票名称前被加上了"ST"。2004 年度的业绩追溯为亏损后，其公司名称由 ST 大唐变为了"*ST 大唐"。

自 2005 年 4 月 6 日至 2005 年 12 月 23 日期间，郑剑中（股东账号：A108172585）买卖大唐电信股票（600198）的情况如下：2005 年 4 月 7 日买入 7400 股，成交均价为 9.659 元/股；2005 年 9 月 8 日买入 10 000 股，成交均价为 7.079 元/股；2005 年 10 月 24 日买入

5 000股，成交均价为 7.682 元/股；2005 年 11 月 1 日买入 5 000 股，成交均价为 8.334 元/股；2005 年 11 月 2 日分别买入 5 000 股，成交均价为 8.456 元/股，买入 5 000 股，成交均价为 8.356 元/股，买入 5 000 股，成交均价为 8.496 元/股，买入 7 000 股，成交均价为 8.607 元/股。郑剑中自 2005 年 4 月 6 日起至 2005 年 11 月 8 日止，累计买入大唐电信股票数额为 49 400 股，该 49 400 股的买入均价为 8.282 元/股。自 2005 年 11 月 8 日至 2005 年 12 月 23 日期间，大唐电信股票的累计成交量达到其可流通部分 100%，每个交易日的收盘价的平均价格为 7.58 元/股。

另查，郑剑中买入大唐电信股票的佣金为 3‰，印花税为 1‰。郑剑中持有的大唐电信股票 49 400 股在 2005 年 12 月 23 日之前并未卖出。

再查，2005 年 4 月 7 日，上证综合指数收盘点位为 1 225.49。2005 年 11 月 8 日，上证综合指数收盘点位为 1 110.15。2005 年 12 月 23 日，上证综合指数收盘点位为 1 144.87。

一审法院判决认为：本案为证券虚假陈述赔偿纠纷。证券虚假陈述是指信息披露义务人违反法律规定，在证券发行或者交易过程中，对重大事件作出违背事实真相的虚假记载、误导性陈述，或者在披露信息时发生重大遗漏、不正当披露信息的行为。作为上市公司的大唐电信公司对外发布的公告，必须真实、准确、完整，不得有虚假记载、误导性陈述或者重大遗漏。但是，大唐电信公司在 2005 年 4 月 6 日公告其 2004 年年报中，虚报利润总额共计3 718 6597.53元，且存在重大遗漏，没有披露 2004 年期末存货可变现净值的确定依据被证监会作出行政处罚，故法院对大唐电信公司存在虚假记载和重大遗漏的事实予以认定。同时，最高人民法院《关于审理证券市场因虚假陈述引发的民事赔偿案件的若干规定》（以下简称《关于虚假陈述赔偿的规定》）第二十条第一款规定，"本规定所指的虚假陈述实施日，是指作出虚假陈述或者发生虚假陈述之日"，故法院依据上述规定，确定 2005 年 4 月 6 日为大唐电信公司虚假陈述的实施日。

（一）关于虚假陈述揭露日

《关于虚假陈述赔偿的规定》第二十条第二款规定："虚假陈述

揭露日，是指虚假陈述在全国范围发行或者播放的报刊、电台、电视台等媒体上，首次被公开揭露之日。"法院据此并结合本案案情，确定大唐电信公司的虚假陈述揭露日为 2005 年 11 月 8 日，即大唐电信公司在《中国证券报》上发布关于其收到北京监管局因其涉嫌虚假陈述而向其发出决定立案调查通知书的公告之日。理由如下：

（1）大唐电信公司在其于 2005 年 4 月 6 日公布的 2004 年年度报告中，进行了"虚增 2004 年年度利润总额 37 186 597.53 元，且在该年度报告的会计报表附注中没有披露 2004 年期末存货可变现净值的确定依据"的行为。后经北京监管局立案并经证监会调查，确认大唐电信公司上述行为构成虚假陈述，大唐电信公司对此予以认可，证监会亦因此最终对大唐电信公司及其相关责任人作出了行政处罚。此结论性事实与大唐电信公司于 2005 年 11 月 8 日在《中国证券报》上发布的公告内容前后呼应，且完全相符，是国家行政监管机构对大唐电信公司该公告中所述涉嫌存在虚假陈述行为的最终证实。该公告登载于全国范围发行的《中国证券报》上，且系首次公开披露。因此，上述事实符合《关于虚假陈述赔偿的规定》中关于"首次被公开披露"之规定。

（2）证监会作为国家证券监管机构，其立案调查的性质不仅属于国家的一种行政监管措施，而且属于行政监管力度和行政监管手段都相当强烈的行政监管措施。根据相关行政法规的规定，证券监管机构只有在掌握较为确实充分的证据的前提下，才能对涉嫌证券市场违法、违规者进行立案稽查。因此，大唐电信公司于 2005 年 11 月 8 日发布的关于其收到北京监管局因其涉嫌虚假陈述而向其发出决定立案调查通知书的公告内容，对于所有投资者都应属于具有较强警示性的投资信息，足以影响投资者的投资决策，符合有关虚假陈述"揭露"之客观要求。

（3）虚假陈述被揭示的意义就在于其对证券市场发出了一个警示信息，提醒投资人重新判断股票价值，进而对市场价格产生影响。大唐电信公司 2005 年 11 月 8 日公告的内容，不仅较为实际，而且已明确写明"敬请投资者注意投资风险"，故其足以提醒投资者要重新判断股票价值，注意证券市场投资风险，否则风险自负，这是对于一个理性投资人的基本要求。因此，从投资人理性的角度出发，当投资人获悉北京监管局的决定立案调查通知书内容时，应当预料到其中所涉大唐电信公司的行为可能被定性为虚假陈述，进而影响自身的投资决策，防范投资风险。故大唐电信公司 2005 年 11 月 8 日公告的内容符合虚假陈述足以满足"揭露"之本质要求。

（二）基准日的确定

《关于虚假陈述赔偿的规定》第三十三条第（一）项规定，"投资差额损失计算的基准日，是指虚假陈述揭露或者更正后，为将投资人应获赔偿限定在虚假陈述所造成的损失范围内，确定损失计算的合理期间而规定的截止日期。基准日分别按下列情况确定：（一）揭露日或更正日起，至被虚假陈述影响的证券累计成交量达到其可流通部分 100% 之日……"根据上述规定，本案自 2005 年 11 月 8 日至 2005 年 12 月 23 日，大唐电信股票的累计成交量达到了其可流通部分 100%，故 2005 年 12 月 23 日应被确定为基准日。

（三）关于郑剑中投资大唐电信公司股票的损害结果与大唐电信公司虚假陈述之间是否存在因果关系

《关于虚假陈述赔偿的规定》第十八条规定："投资人具有以下情形的，人民法院应当认定虚假陈述与损害结果之间存在因果关系：（一）投资人所投资的是与虚假陈述直接关联的证券；（二）投资人在虚假陈述实施日及以后，至揭露日或者更正日之前买入该证券；（三）投资人在虚假陈述揭露日或者更正日及以后，因卖出该证券发生损失，或者因持续持有该证券而产生亏损。"本案中，郑剑中自 2005 年 4 月 6 日至 2005 年 11 月 8 日期间买入了大唐电信股票，同时郑剑中在 2005 年 11 月 8 日之后因卖出及持有大唐电信股票发生了亏损，故法院认定大唐电信公司的虚假陈述与郑剑中的损害结果之间存在因果关系。

郑剑中作为普通的投资者在决定购买大唐电信股票时，无疑是对该上市公司所披露的信息只能给予足够的信任，大唐电信所有已经披露的信息都应当是郑剑中购买大唐电信股票时所信赖的对象。大唐电信公司除存在虚假陈述外，还存在重大遗漏行为，即未披露

2004 年期末存货可变现净值的确定依据，而该两项虚假陈述无疑会对股价产生一定的影响。现大唐电信公司未提供证据证明其有免责事由的存在，故大唐电信公司应赔偿郑剑中因购买大唐电信股票受虚假陈述影响而遭受的合理损失。但是，郑剑中在 2005 年 4 月 6 日之前及 2005 年 11 月 8 日之后买入的大唐电信股票不在本案赔偿范畴之内。

（四）关于郑某购买大唐电信股票至虚假陈述揭露日期间是否存在市场系统风险

《关于虚假陈述赔偿的规定》第十九条第（四）项规定，被告举证证明原告的损失或者部分损失是由证券市场系统风险等其他因素所导致的，人民法院应当认定虚假陈述与损害结果之间不存在因果关系。此条虽将证券市场系统风险作为被告免除民事责任的条件之一，但对证券市场系统风险这一概念未作明确定义。根据证券业通常理解，证券市场系统风险是指对证券市场产生普遍影响的风险因素，其特征在于系统风险因共同因素所引发，对证券市场所有的股票价格均产生影响，这种影响为个别企业或行业所不能控制，投资人亦无法通过分散投资加以消除。

经考察，2005 年 4 月 6 日至 2005 年 11 月 8 日期间，股票市场的大盘走势图反映股票交易比较平稳，上证综合指数并未发生大幅度下跌。在此期间，大唐电信公司的虚假陈述行为对其股票价格的波动确实存在一定的影响，投资者在信息不对称的情况下继续投资购买大唐电信公司股票，由此形成的投资损失，当然与虚假陈述行为之间存在因果关系，现大唐电信公司未提交证明证券市场系统风险确实存在的证据，故法院对大唐电信公司赔偿郑剑中合理损失的同时，不考虑证券市场系统风险的扣除。

（五）郑剑中的合理损失及其计算

《关于虚假陈述赔偿的规定》第十九条第（一）项、第（二）项规定，"被告举证证明原告具有以下情形的，人民法院应当认定虚假陈述与损害结果之间不存在因果关系：（一）在虚假陈述揭露日或者更正日之前已经卖出证券；（二）在虚假陈述揭露日或者更正日及以后进行的投资"。根据上述规定及郑剑中提交的股票交易对账单能够确认，郑剑中在 2005 年 11 月 8 日以后买入的大唐电信股票与大唐电信公司虚假陈述之间没有因果关系，不应在赔偿范围之内，而郑剑中自 2005 年 4 月 6 日至 2005 年 11 月 8 日期间持有的大唐电信股票产生的损失与大唐电信公司虚假陈述之间存在因果关系，为本案的赔偿范围。

《关于虚假陈述赔偿的规定》第三十条第一款规定："虚假陈述行为人在证券交易市场承担民事赔偿责任的范围，以投资人因虚假陈述而实际发生的损失为限。投资人实际损失包括：（一）投资差额损失；（二）投资差额损失部分的佣金和印花税。"第三十一条规定："投资人在基准日及以前卖出证券的，其投资差额损失，以买入证券平均价格与实际卖出证券平均价格之差，乘以投资人所持证券数量计算。"第三十二条规定："投资人在基准日之后卖出或者仍持有证券的，其投资差额损失，以买入证券平均价格与虚假陈述揭露日或者更正日起至基准日期间，每个交易日收盘价的平均价格之差，乘以投资人所持证券数量计算。"根据以上规定，因大唐电信公司的虚假陈述及重大遗漏行为与郑剑中投资大唐电信股票产生损失之间存在因果关系，故大唐电信公司作为过错方应当赔偿郑剑中的直接损失。具体损失包括郑剑中投资大唐电信股票的差额损失、佣金、印花税及利息。郑剑中投资大唐电信股票的差额损失的计算方法如下：2005 年 4 月 6 日虚假陈述实施日至 2005 年 11 月 8 日虚假陈述揭露日期间，郑剑中共买入大唐电信股票 49 400 股，该 49 400 股股票的买入均价应为 8.282 元/股，郑剑中于基准日后持有 49 400 股大唐电信股票，以 2005 年 12 月 23 日为基准日，大唐电信股票的基准价为 7.58 元/股，郑剑中买入大唐电信股票均价与基准价之差为 8.282 元－7.58 元＝0.702 元，故郑剑中持有的大唐电信股票 49 400 股的损失为 0.702 元×49 400 股＝34 678.8 元。郑剑中的佣金损失为 34 678.8 元×3‰＝104 元，印花税损失为 34 678.8 元×1‰＝34.68 元，上述三项损失合计 34 817.48 元。

郑剑中要求大唐电信公司赔偿其投资损失 646 222.72 元的诉讼请求，法院支持其中的合理损失 34 817.48 元，其余损失，法院不予支持。

关于利息损失的计算标准。《关于虚假陈述赔偿的规定》第三十条第二款规定："前款所涉资金利息，自买入至卖出证券日或基准日，按照银行同期活期存款利率计算。"郑剑中要求按照中国人民银行同期贷款利率的标准计算利息的主张，没有法律依据，法院不予支持。法院仅支持其自买入至基准日期间的中国人民银行同期活期存款利率的利息。

综上所述，依照《关于虚假陈述赔偿的规定》第一条、第十七条、第十八条、第十九条、第二十条第一款、第二款、第二十九条、第三十条、第三十一条、第三十二条、第三十三条第（一）项之规定，判决：

1. 本判决生效后十日内，大唐电信公司赔偿郑剑中投资损失34 817.48元及利息损失（自2005年4月6日起至2005年12月23日止，以34 817.48元为计算标准，按照中国人民银行同期活期存款利率计算）；

2. 驳回郑剑中的其他诉讼请求。

如果大唐电信公司未按本判决指定的期间履行给付金钱义务，应当按照《中华人民共和国民事诉讼法》第二百二十九条之规定，加倍支付迟延履行期间的债务利息。

郑剑中不服一审法院判决，向本院提起上诉，请求本院撤销一审法院判决，改判大唐电信公司向郑剑中赔偿经济损失及利息共计701 007.89元；大唐电信公司承担本案一、二审诉讼费用。其主要上诉理由是：只有以2007年8月21日为本案大唐电信公司虚假陈述揭露日，才符合《关于虚假陈述赔偿的规定》之规定，才能使大唐电信公司虚假陈述行为与郑剑中所受损害结果之间存在的因果关系明确；准确把握虚假陈述揭露日的含义，才能依法保护证券市场投资者的合法权益。

大唐电信公司服从一审法院判决。

本院经审理查明的事实与一审法院查明的事实一致。

本院认为，由于对虚假陈述行为的揭露途径不同，因此，媒体报道的日期、公司自我公告的日期、证券交易所实施停牌的日期、证券监管机构立案调查的日期、证券监管机构最终决定和作出相关行政处罚的日期等，均可能被认定为虚假陈述揭露日。而虚假陈述被揭露的重要意义就在于其对证券市场发出了一个警示信号，提醒投资人重新判断股票价值，虚假陈述揭露日的认定，亦是在虚假陈述行为被确认之后，为认定虚假陈述行为与投资人损失之间的因果关系而向前追溯的一个时点。根据"买者自警"的原则，对于这个时点，作为一个理性投资人至少应当保持警觉，谨慎决策。因此，本院认为，认定虚假陈述揭露日的标准，应为在该"揭露日"所揭露的事项，显属对虚假陈述行为的首次公开揭露，且足以对证券市场发出一个具有警示作用的信号，提醒投资人重新判断股票价值。《关于虚假陈述赔偿的规定》第二十条第二款规定，"虚假陈述揭露日，是指虚假陈述在全国范围发行或者播放的报刊、电台、电视台等媒体上，首次被公开揭露之日"，而未将"导致市场价格异常波动"或者"对市场价格产生影响"作为认定虚假陈述揭露日的条件，故虚假陈述被揭露是否"对市场价格产生影响"，有所不同。

本案中，虽然大唐电信公司于 2005 年 11 月 8 日在《中国证券报》上发布有关证券监管机构立案调查公告的日期、于 2007 年 8 月 21 日在《中国证券报》上发布有关证券监管机构决定进行行政处罚公告的日期，均有可能被认定为虚假陈述揭露日，但是，首先，由于大唐电信公司于 2005 年 11 月 8 日在《中国证券报》上发布的有关证券监管机构立案调查的公告内容，不仅得到了国家行政监管机构稽查结果的认定，即对大唐电信公司在该公告中所述涉嫌存在虚假陈述行为的最终证实，而且与证监会最终因大唐电信公司的虚假陈述行为对其及其相关责任人作出行政处罚的结论性事实，前后呼应，完全相符，故认定以 2005 年 11 月 8 日公告日为大唐电信公司虚假陈述行为的首次公开揭露日较为公正、合理。其次，由于 2005 年 11 月 8 日的公告的内容，不仅明示了大唐电信公司因涉嫌存在虚假信息披露行为已被立案调查的事实，而且明确写明"敬请投资者注意投资风险"，故该公告亦构成了对所有投资人具有较强警示作用的投资信息，足以影响投资人的投资决策，提醒投资者要重新判断股票价值。从投资人理性的角度出发，当投资人获悉北京监管局的决定立案调查通知书内容时，应当预料到其中所涉大唐电信公司的行为可能被定性为虚假陈述，进而影响自身的投资决策，防范投资风险，注意证券市场投资风险，减少损失。因此，本院认为，一审法院依据《关于虚假陈述赔偿的规定》第二十条第二款之规定，确定大唐电信公司在《中国证券报》上发布关于其收到北京监管局因其涉嫌虚假陈述而向其发出决定立案调查通知书的公告之日，即 2005 年 11 月 8 日为大唐电信公司的虚假陈述揭露日合法、合理、正确，一审法院据此对大唐电信公司应当赔偿郑剑中投资损失及相应利息损失的认定亦合法、合理、准确，应予维持。郑剑中的上诉理由，不能成立，本院不予支持。

综上，一审法院判决认定事实清楚，适用法律正确，应予维持。依照《中华人民共和国民事诉讼法》第一百五十二条第一款、第一百五十三条第一款第（一）项之规定，判决如下：

驳回上诉，维持原判。

一审案件受理费 10 810 元，由郑剑中负担 582 元（已交纳），由大唐电信科技股份有限公司负担 10 228 元（于本判决生效后七日内交纳）。

二审案件受理费 10 810 元，由郑剑中负担（已交纳）。

本判决为终审判决。

审判长　于泽泓

代理审判员　夏林林

代理审判员　林　涛

二〇〇九年十二月八日

书记员　杜　杰

（八）
潘海深内幕交易大唐电信民事赔偿案

主题词：潘海深　内幕交易　大唐电信　侵权　赔偿

11. 陈祖灵诉潘海深诉讼案

北京市第一中级人民法院

民事判决书

（2009）一中民初字第 8217 号[①]

原告：陈祖灵，男，汉族，住福建省厦门市。

委托代理人：宋一欣，上海新望闻达律师事务所律师。

委托代理人：张瑜，上海新望闻达律师事务所律师。

被告：潘海深，男，汉族，电信科学技术研究院副院长，住北京市。

委托代理人：丁光海，北京市金朔律师事务所律师。

原告陈祖灵与被告潘海深因证券内幕交易赔偿纠纷一案，本院于 2009 年 5 月 31 日受理后，依法组成合议庭审理了本案。本院于 2009 年 7 月 22 日组织双方当事人进行了庭前证据交换，并于 2009 年 7 月 22 日公开开庭进行了审理。原告陈祖灵的委托代理人宋一欣，被告潘海深的委托代理人丁光海到庭参加了诉讼。本案现已审理完毕。

原告陈祖灵起诉称：陈祖灵系投资者，在 2007 年 4 月 16 日前至

---

① 本司法裁判文书系上海新望闻达律师事务所宋一欣律师提供。

该日买入或持有大唐电信股票（股票代码 600198，1998 年 10 月 21 日在上海证券交易所上市）。

潘海深系电信科学技术研究院副院长，曾担任大唐电信科技股份有限公司（以下简称大唐公司）董事、副总经理，并担任过大唐公司董事会审计与监督委员会委员。在任职大唐公司期间，潘海深曾发生卖出大唐电信股票的内幕交易行为，2008 年 3 月 20 日，被中国证券监督管理委员会（以下简称证监会）认定为存在内幕交易行为，并受到行政处罚［中国证监会行政处罚书（2008）12 号］。

证监会的处罚决定书认定，2002 年，潘海深在国泰君安证券公司北京知春路营业部开立 1800×××× （潘海深）资金账户，下挂 1 个上海股东账户 A15604××××。潘海深本人承认该账户归其所有，交易资金来源于他的工资卡。截至 2007 年 4 月 15 日，该账户内有大唐电信股票 13 637 股。

2005 年，大唐公司亏损。2006 年 10 月 30 日，大唐公司发布 2006 年业绩预增公告，预计 2006 年全年实现盈利。2007 年 2—3 月间，大唐公司与其 2006 年年审机构经过沟通，拟对光通信、无线分公司的资产计提大幅减值准备，初步判断大唐公司 2006 年会有数亿元的亏损。2007 年 4 月 4 日上午 10 时 33 分，大唐公司董事会秘书将审计机构的预审计意见、公司经营班子关于年报亏损的汇报、预亏公告全文以电子邮件的形式向包括潘海深在内的全体董事做了汇报，汇报材料中称因"对整合后的无线、光通信资产进行大幅减值计提，由此将造成 2006 年年度财务报告亏损 5—6 亿元"。2007 年 4 月 5 日，大唐公司发布《大唐电信科技股份有限公司 2006 年度业绩预告更正公告》，宣布大唐公司由预盈转预亏，但未披露预计亏损的具体数额。根据询问笔录，潘海深称自己在公告前就知道会有几个亿的亏损。

2007 年 4 月 16 日，潘海深通过办公室电话下单，以每股 20.53 元的价格将其持有的大唐电信股票 13 637 股卖出，成交金额为 279 967.61 元。该价格既是当日收盘价，也是当日涨停价。次日，潘海深向上海证券交易所汇报了此次交易情况，潘海深称 2007 年 4 月 16 日的交易行为是误操作。经查交易记录，潘海深账户 2007 年 4 月 16 日的操作只有这一笔，且至 2007 年 4 月 27 日，除申购新股外，其账户也未进行任何其他操作。

2007 年 4 月 18 日，大唐公司发布 2006 年业绩快报，称 2006 年大唐公司净亏损 719 016 700 元。2007 年 4 月 27 日，大唐公司发布 2006 年年度财务报告，称 2006 年大唐公司净亏损 718 862 000 元。

因此，证监会认为，潘海深作为上市公司大唐公司的董事，是《中华人民共和国证券法》（以下简称《证券法》）第七十四条规定的"证券交易内幕信息的知情人"；其所知悉的大唐公司 2006 年将巨额亏损的信息，为《证券法》第七十五条规定的"内幕信息"，其 2007 年 4 月 16 日卖出大唐电信股票的行为，发生在该内幕信息公开以前。因此，潘海深的行为，违反了《证券法》第七十六条"证券交易内幕信息的知情人和非法获取内幕信息的人，在内幕信息公开前，不得买卖该公司的证券，或者泄露该信息，或者建议他人买卖该证券"的规定，应当按照《证券法》第二百零二条予以处罚。经计算，潘海深的违法所得（规避的损失）金额是 7 607.81 元。因此，证监会决定对潘海深处以人民币 3 万元的罚款。

根据 2007 年 5 月最高人民法院副院长奚晓明在全国民商审判工作会议的讲话精神，强调修订后的《证券法》已明确规定了内幕交易、操纵市场的侵权民事责任。陈祖灵正是在潘海深内幕交易期间受到内幕交易影响，买入或持有大唐电信股票，并导致了相应的投资损失（包括投资差额损失、印花税、佣金及利息）。现诉至法院，诉讼请求：

1. 判令潘海深向陈祖灵支付因内幕交易引起的侵权赔偿款 673 726.11 元；

2. 潘海深承担本案的诉讼费。

原告陈祖灵为支持其诉讼请求向本院提交了以下证据予以证明：身份证公证书、潘海深的户籍证明、证监会的处罚决定书、成交量收盘价一览表、对账单 1 份、股东卡、投资损失计算表、大唐公司《2006 年年报》。

被告潘海深答辩称：

1. 本案不符合法定的受理条件，应当裁定不予受理。根据 2001 年 9 月 21 日最高人民法院发布的《关于涉证券民事赔偿案件暂不予受理的通知》的规定，对于内幕交易行为引发的民事赔偿案件应暂不予受理。陈祖灵在起诉中说到最高人民法院副院长奚晓明的讲话相当于废止了最高人民法院的司法解释，潘海深认为这是违背法律的，不能因为某一个人的某一次讲话而废止法律，因此，潘海深认为法院应当先就本案是否应当受理的问题作出裁定，再就实体问题进行审理。

2. 陈祖灵依据同一事实与理由，同一股票交易过程，同一损失向同一法院提起不同的诉讼，要求进行赔偿，应属重复诉讼行为，违背了人民法院关于一案不二审的相关规定，应当驳回陈祖灵的起诉。

3. 陈祖灵的损失与潘海深的股票买卖行为完全没有因果关系，完全是由于其自身操作行为和股市系统性风险造成的。

（1）在本案立案前，潘海深与陈祖灵根本不认识，更没有对陈祖灵股票的操作行为作过任何明示或暗示的指导或提示、建议。陈祖灵只是在 2008 年 3 月 20 日，证监会对潘海深作出处罚决定书之后才知道潘海深误售股票一事，所以，陈祖灵的股票交易行为不可能受到潘海深误售股票的影响，更何况该股票在长达一年的时间里均处于上涨期，陈祖灵频繁交易获利较丰。

（2）潘海深在 2007 年 4 月 16 日误售自己所持有的股票仅为 13 637 股，当天该股票的成交量为 258 558 920 股，潘海深的所谓内幕交易行为根本无法引起操纵股价的结果，事实股价也没受到影响。潘海深的所谓内幕交易行为不应对陈祖灵承担赔偿责任。

（3）从潘海深卖出股票到 ST 大唐发布公告之日，股价是上涨的，这也说明潘海深的卖出股票与该股票的价格波动和走势是没有任何负面影响的。且陈祖灵在此期间操作的两笔交易均是盈利的，如：陈祖灵 2007 年 4 月 10 日以 17.1 元买入该股票，2007 年 6 月 18 日，陈祖灵以 24.47 元卖出，每股净盈利 7.37 元，但此时距离潘海深卖出股票已经两个多月，至此，说明潘海深的行为不但没有给陈祖灵带来任何损失，相反陈祖灵获得巨额利润，按照陈祖灵的逻辑是否要与潘海深利润共享。由此可以断定潘海深卖出股票的行为没有对该股票产生任何负面影响。

被告潘海深为支持其答辩意见向本院提交了以下证据予以证明：

陈祖灵诉大唐公司虚假陈述赔偿纠纷一案的诉讼材料、《中国证券报》2008 年 12 月 8 日的报道、大唐公司关于董事潘海深卖出本公司股票情况说明、潘海深本人关于股票误操作向上海证券交易所（以下简称上交所）的书面说明、大唐电信股票自 2007 年 4 月 2 日至 2007 年 12 月 28 日的历史交易清单。

经本院庭审质证，双方当事人对原告陈祖灵提交的身份证公证书、潘海深的户籍证明、证监会的处罚决定书、成交量收盘价一览表、对账单 1 份、股东卡、大唐公司《2006 年年报》，被告潘海深提交的陈祖灵诉大唐公司虚假陈述赔偿纠纷一案的诉讼材料、《中国证券报》2008 年 12 月 8 日的报道、大唐电信股票自 2007 年 4 月 2 日至 2007 年 12 月 28 日的历史交易清单的真实性无异议，故本院对上述证据的真实性予以确认。

双方当事人对以下涉及本案争议焦点的证据持有异议：

1. 陈祖灵提交的成交量收盘价一览表的证明事项，该证据证明潘海深的赔偿责任。经质证，潘海深认为该证据与本案无关。本院经审查认为：该证据本身只能反映当时的成交量和收盘价，无法证明潘海深应当承担赔偿责任，故本院对该证据的证明力不予确认。

2. 潘海深提交的陈祖灵诉大唐公司虚假陈述赔偿纠纷一案的诉讼材料的证明事项，该证据证明陈祖灵依据同一交易行为，同一交易过程，同一交易损失，分别以不同的名义向同一法院提起不同的诉讼，违背了一案不二审的规定。经质证，陈祖灵认为该证据与本案没有关联性。本院经审查认为：潘海深提交的该份证据内容与本案涉及的部分事实有关，故本院对该份证据的关联性予以认定，对该份证据的证明力问题，将在论理部分述及。

3. 潘海深提交的大唐公司关于董事潘海深卖出本公司股票情况说明及潘海深本人关于股票误操作向上交所的书面说明，证明潘海深的股票卖出行为确实属于误操作，并且在第一时间向公司董事会秘书说明，并通过董事会秘书及时向上海证券交易所说明，希望能及时采取补救措施取消该笔交易，或通过其他方式恢复原持有的股份，尽可能挽回因误操作给证券市场及大唐公司带来的不利影响。经质证，陈祖灵对上述证据的真实性有异议，认为大唐公司未在说明上盖章。本院经审查认为：大唐公司关于董事潘海深卖出本公司股票情况说明因没有大唐公司加盖的公章，且陈祖灵对该证据的真实性有异议，故本院对该证据的真实性不予确认。对于潘海深本人关于股票误操作向上交所的书面说明，因是潘海深单方出具，且陈祖灵对该证据有异议，故该证据不能作为有效证据予以采信。

本院根据当事人陈述及上述认证查明：1998 年 10 月，大唐公司的股票"大唐电信"在上交所挂牌上市，股票代码为 600198。潘海深 1998 年 9 月 21 日至 2008 年 3 月曾任大唐公司董事。

陈祖灵于 1996 年 9 月 2 日在上交所开立个人股票账户，编号为 01278048。2007 年 2 月 27 日，陈祖灵开始买入大唐电信股票。2007 年 4 月 10 日，陈祖灵以 17.10 元/股买入 43 800 股，2007 年 6 月 18 日，陈祖灵以 24.47 元/股卖出 13 800 股。此后，陈祖灵又多次买入或卖出大唐电信股票。

2008 年 3 月 20 日，证监会下达（2008）12 号行政处罚决定书，该决定书认定潘海深存在如下违法行为：

潘海深从 1998 年 9 月 21 日至今一直担任大唐公司董事，并于 2001 年 9 月 21 日至今担任大唐公司董事会审计与监督委员会委员。根据公司章程，董事会审计与监督委员会的职责包括审核公司的财务信息及其披露。

2002 年，潘海深在国泰君安证券公司北京知春路营业部开立 18003211（潘海深）资金账户，下挂 1 个上海股东账户 A156046013。潘海深本人承认该账户归其所有，交易资金来源于他的工资卡。截至 2007 年 4 月 15 日，该账户内有大唐电信股票 13 637 股。

2005 年，大唐公司亏损。2006 年 10 月 30 日，大唐公司发布 2006 年业绩预增公告，预计 2006 年全年实现盈利。2007 年 2—3 月间，大唐公司与其 2006 年年审机构经过沟通，拟对光通信、无线分公司的资产计提大幅减值准备，初步判断大唐公司 2006 年会有数亿元的亏损。2007 年 4 月 4 日上午 10 时 33 分，大唐公司董事会秘书将审计机构的预审计意见、公司经营班子关于年报亏损的汇报、预亏公告全文以电子邮件的形式向包括潘海深在内的全体董事做了汇报，汇报材料中称因"对整合后的无线、光通信资产进行大幅减值

计提，由此将造成 2006 年年度财务报告亏损 5—6 亿元"。2007 年 4
月 5 日，大唐公司发布《大唐电信科技股份有限公司 2006 年度业绩
预告更正公告》，宣布大唐公司由预盈转预亏，但未披露预计亏损的
具体数额。根据询问笔录，潘海深称自己在公告前就知道会有几个
亿的亏损。

2007 年 4 月 16 日，潘海深通过办公室电话下单，以每股 20.53
元的价格将其持有的大唐电信股票 13 637 股卖出，成交金额为
279 967.61 元。该价格既是当日收盘价，也是当日涨停价。次日，潘
海深向上交所汇报了此次交易情况，潘海深称 2007 年 4 月 16 日的交
易行为是误操作。

证监会以潘海深的行为违反《证券法》第七十六条的规定，并
依据《证券法》第二百零二条的规定对潘海深给予 3 万元的处罚。

上述事实，有双方当事人提交的上述证据及陈述意见在案佐证。

本院认为，本案双方争议的焦点为：第一，陈祖灵诉讼请求之
经济损失与潘海深卖出股票行为之间是否存在因果关系；第二，潘
海深是否应当对陈祖灵的经济损失承担民事赔偿责任。

（一）关于陈祖灵诉讼请求之经济损失与潘海深卖出股票行为之
间是否存在因果关系

本院认为：陈祖灵以证券内幕交易为由，起诉潘海深要求其赔偿
经济损失。证券内幕交易是指掌握上市公司未公开的、可以影响证券
价格的重要信息的人，在该信息转变为公开信息之前，买入或者卖出
该证券，或者泄露该信息，或者建议他人买卖该证券，直接或间接地
利用该信息进行证券交易，以获取利益或减少损失的行为。潘海深作
为大唐公司的董事应当属于掌握大唐公司内幕信息，他于 2007 年 4 月
16 日卖出大唐电信股票的行为，受到了证监会的处罚。但从本案有效
证据表明潘海深与陈祖灵在本案诉讼前并不相识，陈祖灵买卖大唐电
信股票并非受到潘海深的引导，并且陈祖灵于 2007 年 4 月 10 日以每
股 17.1 元买入该股票，又于 2007 年 6 月 18 日以每股 24.47 元卖出，
每股净盈利 7.37 元，但此时距离潘海深卖出股票已经两个多月，至
此，说明潘海深的行为没有给陈祖灵带来负面影响或损失。

本案中，陈祖灵作为理性投资者，在 2005 年 11 月 8 日大唐公司

因涉嫌虚假陈述被北京监管局决定立案调查后，仍从 2007 年 2 月 27 日起，多次买卖大唐电信股票。该行为要么属于应当预见大唐公司涉嫌存在的虚假信息披露行为可能被定性为虚假陈述行为的结果会给自己带来投资风险而没有预见，要么属于已经预见大唐公司存在虚假信息披露行为会给自己带来投资风险但抱有不必然给自己带来投资风险之侥幸心理，显属缺乏足够的证券市场风险防范意识。在此情况下，陈祖灵诉讼请求之经济损失，属证券市场中正常的投资交易风险，不应归责于潘海深。故本院认定陈祖灵的经济损失与潘海深卖出股票行为之间不存在因果关系。

（二）关于潘海深是否应当对陈祖灵的经济损失承担民事赔偿责任

因本院认定陈祖灵的经济损失与潘海深卖出股票行为之间不存在因果关系，故潘海深对陈祖灵的经济损失不应承担民事赔偿责任。

综上，潘海深关于陈祖灵诉讼请求所涉损失与其卖出大唐电信股票行为之间不存在因果关系的辩称成立，本院予以支持。陈祖灵的诉讼理由及所提交的证据不足以证明其诉讼请求成立，故本院对陈祖灵的诉讼请求不予支持。依照《中华人民共和国证券法》第七十四条、第七十六条，最高人民法院《关于民事诉讼证据的若干规定》第二条之规定，判决如下：

驳回原告陈祖灵对被告潘海深的诉讼请求。

案件受理费 10 537.26 元，由原告陈祖灵负担（已交纳）。

如不服本判决，可在判决书送达之日起十五日内向本院递交上诉状，并按对方当事人的人数提交副本，同时根据不服本判决部分的上诉请求数额交纳上诉案件受理费（向本院领取交费通知书），上诉于北京市高级人民法院。如在上诉期满后七日内未交纳上诉案件受理费，按自动撤回上诉处理。

审判长　阴　虹

代理审判员　宁　勃

代理审判员　郑伟华

二〇〇九年十月二十二日

书记员　卫　华

（九）

程文水、刘延泽操纵中核钛白股价民事赔偿案

主题词：程文水　刘延泽　中核钛白　操纵股价　侵权　赔偿

12. 刘某诉程文水、刘延泽诉讼案

北京市第二中级人民法院

民事判决书

（2011）二中民初字第 08477 号[①]

原告：刘某，女。

委托代理人：薛洪增，河北功成律师事务所律师。

被告：程文水，男，汉族，天雅古玩城董事长，身份证住址：北京市。

委托代理人：赵晓玲。

被告：刘延泽，男，汉族，无业，身份证住址：河北省廊坊市。

委托代理人：赵晓玲。

原告刘某与被告程文水、刘延泽操纵证券交易市场赔偿纠纷一案，本院于 2011 年 4 月 12 日受理后，依法组成合议庭审理本案。本案分别于 2011 年 8 月 30 日、12 月 6 日公开开庭进行了审理，原告刘某的委托代理人薛洪增，被告程文水、刘延泽的委托代理人赵晓

---

① 本司法裁判文书系河北功成律师事务所薛洪增律师提供。

玲到庭参加了诉讼。本案现已审理完毕。

刘某起诉称：刘某曾投资于中核钛白股票。中核钛白全称：中核华原钛白股份有限公司（住所地甘肃省兰州市西津西路 916 号，法定代表人方丁，工商登记号码 6200001051510），该股票于 2007 年 8 月 3 日在深圳证券交易所挂牌交易，代码为 002145。程文水、刘延泽通过被其控制的公司所设立的股票账户进行了买卖中核钛白股票的交易，或由程文水、刘延泽指使的个人进行买卖中核钛白股票的交易。对此，中国证监会认定，2008 年 9 月 10 日至 9 月 12 日期间，程文水、刘延泽利用持股优势、资金优势以连续买卖和在自己实际控制的账户组中买卖中核钛白股票的方式，操作和影响中核钛白交易价格和交易数量。根据统计，账户组在 2008 年 9 月 10 日至 9 月 12 日交易中核钛白的账面收益为－5 806 527.67 元。2009 年 4 月 16 日，中国证监会以程文水、刘延泽存在操纵股票价格行为为由，对其作出行政处罚。在程文水、刘延泽利用被控制的账户组操纵中核钛白股票价格不久，中核华原钛白股份有限公司曾于 2008 年 9 月 17 日作出《股票价格异常波动公告》，认为自 2008 年 9 月 11 日、9 月 12 日、9 月 16 日连续三个交易日内日收盘价格跌幅偏离值累计超过 20%，根据深圳证券交易所《交易规则》的有关规定，属于股票交易异常波动，此公告引起了中核钛白投资者的关注，之后，成交量迅速放大，对此日期，可以认为是操纵股价揭露日。根据 2007 年 5 月 30 日至 31 日最高人民法院副院长奚晓明在全国民商审判工作会议（南京会议）的讲话，强调修订后的《证券法》已明确规定了内幕交易、操纵市场的侵权民事责任，因此，对于投资者对侵权行为人提起的民事诉讼，法院应当参照虚假陈述司法解释前置程序的规定来确定案件的受理，并根据有关管辖的规定来确定管辖。而刘某正是在程文水、刘延泽操纵股价期间受到操纵股价的侵权影响，即程文水、刘延泽买或卖中核钛白股票行为之反向行为—买入或持有股票行为实施时受影响，并导致了相应的投资损失（包括投资差额损失、印花税、佣金及利息），即上述侵权赔偿款项。2008 年 9 月 17 日揭露日当日，中核钛白公司发行在外的流通股为 99 858 000 股，从揭露日起流通股累计成交量达到 100% 的投资差额损失计算基准日为 2008 年 10 月 6 日，截至该日，股票累计成交量为 100 160 900 股，经计算，该时段中核钛白股票收盘价均价即基准价为 5.187 元。现刘某诉至法院，请求判令程文水、刘延泽向刘某支付因操纵股价引起的侵权赔偿款项 10 500 元，并由程文水、刘延泽承担本案诉讼费用。

程文水、刘延泽共同答辩称：原北京嘉利九龙商城有限公司（以下简称北京嘉利）实际控股人胡和建在 2006 年向程文水借款人民币 1.2 亿元，到期后一直没有偿还，后因胡和建涉及别的案件，与胡和建失去联系。大约在 2007 年 9 月份左右，胡和建主动找到程文水，说自己遇到麻烦，没有能力还钱，但手里有一家公司——指北京嘉利，旗下持有 3 920 万股中核钛白未上市股票，当时市场价格是 24 元，胡和建愿意以 12 元的价格转让给程文水，程文水随后找到刘延泽商讨胡和建转让股票一事，刘延泽说可以做，后来两人合作购买胡和建的股票，各占 50%，可是刘延泽当时没那么多钱，刘延泽只出 5 000 万元，其余由程文水代付，因为当时没有人想到会赔钱，购买胡和建的中核钛白股票，整体大约 5 亿元人民币。大约在 2008 年 8 月，股票解禁，股价是 10 元左右，当时就亏损了大约 1 亿元人民币，可是股价持续往下跌，到了 7—8 元左右，账面亏损已达到 2 亿元，程文水当时就逼刘延泽偿还由其代付的钱款，刘延泽找到程文水，称自己借到了钱，但股票必须在别人的账户上，在没有办法的情况下，程文水同意由刘延泽办理，只要刘延泽能还钱就可以，就这样为了把股票倒给别人，刘延泽在前一天买了中核钛白 50 多万股，第二天刘延泽把股票放在了跌停板上想倒仓，没有想到市场全部抢走，造成了倒仓失败。在中核钛白股票上，程文水和刘延泽二人总计亏损 2 亿多元人民币，从此刘延泽下落不明，包括其父母妻儿也下落不明，程文水至今找不到刘延泽已有三年多，程文水共计损失 15 000 万余元，刘延泽损失 5 000 万元，当时证监会认为有操纵行为，提出罚款 3 000 万元，程文水不服，提出异议，后证监会把罚款降到 500 万元，但至今未交，程文水提出原因是自身损失太大，并且其二人造成损失的主要原因在证监会和发行股票的信达证券及中核钛白公司造假，证监会不负责任，哪有股票刚上市不到一年就亏损几亿元。因此程文水及刘延泽也是受害者，愿意联合所有在中核钛白事件中受到损失者起诉中国证监会及中核钛白上市公司。不同意刘某的诉讼请求。

经审理查明：

刘某于 2007 年 6 月 8 日在深圳证券交易所开立股票账户。

中核钛白股票于 2007 年 8 月 3 日在深圳证券交易所上市，股票代码 002145，上市首日开盘价 32.3 元，2007 年 8 月 7 日最高价达到 35.77 元，之后股价基本处于下降趋势，至 2008 年 9 月 9 日，开盘价为 7.67 元，收盘价为 7.52 元。2008 年 9 月 10 日，开盘价为 7.32 元，期间涨停并维持至收盘，收盘价为 8.27 元；9 月 11 日，又以跌停价 7.44 元开盘，期间最高上涨至 8.66 元，收盘价为 7.98 元；9 月 12 日，以跌停价 7.18 元开盘，期间最高上涨至 7.46 元，又以跌停价 7.18 元收盘。中核钛白的总股本为 1.9 亿，2008 年 8 月 8 日，北京嘉利持有的中核钛白限售股 3 920.8 万股解禁后上市流通，中核钛白的流通股达 9 985.8 万股。2009 年 4 月 22 日，中核钛白因经营亏损，被深圳证券交易所进行特别处理，变更名称为 ST 钛白。

刘某于 2008 年 9 月 11 日买入中核钛白 6 300 股，成交价格为每股 7.44 元；于 2008 年 9 月 16 日卖出中核钛白 300 股，成交价格为每股 6.46 元；于 2008 年 9 月 19 日以每股 5.56 元的成交价格卖出中核钛白 500 股，以每股 5.67 元的成交价格卖出中核钛白 500 股，以每股 5.65 元的成交价格卖出中核钛白 500 股，以每股 5.74 元的价格卖出中核钛白 4 500 股。

2008 年 9 月 17 日，中核华原钛白股份有限公司发布股票交易异常波动公告，主要内容为：中核钛白股票自 2008 年 9 月 11 日、9 月 12 日、9 月 16 日连续三个交易日内收盘价格跌幅偏离值累计超过 20%，根据深交所《交易规则》的有关规定，属于股票交易异常波动，公司说明如下：不存在对公司股票及其衍生品种交易价格可能产生较大影响或影响投资者合理预期的应披露而未披露的信息，公司内外部经营环境未发生重大变化，公司控股股东和实际控制人在公司股票异常波动期间，不存在买卖公司股票的行为，不存在违反信息公平披露的情形。

2009年4月16日，中国证券监督管理委员会作出（2009）13号行政处罚决定书，认定程文水、刘延泽存在如下违法行为：

程文水和刘延泽等实际控制北京嘉利、天津联盛伟业科技开发有限公司（以下简称天津联盛）、西安浩拓商贸有限公司（以下简称西安浩拓）、甘肃新泰陇投资管理有限公司（以下简称甘肃新泰陇）、海南太昊商贸有限公司（以下简称海南太昊）等公司，并通过上述公司设立的股票账户进行了本案涉及的股票交易。河北夏成龙拉链有限公司（以下简称河北夏成龙）将其营业执照出借给本案当事人办理证券账户，并由当事人指使的个人进行本案涉及的股票交易活动。

北京嘉利原持有的中核钛白限售股3 920.8万股于2008年8月8日解禁后上市流通。北京嘉利以大宗交易方式分别在2008年8月14日向天津联盛出售中核钛白900万股，8月20日向河北夏成龙出售中核钛白870万股，8月20日向西安浩拓出售中核钛白872万股，共占中核钛白总股本的13.91％。

2008年9月10日至9月12日期间，天津联盛合计卖出中核钛白900万股；河北夏成龙合计卖出中核钛白870万股；西安浩拓合计买入中核钛白260万股，合计卖出中核钛白1 132万股；甘肃新秦陇合计买入中核钛白4 503 766股，合计卖出中核钛白2 998 466股。截至2008年10月9日，甘肃新秦陇账户持有中核钛白0股。2008年8月7日开户至9月19日，海南太昊合计买入中核钛白5 832 311股，合计卖出中核钛白5 832 311股。

2008年9月10日，中核钛白开盘后走势平稳，成交清淡，自10：01起至11：17，天津联盛、河北夏成龙、西安浩拓、甘肃新秦陇及海南太昊等五家机构账户（以下简称账户组）连续大笔委托买入，账户组共申报买入委托7 165 000股，占期间买入委托申报总量的80.37％，委托价格从7.39元至8.26元，直接推动股价上升至涨停。该期间买入成交3 910 267股，占期间买入成交总量的76.47％。与此同时，西安浩拓连续大笔卖出，账户组申报卖出委托3 627 500股，占期间卖出委托申报总量的57.64％，卖出成交3 304 367股，占期间卖出成交总量的64.62％。该期间内账户组互为对手方交易2 581 967股，占期间成交总量的50.49％。此后，在11：17至收盘期间，账户组共申报买入委托 11 891 999 股，占期间买入委托申报总量的 93.09%，买入成交 1 349 833 股，占期间买入成交总量的 79.39%，使中核钛白一直维持涨停状态，同时在该期间内账户组申报卖出委托 284 133 股，占期间卖出委托申报总量的 7.32%，卖出成交 284 133 股，占期间卖出成交总量的 16.71%，该期间内账户组互为对手方交易 265 033 股，占该期间成交数量的 15.59%。全日，账户组共买入中核钛白 5 260 150 股，共卖出中核钛白 3 588 500 股，账户组成交量占当日总成交量的 64.77%。账户组互为对手方交易 2 847 000 股，占该股当日成交总量的 41.678%。

2008 年 9 月 11 日，中核钛白开盘即跌停。在开盘集合竞价阶段，账户组共申报买入委托 700 000 股，占期间买入委托申报总量的 80.36%，买入成交 700 000 股，占期间买入成交总量的 83.53%。该期间账户组以跌停价申报卖出委托 5 000 000 股，占期间卖出委托申报总量的 96.42%，卖出成交 838 000 股，占期间卖出成交总量的 100%。该期间内账户组互为对手方交易 7 000 000 股，占期间成交数量的 83.53%，直接导致该股开盘即跌停。此后，在 9：25 至 9：55 的连续竞价期间，账户组共申报买入委托 4 270 000 股，占期间买入委托申报总量的 17.02%，买入成交 4 270 000 股，占期间买入成交总量的 18.67%。申报卖出委托 22 493 500 股，占期间卖出成交总量的 97.89%。该期间内账户组互为对手方交易 4 252 500 股，占该期间成交数量的 18.59%，中核钛白打开跌停。此后至收盘期间，账户组转向单向卖出，账户组共申报卖出委托 2 394 000 股，占期间卖出委托申报总量的 29.49%，卖出成交 2 293 600 股，占期间卖出成交总量的 39.36%。全日，账户组共买入中核钛白 4 970 000 股，共卖出中核钛白 25 525 100 股，账户组成交量占当日总成交量的 51.614%。账户组互为对手方交易成交股数达 4 952 500 万股，占该股当日总成交量的 16.764%。

2008 年 9 月 12 日，中核钛白开盘即跌停，在开盘集合竞价阶段，账户组共申报买入委托 0 股，以跌停价申报卖出数量为 2 847 311 股，占期间卖出委托申报总量的 70.74%，卖出成交 1 296 200 股，占期间卖出成交总量的 93.50%，直接导致中核钛白以跌停价开盘。此后，在 9：25 至收盘的连续竞价期间，账户组共申报买入委托 0 股，申报卖出数量 6 264 977 股，占期间卖出委托申报总量的 24.67%，卖出成交 6 195 977 股，占期间卖出成交总量的 54.48%。全日，账户组共买入中核钛白 0 股，共卖出中核钛白 7 492 177 股，账户组成交量占当日总成交量的 29.36%。

因此，2008 年 9 月 10 日至 9 月 12 日期间，程文水和刘延泽利用持股优势、资金优势以连续买卖和在自己实际控制的账户组中买卖中核钛白股票的方式，操纵和影响中核钛白交易价格和交易数量。根据统计，账户组在 2008 年 9 月 10 日至 9 月 12 日交易中核钛白的账面收益为－5 806 527.67 元。

中国证券监督管理委员会认定：程文水和刘延泽的上述行为违反了《证券法》第七十七条"禁止任何人以下列手段操纵证券市场：（一）单独或者通过合谋，集中资金优势、持股优势或者利用信息优势联合或者连续买卖，操纵证券交易价格或者证券交易量……（三）在自己实际控制的账户之间进行证券交易，影响证券交易价格或者证券交易量"的规定，构成《证券法》第二百零三条所述"操纵证券市场"的违法行为。根据当事人违法行为的事实、性质、情节与社会危害程度，按照《证券法》第二百零三条之规定，决定：

1. 对程文水处以 300 万元的罚款；
2. 对刘延泽处以 200 万元的罚款。

同日，中国证券监督管理委员会作出（2009）9 号市场禁入决定书，认定程文水、刘延泽为市场禁入者，自该会宣布决定之日起，程文水十年内不得从事证券业务或担任上市公司董事、监事、高级管理人员职务，刘延泽五年内不得从事证券业务或担任上市公司董事、监事、高级管理人员职务。

上述行政处罚决定书和市场禁入决定书已生效。

本案中，刘某主张参照最高人民法院《关于审理证券市场因虚假陈述引发的民事赔偿案件的若干规定》相关条文计算本案赔偿损失数额。刘某主张以中核华原钛白股份有限公司发布的"股票交易异常波动公告"的日期 2008 年 9 月 17 日为揭露日；主张以 2008 年 10 月 6 日为基准日，因为 2008 年 9 月 17 日中核钛白的流通股为

99 858 000股，2008年9月17日至10月6日该股票成交量合计100 160 900股，达到了可流通部分的100％；主张2008年9月17日至10月6日期间共9个交易日，中核钛白的收盘价均价为5.187元/股，以5.187元为从揭露日至基准日间的基准价。刘某主张其在揭露日前买入中核钛白的均价为7.466元，揭露日后基准日前卖出1 000股，卖出均价为5.727元。刘某主张的投资损失的计算方法为：投资差额损失为（揭露日后基准日前买入均价减卖出均价）×股数＋（基准日后买入均价减基准价）×股数，即（7.466－5.727）×6 000＝10 434元；印花税为投资差额损失的1‰即10元；佣金为投资差额损失的3‰即31.3元；投资差额损失、印花税、佣金的利息（按一年期活期存款利率0.72％计算）为75.42元；上述几项总计要求赔偿10 500元。

另查明，2007年10月开始，我国股市进入下行通道，A股深证成指自2007年10月10日的最高点19 600，跌至2008年10月28日的最低点5 577；A股上证指数自2007年10月16日的最高点6 124，跌至2008年10月28日的最低点1 664。

上述事实，有证券账户卡、证券账户对账单、中核华原钛白股份有限公司股票交易异常波动公告、中国证券监督管理委员会（2009）13号行政处罚决定书、（2009）9号市场禁入决定书、中核钛白收盘价、成交量一览表、投资损失计算表以及当事人陈述意见等在案佐证。

本院认为：本案为操纵证券交易市场赔偿纠纷，刘某起诉主张程文水、刘延泽操纵证券市场的行为给其造成投资损失、要求赔偿。

《中华人民共和国证券法》第七十七条第二款规定，操纵证券市场行为给投资者造成损失的，行为人应当依法承担赔偿责任。但对于操纵证券市场与损害结果之间因果关系的确定以及行为人承担赔偿责任数额的范围、损失的计算方法，现行法律法规、司法解释均无明文规定。刘某要求参照最高人民法院《关于审理证券市场因虚假陈述引发的民事赔偿案件的若干规定》计算其损失。本院认为，虚假陈述与操纵证券市场是两种不同的违法行为，两者在违法主体、行为表现、持续时间、影响范围方面均不相同，参照关于虚假陈述的规定认定操纵证券市场的民事赔偿责任，缺乏依据。因此，刘某要求参照最高人民法院《关于审理证券市场因虚假陈述引发的民事赔偿案件的若干规定》计算损失数额，缺乏依据，本院不予采信。

买卖股票系投资行为，投资本身即存在盈亏风险，股票的涨跌受该上市公司的财务、经营情况、所属行业景气程度以及大盘指数等因素影响。中核钛白自上市后股价即一路下跌，从刚上市时的最高价35.77元跌至涉案操纵行为发生前一日的收盘价7.52元。涉案操纵行为仅持续三天，第一天操纵中核钛白股价涨停，但第二天该股即以跌停开盘，虽然盘中有上涨，但第三天又跌停，此种股价异常价格波动投资者应审慎对待，在股票基本面未发生改善的情况下，仅因股票出现一次涨停即买入股票所产生的风险，投资者自己也应承担相应责任。而且，从大盘指数看，操纵行为发生时，我国股市正处于下行通道，股票价格的下跌也受大盘指数下跌的影响。本案中，刘某在2008年9月11日买入6 300股，成交价格为每股7.44元，比操纵行为发生前的股价要低，其在操纵行为期间后卖出虽然有投资损失，但不能认定该损失与操纵行为具有直接关联性。在此情形下，对于刘某要求程文水、刘延泽赔偿损失的诉讼请求，本院不予支持。

综上，依照最高人民法院《关于民事诉讼证据的若干规定》第二条之规定，判决如下：

驳回刘某的诉讼请求。

案件受理费77元，由刘某负担（已交纳）。

如不服本判决，可在判决书送达之日起十五日内，向本院递交上诉状，并按对方当事人人数提交副本，同时按照不服本判决部分的上诉请求数额，交纳上诉案件受理费，上诉于北京市高级人民法院。在上诉期满后七日内，仍未交纳上诉案件受理费的，按自动撤回上诉处理。

审判长　申小琦

审判员　周　岩

代理审判员　程慧平

二○一一年十二月十三日

书记员　宋云燕

（十）
天津磁卡虚假陈述民事赔偿案

主题词：天津磁卡　虚假陈述　侵权　赔偿

13. 封某某诉天津环球磁卡股份有限公司诉讼案

天津市第二中级人民法院
民事裁定书

（2005）二中保民初字第 174 号[①]

原告：封某某。

委托代理人：戴雪静，天津桐江律师事务所律师。

委托代理人：刘国华，广东威戈律师事务所律师。

被告：天津环球磁卡股份有限公司，住所地：天津空港物流加工区外环北路 1 号 2—A001 室。

法定代表人：姜肃敌，董事长。

委托代理人：庞世耀，誉丰律师事务所律师。

本院在审理原告封某某诉被告天津环球磁卡股份有限公司虚假陈述证券民事赔偿纠纷一案中，原告封某某于 2005 年 11 月 29 日向本院提出撤诉申请。

本院认为，原告的撤诉申请符合有关法律规定，应予准许。依照《中华人民共和国民事诉讼法》第一百三十一条第一款之规定，

---

① 本司法裁判文书系广东奔犇律师事务所刘国华律师提供。

裁定如下：

准许原告封某某撤回对被告天津环球磁卡股份有限公司的起诉。

案件受理费人民币 435 元，减半收取 217.5 元，由原告封某某负担。

审判长　白玉明

代理审判员　李　静

代理审判员　吴文琦

二〇〇五年十一月二十九日

书记员　吕本文

（十一）

三联商社（原郑百文）虚假陈述民事赔偿案

主题词：三联商社　郑百文虚假陈述　侵权　赔偿

14. 范黎明诉三联商社股份有限公司诉讼案

郑州市中级人民法院
民事判决书

（2004）郑民四初字第 16 号①

原告：范黎明，女，汉族，住上海市。

委托代理人：宋一欣，上海市新望闻达律师事务所律师。

委托代理人：刘文，上海市新望闻达律师事务所律师。

被告：三联商社股份有限公司，住所地：河南省郑州市南阳路 2 号。

法定代表人：张继升，董事长。

委托代理人：王勖非，北京中博律师事务所律师。

委托代理人：邹涛，公司职员。

原告范黎明与被告三联商社股份有限公司（以下简称三联商社）证券虚假陈述损害赔偿纠纷一案，本院受理后，依法组成合议庭公开开庭进行了审理。范黎明委托代理人宋一欣，三联商社委托代理

人王勋非、邹涛到庭参加诉讼。本案现已审理终结。

原告范黎明诉称：原告系投资者。三联商社系上市公司，于1996 年 4 月 18 日在上海证券交易所上市，代码为 600898，截至2003 年 7 月底，有两次时间较长的停/复盘，即为 2000 年 8 月 21 日至 2001 年 1 月 3 日、2001 年 3 月 3 日至 2003 年 7 月 18 日。2001 年12 月 1 日，三联商社发布公告称，三联商社与其主要债权人中国信达资产管理公司达成还债与重组协议；12 月 31 日，三联商社股东大会通过重组方案，在数年连续亏损和数度获得宽限后，经资产重组，于 2003 年 7 月该公司股票重新复盘上市。2000 年 10 月 31 日，新华社记者在《人民日报》上发表文章，对被告公司在股票上市过程中存在虚假陈述行为进行了揭露。该文成为对三联商社虚假陈述行为的最早揭露。2001 年 9 月 27 日，中国证监会对被告公司作出处罚决定，并于 2001 年 10 月 24 日在有关证券信息披露媒体上刊登。该处罚决定认定被告公司存在虚假上市和上市后信息披露虚假等行为，现该处罚决定已生效。根据有关司法解释，虚假陈述揭露日为 2000年 10 月 31 日，基准日为 2001 年 2 月 16 日，基准价为 7.93 元/股。范黎明根据被告的信息披露购买了被告公司在外流通的股票 985 股，因被告的虚假陈述导致投资损失 3 973.54 元。请求判令：

1. 被告向原告支付因虚假陈述引起的侵权赔偿款 3 973.54 元；

2. 判令被告承担本案诉讼费。

被告三联商社答辩称：

1. 中国证监会的处罚决定是针对我商社重组前原郑百文及公司有关人员的违法行为作出的，目前我商社治理规范，业绩良好；

2. 原告未能证明在我商社虚假陈述揭露日之后仍持有其 1998 年5 月 6 日和 7 月 2 日购入的郑百文股票，原告亦未能证明其买入郑百文股票是受公司虚假陈述的影响所致，故原告主张证据不足；

3. 原告所受损失在一定程度上是由于证券市场系统风险等原因所致，原告所受损失并非完全与我商社的虚假陈述行为之间存在因果关系；

4. 郑百文通过重组发生了实质性变化，已经以其经营的变化在一定程度上补偿了投资者的损失；

5. 原告起诉已超过诉讼时效，原告提起诉讼时效起算日为 2001 年 9 月 28 日，至原告起诉时已超过两年诉讼时效。

请求法院作出合理、合法的判决，以维护我商社的合法权益。

本院经审理查明：三联商社前身系郑州百文股份有限公司（集团）（以下简称郑百文），郑百文是上市公司，于 1996 年 4 月在上海证券交易所上市。截至 2003 年年底，有两次时间较长的停/复盘，即为 2000 年 8 月 21 日—2001 年 1 月 3 日、2001 年 3 月 3 日—2003 年 7 月 18 日。在数年连续亏损和数度获得宽限后，经资产重组，于 2003 年 7 月该公司股票重新复盘上市。

2000 年 10 月 31 日，新华社记者在《人民日报》上发表文章，对被告公司在股票上市过程中存在虚假陈述行为进行了披露。2001 年 9 月 27 日，中国证监会对被告公司作出处罚决定，并于 2001 年 10 月 24 日在有关证券信息披露媒体上刊登。该处罚决定认定被告公司存在虚假上市和上市后信息披露虚假等行为，虚假上市包括虚增利润、股本金不实和上市公告书重大遗漏等情况，上市后信息披露虚假包括虚增利润、配股资金实际使用情况与信息披露不符、隐瞒大额投资及投资收益事项、编制虚假会计报表和重大遗漏等情况。现该处罚决定已生效。本案中三联公司虚假陈述揭露日为 2000 年 10 月 31 日，基准日为 2001 年 2 月 16 日，基准价为 7.93 元/股。范黎明根据被告的信息披露购买被告公司在外流通的股票 985 股，因被告的虚假陈述导致了原告包括投资差额损失以及投资差额损失部分的佣金和印花税等实际损失共计 3 973.54 元。

本院认为：范黎明所投资的是与虚假陈述直接关联的郑百文股票，范黎明在虚假陈述实施日以后至揭露日前买入该股票，在虚假陈述揭露日以后持续持有该股票而遭受实际损失，应当认定虚假陈述与损害结果之间存在因果关系。三联公司应当对其虚假陈述给范黎明造成的实际损失承担民事赔偿责任。依照《中华人民共和国民法通则》，最高人民法院《关于审理证券市场因虚假陈述引发的民事赔偿案件的若干规定》第十八条、第二十条第二款、第三十条、第三十三条第一款第（一）项之规定，判决如下：

三联商社股份有限公司于本判决生效之日起十日内向范黎明赔偿因虚假陈述而实际发生的损失 3973.54 元。

案件受理费 169 元，由三联商社股份有限公司负担。

如不服本判决，可在判决书送达之日起十五日内，向本院递交上诉状，并按对方当事人的人数提交副本，上诉于河南省高级人民法院。

审判长　张建军

审判员　成　锴

审判员　高志强

二○○四年五月十七日

代理书记员　孙　燕

15. 范黎明诉三联商社股份有限公司上诉案

河南省高级人民法院

民事判决书

（2006）豫法民二终字第 159 号^①

上诉人（原审被告）：三联商社股份有限公司，住所地：济南市历下区趵突泉北路 12 号。

法定代表人：张继升，该公司董事长。

委托代理人：高万，该公司员工。

委托代理人：王勖非，北京中博律师事务所律师。

被上诉人（原审原告）：范黎明，女，汉族，住上海市。

委托代理人：宋一欣，上海新望闻达律师事务所律师。

---

① 本司法裁判文书系上海新望闻达律师事务所宋一欣律师提供。

　　上诉人三联商社股份有限公司（以下简称三联商社）与被上诉人范黎明证券虚假陈述损害赔偿纠纷一案，范黎明于 2003 年 10 月 13 日向郑州市中级人民法院（以下简称原审法院）起诉，请求判令三联商社赔偿因虚假陈述给其造成的损失 3 973.54 元。原审法院于 2004 年 5 月 17 日作出（2004）郑民四初字第 16 号民事判决。三联商社不服，向本院提起上诉，本院于 2006 年 8 月 10 日受理后依法组成合议庭，于 2006 年 10 月 20 日公开开庭审理了本案。三联商社的委托代理人王勋非、高万，范黎明的委托代理人宋一欣到庭参加诉讼。本案现已审理终结。原审法院经审理查明：三联商社前身是郑州百文股份有限公司（集团）（以下简称郑百文），郑百文是上市公司，于 1996 年 4 月在上海证券交易所上市。截至 2003 年年底，有两次时间较长的停/复盘，即为 2000 年 8 月 21 日—2001 年 1 月 3 日、2001 年 3 月 3 日—2003 年 7 月 18 日。在数年连续亏损和数度获得宽限后，经资产重组，于 2003 年 7 月该公司股票重新复盘上市。

　　2000 年 10 月 31 日，新华社记者在《人民日报》上发表文章，对郑百文在股票上市过程中存在虚假陈述行为进行了披露。2001 年 9 月 27 日，中国证券监督管理委员会（以下简称证监会）对郑百文作出处罚决定，并于 2001 年 10 月 24 日在有关证券信息披露媒体上刊登。该处罚决定认定郑百文存在虚假上市和上市后信息披露虚假等行为，虚假上市包括虚增利润、股本金不实和上市公告书重大遗漏等情况，上市后信息披露虚假包括虚增利润、配股资金实际使用情况与信息披露不符、隐瞒大额投资及投资受益事项、编制虚假会计报表和重大遗漏等情况。现该处罚决定已生效。本案中三联公司虚假陈述揭露日为 2000 年 10 月 31 日，基准日为 2001 年 2 月 26 日，基准价为 7.93 元/股。范黎明根据郑百文的信息披露，购买了郑百文上市流通股 985 股，因郑百文的虚假陈述导致的实际损失共计 3 973.54 元。

　　原审法院认为：范黎明所投资的是与虚假陈述直接关联的郑百文股票，范黎明在虚假陈述实施日以后至揭露日前买入该股票，在虚假陈述揭露日以后持续持有该股票而遭受实际损失，应当认定虚假陈述与损害结果之间存在因果关系。三联商社应当对其虚假陈述给范黎明造成的实际损失承担民事赔偿责任。依照《中华人民共和国民法通则》，最高人民法院《关于审理证券市场因虚假陈述引发的民事赔偿案件的若干规定》（以下简称《若干规定》）第十八条、第二十条第二款、第三十条、第三十三条第一款第（一）项之规定，原审判决：三联商社于判决生效后十日内向范黎明赔偿因虚假陈述而实际发生的损失 3 973.54 元。案件受理费 169 元，由三联商社负担。

三联商社上诉称：

1. 范黎明提交的证据未能证明其在虚假陈述揭露日之后仍持有郑百文股票，并且其仍持有的郑百文股票即为其 1998 年 5 月 6 日和 7 月 2 日购入的郑百文股票，也未能证明其购入郑百文股票是受虚假陈述影响所致。

2. 一审判决未考虑范黎明所受损失在一定程度上是由于证券市场的系统风险等原因所致，并非完全与三联商社的虚假陈述行为存在因果关系。郑百文股票价格的下跌与行业背景和市场变化、公司经营决策错误、管理不善以及 1998 年的配股等诸多因素有密切关系，并非完全由虚假陈述所导致。一审判决认定事实不清，证据不足，请求二审在确认范黎明因虚假陈述行为而受到的损失时充分考虑证券市场系统风险等因素，扣除不应由三联商社承担的部分，对原审判决的损失数额予以改判。

范黎明辩称：其 1998 年 5 月 6 日和 7 月 2 日购入郑百文股票后没有进行后续交易，在虚假陈述揭露日之后仍持有郑百文股票。三联商社没有证据证明范黎明所受损失或部分损失是由于证券市场的系统风险等其他因素所导致。原审认定事实清楚，处理正确，二审应予维持。

二审经审理查明的事实与原审查明的事实相同。

本院认为：范黎明 1998 年 5 月 6 日和 7 月 2 日购入郑百文股票后没有进行后续交易，在虚假陈述揭露日之后仍持有郑百文股票。三联商社如主张范黎明在 1998 年 5 月 6 日和 7 月 2 日购入郑百文股票后发生过交易，其应负举证责任。但三联商社一、二审均未提供相应证据证明，因此三联商社称范黎明未能证明在虚假陈述揭露日之后仍持有郑百文股票且为其当时购入的郑百文股票的上诉理由不能成立。范黎明在郑百文虚假陈述实施日之后购买了郑百文股票，并在虚假陈述揭露日之后因持有郑百文股票而遭受投资损失，该情形符合最高人民法院《若干规定》第十八条的规定，故应认定郑百文的虚假陈述与范黎明在证券交易中遭受的损失之间存在因果关系。三联商社上诉称范黎明未能证明买入郑百文股票是受郑百文虚假陈述影响所致的理由亦不能成立。虽然最高人民法院《若干规定》第十九条有对虚假陈述人免责的规定，但三联商社上诉主张本案存在证券市场系统风险等原因的证据不足，本院不予支持。原审认定事实清楚，适用法律及处理正确，三联商社上诉理由不能成立。依照《中华人民共和国民事诉讼法》第一百五十三条第一款第（一）项之规定，判决如下：

驳回上诉，维持原判。

二审案件受理费 175 元，由三联商社股份有限公司负担。

本判决为终审判决。

审判长　仝雯娉

审判员　司胜利

代理审判员　林秀敏

二〇〇六年十月三十一日

书记员　张建（代）

（十二）
渤海股份虚假陈述民事赔偿案

主题词：渤海股份　虚假陈述　侵权　赔偿

16. 刘中民诉渤海集团股份有限公司诉讼案

山东省济南市历下区人民法院
民事判决书

（1996）历经初字第 722 号[①]

原告：刘中民，男，住安徽合肥市。

委托代理人：刘英新，山东平正律师事务所律师。

委托代理人：罗文波，山东平正律师事务所律师。

被告：渤海集团股份有限公司，住所地：济南市泺源大街中段。

法定代表人：李甫田，董事局主席。

委托代理人：付宝顺，男，渤海集团股份有限公司副总经理。

委托代理人：宋洪喜，济南大千律师事务所律师。

原告刘中民与被告渤海集团股份有限公司虚假陈述股票交易损失赔偿纠纷一案，本院受理后，依法组成合议庭，公开开庭进行了审理。原告委托代理人刘英新、罗文波，被告委托代理人付宝顺、宋洪喜到庭参加诉讼。本案现已审理终结。

原告刘中民诉称，我原持有被告的"山东渤海"股票 400 股，买入时为每股 15.38 元，1996 年 10 月 9 日全国各主要金融证券报刊

披露了中国证监会查处被告违反会计制度和证券法规，构成虚假陈述和信息误导行为的信息。正是由于被告的违法违规行为，产生了严重误导，并在被告受到证监会处罚时股价急剧下跌，造成原告股票交易直接损失 1 040 元，要求被告赔偿原告上述损失并承担诉讼费用。

被告渤海集团股份有限公司辩称，原告股票交易的损失与被告的中期报告及证监会的处罚没有任何的因果关系，原告要求被告赔偿损失的理由不能成立。

经审理查明，1996 年 7 月 27 日、29 日，被告分别在《中国证券报》和《上海证券报》公布了其 1996 年中期报告。因该报告涉嫌违规，中国证监会对其进行了调查。"山东渤海"股票于 8 月 19 日被责令停牌。证监会经调查认定，被告渤海集团股份有限公司 1996 年中期报告严重失实，违反国家会计制度，虚调资本公积金约 1.8 亿元。同时，被告董事会还于 1966 年 7 月 12 日在《上海证券报》上公告披露了尚未具法律效力的土地评估资料，上述行为已构成了虚假陈述及信息误导。因此，中国证监会对其作出警告并罚款 50 万元的处罚，并于 10 月 9 日在《中国证券报》上公告了处罚结果。"山东渤海"股票于 10 月 10 日复牌。原告刘中民 1996 年 7 月 30 日以每股 15.38 元买入"山东渤海"股票 400 股，10 月 17 日以每股 12.78 元卖出，造成股票损失 1 040 元整。

以上事实，有《中国证券报》《上海证券报》及原告的股票交割单为证。

另据渤海集团日线报表查明，"山东渤海"股票于 1996 年 7 月 26 日、29 日、30 日、8 月 16 日、10 月 10 日、10 月 17 日涨跌幅度分别为：跌 0.20、0.00、0.00、涨 0.59、跌 1.19、涨 0.80。

本院认为，根据股票价格的理论，影响股票价格的直接原因是其供求关系的变化，而股票供求关系的变化是由多种因素影响所致，其中包括上市公司的经营状况、经济环境、政治因素、人为操纵等，根据上证指数及渤海集团日线报告，被告于 7 月 27 日、29 日公布中期报告之后，并未引起股票价格的异常波动。中国证监会对被告的处罚是为了进一步规范证券市场，以保护广大股民的利益，其停牌、处罚等决定不会必然引起股价的下跌。因此，原告诉称其股票交易的损失是由于被告虚假陈述，信息误导所致，其证据并不充分。即原告无充足的证据证明被告的虚假陈述及信息误导行为与原告股票交易的损失之间有必然的因果关系。因此，根据民事责任构成的一般原理，原告要求被告赔偿原告损失的请求，本院不予支持。据此，依照《中华人民共和国民事诉讼法》第六十四条、第七十一条的规定，判决如下：

　　驳回原告刘中民的诉讼请求。

　　案件受理费 50 元，由原告承担。

　　如不服本判决，可在判决书送达之日起十五日内，向本院递交上诉状，并按双方当事人的人数提出副本，上诉于山东省济南市中级人民法院。

审判长　　曲洪忠
代理审判员　　王　勇
代理审判员　　郝迎华
一九九七年九月九日
书记员　　陈昭新

17. 刘中民诉渤海集团股份有限公司上诉案

山东省济南市中级人民法院
民事判决书

（1998）济中经终字第 41 号①

　　上诉人（原审原告）：刘中民，男，住安徽合肥市。

　　被上诉人（原审被告）：渤海集团股份有限公司，住所地：济南市泺源大街中段。

　　法定代表人：李甫田，董事局主席。

―――――――――

　　①　本司法裁判文书系北京齐致律师事务所济南分所刘英新律师提供。

上诉人刘中民因与被上诉人渤海集团股份有限公司（以下简称渤海公司）股票交易赔偿纠纷一案，不服济南市历下区人民法院（1996）历经初字第722号民事判决，向本院提起上诉，本院依法组成合议庭审理了本案，现已审理终结。

原审认定，1993年7月27日、29日，渤海公司分别在《中国证券报》和《上海证券报》公布了其1996年中期报告。1996年7月12日在《上海证券报》上公布披露了尚未具备法律效力的土地评估资料。上述行为经中国证监会认定为严重失实，违反国家会计制度，已构成虚假陈述及信息误导。对此，中国证监会对其作出警告和经济处罚。并于1996年8月17日责令停牌，后于1996年10月10日复牌。刘中民于1996年7月30日以每股15.38元买入渤海公司股票400股，10月17日以每股15.78元卖出，该股票交易损失1 040元。另据渤海公司日线报表查明，该股票于1996年7月26日、29日、30日、8月16日、10月10日、10月17日的涨跌幅度分别为：跌0.20、0.00、0.00、涨0.59、跌1.19、涨0.80。原审认为，渤海公司的日线报告并未引起股票价格的异常波动，中国证监会对其警告、处罚及停牌对刘中民的股票交易损失也不会产生必然的因果关系。原审判决，驳回刘中民的诉讼请求。案件受理费50元，由刘中民负担。宣判后，刘中民不服判决提起上诉称，因渤海公司作虚假陈述和信息误导，已构成违法行为，被中国证监会查处并强行责令停牌，导致该股票价格急剧下跌，为此，给我造成的经济损失理应由其承担。原审判决认定事实不清，要求依法改判。渤海公司答辩称，原审判决正确，要求维持。

经审理查明，原审判决认定事实清楚，证据充分。

本院认为，股票交易是一种收益高、见效快、风险大的经济活动。中国证监会对渤海公司的处罚是对其在经营中违规行为的处理，该处理与刘中民的股票交易损失之间没有必然的联系。现刘中民以渤海公司作虚假陈述和信息误导而被中国证监会查处致使其股价下跌，造成自己股票交易受到损失，要求渤海公司予以赔偿之上诉理由证据不足，本院不予支持。故原审判决并无不当。依照《中华人民共和国民事诉讼法》第一百五十三条第一款第（一）项之规定，判决如下：

　　驳回上诉，维持原判。

　　上诉审案件受理费 50 元，由刘中民承担。

　　本判决为终审判决。

（略）

一九九八年八月十二日

（十三）

银座股份（原渤海股份）虚假陈述民事赔偿案

主题词：渤海股份　虚假陈述　侵权　赔偿

18. 张鹤诉银座渤海集团股份有限公司诉讼案

山东省济南市中级人民法院
民事判决书

（2002）济民二初字第 12 号①

原告：张鹤。

委托代理人：郭庆东、李新振，山东泰山蓝天律师事务所律师。

被告：银座渤海集团股份有限公司（原渤海集团股份有限公司）。

法定代表人：王仁泉，董事长。

委托代理人：林泽若明、孙广亮，北京市华堂律师事务所律师。

原告张鹤与被告银座渤海集团股份有限公司（以下简称银座渤海集团）虚假陈述证券民事赔偿纠纷一案，本院受理后，依法组成合议庭，公开开庭审理了本案。原告张鹤的委托代理人郭庆东、李新振，被告银座渤海集团的委托代理人林泽若明、孙广亮均到庭参加诉讼。本案现已审理终结。

原告张鹤诉称，其于 2001 年 8 月 16 日、17 日先后三次购进渤

---

① 本司法裁判文书系上海新望闻达律师事务所宋一欣律师提供。

海集团股票 1 500 股，计人民币 18 435 元。此后，该股票一路下跌，其于 2002 年 1 月 29 日将该 1 500 股股票低价卖出，共损失 9 420.06 元。原告认为其损失是被告的虚假信息披露行为所致，故请求判令被告赔偿其差价损失、交易费用、银行同期存款利息以及因诉讼支出的费用（律师代理费、差旅费等），合计 9 930.06 元。

原告共提交了 11 份证明材料，主要为：原告的股民身份情况；其买卖渤海集团股票情况；其所支出的费用单据以及中国证券监督管理委员会（以下简称证监会）对原渤海集团股份有限公司（以下简称原渤海集团）进行行政处罚的证监罚字（2001）23 号行政处罚决定书。

被告银座渤海集团辩称，本案不符合最高人民法院《关于受理证券市场因虚假陈述引发的民事侵权纠纷案件有关问题的通知》（以下简称《通知》）所确定的受案范围；原告诉讼主张其存在虚假信息披露事实与事实不符，其行为不构成遗漏，原渤海集团的行为不构成侵权，与原告损失之间无客观必然的因果关系，请求依法驳回原告的诉讼请求。

被告银座渤海集团共提交了 31 份证明材料，主要为：原渤海集团于 1993 年年底兼并原济南火柴厂时，对原济南火柴厂的银行借款利息"免二减三"的规定；济南市人民政府给证监会的认可给予原渤海集团"免二减三"优惠的公函；中国工商银行济南市经二路支行（以下简称经二路支行）因原济南火柴厂兼并前的借款（本息合计 1 787 万余元）于 1996 年向山东省高级人民法院提起诉讼，以及最终双方达成以房地产抵偿欠款自行和解情况的资料；原渤海集团自 1999 年中报起至今在其公开发布的信息中，对该诉讼事宜已予以披露，并于 1999 年已补提 1996、1997、1998 年三年的半息 190.5 万元的情况资料，原渤海集团股票自 2001 年 7 月 17 日至 2002 年 2 月 8 日的日 K 线报表，2001 年 7 月 31 日至 2002 年 2 月 8 日上证指数的日 K 线报表。

经审理，本院认定如下事实：

1. 原渤海集团成立于 1984 年 11 月。1995 年 5 月 6 日，渤海集团股票在上海证券交易所挂牌上市，交易代码为 600858。2003 年 12

月 26 日，原渤海集团经批准更名为银座渤海集团股份有限公司。

　　2. 1993 年底，原渤海集团根据济南市人民政府办公厅〔1993〕82 号文件对原济南火柴厂实施兼并，该文件规定："对原济南火柴厂的全部银行贷款给予两年挂账停息，三年减半收息的照顾，由市有关银行抓紧向上级银行申报。"1994 年 1 月 6 日，原渤海集团正式兼并原济南火柴厂。

　　3. 1994 年 3 月 4 日，济南市人民政府办公厅致函证监会负责同志称，对原济南火柴厂的全部银行贷款给予两年挂账停息、三年减半收息的照顾。同年 4 月 20 日，济南市人民政府办公厅又致函证监会，再次确认给予原渤海集团该照顾，并承诺此事由市政府负责协调落实。

　　4. 1996 年 7 月，经二路支行就原济南火柴厂所欠贷款本金 1 484 万元及被兼并前的利息 303 万余元向山东省高级人民法院提起诉讼，要求原渤海集团予以偿还。诉讼中，双方于 1997 年 3 月 17 日达成和解协议，次日，经二路支行向山东省高级人民法院申请撤诉。同月 20 日，山东省高级人民法院以（1996）鲁经初字第 46 号民事裁定书，准许经二路支行撤回起诉。1999 年 6 月 14 日，双方签订《以房地产抵偿银行贷款协议书》。对于该诉讼案，原渤海集团自 1999 年中报起已予以持续披露。

　　5. 证监会于 2001 年 11 月 5 日作出证监罚字（2001）23 号行政处罚决定书，该处罚决定书确认，原渤海集团在《上市公告书》之附件《山东渤海集团股份有限公司兼并济南火柴厂报告书》中，披露了"免二减三"政策，但遗漏了"由市有关银行向上级银行申报"内容，至今未披露。在上述"免二减三"政策未得到银行批准且与经二路支行就此发生诉讼的情况下，原渤海集团坚持其应享受该政策，未计提经二路支行此笔贷款 1994—1995 年利息、1996—1998 年的半息，导致该三年度的财务报告中存在虚假数据。1999 年原渤海集团补提了此笔贷款 1996—1998 年的半息，合计 190.5 万元。原渤海集团的行为构成了遗漏重大信息的行为，故作出处罚决定：

　　（1）责令原渤海集团公开披露上述未披露事项；

　　（2）对原渤海集团相关负有领导责任和直接责任的人员分别处

以警告。

原渤海集团于 2001 年 12 月 6 日在相关媒体对上述未披露内容予以公告。证监会对原渤海集团的行政处罚已经生效。

6. 原告张鹤（股东编号为 A××××××××）于 2001 年 8 月 16 日以每股 12.40 元的价格买入渤海集团股票 500 股，于同日以每股 12.29 元买入 500 股，于 2001 年 8 月 17 日以每股 12.18 元买入 500 股，于 2002 年 1 月 29 日以每股 6.17 元将该 1 500 股卖出，差价损失为 9 236.4 元，手续费、过户费、印花税共计 183.66 元，原告张鹤因诉讼支出的律师代理费、差旅费、打字复印费等费用合计 510 元。

7. 诉讼中，原告张鹤自认其买入渤海集团股票时依据的是原渤海集团有小盘重组概念及原渤海集团拟设立投资公司的利好消息。

8. 原渤海集团的经营状况，该公司 2000 年度、2001 年度、2002 年上半年持续亏损，自 1999 年末至 2001 年末，每股净资产降幅达 35.49%。

9. 原告张鹤买卖渤海集团股票期间的上证指数，即 2001 年 8 月 16 日上证指数收盘为 1 919.26 点，2002 年 1 月 29 日上证指数收盘为 1 392.77 点，该期间大盘涨跌幅度为 -27.43%；渤海集团股票 2001 年 8 月 16 日收盘价为 12.28 元，2002 年 1 月 29 日收盘价为 6.18 元，涨跌幅度为 -49.67%。其中，2001 年 12 月 5 日渤海集团股票收盘价为 9.97 元，次日（证监会处罚公告日）收盘价为 10.06 元。将原告张鹤买卖渤海集团股票期间的上证指数日 K 线图与渤海集团股票日 K 线图叠加对照，两者的波动及涨跌趋势基本一致。

本院确认以上事实的依据，是经双方当事人质证无争议的证据和众所周知的事实。

本院认为，本案中双方当事人争执的焦点有三：一是本案是否属于《通知》所确定的受理范围；二是被告银座渤海集团的行为是否已构成重大遗漏；三是被告银座渤海集团的行为与原告张鹤所主张的经济损失之间有无因果关系及被告银座渤海集团是否应承担赔偿责任。

对于第一个焦点问题，被告银座渤海集团认为，《通知》所确定的应受理的案件是指证券信息披露义务人违反《中华人民共和国证券法》规定的信息披露义务而引发的案件。而其违规行为发生在该法生效之前，且证监会处罚依据的亦是1993年4月22日施行的《股票发行与交易管理暂行条例》（以下简称《条例》）。因此，本案不应属于《通知》所确定的受理范围。对此，本院认为，证监会的行政处罚虽然依据的是《条例》，但被告银座渤海集团的违规行为一直延续到中国证监会作出行政处罚时（2001年11月15日），其行为不仅违反了《条例》，同时亦违反了《中华人民共和国证券法》，且在此后的最高人民法院《关于审理证券市场因虚假陈述引发的民事赔偿案件的若干规定》中，未再特指《中华人民共和国证券法》，而是指"法律规定"，故对于本案，本院应当予以受理。被告银座渤海集团该辩称理由，于法无据，本院不予采纳。

对于第二个焦点问题，被告银座渤海集团认为，虽然其未对证监会的处罚提起复议申请或行政诉讼，但在有证据证明行政处罚认定事实确有错误的情况下，人民法院应依职权对有关事实重新予以认定；另外，其自1999年中报起，该信息已予以披露、补救，即便其在1998年前的行为有不适当之处，截至1999年已全部予以有效补救了，因此，其行为不构成重大遗漏。对此，本院认为，《通知》以证券监管机构作出的生效行政处罚作为受理该类案件的前提之一，这说明当事人可将生效的行政处罚书作为案件的事实依据。虽然《通知》未明确规定行政处罚书是属于确定性效力还是推定性效力，但如果当事人在行政处罚作出后，未提起行政复议或行政诉讼，行政处罚已生效，行政处罚决定书即具有确定性效力，法院可据此作出实体裁判。另外，对行政处罚书进行司法审查，亦不属于民事案件管辖的范畴。故根据已生效的行政处罚决定书，应认定被告银座渤海集团的行为已构成重大遗漏行为。

本案中，证监会的行政处罚决定书已证明被告银座渤海集团重大遗漏行为的存在，原告张鹤高价买入低价卖出渤海集团股票，亦有交易记录为证。因此，第三个争议焦点，即被告银座渤海集团的重大遗漏行为与原告张鹤所主张的经济损失之间有无因果关系，进而对于原告张鹤的损失，被告银座渤海集团应否承担民事责任，就是一个关键问题。经查，原渤海集团在《上市公告书》披露了"免二减三"政策，但遗漏了"由市有关银行向上级银行申报"内容，此构成了虚假陈述中的重大遗漏。但该"免二减三"政策除经二路支行外，在其他银行均已得到落实，就经二路支行该笔贷款所引发的诉讼案，原渤海集团与经二路支行于1997年和解、经二路支行撤诉，双方又于1999年达成以房产抵偿贷款协议。原渤海集团对此自1999年中报起已予以持续披露，并于1999年已补提1996、1997、1998年三年的半息190.5万元。原渤海集团持续披露诉讼案信息和补提三年半息的行为是真实的，即使其原来的不当行为会对投资者产生误导，但因其后来披露相关诉讼案信息和补提利息的行为，已消除了原来信息的不确定性，应当认定被告银座渤海集团在客观上已经对原不当行为进行了更新、补救，消除了原不当信息的误导作用。原告张鹤买入渤海集团股票时已距原渤海集团上述行为间隔相当一段时间，此时原渤海集团的财务数据正确且相关信息完整，原告张鹤亦应以被告银座渤海集团后来披露的信息为进行投资交易的依据，且其买入渤海集团股票时依据的是原渤海集团有小盘重组概念及其拟设立投资公司的利好消息，故其投资交易行为与原渤海集团的虚假陈述行为之间没有关联。

原告张鹤买卖渤海集团股票亏损系因渤海集团股票价格下跌所致。对于其下跌的原因，本院认为应作全面、客观、公正的分析、判断。股票作为一种有价证券，其除具有流动性、决策性的特征之外，还具有风险性、波动性的特征。股票的特征决定了投资股票既是一种收益率颇高的投资方式，又是一种高风险的投资方式。股市瞬息万变，其风险是客观存在的。作为投资者，不仅要面临自身主观行为因素所造成的风险，还要面临外部客观因素所带来的风险。外部客观因素所带来的风险主要是非系统风险的公司风险以及系统风险的市场风险。在股票交易市场上，股票价格呈波动状态，股票价格变动的根本因素是股票的供求关系，影响股票价格变动的主要相关因素有：国家宏观经济状况的变化，国家经济、金融政策的变化，银行利率的影响，通货膨胀，投机操作行为，投资者的心理因素以及上市公司本身的声誉、经营状况、股利政策、预期发展前景等因素。上述因素的综合作用，既决定了股票价格的起伏，又会对投资者的风险带来严重影响。审视 2001 年我国的股票市场，涨跌起伏较大，大盘指数处于大动荡中。上半年延续了 2000 年的上扬行情，但大盘指数的震荡有所加剧，上升劲头已显不足。下半年终因央行全面查处违规资金入市、国有股减持试点、新股上市加速、上市公司大量增发配股、证券监管部门加大监管力度，造假企业被查处以及投资者信心严重不足等归属于系统风险因素的影响，股票价格大幅、持续下跌，后市虽有政策面的利好调整，但大盘指数年跌幅超过了 20％。被告银座渤海集团因各方面的原因自 2000 年度起持续亏损，经营业绩欠佳，自 1999 年末至 2001 年末，每股净资产降幅达 35.49％。在公司发展前景不甚明朗、业绩大幅下滑，且股市大盘巨跌的背景下，被告银座渤海集团股票价格的下跌，其原因应归结于公司自身的非系统风险因素及外部的系统风险因素。

综上，本院认为，虽然被告银座渤海集团存在虚假陈述之违法行为，原告张鹤亦存在投资受损的事实，但两者之间并无因果关系，其买卖渤海集团股票所受损失不能归责于原渤海集团的虚假陈述行为。被告银座渤海集团的相关抗辩主张成立。因此，原告张鹤要求被告银座渤海集团对其所主张的损失承担民事赔偿责任无事实及法律依据，本院不予支持。依照《中华人民共和国证券法》第十九条、最高人民法院《关于审理证券市场因虚假陈述引发的民事赔偿案件的若干规定》第十九条第（四）项之规定，判决如下：

驳回原告张鹤对被告银座渤海集团股份有限公司的诉讼请求。

案件受理费 479 元，由原告张鹤负担。

如不服本判决，可在判决书送达之日起十五日内，向本院递交上诉状，并按对方当事人的人数提交副本，上诉于山东省高级人民法院。

审判长　韩　刚

代理审判员　于文诚

代理审判员　刘寿德

二○○四年七月七日

书记员　李　娜

19. 张鹤诉银座渤海集团股份有限公司上诉案

山东省高级人民法院
民事判决书

（2004）鲁民二终字第 287 号^①

上诉人（原审原告）：张鹤，男。

委托代理人：郭庆东，山东泰山蓝天律师事务所律师。

委托代理人：李新振，山东泰山蓝天律师事务所律师。

被上诉人（原审被告）：银座渤海集团股份有限公司（原渤海集团股份有限公司）。

法定代表人：王仁泉，董事长。

委托代理人：孙广亮，北京市华堂律师事务所律师。

委托代理人：林泽若明，北京市华堂律师事务所律师。

上诉人张鹤与被上诉人银座渤海集团股份有限公司（以下简称银座渤海集团）因虚假陈述证券民事赔偿纠纷一案，不服济南市中级人民法院（2002）济民二初字第 12 号民事判决，向本院提起上诉。本院于 2004 年 9 月 27 日受理后，依法组成合议庭，于 2004 年 10 月 21 日公开开庭进行了审理。上诉人张鹤的委托代理人郭庆东、李新振，被上诉人银座渤海集团的委托代理人林泽若明、孙广亮出庭参加诉讼。本案现已审理终结。

原审查明如下事实：

1. 原渤海集团股份有限公司（以下简称原渤海集团）成立于 1984 年 11 月，1999 年 5 月 6 日，原渤海集团股票在上海证券交易所挂牌上市，交易代码为 600858。2003 年 12 月 26 日，原渤海集团更名为银座渤海集团股份有限公司。

2. 1993 年底，原渤海集团根据济南市人民政府办公厅〔1993〕

---

① 本司法裁判文书系上海新闻望达律师事务所宋一欣律师提供。

82号文件对原济南火柴厂实施兼并，该文件规定："对原济南火柴厂的全部银行贷款给予两年挂账停息，三年减半收息的照顾，由市有关银行抓紧向上级银行申报。"1994年1月6日，原渤海集团正式兼并原济南火柴厂。

3.1994年3月4日，济南市人民政府办公厅致函证监会负责同志称，对原济南火柴厂的全部银行贷款给予两年挂账停息，三年减半收息的照顾。同年4月20日，济南市人民政府办公厅又致函证监会，再次确认给予原渤海集团该项照顾，并承诺此事由市政府负责协调落实。

4.1996年7月，中国工商银行济南市经二路支行（简称经二路支行）就原济南火柴厂所欠贷款本金1 484万元及兼并前的利息303万元，向山东省高级人民法院提起诉讼，要求原渤海集团予以偿还。诉讼中，双方于1997年3月17日达成和解协议。次日，经二路支行申请撤诉，同月20日，山东省高级人民法院以（1996）鲁经初字第46号民事裁定书，裁定准许原告经二路支行撤回起诉。1999年6月14日，双方又签订《以房地产抵偿银行贷款协议书》。对于该诉讼案，原渤海集团自1999年中报起已予以持续披露。

5.中国证监会于2001年11月5日作出证监罚字（2001）23号《行政处罚决定书》。该处罚决定书确认：原渤海集团在《上市公告书》之附件《山东渤海集团股份有限公司兼并济南火柴厂报告书》中，披露了"免二减三"政策，但遗漏了"由市有关银行向上级银行申报"内容，至今未披露。上述"免二减三"政策未得到银行批准且与经二路支行就此发生诉讼的情况下，原渤海集团坚持其应享受该政策，未计提经二路支行此笔贷款1994—1995年利息、1996—1998年的半息，导致该三年度的财务报告中存在虚假数据。1999原渤海集团补提了此笔贷款1996—1998年的半息，合计190.3万元。原渤海集团的行为构成遗漏重大信息的行为，故作出处罚决定：

（1）责令原渤海集团公开披露上述未披露事项；

（2）对原渤海集团相关负有领导责任和直接责任的人员分别处以警告。

原渤海集团于2001年12月6日在相关媒体上对上述未披露内容

予以公告。证监会的行政处罚已经生效。

6. 原告张鹤（股东编号为 A×××××××）于 2001 年 8 月 16 日以每股 12.40 元的价格买入渤海集团股票 500 股，同日又以每股 12.29 元的价格买入 500 股，于 2001 年 8 月 17 日，以每股 12.18 元买入 500 股。2002 年 1 月 29 日，以每股 6.17 元将 1 500 股卖出，差价损失 9 236.4 元，手续费、过户费、印花税共计 183.66 元，因诉讼支出的律师费、差旅费、打字复印费等费用合计 510 元。

7. 原告张鹤在一审诉讼中，自认其买入渤海集团股票时依据的是原渤海集团有小盘重组概念及渤海集团拟设立投资公司的利好消息。

8. 原渤海集团的经营状况，该公司 2000 年度、2001 年度、2002 年上半年持续亏损。自 1999 年末至 2001 年末，每股净资产降幅达 35.49%。

9. 张鹤买卖渤海集团股票期间的上证指数，即 2001 年 8 月 16 日上证指数收盘为 1919.26 点，2002 年 1 月 29 日上证指数收盘为 1 392.77点，大盘涨跌幅度为−27.43%；渤海集团股票 2001 年 8 月 16 日收盘价为 12.28 元，2002 年 1 月 29 日收盘价为 6.18 元，涨跌幅度为−49.67%。其中，2001 年 12 月 5 日收盘价为 9.97 元，次日，（证监会处罚公告日）收盘价为 10.06 元。将原告张鹤买卖渤海集团股票期间的上证指数日 K 线图与渤海集团股票日 K 线图叠加对照，两者的波动及涨跌趋势基本一致。

原审法院认为，对于本案是否属于最高人民法院《关于受理证券市场因虚假陈述引发的民事侵权纠纷案件有关问题的通知》（以下简称《通知》）所确定的应受理的范围问题。银座渤海集团认为，《通知》所确定的应受理的案件，是指证券信息披露义务人违反《中华人民共和国证券法》规定的信息披露义务而引发的案件。而其违规行为发生在该法生效之前，且证监会处罚依据亦是 1993 年 4 月 22 日施行的《股票发行与交易管理暂行条例》（以下简称《条例》）。因此，本案不应属于《通知》所确定的受理范围。原审法院认为，证监会的行政处罚虽然依据的是《条例》，但被告银座渤海集团的违规行为一直延续到中国证监会作出行政处罚时（2001 年 11 月 5 日），其行为不仅违反了《条例》，同时亦违反了《中华人民共和国证券法》，且在此后的最高人民法院《关于审理证券市场因虚假陈述引发的民事赔偿案件的若干规定》中，未再特指《中华人民共和国证券法》，而是指"法律规定"，故对于本案，法院应当予以受理。被告银座渤海集团该辩称理由，于法无据，不予采纳。

对于银座渤海集团的行为能否构成重大遗漏的问题。被告银座渤海集团认为，虽然其未对证监会的处罚提起复议申请或行政诉讼，但在有证据证明行政处罚认定事实确有错误的情况下，人民法院应依职权对有关事实重新予以认定；另外，其自1999年中报起，该信息已予以披露、补救，即便其在1998年前的行为有不适当之处，截至1999年已全部予以有效补救了，因此，其行为不构成重大遗漏。对此，原审法院认为，《通知》以证券监管机构作出的生效行政处罚作为受理该类案件的前提之一，这说明当事人可将生效的行政处罚书作为案件的事实依据。当事人在行政处罚作出后，未提起行政复议或行政诉讼，行政处罚已生效，行政处罚决定书即具有确定性效力，法院可据此作出实体裁判。另外，对行政处罚进行司法审查，亦不属于民事案件管辖的范畴。故根据已生效的行政处罚决定书，应认定被告银座渤海集团的行为已构成重大遗漏行为。

鉴于证监会的行政处罚决定书已证明被告银座渤海集团重大遗漏行为的存在，原告张鹤高价买入低价卖出渤海集团股票亦有交易记录为证。因此，被告银座渤海集团的重大遗漏行为与原告张鹤所主张的经济损失有无因果关系，进而对于原告张鹤的损失，被告银座渤海集团应否承担民事责任，就是一个关键问题。经查，原渤海集团在《上市公告书》披露了"免二减三"政策，但遗漏了"由市有关银行向上级银行申报"内容，此构成了虚假陈述中的重大遗漏。但该"免二减三"政策除经二路支行外，在其他银行均已得到落实，就经二路支行该笔贷款所引发的诉讼案，原渤海集团与经二路支行于1997年和解，经二路支行撤诉，双方又于1999年达成以房产抵偿贷款协议。原渤海集团对此自1999年中报起已予以持续披露，并于1999年已补提1996、1997、1998年三年的半息190.3万元。原渤海集团持续披露诉讼案信息和补提三年半息的行为是真实的，即使其原来的不当行为会对投资者产生误导，但因其后来披露相关诉讼案信息和补提利息的行为，已消除了原来信息的不确定性，应当认定被告银座渤海集团在客观上已经对原不当行为进行了更新、补救，消除了原不当信息的误导作用。原告张鹤买入渤海集团股票时已距原渤海集团上述行为间隔相当一段时间，此时原渤海集团的财务数据正确且相关信息完整，原告张鹤亦应以被告银座渤海集团后来披露的信息为进行投资交易的依据，且其买入渤海集团股票时依据的是原渤海集团有小盘重组概念及其拟设立投资公司的利好消息，故其投资交易行为与原渤海集团的虚假陈述之间没有关联。

原告张鹤买卖渤海集团股票亏损系渤海集团股票价格下跌所致。对于其下跌的原因，应作全面、客观、公正的分析。股票作为一种有价证券，其除具有流动性、决策性的特征之外，还具有风险性、波动性的特征。股票的特征决定了投资股票既是一种收益率颇高的投资方式，又是一种高风险的投资方式。股市瞬息万变，其风险是客观存在的。作为投资者，不仅要面临自身主观行为因素所造成的风险，还要面临外部客观因素所带来的风险。外部客观因素所带来的风险主要是非系统风险的公司风险以及系统风险的市场风险。在股票交易市场上，股票价格呈波动状态，股票价格变动的根本因素是股票的供求关系，影响股票价格变动的主要相关因素有：国家宏观经济状况的变化，国家经济、金融政策的变化，银行利率的影响，通货膨胀，投机操作行为，投资者的心理因素以及上市公司本身的声誉、经营状况、股利政策、预期发展前景等因素。上述因素的综合作用，既决定了股票价格的起伏，又会对投资者的风险带来严重影响。审视2001年我国的股票市场，上半年延续了2000年的上扬行情，但大盘指数的震荡有所加剧，上升劲头已显不足。下半年终因央行全面查处违规资金入市、国有股减持试点、新股上市加速、上市公司大量增发配股、证券监管部门加大监管力度，造假企业被查处以及投资者信心严重不足等因素的影响，股票价格大幅、持续下跌，大盘指数年跌幅超过了20％。被告银座渤海集团因各方面的原因自2000年度起持续亏损，经营业绩欠佳，自1999年末至2001年末，每股净资产降幅达35.49％。在公司发展前景不甚明朗、业绩大幅下滑，且股市大盘巨跌的背景下，被告银座渤海集团股票价格的下跌，其原因应归结于公司自身的非系统风险因素及外部的系统风险因素。

综上，原审法院认为，虽然被告银座渤海集团存在虚假陈述之违法行为，原告张鹤亦存在投资受损的事实，但两者之间并无因果关系，其买卖渤海集团股票所受损失不能归责于原渤海集团的虚假陈述行为。被告银座渤海集团的相关抗辩主张成立。原告张鹤要求被告银座渤海集团对其所主张的损失承担民事赔偿责任无事实及法律依据，依法不予支持。依照《中华人民共和国证券法》第十九条、最高人民法院《关于审理证券市场因虚假陈述引发的民事赔偿案件的若干规定》第十九条第（四）项之规定，判决：驳回原告张鹤对被告银座渤海集团股份有限公司的诉讼请求。案件受理费 479 元，由原告张鹤负担。

上诉人张鹤不服原审判决，上诉称：

1. 原审法院既然认可了证监会作出的处罚决定书，即说明了被上诉人虚假陈述的客观存在。但法院却又认定被上诉人 1999 年中报的披露和同年补提三年半息的行为，已消除了原来信息的不确定性，且是对原不当行为进行了更新补救，显然是矛盾的。被上诉人并没有拿出《更正公告》进行"更新、补救"的证据。

2. 原审法院通过对影响股票价格变动因素的分析，认为被上诉人股票下跌的原因在于公司自身非系统风险因素和外部的系统风险因素所致。但判决书中并没有具体的标准和计算方法，难免有"口袋"之嫌。退一步讲，即便有系统风险因素的影响，但被上诉人的虚假陈述等非系统风险给上诉人造成的投资损失也应赔偿。

3. 根据《关于审理证券市场因虚假陈述引发的民事赔偿案件的若干规定》第十八条、第十九条的规定，认定虚假陈述与损害结果之间是否存在因果关系，必须首先确定虚假陈述揭露日或更正日，然后根据投资人买入卖出或继续持有证券的情况，决定是否具有因果关系。而原审法院回避了揭露日这一关键问题，对虚假陈述揭露日只字不提，却又认定上诉人的损失与虚假陈述行为没有因果关系，属适用法律不当。请求二审法院撤销原审判决，依法支持上诉人的一审诉讼请求。

被上诉人银座渤海集团答辩称：

1. 原审判决关于被答辩人买入原渤海集团股票时，处罚决定所认定之重大遗漏信息已经在客观上得到更新、补救，此时财务数据正确且相关信息完整，被答辩人投资交易行为与原渤海集团虚假陈述行为之间没有关联的认定完全正确，原审判决查明和认定的九项事实，被答辩人并没有异议，符合客观实际。至于被答辩人所称应采用《更正公告》进行更新、补救，没有任何法律依据。

2. 原审判决认定原渤海集团股票下跌原因在于公司自身非系统风险因素及外部系统风险因素，适用《关于审理证券市场因虚假陈过引发的民事赔偿案件的若干规定》第十九条第四项规定判决，适用法律正确。被答辩人诉称适用法律不当，并未提出新证据予以佐证。而原审判决认定的事实中，就包括了原渤海集团在被答辩人诉争股票持有期间，每股股票净资产值的下降幅度，以及大盘同期、同比降幅统计等。法院据此作出的认定是客观、公正的，适用《关于审理证券市场因虚假陈过引发的民事赔偿案件的若干规定》第十九条的规定也是正确的。

3. 判决中是否需要确定虚假陈述揭露日、更正日，应根据案件具体情况而定。本案中，已经足以认定被答辩人的全部交易损失系由证券市场的系统风险因素及公司自身的非系统风险因素所致，原审判决无须再专门确定揭露日、更正日。因此，被答辩人的上诉请求不成立，应当予以驳回，

本院经审理查明，1999 年 8 月 16 日，原渤海集团公布的上市公司 1999 年中期报告第（八）项"重大合同事项"中载明："根据济南市人民政府济政办发〔1993〕82 号文，本公司兼并了济南火柴厂。兼并前，济南火柴厂欠中国工商银行济南市经二路支行贷款本金 1 484 万元，利息 303.3 万元。根据济南市人民政府 1994 年 3 月 4 日对中国证监会的承诺：对济南火柴厂的全部银行贷款给予两年挂账停息、三年减半收息的照顾。公司与中国工商银行济南市经二路支行于 1999 年 6 月 14 日，签订《以房地产抵偿银行贷款协议》，商定以本公司两宗房地产评估作价，抵偿原济南火柴厂欠中国工商银行济南市经二路支行贷款本息，清偿时本公司确认利息，统一决算，多退少补。协议签订后，本公司即开始办理资产评估和过户手续。报告期末，手续尚未办理完毕。"

2000 年 3 月 28 日，《上海证券报》刊载的原渤海集团公布上市公司 1999 年度报告，在其"公司财务状况"中载明："公司长期借款中国工商银行济南市经二路支行 20 494 907.33 元，系公司兼并济南火柴厂所带来的贷款本息。其中，本金 14 840 000.00 元，兼并前形成的利息 2 744 488.48 元。由于兼并政策不完全到位等原因，公司一直未对此笔贷款进行财务处理。公司于 1999 年 6 月与该行达成以两宗房地产抵偿债务的协议，并完成了评估及确认手续，但截至报告期末，抵债手续尚未办理完毕。公司根据济南市政府济政办发〔1993〕82 号文'两免三减'的规定，补提 1996—1998 年度的半息 1 903 024.00 元，计提本年度全息 1 007 394.00 元。2000 年，公司将加大力度，积极争取各方支持，办完资产抵债的全部手续。"此后，在 2000 年 8 月 4 日公布的 2000 年公司中报、2001 年 3 月 29 日公布的 2000 年度公司年报中，均对上述事项予以披露，并分别刊载于《上海证券报》和《中国证券报》上。

2001 年 12 月 6 日，原渤海集团按照证监会处罚决定的要求，在《中国证券报》上刊登公司董事局公告，该公告在陈述了处罚决定书的主要内容后，又载明"对于上述《上市公告书》中遗漏事项，本公司现予以补充公告并向广大投资者致歉"。《行政处罚决定书》中提到的本公司因兼并济南火柴厂而欠中国工商银行济南市经二路支行的贷款问题，本公司已于 1999 年补提了此笔贷款 1996—1998 年三年的半息 190.3 万元，同时计提了 1999 年度的全息 100.7 万元。并与银行于 1999 年 6 月签订了"以房地产抵偿银行贷款协议"，于 2000 年 8 月签订了"债务会谈备忘录"。双方约定，本公司以两宗房地产一次性抵清所欠经二路支行贷款本息，并从 1999 年 12 月起不再计提利息。目前，此抵债方案有待于经二路支行上级行批复，债务尚未清结。此事项已披露于本公司 1999 年中报、1999 年年报、2000 年中报、2000 年年报及 2001 年中报。

以上证据经当庭质证，双方当事人对于具体内容的真实性均没有异议，本院予以确认。

其他查明的事实，与原审法院查明的一致。

本院认为：第一，根据中国证监会〔2001〕23 号《行政处罚决定书》，原渤海集团在 1995 年《上市公告书》之附件《山东渤海集团股份有限公司兼并济南火柴厂报告书》中，仅披露了对原贷款利息"免二减三"政策，但遗漏了"由市有关银行向上级银行申报"内容，导致该公司享受贷款利息减免优惠政策尚处于不确定的真实状况没有披露，应计提的利息没有计提，构成重大遗漏。为查明该重大遗漏的信息何时予以公开揭示的问题，本案二审开庭审理中，对原渤海集团 1999 年中报、1999 年年报涉及披露原遗漏信息的更正内容，当庭进行逐项宣读、质证。其中，在 1999 年中报中，披露了原济南火柴厂对经二路支行所欠本金 1 484 万元，欠息 303 万元。并披露双方签订了"以房地产抵偿银行贷款协议书"，以及说明至报告期末，手续尚未办理完毕。而在 1999 年年报中，不仅披露了上述信息，还报告了公司已计提三年减半利息 190.3 万元。该年度报告于2000 年 3 月 28 日刊载于中国证监会指定证券市场信息披露媒体之一的《上海证券报》中。至此，原渤海集团对于其在《上市公告书》附件中遗漏的"由市有关银行向上级银行申报"指向的具体事项，即享受欠款利息优惠政策不确定的信息，以及涉及的利息数额，已经得到真实披露；其原来虚假的公司财务数据，经更正后公示的数据是完整正确的。所披露的原遗漏事项与证监会的《行政处罚决定书》认定的具体遗漏事项相符合。对 1999 年补提了三年减半利息190.3 万元的事实，《行政处罚决定书》中亦予以确认。上述事实证明，原渤海集团 1999 年度报告在证监会指定的报刊上公布以后，原遗漏的"免二减三"政策的不确定性得以完全的公开揭示，原虚假的财务数据已得到纠正，并由公布的准确真实的公司财务数据所代替。有关公司享受"免二减三"政策不确定的信息及更正的财务数据，已通过证监会指定披露证券市场信息的媒体予以公示，因信息披露义务人虚假陈述对社会公众投资人的警示目的已经达到。此后，虽然在 2000 年中报和年报上仍持续披露，但在相关内容上只是 1999年年报的重复。因此，应确认 2000 年 3 月 28 日为本案虚假陈述更正日。上诉人主张，本案虚假陈述揭露日应当是证监会的《处罚决定书》公布之日，即原渤海集团按照证监会的要求，在《中国证券报》刊登处罚决定书公告之日的 2001 年 12 月 6 日。但 2001 年 12 月 6 日公告中公布的相关遗漏事项，并未超出上述 1999 年中报、年报所揭示的遗漏内容的范围。故上诉人的主张没有证据支持，也与本案证据所证明的事实不符，其主张虚假陈述揭露日为行政处罚公布之日的理由，依法不予支持。上诉人诉称，原审判决认定原渤海集团先后在 1999 年中报、年报以及 2000 年中报、年报予以持续披露原遗漏事项的事实，与证监会的行政处罚决定书的有关内容相矛盾，因而不应当认定。本院认为，本案作为民事赔偿诉讼案件，应以涉案证据所证明的法律事实为裁判根据。依照最高人民法院司法解释的规定，《行政处罚决定书》是法院受理证券市场虚假陈述民事赔偿案件的前提条件，但并不是《行政处罚决定书》所涉及的任何内容，都必须作为法院裁判民事案件的事实依据。原审法院所认定的事实，有确实充分的证据支持，双方当事人均无异议，认定披露的内容与《行政处罚决定书》确认重大遗漏的具体事项相一致。据此所作出的民事判决，既没有动摇证监会对原渤海集团构成重大遗漏事实的认定，亦没有否定证监会行政处罚决定的正确性和有效性。故原审判决认定事实并无不当，上诉人的上诉理由不成立，本院不予采信。

第二，根据最高人民法院《关于理证券市场因虚假陈述引发的民事赔偿案件的若干规定》第十九条第（二）项的规定，在虚假陈述揭露日或更正日及以后进行的投资，应当认定虚假陈述与损害结果之间不存在因果关系。张鹤于 2001 年 8 月 16 日、17 日购买原渤海集团的股票 1 500 股，是在原渤海集团虚假陈述更正日一年之后进行的投资。因此，原审判决认定张鹤买卖原渤海集团股票所受损失，与本案虚假陈述之间没有因果关系，于法有据，应予维持。

第三，原审判决对上诉人张鹤买入卖出原渤海集团股票期间，我国证券市场自 2001 年下半年遭遇大盘指数大幅下跌的系统风险，以及原渤海集团自 2000 年至 2002 年上半年连续经营亏损、公司业绩下滑的公司非系统风险对于股票价格的影响，进行了客观翔实的分析论证。并认为张鹤买卖股票亏损系渤海集团股票价格下跌所致，而股票价格下跌的原因，应归结于公司自身的非系统风险及外部的系统风险因素。上诉人以缺乏相应的标准和计算依据为由，上诉不服原审判决的认定结论，但上诉人并没有提出可资依据的标准和计算依据，其上诉理由不能否定原审判决的认定结论，本院不予支持。

综上，原审判决认定事实清楚，适用法律正确，应予维持。上诉人上诉理由证据不足，依法不予支持。根据最高人民法院《关于审理证券市场因虚假陈述引发的民事赔偿案件的若干规定》第十九条第（二）项、《中华人民共和国民事诉讼法》第一百五十三条第一款第（一）项之规定，判决如下：

驳回上诉，维持原判。

二审案件受理费479元，由上诉人张鹤负担。

本判决为终审判决。

审判长　王庆林

审判员　谭占立

审判员　肖辉德

二〇〇四年十一月一日

书记员　孟　秋

（十四）
德棉股份虚假陈述民事赔偿案

主题词：德棉股份　虚假陈述　侵权　赔偿

20. 莫某某诉山东德棉股份有限公司、山东德棉集团有限公司诉讼案

山东省济南市中级人民法院
民事判决书

（2011）济民四商初字第 79 号①

原告：莫某某。

委托代理人：刘国华，广东奔犇律师事务所律师。

被告：山东德棉股份有限公司，住所地：山东省德州市顺河西路 18 号。

法定代表人：尉华，董事长。

委托代理人：付爱东，男，该公司副总经理。

委托代理人：孙守忠，北京市惠诚（济南）律师事务所律师。

被告：山东德棉集团有限公司，住所地：山东省德州市顺河西路 18 号。

法定代表人：李会江，董事长。

委托代理人：付爱东，男，该公司副总经理。

委托代理人：孙守忠，北京市惠诚（济南）律师事务所律师。

---

① 本司法裁判文书系广东奔犇律师事务所刘国华律师提供。

　　原告莫某某与被告山东德棉股份有限公司（以下简称德棉股份公司）、被告山东德棉集团有限公司（以下简称德棉集团公司）证券虚假陈述赔偿纠纷一案，本院于 2011 年 7 月 4 日受理后，依法组成合议庭，于 2011 年 9 月 22 日公开开庭审理了本案。原告莫某某的委托代理人刘国华，被告德棉股份公司、被告德棉集团公司委托代理人孙守忠到庭参加了诉讼。本案现已审理终结。

　　原告莫某某诉称，德棉股份公司于 2006 年 10 月 18 日在深圳证券交易所上市，证券简称：* ST 德棉，证券代码为 002072，其控股股东为德棉集团公司。德棉股份公司上市后，一直承诺对所披露的信息，包括在证监会指定的媒体上公布的年报、公告等，没有任何虚假记载、误导性陈述和重大遗漏事项，原告为此购入股票并持有。2008 年 6 月 5 日，德棉股份公司发布公告，披露了德棉集团公司违规占用其资金及因其涉嫌信息披露违反证券法律、法规被中国证券监督管理委员会立案调查之事。2009 年 6 月 3 日，中国证券监督管理委员会发布证监会〔2009〕18 号行政处罚决定书，以德棉股份公司未及时履行临时信息披露义务、2007 年中期报告和年度报告虚假陈述为由对德棉股份公司警告并处以罚款。

　　德棉股份公司的虚假陈述行为使原告蒙受重大损失，而德棉集团公司作为德棉股份公司的控股股东及资金违规占用者，也应承担相应的责任。原告为维护自身合法权益，特提起诉讼，请求被告德棉股份公司赔偿原告因其虚假陈述给原告造成的投资差额损失 11 457 330 元、投资差额部分的佣金损失 11 457.33 元、投资差额部分的印花税损失 34 371.99 元、上述所涉资金利息损失 62 117.06 元；被告德棉集团公司对原告的上述损失承担连带清偿责任；本案诉讼费用由二被告承担。

　　被告德棉股份公司辩称：

　　1. 我公司的虚假陈述与原告的损害事实之间不存在因果关系。关于因果关系，我国采取必然因果关系说，即虚假陈述行为必然产生损害结果时才构成侵权。虚假陈述是必要条件不是充分条件时，不构成侵权。因果关系包括两个环节：一是交易的因果关系；二是损失的因果关系。前者是投资人的交易是否因受虚假陈述误导而发生，后者是投资人的损失是否因受误导的交易而产生。投资人购入证券时的依据与虚假陈述行为毫无关联，投资人在虚假陈述实施日后、揭露日或更正日之前购入，在揭露日或更正日之后卖出，发生了亏损事实，按照因果关系的理论及原则，不应确认两者之间存在因果关系，虚假陈述行为人不应承担民事赔偿责任。有虚假陈述，行为人也不一定要承担民事赔偿责任。投资人只有出于对虚假陈述的信赖作出投资行为而遭受损失的情况下，才可能成为虚假陈述的受害人，才可以请求赔偿损失。我国《证券法》中的虚假陈述是指诱多型虚假陈述，在诱多型虚假陈述期间股价是平的或者是向上的，不会是向下跌的。

2. 我公司确因控股股东德棉集团公司占用资金未及时披露引起虚假陈述，被中国证券监督管理委员会予以处罚，但证券市场具有投资性与投机性的特点，作为一个理性的投资人，在决定是否购买股票时更加关注的应当是股票的每股净资产、净资本、市盈率、市净率等指标。我公司的虚假陈述没有虚报利润，不会影响市盈率、市净率等指标。2007 年的中期报告和年度报告虚假陈述，也是因德棉集团公司占用我公司的资金引起的，我公司应当披露而没有披露。原告购买我公司股票没有受到该虚假陈述的影响，该虚假陈述与原告是否购买股票没有任何关系，完全是原告自己对股市的分析把握，原告应当对自己的决策承担责任，我公司的虚假陈述与原告损失之间没有交易上的因果关系，也就更没有损失上的因果关系。只有当虚假陈述行为与损害结果之间具有内在的、本质的、必然的联系，即由虚假陈述行为到损害结果的运动呈现出符合客观规律的无法避免、确定不移的必然趋势时，才能认为虚假陈述行为与损害结果之间存在法律上的因果关系。

3. 原告损失是由证券市场系统风险的其他因素所导致。2008 年6 月 5 日至 2008 年 10 月 14 日中小板综合指数下降了 48.58％，深成指数下降了 45.42％，纺织板块指数下降了 48.45％，德棉股份股价下降了 50.43％，股价下降的幅度与指数下降的幅度基本一致。根据原告提供的 2008 年 6 月 5 日至 2008 年 10 月 14 日股价变动情况表可以看出，我公司虚假陈述揭露之后，我公司股票股价没有出现大幅度的波动，而是同当时大盘下降趋势一致，下降幅度与大盘下降幅度 2%之差，我公司没有赔偿义务。在证券市场上挂牌交易的股票作为一种金融商品，其价格亦应随其价值波动，价格围绕价值上下波动正是价值规律作用的表现形式，2%之差完全是市场造成的，是在允许的波动幅度之内，纯粹是系统风险。我公司股票在虚假陈述揭露日至基准日，其股价下降幅度与深圳中小板综合指数、纺织板块指数下降幅度一致，德棉股份的股价没有因虚假陈述而加速下跌，下跌是由于股市的系统风险造成的。没有虚假陈述的公司股票价格下降 48.58%也是正常的。我公司的股价下跌是由于股市的系统风险导致的，该虚假陈述与被答辩人的损失之间不存在因果关系，该期间，正是中国股市大幅下跌的时期，我公司股票下跌是系统风险引起的毫无疑问。综上，请求驳回原告的诉讼请求。

被告德棉集团公司的答辩意见同被告德棉股份公司。

经审理本院认定，德棉股份公司系一家以纺织业务为主的股份公司，于 2006 年 10 月 18 日在深圳证券交易所上市，证券简称为德棉股份，证券代码为 002072，其控股股东为德棉集团公司。

2007 年 3 月 16 日至 2008 年 5 月 13 日，德棉股份公司向其控股股东德棉集团公司累计提供资金 434 615 900 元，截至 2008 年 5 月 28 日，德棉集团公司已将占用的资金全部归还。因德棉股份公司未能在上述行为发生后按照关联交易的要求及时进行临时信息披露及造成 2007 年中期报告、2007 年年度报告虚假陈述，被中国证券监督管理委员会立案调查。2008 年 6 月 5 日，德棉股份公司发布违规占用资金公告，将德棉集团公司违规占用其资金情况、被中国证券监督管理委员会立案调查的情况向社会公布，提醒投资者注意投资风险。2009 年 6 月 3 日，中国证券监督管理委员会对德棉股份公司及有关责任人员以未及时履行临时信息披露及 2007 年中期报告、2007 年年度报告虚假陈述为由进行行政处罚。

自 2008 年 6 月 5 日至 2008 年 10 月 13 日，德棉股份换手率达到累计 100%，该期间股票的收盘均价为 4.21 元。

莫某某、德棉股份公司、德棉集团公司均认可本案虚假陈述的实施日为 2007 年 3 月 16 日、虚假陈述的揭露日为 2008 年 6 月 5 日、投资差额损失计算的基准日为 2008 年 10 月 13 日、基准日的股价为 4.21 元。

　　根据莫某某（身份证号　）提交的交易记录，2008 年 1 月 9 日至本案披露日买入德棉股份股票尚余 2 787 000 股，基准日后尚余股票 27 011 750 股。莫某某主张的各项损失应为：投资差额损失 11 067 630.43元、投资差额部分的佣金损失 11 067.63 元、投资差额部分的印花税损失 33 202.89 元、上述所涉资金利息损失 60 004.27元。

　　另查明：2008 年是中国及全球股市跌幅巨大的一年。截至 2008 年年底，美国三大股指均跌回 10 年前的水平，中国内地的上证综指和深证成指双双创历史最大年跌幅，中国香港恒生指数创历史最大点数年跌幅，创 34 年最大百分比年跌幅。下表为各个国家或地区指数的跌幅显示：

股指	2007 年最后交易日点位	2008 年最后交易日点位	跌幅
冰岛 OMX15	6 322.4	352.16	94.43％
俄罗斯 RTS 指数	2 290.51	625.42	72.67％
越南指数	927.02	315.62	65.95％
中国上证指数	5 261.56	1 820.81	65.39％
中国深证指数	17 700.62	6 485.51	63.36％
印度孟买股市 30 种股票综合股价指数	20 286.99	9 716.16	52.1％
新加坡海峡时报指数	3 482.3	1 770.65	49.15％
中国香港恒生指数	27 812.65	14 387.48	48.27％
中国台湾加权指数	8 506.28	4 591.22	46.03％
标普澳洲 200 指数	6 421	3 591.4	44.07％
法国 DAX 指数	5 614.08	3 217.13	42.7％
日经 225 指数	15 307.78	8 859.56	42.12％
美国纳斯达克指数	2 652.28	1 550.7	41.53％
巴西博维斯帕指数	63 886.1	37 550.31	41.22％
韩国首尔综合股价指数	1 897.13	1 124.47	40.73％
德国 CAC40 指数	8 067.32	4 810.2	40.37％
加拿大 S&P/TSX 指数	13 883.06	8 830.72	36.16％

　　从上表可以看出，股市的暴跌是全球性的，而非局部的。中国股市的跌幅远远超过其他国家，大跌的原因既有外部原因也有内部原因。外部原因主要是美国的次贷危机导致经济金融市场动荡和萧条，直接影响到全球的经济状况，中国的经济也难免不受到影响；同时周边地区的经济环境和股市环境不好，美国股市的大跌，直接导致周边国家和地区股市的下挫，从而影响到国内的股市。内部原因主要是：一是国内通货压力巨大，人民币升值，国家为了控制热钱，一直实行货币从紧政策，间接地冻结了股市中的大部分流动资金；二是 2008 年 5 月四川汶川发生的新中国成立以来记录的最大规模的地震，使中国经济受到巨大影响；三是到 2008 年股改产生的限售股共 4 682 亿股，其中 1 364 亿股已经解禁，占比达 29.1%，导致市场里资金明显不足。

　　就本案德棉股份上市的深圳证券交易所而言，虚假陈述揭露日至虚假陈述基准日，各项指数也是一路下跌的，具体如下：

各项指数	虚假陈述揭露日	虚假陈述基准日	跌幅比例
深成指数	11 860.27	6 571.59	44.59%
中小板块指数	4 320.58	2 287.47	47.06%
纺织板块指数	528.63	279.08	47.21%
德棉股份收盘价	5.77	2.98	48.35%

　　对比自虚假陈述揭露日至虚假陈述基准日，德棉股份股价走势图与中小板块指数走势图，两者的波动及涨跌趋势基本一致。

　　截至 2008 年 6 月 5 日，德棉股份所在的中小企业板块共 246 家上市公司，自虚假陈述揭露日至虚假陈述基准日，除 4 家公司停牌外，都呈下跌的走势，其中跌幅超过 45% 的达到 182 家，242 家公司平均跌幅为 51.75%，而德棉股份跌幅为 48.35%。

　　截至 2008 年 6 月 5 日，德棉股份所在的纺织板块共 9 家上市公司，自虚假陈述揭露日至虚假陈述基准日，都呈下跌的走势，跌幅最低的为 42%，最高的为 65%，平均跌幅为 52.68%，而德棉股份跌幅为 48.35%。

　　上述事实由居民身份证、工商登记材料、证券账户、交易记录、德棉股份公司公告、中国证券监督管理委员会处罚决定书、深证证券交易所股票交易有关数据、庭审笔录在案为证。

本院认为：《中华人民共和国证券法》第六十三条规定，发行人、上市公司依法披露的信息，必须真实、准确，不得有虚假记载、误导性陈述或者重大遗漏。2007 年 3 月 16 日至 2008 年 5 月 13 日，德棉股份公司向其控股股东德棉集团公司累计提供资金 434 615 900 元，未及时进行临时信息披露及造成 2007 年中期报告、2007 年年度报告虚假陈述，被中国证券监督管理委员会进行行政处罚，德棉股份公司的行为应认定为证券信息虚假陈述。本案莫某某主张损失的股票交易亦发生在德棉股份公司虚假陈述期间。

本案争议的焦点问题是：莫某某主张的损失与德棉股份公司的虚假陈述有无因果关系，莫某某主张的损失是否系因证券市场系统风险因素所致。

虽然最高人民法院《关于审理证券市场因虚假陈述引发的民事赔偿案件的若干规定》规定，发起人、发行人或者上市公司对其虚假陈述给投资人造成的损失承担民事赔偿责任，但同时规定损失或者部分损失是由证券市场系统风险等其他因素所导致，应当认定虚假陈述与损害结果之间不存在因果关系。故系统风险应当作为虚假陈述免除民事责任的条件。系统风险是指对证券市场产生普遍影响的风险因素，其特征在于系统风险因共同因素所引发，对证券市场所有的股票价格均产生影响，这种影响为个别企业或行业所不能控制，投资人亦无法通过分散投资加以消除。众所周知，股票作为一种有价证券，其除具有流动性、决策性的特征之外，还具有风险性、波动性的特征。股票的特征决定了投资股票既是一种收益率颇高的投资方式，又是一种高风险的投资方式。股市瞬息万变，其风险是客观存在的。作为投资者，不仅要面临自身主观行为因素所造成的风险，还要面临外部客观因素所带来的风险。外部客观因素所带来的风险主要是非系统风险的公司风险以及系统风险的市场风险。审判实践中，一般由于汇率、利率等金融政策、国内和国际的突发事件、经济和政治制度的变动等所引发的系统风险，是整个市场或者市场某个领域所有参与者所共同面临的，投资者发生的该部分损失不应由虚假陈述行为人承担。在认定系统风险时，不仅要有客观真实的风险诱因，而且要审查相关指数是否出现了大幅度的波动。

考察2008年全球及中国的证券市场，可以发现全球的股市均处于大幅的下跌之中，尤其是中国股市的跌幅远远超过其他国家。众所周知，2008年由于美国次贷危机的影响，导致全球经济危机的爆发，引起国内外经济金融市场的动荡和萧条，直接影响到全球的经济状况，中国的经济也难免受到影响，同时周边地区的经济环境和股市环境不好，美国股市的大跌，直接导致周边股市的下挫，从而影响到国内的股市；就我国国内而言，通货膨胀压力巨大，人民币升值，国家为了控制热钱，一直实行货币从紧政策，间接地冻结了股市中的大部分流动资金；同时，2008年5月四川汶川发生的地震，使中国经济受到巨大影响；再者，2008年股改产生的限售股份共4 682亿股，其中1 364亿股已经解禁，占比达29.1%，导致我国A股市场下跌。上述因素均应认定系我国股市系统风险的真实诱因。

证券市场中，虽然个股在短时间内不受股指波动的影响是有可能的，但在相当长的一段时间内，个股不可能不受股指波动的影响。在2008年，深成指数一直呈现下跌的态势，特别是在德棉股份公司虚假陈述揭露日至基准日期间，深成指数由11 860.27点跌至2 287.47点，跌幅高达44.59%，德棉股份所在的中小板块指数、纺织板块指数亦分别下跌47.06%和47.21%，这与德棉股份公司股价下跌48.35%基本吻合。通过对比德棉股份股价走势图与中小板块指数走势图，两者的波动及涨跌趋势亦基本一致。截至2008年6月5日，德棉股份所在的中小企业板块共246家上市公司，平均跌幅为51.75%，德棉股份所在的纺织板块指数中小板块公司共9家，平均跌幅为52.68%，这也与德棉股份的跌幅相一致。故，在全球股市大跌，中国股市大跌，尤其是德棉股份所在的中小板块、纺织板块均大幅下跌的情况下，苛求德棉股份股价的稳定基本上是不客观的，也是违背客观经济规律的。

通过以上分析，本院认为德棉股份股价的下跌系因股市系统风险所致，与德棉股份公司的虚假陈述无必然因果关系，莫某某主张其损失应由德棉股份公司、德棉集团公司承担的诉讼请求，证据不足，于法无据，本院不予支持。依照《中华人民共和国民事诉讼法》第六十四条第一款、最高人民法院《关于审理证券市场因虚假陈述引发的民事赔偿案件的若干规定》第十九条第（四）项之规定，判决如下：

驳回原告莫某某的诉讼请求。

案件受理费 91 192 元，由原告莫某某承担。

如不服本判决，可在本判决书送达之日起十五日内，向本院递交上诉状，并按对方当事人的人数提交副本，上诉于山东省高级人民法院。

审判长　张　伟

代理审判员　韩　梅

代理审判员　吴　魁

二○一一年一月九日

书记员　周　燕

21. 莫某某诉山东德棉股份有限公司、山东德棉集团有限公司上诉案

山东省高级人民法院

民事判决书

（2012）鲁商终字第 18 号①

上诉人（原审原告）：莫某某。

委托代理人：刘国华，广东奔犇律师事务所律师。

被上诉人（原审被告）：山东德棉股份有限公司，住所地：山东省德州市顺河西路 18 号。

法定代表人：尉华，董事长。

委托代理人：付爱东，男，该公司副总经理。

委托代理人：孙守忠，北京市惠诚（济南）律师事务所律师。

---

① 本司法裁判文书系广东奔犇律师事务所刘国华律师提供。

被上诉人（原审被告）：山东德棉集团有限公司，住所地：山东省德州市顺河西路18号。

法定代表人：李会江，董事长。

委托代理人：付爱东，男，该公司副总经理。

委托代理人：孙守忠，北京市惠诚（济南）律师事务所律师。

上诉人莫某某为与被上诉人山东德棉股份有限公司（以下简称德棉股份公司）、被上诉人山东德棉集团有限公司（以下简称德棉集团公司）证券虚假陈述赔偿纠纷一案，不服济南市中级人民法院（2011）济民四商初字第79号民事判决，向本院提起上诉。本院受理后，依法组成合议庭，公开开庭进行了审理。上诉人莫某某的委托代理人刘国华，二被上诉人的委托代理人孙守忠到庭参加诉讼。本案现已审理终结。

原审法院审理查明：德棉股份公司系一家以纺织业务为主的股份公司，于2006年10月18日在深圳证券交易所上市，证券简称为德棉股份，证券代码为002072，其控股股东为德棉集团公司。

2007年3月16日至2008年5月13日，德棉股份公司向其控股股东德棉集团公司累计提供资金434 615 900元，截至2008年5月28日，德棉集团公司已将占用的资金全部归还。因德棉股份公司未能在上述行为发生后按照关联交易的要求及时进行临时信息披露及造成2007年中期报告、2007年年度报告虚假陈述，被中国证券监督管理委员会立案调查。2008年6月5日，德棉股份公司发布违规占用资金公告，将德棉集团公司违规占用其资金情况、被中国证券监督管理委员会立案调查的情况向社会公布，提醒投资者注意投资风险。2009年6月3日，中国证券监督管理委员会对德棉股份公司及有关责任人员以未及时履行临时信息披露及2007年中期报告、2007年年度报告虚假陈述为由进行行政处罚。

自2008年6月5日至2008年10月13日，德棉股份换手率达到累计100％，该期间股票的收盘均价为4.21元。

莫某某、德棉股份公司、德棉集团公司均认可本案虚假陈述的实施日为2007年3月16日、虚假陈述的披露日为2008年6月5日、投资差额损失计算的基准日为2008年10月13日、基准日的股价为 4.21 元。

根据莫某某（身份证号，深圳证券交易所证券账户号码）提交的交易记录，2008 年 1 月 9 日至本案披露日买入德棉股份股票尚余 2 787 000 股，基准日后尚余股票 27 011 750 股。莫某某主张的各项损失应为：投资差额损失 11 067 630.43 元、投资差额部分的佣金损失 11 067.63 元、投资差额部分的印花税损失 33 202.89 元、上述所涉资金利息损失 60 004.27 元。

另查明：2008 年是中国及全球股市跌幅巨大的一年。截至 2008 年年底，美国三大股指均跌回 10 年前的水平，中国内地的上证综指和深证成指双双创历史最大年跌幅，中国香港恒生指数创历史最大点数年跌幅，创 34 年最大百分比年跌幅。下表为各个国家或地区股指的跌幅显示：

股指	2007 年最后交易日点位	2008 年最后交易日点位	跌幅
冰岛 OMX15	6 322.4	352.16	94.43%
俄罗斯 RTS 指数	2 290.51	625.42	72.67%
越南指数	927.02	315.62	65.95%
中国上证指数	5 261.56	1820.81	65.39%
中国深证指数	17 700.62	6485.51	63.36%
印度孟买股市 30 种股票综合股价指数	20 286.99	9 716.16	52.1%
新加坡海峡时报指数	3 482.3	1 770.65	49.15%
中国香港恒生指数	27 812.65	14 387.48	48.27%
中国台湾加权指数	8 506.28	4 591.22	46.03%
标普澳洲 200 指数	6 421	3 591.4	44.07%
法国 DAX 指数	5 614.08	3 217.13	42.7%
日经 225 指数	15 307.78	8 859.56	42.12%
美国纳斯达克指数	2 652.28	1 550.7	41.53%
巴西博维斯帕指数	63 886.1	37 550.31	41.22%
韩国首尔综合股价指数	1 897.13	1 124.47	40.73%
德国 CAC40 指数	8 067.32	4 810.2	40.37%
加拿大 S&P/TSX 指数	13 833.06	8 830.72	36.16%

从上表可以看出，股市的暴跌是全球性的，而非局部的。中国股市的跌幅远远超过其他国家，大跌的原因既有外部原因也有内部原因。外部原因主要是美国的次贷危机导致经济金融市场动荡和萧条，直接影响到全球的经济状况，中国的经济也难免不受到影响；同时周边地区的经济环境和股市环境不好，美国股市的大跌，直接导致周边国家和地区股市的下挫，从而影响到国内的股市。内部原因主要是：一是国内通货压力巨大，人民币升值，国家为了控制热钱，一直从事货币从紧政策，间接地冻结了股市中的大部分流动资金；二是 2008 年 5 月四川汶川发生的新中国成立以来记录的最大规模的地震，使中国经济受到巨大影响；三是到 2008 年股改产生的限售股份共 4 682 亿股，其中 1 364 亿股已经解禁，占比达 29.1%，导致市场里资金明显不足。

就本案德棉股份上市的深圳证券交易所而言，虚假陈述揭露日至虚假陈述基准日，各项指数也是一路下跌的，具体如下：

各项指数	虚假陈述揭露日	虚假陈述基准日	跌幅比例
深成指数	11 860.27	6 571.59	44.59%
中小板块指数	4 320.58	2 287.47	47.06%
纺织板块指数	528.63	279.08	47.21%
德棉股份收盘价	5.77	2.98	48.35%

对比自虚假陈述揭露日至虚假陈述基准日，德棉股份股价走势图与中小板块指数走势图，两者的波动及涨跌趋势基本一致。

截至 2008 年 6 月 5 日，德棉股份所在的中小企业板块共 246 家上市公司，自虚假陈述揭露日至虚假陈述基准日，除 4 家公司停牌外，都呈下跌的走势，其中跌幅超过 45% 的达到 182 家，242 家公司平均跌幅为 51.75%，而德棉股份跌幅为 48.35%。

截至 2008 年 6 月 5 日，德棉股份所在的纺织板块共 9 家上市公司，自虚假陈述揭露日至虚假陈述基准日，都呈下跌的走势，跌幅最低的为 42%，最高的为 65%，平均跌幅为 52.68%，而德棉股份跌幅为 48.35%。

上述事实由居民身份证、工商登记材料、证券账户、交易记录、德棉股份公司公告、中国证券监督管理委员会处罚决定书、深证证券交易所股票交易有关数据、庭审笔录在案为证。

　　原审法院认为：《中华人民共和国证券法》第六十三条规定，发行人、上市公司依法披露的信息，必须真实、准确，不得有虚假记载、误导性陈述或者重大遗漏。2007 年 3 月 16 日至 2008 年 5 月 13 日，德棉股份公司向其控股股东德棉集团公司累计提供资金 434 615 900 元，未及时进行临时信息披露及造成 2007 年中期报告、2007 年年度报告虚假陈述，被中国证券监督管理委员会进行行政处罚，德棉股份公司的行为应认定为证券信息虚假陈述。本案莫某某主张损失的股票交易亦发生在德棉股份公司虚假陈述期间。

　　本案争议的焦点问题是：莫某某主张的损失与德棉股份公司的虚假陈述有无因果关系，莫某某主张的损失是否系因证券市场系统风险因素所致。

　　虽然最高人民法院《关于审理证券市场因虚假陈述引发的民事赔偿案件的若干规定》规定，发起人、发行人或者上市公司对其虚假陈述给投资人造成的损失承担民事赔偿责任，但同时规定损失或者部分损失是由证券市场系统风险等其他因素所导致，应当认定虚假陈述与损害结果之间不存在因果关系。故系统风险应当作为虚假陈述免除民事责任的条件。系统风险是指对证券市场产生普遍影响的风险因素，其特征在于系统风险因共同因素所引发，对证券市场所有的股票价格均产生影响，这种影响为个别企业或行业所不能控制，投资人亦无法通过分散投资加以消除。众所周知，股票作为一种有价证券，其除具有流动性、决策性的特征之外，还具有风险性、波动性的特征。股票的特征决定了投资股票既是一种收益率颇高的投资方式，又是一种高风险的投资方式。股市瞬息万变，其风险是客观存在的。作为投资者，不仅要面临自身主观行为因素所造成的风险，还要面临外部客观因素所带来的风险。外部客观因素所带来的风险主要是非系统风险的公司风险以及系统风险的市场风险。审判实践中，一般由于汇率、利率等金融政策、国内和国际的突发事件、经济和政治制度的变动等所引发的系统风险，是整个市场或者市场某个领域所有参与者所共同面临的，投资者发生的该部分损失不应由虚假陈述行为人承担。在认定系统风险时，不仅要有客观真实的风险诱因，而且要审查相关指数是否出现了大幅度的波动。

　　考察 2008 年全球及中国的证券市场，可以发现全球的股市均处于大幅的下跌之中，尤其是中国股市的跌幅远远超过其他国家。众所周知，2008 年由于美国次贷危机的影响，导致全球经济危机的爆发，引起国内外经济金融市场的动荡和萧条，直接影响到全球的经济状况，中国的经济也难免不受到影响，同时周边地区的经济环境和股市环境不好，美国股市的大跌，直接导致周边股市的下挫，从而影响到国内的股市；就我国国内而言，通货膨胀压力巨大，人民币升值，国家为了控制热钱，一直从事货币从紧政策，间接地冻结了股市中的大部分流动资金；同时，2008 年 5 月四川汶川发生的地震，使中国经济受到巨大影响；再者，2008 年股改产生的限售股份共 4 682 亿股，其中 1364 亿股已经解禁，占比达 29.1%，导致我国 A 股市场下跌。上述因素均应认定系我国股市系统风险的真实诱因。

　　证券市场中，虽然个股在短时间内不受股指波动的影响是有可能的，但在相当长的一段时间内，个股不可能不受股指波动的影响。在 2008 年，深成指数一直呈现下跌的态势，特别是在德棉股份公司虚假陈述揭露日至基准日期间，深成指数由 11 860.27 点跌至 2 287.47 点，跌幅高达 44.59%，德棉股份所在的中小板块指数、纺织板块指数亦分别下跌 47.06% 和 47.21%，这与德棉股份公司股价下跌 48.35% 基本吻合。通过对比德棉股份股价走势图与中小板块指数走势图，两者的波动及涨跌趋势亦基本一致。截至 2008 年 6 月 5 日，德棉股份所在的中小企业板块共 246 家上市公司，平均跌幅为 51.75%，德棉股份所在的纺织板块指数中小板块公司共 9 家，平均跌幅为 52.68%，这也与德棉股份的跌幅相一致。故，在全球股市大跌，中国股市大跌，尤其是德棉股份所在的中小板块、纺织板块均大幅下跌的情况下，苛求德棉股份股价的稳定基本上是不客观的，也是违背客观经济规律的。

　　通过以上分析，原审法院认为德棉股份股价的下跌系因股市系统风险所致，与德棉股份公司的虚假陈述无必然因果关系，莫某某主张其损失应由德棉股份公司、德棉集团公司承担的诉讼请求，证据不足，于法无据，不予支持。依照《中华人民共和国民事诉讼法》第六十四条第一款、最高人民法院《关于审理证券市场因虚假陈述引发的民事赔偿案件的若干规定》第十九条第（四）款之规定，判决如下：驳回莫某某的诉讼请求。案件受理费91 192元，由莫某某承担。

上诉人莫某某不服原审法院判决，向本院提起上诉称：

1. 原审法院程序违法。原审法院未在法定期限内立案，未依法组成合议庭，违法调查收集证据，擅自改变上诉人的诉讼请求数额，以未经质证的证据作为定案依据。

2. 原审法院认定事实、适用法律错误。

（1）2008年6月5日应为虚假陈述更正日，而不是揭露日。

（2）上诉人在虚假陈述实施日2007年3月16日之后至更正日2008年6月5日之前买入德棉股票，在虚假陈述更正日之后，因卖出或持有该证券而发生亏损。根据最高人民法院《关于审理证券市场因虚假陈述引发的民事赔偿案件的若干规定》第三十条的规定，上诉人的损失与德棉股份公司的虚假陈述之间存在因果关系。德棉股份公司应当赔偿上诉人的损失，德棉集团公司应当承担连带赔偿责任。

（3）原审法院关于上诉人的损失是由证券市场系统风险等其他因素所导致的认定错误。①证券交易指数是不能直接用来度量证券市场系统风险的，原审法院错误解读指数和个股的因果关系，认为指数下跌，所以股票下跌，于理不通。②系统风险论只考虑了大盘下跌，没有考虑大盘上涨。③德棉的走势和大盘的走势并不一致。2008年6月5日，德棉虚假陈述更正日当天，德棉股票下跌5.41%，而当天中小板块指数仅下跌0.63%，深证成指仅下跌0.92%，纺织板块指数更是上涨1.15%。从虚假陈述更正日至上诉人收到一审判决书的2011年10月19日，德棉股份涨幅达58.28%，同期深证成指跌幅达14.79%。这证明个股的走势和大盘指数差别巨大，并不一致。④证券市场系统风险期间应该是从虚假陈述实施日至虚假陈述更正日，原审法院以揭露日至基准日作为系统风险影响期间，于法无据。综上，要求二审法院依法改判或发回重审。

被上诉人德棉股份公司答辩称：

1. 原审法院程序合法，上诉人的关于程序违法的上诉理由不成立。

2. 原审判决认定事实清楚，适用法律正确。

（1）2008年6月5日不管是揭露日还是更正日，只是一个起算点。即使理解偏差，也不构成认定事实错误。

（2）德棉集团不应承担连带责任。

（3）上诉人的损失是证券市场系统风险等其他因素导致，被上诉人应予免责。①根据最高人民法院副院长奚晓明在全国民商事审判工作会议上的讲话——"充分发挥民商事审判职能作用为构建社会主义和谐社会提供司法保障"，认定系统风险，不仅要有客观真实的风险诱因，而且要看相关指数是否出现了大幅度的波动。因此证券交易指数不是认定系统风险的唯一标准，还要看是否发生了客观存在的风险诱因，而2008年的国际国内形势大家是有目共睹的。②认定系统风险只考虑大盘下跌，不考虑大盘上涨是有法律依据的。③德棉股份的走势和大盘一致。④根据司法解释，在虚假陈述实施日至更正日期间买卖证券即使发生亏损也无需承担责任，因此讨论实施日至更正日的系统风险没有任何意义。综上，原审判决程序合法，认定事实清楚，适用法律正确，依法应予维持。

被上诉人德棉集团公司的答辩意见同上。

本院二审经审理查明：2008年6月5日应为虚假陈述更正日。根据莫某某提交的交易记录，莫某某在基准日2008年10月13日后尚余股票2 701 750股，莫某某主张的各项损失为：投资差额损失11 457 330元、投资差额部分的佣金损失11 457.33元、投资差额部分的印花税损失34 371.99元、上述所涉资金利息损失62 117.06元。另查明：2008年冰岛、俄罗斯、越南的股指跌幅超过中国。二审中，被上诉人提交了一审时未经质证的深圳证券交易所股票交易有关数据的证据，上诉人予以了质证。

本院二审查明其他的事实与原审法院查明的事实一致。

本院认为：根据当事人的上诉请求及答辩理由，本案的争议焦点为：

1. 如何确定证券市场系统风险期间；

2. 上诉人莫某某的投资损失是否由证券市场系统风险因素导致。

对于第一个焦点问题，如何确定证券市场系统风险期间的问题。证券市场上的虚假陈述行为从理论上可分为诱多型虚假陈述和诱空型虚假陈述。最高人民法院《关于审理证券市场因虚假陈述引发的民事赔偿案件的若干规定》（以下简称《规定》）的调整对象为诱多型虚假陈述行为。诱多型虚假陈述虽然在实施日即对股票价格产生影响，但在市场交易中，其对股票价格产生不利影响是从虚假陈述更正日开始的，在虚假陈述消化日（基准日）方才完全消失。所以《规定》第十八条规定投资人在虚假陈述实施日之后、虚假陈述更正日之前买入相关股票，在虚假陈述更正日之后卖出或仍然持有而产生的损失，与虚假陈述之间存在因果关系。根据上述司法解释的规定，虚假陈述行为人应赔偿的是发生在虚假陈述更正日之后的损失，故审查影响股票价格的证券市场系统风险，亦应从虚假陈述更正日开始。本案涉及的虚假陈述行为是诱多型虚假陈述，原审法院以更正日至基准日作为证券市场系统风险影响期间符合法律规定。上诉人关于证券市场系统风险期间应该是从虚假陈述实施日至虚假陈述更正日的上诉理由不成立，本院不予支持。

对于第二个焦点问题，上诉人莫某某的投资损失是否由证券市场系统风险因素导致的问题。根据《规定》第十九条的规定，投资人的损失或部分损失是由证券市场系统风险等其他因素所导致的，应当认定虚假陈述与损害结果之间不存在因果关系。认定证券市场系统风险要从两个方面审查：一是是否发生了客观真实的风险诱因；二是相关指数是否出现了大幅度的波动。

首先，2008 年美国的次贷危机、2008 年 5 月的汶川大地震等因素，对中国股市产生了不利影响，应认定为发生了诱发证券市场系统风险的风险诱因。其次，根据法院查明的事实，自 2008 年 6 月 5 日至同年 10 月 13 日，德棉股份上市的深圳证券交易所的各项指数是一路下跌的。深成指数由 11 860.27 点跌至 6 571.59 点，跌幅达 44.59％，德棉股份所在的中小板块指数、纺织板块指数亦分别下跌 47.06％和 47.21％，这与德棉股份公司股价下跌 48.35％基本吻合。通过对比德棉股份股价走势图与中小板块指数走势图，两者的波动及涨跌趋势亦基本一致。德棉股份所在的中小企业板块共 246 家上市公司，股票市值平均跌幅为 51.75％。德棉股份所在的纺织板块共 9 家上市公司，股票市值平均跌幅为 52.68％。上述两个板块的市值跌幅均高于德棉股份 48.35％ 的跌幅。以上数据说明，在 2008 年 6 月 5 日至 2008 年 10 月 13 日期间，受风险诱因的影响，证券市场相关指数出现了大幅度波动；证券市场上的股票价格出现了整体性下跌，超过了德棉股份的下跌幅度。因此，证券市场上的风险客观存在，即便不存在德棉股份公司的虚假陈述行为，德棉股份的股票价格在上述期间亦难免下跌。故应认定莫某某的投资损失是由证券市场系统风险因素所致，德棉股份公司的虚假陈述与莫某某的损失之间不存在因果关系。上诉人关于德棉股份公司的虚假陈述与其损失之间存在因果关系的上诉理由不成立，本院不予支持。

　　另，上诉人主张原审法院未在法定期限内立案、未依法组成合议庭，被上诉人对此不予认可，上诉人未能提交证据证实其主张。本院经审查，未发现上述程序违法问题。上诉人主张原审判决以未经质证的证据作为定案依据。二审中，被上诉人重新提交了一审时未经质证的深圳证券交易所股票交易有关数据的证据，上诉人予以质证并对上述证据予以认可。因此，虽然一审程序在证据质证上有瑕疵，但并不影响案件的处理结果。故对上诉人以原审程序违法为由要求发回重审的上诉请求，本院不予支持。

　　综上，上诉人莫某某的上诉理由及请求不成立，本院不予支持。依照《中华人民共和国民事诉讼法》第一百五十三条第一款第（一）项的规定，判决如下：

　　驳回上诉，维持原判。

　　二审案件受理费 91 192 元，由上诉人莫某某负担。

　　本判决为终审判决。

审判长　　马向伟

代理审判员　　王爱华

代理审判员　　张秀梅

二〇一二年二月十七日

书记员　　石　磊

（十五）
东方电子虚假陈述民事赔偿案

主题词：东方电子　虚假陈述　侵权　赔偿

22. 曹小妹诉烟台东方电子信息产业股份有限公司、烟台东方
电子信息产业集团有限公司诉讼案

山东省青岛市中级人民法院

民事调解书

（2003）青民三初字第 45 号①

原告：曹小妹，女，汉族，住上海市。

委托代理人：宋一欣，上海新望闻达律师事务所律师。

被告：烟台东方电子信息产业股份有限公司，住所地：烟台市
机场路 2 号。

法定代表人：丁振华，董事长。

委托代理人：孙广亮、邱家宇，北京市华堂律师事务所律师。

被告：烟台东方电子信息产业集团有限公司，住所地：烟台市
机场路 2 号。

法定代表人：杨恒坤，董事长。

委托代理人：孙广亮、邱家宇，北京市华堂律师事务所律师。

原告曹小妹与被告烟台东方电子信息产业股份有限公司（以下
简称东方电子公司）、烟台东方电子信息产业集团有限公司（以下简

---

① 本司法裁判文书系上海新望闻达律师事务所宋一欣律师提供。

称东方电子集团）虚假证券信息纠纷一案，本院受理后，依法组成合议庭进行了审理。本案现已审理终结。

本院查明的事实是：

1. 关于东方电子公司虚假陈述证券民事赔偿纠纷前置程序的有关事实：

被告东方电子公司于1996年经中国证监会批准上市，证券名称为东方电子，证券代码为0682（后深交所将代码位数调整为000682）。同年12月17日，向社会公开发行人民币普通股1 030万股，发行价7.88元，发行后总股本增为6 830万股。1997年1月21日，东方电子公司在深圳证券交易所正式挂牌交易，当天收盘价为每股17.24元。2002年5月8日，深圳证券交易所决定对东方电子公司股票实行特别处理，证券名称由"东方电子"变为"ST东方"。2004年4月，深圳证券交易所决定撤销对该公司股票实施的特别处理，自2004年4月26日起该公司股票简称由"ST东方"变为"东方电子"。截止到2006年7月东方电子股权分置改革前，经历次除权配股后，东方电子公司流通股本总共为602 111 996股。

山东省烟台市中级人民法院于2002年12月10日作出（2002）烟刑二初字第67号刑事判决书，该判决认定，被告隋元柏作为东方电子公司的主管人员，被告人高峰、方跃作为公司的直接责任人员，自1997年4月至2001年6月，先后利用公司购买的1 044万股原始职工股股票收益和投入资金6.8亿元炒作股票的收益，通过虚开销售发票2 079张，共计金额1 708 230 927元；伪造销售合同1 242份；伪造银行进账单、对账单1 507份，共计金额1 704 796 493.50元，将其中的1 595 349 244.30元计入主营业务收入。虚构业绩使东方电子自1997年起成为绩优股，并四次实行送、配股方案。通过上述虚假行为，欺骗股东高价买进，低价被套。2001年7月，中国证监会着手调查东方电子公司违规事宜，该股票随着大盘的跳水连续下跌，股票市值大量缩水，给股东造成一定的经济损失，严重损害了股东的利益。烟台市中级人民法院认为，被告人隋元柏、高峰、方跃身为公司的主管人员和直接责任人员，利用股票收益的资金虚构主营业务收入，夸大公司业绩，向股东和社会公众提供虚假的财务会计报告，严重损害股东利益，其行为均已构成提供虚假财会报告罪。烟台市中级人民法院依照《中华人民共和国刑法》第一百六十一条、第二十五条第一款、第六十七条第一款、第七十二条第一款的规定，判决被告人隋元柏犯提供虚假财会报告罪，判处有期徒刑两年，并处罚金人民币 5 万元；高峰犯提供虚假财会报告罪判处有期徒刑一年，并处罚金人民币 25 000 元；方跃犯提供虚假财会报告罪判处有期徒刑一年，缓刑一年，并处罚金人民币 5 万元。该判决已发生法律效力。

2. 关于东方电子虚假陈述行为实施日、揭露日、基准日的事实。

1997 年 7 月 14 日，被告东方电子公司向公众披露的 1997 年中期报告中，1997 年 1—6 月份的净利润为 35 285 201.95 元。1998 年 3 月 14 日，被告东方电子公司向公众披露的 1997 年年度报告中，主营业务收入 236 675 031.28 元，净利润 70 615 556.02 元，每股收益 0.517 元。而该公司的实际净利润为 24 908 122.25 元，故本院认定 1997 年 7 月 14 日为该被告虚假陈述行为实施日。

2001 年 10 月 12 日中央电视台《证券时间》栏目第二时段（播出时间 16：25—16：55）播出题目为"东方电子：原来如此！"的报道。这篇报道认为，"东方电子的业绩到底有多少水分，虽然还有待权威部门的调查结论，但是，从我们的调查结果看，增发失败、机构减持以及连年股本扩张，都不是公司股价下跌的根本原因，东方电子高增长背后的业绩不实，才有可能是股价从 24 元跌到 6 元多的真正原因所在"。该日期为本院认定的虚假陈述行为揭露日。

自 2001 年 10 月 13 日起，东方电子公司证券累计成交量达到其可流通部分 100％的日期为 2001 年 12 月 18 日，该日期为本院认定的投资差额损失计算的基准日。

3. 原告买卖东方电子股票的有关事实详见本调解书附表（略），有关电子文本已向当事人送达。

本案在审理过程中，经本院主持调解，双方当事人自愿达成如下调解协议：

1. 在本院依法确定的虚假陈述行为实施日、揭露日、基准日的基础上所计算出的投资差额损失及印花税、佣金、利息，并扣除系统风险后，原告的实际差额损失数额为人民币 21 412.46 元（具体计算方式详见附表，略），被告烟台东方电子信息产业集团有限公司以其持有的东方电子股票进行赔偿，股票以每股人民币 6.39 元计价，原告实际差额损失折合东方电子股票共计 3 351 股（小数部分四舍五入）；

2. 原告为本案所支出的律师费由原告自行承担；

3. 被告烟台东方电子信息产业集团有限公司应在 2007 年 9 月 30 日之前为原告办理股票过户手续（若因相关部门原因，时间顺延），其中 3 016 股划入原告股票账户（股东代码略）；335 股划入原告委托代理人股票账户（股东名称：宋一欣，股东代码略）；

4. 原告诉讼费 1 505 元由被告烟台东方电子信息产业股份有限公司负担，或由烟台东方电子信息产业集团有限公司代为负担。

上述协议，符合有关法律规定，本院依法予以确认。

本调解书经双方当事人签收后，即具有法律效力。

审判长　牟乃桂

审判员　秦艳华

审判员　阎春光

二零零七年八月十一日

书记员　林鸿姣

（十六）

中宏控股虚假陈述民事赔偿案

主题词：中宏控股　虚假陈述　侵权　赔偿

23. 徐迎胜诉中宏控股股份有限公司诉讼案

安徽省合肥市中级人民法院
民事裁定书

（2012）合民二初字第 00025 号 ①

原告：徐迎胜，男，汉族，住湖南省益阳市。

委托代理人：宋一欣，上海新望闻达律师事务所律师。

委托代理人：张瑜，上海新望闻达律师事务所律师。

被告：中宏控股股份有限公司，住所地：安徽省宿州市浍水路 271 号，组织机构代码 71177476—6。

法定代表人：王永红，董事长。

委托代理人：汪大联，安徽天禾律师事务所律师。

委托代理人：王艳红，安徽天禾律师事务所律师。

本院在审理原告徐迎胜诉被告中宏控股股份有限公司证券虚假陈述赔偿纠纷一案中，原告徐迎胜于 2011 年 12 月 12 日向本院提出撤诉申请。

本院认为：原告徐迎胜的撤诉申请符合法律规定，应予准许。依照《中华人民共和国民事诉讼法》第一百三十一条第一款之规定，

---

① 本司法裁判文书系上海新望闻达律师事务所宋一欣律师提供。

裁定如下：

准许原告徐迎胜撤回起诉。

案件受理费 2 676 元减半收取 1 338 元，由徐迎胜负担。

审判长　万庆农

审判员　马　莉

代理审判员　胡　娟

二〇一二年一月四日

书记员　李叶润

（十七）

陈建良内幕交易天山股份民事赔偿案

主题词：陈建良　天山股份　内幕交易　侵权　赔偿

24. 陈宁丰诉陈建良诉讼案

江苏省南京市中级人民法院
民事裁定书

（2008）宁民二初字第 136 号[①]

原告：陈宁丰，男，汉族，住广东省广州市。

委托代理人：宋一欣、张瑜，上海新望闻达律师事务所律师。

被告：陈建良，男，汉族，住江苏省无锡市。

委托代理人：范凯洲、高学文，江苏法舟律师事务所律师。

本院在审理原告陈宁丰与被告陈建良证券内幕交易赔偿纠纷一案中，原告陈宁丰于 2008 年 9 月 22 日向本院提出撤诉申请。

本院认为，当事人有权在法律规定的范围内处分自己的民事权利和诉讼权利。原告陈宁丰申请撤回起诉，符合法律规定，应予准许。依照《中华人民共和国民事诉讼法》第十三条、第一百三十一条的规定，裁定如下：

[①] 本司法裁判文书系上海新望闻达律师事务所宋一欣律师提供。

准许原告陈宁丰撤回起诉。

案件受理费减半收取 25 元，由原告陈宁丰负担。

审判长　张　斌

审判员　刘　干

审判员　舒晓艺

二〇〇八年九月二十五日

书记员　唐恒鑫

（十八）

杭萧钢构虚假陈述民事赔偿案

主题词：杭萧钢构　虚假陈述　侵权　赔偿

25. 殷某诉浙江杭萧钢构股份有限公司诉讼案

浙江省杭州市中级人民法院

民事调解书

（2007）杭民二初字第 133 号①

原告：殷某，女，汉族，住浙江省杭州市。

委托人（特别授权代理）：厉健、蔡利君，浙江裕丰律师事务所律师。

被告：浙江杭萧钢构股份有限公司，住所地：浙江省杭州市萧山经济技术开发区。

法定代表人：单银木，董事长。

委托代理人（特别授权代理）：刘斌、叶志坚，浙江天册律师事务所律师。

原告殷某为与被告浙江杭萧钢构股份有限公司证券虚假陈述赔偿纠纷一案，于 2007 年 5 月 25 日向本院提起诉讼，本院于同日立案受理后，依法组成合议庭进行了审理。

本案在审理过程中，经本院主持调解，双方当事人自愿达成协议如下：

---

① 本司法裁判文书系浙江裕丰律师事务所厉健律师提供。

　　1. 被告浙江杭萧钢构股份有限公司于 2009 年 6 月 30 日前向原告殷某支付现金 12 500 元。

　　2. 双方无其他争议。

　　案件受理费 181 元，减半收取 90.5 元，由原告殷某和被告浙江杭萧钢构股份有限公司各承担 45.25 元。

　　上述协议，符合有关法律规定，本院予以确认。

　　本调解书经双方当事人签收后，即具有法律效力。

审判长　李　奕

代理审判员　瞿　静

代理审判员　陈　剑

二〇〇九年五月十九日

书记员　张　婷

（十九）
中捷股份虚假陈述民事赔偿案

主题词：中捷股份　虚假陈述　侵权　赔偿

26. 梁悦英诉中捷缝纫机股份有限公司、中捷控股集团有限公司、蔡开坚诉讼案

浙江省杭州市中级人民法院

民事调解书

（2010）浙杭商初字第 65 号①

原告：梁悦英，女，汉族，户籍地：广东省中山市。

委托代理人（特别授权代理）：宋一欣、张瑜，上海新望闻达律师事务所律师。

被告：中捷缝纫机股份有限公司，住所地：浙江省玉环县珠港镇陈屿北山村。

法定代表人：李瑞元，该公司董事长

被告：中捷控股集团有限公司，住所地：浙江省玉环县大麦屿经济开发区龙山路8号

法定代表人：蔡开坚，该公司董事长。

被告：蔡开坚，男，汉族，住浙江省玉环县。

以上三被告共同委托代理人（特别授权代理）：王伟，北京市中咨律师事务所律师。

---

① 本司法裁判文书系上海新望闻达律师事务所宋一欣律师提供。

案由：证券虚假陈述赔偿纠纷。

原告梁悦英为与被告中捷缝纫机股份有限公司、中捷控股集团有限公司、蔡开坚证券虚假陈述赔偿纠纷一案，于2010年6月28日向本院提起诉讼。本院于当日立案后，依法组成合议庭进行了审理。梁悦英请求判令：

1. 中捷缝纫机股份有限公司向梁悦英支付因虚假陈述引起的侵权赔偿款106 185.06元；

2. 中捷控股集团有限公司、蔡开坚承担连带赔偿责任；

3. 中捷缝纫机股份有限公司、中捷控股集团有限公司、蔡开坚承担本案诉讼费用。

本案在审理过程中，经本院主持调解，各方当事人自愿达成如下协议：

1. 中捷缝纫机股份有限公司、中捷控股集团有限公司于2010年9月15日前支付梁悦英赔偿款75 391元。

2. 梁悦英放弃对蔡开坚的诉讼请求。

3. 各方无其他争议。

案件受理费2 424元，减半收取1 212元，由中捷缝纫机股份有限公司、中捷控股集团有限公司负担。

上述协议符合法律规定，本院予以确认。

本调解书经双方当事人签收后，即具有法律效力。

审判长　魏虹霞

代理审判员　陈　剑

代理审判员　崔　丽

二〇一〇年八月二十六日

书记员　倪知松

（二十）

刚泰控股（原华盛达）虚假陈述民事赔偿案

主题词：刚泰控股　华盛达　虚假陈述　侵权　赔偿

27. 李进行诉浙江刚泰控股（集团）股份有限公司诉讼案

浙江省杭州市中级人民法院
民事调解书

（2009）浙杭商初字第 221 号①

原告：李进行，男，汉族，住广西壮族自治区南宁市。

委托代理人：宋一欣，上海新望闻达律师事务所律师。

委托代理人：张瑜，上海新望闻达律师事务所律师。

被告：浙江刚泰控股（集团）股份有限公司（原名：浙江华盛达实业集团股份有限公司），住所地：浙江省德清县武康镇英溪北路2 号。

法定代表人：徐建刚，该公司董事长。

委托代理人：汪政，浙江泰杭律师事务所律师。

原告李进行与被告浙江刚泰控股（集团）股份有限公司证券虚假陈述赔偿纠纷一案，本院于 2009 年 6 月 29 日立案受理后，依法组成合议庭进行了审理。

---

① 本司法裁判文书系上海新望闻达律师事务所宋一欣律师提供。

本案在审理过程中，经本院主持调解，双方当事人自愿达成协议如下：

1. 被告浙江刚泰控股（集团）股份有限公司于 2010 年 9 月 30 日前向原告李进行支付现金 3 4944 元；

2. 双方无其他争议。

案件受理费 1 048 元，减半收取 524 元，由被告浙江刚泰控股（集团）股份有限公司负担。

上述协议，符合有关法律规定，本院予以确认。

本调解书经双方当事人签收后，即具有法律效力。

审判长　李　奕

审判员　张　敏

审判员　袁正茂

二〇一〇年八月三十日

书记员　周治平

（二十一）
航天通信虚假陈述民事赔偿案

主题词：航天通信　虚假陈述　侵权　赔偿

28. 刘杰诉航天通信控股集团股份有限公司诉讼案

浙江省杭州市中级人民法院
民事裁定书

（2009）浙杭商初字第 50 号①

原告：刘杰，男，汉族，住山东省莱西市。

委托代理人：陶雨生、武峰，北京市大成律师事务所律师。

被告：航天通信控股集团股份有限公司，住所地：浙江省杭州市解放路 138 号航天通信大厦。

法定代表人：杜尧，该公司董事长。

原告刘杰与被告航天通信控股集团股份有限公司证券虚假陈述赔偿纠纷一案，于 2009 年 1 月 15 日向本院提起诉讼，本院于 2009 年 2 月 1 日立案受理后，依法组成合议庭进行审理。

原告刘杰诉称：航天通信控股集团股份有限公司系上市公司，在上海证券交易所上市，简称"航天通信"。财政部第 13 号《会计信息质量检查公告》和财政部驻浙江省财政监察专员办事处对航天通信控股集团股份有限公司作出的《关于对航天通信控股集团股份有限公司 2005 年度会计信息质量检查结论和处理决定的通知》（以

---

① 本司法裁判文书系北京大成律师事务所陶雨生律师提供。

下简称《通知》）认定：航天通信控股集团股份有限公司在 2003 年
至 2005 年间划出资金通过其他单位进行周转，虚增利润 3 110 万元。
2007 年 5 月 21 日，财政部驻浙江省财政监察专员办事处对此向航天
通信控股集团股份有限公司下发检查结论，并作出处理决定。因航
天通信控股集团股份有限公司实施虚假陈述行为，误导了作为投资
人的刘杰，使其在 2003 年至 2005 年高价买入"航天通信"。在 2007
年 11 月 8 日《中国证券报》首次公开揭露了财政部对航天通信控股
集团股份有限公司的"会计造假、虚增利润"已经作出处理决定后，
"航天通信"股价应声下跌。刘杰在 2007 年 11 月 8 日至 2007 年 12
月 27 日期间卖出该证券而产生亏损。航天通信控股集团股份有限公
司实施的侵权行为已构成最高人民法院《关于审理证券市场因虚假
陈述引发的民事赔偿案件的若干规定》第十七条规定的"证券市场
虚假陈述行为"。故诉至法院，请求判令：

1. 航天通信控股集团股份有限公司向刘杰赔偿因虚假陈述造成
的损失 5 629.58 元（包括投资差额损失、印花税、佣金及利息）；

2. 由航天通信控股集团股份有限公司承担本案全部诉讼费用。

被告航天通信控股集团股份有限公司辩称：

1. 刘杰提交的通知的依据是《企业会计制度》，不是法律、法
规，且该"处理决定"是责令航天通信控股集团股份有限公司纠正
问题、按照国家有关法律、法规进行认真整改，不是任何法律意义
上的行政处罚。根据财政部的通知中关于"对违规情节不够行政处
罚标准的，可采取责令整改、下达关注函等非行政处罚手段"之规
定，财政部亦认为责令整改不是行政处罚手段。

2. 刘杰不具备原告的主体资格。依据最高人民法院《关于审理
证券市场因虚假陈述引发的民事赔偿案件的若干规定》，因刘杰提起
本案诉讼未提交中国证券监督管理委员会及其派出机构或者中华人
民共和国财政部、其他行政机关以及有权作出行政处罚的机构对航
天通信控股集团股份有限公司作出的行政处罚的决定或公告，故其
不具有原告主体资格。请求驳回原告刘杰的起诉。

本院认为：依照最高人民法院法释〔2003〕2 号《关于审理证券
市场因虚假陈述引发的民事赔偿案件的若干规定》第六条关于"投

资人以自己受到虚假陈述侵害为由，依据有关机关的行政处罚决定或者人民法院的刑事裁判文书，对虚假陈述行为人提起的民事赔偿诉讼，符合民事诉讼法第一百零八条规定的，人民法院应当受理"之规定，行政处罚决定是证券虚假陈述赔偿纠纷案件立案受理的法定前置条件，由此本案的争议焦点是原告刘杰提起本案诉讼依据的财政部驻浙江省财政监察专员办事处作出的《通知》是否属于行政处罚决定，本案是否属于人民法院民事诉讼的受案范围。首先，从《通知》的内容来看，其系依据《企业会计制度》第十一条关于企业在会计核算时应当遵循的十一项基本原则以及第八十四条关于收入的定义、种类和企业应当根据收入的性质，按照收入确认的原则，合理地确认和计量各项收入之规定，责令航天通信控股集团股份有限公司纠正问题及进行整改。由于《企业会计制度》系财政部对如何规范会计制度——会计科目和会计报表作出的规定，未涉及对违反会计核算基本准则的行为应作出处理或者处罚，故《企业会计制度》就其性质而言，应属于行政部门制定的规范性文件，不属于法律、行政法规或者部门规章，《通知》依据《企业会计制度》作出的责令纠正问题及整改的决定不属于《中华人民共和国行政处罚法》第八条第（七）项规定的"法律、行政法规作出的其他行政处罚"。其次，行政处罚是指行政主体为达到对违法者予以惩戒，促使其以后不再犯，有效实施行政管理，维护公共利益和社会秩序，保护公民、法人或其他组织的合法权益的目的，依法对行政相对人违反行政法律规范尚未构成犯罪的行为，给予人身的、财产的、名誉的及其他形式的法律制裁的行政行为。行政处罚最明显的法律特征是针对有违反行政法律规范行为的行政相对人的制裁，体现了强烈的制裁性或惩戒性。而责令改正是行政机关或特定的组织对违反行政管理程序的行政相对人依照行政法律、法规和规章的规定，要求行政相对人予以改正，达到行政法律、法规和规章所规定的要求。责令改正是针对违法现状的一种修复，是将违法的现状直接修复为合法状态。结合本案，《通知》并不具备行政处罚的制裁性或惩戒性。再次，行政处罚有严格的处罚程序以及应制作相应的行政处罚决定书，且行政处罚决定书均有法定的内容和制作要求。本案《通知》的形式为通知书，不具有制裁和惩戒的内容，也不具有行政处罚决定书法定的制作内容和要求。因此，财政部驻浙江省财政监察专员办事处对航天通信控股集团股份有限公司下发的《通知》不属于行政处罚决定。鉴于刘杰不能提交相应的有关机关的行政处罚决定或者人民法院的刑事裁判文书，不符合最高人民法院法释〔2003〕2 号《关于审理证券市场因虚假陈述引发的民事赔偿案件的若干规定》第六条的规定，本案不属于人民法院受理民事诉讼的范围。依照《中华人民共和国民事诉讼法》第一百零八条、最高人民法院法释〔2003〕2 号《关于审理证券市场因虚假陈述引发的民事赔偿案件的若干规定》第六条之规定，裁定如下：

驳回刘杰的起诉。

如不服本裁定，可在裁定书送达之日起十日内向本院递交上诉状及副本，上诉于浙江省高级人民法院。

审判长　韩成良

审判员　祖　辉

代理审判员　缪　蕾

二〇〇九年五月十四日

书记员　傅灿军

29. 刘杰诉航天通信控股集团股份有限公司上诉案

浙江省高级人民法院

民事裁定书

（2009）浙商终字第 227 号 [①]

上诉人（原审原告）：刘杰，男，汉族，住山东省莱西市。

委托代理人：陶雨生、武峰，北京市大成律师事务所律师。

被上诉人（原审被告）：航天通信控股集团股份有限公司，住所地：浙江省杭州市解放路 138 号航天通信大厦。

---

① 本司法裁判文书系北京大成律师事务所陶雨生律师提供。

法定代表人：杜尧，该公司董事长。

上诉人刘杰为与被上诉人航天通信控股集团股份有限公司（以下简称航天通信）证券虚假陈述赔偿纠纷一案，不服杭州市中级人民法院（2009）浙杭商初字第 50 号民事裁定，向本院提起上诉。本院于 2009 年 6 月 29 日受理后，依法组成合议庭，于 2009 年 7 月 6 日召集上诉人进行了调查。本案现已审理终结。

刘杰向原审法院诉称：航天通信系上市公司，在上海证券交易所上市，其发行的股票简称"航天通信"。财政部第 13 号《会计质量检查报告》和财政部驻浙江省财政监察专员办事处（以下简称专员办事处）对航天通信作出的《关于对航天通信 2005 年度会计信息质量检查结论和处理决定的通知》（以下简称《通知》）认定：航天通信在 2003 年至 2005 年间划出资金通过其他单位进行周转，虚增利润 3 110 万元。2007 年 5 月 21 日，专员办事处对此向航天通信下发检查结论，并作出处理决定。因航天通信实施虚假陈述行为，误导了作为投资人的刘杰，使其在 2003 年至 2005 年高价买入航天通信股票。在 2007 年 11 月 8 日《中国证券报》首次公开揭露财政部对航天通信的"会计造假、虚增利润"已作出处理决定后，航天通信股价应声下跌，致刘杰在 2007 年 11 月 8 日至 2007 年 12 月 27 日期间卖出该证券而产生亏损。航天通信实施的侵权行为已构成最高人民法院《关于审理证券市场因虚假陈述引发的民事赔偿案件的若干规定》第十七条规定的"证券市场虚假陈述行为"。2009 年 1 月 15 日，刘杰向原审法院提起诉讼，请求判令：

1. 航天通信向刘杰赔偿因虚假陈述造成的损失 5 629.58 元（包括投资差额损失、印花税、佣金及利息）；

2. 由航天通信承担本案全部诉讼费用。

原审法院认为：依照最高人民法院法释〔2003〕2 号《关于审理证券市场因虚假陈述引发的民事赔偿案件的若干规定》第六条关于"投资人以自己受到虚假陈述侵害为由，依据有关机关的行政处罚决定或者人民法院的刑事裁判文书，对虚假陈述行为人提起的民事赔偿诉讼，符合民事诉讼法第一百零八条规定的，人民法院应当受理"之规定，行政处罚决定是证券虚假陈述赔偿纠纷案件立案受理的法定前置条件，由此，本案的争议焦点是刘杰提起本案诉讼依据的专员办事处作出的《通知》是否属于行政处罚决定，本案是否属于人民法院民事诉讼的受案范围。首先，从《通知》的内容看，其系依据《企业会计制度》第十一条关于企业在会计核算时应当遵循的十一项基本原则以及第八十四条关于收入的定义、种类和企业应当根据收入的性质，按照收入确认的原则，合理地确认和计量各项收入之规定，责令航天通信纠正问题及进行整改。由于《企业会计制度》系财政部对如何规范会计制度—会计科目和会计报表作出的规定，未涉及对违反会计核算基本准则的行为应作出处理或者处罚，故《企业会计制度》就其性质而言，应属于行政部门制定的规范性文件，不属于法律、行政法规或者部门规章，《通知》依据《企业会计制度》作出的责令纠正问题及整改的决定不属于《中华人民共和国行政处罚法》第八条第（七）项规定的"法律、行政法规作出的其他行政处罚"。其次，行政处罚是指行政主体为达到对违法者予以惩戒，促使其以后不再犯，有效实施行政管理，维护公共利益和社会秩序，保护公民、法人或其他组织的合法权益的目的，依法对行政相对人违反行政法律规范尚未构成犯罪的行为，给予人身的、财产的、名誉的及其他形式的法律制裁的行政行为。行政处罚最明显的法律特征是针对有违反行政法律规范行为的行政相对人的制裁，体现了强烈的制裁性或惩戒性。而责令改正是行政机关或特定的组织对违反行政管理程序的行政相对人依照行政法律、法规和规章的规定，要求行政相对人予以改正，达到行政法律、法规和规章所规定的要求。责令改正是针对违法现状的一种修复，是将违法的现状直接修复为合法状态。结合本案，《通知》并不具备行政处罚的制裁性或惩戒性。再次，行政处罚有严格的处罚程序以及应制作相应的行政处罚决定书，且行政处罚决定书均有法定的内容和制作要求。本案《通知》的形式为通知书，不具有制裁和惩戒的内容，也不具有行政处罚决定书法定的制作内容和要求。因此，专员办事处对航天通信下发的《通知》不属于行政处罚决定。鉴于刘杰不能提交相应的有关机关的行政处罚决定或者人民法院的刑事裁判文书，不符合最高人民法院法释〔2003〕2号《关于审理证券市场因虚假陈述引发的民事赔偿案件的若干规定》第六条的规定，本案不属于人民法院受理民事诉讼的范围。该院依照《中华人民共和国民事诉讼法》第一百零八条、最高人民法院《关于审理证券市场因虚假陈述引发的民事赔偿案件的若干规定》第六条之规定，于2009年5月14日裁定驳回刘杰的起诉。

原裁定送达后，刘杰不服，向本院提起上诉称：

1. 一审裁定以专员办事处作出的《通知》不是行政处罚决定为由驳回刘杰起诉，认定事实有误，适用法律不当。

（1）一审裁定认为，"从该《通知》内容来看，不属于《中华人民共和国行政处罚法》规定的行政处罚"，该观点适用法律错误，不能成立。①《通知》所作出的"责令纠正违法行为，在接到本处理决定之日起15日内调整账户，并将调账凭证复印件送达我办"这一处罚种类属于《中华人民共和国行政处罚法》规定的范畴。②一审裁定认为"《通知》作出的处理决定是依据《企业会计制度》"，系适用法律有误。③从《通知》作出的行政主体和适用法律依据来看，《通知》是财政部作为会计主管机关依据《会计法》来认定航天通信的会计违法事实的。

（2）一审裁定认为，"《通知》并不具备行政处罚应当具备的制裁性或惩戒性，不属于行政处罚"，系适用法律错误。①《通知》具有制裁性或惩戒性。②从《中华人民共和国行政诉讼法》《中华人民共和国行政复议法》等相关规定可对《通知》具有制裁性或惩戒性予以印证。

（3）一审裁定认为"《通知》的形式为通知书，不符合行政处罚的处罚程序及处罚决定书的要求"，显属适用法律错误；恰恰相反，从《通知》作出的程序来讲，是完全按照《中华人民共和国行政处罚法》规定的处罚程序进行的。①《通知》的内容及作出程序完全符合《中华人民共和国行政处罚法》的要求。②一审裁定认为"本案《通知》的形式为通知书，不具有行政处罚决定书法定的制作内容和要求"，系适用法律错误。

2. 一审裁定以"《通知》不是行政处罚决定"为由驳回刘杰的起诉，违背立法精神，显失公平。①一审裁定对"行政处罚"进行了不当的限制性解释，违背了《关于审理证券市场因虚假陈述引发的民事赔偿案件的若干规定》中"前置程序"的立法本意。"前置程序"不是结论性前置，而是证据性前置，即只要具备确认虚假陈述行为人的违法行为这一证据形式即可，而非苛求确认违法行为的表现形式。②一审裁定以"前置程序"阻却实体审理，违背《中华人民共和国证券法》等法律的立法宗旨。

3. 航天通信的行为构成了《中华人民共和国证券法》和最高人民法院《关于审理证券市场因虚假陈述引发的民事赔偿案件的若干规定》所规定的"虚假陈述行为"，给包括刘杰在内的大量投资人造成了严重的投资差额损失，航天通信应当对给刘杰造成的各项损失予以赔偿。①航天通信实施的"会计造假、虚增利润"属于典型的虚假陈述行为。②航天通信的虚假陈述行为给刘杰造成了严重的投资损失，应依法予以赔偿。请求：撤销原裁定，指令原审法院继续审理。

航天通信未作答辩。

本院经审查认为：本案争议的焦点为专员办事处作出的包含整改内容的《通知》是否属于行政处罚决定，本案是否属于人民法院民事诉讼的受案范围。首先，《中华人民共和国证券法》第一百九十三条第一款规定："发行人、上市公司或者其他信息披露义务人未按照规定披露信息，或者所披露的信息有虚假记载、误导性陈述或者重大遗漏的，责令改正，给予警告，并处以三十万元以上六十万元以下的罚款。对直接负责的主管人员和其他直接责任人员给予警告，并处以三万元以上三十万元以下的罚款。"该条款虽然出现"责令改正"的字样，但根据该条文内容，"责令改正"必须与"警告"和"罚款"这两种行政处罚结合使用，才构成《中华人民共和国行政处罚法》第八条第（七）项规定的"法律、行政法规规定的其他行政处罚"。另，《中华人民共和国行政处罚法》第二十三条规定，"行政机关实施行政处罚时，应当责令当事人改正或者限期改正违法行为"，明确排除责令当事人改正或者限期改正违法行为系行政处罚的内容。其次，行政处罚最明显的特征是针对有违反行政法律规范行为的行政相对人的制裁，体现了强烈的制裁性或惩戒性。而责令改正是针对违法现状的一种修复，是将违法的现状直接修复为合法状态。结合本案，《通知》并不具备行政处罚的制裁性或惩戒性。再次，行政处罚有严格的处罚程序以及应制作相应的行政处罚决定书，而本案《通知》形式上为通知书，不具有制裁或惩戒的内容。因此，专员办事处作出的包含整改内容的《通知》，不属于行政处罚决定。刘杰不能提交相应的有关机关的行政处罚决定或者人民法院的刑事裁判文书，不符合最高人民法院《关于审理证券市场因虚假陈述引发的民事赔偿案件的若干规定》第六条的规定，本案不属于人民法院民事诉讼的受案范围。刘杰提出的上诉理由无法律依据，不能成立。原审法院据此裁定驳回刘杰的起诉，并无不当。依照《中华人民共和国民事诉讼法》第一百五十二条、第一百五十四条之规定，裁定如下：

驳回上诉，维持原裁定。

本裁定为终审裁定。

审判长　章恒筑

审判员　王红根

审判员　范启其

代理审判员　余　音

代理审判员　王志华

二〇〇九年七月九日

书记员　沈佩颖

（二十二）

数源科技虚假陈述民事赔偿案

主题词：数源科技　虚假陈述　侵权　赔偿

30. 金某诉数源科技股份有限公司诉讼案

浙江省杭州市中级人民法院
民事判决书

（2010）浙杭商初字第 34 号[①]

原告：金某，男，汉族，住江苏苏州。

委托代理人（特别授权代理）：宋一欣、张瑜，上海新望闻达律师事务所律师。

被告：数源科技股份有限公司，住所地：浙江省杭州市西湖区教工路一号。

法定代表人：章国经，董事长。

委托代理人（特别授权代理）：叶志坚，浙江天册律师事务所律师。

原告金某因与被告数源科技股份有限公司（下称数源科技公司）证券虚假陈述赔偿纠纷一案，于 2010 年 5 月 28 日向本院提起诉讼。本院于同日立案受理并依法组成合议庭进行审理。审理期间，原告金某与被告数源科技公司均向本院申请庭外和解至数源科技公司虚假陈述民事赔偿案件诉讼时效届满之日，故该段期间不计入审限。

---

① 本司法裁判文书系上海新望闻达律师事务所宋一欣律师提供。

数源科技公司虚假陈述民事赔偿案件诉讼时效届满后，本院于 2010 年 11 月 18 日公开开庭进行了审理。原告金某的委托代理人张瑜、被告数源科技公司委托代理人叶志坚到庭参加诉讼。本案现已审理终结。

原告金某诉称：金某系投资者，在阅读数源科技公司的信息披露文件后，出于对数源科技公司的信任，曾购买了数源科技公司发行在外的股份。数源科技公司系上市公司，于 1999 年 3 月 31 日在浙江省工商局登记注册，由西湖电子集团有限公司独家发起以募捐方式设立的股份有限公司。股份总数 19 600 万股。1999 年 5 月 7 日在深圳证券交易所挂牌交易，代码为 000909，简称数源科技，G 数源。已完成股权分置改革。2008 年 10 月 18 日，数源科技公司发布《关于财政部驻浙江省财政监察专员办事处 2007 年度会计信息质量检查结论和处理决定的公告》。内称，根据《财政部关于开展 2008 年会计信息质量检查和会计师事务所执业质量检查的通知》（财监〔2008〕22 号）的有关规定，财政部驻浙江省财政监察专员办事处（以下简称财政部驻浙办）对数源科技公司 2007 年度会计信息质量进行了检查，并对数源科技公司下属子公司进行了延伸检查。财政部驻浙办之后向公司送达了《关于对数源科技股份有限公司 2007 年度会计信息质量检查结论和处理决定的通知》（财驻浙监〔2008〕140 号）。财政部驻浙办认定数源科技公司存在以下违法行为：

（1）关联交易核算不规范，导致 2006 年度利润少计 2 493 244.42元，2007 年度利润多计 925 117.10 元。

（2）存货跌价准备计提不规范，导致 2007 年度利润少计 65 541.50元。

（3）未按规定核算政府补助收入，导致 2007 年度利润多计 1 114 976.94元。

（4）公司子公司套现发奖 8 万元。公司已对该事项所涉相关责任人进行了处罚。

（5）会计基础工作不够规范。

前述三个方面的问题，对 2007 年度合并报表有影响，故对公司的行政处罚金额为人民币 3 万元整。根据《中华人民共和国证券法》

与 2003 年 1 月 9 日最高人民法院《关于审理证券市场因虚假陈述引发的民事赔偿案件的若干规定》的规定，因虚假陈述受到中国证监会、财政部等行政处罚且权益受损的投资者都可以向有管辖权的法院提起民事赔偿诉讼。根据司法解释，确定虚假陈述实施日为 2007 年 3 月 17 日即 2006 年年报公布日，虚假陈述揭露日为 2008 年 10 月 18 日即数源科技公司发布公告之日，从揭露日起流通股 101 800 000 股累计成交量达到 100％的投资差额损失计算基准日为 2008 年 12 月 8 日，截至该日数源科技公司股票累计成交量为 107 125 070 股，故基准价为 3.29 元/股。请求人民法院判令数源科技公司向金某支付因虚假陈述引起的侵权赔偿款项 43 290.7 元，数源科技公司承担本案诉讼费用。

被告数源科技公司答辩称：

1. 首先，财政部对数源科技公司的行政处罚事项，虽然针对数源科技公司实际财务会计处理中的不规范现象，但是这些不规范现象不属于《证券法》和最高人民法院司法解释所规定应赔偿股民损失的虚假陈述。按照最高人民法院的司法解释，虚假陈述是指在证券发行或者交易过程中对重大事件的"虚假记载""误导性陈述""重大遗漏""不正当披露信息"四类行为。数源科技公司上述会计处理不当问题以及在被要求纠正后的及时披露行为均不属于上述所列的"虚假陈述"行为。其次，所涉违规行为不属于司法解释所要求的"重大事件"，所涉及的事宜无论是从金额、业务性质、对公司损益造成的影响或者损失等均不属于《证券法》规定的"重大事件"。按照司法解释的相关规定，对违规行为应当评价其对市场影响的"敏感度"，市场对"重大事件"才具有敏感性，市场对一般或轻微事件不具有敏感影响，从而导致与股价的变动没有相关性。本案行政处罚所涉及的事宜不属于足以导致市场敏感的"重大事件"。因此本案中金某对"虚假陈述"做了扩大化理解。

2. 2008 年期间的股民投资损失，是大盘因素造成的系统风险，不应由数源科技公司承担。2008 年沪深两市呈现一边倒熊市态势，至年末市场方始回暖。数源科技公司的总体股价走势一直与大盘相符，其股价变动主要是证券市场系统风险所致。在面临中国证券市场 2008 年过山车一样的系统变动中，股民因投资数源科技公司证券所造成的损失中，系统风险应为最主要因素，数源科技公司违规被处罚情形与股民的损失没有必然的因果关系。这一情况是本次诉讼与以往已经处理的其他类似案件之间最大区别所在。

3. 金某于 2008 年 9 月才开始买卖公司股票，投资行为明显与本案所涉及的"虚假陈述"行为没有关联性，其进入市场的动因是当时公司股票的价格已经接近底部从而试图进行逢低入场的操作。因此其损失与公司行为同样没有因果关系。

综上所述，恳请人民法院对金某的诉请不予支持。

原告金某为证明其主张的事实，向本院提交下列证据：

证据 1：股东卡，证明金某的投资主体身份。

证据 2：股票交割单，证明金某对数源科技公司的投资情况。

证据 3：行政处罚决定书、财政部驻浙江省财政监察专员办事处第 140 号文件，证明数源科技公司收到财政部的处罚通知。

证据 4：数源科技股份有限公司的处罚公告，证明数源科技公司实施了虚假陈述。

被告数源科技公司为证明其抗辩意见，向本院提交下列证据：

证据 1：2008 年期间数源科技公司 K 线图两张、同期深圳市场综合指数图两张、同期深圳市场成分指数图两张、同期 TCL 股价 K 线图两张、同期康佳电子 K 线图两张、同期南京熊猫 K 线图两张、对比表一份，证明同期股价波动系证券市场系统风险所导致，与处罚行为并无因果关系。

证据 2. 数源科技公司 2007 年年报节选，证明被处罚的违规行为在金额、对公司经营造成影响等方面均不属于法律规定的"重大事件"。

经庭审质证，对原告金某提交的证据，被告数源科技公司认为：对全部证据的真实性均没有异议，但对证明对象和证明能力有异议。如果本案构成虚假陈述，实施日为 2008 年 4 月 26 日，揭露日为 10 月 18 日没有异议。金某诉讼请求并不在我方认为的虚假陈述实施日之后、揭露日之前的范围内。至于基准日，当时流通股为 1.96 亿，基准日应确定为 12 月 29 日，基准价为 4.13 元。

对被告数源科技公司提交的证据，原告金某认为：对全部证据的真实性均没有异议，但对证明对象有异议。证据 1，是否具有因果关系应由法律规定，而不是由 K 线图认定。证据 2，本案应围绕是否属于虚假陈述来陈述，故该证据和本案无关。

本院对上述证据认证如下：原、被告双方提交证据的真实性均可以认定，但对证明对象将根据案件具体情形综合考虑。

根据上述有效证据及当事人在庭审中的陈述，本院认定事实如下：

1. 1999 年 3 月 31 日，数源科技公司成立。1999 年 5 月 7 日，数源科技公司的股票（代码为 000909）在深圳证券交易所挂牌交易。

数源科技公司在 2007 年 3 月 17 日发布的 2006 年年度报告中因关联交易核算不规范问题导致 2006 年度利润少计 2493 244.54 元。数源科技公司在 2008 年 4 月 26 日发布的 2007 年年度报告中因关联交易核算不规范问题导致 2006 年度利润多计 925 117.10 元，因存货跌价准备计提不规范问题导致 2007 年度利润少计 65 541.50 元，因未按规定核算政府补助收入问题导致 2007 年度利润多计 1 114 976.94 元。

数源科技公司于 2008 年 10 月 18 日发布《关于财政部驻浙江省财政监察专员办事处 2007 年度会计信息质量检查结论和处理决定的公告》，称因上述会计核算问题，数源科技公司被财政部驻浙江省财政监察专员办事处予以行政处罚，金额 30 000 元。自 2008 年 10 月 20 日至 2008 年 12 月 8 日共 35 个交易日，数源科技公司股票的累计成交量达到其可流通部分 100%，每个交易日收盘价的平均价格为每股 3.29 元。

2. 金某于 2008 年 9 月 8 日买入数源科技公司股票 18 800 股，2008 年 9 月 17 日买入数源科技公司股票 2 000 股，2008 年 9 月 25 日卖出数源科技公司股票 1 800 股，2008 年 11 月 4 日买入数源科技公司股票 3 100 股，2008 年 11 月 7 日卖出数源科技公司股票 6 000 股，2008 年 11 月 18 日卖出数源科技公司股票 6 300 股，2008 年 11 月 19 日卖出数源科技公司股票 9 800 股，金某买入数源科技公司股票的平均价格为每股 3.94 元，卖出数源科技公司股票的平均价格为每股 3.12 元，买入的佣金比例为 3‰，印花税比例为 1‰。

3.2008 年 9 月 8 日的深证成指为 7004.00 点，深证综指为 583.28 点，数源科技公司所归属的信息技术行业指数即 IT 指数为 379.14 点。2008 年 9 月 17 日的深证成指为 6 680.06 点，深证综指为 559.95 点，IT 指数为 374.41 点。2008 年 10 月 17 日的深证成指为 6 209.51 点、深证综指为 504.52 点，IT 指数为 302.88 点。

本院认为：上市公司依法披露的信息，必须真实、准确、完整，不得有虚假记载、误导性陈述或者重大遗漏。现数源科技公司对同一经济业务事项在不同的会计年度采取不同的核算方法并导致上市公司 2006 年度报告和 2007 年度报告中利润反映不实，且因该会计核算问题被财政部驻浙江省财政监察专员办事处予以行政处罚 30 000 元，本院据此认为该行为已经构成证券法意义上的"虚假陈述"。本案争议焦点为：

（1）对数源科技公司虚假陈述的实施日、揭露日和基准日的确定；

（2）金某的投资损失与数源科技公司虚假陈述之间是否存在因果关系；

（3）数源科技公司是否应对金某的投资损失承担民事赔偿责任。

1. 关于数源科技公司虚假陈述的实施日、揭露日和基准日的确定。

数源科技公司于 2007 年 3 月 17 日发布的 2006 年年度报告中因关联交易核算不规范问题导致 2006 年度利润少计 2 493 244.54 元，且因包括上述行为在内的会计核算问题被财政部驻浙江省财政监察专员办事处予以行政处罚，依据最高人民法院《关于审理证券市场因虚假陈述引发的民事赔偿案件的若干规定》（以下简称《关于虚假陈述赔偿的规定》第二十条第一款之规定，本院确定 2007 年 3 月 17 日为数源科技公司虚假陈述的实施日。

因数源科技公司的上述虚假陈述系于 2008 年 10 月 18 日在包括中国证监会指定网站在内的全国范围发行媒体首次被公开披露，本院依据《关于虚假陈述赔偿的规定》）第二十条第二款之规定确定

2008 年 10 月 18 日为数源科技公司虚假陈述的揭露日。

自 2008 年 10 月 20 日至 2008 年 12 月 8 日，数源科技公司股票的累计成交量达到其可流通部分 100％，本院依据《关于虚假陈述赔偿的规定》第三十三条之规定确定 2008 年 12 月 8 日为数源科技公司虚假陈述的基准日。

2. 关于金某的投资损失与数源科技公司虚假陈述之间，是否存在因果关系。

本案中金某投资数源科技公司股票发生于数源科技公司虚假陈述实施日之后、揭露日之前，且在揭露日之后因持续持有数源科技公司股票受到一定经济损失，依据《关于虚假陈述赔偿的规定》第十八条之规定，本院认为金某的投资损失与数源科技公司虚假陈述之间确有因果关系。

3. 数源科技公司是否应对金某的投资损失承担民事赔偿责任。

依据《关于虚假陈述赔偿的规定》》第十九条之规定，损失或者部分损失是由证券市场系统风险等其他因素所导致，应当认定虚假陈述与损害结果之间不存在因果关系，故金某的投资损失是否应当全部归责于数源科技公司的虚假陈述尚应审查金某的投资损失或部分损失是否由证券市场系统风险等其他因素所导致。依照证券业通常之理解，系统风险系指对证券市场产生普遍影响的风险因素，其特征在于系统风险因共同因素所引发，对证券市场所有的股票价格均产生影响，这种影响为个别企业或行业所不能控制，投资人亦无法通过分散投资加以消除。本案中金某自买入日至揭露日止，该段期间内以深圳证券交易所挂牌上市的全部股票为计算范围并以发行量为权数的深证综指、以具代表性的上市公司股票作为计算对象并以流通股为权数计算得出的深证成指以及数源科技公司所归属的行业板块 IT 指数均出现了一定幅度下跌现象。综合这些因素可以判断，该段期间内证券市场个股价格出现了整体性下跌，证券市场系统风险确实存在，受其影响，即使没有数源科技公司的虚假陈述，数源科技公司股票亦应会出现较大幅度的下跌。据此，本院认为，确定数源科技公司对金某的民事赔偿责任范围时应当排除证券市场系统风险所导致的当事人投资损失部分。鉴于现有法律、法规、司法解释等规范性文件尚无对证券市场系统风险等因素的明确定义，在确定上述排除范围时，在综合考虑该段期间内深证综指、深证成指以及 IT 指数下跌幅度基础上由人民法院酌情予以确定。申言之，结合金某的股票买入情况，金某自买入数源科技公司股票日（2008年 9 月 8 日、2008 年 9 月 17 日）至揭露日止的深证成指加权平均下跌了 10.91％，深证综指加权平均下跌了 13.14％，IT 指数加权平均下跌了 20.01％，本院综合考虑这些因素后，酌情确定证券市场系统风险造成数源科技公司案涉股票的下跌幅度为 10％。因金某的股票买入均价为每股 3.92 元，故系统风险所导致的股价下跌部分为每股0.392 元，该部分应当在金某的投资损失中予以扣减。故金某在本案中的投资差额损失为（3.94－3.12－0.392）×19 000＝8 132 元，该投资差额损失部分的佣金为 8 132×3‰＝24.40 元，印花税为8 132×1‰＝8.13元，以上合计 8 164.53 元。

综上，金某因数源科技公司虚假陈述而实际发生的损失为8 164.53元，数源科技公司对该部分实际损失以及相应的资金利息 58.78 元应当承担民事赔偿责任。依照《中华人民共和国证券法》第六十三条、第六十九条，最高人民法院《关于审理证券市场因虚假陈述引发的民事赔偿案件的若干规定》第十七条、第十八条、第十九条第（四）项、第二十条、第二十条第一款、第二十九条、第三十条、第三十二条、第三十三条第（一）项之规定，判决如下：

1. 数源科技股份有限公司自本判决生效之日起十日内支付金某赔偿款 8 164.53 元、利息 58.78 元，合计 8 223.31 元。

2. 驳回金某的其他诉讼请求。

如数源科技股份有限公司未按本判决指定的期间履行给付金钱义务，应当按照《中华人民共和国民事诉讼法》第二百二十九条之规定，加倍支付迟延履行期间的债务利息。

本案受理费 194 元，由金某负担 144 元，数源科技股份有限公司负担 50 元。

如不服本判决，可在判决书送达之日起十五日内，向本院递交上诉状及副本，上诉于浙江省高级人民法院，在递交上诉状之日起七日内向浙江省高级人民法院预交上诉案件受理费，案件受理费按照不服一审判决部分的上诉请求预交。期满后仍未交纳的，按自动撤回上诉处理。

审判长　洪悦琴

代理审判员　陈　剑

代理审判员　夏文杰

二○一一年一月二十五日

书记员　倪知松

（二十三）
ST 同达虚假陈述民事赔偿案

主题词：ST 同达　虚假陈述　侵权　赔偿

31. 金桂珍诉上海同达创业投资股份有限公司诉讼案

上海市第一中级人民法院
民事裁定书

（2002）沪一中民三（商）初字第 171 号[①]

原告：金桂珍。

委托代理人：韩茂利。

委托代理人：朱景元。

被告：上海同达创业投资股份有限公司。

法定代表人：陈玉华，董事长。

委托代理人：陈四海，广东道威律师事务所律师。

委托代理人：孙文耀，该公司工作人员。

本院在审理原告金桂珍诉被告上海同达创业投资股份有限公司虚假陈述民事侵权赔偿纠纷一案中，原告金桂珍于 2003 年 1 月 17 日向本院提出撤诉申请。

本院认为，原告的撤诉申请符合法律规定。依照《中华人民共和国民事诉讼法》第一百三十一条第一款、第一百四十条第一款第（五）项、第一百零七条的规定，裁定如下：

准许原告金桂珍撤回起诉。

本案案件受理费人民币 3 041 元，减半为人民币 1 520.5 元，由原告金桂珍负担。

审判长　章克勤

审判员　张　聪

代理审判员　严耿斌

二〇〇三年一月二十二日

书记员　吴一恺

（二十四）
外高桥虚假陈述民事赔偿案

主题词：外高桥　虚假陈述　侵权　赔偿

32. 肖某诉上海外高桥保税区开发股份有限公司、普华永道中天会计师事务所有限公司上诉案

上海市高级人民法院
民事裁定书

（2010）沪高民五（商）终字第 32 号①

上诉人（原审原告）：肖某。

委托代理人：许峰，上海华荣律师事务所律师。

被上诉人（原审被告）：上海外高桥保税区开发股份有限公司。

法定代表人：舒某，董事长。

委托代理人：何某，某律师事务所律师。

委托代理人：傅某，某律师事务所律师。

被上诉人（原审被告）：普华永道中天会计师事务所有限公司。

法定代表人：杨某，董事长。

委托代理人：王某，某律师事务所上海分所律师。

委托代理人：何某，某律师事务所上海分所律师。

上诉人肖某因与被上诉人上海外高桥保税区开发股份有限公司（以下简称外高桥公司）、被上诉人普华永道中天会计师事务所有限

---

① 本司法裁判文书系上海华荣律师事务所许峰律师提供。

公司（以下简称普华公司）证券虚假陈述赔偿纠纷一案，不服上海市第一中级人民法院（2009）沪一中民三（商）初字第 69 号民事判决，向本院提起上诉。本院在审理本案过程中，上诉人肖某于 2010 年 5 月 31 日申请对普华公司撤回上诉，本院已于 2010 年 6 月 10 日裁定准许其撤回对普华公司的上诉；现其又于 2010 年 7 月 22 日申请对外高桥公司撤回上诉。

　　本院经审查认为，上诉人肖某的撤回上诉申请，并无不当，可予准许。依照《中华人民共和国民事诉讼法》第一百五十六条的规定，裁定如下：

　　准许上诉人肖某撤回上诉。

　　本案一审案件受理费按原审判决执行；二审案件受理费人民币 50 元，减半收取人民币 25 元，由上诉人肖某负担。

　　本裁定为终审裁定。

审判长　史伟东

代理审判员　董　庶

代理审判员　熊雯毅

二〇一〇年七月二十三日

书记员　乐　静

（二十五）

ST 沪科虚假陈述民事赔偿案

主题词：ST 沪科　虚假陈述　侵权　赔偿

33. 黄某诉上海宽频科技股份有限公司诉讼案

上海市第一中级人民法院
民事判决书

（2011）沪一中民六（商）初字第 39 号①

原告：黄某，男，汉族，住辽宁省鞍山市。

委托代理人：许峰，上海市华荣律师事务所律师。

被告：上海宽频科技股份有限公司，住所地：上海市松江区佘新路 99 号。

法定代表人：史佩欣，董事长。

委托代理人：李丹青，该公司职员。

委托代理律师：顾伟，上海市凌云永然律师事务所律师。

原告黄某诉被告上海宽频科技股份有限公司证券虚假陈述责任纠纷一案，本院于 2011 年 12 月 6 日立案受理后，依法组成合议庭，于 2012 年 3 月 27 日公开开庭进行了审理。原告委托代理人许峰，被告委托代理人李丹青、顾伟到庭参加诉讼。本案现已审理终结。

原告诉称，原告依照被告的信息披露公告，认为被告已经进行了真实、充分、完整、及时准确的信息披露，并根据信息披露情况

对被告股票进行投资。在2004年3月2日以后、2006年4月25日以前，原告买进被告股票进行投资，并于2006年4月25日后仍持有或卖出，造成损失。2010年4月23日，被告公告收到中国证券监督管理委员会出具的中国证监会《行政处罚决定书》，该决定书认定被告存在年报未披露重大事项以及其他违法行为。根据最高人民法院《关于审理证券市场因虚假陈述引发的民事赔偿案件的若干规定》的规定，原告诉至本院，请求判令被告赔偿原告经济损失人民币105 233.57元（以下币种相同，略），并承担本案诉讼费用。

被告答辩称，愿意按照目前法律规定进行合理的赔偿。

原告向本院提供了下列证据材料：

1. 原告的上海证券交易所证券账户卡，欲证明原告具有本案诉讼主体资格；

2. 中国证监会《行政处罚决定书》，欲证明被告存在虚假陈述行为，并已受到行政处罚；

3. 被告2005年年报的部分摘录，欲证明被告对证监会处罚涉及的部分信息披露违法行为进行了更正；

4. 原告交易记录以及损失计算表格，欲证明原告交易被告股票的价格及数量明细以及据此计算的损失。

被告质证认为，真实性均无异议，对原告主张的佣金、印花税及利息均予以认可。

被告向本院提供了被告计算的原告损失数额以及具体计算方式。

原告质证认为，对被告的计算方式和数额均无异议。

原、被告提交的上述证据材料，本院认为，证据的真实性均获对方当事人确认，本院依法予以采纳。

根据原、被告提供的证据，同时结合双方在庭审中的相关陈述，本院认定本案事实如下：被告为上市公司，其公开发行的A股股票代码为600608。1996年4月2日，原告开设A股证券账户为A××××××××××，进行A股证券交易。

2004年5月17日至2005年2月21日，原告分三笔（7 700股、9 800股、4 500股）合计买入被告股票22 000股，发生金额合计

179 532 元。2006 年 4 月 25 日至 2006 年 5 月 29 日期间，原告未抛售上述股票。

对于上述买入 22 000 股的平均买进价格，原、被告经计算均主张为 8.16 元。经查，2006 年 4 月 25 日至 2006 年 5 月 29 日期间，被告股票的交易日收盘平均价为 3.45 元。

2010 年 4 月 6 日，中国证券监督管理委员会作出〔2010〕13 号《行政处罚决定书》，该决定书确认被告存在以下违法事实：

1. 2004 年年报未披露重大银行借款与应付票据事项；

2. 2005 年年报未披露重大银行借款与应付票据事项；

3. 未按规定披露为控股股东关联方提供担保、公司银行存款被银行划扣、公司资金被控股股东关联方占用事项。

中国证券监督管理委员会据此对被告及相关个人予以了行政处罚。该决定书中认定，被告于 2006 年 4 月 25 日在其公开披露的 2005 年年报中，针对 2004 年年报中的重大遗漏，补充披露了部分银行短期借款及应收关联方债权，但仍旧有其他银行借款及应付票据未在 2005 年年报中作为期初数予以披露。之后，原告于 2011 年 12 月 6 日以证券虚假陈述责任纠纷为由提起本案诉讼。

本案审理中，原、被告双方均确认，被告虚假陈述实施日为 2004 年 3 月 2 日，揭露日为 2006 年 4 月 25 日，投资损失计算的基准日为 2006 年 5 月 29 日。

原告诉请金额包括投资差额损失 103 632 元、印花税损失 329.12 元、佣金损失 538.60 元及相关利息损失 733.85 元，合计 105 233.57元，被告对上述损失均予以确认。

本院认为，最高人民法院《关于审理证券市场因虚假陈述引发的民事赔偿案件的若干规定》第三十条规定："虚假陈述行为人在证券交易市场承担民事赔偿责任的范围，以投资人因虚假陈述而实际发生的损失为限。投资人实际损失包括：（一）投资差额损失；（二）投资差额损失部分的佣金和印花税。前款所涉资金利息，自买入至卖出证券日或者基准日，按银行同期活期存款利率计算。"现被告对其实施了虚假陈述行为以及因此负有的赔偿责任无异议，表示愿意赔偿符合法律规定的损失。

最高人民法院《关于审理证券市场因虚假陈述引发的民事赔偿案件的若干规定》第三十二条规定："投资人在基准日之后卖出或者仍持有证券的，其投资差额损失，以买入证券平均价格与虚假陈述揭露日或者更正日起至基准日期间，每个交易日收盘价的平均价格之差，乘以投资人所持证券数量计算。"据此规定，原告投资差额损失的计算公式应当为：（买入平均价－3.45 元）×22 000 股。本案中，原、被告主张的买入平均价均为 8.16 元，故原告的投资差额损失应为：（8.16 元—3.45 元）×22 000 股＝103 632 元。除原告投资差额损失之外，被告对原告主张的印花税损失、佣金损失及相关利息损失均表示确认，其亦应就此向原告承担赔偿责任。

综上所述，被告应当就其虚假陈述行为向原告赔偿损失共计105 233.57元。依照最高人民法院《关于审理证券市场因虚假陈述引发的民事赔偿案件的若干规定》第三十条、第三十二条及第三十三条第（二）项之规定，判决如下：

被告上海宽频科技股份有限公司应于本判决生日之日起十日内赔偿原告黄某投资损失人民币 105 233.57 元。

负有金钱给付义务的当事人如未按判决指示的期间履行给付义务，应当按照《中华人民共和国民事诉讼法》第二百二十九条之规定，加倍支付迟延履行期间的债务利息。

本案案件受理费人民币 2 405 元，由被告上海宽频科技股份有限公司负担，应于本判决生效之日起七日内向本院交纳。

如不服本判决，可在本判决书送达之日起十五日内向本院递交上诉状，并按对方当事人的人数提交副本，上诉于上海市高级人民法院。

审判长　张冬梅

代理审判员　沈竹莺

人民陪审员　黄秀佩

二〇一二年五月二十八日

书记员　印　铭

（二十六）
丰华股份虚假陈述民事赔偿案

主题词：丰华股份　虚假陈述　侵权　赔偿

34. 周斌诉上海丰华（集团）股份有限公司诉讼案

上海市第一中级人民法院
民事判决书

（2007）沪一中民三（商）初字第 51 号①

原告：周斌，男，汉族，住上海市徐汇区。

委托代理人：宋一欣、张瑜，上海新望闻达律师事务所律师

被告：上海丰华（集团）股份有限公司，住所地：上海市浦东新区东方路 3601 号。

法定代表人：王红梅，董事长

委托代理人：李铮荣、张国丰，该公司员工。

原告周斌诉被告上海丰华（集团）股份有限公司虚假证券信息纠纷一案，本院于 2007 年 4 月 9 日立案受理后，依法组成合议庭，于 2007 年 6 月 5 日公开开庭审理了本案。原告周斌委托代理人宋一欣，被告上海丰华（集团）股份有限公司委托代理人李铮荣到庭参加诉讼。本案现已审理终结。

原告诉称：原告曾购买了被告发行在外的股份，证券代码为 600615。2000 年至 2003 年期间，被告一直存在虚假陈述行为，具体

---

① 本司法裁判文书系上海新望闻达律师事务所宋一欣律师提供。

包括未按规定披露与案外人间的大额资金往来，未按规定披露其控
股子公司的相关信息，未按期披露 2003 年年度报告等，并因此受到
中国证券监督管理委员会的处罚。2005 年 5 月 10 日，被告公布了其
被处罚的情况，导致其发行的股票长期下跌，使原告遭受投资损失。
原告据此请求本院判令被告向原告赔偿因虚假陈述造成的损失人民
币（以下币种同）276 245.98 元，其中投资差额损失 256 802 元、佣
金损失 770.41 元、印花税损失 770.41 元、利息损失 17 903.16 元。

被告辩称：原告系于 2001 年至 2003 年期间购买被告发行的股
票，当时证券市场处于低迷状态，原告的损失系由市场风险所导
致。2005 年 5 月 10 日有关虚假陈述的公告发布后，被告发行的
股票并未下跌，而是呈上涨趋势，被告的虚假陈述行为与原告所
称的损失间没有因果关系。截至原告起诉日止，原告通过购买被
告发行的股票已经获利 7 万余元，不存在任何损失情况，故不同
意原告的诉请。

原告为证明其主张，向本院提供了下列证据材料：

1. 被告公司董事会公告及中国证券监督管理委员会《行政处罚
决定》各一份，原告欲以此证明被告存在虚假陈述行为，应承担相
应民事责任；

2. 股票账户卡一份，原告欲以此证明其投资主体身份；

3. 对账单及交割单一组，统计表及损失计算表各一份，原告欲
以此证明其损失情况。

被告对上述证据质证后认为，对损失计算表持有异议，该表内
容中原告购入系争股票的平均价为每股 13.71 元，计算有误，原告
购入系争股票的平均价应为每股 12.24 元，且原告没有损失，对其
余证据材料无异议。

被告为证明其主张，向本院提供了下列证据材料：

1. 投资人记名证券持有变动记录表，被告欲以此证明原告的证
券投资状况；

2. 上证指数走势图两份及被告发行股票走势图一份，被告欲以
此证明原告的损失系由市场系统风险导致，且信息揭露日后被告发
行的股票价格上涨，并未下跌；

3. 投资人记名证券持有余额表，被告欲以此证明原告投资被告发行的股票已获得高额回报。

原告对上述证据质证后认为，对上述证据真实性无异议，但认为与本案缺乏关联性，且不能证明被告欲证明的事实。

鉴于原告提供的投资损失计算表系由其自行制作，被告对该表记载的内容不予认可，故本院对该份证据材料不予采纳。原、被告对其余证据材料真实性均未提出异议，故本院对其余证据材料均予以采纳。

依据原、被告诉辩内容及本案证据，本院查明本案事实如下：被告为上市公司，其公开发行的股票代码为 600615。自 2000 年 6 月 15 日起，原告在其证券账户 A10733××××内买入被告发行的股票，截至 2003 年 10 月 29 日，原告账户内共有上述股票 23 800 股，期间原告共买入被告股票 37 200 股，所用资金共计 483 871 元，共卖出被告股票 13 400 股，收回资金共计 208 046 元，此后原告除于 2005 年 1 月 31 日进行过指定交易外，未进行过该股票的交易。

2005 年 4 月 20 日，中国证券监督管理委员会作出证监罚字 (2005) 第 5 号处罚决定，以被告未按法律规定披露相关信息为由，对被告及其董事、监事等进行处罚，具体未披露的信息为：

1. 未按规定披露被告与汉骐集团有限公司之间于 2000 年 1 月至 2002 年 12 月期间发生的大额资金往来；

2. 未按规定披露被告控股子公司北京红狮涂料有限公司 2001 年的涉讼信息及该公司于 2000 年、2001 年对外签订的土地转让重大合同；

3. 未按期披露 2003 年年度报告。2005 年 5 月 10 日，被告发布行政处罚公告，对上述处罚决定进行了公告，当日被告股票收盘价为每股 2.60 元，至 2005 年 8 月 29 日，被告股票换手率达到 100%，当日被告股票收盘价为每股 6.81 元，期间该股票均价为每股 2.92 元。

原告在上述公告发布之后，并未对被告股票进行交易，一直持股至其起诉之日。截至原告起诉时，其持有被告股票 38 728 股，其中 14 928 股为 2007 年 2 月配送所得，原告起诉当日该股票收盘价为每股 9.42 元。之后，原告认为被告的虚假陈述行为导致其投资损失，遂起诉至本院。

本院认为，本案审理过程中，双方当事人对被告存在虚假陈述行为均无异议，故本院的争议焦点应为原告是否由于被告的虚假陈述行为遭受了损失以及如何确定被告的民事赔偿责任范围。

对于第一个争议焦点，即原告是否由于被告的虚假陈述行为遭受了损失，本院认为，解决这一争议焦点应分为两个部分，即首先应当认定原告在购买并持有系争股票过程中是否存在损失，其次在原告存在损失的基础上，再认定该损失与被告的虚假陈述行为之间是否具有因果关系。

本案中，被告通过公告方式揭露其虚假陈述行为之后，在系争股票达到 100% 换手率之日该股票的价格的确高于被告虚假陈述行为被揭露之日的价格，期间的平均价格也的确高于虚假陈述揭露日的价格，仅从这一阶段系争股票的价格变化分析，由于被告的虚假陈述行为被揭露并未导致系争股票的价格下跌，故亦应未对原告的投资造成损失。但本院认为，证券市场虚假陈述行为造成投资者损失的主要原因并非虚假陈述行为被揭露后股票价格的下跌，而是投资者基于对上市公司或其他义务主体虚假陈述的信任，买入并持有了存在虚假陈述因素的股票，故分析原告是否具有损失，应以原告买入并持有系争股票的行为动机为依据。本案中，原告系于被告的虚假陈述被揭露数年之前买入系争股票，此时被告的虚假陈述行为已经发生，由于在证券市场中系争股票的价格与被告的重大信息存在密切关系，故被告的虚假陈述行为在原告购买系争股票时已经影响了该股票的价格，并导致此时该股票的价格处于不公正的状态，而原告在被告的误导之下购入系争股票，必然会导致其投资因不公正的价格因素而遭受损失，故应认定原告自买入系争股票时即已产生了投资损失。基于原告的损失自其买入系争股票时即已产生，而并非产生于被告虚假陈述被揭露之后，故不能仅以虚假陈述被揭露后系争股票的价格变化来判断原告是否产生了损失，此后系争股票的价格上涨如果未能弥补原告的投资成本，也不能否定原告因被告的虚假陈述遭受损失的事实。根据本案已查明的事实，被告虚假陈述被揭露之日系争股票的收盘价为每股 2.60 元，系争股票换手率达到 100％当日的收盘价为每股 6.81 元，期间该股票均价为每股 2.92 元，而原告买入系争股票的均价无论是原告主张的每股 13.71 元，还是被告辩称的每股 12.24 元，均高于上述价格，故应认定原告因买入并持有系争股票遭受了损失。被告另主张截至原告起诉日止，原告购买被告发行的股票已达 3 万余股，通过其投资行为，原告已获取了高额回报，不存在任何损失情况。对此本院认为，虽然截至原告起诉之日，其已持有系争股票 3 万余股，但其中 1 万余股系配送所得，原告自行买入的系争股票仍为 23 800 股，而原告起诉当日该股票收盘价为每股 9.42 元，仍低于原告买入时的均价，故即使以该价格作为判断标准，原告就该 23 800 股系争股票仍具有投资损失，被告的上述主张，缺乏事实依据，本院不予采信。

最高人民法院《关于审理证券市场因虚假陈述引发的民事赔偿案件的若干规定》（以下简称《若干规定》）第十八条规定："投资人具有以下情形的，人民法院应当认定虚假陈述与损害结果之间存在因果关系：（一）投资人所投资的是与虚假陈述直接关联的证券；（二）投资人在虚假陈述实施日及以后，至揭露日或者更正日之前买入该证券；（三）投资人在虚假陈述揭露日或者更正日及以后，因卖出该证券发生亏损，或者因持续持有该证券而产生亏损。"本案中，原告购买并持有的系被告发行的股票，与被告的虚假陈述行为直接关联；而原告系在 2000 年 6 月至 2003 年 10 月期间买入上述股票，被告的虚假陈述行为发生于 2000 年至 2004 年期间，虚假陈述揭露日为 2005 年 5 月 10 日，故原告系在被告虚假陈述实施之后，至虚假陈述揭露之前买入被告的股票；同时，原告在被告的虚假陈述行为揭露之后，持续持有被告发行的股票，并因其持有行为产生了亏损。依据上述《若干规定》，应认定本案原告的损失与被告的虚假陈述之间存在因果关系，鉴于被告未能举证证明原告损失的形成具备上述《若干规定》第十九条规定的情形，故被告关于其虚假陈述行为与原告损失间不具有因果关系的主张，缺乏事实和法律依据，本院不予采信，被告应就原告的损失承担相应的民事赔偿责任。被告另主张原告的损失系由市场风险所导致，对此本院认为，虽然在原告买入

并持有系争股票之后，证券市场处于低迷状态，有关股票指数亦处
于下跌的态势，但如前所述，原告自其买入系争股票之日即已产生
了损失，且根据上述《若干规定》，原告的损失与被告的虚假陈述行
为间具有因果关系，故有关市场风险并不能免除被告的民事责任，
被告的上述主张，缺乏依据，本院亦不予采信。

　　关于第二个争议焦点，即如何确定被告的民事赔偿责任范围，
本院认为，根据上述最高人民法院《若干规定》第三十条的规定：
"虚假陈述行为人在证券交易市场承担民事赔偿责任的范围，以投资
人因虚假陈述而实际发生的损失为限。投资人实际损失包括：（一）
投资差额损失；（二）投资差额损失部分的佣金和印花税。前款所涉
资金利息，自买入至卖出证券日或者基准日，按银行同期活期存款
利率计算。"该《若干规定》第三十二条规定："投资人在基准日之后
卖出或者仍持有证券的，其投资差额损失，以买入证券平均价格与虚
假陈述揭露日或者更正日起至基准日期间，每个交易日收盘价的平均
价格之差，乘以投资人所持证券数量计算。"依据上述规定，认定被
告民事赔偿范围的关键在于认定原告买入系争股票的平均价格。

　　现原、被告对于原告买入系争股票的平均价格存在争议，原告
认为其买入系争股票的价格为每股 13.71 元，被告则主张该价格应
为每股 12.24 元，其中原告的计算方式是以其买入系争股票的成本
除以其买入系争股票的股数，被告的计算方式是以原告买入股票的
成本减去原告抛出股票的收入，再除以原告现有的持股数量。本院
认为，上述《若干规定》所指的买入证券平均价格，应系指投资人
买入证券的成本，而原告在买入系争股票之后，再将其抛售并因此
获得的钱款，应系原告提前收回的投资成本，该部分钱款应在其总
投资成本之中扣除，故原告的计算方法有误，应采用被告的计算方
法计算其买入系争股票的平均价格，故本院依职权认定原告买入系
争股票的平均价格应为每股 11.59 元（即以原告所用资金共计
483 871 元减去原告收回资金共计 208 046 元，再除以原告在被告虚
假陈述揭露日持有的系争股票股数 23 800 股）。

　　根据最高人民法院《若干规定》的规定，被告的赔偿范围首先
应为原告的投资差额损失，以买入系争股票平均价格与虚假陈述揭

露日或者更正日起至基准日期间，每个交易日收盘价的平均价格之差，乘以原告所持证券数量计算。现在原告买入系争股票的平均价格为每股 11.59 元，被告虚假陈述日起至基准日（即 2005 年 8 月 29 日，以系争股票换手率达到 100％为标准认定）期间，每个交易日收盘价的平均价格为每股 2.92 元，两者之差为每股 8.67 元，乘以原告持有的系争股票股数 23 800 股，则原告的投资差额损失应为 206 346 元。根据《若干规定》的规定，被告还应赔偿原告投资差额损失部分的佣金和印花税，印花税和佣金以被告虚假陈述揭露日至前述基准日期间上海证券交易所公布的收取标准计算。另，根据最高人民法院《若干规定》的规定被告还应就原告损失部分的利息进行赔偿，相应赔偿标准为自基准日起至被告实际清偿日止，按银行同期活期存款利率计算。

综上所述，原告诉请具有相应法律和事实依据，本院予以支持。依照《中华人民共和国证券法》第六十九条，最高人民法院《关于审理证券市场因虚假陈述引发的民事赔偿案件的若干规定》第十八条、第二十一条第一款、第三十条、第三十二条之规定，判决如下：

1. 被告上海丰华（集团）股份有限公司应于本判决生效之日起十日内赔偿原告周斌投资损失人民币 206 346 元以及相应印花税、佣金损失（以人民币 206 346 元为基数，按 2005 年 5 月 10 日至 2005 年 8 月 29 日期间上海证券交易所相应收取标准计算）；

2. 被告上海丰华（集团）股份有限公司应于本判决生效之日起十日内赔偿原告周斌上述第一项判决中全部资金的利息损失（自 2005 年 8 月 29 日起计算至被告实际清偿日止，按银行同期活期存款利率计算）；

3. 对原告其余的诉讼请求不予支持。

如果被告上海丰华（集团）股份有限公司未按本判决指定的期间履行给付金钱义务，应当依照《中华人民共和国民事诉讼法》第二百三十二条之规定，加倍支付迟延履行期间的债务利息。

本案案件受理费人民币 5 444 元，由被告上海丰华（集团）股份有限公司负担人民币 4 449.66 元，由原告周斌负担人民币 994.34 元，其中被告上海丰华（集团）股份有限公司应负担部分应于本判决生效后七日内向本院交纳。

如不服本判决，可在判决书送达之日起十五日内向本院递交上诉状，并按对方当事人的人数提交副本，上诉于上海市高级人民法院。

审判长　宋　航

代理审判员　严耿斌

代理审判员　金　成

二〇〇七年八月二十一日

书记员　张　庆

35. 周斌诉上海丰华（集团）股份有限公司上诉案

上海市高级人民法院

民事调解书

（2007）沪高民二（商）终字第 121 号①

上诉人（原审被告）：上海丰华（集团）股份有限公司，住所地：上海市浦东新区东方路 3601 号。

法定代表人：王红梅，董事长。

委托代理人：谈盈东，上海市华诚律师事务所律师。

委托代理人：贺晓博，上海市华诚律师事务所律师。

被上诉人（原审原告）：周斌，男，汉族，住上海市。

委托代理人：宋一欣，上海新望闻达律师事务所律师。

委托代理人：张瑜，上海新望闻达律师事务所律师。

上诉人上海丰华（集团）股份有限公司因与被上诉人周斌虚假陈述证券信息纠纷一案，不服上海市第一中级人民法院（2007）沪一中民三（商）初字第 51 号民事判决，向本院提起上诉。本案在审理过程中，经本院主持调解，双方当事人自愿达成如下调解协议：

---

① 本司法裁判文书系上海新望闻达律师事务所宋一欣律师提供。

1. 上诉人上海丰华（集团）股份有限公司于 2007 年 11 月 21 日前向被上诉人周斌支付人民币（以下币种同）20 万元，款项汇入上海新望闻达律师事务所账户。

2. 若上诉人上海丰华（集团）股份有限公司逾期履行上述付款义务超过五日，上诉人上海丰华（集团）股份有限公司应按原审判决执行。

3. 本案一审案件受理费按原判决执行，二审案件受理费 5 444元，减半收取 2 722 元，由上诉人上海丰华（集团）股份有限公司负担。

4. 当事人无其他争议。

上述协议，符合有关法律规定，本院予以确认。

调解协议已经当事人签字生效，具有法律效力。

审判长　史伟东

审判员　唐　琴

代理审判员　袁　玮

二〇〇七年十一月十六日

书记员　朱　琼

（二十七）

嘉宝实业虚假陈述民事赔偿案

主题词：嘉宝实业　虚假陈述　侵权　赔偿

36. 彭淼秋诉上海嘉宝实业（集团）股份有限公司、林东模、傅林生等诉讼案

上海市第二中级人民法院

民事裁定书

（2002）沪二中民三（商）初字第53号[①]

原告：彭淼秋，女，汉族，身份证住址：上海市。

委托代理人：宋一欣，上海新望闻达律师事务所律师。

被告：上海嘉宝实业（集团）股份有限公司，住所地：上海市嘉定区清河路55号嘉宝商厦6—7F。

法定代表人：汤富祥，该公司董事长。

委托代理人：傅强国、杨军，上海市华诚律师事务所律师。

被告：卢万兴，男，汉族，上海嘉宝实业（集团）股份有限公司原任董事长。

委托代理人：傅强国、杨军，上海市华诚律师事务所律师。

被告：张锦德，男，汉族，上海嘉宝实业（集团）股份有限公司原任董事。

委托代理人：孙红良、熊小平，上海嘉宝实业（集团）股份有

---

① 本司法裁判文书系上海新望闻达律师事务所宋一欣律师提供。

限公司职员。

被告：谈明兴，男，汉族，上海嘉宝实业（集团）股份有限公司原任董事。

委托代理人：孙红良、熊小平，上海嘉宝实业（集团）股份有限公司职员。

被告：赵增福，男，汉族，上海嘉宝实业（集团）股份有限公司原任董事。

被告：许炳炎，男，汉族，上海嘉宝实业（集团）股份有限公司原任董事。

委托代理人：孙红良、熊小平，上海嘉宝实业（集团）股份有限公司职员。

被告：潘永生，男，汉族，上海嘉宝实业（集团）股份有限公司原任董事。

委托代理人：傅强国、杨军，上海市华诚律师事务所律师。

被告：陶忠明，男，汉族，上海嘉宝实业（集团）股份有限公司原任董事。

被告：杨坚强，男，汉族，上海嘉宝实业（集团）股份有限公司原任董事。

被告：陈海涛，男，汉族，上海嘉宝实业（集团）股份有限公司原任董事。

委托代理人：傅强国、杨军，上海市华诚律师事务所律师。

被告：陈伯兴，男，汉族，上海嘉宝实业（集团）股份有限公司董事。

委托代理人：傅强国、杨军，上海市华诚律师事务所律师。

被告：叶祖成，男，汉族，上海嘉宝实业（集团）股份有限公司原任董事。

被告：汤富祥，男，汉族，上海嘉宝实业（集团）股份有限公司董事长。

委托代理人：傅强国、杨军，上海市华诚律师事务所律师。

被告：林东模，男，汉族，上海众华沪银会计师事务所有限公司注册会计师。

委托代理人：叶志林、钱丽萍，上海市君和律师事务所律师。

被告：傅林生，男，汉族，上海众华沪银会计师事务所有限公司注册会计师。

委托代理人：叶志林、钱丽萍，上海市君和律师事务所律师

本院在审理原告彭淼秋诉被告上海嘉宝实业（集团）股份有限公司、卢万兴、张锦德、谈明兴、赵增福、许炳炎、潘永生、陶忠明、杨坚强、陈海涛、陈伯兴、叶祖成、汤富祥、林东模、傅林生虚假证券信息纠纷一案中，原告彭淼秋以其与部分被告达成和解协议为由，于2002年9月10日向本院提出撤诉申请。

本院认为，原告彭淼秋的申请符合法律规定，可予准许。依照《中华人民共和国民事诉讼法》第一百三十一条第一款、第一百四十条第一款第（五）项的规定，裁定如下：

准许原告彭淼秋撤回起诉。

本案案件受理费人民币92.44元，由原告彭淼秋减半负担人民币46.22元。

审判长　耿沛宇

审判员　李佩玲

代理审判员　俞　巍

二〇〇二年十一月五日

书记员　叶　铭

（二十八）
九龙山虚假陈述民事赔偿案

主题词：九龙山　虚假陈述　侵权　赔偿

37. 傅宏斌诉上海九龙山股份有限公司、李勤夫诉讼案

上海市第二中级人民法院

民事裁定书

（2008）沪二中民三（商）初字第9号[①]

　　原告：傅宏斌。

　　委托代理人：王树军、罗婧，上海市汇业律师事务所律师。

　　被告：上海九龙山股份有限公司。

　　法定代表人：李勤夫，该公司董事长。

　　被告：李勤夫。

　　以上两被告委托代理人：金佳、王智斌，上海严义明律师事务所律师。

　　本院在审理原告傅宏斌诉被告上海九龙山股份有限公司、被告李勤夫证券虚假陈述赔偿纠纷一案中，原告傅宏斌与被告上海九龙山股份有限公司、被告李勤夫已达成和解协议，并得到履行，原告傅宏斌向本院提出撤诉申请。

　　本院认为，原告傅宏斌的申请符合法律规定，可予准许。依照

---

　　① 本司法裁判文书系上海新望闻达律师事务所宋一欣律师提供。

《中华人民共和国民事诉讼法》第一百三十一条第一款的规定，裁定如下：

　　准许原告傅宏斌撤回起诉。

　　本案受理费人民币 287.26 元，由原告减半负担 143.63 元。

审判长　俞　巍

代理审判员　孙　欣

代理审判员　嵇　瑾

二〇〇八年八月十一日

书记员　靳　轶

（二十九）

闽越花雕虚假陈述民事赔偿案

主题词：闽越花雕　虚假陈述　侵权　赔偿

38. 葛某诉福建省闽越花雕股份有限公司、上海上会会计师事务所有限公司、中勤万信会计师事务所有限公司诉讼案

福建省福州市中级人民法院

民事判决书

（2006）榕民初字第 371 号①

原告：葛某。

委托代理人：檀木林、陈亮，福建元一律师事务所律师。

被告：福建省闽越花雕股份有限公司，住所地：福州市省府路一号金皇大厦 17 层。

法定代表人：纪金华。

委托代理人：姚煌珠，该公司职员。

被告：上海上会会计师事务所有限公司，住所地：上海虹口区东江湾路 444 号 402 室。

法定代表人：刘小虎。

委托代理人：叶志林、杨根水，上海市君和律师事务所律师。

被告：中勤万信会计师事务所有限公司，住所地：北京市西城区西直门外大街 110 号中糖大厦 11 层。

---

① 本司法裁判文书系福建元一律师事务所陈亮律师提供。

法定代表人：张金才。

委托代理人：陈新、张杰，北京市金杜律师事务所律师。

原告葛某因与被告福建闽越花雕股份有限公司（以下简称"闽越花雕"）、上海上会会计师事务所有限公司（以下简称"上海上会"）、中勤万信会计师事务所有限公司（以下简称"中勤公司"）证券虚假陈述民事赔偿纠纷一案，向本院提起诉讼。本院受理后，依法组成合议庭，2006 年 11 月 30 日公开开庭审理了本案。原告葛某委托代理人檀木林、陈亮，被告闽越花雕委托代理人姚煌珠，被告上海上会委托代理人杨根水，被告中勤公司委托代理人陈新、张杰到庭参加诉讼。本院曾依法对双方当事人的纠纷进行了调解，但调解不成。本案现已审理终结。

原告葛某诉称：2004 年 1 月以来，原告购买被告闽越花雕股票神龙发展、闽越花雕（股票代码：600659）。因被告闽越花雕（原名：福建神龙发展股份有限公司）存在虚假陈述行为，致使原告投资损失巨大。2004 年 9 月 16 日，中国证监会作出证监罚字（2004）34 号行政处罚决定书，认定：被告闽越花雕在 2001 年、2002 年年报中存在虚假陈述行为。此外，2001 年至 2002 年上海上会对闽越花雕 2001 年年度财务报告进行审计、被告中勤公司对闽越花雕 2002 年年度财务报告进行审计，并分别出具标准无保留意见的审计报告。按照《证券法》和最高人民法院《关于审理证券市场因虚假陈述引发的民事赔偿案件的若干规定》的相关规定，三被告构成共同侵权，应当赔偿原告的投资损失，并承担连带责任。

原告葛某请求：

1. 判令三被告赔偿原告投资差额损失人民币 8 358.00 元、投资差额损失部分的佣金和印花税人民币 220.00 元、利息人民币 171.56 元，以上共计人民币 8 749.56 元；

2. 判令三被告对上述债务承担连带责任；

3. 判令三被告承担本案的全部诉讼费用。

原告葛某向本院提交了下列证据：

1. 户籍证明函、身份证复印件；

2. 证券账户；

3. 资金卡；

4. 交易凭证；

5. 投资损失清单；

6. 中国证监会行政处罚决定书［证监罚字（2004）34 号］；

7. 闽越花雕 2001 年年报；

8. 闽越花雕 2002 年年报。

被告闽越花雕辩称：原告的诉讼请求、理由与事实严重不符。

1. 原告在炒股期间的交割单均发生在 2004 年，但从本案证据来看，我公司存在违规行为被证监会处罚前，于 2003 年 9 月、10 月 24 日都已在网上和报纸上进行了公告，因此，原告不可能不清楚我公司被证监会立案调查的事实，原告是在明知这种情况下购买我公司的股票。

2. 每个股民在炒股前都需要签订合同，合同中均有提示股市有风险，因此在炒股中的亏损与我公司没有任何关系。

3. 原告的行为侵害了我公司的名誉，我公司保留追诉原告的权利。

被告闽越花雕未向法庭提交证据。

被告上海上会辩称：

1. 答辩人不是本案适格被告，原告对答辩人无起诉权。根据最高人民法院《关于审理证券市场因虚假陈述引发的民事赔偿案件的若干规定》，投资人以自己受到虚假陈述侵害为由提起民事赔偿诉讼，必须以有关行政机关对虚假陈述行为人的行政处罚决定或人民法院的刑事裁决文书为前置条件。本案中，原告提供的证监罚字（2004）34 号《中国证券监督管理委员会行政处罚决定书》，行政处罚的当事人为福建省神龙发展股份有限公司以及其原高级管理人员。答辩人并不是该《行政处罚决定书》的当事人，也未见任何其他行政处罚决定或刑事裁决文书认定答辩人为虚假陈述行为人。因此，原告列答辩人为本案被告不符合最高人民法院《关于审理证券市场因虚假陈述引发的民事赔偿案件的若干规定》。

2. 答辩人对福建神龙发展股份有限公司（下称神龙发展）2001 年年报少计短期贷款 3 500 万元、其他应收款 5 500 万元、少计提利息支出 1 869 525 元、坏账准备 550 000 元、虚增税前利润 2 419 525 元，并无过错，依法不应承担法律责任。2002 年 1 月 18 日，神龙发展（当时名称为福建省福联股份有限公司）与答辩人签署《委托查账声明书》。2002 年 2 月 1 日，双方又签署委托审计的业务约定书。该两份文件约定由答辩人接受神龙发展的委托对该公司进行审计。答辩人在接受委托后，根据正当审计程序，曾向神龙发展的开户银行发出《银行往来询证函》和《银行询证书》，并取得相应回执，对神龙发展的银行存款和贷款事项进行了查证。证监罚字（2004）34 号《行政处罚决定书》中所涉及的事项，神龙发展未按规定及时入账，其提供的会计资料中无该笔事项的记录，其开户的农业银行在回执中也未反映该笔贷款事项，神龙发展直至 2002 年 5 月才办理了相关的账务处理手续。证监罚字（2004）34 号处罚书所涉及“2001 年 12 月 18 日，神龙发展将 2 000 万元借给上海立丰纺织印染有限公司”事项，审计过程中，福州中威实业有限公司 2001 年 12 月 28 日提供《受托存款证明》和福建华兴信托投资公司东街口营业部 2002 年 1 月 7 日提供《证明》，均证明：直至 2002 年 1 月 7 日，该笔款项尚存于福建华兴信托投资公司东街口营业部。神龙发展没有在会计账册中披露该笔款项已借给上海立丰纺织印染有限公司，也未办理账务处理手续。同时，其存款单位福建华兴信托投资公司东街口营业部也出具书面《证明》证实该笔款项仍然存于该单位。直至 2002 年 1 月 30 日，神龙发展才办理账务处理手续。因此，神龙发展 2001 年年报审计的几项事项，完全是因神龙发展未尽会计责任、未按规定及时将相关交易入账，并办理账务处理手续，未向答辩人提交完整、准确的会计资料和凭证。答辩人已尽审计义务，对神龙发展 2001 年年报未披露事项没有过错。证监会的处罚决定书也未认定答辩人为虚假陈述行为人。

3. 原告的投资损失与神龙发展 2001 年年报未披露事项之间没有因果关系。原告购买闽越花雕股票的行为发生于 2001 年年报未披露事项更正以后，与之无因果关系，无权要求答辩人承担损失。

被告上海上会请求：驳回原告对上海上会的诉讼请求。

被告上海上会向本院提交以下证据：

1. 委托查账申请书；

2. 业务约定书；

3. 银行往来询证函、银行询证书；

4. 福州中威实业有限公司《受托存款证明》；

5. 福建华兴信托投资公司东街口营业部《证明》。

被告中勤公司答辩称：

1. 答辩人未曾受到任何行政处罚，因此，被答辩人起诉答辩人承担连带责任不符合起诉条件。最高人民法院《关于审理证券市场因虚假陈述引发的民事赔偿案件的若干规定》第六条对于因虚假陈述起诉民事赔偿案件的受理设置了严格的诉讼前置程序，其目的旨在防止滥诉，即仅在有初步证据证明行为人有过错的情况下，才可起诉请求赔偿。本案中，答辩人未受任何行政处罚，因此，原告起诉答辩人承担连带责任不符合起诉条件。

2. 答辩人与神龙发展公司不构成共同侵权，因此不应承担连带责任。最高人民法院《关于审理证券市场因虚假陈述引发的民事赔偿案件的若干规定》第二十七条规定："证券承销商、证券上市推荐人或者专业中介服务机构，知道或者应当知道发行人或者上市公司虚假陈述，而不予纠正或者不出具保留意见的，构成共同侵权，对投资人的损失承担连带责任。"依据上述规定，答辩人仅在"知道或者应当知道"发行人或上市公司虚假陈述而不予纠正或不提出保留意见，即答辩人存在过错的情况下，才与上市公司构成共同侵权，从而承担连带责任。本案中，答辩人在神龙发展的虚假陈述行为中不存在任何过错，因此与神龙发展不构成共同侵权，不应承担连带责任。

3. 中介机构所应承担的民事责任限于其负有责任的部分。退一步讲，即便本案中答辩人需要承担责任，根据最高人民法院〔2003〕民二他字第 22 号《关于审理虚假陈述侵权纠纷案件有关问题的复函》，其责任亦应限定于其负有责任的部分。本案中原告所请求的损失数额尚不清楚多少是由于系统风险或其他原因所导致，因此原告无理由请求答辩人就其全部损失承担连带责任。且从原告提供的证据来看，原告认可 2004 年 9 月 16 日为揭露日，根据最高人民法院的司法解释，原告于揭露日之后又买入 65 000 股股票，因此，造成的损失我方也不应承担相应的赔偿责任。另，关于中介机构民事责任的承担问题尚无法律或相关司法解释作出明确的规定。

被告中勤公司请求：驳回原告的诉讼请求。

被告中勤公司向本院提交以下证据：

1. 记者汪生科、汪恭彬题为"解开神龙真面目：转移上市资金骗贷避税做假账"的文章；

2. 《上海证券报》记者许少业"神龙发展沦为取款机始末"的文章；

3. 神龙发展公布接受立案调查的公告；

4. 神龙发展公司预亏公告；

5. 神龙发展公司诉讼公告；

6. ST 花雕 2004 年历史交易记录与上证指数 2004 年历史交易记录比较；

7. 中国证监会〔2004〕34 号行政处罚决定书、中国证监会福州特批办谈话记录、关于对福建省神龙发展股份有限公司 2002 年度会计报表审计有关情况的说明；

8. 2002 年 1 月 6 日优星纺织和神龙发展《设备转让协议书》、2002 年 1 月 6 日优星纺织和神龙发展《纺织设备移交清单》、2002 年 1 月 8 日福建中兴资产评估有限公司《评估报告》、2002 年 1 月 7 日神龙发展和优星纺织《纺织生产设备租赁协议》《固定资产——机器设备清查评估明细表》、现场照片、优星纺织《声明》、神龙发展《往来明细账》、优星纺织《承诺函》、固定资产实质性测试底稿；

9. 福建丝绸与福联国贸《设备转让协议》《福建省丝绸联合公司设备转移清单》福联国贸与优星纺织《纺织生产设备租赁协议》《固定资产——机器设备清查评估明细表》、现场照片、优星纺织《声明》、优星纺织《受托还款证明》；

10. 中威纺织与优星纺织《租赁合同》《出租清单》《中威纺织固定资产抽查明细表》、优星纺织《承诺函》；

11. 绿得商贸和麒麟啤酒《啤酒生产设备租赁协议》《固定资产——机器设备清产评估明细表》、麒麟啤酒《承诺函》；

12. 福联投资和鑫龙食品《饮料包装生产线租赁协议》、绿得商

贸《固定资产——机器设备清查评估明细表》、中威实业《受托付款证明》、鑫龙食品《承诺函》;

13. 绿得生物与麒麟啤酒、鑫龙食品《协议》、鑫龙食品《承诺函》、麒麟啤酒《承诺函》;

14. 2003 年 4 月 8 日检查、分析神龙发展"长期投资——绿得生物"项目会计资料的书面材料、神龙发展与中威实业签订的股份转让协议以及补充协议、绿得生物的利润分配决议、神龙发展关于转让股权的董事会决议、检查公司关于股权转让的公告、股权转让的财务处理、公司已取得部分转让款 2 250 万元的会计记录、中威实业支付剩余款的承诺书、绿得生物股东变更后的公司章程;

15. 2002 年 1 月 10 日福联国贸与优星纺织签订的《信息服务协议》、2003 年 2 月 11 日优星纺织对福联国贸的《承诺函》;

16. 神龙发展关于采用账龄分析法与个别认定法相结合计提坏账准备的说明、神龙发展关于对客户采用个别认定法计提坏账准备的说明、上海富通投资等公司付款承诺书、对上海富通投资等公司的询证函、神龙发展往来明细账。

对于当事人提供的证据本院认证如下:原告提供的证据 1、2、3、4、6、7、8,被告上海上会、中勤公司提供的证据符合证据的合法性、关联性、客观性,可以作为本案认定事实的依据。原告提供的证据 5 为原告自行制作的损失清单,三被告对其真实性均有异议,不能作为本案认定事实的依据。

根据本案现有证据,本院确认如下事实:被告闽越花雕原名福建神龙发展股份有限公司,在上海证券交易所上市,股票代码为600659。原告葛某于 2004 年 2 月 23 日开始购入该股票,至 2004 年 9 月 23 日共购入闽越花雕股票 4 900 股,卖出 500 股。被告上海上会对闽越花雕 2001 年年度财务报告进行审计,被告中勤公司对闽越花雕 2002 年年度财务报告进行审计,并分别出具标准无保留意见的审计报告。2003 年 9 月 16 日中国证券监督管理委员会对闽越花雕虚假陈述违法行为进行立案调查,2003 年 10 月 24 日闽越花雕公布接受立案调查的公告,2004 年 9 月 16 日中国证监会作出证监罚字(2004) 34 号行政处罚决定书,认定闽越花雕在 2001 年、2002 年年报中存在虚假陈述。

本院认为：被告已提供了闽越花雕于 2003 年 10 月 24 日公司因涉嫌违反证券法规，被中国证监会立案调查的公告。根据最高人民法院《关于审理证券市场因虚假陈述引发的民事赔偿案件的若干规定》（以下简称《若干规定》）第二十条"虚假陈述揭露日，是指虚假陈述在全国范围发行或者播放的报刊、电台、电视台等媒体上，首次被公开揭露之日"的规定，本案虚假陈述揭露日应确定为 2003 年 10 月 24 日。

原告投资闽越花雕的行为均发生在揭露日之后的 2004 年。原告明知闽越花雕被中国证监会立案调查，且在被告于 2004 年 3 月 22 日发布了公司预亏公告后，仍继续买入股票，根据《若干规定》第十九条第一款第（三）项"被告举证证明原告具有以下情形的，人民法院应当认定虚假陈述与损害结果之间不存在因果关系……（三）明知虚假陈述存在而进行的投资"的规定，原告的损害结果与被告的虚假陈述之间不存在因果关系，其要求被告闽越花雕赔偿损失无事实及法律依据，本院不予支持。

中介机构在履行职责时，只要其能证明自己按照本行业公认的业务标准和道德规范对其出具文件内容的真实性、准确性、完整性进行了核查和验证做到勤勉尽责就可免除其责任。本案被告上海上会、中勤公司已提供了充分的证据证明其在审计过程中，依正当审计程序，充分尽到了审计义务，对于年报未披露的事项不存在过错。根据《若干规定》第二十四条的规定，两被告应予免责。且证监罚字（2004）34 号《行政处罚决定书》并未对被告上海上会、中勤公司进行处罚，两被告不是虚假陈述行为人，原告要求两被告承担赔偿责任无依据，本院不予支持。

综上，原告的投资损失与虚假陈述之间不存在因果关系，依照《中华人民共和国民事诉讼法》第一百二十八条，最高人民法院《关于审理证券市场因虚假陈述引发的民事赔偿案件的若干规定》第十九条、第二十四条的规定，判决如下：

驳回原告葛某的诉讼请求。

本案案件受理费 360 元，由原告葛某负担。

如不服本判决，可在判决书送达之日起十五日内，向本院递交上诉状，并按对方当事人的人数提出副本，上诉于福建省高级人民法院。

审判长　张建英

代理审判员　黄思勇

代理审判员　林　玫

二〇〇七年五月二十八日

书记员　雷晓琴

39. 葛某诉福建省闽越花雕股份有限公司、上海上会会计师事务所有限公司、中勤万信会计师事务所有限公司上诉案

福建省高级人民法院

民事判决书

（2007）闽民终字第 356 号①

上诉人（原审原告）：葛某。

委托代理人：檀木林、陈亮，福建元一律师事务所律师。

被上诉人（原审被告）：福建省闽越花雕股份有限公司，住所地：福州市省府路一号金皇大厦 17 层。

法定代表人：纪金华，该公司董事长。

委托代理人：姚煌珠，该公司职员。

被上诉人（原审被告）：上海上会会计师事务所有限公司，住所地：上海虹口区东江湾路 444 号 402 室。

法定代表人：刘小虎，该公司董事长。

委托代理人：杨根水，上海市君和律师事务所律师。

被上诉人（原审被告）：中勤万信会计师事务所有限公司，住所地：北京市西城区西直门外大街 110 号中糖大厦 11 层。

法定代表人：张金才，该公司董事长。

---

① 本司法裁判文书系福建元一律师事务所陈亮律师提供。

委托代理人：张杰、夏东霞，北京市金杜律师事务所律师。

上诉人葛某因与被上诉人福建省闽越花雕股份有限公司（以下简称闽越花雕公司）、上海上会会计师事务所有限公司（以下简称上会事务所）、中勤万信会计师事务所有限公司（以下简称中勤事务所）证券虚假陈述一案，不服福州市中级人民法院于2007年5月28日作出的（2006）榕民初字第371号民事判决，向本院提起上诉。本院受理后，依法组成合议庭，公开进行了审理。上诉人葛某的委托代理人檀木林、陈亮，被上诉人闽越花雕公司的委托代理人姚煌珠，被上诉人上会事务所的代理人杨根水，中勤事务所的委托代理人张杰、夏东霞到庭参加诉讼，本案现已审理终结。

原审查明：闽越花雕公司原名福建神龙发展股份有限公司（以下简称神龙发展），在上海证券交易所上市，股票代码为600659。葛某于2004年2月23日开始购入该股票，至2004年9月23日共购入闽越花雕公司股票4 900股，卖出500股。上会事务所对闽越花雕公司2001年年度财务报告进行审计，中勤事务所对闽越花雕公司2002年年度财务报告进行审计，被分别出具标准无保留意见的审计报告。2003年9月16日中国证监会对闽越花雕公司虚假陈述违法行为进行立案调查，2003年10月24日闽越花雕公司公布接受立案调查的公告，2004年9月16日中国证监会作出证监罚字（2004）34号《行政处罚决定书》，认定闽越花雕公司在2001年、2002年年报中存在虚假陈述。

原审认为：闽越花雕公司已提供了其于2003年10月24日公司因涉嫌违反证券法规，被中国证监会立案调查的公告。根据最高人民法院《关于审理证券市场因虚假陈述引发的民事赔偿案件的若干规定》（以下简称《若干规定》）第二十条"虚假陈述揭露日，是指虚假陈述在全国范围发行或者播放的报刊、电台、电视台等媒体上，首次被公开揭露之日"的规定，因此，本案虚假陈述揭露日应确定为2003年10月24日。

葛某投资闽越花雕公司的行为均发生在揭露日之后的2004年。葛某明知闽越花雕公司被中国证监会立案调查，且在闽越花雕公司于2004年3月22日发布了公司预亏公告后，仍继续买入股票，根据

《若干规定》第十九条第一款第（三）项"被告举证证明原告具有以下情形的，人民法院应当认定虚假陈述与损害结果之间不存在因果关系……（三）明知虚假陈述存在而进行的投资"的规定，葛某的损害结果与闽越花雕公司的虚假陈述之间不存在因果关系，其要求闽越花雕公司赔偿损失无事实及法律依据，不予支持。

中介机构在履行职责时，只要其能证明自己按照本行业公认的业务标准和道德规范对其出具文件内容的真实性、准确性、完整性进行核查和验证做到勤勉尽责就可免除其责任。本案上会事务所、中勤事务所已提供了充分的证据证明其在审计过程中，依正当审计程序，充分尽到了审计义务，对于年报未披露的事项不存在过错。根据《若干规定》第二十四条的规定，上会事务所、中勤事务所应予免责。且证监罚字（2004）34 号《行政处罚决定书》并未对上会事务所、中勤事务所进行处罚，上会事务所、中勤事务所不是虚假陈述行为人，葛某要求两公司承担赔偿责任无依据，不予支持。

综上，葛某的投资损失与虚假陈述之间不存在因果关系，依照《中华人民共和国民事诉讼法》第一百二十八条，最高人民法院《关于审理证券市场因虚假陈述引发的民事赔偿案件的若干规定》第十九条、第二十四条的规定，判决：驳回葛某的诉讼请求。

葛某不服一审判决，向本院提起上诉称：

1. 原审法院没有按照法定程序，全面、客观地审查核实证据，违反《民事诉讼法》规定的程序，依法应当撤销原判，发回原审法院重审。《中华人民共和国民事诉讼法》第六十四条第三款规定："人民法院应当按照法定程序，全面地、客观地审查核实证据。"本案中，原审认定："2004 年 9 月 16 日中国证监会作出证监罚字（2004）34 号《行政处罚决定书》，认定闽越花雕公司在 2001 年、2002 年年报中存在虚假陈述。"事实上，中国证监会在证监罚字（2004）34 号《行政处罚决定书》中明确认定被上诉人闽越花雕公司的虚假陈述包括以下两个方面：（1）神龙发展 2001 年年报、2002 年年报中存在虚假陈述；（2）神龙发展未及时披露神龙发展及其子公司签订有关协议等事项。但原审法院没有按照法定程序，全面、客观地审查核实证据，对上述被上诉人闽越花雕公司的第 2 项虚假陈述行为只字不提，违反《民事诉讼法》的程序规定，以及严重影响案件的正确判决。

2. 原审法院将 2003 年 10 月 24 日确定为虚假陈述揭露日，严重错误，依法应予纠正。最高人民法院《关于审理证券市场因虚假陈述引发的民事赔偿案件的若干规定》第二十条明确规定，"虚假陈述揭露日，是指虚假陈述在全国范围发行或者播放的报刊、电台、电视台等媒体上，首次被公开揭露之日"。本案中，2003 年 10 月 24 日虚假陈述根本就没有被公开揭露，被上诉人在 2003 年 10 月 24 日只是泛泛称"涉嫌违反证券法规"，原审法院将"2003 年 10 月 24 日"确定为"虚假陈述在全国范围发行或者播放的报刊、电台、电视台等媒体上，首次被公开揭露之日"没有任何的事实和法律依据。

3. 原审法院歪曲客观事实，适用法律错误，已经影响案件的正确判决，依法应予纠正。2004 年 3 月 22 日的《福建省神龙发展股份有限公司预亏公告》中，被上诉人将预亏的原因确定为"因公司主管业务结构调整、市场变化及人事变动等因素的影响"，对其涉嫌"虚假陈述"而被立案调查确定为预亏的原因。但原审法院竟然将被上诉人 2004 年 3 月 22 日《福建省神龙发展股份有限公司预亏公告》作为认定上诉人"明知虚假陈述存在而进行的投资"的证据，并进一步适用最高人民法院《关于审理证券市场因虚假陈述引发的民事赔偿案件的若干规定》第十九条的规定，认为："上诉人的损害结果与被告（被上诉人）的虚假陈述之间不存在因果关系，其要求被告（被上诉人）闽越花雕公司赔偿损失无事实及法律依据。"

4. 三被上诉人构成共同侵权，应当赔偿上诉人的投资损失，并承担连带责任。最高人民法院《关于审理证券市场因虚假陈述引发的民事赔偿案件的若干规定》第二十七条明确规定："证券承销商、证券上市推荐人或者专业中介服务机构，知道或者应当知道发行人或者上市公司虚假陈述，而不予纠正或者不出具保留意见的，构成共同侵权，对投资人的损失承担连带责任。"

本案中，被上诉人上会事务所对被上诉人闽越花雕公司 2001 年度财务报告进行审计，被上诉人中勤事务所对被上诉人闽越花雕公司 2002 年度财务报告进行审计，并分别出具标准无保留意见的审计报告。按照《中华人民共和国证券法》和最高人民法院《关于审理证券市场因虚假陈述引发的民事赔偿案件的若干规定》及相关法律的规定，三被上诉人构成共同侵权，应当赔偿上诉人的投资损失，并承担连带责任。

闽越花雕公司口头答辩称：闽越花雕公司由于市场经营不规范，在 2003 年 9 月 10 日接到证监会的调查通知后，同时公告了信息，2003 年 11 月，处罚决定也在《上海证券报》上刊登。上诉人纯粹抱着投机的心态，明知公司涉嫌造假被调查，还在炒作，因此，其损失与公司无关，一审判决正确。

上会事务所口头答辩称：一审认定的揭露日是正确的，对事务所做的认定也是准确的，答辩人不是本案适格的被告。另外答辩人在对 2001 年年报进行审计的时候是依照规定进行的，由于闽越花雕公司的会计责任以及相关部门的原因使我们出具无保留意见的审计意见。2002 年 1 月和 5 月，闽越花雕公司进行了更正。而上诉人是在 2004 年购进股票的，其损失与答辩人无关，一审所作判决正确，应予维持。

中勤事务所书面答辩称：

1. 一审判决对于本案揭露日的认定符合司法解释的规定。根据最高人民法院《关于审理证券市场因虚假陈述引发的民事赔偿案件的若干规定》第二十条规定，虚假陈述揭露日，是指虚假陈述在全国范围发行或者播放的报刊、电台、电视台等媒体上，首次被公开揭露之日。本案中，神龙发展于 2003 年 10 月 24 日在《上海证券报》刊登了《被立案调查的公告》，公告称神龙发展因涉嫌违反证券法规，证监会决定对公司立案调查，提示广大投资者注意投资风险。这一披露信息已足以证实神龙发展的虚假陈述被揭露。因为，"违反证券法规"本身包含虚假陈述行为，证监会几乎对所有的虚假陈述进行调查时都是以"违反证券法规"为由开始的。况且，神龙发展被立案查处之前，全国的众多新闻媒体相继报道了神龙发展涉嫌虚假陈述的文章，之后被立案调查的事实证明了此前的媒体报道是正确的，也反映了证监会调查的违法事实即为虚假陈述行为。

2. 答辩人在审计过程中不存在过错。根据最高人民法院《关于审理涉及会计师事务所在审计业务活动中民事侵权赔偿案件的若干规定》第七条第一款的规定，会计师事务所能够保证其已经遵守执业准则、规则确定的工作程序并保持必要的执业谨慎，但仍未能发现被审计单位会计资料错误的，不承担民事赔偿责任。本案一审中，答辩人已向法庭提交了审计工作底稿（见答辩人一审证据8—16），证明了答辩人作出的审计报告具有充分的依据，同时也证明了答辩人是严格遵守职业准则、规则规定的工作程序，并在保持必要的职业谨慎下作出的审计报告。答辩人在已充分尽到审计职责的情况下，不属于"知道或者应当知道"上市公司虚假陈述，没有过错，故不应承担赔偿责任。

3. 一审法院是在依法确认2003年10月24日为虚假陈述揭露日的基础上，适用《若干规定》第十九条第一款第（三）项规定，认定被答辩人是在明知虚假陈述存在而进行的投资，并认定虚假陈述与损害结果之间不存在因果关系。而2004年3月22日的《福建省神龙发展有限公司预亏公告》只是同时作为证据证明被答辩人应当明知虚假陈述存在的事实，并非单独作为证据说明这一事实。因此，即使该预亏公告没有明确指明"虚假陈述"字样，也根本谈不上所谓歪曲客观事实，适用法律严重错误。任何一个合理的、谨慎的投资者都不应当买入一个亏损公司的股票，因此，预亏公告已足以警示被答辩人谨慎投资，将预亏公告作为认定答辩人"明知虚假陈述"并无不当。综上所述，被答辩人的上诉理由均不能成立，请求贵院依法驳回上诉，维持原判。

二审期间，本案当事人对原审查明的事实部分均无异议，本院予以确认。

另查明：《上海证券报》在2003年11月4日刊登上海证券交易所《关于对福建省神龙发展股份有限公司及公司现任董事陈克根、纪金华、叶能湘、独立董事潘超然、郭良晓和原董事陈克恩、唐华、张善明、苏伟、潘金龙予以公开谴责的决定》，该决定载明：神龙发展截至2003年9月30日，对外担保合计37 954.3万元人民币，1 800万元港币，其中仅有3 000万元人民币进行了临时公告披露。在上述对外担保中，已逾期22 280.3万元人民币、1 800万元港币，涉讼2 800万元人民币，逾期金额占神龙发展2002年末净资产89％，涉讼金额已超过神龙发展2001年末净资产的10％。上述担保中，神龙发展尚存在违规为公司股东及其关联公司提供担保5 200万元人民币、1800万元港币的情况，其中已逾期3 000万元人民币、1 800万元港币。

本院认为，神龙发展于2003年10月24日在《上海证券报》刊登的《被立案调查的公告》，虽仅记载神龙发展因涉嫌违反证券法规，证监会决定对该公司立案调查，但虚假陈述行为亦属违反证券法规行为之一，且2004年9月16日中国证监会作出证监罚字（2004）34号《行政处罚决定书》，亦是认定闽越花雕公司在2001年、2002年年报中存在虚假陈述。另外，2003年11月4日的上海证券交易所的公开谴责决定也揭露了神龙发展在披露信息时存在重大遗漏。因此，不论是神龙发展的立案审查公告，还是上海证券交易所的谴责决定，均是在全国范围内的投资者能够接触的媒体上，从不同程度、不同角度揭露了神龙发展的虚假陈述。而这些揭露均发生在上诉人购入股票之前，根据最高人民法院《关于审理证券市场因虚假陈述引发的民事赔偿案件的若干规定》第二十条第一款第（三）项的规定，明知虚假陈述存在而进行投资的，虚假陈述行为与损害结果之间不构成因果关系。因此，葛某要求闽越花雕公司赔偿上诉人投资差额损失人民币8 358元，投资差额损失部分的佣金和印花税人民币220元，利息人民币171.56元缺乏事实和法律依据，不予支持。另外，上诉人在一审、二审审理中无充分证据证明，上会事务所、中勤事务所在2001年、2002年年度财务审计过程中未尽审计义务，知道或者应当知道闽越花雕公司虚假陈述，而不予以纠正，以及对年报未披露的事项存在过错。因此根据最高人民法院《关于审理证券市场因虚假陈述引发的民事赔偿案件的若干规定》第二十四条的规定，上诉人认为两事务所构成共同侵权，缺乏依据。

综上，本院认为原审判决事实清楚，证据充分，应予以维持。上诉人上诉无理。依据《中华人民共和国民事诉讼法》第一百五十三条第一款第（一）项的规定，判决如下：

驳回上诉，维持原判。

　　本案二审案件受理费 360 元由上诉人葛某承担。一审案件受理费按一审判决执行。

　　本判决为终审判决。

审判长　黄　宁

代理审判员　何　忠

代理审判员　詹强华

二〇〇七年十月八日

书记员　黄　挺

（三十）

新智科技（原宏智科技）虚假陈述民事赔偿案

主题词：新智科技　虚假陈述　侵权　赔偿

40. 李某、黄某诉新智科技股份有限公司诉讼案

福建省福州市中级人民法院
民事判决书

（2006）榕民初字第 403 号①

原告：李某。

原告：黄某。

两原告共同委托代理人：檀木林、陈亮，福建元一律师事务所律师。

被告：新智科技股份有限公司，住所地：福州市铜盘路软件大道 89 号福州软件园 A 区 22 号新智科技大厦。

法定代表人：洪和良。

委托代理人：胡冰，该公司职员。

委托代理人：任超，北京市中洋律师事务所律师。

原告李某、黄某与被告新智科技股份有限公司（以下简称"新智公司"）证券虚假陈述纠纷一案，本院受理后，依法组成合议庭，

---

① 本司法裁判文书系福建元一律师事务所陈亮律师提供。

公开开庭进行了审理。原告李某及两原告共同的委托代理人檀木林，被告新智公司的委托代理人任超、胡冰到庭参加了诉讼。本案现已审理终结。

原告李某、黄某诉称，新智公司自上市以来，因其小盘与科技通信类概念一直给人以业绩良好的印象，该公司在上市前后即承诺"不存在任何虚假记载、误导性陈述或重大遗漏"，原告正是在新智公司"优良业绩"的诱惑和虚假信息的误导下，才购入该公司股票。但新智公司的各大股东与董事会之间钩心斗角、争权夺利，公司对募集资金的管理、使用及相关信息的披露比较混乱、公司对募集资金使用项目的进展、变更等情况及原因、实际使用效果等披露不充分。2003 年 9 月 18 日，新智公司被中国证监会立案调查，2004 年 9 月 1 日起至 11 月 1 日止，新智公司被暂停上市。2004 年 10 月 11 日，新智公司收到中国证监会送达的《行政处罚决定书》，中国证监会认为，新智公司在 2002 年至 2003 年期间有部分未按规定披露募集资金使用的相关事项和未按规定披露关联方关系及其交易的行为，违反了有关上市公司信息披露的规定，故对公司及有关当事人作出处罚。新智公司信息披露违法的行为给原告造成了经济损失。

原告李某、黄某请求：判令新智公司赔偿经济损失 46 559 元以及佣金 337.68 元、印花税 174.28 元。

被告新智公司答辩称：

1. 答辩人受到中国证监会行政处罚的原因是未按规定披露募集资金使用的相关事项，以及未按规定披露关联方关系及其交易，并非最高人民法院《关于审理证券市场因虚假陈述引发的民事赔偿案件的若干规定》（以下简称《若干规定》）第十七条规定的"误导性陈述"。因此，答辩人并未误导原告的投资。

2. 原告所举证据不足以证明其曾于 2003 年 6 月至 7 月间购买过被告公司的股票。

3. 即使原告确有购买被告公司的股票，因原告未提交 2003 年 6 月至 2005 年 9 月间的交易记录，其也不能证明在虚假陈述揭露日或者更正日及以后，因卖出该证券发生亏损，或者因持续持有该证券而产生亏损。

4. 即使原告投资答辩人的股票确有遭受损失，也不是因为答辩人的虚假陈述造成的。因为答辩人的虚假陈述行为不属于"误导性陈述"，因此与原告投资答辩人的股票并无直接的因果关系，则考量答辩人的虚假陈述是否与原告的损失有因果关系，就要看原告的损失是否由证券市场的系统风险等其他因素所导致。自 2003 年 6 月到基准日即 2004 年 11 月 23 日止，证券市场的系统风险、答辩人法人治理情况异常以及答辩人所处的行业不景气、闽发证券案件对答辩人的经营产生的影响等综合因素直接导致了原告的投资损失。综上，答辩人的虚假陈述行为与原告的投资之间并无因果关系。

被告新智公司请求：驳回两原告的诉讼请求。

原告李某、黄某为证明其主张，在举证期限内向本院提交如下证据：

1. 两原告的户口簿及身份证；

2. 证券账户；

3. 证券交易卡（复印件）；

4. 交易清单；

5. 行政处罚公告；

6. 中国证监会行政处罚决定书。本院另依职权责令两原告提交以下三份证据：

7. 居委会出具的住址变更证明；

8. 闽发证券公司出具的证明；

9. 原告买卖新智公司股票的交易记录。

被告新智公司对原告的上述证据质证如下：对证据 1 的真实性无异议，但认为不足以证明原告就是购买股票的用户；对证据 2 的真实性无异议，但认为股东账户记录的地址与原告户口簿和身份证上的地址不相符；对证据 3 的真实性不予确认，认为闽发证券公司营业部的章不能说明李、黄二人共用一个股票账户，也不足以说明两原告就是购买该股票的黄某、李某，且该证据为复印件，不排除加盖印章后被人为地添加文字的可能性；对证据 4 的真实性无异议，但该证据缺失 2003 年 7 月至 2005 年 9 月之间的交易记录，因此不能证明原告在披露日和更正日之前没有卖出该股票，即不足以证明原告符合赔偿条件；对证据5、6的真实性没有异议；对证据7的真实性和证明力不予认可，认为有权认定公民身份的是公安机关，或由公安机关和居委会共同认定，居委会无权单独认定，而迁居或门牌号变更要由民政部门来认定，居委会亦无权认定；对证据8的真实性不予认可，公章模糊无法辨认，也不能由证券营业部来证明股东的居住地，且该证据涉及客户的根本利益，不应当以加盖业务章的形式证明，而应加盖公章；对证据9的真实性及证明力均不予认可，不能排除先盖章后添加文字的可能性，且交易记录也应加盖公章证明，另如原告所述属实则没有理由将连续的记录以两张表格的方式人为地割裂开来，如无其他交易则2005年9月30日的发生余额与2003年7月1日的余额对不上，证据的合理性难以证明。

被告新智公司在举证期限内向本院提交如下证据：

第一组，包括上海证券交易所上证指数日K线图在内的7份证据，证明上海证券交易所2003年6月至2004年11月整体行情属下跌趋势，且宏智公司所属行业整体不景气。

第二组，上海证券交易所证券品种信息等24份证据。证明上海证券交易所与宏智公司同行业同类型股票的个股走势和整体走势均属下跌趋势。

第三组，宏智公司公布2003年度业绩预警公告等32份证据，整体证明宏智公司从2003年6月至2004年底因受各种系统风险影响导致业绩减损、股价持续下跌。

第四组，宏智公司实际控制人吴永红与闽发证券的关系等12份证据，整体证明宏智公司从2003年6月起至今因受吴永红及闽发证券案牵连导致业绩减损、股价持续下跌。

第五组，国务院推进资本市场改革发展的9点意见等5份证据，证明中国证券市场从诞生至今，一直存在许多根本的缺陷，其系统风险相对于完全市场经济国家的股市更为突出。中国的上市公司先于公司法的产生，其法人治理结构一直未得到相应法律、法规的完善，宏智科技公司的法人治理混乱正是源于法律制度的缺位。

原告李某、黄某对被告的上述证据质证如下：

对第一组证据除证据7是海通证券公司的单方面观点不具有证

明力外，对其他证据的真实性没有异议，大盘指数的涨跌与个股的涨跌没有必然联系，公司的经营风险与系统风险无关；对第二组证据的真实性没有异议，被告考量的指数时间与原告拟证明的时间不相符；对第三组、第四组证据的真实性没有异议，企业经营风险不属于系统风险，不能作为免责理由，揭露日之后发生的证据与证明对象没有关系；对第五组证据的真实性没有异议，但认为证券虚假陈述是侵权之诉，而且被告承担无过错责任，被告公司治理结构存在缺陷不能作为免责理由。

根据现有证据，本院确认如下法律事实：

1. 本案原告李某（身份证号）与黄某（身份证号）是闽发证券公司下属五一北路证券营业部的客户李某和黄某，其客户号原为80015347，现升级为09015347。

2. 2003 年 6 月 3 日，黄某买入原宏智科技股票 2 000 股，单价13.045 元。2003 年 6 月 5 日，黄某买入原宏智科技股票 600 股，单价12.550 元。以上共 2 600 股的股票于 2006 年 1 月 13 日卖出，单价为 3.37 元。2003 年 7 月 1 日，李某买入原宏智科技股票 2 400 股，单价11.704 元。并于 2005 年 10 月 13 日卖出，单价为 3.53 元。

3. 2002 年 7 月 9 日，新智公司的前身宏智科技股份有限公司在上海证券交易所上市，股票代码为 600503，股价简称宏智科技。2004 年 9 月 1 日起至 11 月 1 日，宏智公司股票被暂停上市，2004 年10 月 8 日，中国证券监督管理委员会作出对宏智科技及相关人员的《行政处罚决定书》。认为宏智科技存在未按规定披露募集资金使用的相关事项以及未按规定披露关联方关系及其交易的违法行为。2004 年起，宏智公司一直处于 ST 状态。2006 年 4 月 3 日，ST 宏智变更为 ST 新智。

本院认为，原告为使其诉讼请求得到人民法院的支持，应当证明以下四个方面：

1. 被告存在证券虚假陈述行为；

2. 证明其购买被告的股票是受被告的虚假陈述影响或误导所致，而非依赖自身的判断；

3. 证明因为被告的虚假陈述导致了被告股票的市场价格不合理

地高于价值，且原告是为了追求价格差而非依赖对股票价值的理性判断而购买该股票；

4. 证明其在虚假陈述揭露日或更正日及以后卖出或继续持有该股票而产生亏损，且其卖出股票的行为发生在揭露日或更正日及以后的合理期限内。本案中，原告不能提供证据证明以上除第一项以外的其他待证事实，导致其诉讼请求与被告的虚假陈述行为之间不存在必然的因果联系。

根据被告提供的第一组证据，2003 年 6 月至 2004 年 11 月期间上海证券交易所的上证指数大幅下跌，因此，受大盘行情影响，包括宏智公司在内的多数股票出现普遍性的价格下跌是客观事实。2004 年 10 月 13 日，宏智公司因未按规定披露募集资金使用的相关事项和未按规定披露关联方关系及其交易的行为而被中国证监会行政处罚。因此，自揭露日起宏智公司虚假陈述行为已为公众所周知，并已得到更正。然而，自揭露日起至 2005 年 10 月 13 日、2006 年 1 月 13 日两原告卖出宏智公司股票止尚有长达一年或一年以上的时间，本院无法考量该期间影响宏智公司股票价格的因素。但是，显然两原告卖出被告股票的行为没有在揭露日或更正日及以后的合理期限内。宏智公司因一年前甚至更先的虚假陈述行为而被要求在此后不可期待的漫长时间内承担股市风险，对其是不公平的。

综上，本院对两原告的诉讼请求不予支持。依照《中华人民共和国民事诉讼法》第六十四条、《中华人民共和国民法通则》第四条的规定判决如下：

驳回原告李某、黄某的诉讼请求。

本案案件受理费 1 872 元由两原告负担。

如不服本判决，可在判决书送达之日起十五日内，向本院递交上诉状，并按对方当事人的人数提出副本，上诉于福建省高级人民法院。

审判长　林秀榕

审判员　张建英

代理审判员　黄思勇

二〇〇七年五月二十五日

书记员　朱瀚杰

41. 李某、黄某诉新智科技股份有限公司上诉案

福建省高级人民法院
民事裁定书

（2007）闽民终字第 354 号①

上诉人（原审原告）：李某。

委托代理人：檀木林、陈亮，福建元一律师事务所律师。

上诉人（原审原告）：黄某。

委托代理人：檀木林、陈亮，福建元一律师事务所律师。

被上诉人（原审被告）：新智科技股份有限公司，住所地：福州市铜盘路软件大道 89 号福州软件园 A 区 22 号新智科技大厦。

法定代表人：洪和良，该公司董事长。

委托代理人：胡冰，该公司职员。

委托代理人：白建新，该公司职员。

上诉人李某、黄某因证券虚假陈述一案，不服福州市中级人民法院（2006）榕民初字第 403 号民事判决。向本院提起上诉。本院在审理本案过程中，上诉人以与被上诉人新智科技股份有限公司达成和解协议为由，于 2007 年 9 月 29 日向本院申请撤回上诉。

本院经审查认为，和解协议意思真实，内容合法，上诉人撤回上诉没有违反法律规定。因此，根据《中华人民共和国民事诉讼法》第一百五十六条、最高人民法院《关于适用〈中华人民共和国民事诉讼法〉若干问题的意见》第一百九十一条的规定，裁定如下：

准许上诉人撤回上诉。

本案二审案件受理费 488 元。由上诉人李某、黄某承担。

---

① 本司法裁判文书系福建元一律师事务所陈亮律师提供。

本裁定为终审裁定。

审判长　黄　宁

代理审判员　何　忠

代理审判员　詹强华

二〇〇七年九月二十九日

书记员　黄　挺

（三十一）
福建三农虚假陈述民事赔偿案

主题词：福建三农　虚假陈述　侵权　赔偿

42. 田盛海诉福建三农集团股份有限公司诉讼案

福建省福州市中级人民法院
民事裁定书

(2009) 榕民初字第 1319 号[①]

原告：田盛海，男，汉族，住山西省太原市。

委托代理人：檀木林，福建元一律师事务所律师。

被告：福建三农集团股份有限公司，住所地：福建省福州市三明市梅列区徐碧。

法定代表人：刘金城。

委托代理人：林晖、郭睿峥，福建君立律师事务所律师。

本院在审理原告田盛海诉被告福建三农集团股份有限公司证券虚假陈述纠纷一案中，原告于 2009 年 9 月 9 日向本院申请撤诉。

本院认为，在未发现原告的撤诉申请有违反法律及行政法规规定的情况下，对其撤诉申请应予支持。依照《中华人民共和国民事诉讼法》第一百三十一条第一款的规定，裁定如下：

---

① 本司法裁判文书系国浩律师集团（福州）事务所檀木林律师提供。

准许原告田盛海撤回起诉。

本案案件受理费 615 元（已减半收取）由原告田盛海承担。

审判长　林秀榕

审判员　孙明

代理审判员　吴帆

二〇〇九年九月十四日

书记员　刘雪芳

（三十二）

九州股份虚假陈述民事赔偿案

主题词：九州股份　虚假陈述　侵权　赔偿

43. 赵娥英诉福建九州集团股份有限公司、申银万国证券股份有限公司、招商证券股份有限公司、厦门国际信托投资公司、福建华兴有限责任会计师事务所等诉讼案（1）

福建省厦门市中级人民法院
民事裁定书

(2003) 厦经初字第 123 号①

原告：赵娥英。

委托代理人：林辉、王建徽，福建方圆统一律师事务所律师。

被告：福建九州集团股份有限公司，住所地：厦门市莲花香秀里 62 号九州商社 8 楼。

法定代表人：谢良生，董事长。

委托代理人：邵军，公司职员。

被告：申银万国证券股份有限公司，住所地：上海市常熟路171 号。

法定代表人：王明权，董事长。

委托代理人：程胜，公司职员。

被告：招商证券股份有限公司（原招银证券公司），住所地：深圳市振华路深纺大厦 C 座 1 楼。

---

① 本司法裁判文书系福建方圆统一律师事务所王建徽律师提供。

法定代表人：宫少林，董事长。

委托代理人：林文汶，公司职员。

被告：厦门国际信托投资公司，住所地：厦门市湖滨北路 68 号税保大厦附楼。

法定代表人：周明，董事长。

委托代理人：兰文伟，公司职员。

被告：福建华兴有限责任会计师事务所，住所地：福州市湖东路 152 号中山大厦 B 座 8 楼。

法定代表人：林全明，主任。

委托代理人：王平、邱兴亮，福建厦门联合信实律师事务所律师。

被告：赵裕昌，男，原福建九州集团股份有限公司董事长，现于福建省闽西监狱服刑。

被告：池金明，男，汉族，住厦门市。

被告：吴健俩，男，汉族，现于福建省泉州监狱服刑。

被告：周小华，男，汉族，住厦门市。

被告：于志海，男，汉族，住厦门市。

被告：吴素丹，女，汉族，住厦门市。

被告：蔡绿水，男，汉族，住厦门市。

被告：孙谦，男，汉族，住厦门市。

被告：江化开，男，汉族，住厦门市。

被告：杨幼义，男，汉族，住福建省龙岩市。

被告：熊越，男，汉族，住厦门市。

被告：周晶，男，原福建九州集团股份有限公司职员。

被告：董彬，女，汉族，住厦门市。

被告：庄巍，原福建华兴有限责任会计师事务所注册会计师。

被告：徐强，原福建华兴有限责任会计师事务所注册会计师。

委托代理人：王建、邓向群，福建远东大成律师事务所律师。

被告：程朝平，原福建华兴有限责任会计师事务所注册会计师。

原告赵娥英与被告福建九州集团股份有限公司（以下简称九州公司）、申银万国证券股份有限公司（以下简称申银万国公司）、招商证券股份有限公司（以下简称招商证券公司）、厦门国际信托投资公司（以下简称厦门国托）、福建华兴有限责任会计师事务所（以下简称华兴会计师事务所）、赵裕昌、池金明、吴健俩、周小华、于志海、吴素丹、蔡绿水、孙谦、江化开、杨幼义、熊越、周晶、董彬、庄巍、徐强、程朝平等 21 名被告虚假陈述证券民事侵权赔偿纠纷一案，本院受理后，依法组成合议庭公开开庭进行了审理。原告赵娥英的委托代理人王建徽，被告九州公司的委托代理人邵军，被告申银万国公司的委托代理人程胜，被告招商证券公司的委托代理人林文汶，被告厦门国托的委托代理人兰文伟，被告华兴会计师事务所的委托代理人王平、邱兴亮，被告徐强的委托代理人王建到庭参加诉讼。被告赵裕昌、吴健俩经本院传票传唤，被告池金明、周小华、吴素丹、蔡绿水、董彬、孙谦、江化开、杨幼义、熊越、周晶、庄巍、程朝平、于志海经本院公告送达开庭传票，均无正当理由拒不到庭参加诉讼。本院依法缺席审理。本案现已审理终结。

　　原告赵娥英诉称，其作为证券市场上的一名合法投资者，根据第一被告公开发布的相关信息，于 2001 年 9 月 13 日至 2001 年 10 月 10 日期间，以每股人民币（下同）5.24 元至 6.39 元不等的价格，分 8 次买进 "ST 九州" 股票 100 000 股。2001 年 12 月 8 日，第一被告发布公告称，公司收到中国证券监督管理委员会（以下简称中国证监会）作出的证监罚字（2001）21 号《关于福建九州集团股份有限公司及赵裕昌、池金明、吴健俩、周小华、于志海、吴素丹、蔡绿水、孙谦、江化开、杨幼义、熊越、周晶、董彬等 13 人违反证券法规行为的处罚决定》，认为九州公司存在违反证券法规的事实，构成了《股票发行与交易管理暂行条例》所述虚假陈述行为和未履行信息披露义务行为。为此，中国证监会决定对九州公司及上述主要责任人进行处罚。中国证监会同日还作出证监罚字（2001）22 号《关于福建华兴会计师事务所及庄巍、徐强、程朝平违反证券法规行为的处罚决定》，认为华兴会计师事务所及相关责任人存在违反证券法规的行为，构成了《股票发行与交易管理暂行条例》第七十三条所述 "出具的文件有虚假、严重误导性内容" 的行为。中国证监会据此决定对华兴会计师事务所及相关责任人进行处罚。涉及 "ST 九州" 虚假信息披露的处罚公告后，引起其股价大跌，原告被迫于

2002 年 1 月 24 日分别以每股 1.64 元和每股 1.63 元的价格各抛售
50 000 股的"ST 九州"股票，造成原告的巨大投资损失，按法定标
准计算为共计 390 135.57 元的投资损失。由于九州公司为"ST 九
州"股票的发行人，申银万国公司和招商证券公司为"ST 九州"股
票发行的第一和第二上市推荐人，厦门国托为"ST 九州"股票发行
的副主承销商，华兴会计师事务所为"ST 九州"股票发行出具财务
审计报告的会计师事务所，赵裕昌等 13 人为发行"ST 九州"股票
的九州公司的董事；徐强、庄巍、程朝平等 3 人为"ST 九州"股票
发行出具财务审计报告的责任会计师，以上被告均对"ST 九州"虚
假陈述负有责任，因此应对原告的损失共同承担连带赔偿责任。依
据《中华人民共和国证券法》《中华人民共和国民事诉讼法》和最高
人民法院《关于受理证券市场因虚假陈述引发的民事侵权赔偿纠纷
案件有关问题的通知》《关于审理证券市场因虚假陈述引发的民事赔
偿案件的若干规定》及其他相关法律、法规之规定，原告请求：

1. 判令第一被告对其虚假陈述给原告造成的 390 135.57 元的损
失承担赔偿责任，其他被告承担连带赔偿责任。

2. 本案诉讼费用由 21 名被告承担。

本院认为，最高人民法院《关于审理证券市场因虚假陈述引发
的民事赔偿案件的若干规定》第六条第一款规定："投资人以自己受
到虚假陈述侵害为由，依据有关机关的行政处罚决定或者人民法院
的刑事裁判文书，对虚假陈述行为人提起的民事赔偿诉讼，符合民
事诉讼法第一百零八条规定，人民法院应当受理。"该规定是对人民
法院受理虚假陈述案件前置程序的规定。依照上述规定，证券市场
上的投资人以自己受到虚假陈述侵害为由，向法院起诉的，必须具
备的条件有以下三种情形：其一，中国证券监督管理委员会或其派
出机构对虚假陈述行为人作出处罚决定；其二，中华人民共和国财
政部、其他行政机关以及有权作出行政处罚的机构对虚假陈述行为
人作出处罚决定；其三，虚假陈述行为人虽未受行政处罚，但已被
人民法院认定为有罪，并作出了刑事判决。凡缺少上述条件，投资
人向法院提起民事赔偿诉讼的，法院不予受理。本案中，申银万国
公司、招商证券公司、厦门国托三被告均未受到行政处罚及刑事裁

判，故原告起诉上述三被告，不符合人民法院受理虚假陈述证券民事赔偿案件的受理条件。依照《中华人民共和国民事诉讼法》第一百零八条第（四）项、第一百四十条第一款第（三）项、最高人民法院《关于适用〈中华人民共和国民事诉讼法〉若干问题的意见》第一百三十九条、最高人民法院《关于审理证券市场因虚假陈述引发的民事赔偿案件的若干规定》第六条的规定，裁定如下：

驳回原告赵娥英对被告申银万国证券股份有限公司、被告招商证券股份有限公司、被告厦门国际信托投资公司的起诉。

本案案件受理费 50 元，由原告赵娥英负担。

如不服本裁定，可在裁定书送达之日起十日内，向本院递交上诉状，并按对方当事人的人数提出副本，上诉于福建省高级人民法院。

审判长　李　桦

审判员　郑　萍

代理审判员　叶劲雄

二〇〇六年六月二十日

代书记员　陈雅萍

44. 赵娥英诉福建九州集团股份有限公司、申银万国证券股份有限公司、招商证券股份有限公司、厦门国际信托投资公司、福建华兴有限责任会计师事务所等诉讼案（2）

福建省厦门市中级人民法院
民事判决书

（2003）厦经初字第 123 号①

原告：赵娥英。

委托代理人：林辉、王建徽，福建方圆统一律师事务所律师。

被告：福建九州集团股份有限公司，住所地：厦门市莲花香秀

―――――――――――

① 本司法裁判文书系福建方圆统一律师事务所王建徽律师提供。

里 62 号九州商社 8 楼。

法定代表人：谢良生，董事长。

委托代理人：邵军，公司职员。

被告：申银万国证券股份有限公司，住所地：上海市常熟路171 号。

法定代表人：王明权，董事长。

委托代理人：程胜，公司职员。

被告：招商证券股份有限公司（原招银证券公司），住所地：深圳市振华路深纺大厦 C 座 1 楼。

法定代表人：宫少林，董事长。

委托代理人：林文汶，公司职员。

被告：厦门国际信托投资公司，住所地：厦门市湖滨北路 68 号税保大厦附楼。

法定代表人：周明，董事长。

委托代理人：兰文伟，公司职员。

被告：福建华兴有限责任会计师事务所，住所地：福州市湖东路 152 号中山大厦 B 座 8 楼。

法定代表人：林全明，主任。

委托代理人：王平、邱兴亮，福建厦门联合信实律师事务所律师。

被告：赵裕昌，男，原福建九州集团股份有限公司董事长，现于福建省闽西监狱服刑。

被告：池金明，男，汉族，住厦门市。

被告：吴健俩，男，汉族，现于福建省泉州监狱服刑。

被告：周小华，男，汉族，住厦门市。

被告：于志海，男，汉族，住厦门市。

被告：吴素丹，女，汉族，住厦门市。

被告：蔡绿水，男，汉族，住厦门市。

被告：孙谦，男，汉族，住厦门市。

被告：江化开，男，汉族，住厦门市。

被告：杨幼义，男，汉族，住福建省龙岩市。

被告：熊越，男，汉族，住厦门市。

被告：周晶，男，原福建九州集团股份有限公司职员。

被告：董彬，女，汉族，住厦门市。

被告：庄巍，原福建华兴有限责任会计师事务所注册会计师。

被告：徐强，原福建华兴有限责任会计师事务所注册会计师。

委托代理人：王建、邓向群，福建远东大成律师事务所律师。

被告：程朝平，原福建华兴有限责任会计师事务所注册会计师。

原告赵娥英与被告福建九州集团股份有限公司（以下简称九州公司）、申银万国证券股份有限公司（以下简称申银万国公司）、招商证券股份有限公司（以下简称招商证券公司）、厦门国际信托投资公司（以下简称厦门国托）、福建华兴有限责任会计师事务所（以下简称华兴会计师事务所）、赵裕昌、池金明、吴健俩、周小华、于志海、吴素丹、蔡绿水、孙谦、江化开、杨幼义、熊越、周晶、董彬、庄巍、徐强、程朝平等21名被告虚假陈述证券民事侵权赔偿纠纷一案，本院受理后，依法组成合议庭公开开庭进行了审理。原告赵娥英的委托代理人王建徽，被告九州公司的委托代理人邵军，被告申银万国公司的委托代理人程胜，被告招商证券公司的委托代理人林文汶，被告厦门国托的委托代理人兰文伟，被告华兴会计师事务所的委托代理人王平、邱兴亮，被告徐强的委托代理人王建到庭参加诉讼。被告赵裕昌、吴健俩经本院传票传唤，被告池金明、周小华、吴素丹、蔡绿水、董彬、孙谦、江化开、杨幼义、熊越、周晶、庄巍、程朝平、于志海经本院公告送达开庭传票，均无正当理由拒不到庭参加诉讼。本院依法缺席审理。本案现已审理终结。

原告赵娥英诉称，其作为证券市场上的一名合法投资者，根据第一被告公开发布的相关信息，于2001年9月13日至2001年10月10日期间，分8次买进"ST九州"股票100 000股，具体购买时间、价格和数量为：2001年9月13日以每股人民币（下同）6.39元买入17 000股；2001年9月20日以每股5.75元买入2 400股、以每股5.62元买入600股；2001年9月27日以每股5.35元买入20 000股；2001年10月10日分3次以每股5.34元买入共40 000股、以每股5.24元买入20 000股。2001年12月8日，第一被告发布公告称，公司收到中国证券监督管理委员会（以下简称中国证监会）作出的证监罚字（2001）21 号《关于福建九州集团股份有限公司及赵裕昌、池金明、吴健俩、周小华、于志海、吴素丹、蔡绿水、孙谦、江化开、杨幼义、熊越、周晶、董彬等 13 人违反证券法规行为的处罚决定》，该处罚决定称："ST 九州"1993 年定向募集股金没有足额到位；在 1996 年公开发行股票申报材料中，虚增 1993 年利润 1 929 万元，虚增 1994 年利润 1 520 万元，虚增 1995 年利润 1 704 万元；上市后，又虚增 1996 年利润 1 798 万元，虚增 1997 年利润 3 384 万元，并在 1998 年的配股申报材料中对前三年的利润作了虚假陈述；1998 年年报披露投入项目的配股资金为 5 100 万元，实际只投入 1 714 万元；截止 1999 年 6 月，"ST 九州"在未履行完整法律手续的情况下，通过关联交易，将本公司银行贷款共计 3.8 亿元借给福建九州商社有限责任公司使用，历年的财务报告均未作披露。中国证监会同日作出的证监罚字（2001）22 号《关于福建华兴会计师事务所及庄巍、徐强、程朝平违反证券法规行为的处罚决定》载明：福建华兴会计师事务所为"ST 九州"出具了发行前三年无保留意见的审计报告，在"ST 九州"上市后，又为其出具了含有虚假内容的 1996 年、1997 年和 1998 年年度审计报告。中国证监会据此对相关责任主体分别作出了相应处罚。涉及"ST 九州"虚假信息披露的处罚公告后，引起其股价大跌，原告被迫于 2002 年 1 月 24 日分别以每股 1.64 元和每股 1.63 元的价格各抛售 50 000 股的"ST 九州"股票，造成原告的巨大投资损失，按法定标准计算为共计 390 135.57 元的投资损失。由于九州公司为"ST 九州"股票的发行人，申银万国公司和招商证券公司为"ST 九州"股票发行的第一和第二上市推荐人，厦门国托为"ST 九州"股票发行的副主承销商，华兴会计师事务所为"ST 九州"股票发行出具财务审计报告的会计师事务所，赵裕昌、池金明、吴健俩、周小华、于志海、吴素丹、蔡绿水、孙谦、江化开、杨幼义、熊越、周晶、董彬等 13 人（以下简称赵裕昌等 13 人）为发行"ST 九州"股票的九州公司的董事；徐强、庄巍、程朝平等3 人（以下简称徐强等 3 人）为"ST 九州"股票发行出具财务审计报告的责任会计师，以上被告均对"ST 九州"虚假陈述负有责任，因此应对原告的损失共同承担连带赔偿责任。依据《中华人民共和国证券法》《中华人民共和国民事诉讼法》和最高人民法院《关于受理证券市场因虚假陈述引发的民事侵权赔偿纠纷案件的有关问题的通知》《关于审理证券市场因虚假陈述引发的民事赔偿案件的若干规定》（以下简称《虚假陈述若干规定》）及其他相关法律、法规之规定，原告请求：

1. 判令第一被告对其虚假陈述给原告造成的 390 135.57 元的损失承担赔偿责任，其他被告承担连带赔偿责任。

2. 本案诉讼费用由 21 名被告承担。

被告九州公司答辩称，原告买进股票之前已经有公告公司亏损信息，股价下跌不是未披露信息导致的。原告认为只要在揭露日以前买进股票就是被告虚假陈述的责任，是曲解了法律规定。

被告申银万国答辩称，根据最高人民法院的相关规定，虚假陈述行为人的认定应当以中国证监会及其派出机构作出的生效处罚决定为依据，即中国证监会或其派出机构依法作出的生效处罚决定是投资者提起证券虚假陈述民事赔偿案件的前置性条件。如果证券信息披露义务人没有受到中国证监会或其派出机构的生效处罚决定，其就不应当被简单认定为虚假陈述行为人。在本案中，答辩人曾于1993 年担任第一被告上市项目的第一上市推荐人。尽管该上市项目后被中国证监会认定存在虚假陈述行为，但中国证监会的相关处罚决定已经明确该上市项目中的虚假陈述行为人是发行人、参与发行工作的会计师事务所及其主要负责人和主要经办人员，而答辩人从未因该项目受到过中国证监会或其派出机构的处罚，因此，由于缺少证券市场虚假陈述民事赔偿前置性条件，原告向答辩人提起的虚假证券信息侵权纠纷没有法律依据，答辩人并不是本案适格的被告。

被告招商证券公司答辩称，其同意申银万国的答辩意见。依据2002 年最高人民法院的司法解释，明确规定虚假陈述要追究责任的是证监会处罚决定或法院的刑事判决书列明的人员。而答辩人和申银万国都不是这两类人，所以该公司被列为被告是没有依据的，也没有必要承担虚假陈述造成的损失。

被告华兴会计师事务所辩称：

1. 原告赵娥英诉称其投资"ST 九州"股票系受虚假陈述误导及因此蒙受 390 135.57 元的投资损失，该事实主张缺乏事实依据，显然无法成立。

2. 原告赵娥英诉称"涉及'ST 九州'虚假信息披露的处罚公告后，引起其股价大跌""造成原告的巨大投资损失"，但该陈述与客观事实严重不符，不能成立。

3. 原告赵娥英投资"ST 九州"此一"特别处理"股票，系属自甘冒险，理应自行承担相应的投资损失。

4. 原告赵娥英要求答辩人对其损失承担连带赔偿责任之诉讼请求，依法不能成立。

被告厦门国托答辩称：

1. 原告起诉没有法律依据，依法应驳回其起诉。根据最高人民法院的相关规定，"投资人以自己受到虚假陈述侵害为由，依据有关机关的行政处罚决定或者人民法院的刑事裁判文书，对虚假陈述行为人提起的民事赔偿诉讼，符合民事诉讼法第一百零八条规定的，人民法院应当受理"，原告起诉答辩人，既没有认定答辩人应承担责任的行政处罚决定，更没有判决答辩人承担刑事责任的刑事裁判文书作为依据，也即在法律和事实上，答辩人并非虚假陈述人，原告起诉答辩人没有任何法律和事实依据。

2. 答辩人没有参与虚假陈述的行为，没有承担原告损失的责任和义务，原告将答辩人也列为被告是错误的。答辩人作为副主承销商，只是相对于其他承销团成员承担了部分的承销团组织协调工作，其所发挥的作用以及所承担的义务与分销商无异。根据《股票发行与交易管理暂行条例》第十七条的规定，除主承销商之外的其他承销团成员对招股说明书并不负有签字和保证义务。且该招股说明书涉及虚假陈述的虚增前三年业绩问题，依据的是华兴会计师事务所出具的无保留意见的审计报告，其真实性、准确性应由会计师事务所负责，而答辩人作为承销团成员有理由相信招股说明书是真实的。

3. 根据《证券法》和其他法律、法规以及中国证监会的处罚决定，原告因虚假陈述所受损失，应由九州股份、华兴会计师事务所及有关责任人承担。

4. 如果原告坚持认为答辩人也应负民事赔偿责任，那么，原告在本诉中就遗漏其他重要主体，尤其是主承销商，依法应予追加。

5. 原告损失部分，有很大原因是由于市场风险引起的，这部分的损失应由其自负。从 2000 年 2 月 21 日起九州股份实行特别处理，戴上了 ST "帽子" 后，本身即有了一个价格不断下调的可能性。而中国证监会的处罚决定，只是加速了这一下跌过程。原告在九州股份被特别处理后仍购入（购买时间 2000 年 9 月至 12 月），表明其有承担市场风险损失的心理准备。

被告徐强答辩称：

1. 本案不适用《证券法》，不属人民法院受理的范围。答辩人对九州股份的上市审计及 1997 年年度审计报告的出具时间均在《证券法》施行之前。根据《虚假陈述若干规定》第一条及相关条款，本案不属于人民法院受理的范围。

2. 答辩人不应承担赔偿责任。原告的投资行为存在主观过错，引起原告股票的下跌及所受损失与答辩人的审计行为不具有因果关系。

3. 根据《注册会计师法》的相关规定，答辩人不应对职务行为承担个人责任。答辩人受处罚的原因是因为答辩人作为当时华兴会计师事务所副所长在 1997 年年度审计报告上签名，且注册会计师在审计过程中是按照国家规定办理的，不存在过错。《行政处罚决定书》对答辩人的责任认定缺乏事实依据。

上述各被告均抗辩认为应驳回原告赵娥英的诉讼请求。

其余被告既未到庭参加诉讼，也未向本院提交书面答辩意见。

经审理查明，原告赵娥英于 2001 年 9 月 13 日至 2001 年 10 月 10 日期间，分 8 次买进 "ST 九州" 股票 100 000 股，具体购买时间、价格和数量为：2001 年 9 月 13 日以每股 6.39 元买入 17 000 股；2001 年 9 月 20 日以每股 5.75 元买入 2 400 股、以每股 5.62 元买入 600 股；2001 年 9 月 27 日以每股 5.35 元买入 20 000 股；2001 年 10 月 10 日分 3 次以每股 5.34 元买入共 40 000 股、以每股 5.24 元买入 20 000 股。

2001 年 10 月 26 日，中国证监会作出证监罚字（2001）21 号《关于福建九州集团股份有限公司及赵裕昌、池金明、吴健俩、周小华、于志海、吴素丹、蔡绿水、孙谦、江化开、杨幼义、熊越、周晶、董彬等 13 人违反证券法规行为的处罚决定》，认为九州公司主要存在以下违反证券法规的事实：1993 年定向募集股金没有足额到位；在 1996 年公开发行股票申报材料中，虚增 1993 年利润 1 929 万元，虚增 1994 年利润 1 520 万元，虚增 1995 年利润 1 704 万元；上市后，又虚增 1996 年利润 1 798 万元，虚增 1997 年利润 3 384 万元，并在 1998 年的配股申报材料中对前三年的利润作了虚假陈述；1998 年年报披露投入项目的配股资金为 5 100 万元，实际只投入 1 714 万元；截至 1999 年 6 月，在未履行完整法律手续的情况下，通过关联交易，将本公司银行贷款共计 3.8 亿元借给福建九州商社有限责任公司使用，历年的财务报告均未作披露。九州公司的上述行为构成《股票发行与交易管理暂行条例》所述虚假陈述行为和未履行信息披露义务行为。为此，中国证监会根据有关规定，决定对九州公司处以警告；对九州公司违规行为的主要责任人赵裕昌、池金明处以警告并各罚款 10 万元；对参与违规的吴健俩、周小华等 11 人处以警告，并各罚款 3 万元至 5 万元；并责成九州公司董事会追缴 1993 年定向募集中未到位的股金。同日，中国证监会作出证监罚字（2001）22 号《关于福建华兴会计师事务所及庄巍、徐强、程朝平违反证券法规行为的处罚决定》，认为华兴会计师事务所存在以下违反证券法规的行为：在九州股份股票公开发行上市过程中，未能发现九州股份虚增上市前三年业绩的问题，为其出具了发行前三年无保留意见的审计报告；在九州股份上市后，又为其出具了含有虚假内容的 1996 年、1997 年和 1998 年年度审计报告。华兴会计师事务所及相关责任人的行为构成了《股票发行与交易管理暂行条例》第七十三条所述"出具的文件有虚假、严重误导性内容"的行为。中国证监会据此决定对华兴会计师事务所处以警告，没收非法所得并罚款；对直接责任人徐强、庄巍、程朝平处以罚款。上述处罚决定作出之后，被处罚单位和人员均未提出行政复议或行政诉讼。2001 年 12 月 1 日，《上海证券报》对九州公司因虚假陈述等违规行为受到中国证监会的行政处罚作出报道。同年 12 月 8 日，九州公司董事会也就此发布公告。2002 年 1 月 24 日，原告赵娥英分别以每股 1.64 元和每股 1.63 元的价格各抛售 50 000 股的"ST 九州"股票。

另查明，2001 年 12 月 4 日，"ST 九州"股票收盘价为 5.51 元，与"ST 九州"同时暂停上市的 ST 海洋、ST 银山化工、ST 深中侨收盘价分别为 10.45 元、11.84 元和 13.30 元。2001 年 12 月 5 日，中国证监会发布了《亏损上市公司暂停上市和终止上市实施办法（修订）》，"ST 九州"股票大幅下跌，至 2002 年 1 月 30 日收盘价已跌至 1.54 元，而 ST 海洋、ST 银山化工、ST 深中侨收盘价分别为 2.84 元、4.34 元和 4.93 元，均出现大幅下跌。同时，在此期间，深圳成分股指数也呈持续下跌态势。

上述事实有原告和被告提供的赵娥英证券账户复印件、赵娥英资金账号下的客户资金变更记录表、资金明细，中国证监会作出的证监罚字（2001）21 号、证监罚字第（2001）22 号处罚决定，2001 年 12 月 1 日的《上海证券报》，2001 年 12 月 8 日的九州公司董事会公告，中国证监会于 2001 年 12 月 5 日发布的《亏损上市公司暂停上市和终止上市实施办法（修订）》，综合指数、"ST 九州"及其他相关股票走势图及证券投资咨询从业人员林漳出庭所作的说明等证据为证。

本案争议的焦点为：

1. 原告赵娥英以自己受到虚假陈述侵害为由，起诉申银万国公司、招商证券公司、厦门国托，是否符合人民法院的受理条件；

2. 原告赵娥英因投资购买"ST 九州"股票遭受的损失与九州公司的虚假陈述行为之间是否存在因果关系；

3. 如果存在因果关系，原告赵娥英关于损失数额的计算是否正确，九州公司应当赔偿的数额是多少；

4. 华兴会计师事务所和徐强等三人是否应当承担赔偿责任。

关于第一个争议焦点，即原告赵娥英以自己受到虚假陈述侵害为由，起诉申银万国公司、招商证券公司、厦门国托，是否符合人民法院的受理条件。

被告申银万国公司、招商证券公司、厦门国托均认为，根据

《虚假陈述若干规定》，法院受理虚假陈述案件的前提是：有关机关的行政处罚决定或者人民法院的刑事裁判文书。三被告均不是中国证监会行政处罚决定书的处罚对象，也没有受到刑事制裁，人民法院不能受理原告赵娥英的起诉。

原告赵娥英认为，本案所涉虚假陈述行为已由中国证监会作出相应的行政处罚。《虚假陈述若干规定》只是针对案件立案和受理的一个程序性规定，而不是对赔偿责任主体和赔偿责任这一实体内容的规定，司法解释并未规定只有受行政处罚或刑事裁判的对象才能成为虚假陈述案件的被告。

本院认为，《虚假陈述若干规定》第六条规定，"投资人以自己受到虚假陈述侵害为由，依据有关机关的行政处罚决定或者人民法院的刑事裁判文书，对虚假陈述行为人提起的民事赔偿诉讼，符合民事诉讼法第一百零八条规定的，人民法院应当受理"。该规定是对人民法院受理虚假陈述案件前置程序的规定。依照上述规定，证券市场上的投资人以自己受到虚假陈述侵害为由，向法院起诉的，必须具备的条件有以下三种情形：其一，中国证监会或其派出机构对虚假陈述行为人作出处罚决定；其二，中华人民共和国财政部、其他行政机关以及有权作出行政处罚的机构对虚假陈述行为人作出处罚决定；其三，虚假陈述行为人虽未受行政处罚，但已被人民法院认定为有罪，并作出了刑事判决。凡缺少上述条件，投资人向法院提起民事赔偿诉讼的，法院不能予以受理。本案中，申银万国公司、招商证券公司、厦门国托三被告均未受到行政处罚及刑事裁判，故原告起诉上述三被告，不符合人民法院对虚假陈述证券民事赔偿案件的受理条件，应当驳回原告对上述三被告的起诉。

关于第二个争议焦点，即原告赵娥英因投资购买"ST 九州"股票遭受的损失与被告九州公司的虚假陈述行为之间是否存在因果关系。

被告九州公司和华兴会计师事务所均认为，原告赵娥英并没有在中国证监会认定九州公司虚假信息陈述期间（1996—1998 年），因受虚假信息"利好"的误导买进"ST 九州"股票，而是在九州公司规范履行信息披露义务的两年之后，即九州公司已严格按信息披露的有关规定，数十次公告重大"利空"信息的情况下，错误判断证券市场的内在运作规律，买进"ST 九州"股票，由此造成的亏损与九州公司三年前的"虚假陈述"无因果关系，而是原告自甘冒险，损失应当自行承担。此外，"ST 九州"股价下跌，与大盘走势和中国证监会公布的《亏损上市公司暂停上市和终止上市实施办法（修订）》有密切关系，原告赵娥英的损失也系因证券市场系统风险等因素所导致。华兴会计师事务所认为，其已在相关媒体上公告九州公司以前年度提供的相关资料存在重大差异及遗漏，对以往的虚假陈述作出了更正。原告赵娥英系于虚假陈述更正日之后投资于"ST 九州"股票，系明知虚假陈述存在而投资。

为此，被告九州公司提供了下列证据：

1. 九州公司 1998 年配股说明书；

2. 九州公司 1999 年年度报告；

3. 九州公司 2000 年中期报告；

4. 九州公司 2000 年年度报告；

5. 九州公司 2001 年中期报告；

6. 九州公司 2001 年年度报告，上述证据均证明九州公司经营亏损；

7. 公告，证明有五十多次进行了提示投资损失；

8.《上海证券报》关于中国证监会对九州公司处罚的报道；

9. 九州公司 2001 年第三季度报告；

10. 九州公司 2001 年 11 月份以后的公告；

11. 中国证监会《亏损上市公司暂停上市和终止上市实施办法（修订）》。

以上证据说明，是因为该规定九州公司股票价格才下跌。

被告华兴会计师事务所提供了下列证据：

1. 华兴会计师事务所 2000 年 6 月 26 日出具的闽华兴所（2000）股审字第 87 号审计报告。

2. 华兴会计师事务所 2001 年 4 月 23 日出具的闽华兴所（2001）股审字第 135 号审计报告。

3. 九州公司 1999 年年度报告摘要、2000 年中期报告摘要、

2000 年年度报告、2001 年中期报告、2001 年年度报告。

　　以上证据证明九州公司在年度报告中已披露公司财务状况及生产经营环境恶化、资金缺乏、债务负担沉重等内容，九州公司上市交易股票在 2000 年 2 月已被深圳证券交易所实行特别处理。华兴会计师事务所已在 2000 年 6 月、2001 年 4 月对九州公司的 1999 年度、2000 年度会计报表出具了无法发表审计意见的审计报告，也在相关媒体上公告九州公司以前年度提供的相关资料存在重大差异及遗漏，对以往的虚假陈述作出了更正。原告赵娥英自甘冒险且明知虚假陈述行为存在，并在虚假陈述行为被更正之后仍购买"ST 九州"股票，应自行承担投资损失。

　　4. 九州公司 1999 年至 2001 年发布的临时报告，证明九州公司频频就预亏、股票交易价格异常、重大诉讼、仲裁等事项发布临时报告，反复提醒投资者注意风险。

　　5. 中国证监会于 2001 年 12 月 5 日发布的《亏损上市公司暂停上市和终止上市实施办法（修订）》，证明该办法的出台导致"ST 九州"股票价格大跌，故原告赵娥英的损失与证券市场系统风险有关。

　　6. 综合指数、"ST 九州"及其他相关股票走势图，证明上证指数及深证成指相关时段走势以及"ST 九州"及其他 ST 股票相关时段走势。

　　7. 华兴会计师事务所向本院申请的证券投资咨询从业人员林漳出庭所作的说明。林漳主要就股票市场风险及"ST 九州"股票行情、走势等问题进行说明。其认为"ST 九州"在公司年报中提示经营环境恶化、被华兴会计师事务所出具无法保留意见的审计报告后股价却是上扬的，说明股民对该股票有良好的预期。同时"ST 九州"的股价走势不具有独立性，与之后同期退市的个股之间存在高度一致性。2001 年 12 月 5 日中国证监会发布的《亏损上市公司暂停上市和终止上市实施办法（修订）》，对"退市板块"造成极大的压力，后来与"ST 九州"同时暂停上市的 ST 海洋、ST 银山化工、ST 深中侨等 ST 股票在该办法出台后均大幅下跌。而且，深圳成分股指数从 2000 年 9 月开始的 4 955.61 元一路下跌至 2002 年 1 月 30 日的 2 779.39 元，说明 ST 九州的走势也与深市市场整体走势有较大关联。

8. 中国证监会《关于加强证券市场风险管理和教育的通知》，说明原告赵娥英作为投资者知道或应当知道证券市场是高风险市场，投资者要承担投资风险。

原告赵娥英认为，被告九州公司的虚假陈述行为已经受到了中国证监会的行政处罚，因此虚假陈述行为的存在可以认定。本案虚假陈述的更正日为 2001 年 12 月 8 日，而原告主张赔偿的 10 万股九州股票的买入时间为 2001 年 9 月 13 日至 2001 年 10 月 10 日，卖出时间为 2002 年 1 月 24 日，属于最高人民法院《虚假陈述若干规定》第十八条规定的"应当认定虚假陈述与损害结果之间存在因果关系"的情形。对被告九州公司提供的上述证据，原告赵娥英认为均无法核实其真实性。但九州公司参与远华走私被接受调查和公司账户被冻结、公司长期经营不正常、九州股票被 ST 处理等均是公开的信息，且均发生在 2000 年以前，而原告买入股票却是在 2001 年下半年，当时的股票价格已经是市场消化了前述"利空"信息后所决定的价格，处于相对低位。但当时本案所涉的虚假陈述信息尚未公开。该信息公告后便造成了股票价格的下跌，造成原告股价损失，这些损失并非原告购进股票前已公开的"利空"信息造成的。对于林漳的说明，原告赵娥英认为其观点仅代表个人，其对股票所作的分析预测与科学鉴定存在区别，只是揭示一种概率性。

本院认为，根据《虚假陈述若干规定》第十九条的规定："被告举证证明原告具有以下情形的，人民法院应当认定虚假陈述与损害结果之间不存在因果关系：（一）在虚假陈述揭露日或者更正日之前已经卖出证券；（二）在虚假陈述揭露日或者更正日及以后进行的投资；（三）明知虚假陈述存在而进行的投资；（四）损失或者部分损失是由证券市场系统风险等其他因素所导致；（五）属于恶意投资、操纵证券价格的。"被告九州公司和华兴会计师事务所主张原告赵娥英分别具有上述规定中的情形，因此九州公司的虚假陈述行为与赵娥英的损失之间不存在因果关系。本院对此分别作如下分析：

关于九州公司和华兴会计师事务所提出的原告赵娥英是在九州公司数十次公告重大"利空"信息的情况下，买进"ST 九州"股票，应自行承担投资损失的主张。本院认为，虽然九州公司在其年度报告和临时公告中数次披露其亏损的经营和财务状况，并提醒投资者注意投资风险，但原告赵娥英是在上述信息公布并被证券市场所消化后购买股票的，且其购买的是股票交易已被实行特别处理的"ST 九州"股票，此时的股票价格已经充分反映了上述信息。九州公司和华兴会计师事务所没有证据证明，上述"利空"信息的发布导致原告赵娥英在买进"ST 九州"股票后股价下跌，从而造成原告赵娥英的经济损失。故对九州公司和华兴会计师事务所的上述主张，本院不予支持。

关于华兴会计师事务所提出的原告赵娥英系于虚假陈述更正日之后投资于"ST 九州"股票，属明知虚假陈述存在而投资的主张。本院认为，所谓虚假陈述更正日，是指虚假陈述行为人在中国证监会指定披露证券市场信息的媒体上，自行公告更正虚假陈述并按规定履行停牌手续之日。虽然华兴会计师事务所在原告赵娥英购买"ST 九州"股票之前出具了无法发表审计意见的审计报告，但其并未公告更正之前的虚假陈述，故不属原告赵娥英明知虚假陈述存在而进行投资的情形。

关于九州公司和华兴会计师事务所提出的原告赵娥英的损失系因证券市场系统风险所导致的主张。本院认为，证券市场作为高风险市场，其投资风险既包括与市场整体运行相关联的利率风险、汇率风险、通货膨胀风险及宏观经济状况变化引发的风险等系统性风险，也包括与整个市场无关，而仅与某个股票、债券有关的，来源于企业内部微观因素所带来的非系统性风险。市场的种种因素，综合影响着股票价格。因此，投资者在受到虚假陈述侵权的同时，也可能同时受到上述风险的损害。被告九州公司和华兴会计师事务所提供的证据表明，中国证监会于 2001 年 12 月 5 日发布《亏损上市公司暂停上市和终止上市实施办法（修订）》之后，对 ST 板块造成了极大的影响。作为已经连续亏损两年且当年第三季度又亏损的"ST 九州"股票价格因此大幅下跌，且在同一时期，未受中国证监会处罚的，后来与"ST 九州"股票同时暂停上市的 ST 海洋、ST 银山化工、ST 深中侨等 ST 股票价格也均出现大幅下跌。同时，在此期间，深圳成分股指数也呈持续下跌态势。可见，"ST 九州"股票价格下跌与中国证监会发布

《亏损上市公司暂停上市和终止上市实施办法（修订）》密切相关。因此可以认定，赵娥英投资"ST 九州"股票而遭受的损失或部分损失是由证券市场系统风险所导致。根据上述《虚假陈述若干规定》第十九条第（四）项的规定，应当认定九州公司的虚假陈述与损害结果之间不存在因果关系。

综上分析，本院认为，原告赵娥英以自己受到虚假陈述侵害为由，起诉申银万国公司、招商证券公司、厦门国托，不符合人民法院对虚假陈述证券民事赔偿案件的受理条件，应当予以驳回（本院另行制作驳回起诉裁定书）。同时，虽然原告赵娥英在九州公司的虚假陈述行为实施之后至被揭露之前买入"ST 九州"股票，且在九州公司的虚假陈述行为被揭露之后卖出该股票，但被告九州公司和华兴会计师事务所提供的证据表明，赵娥英投资发生亏损是由证券市场系统风险所导致，九州公司的虚假陈述与损害结果之间并不存在因果关系。原告赵娥英起诉要求九州公司及其董事，以及华兴会计师事务所和徐强等三人对其损失承担赔偿责任，理由不能成立，本院不予支持。依照《中华人民共和国民事诉讼法》第六十四条、最高人民法院《关于审理证券市场因虚假陈述引发的民事赔偿案件的若干规定》第十九条第（四）项的规定，判决如下：

驳回原告赵娥英的诉讼请求。

本案案件受理费 8 362 元，由原告赵娥英负担。

如不服本判决，可在判决书送达之日起十五日内，向本院递交上诉状，并按对方当事人的人数提出副本，上诉于福建省高级人民法院。

审判长　李　桦

审判员　郑　萍

代理审判员　叶劲雄

二〇〇六年六月二十日

代书记员　陈雅萍

45. 赵娥英诉福建九州集团股份有限公司、申银万国证券股份有限公司、招商证券股份有限公司、厦门国际信托投资公司、福建华兴有限责任会计师事务所等上诉案（1）

福建省高级人民法院
民事裁定书

（2007）闽民终字第 348 号①

上诉人（原审原告）：赵娥英。

委托代理人：林辉、王建徽，福建方圆统一律师事务所律师。

被上诉人（原审被告）：福建九州集团股份有限公司，住所地：厦门市莲花香秀里 62 号九州商社 8 楼。

法定代表人：蔡适期，董事长。

委托代理人：邵军、魏永生，该公司职员。

被上诉人（原审被告）：申银万国证券股份有限公司，住所地：上海市常熟路 171 号。

法定代表人：丁国荣，董事长

委托代理人：程胜，该公司职员。

被上诉人（原审被告）：招商证券股份有限公司（原招银证券公司），住所地：深圳市福田区益田路江苏大厦 38—45 楼。

法定代表人：宫少林，董事长。

委托代理人：余淼、苟瑜，该公司职员。

被上诉人（原审被告）：厦门国际信托投资公司，住所地：厦门市思明区湖滨北路税保大厦附楼。

法定代表人：周明，董事长。

委托代理人：兰文伟，该公司职员。

被上诉人（原审被告）：福建华兴有限责任会计师事务所，住所地：福州市湖东路 152 号中山大厦 B 座 8 楼。

---

① 本司法裁判文书系福建方圆统一律师事务所王建徽律师提供。

法定代表人：林全明，主任会计师。

委托代理人：王平、邱兴亮，福建厦门联合信实律师事务所律师。

被上诉人（原审被告）：赵裕昌，男，原福建九州集团股份有限公司董事长，现于福建省闽西监狱服刑。

被上诉人（原审被告）：池金明，男，汉族，住厦门市。

被上诉人（原审被告）：吴健俩，男，汉族，现于福建省泉州监狱服刑。

被上诉人（原审被告）：周小华，男，汉族，住厦门市。

被上诉人（原审被告）：于志海，男，汉族，住厦门市。

被上诉人（原审被告）：吴素丹，女，汉族，住厦门市。

被上诉人（原审被告）：蔡绿水，男，汉族，住厦门市。

被上诉人（原审被告）：孙谦，男，汉族，住厦门市。

被上诉人（原审被告）：江化开，男，汉族，住厦门市。

被上诉人（原审被告）：杨幼义，男，汉族，住福建省龙岩市。

被上诉人（原审被告）：熊越，男，汉族，住厦门市。

被上诉人（原审被告）：周晶，男，原福建九州集团股份有限公司职员。

被上诉人（原审被告）：董彬，女，汉族，住厦门市。

被上诉人（原审被告）：庄巍，男，汉族，住福建省厦门市。

被上诉人（原审被告）：徐强，男，汉族，住福建省福州市。

被上诉人（原审被告）：程朝平，男，汉族，住福建省福州市。

被上诉人：庄巍、徐强、程朝平的共同委托代理人王建、邓向群，福建远东大成律师事务所律师。

上诉人赵娥英因与被上诉人福建九州集团股份有限公司（以下简称九州股份）、申银万国证券股份有限公司（以下简称申银万国证券）、招商证券股份有限公司（以下简称招商证券）、厦门国际信托有限公司（以下简称厦门国投）、福建华兴有限责任会计师事务所（以下简称华兴会计事务所）、赵裕昌、池金明、吴健俩、周小华、于志海、吴素丹、蔡绿水、孙谦、江化开、杨幼义、熊越、周晶、董彬、庄巍、徐强、程朝平虚假陈述证券民事侵权赔偿纠纷一案，不服福建省厦门市中级人民法院（2003）厦经初字第 123 号民事裁定，向本院提起上诉，本院依法组成合议庭，进行了审理。本案现已审理终结。

原审认为，最高人民法院《关于审理证券市场因虚假陈述引发的民事赔偿案件的若干规定》（以下简称《若干规定》）第六条规定，"投资人以自己受到虚假陈述侵害为由，依据有关机关的行政处罚决定或者人民法院的刑事裁判文书，对虚假陈述行为人提起的民事赔偿诉讼，符合民事诉讼法第一百零八条规定的，人民法院应当受理"。该规定是对人民法院受理虚假陈述案件前置程序的规定。依照上述规定，证券市场上的投资人以自己受到虚假陈述侵害为由，向法院起诉的，必须具备的条件有以下三种情形：其一，中国证券监督管理委员会或其派出机构对虚假陈述行为人作出处罚决定；其二，中华人民共和国财政部、其他行政机关以及有权作出行政处罚的机构对虚假陈述行为人作出处罚决定；其三，虚假陈述行为人虽未受行政处罚，但已被人民法院认定有罪，并作出了刑事判决。凡缺少上述条件，投资人向人民法院提起民事赔偿诉讼的，法院不能予以受理。本案中，申银万国证券、招商证券、厦门国投均未受到行政处罚及刑事裁判，故赵娥英起诉上述三个公司，不符合人民法院对虚假陈述证券民事赔偿案件的受理条件。原审法院依照《中华人民共和国民事诉讼法》第一百零八条第（四）项、第一百四十条第一款第（三）项，最高人民法院《关于适用〈中华人民共和国民事诉讼法〉若干问题的意见》第一百三十九条，最高人民法院《关于审理证券市场因虚假陈述引发的民事赔偿案件的若干规定》第六条的规定，裁定：驳回赵娥英对申银万国证券股份有限公司、招商证券股份有限公司、厦门国际信托有限公司的起诉。案件受理费 50 元，由赵娥英负担。

赵娥英不服，向本院提起上诉称，原审以九州股份的上市推荐人、股票承销商未受证监会处罚而依据最高人民法院《若干规定》裁定驳回上诉人对这些中介机构的起诉是错误的，是曲解司法解释规定的结果。纵览《若干规定》第六条规定的全部内容，这只是针对案件立案和受理的一个程序性规定，而不是对赔偿责任主体和赔偿责任这一实体内容的规定，并未规定只有受行政处罚或刑事裁判的对象才能成为虚假陈述案件的被告。也正因为此，《若干规定》才在第七条将此类案件的责任人进行了罗列。《若干规定》第二十六条至第二十八条对共同侵权人的赔偿责任的规定，亦说明赔偿责任主体并不一定限定在虚假陈述的直接实施人。最高人民法院李国光副院长就《若干规定》发布会答记者问时指出：《若干规定》在第五部分"归责与免责事由"中，对虚假陈述行为人所承担的民事责任，按无过错责任、过错推定责任和过错责任分别作出了明确规定。这里的归责原则充分体现，并非虚假陈述的直接实施人才承担赔偿责任。请求撤销原审裁定。

本院认为，《若干规定》第六条第一款规定："投资人以自己受到虚假陈述侵害为由，依据有关机关的行政处罚决定或者人民法院的刑事裁判文书，对虚假陈述行为人提起的民事赔偿诉讼，符合民事诉讼法第一百零八条规定的，人民法院应当受理。"本案中，申银万国证券、招商证券、厦门国投等三公司并未被追究行政责任和刑事责任，对上述三公司的行为是否构成虚假陈述行为尚未确定，赵娥英对上述三公司的起诉不符合法院的受理条件。原审驳回赵娥英对申银万国证券、招商证券、厦门国投的起诉正确，应予维持。依照《中华人民共和国民事诉讼法》第一百五十三条第一款第（一）项、第一百五十四条的规定，裁定如下：

驳回赵娥英的上诉，维持原裁定。

本裁定为终审裁定。

审判长　黄　宁

代理审判员　何　忠

代理审判员　詹强华

二〇〇七年十二月二十五日

书记员　蔡素洁

46. 赵娥英诉福建九州集团股份有限公司、申银万国证券股份有限公司、招商证券股份有限公司、厦门国际信托投资公司、福建华兴有限责任会计师事务所等上诉案（2）

福建省高级人民法院
民事判决书

（2007）闽民终字第 348 号①

上诉人（原审原告）：赵娥英。

委托代理人：林辉、王建徽，福建方圆统一律师事务所律师。

被上诉人（原审被告）：福建九州集团股份有限公司，住所地：厦门市莲花香秀里 62 号九州商社 8 楼。

法定代表人：蔡适期，董事长。

委托代理人：邵军、魏永生，该公司职员。

被上诉人（原审被告）：申银万国证券股份有限公司，住所地：上海市常熟路 171 号。

法定代表人：丁国荣，董事长。

委托代理人：程胜，该公司职员。

被上诉人（原审被告）：招商证券股份有限公司（原招银证券公司），住所地：深圳市福田区益田路江苏大厦 38—45 楼。

法定代表人：宫少林，董事长。

委托代理人：余淼、苟瑜，该公司职员。

被上诉人（原审被告）：厦门国际信托投资公司，住所地：厦门市思明区湖滨北路税保大厦附楼。

法定代表人：周明，董事长。

委托代理人：兰文伟，该公司职员。

被上诉人（原审被告）：福建华兴有限责任会计师事务所，住所

---

① 本司法裁判文书系福建方圆统一律师事务所王建徽律师提供。

地：福州市湖东路 152 号中山大厦 B 座 8 楼。

法定代表人：林全明，主任会计师。

委托代理人：王平、邱兴亮，福建厦门联合信实律师事务所律师。

被上诉人（原审被告）：赵裕昌，男，原福建九州集团股份有限公司董事长，现于福建省闽西监狱服刑。

被上诉人（原审被告）：池金明，男，汉族，住厦门市。

被上诉人（原审被告）：吴健俩，男，汉族，现于福建省泉州监狱服刑。

被上诉人（原审被告）：周小华，男，汉族，住厦门市。

被上诉人（原审被告）：于志海，男，汉族，住厦门市。

被上诉人（原审被告）：吴素丹，女，汉族，住厦门市。

被上诉人（原审被告）：蔡绿水，男，汉族，住厦门市。

被上诉人（原审被告）：孙谦，男，汉族，住厦门市。

被上诉人（原审被告）：江化开，男，汉族，住厦门市。

被上诉人（原审被告）：杨幼义，男，汉族，住福建省龙岩市。

被上诉人（原审被告）：熊越，男，汉族，住厦门市。

被上诉人（原审被告）：周晶，男，原福建九州集团股份有限公司职员。

被上诉人（原审被告）：董彬，女，汉族，住厦门市。

被上诉人（原审被告）：庄巍，男，汉族，住福建省厦门市。

被上诉人（原审被告）：徐强，男，汉族，住福建省福州市。

被上诉人（原审被告）：程朝平，男，汉族，住福建省福州市。

被上诉人：庄巍、徐强、程朝平的共同委托代理人王建、邓向群，福建远东大成律师事务所律师。

上诉人赵娥英因与被上诉人福建九州集团股份有限公司（以下简称九州股份）、申银万国证券股份有限公司（以下简称申银万国证券）、招商证券股份有限公司（以下简称招商证券）、厦门国际信托有限公司（以下简称厦门国投）、福建华兴有限责任会计师事务所（以下简称华兴会计师事务所）、赵裕昌、池金明、吴健俩、周小华、于志海、吴素丹、蔡绿水、孙谦、江化开、杨幼义、熊越、周晶、董彬、庄巍、徐强、程朝平虚假陈述证券民事侵权赔偿纠纷一案，不服福建省厦门市中级人民法院（2003）厦经初字第 123 号民事判决，向本院提起上诉。本院依法组成合议庭，公开开庭进行了审理。上诉人赵娥英的委托代理人王建徽，被上诉人九州股份的委托代理人邵军、魏永生，被上诉人申银万国证券的委托代理人程胜，被上诉人招商证券的委托代理人余淼、荀瑜，被上诉人厦门国投的委托代理人兰文伟，被上诉人华兴会计师事务所的委托代理人王平、邱兴亮，被上诉人庄巍、徐强、程朝平的共同委托代理人邓向群到庭参加诉讼。被上诉人赵裕昌、吴健俩经合法传唤，被上诉人池金明、周小华、于志海、吴素丹、蔡绿水、孙谦、江化开、杨幼义、熊越、周晶、董彬经本院公告送达开庭传票，均无正当理由拒不到庭参加诉讼。本院依法缺席审理。本案现已审理终结。

原审查明，赵娥英于 2001 年 9 月 13 日至 2001 年 10 月 10 日期间，分 8 次买进"ST 九州"股票 100 000 股，具体购买时间、价格和数量为：2001 年 9 月 13 日以每股 6.39 元买入 17 000 股；2001 年 9 月 20 日以每股 5.75 元买入 2 400 股、以每股 5.62 元买入 600 股；2001 年 9 月 27 日以每股 5.35 元买入 20 000 股；2001 年 10 月 10 日分 3 次以每股 5.34 元买入共 40 000 股、以每股 5.24 元买入 20 000 股。

2001 年 10 月 26 日，中国证监会作出证监罚字（2001）21 号《关于福建九州集团股份有限公司及赵裕昌、池金明、吴健俩、周小华、于志海、吴素丹、蔡绿水、孙谦、江化开、杨幼义、熊越、周晶、董彬等 13 人违反证券法规行为的处罚决定》，认为九州股份主要存在以下违反证券法规的事实：1993 年定向募集股金没有足额到位；在 1996 年公开发行股票申报材料中，虚增 1993 年利润 1 929 万元，虚增 1994 年利润 1 520 万元，虚增 1995 年利润 1 704 万元；上市后，又虚增 1996 年利润 1 798 万元，虚增 1997 年利润 3 384 万元，并在 1998 年的配股申报材料中对前三年的利润作了虚假陈述；1998 年年报披露投入项目的配股资金为 5 100 万元，实际只投入 1 714 万元；截至 1999 年 6 月，在未履行完整法律手续的情况下，通过关联交易，将本公司银行贷款共计 3.8 亿元借给福建九州商社有限责任公司使用，历年的财务报告均未作披露。九州股份的上述行为构成了《股票发行与交易管理暂行条例》所述虚假陈述行为和未履行信息披露义务行为。为此，中国证监会根据有关规定，决定对九州股份处以警告；对九州股份违规行为的主要责任人赵裕昌、池金明处以警告并各罚款 10 万元；对参与违规的吴健俩、周小华等 11 人处以警告，并各罚款 5 万元至 3 万元；并责成九州股份董事会追缴1993 年定向募集中未到位的股金。同日，中国证监会作出证监罚字(2001) 22 号《关于福建华兴会计师事务所及庄巍、徐强、程朝平违反证券法规行为的处罚决定》，认为华兴会计师事务所存在以下违反证券法规的行为：在九州股份股票公开发行上市过程中，未能发现九州股份虚增上市前三年业绩的问题，为其出具了发行前三年无保留意见的审计报告；在九州股份上市后，又为其出具了含有虚假内容的 1996 年、1997 年和 1998 年年度审计报告。华兴会计师事务所及相关责任人的行为构成了《股票发行与交易管理暂行条例》第七十三条所述"出具的文件有虚假、严重误导性内容"的行为。中国证监会据此决定对华兴会计师事务所处以警告，没收非法所得并罚款；对直接责任人徐强、庄巍、程朝平处以罚款。上述处罚决定作出之后，被处罚单位和人员均未提出行政复议或行政诉讼。2001 年12 月 1 日，《上海证券报》对九州股份因虚假陈述等违规行为受到中国证监会的行政处罚作出报道。同年 12 月 8 日，九州股份董事会也就此发布公告。2002 年 1 月 24 日，原告赵娥英分别以每股 1.64 元和每股 1.63 元的价格各抛售 50 000 股的"ST 九州"股票。

另查明，2001 年 12 月 4 日，"ST 九州"股票收盘价为 5.51 元，与"ST 九州"同时暂停上市的 ST 海洋、ST 银山化工、ST 深中侨收盘价分别为 10.45 元、11.84 元和 10.50 元。2001 年 12 月 5 日，中国证监会发布了《亏损上市公司暂停上市和终止上市实施办法(修订)》，"ST 九州"股票大幅下跌，至 2002 年 1 月 30 日收盘价已跌至 1.54 元，而 ST 海洋、ST 银山化工、ST 深中侨收盘价分别为2.84 元、4.34 元和 4.93 元，均出现大幅下跌。同时，在此期间，深圳成分股指数也呈持续下跌态势。

原审争议的焦点为：

1. 赵娥英以自己受到虚假陈述侵害为由，起诉申银万国证券、招商证券、厦门国投，是否符合人民法院的受理条件；

2. 赵娥英因投资购买"ST九州"股票遭受的损失与九州股份的虚假陈述行为之间是否存在因果关系；

3. 如果存在因果关系，赵娥英关于损失数额的计算是否正确，九州股份应当赔偿的数额是多少；

4. 华兴会计师事务所和徐强等三人是否应当承担赔偿责任。

关于第一个争议焦点，即赵娥英以自己受到虚假陈述侵害为由，起诉申银万国证券、招商证券、厦门国投，是否符合人民法院的受理条件。原审认为，《关于审理证券市场因虚假陈述引发的民事赔偿案件的若干规定》（以下简称《若干规定》）第六条规定，"投资人以自己受到虚假陈述侵害为由，依据有关机关的行政处罚决定或者人民法院的刑事裁判文书，对虚假陈述行为人提起的民事赔偿诉讼，符合民事诉讼法第一百零八条规定的，人民法院应当受理"。该规定是对人民法院受理虚假陈述案件前置程序的规定。依照上述规定，证券市场上的投资人以自己受到虚假陈述侵害为由，向人民法院起诉的，必须具备的条件有以下三种情形：其一，中国证券监督管理委员会或其派出机构对虚假陈述行为人作出处罚决定；其二，中华人民共和国财政部、其他行政机关以及有权作出行政处罚的机构对虚假陈述行为人作出处罚决定；其三，虚假陈述行为人虽未受行政处罚，但已被人民法院认定为有罪，并作出了刑事判决。凡缺少上述条件，投资人向法院提起民事赔偿诉讼的，法院不予以受理。本案中，申银万国证券、招商证券、厦门国投均未受到行政处罚及刑事裁判，故赵娥英起诉上述三公司，不符合人民法院对虚假陈述证券民事赔偿案件的受理条件，应当驳回赵娥英对上述三公司的起诉。

关于第二个争议焦点，即赵娥英因投资购买"ST九州"股票遭受的损失与被告九州股份的虚假陈述行为之间是否存在因果关系。原审认为，根据《若干规定》第十九条的规定："被告举证证明原告具有以下情形的，人民法院应当认定虚假陈述与损害结果之间不存在因果关系：（一）在虚假陈述揭露日或者更正日之前已经卖出证券；（二）在虚假陈述揭露日或者更正日及以后进行的投资；（三）明知虚假陈述存在而进行的投资；（四）损失或者部分损失是由证券市场系统风险等其他因素所导致；（五）属于恶意投资、操纵证券价格的。"九州股份和华兴会计师事务所主张赵娥英分别具有上述规定中的情形，因此，九州股份的虚假陈述行为与赵娥英的损失之间不存在因果关系。原审对此分析如下：

关于九州股份和华兴会计师事务所提出的赵娥英是在九州股份数十次公告重大"利空"信息的情况下，买进"ST 九州"股票，应自行承担投资损失的主张。原审认为，虽然九州股份在其年度报告和临时公告中数次披露其亏损的经营和财务状况，并提醒投资者注意投资风险。但赵娥英是在上述信息公布并被证券市场所消化后购买股票的，且其购买的是股票交易已被实行特别处理的"ST 九州"股票，此时的股票价格已经充分反映了上述信息。九州股份和华兴会计师事务所没有证据证明，上述"利空"信息的发布导致赵娥英在买进"ST 九州"股票后股价下跌，从而造成赵娥英的经济损失。故对九州股份和华兴会计师事务所的上述主张，不予支持。

关于华兴会计师事务所提出的赵娥英系于虚假陈述更正日之后投资于"ST 九州"股票，属明知虚假陈述存在而投资的主张。原审认为，所谓虚假陈述更正日，是指虚假陈述行为人在中国证监会指定披露证券市场信息的媒体上，自行公告更正虚假陈述并按规定履行停牌手续之日。虽然华兴会计师事务所在赵娥英购买"ST 九州"股票之前出具了无法发表审计意见的审计报告，但其并未公告更正之前的虚假陈述，故不属赵娥英明知虚假陈述存在而进行投资的情形。

关于九州股份和华兴会计师事务所提出的赵娥英的损失系因证券市场系统风险所导致的主张。原审认为，证券市场作为高风险市场，其投资风险既包括与市场整体运行相关联的利率风险、汇率风险、通货膨胀风险及宏观经济状况变化引发的风险等系统性风险，也包括与整个市场无关，而仅与某个股票、债券有关的，来源于企业内部微观因素所带来的非系统性风险。市场的种种因素，综合影响着股票价格。因此，投资者在受到虚假陈述侵权的同时，也可能同时受到上述风险的损害。九州股份和华兴会计师事务所提供的证据表明，中国证监会于 2001 年 12 月 5 日发布《亏损上市公司暂停上市和终止上市实施办法（修订）》之后，对 ST 板块造成了极大的影响。作为已经连续亏损两年且当年第三季度又亏损的"ST 九州"股票价格因此大幅下跌，且在同一时期，未受中国证监会处罚的后来与"ST 九州"股票同时暂停上市的 ST 海洋、ST 银山化工、ST 深中侨等 ST 股票价格也均出现大幅下跌。同时，在此期间，深圳成分股指数也呈持续下跌态势。可见，"ST 九州"股票价格下跌与中国证监会发布《亏损上市公司暂停上市和终止上市实施办法（修订）》密切相关。因此可以认定，赵娥英投资"ST 九州"股票而遭受的损失或部分损失是由证券市场系统风险所导致。根据上述《若干规定》第十九条第（四）项的规定，应当认定九州股份的虚假陈述与损害结果之间不存在因果关系。

综上分析，原审认为，赵娥英以自己受到虚假陈述侵害为由，起诉申银万国证券、招商证券、厦门国投，不符合人民法院对虚假陈述证券民事赔偿案件的受理条件，应当予以驳回（原审另行制作驳回起诉裁定书）。同时，虽然赵娥英在九州股份的虚假陈述行为实施之后至被揭露之前买入"ST 九州"股票，且在九州股份的虚假陈述行为被揭露之后卖出该股票，但九州股份和华兴会计师事务所提供的证据表明，赵娥英投资发生亏损是由证券市场系统风险所导致，九州股份的虚假陈述与损害结果之间并不存在因果关系。赵娥英起诉要求九州股份及其董事，以及华兴会计师事务所和徐强等对其损失承担赔偿责任，理由不能成立，不予支持。原审依照《中华人民共和国民事诉讼法》第六十四条、最高人民法院《关于审理证券市场因虚假陈述引发的民事赔偿案件的若干规定》第十九条第（四）项的规定，判决驳回赵娥英的诉讼请求。案件受理费 8 362 元，由赵娥英负担。

一审判决后，赵娥英不服，向本院提起上诉称：

1. 原审判决对系统风险的认定缺少科学性，而判决驳回上诉人原审全部赔偿请求更是错误的。

（1）原审判决认定系统风险的存在，是以"2001 年 12 月 5 日中国证监会发布《亏损上市公司暂停上市和终止上市实施办法（修

订)》之后，对 ST 板块造成了极大的影响"，并列举了 ST 海洋、ST
银山化工、ST 深中侨 3 只股票在同一时期股价亦大幅下跌为参照，
论证系统风险的程度。但同一时期，与"ST 九州"同为深交所挂牌
交易的 ST 股票共有 24 只，ST 海洋、ST 银山化工、ST 深中侨实际
是除 ST 九州外当时跌幅最深的 3 只股票，其他如 ST 红日、ST 深华
源、ST 西化机、ST 合成、ST 白云山等均跌幅较小，而 ST 青健还
有上涨，因此 ST 海洋、ST 银山化工、ST 深中侨并无代表性，原审
判决仅将该 3 只当时跌幅最深的股票作为参照来证明系统风险，显
然以点盖面，以偏概全。实际上，从"ST 九州"公告受证监会处罚
的 2001 年 12 月 8 日（即更正日）到期股票流通股随后交易的换手率
达 100％的 2002 年 1 月 24 日（即基准日），深圳成分股指数从
3 557.54 元跌至 2 898.46 元，跌幅为 18.53％，而同一时期"ST 九
州"的股票价格却从 4.72 元/股跌至 1.60 元/股，跌幅深达
66.10％。由此可见，原审判决对系统风险的认定缺乏科学性。

（2）原审判决认定上诉人"投资'ST 九州'股票而遭受的损失
或部分损失是由证券市场系统风险所致"，但却未对上诉人的损失中
由系统风险所致和由虚假陈述所致的比例进行划分，全部驳回了上
诉人的原审赔偿请求，显然不合逻辑、不合情理和有失公正。本案
为虚假证券信息侵权纠纷，属于侵权案件的范畴，侵权案件责任人
承担的是侵权赔偿责任，它不同于违约责任，为惩罚性赔偿责任而
非弥补损失性赔偿责任。因此，本案在确定虚假陈述行为人赔偿责
任时，不考虑系统风险亦有其合理性，尤其是不应夸大系统风险的
因素。如果要考虑系统风险的因素，那么就应科学地划分上诉人的
损失中由系统风险所致和由虚假陈述所致的比例，在剔除系统风险
所致损失后，余下损失由虚假陈述责任人进行赔偿。

（3）证券市场上，投资者遭受的损失往往体现为多因一果的关
系，既可能有宏观的系统风险因素，也可能由微观的某只证券的发
行公司自身的特定因素导致。本案中，"ST 九州"的虚假陈述是最
基本的事实之一，而原审的判决结果实际是以系统风险掩盖了虚假
陈述因素，为虚假陈述行为人寻得推卸责任的理由。

2. 原审以九州股份的上市推荐人、股票承销商未受证监会处罚

而依据最高人民法院的《若干规定》裁定驳回上诉人对这些中介机构的起诉是错误的，是曲解司法解释规定的结果。纵览《若干规定》第六条规定的全部内容，这只是针对案件立案和受理的一个程序性规定，而不是对赔偿责任主体和赔偿责任这一实体内容的规定，并未规定只有受行政处罚或刑事裁判的对象才能成为虚假陈述案件的被告。也正因为此，《若干规定》才在第七条将此类案件的责任人进行了罗列。《若干规定》第二十六条至第二十八条对共同侵权人的赔偿责任的规定，亦说明赔偿责任主体并不一定限定在虚假陈述的直接实施人。最高人民法院李国光副院长就《若干规定》发布会答记者问时指出：《若干规定》在第五部分"归责与免责事由"中，对虚假陈述行为人所承担的民事责任，按无过错责任、过错推定责任和过错责任分别作了明确规定。这里的归责原则充分体现，并非虚假陈述的直接实施人才承担赔偿责任。司法解释出台数年来，仍不断有上市公司因虚假陈述受到证监会的处罚，仍有投资者因造假者被曝光而遭受巨额损失，说明证券市场上的造假仍然严重。而本案的原审判决，对造假者实际起到了庇护作用，对作为投资人的上诉人乃至证券市场上的所有合法投资者却是一种打击。请求撤销原审判决和裁定，改判被上诉人九州股份对其虚假陈述给上诉人造成的390 135.57元人民币的损失承担赔偿责任，其余被上诉人承担连带赔偿责任。

被上诉人九州股份答辩称：

1. 一审判决对系统风险的认定是科学的，其举例具有代表性。中国证监会于2001年12月5日发布了《亏损上市公司暂停上市和终止上市实施办法（修订）》，对ST板块造成了极大的影响，股价应声下跌，尤其是已连续亏损两年九个月的上市公司股票，跌幅较大。与"ST九州"具有同样性质，而未受中国证监会行政处罚的其他ST上市公司未能幸免。一审判决中列举的ST海洋、ST银山化工、ST深中侨属于这种情况。有公开的信息资料表明，这三家ST上市公司与"ST九州"一样，在公布2001年年度报告后，发布了暂停上市公告，随后均发布了终止上市公告。因此"连续三年亏损"概念具有科学的可比性。而同一时期并未"连续三年亏损"的其他ST

上市公司跌幅相对较小。需要指出的是，上诉人将同一时期证券市场交易指数的涨跌幅度与某一只股票股价涨跌幅度进行比较是非常不科学的。

2. 本案的特殊性。九州股份在上诉人买入"ST九州"股票之前，已多次公告了一系列重大"利空"信息。其中严重亏损、重大诉讼、被判罚金数额均达数亿元（大大超过了虚假信息陈述的所指"利好"信息的数额），这一系列的公告，是其他因虚假信息陈述而被处罚的上市公司所没有的。综上，请求依法驳回上诉人的上诉请求。

被上诉人申银万国证券答辩称，答辩人曾于1993年担任本案第一被告上市项目的第一上市推荐人，尽管该上市项目后被中国证监会认定存在虚假陈述行为，但中国证监会的相关处罚决定已经明确该上市项目中的虚假陈述行为人是发行人、参与发行工作的会计师事务所，及其主要负责人和主要经办人员。而答辩人从未因该项目受到过中国证监会或其派出机构的处罚。因此，由于缺少证券市场虚假陈述民事赔偿前置性条件，向答辩人提起的虚假证券信息侵权纠纷是没有法律依据的。

被上诉人招商证券答辩称：

1. 上诉人上诉没有法律依据，依法应驳回其上诉。

2. 招商证券没有参与虚假陈述的行为，不存在过错，没有承担原告损失的责任和义务，上诉人将招商证券也列为被告是错误的。

3. 即使上诉人的损失是由虚假陈述造成的，根据《证券法》和其他法律、法规以及中国证监会的处罚决定，上诉人因虚假陈述所受损失，也应由九州股份、华兴会计师事务所及有关责任人承担。

4. 上诉人的部分损失，有很大原因是由于市场风险引起的，这部分损失应由其自负。另外，根据证监罚字（2002）21号《行政处罚决定书》，九州股份还存在1996年、1997年、1998年三年利润虚假和其他违法行为，这些也是造成其股价下跌的部分原因，而这些违规行为都是发生在九州股份发行上市之后，与股票发行承销商没有任何关联。

被上诉人厦门国投答辩称：

1.《股票发行与交易管理暂行条例》第十七条的规定并未涉及副主承销商和分销商，也即除主承销商之外的其他承销团成员并不负有签字和保证义务。该招股说明书涉及虚假陈述的虚增前三年业绩问题，依据的是由具有证券从业资格的福建华兴会计师事务所出具的发行前三年无保留意见的审计报告。对审计报告中数据来源的核查，我方无法进行也不可能进行，我方作为股票承销团成员没有专业的审计能力，也不可能再聘请具有证券从业资格的会计师对已经审计过的财务数据再进行一次审计，否则，我方是无法发现其中存在的虚假陈述的。中国证监会 2001 年作出的两份处罚决定，已经说明了我方并未参与虚假陈述。

2. 根据法律、法规的规定以及中国证监会的处罚决定，赵娥英因虚假陈述所受损失，应由九州股份、华兴会计师事务所及有关责任人员承担。

3. 赵娥英的部分损失，有很大原因是由于市场风险引起的，这部分损失应由其自负。赵娥英在九州股份被特别处理（2000 年 2 月 21 日）后仍购入其股票，表明其有承担市场风险损失的心理准备。九州股份在被特别处理后，本身即有价格不断下调的可能性。中国证监会的处罚决定，只是加速了这一下跌过程。

被上诉人华兴会计师事务所答辩称：

1. 华兴会计师事务所非本案适格诉讼主体。

2. 上诉人所谓"原审判决对系统风险的认定缺少科学性"之指责，并无理由，不能成立。本案被上诉人"ST 九州"股票损失显然系因证券市场系统风险而致。

3. 退一步言，姑且不论华兴会计师事务所非本案适格诉讼主体，衡诸案件事实及适用法律，上诉人之上诉请求依法不能成立。上诉人投资"ST 九州"股票，纵使发生亏损或产生亏损，该亏损亦与华兴会计师事务所之间没有因果关系，上诉人投资"ST 九州"此一特别处理股票，系属自甘冒险，上诉人理应自行承担投资损失。

4. 上诉人所主张的具体投资损失，缺乏事实根据及法律依据，不能成立。

5. 上诉人上诉状所述"本案为虚假证券信息侵权案件，属于侵权案件的范畴，侵权案件责任人承担的是侵权赔偿责任，它不同于违约责任，为惩罚性赔偿责任而非弥补损失性赔偿责任"之理由，明确缺乏法律依据。

6. 本案上诉人之过错甚为明显，上诉人应自行承担其自身过错造成的损失。

7. 上诉人要求华兴会计师事务所对其损失承担连带赔偿责任之诉请，缺乏事实根据及法律依据，依法不能成立。请求依法驳回上诉人针对华兴会计师事务所之全部诉请。

被上诉人庄巍、徐强、程朝平在庭审中口头答辩称：同意华兴会计师事务所的答辩意见。上诉人购买股票时所看到的应该是更正日之后的资料。根据当时的法律，三位被上诉人只是事务所的工作人员，不应承担责任。

在二审审理过程中，除"ST九州"股价下跌的原因外，各方当事人对原审查明的其他事实无异议，本院予以确认。

二审各方当事人争议焦点为：

1. 上诉人赵娥英以自己受到虚假陈述侵害为由，对申银万国证券、招商证券、厦门国投的起诉是否符合法院的受理条件。

2. 被上诉人九州股份的虚假陈述与上诉人赵娥英因投资购买"ST九州"股票遭受的损失之间是否存在因果关系，及九州股份应当赔偿的数额。

3. 赵娥英损失数额的认定。

4. 被上诉人赵裕昌、池金明等13名董事的责任。

5. 华兴会计师事务所及庄巍、徐强、程朝平等的责任。

对此，本院予以查明、分析并认定。

（一）上诉人赵娥英以自己受到虚假陈述侵害为由，对申银万国证券、招商证券、厦门国投的起诉是否符合法院的受理条件

经审理查明：

（1）1998年11月6日招银证券公司变更为国通证券有限责任公司，2001年12月26日国通证券有限公司变更为国通证券股份有限公司，2002年6月28日国通证券股份有限公司变更为招商证券股份有限公司。

（2）2007 年 8 月 14 日厦门国际信托投资有限公司更名为厦门国际信托有限公司。

本院认为，《若干规定》第六条第一款规定："投资人以自己受到虚假陈述侵害为由，依据有关机关的行政处罚决定或者人民法院的刑事裁判文书，对虚假陈述行为人提起的民事赔偿诉讼，符合民事诉讼法第一百零八条规定的，人民法院应当受理。"本案中，申银万国证券、招商证券、厦门国投等三公司并未被追究行政责任和刑事责任，对上述三公司的行为是否构成虚假陈述行为尚未确定，赵娥英对上述三公司的起诉不符合法院的受理条件。原审驳回赵娥英对申银万国证券、招商证券、厦门国投的起诉正确，应予维持。

（二）被上诉人九州股份的虚假陈述与上诉人赵娥英因投资购买"ST 九州"股票遭受的损失之间是否存在因果关系，及九州股份应当赔偿的数额

经审理查明：

（1）2001 年 10 月 26 日中国证监会证监罚字（2001）21 号《关于福建九州集团股份有限公司及赵裕昌、池金明、吴健俩、周小华、于志海、吴素丹、蔡绿水、孙谦、江化开、杨幼义、熊越、周晶、董彬等 13 人违反证券法规行为的处罚决定》认定，九州股份的行为构成《股票发行与交易管理暂行条例》第七十四条第二款所述虚假陈述行为和第七十四条第八款所述未履行信息披露义务行为。

（2）上述处罚决定披露后的第一个交易日即 2001 年 12 月 3 日，"ST 九州"股票收盘价 5.59 元，比前一交易日下跌 0.01 元，跌幅 0.18%，成交量 565.28 万股；12 月 4 日，"ST 九州"股票收盘价 5.51 元，下跌 0.08 元，跌幅 1.43%，成交量降至 292.85 万股。

（3）2001 年 12 月 5 日中国证监会《亏损上市公司暂停上市和终止上市实施办法（修订）》在媒体上公布。该实施办法第五条第一款规定：公司出现最近三年连续亏损的情形，证券交易所应自公司公布年度报告之日起十个工作日内作出暂停其股票上市的决定。当天"ST 九州"股票开盘价以跌停板 5.23 元开出，整个交易日封在跌停板。此后的交易日，出现多个跌停板，股价大幅下跌。

（4）与九州股份一样已连续两年亏损且第三年仍可能亏损的股

票：2001 年 11 月 30 日至 2002 年 1 月 23 日期间，"ST 九州"跌幅 71. 25％，ST 深中侨跌幅 51. 93％，ST 东北电跌幅 64. 49％，ST 海洋跌幅 70. 84％，ST 银山化工跌幅 69. 97％，ST 宏业跌幅 67. 35％。

本院认为，《若干规定》第十八条规定："投资人具有以下情形的，人民法院应当认定虚假陈述与损害结果之间存在因果关系：（一）投资人所投资的是与虚假陈述直接关联的证券；（二）投资人在虚假陈述实施日及以后，至揭露日或者更正日之前买入该证券；（三）投资人在虚假陈述揭露日或者更正日及以后，因卖出该证券发生亏损，或者因持续持有该证券而产生亏损。"本案中，赵娥英所投资的是与虚假陈述直接关联的"ST 九州"股票；在虚假陈述实施日以后，至揭露日之前买入"ST 九州"股票；在虚假陈述揭露日以后，因持续持有"ST 九州"股票而产生亏损。因此，应当认定九州股份的虚假陈述与赵娥英的损失之间存在因果关系。

但是，由于客观上证券市场存在多种风险，因此，区分引起股价变化的虚假陈述因素和系统风险等其他因素，将投资人请求赔偿范围限制于虚假陈述所造成的损失，而将系统风险等其他因素排除在外，不仅反映证券市场的公平理念，而且是因果关系原则的必然要求。本案中，九州股份和华兴会计师事务所均举证，中国证监会处罚决定披露后的头两个交易日即 2001 年 12 月 3 日和 12 月 4 日，"ST 九州"股票并未如赵娥英所诉称的"引起其股价大跌"，而是在 2001 年 12 月 5 日中国证监会公布《亏损上市公司暂停上市和终止上市实施办法（修订）》后，才出现多个跌停板，股价大幅下跌。同时，深交所的其他 ST 股票绝大多数下跌，在此期间，深圳成分股指数也呈持续下跌态势。另外，九州股份在 2001 年也多次发布公告，提醒投资者公司亏损严重，无力偿还债务，诉讼繁多，谨防投资风险。

综上，本院认为，上诉人赵娥英的主要损失系由于宏观因素、市场环境变化、政策性系统风险等因素造成的，但是，九州股份的虚假陈述行为也是造成赵娥英投资损失的一个次要原因，应承担一定的赔偿责任。

九州股份和华兴会计师事务所关于赵娥英明知虚假陈述存在而

进行投资的主张没有事实依据，不予支持。

（三）关于赵娥英损失数额的认定问题

本院认为，九州股份没有对中国证监会证监罚字（2001）21 号处罚决定中涉及的虚假陈述行为进行自我更正，2001 年 12 月 1 日中国证监会的行政处罚公布后，九州股份虚假陈述的事实才首次得以公开披露，九州股份虚假陈述揭露日为 2001 年 12 月 1 日。

根据《若干规定》第二十九条至第三十三条的规定计算，赵娥英的损失数额应为 217 556.47 元。

（四）被上诉人赵裕昌、池金明等 13 名董事的责任问题

本院认为，《若干规定》第二十一条规定："发起人、发行人或者上市公司对其虚假陈述给投资人造成的损失承担民事赔偿责任。发行人、上市公司负有责任的董事、监事和经理等高级管理人员对前款的损失承担连带赔偿责任。但有证据证明无过错的，应予免责。"本案中，赵裕昌、池金明、吴健俩、周小华、于志海、吴素丹、蔡绿水、孙谦、江化开、杨幼义、熊越、周晶、董彬等 13 名高级管理人员对九州股份应承担的部分损失承担连带赔偿责任。

（五）华兴会计师事务所及庄巍、徐强、程朝平等的责任问题

经审理查明：

（1）2001 年 10 月 26 日中国证监会证监罚字（2001）22 号《关于福建华兴会计师事务所及庄巍、徐强、程朝平违反证券法规行为的处罚决定》认定，华兴会计师事务所及相关责任人的行为构成《股票发行与交易管理暂行条例》第七十三条所述"出具的文件有虚假、严重误导性内容"的行为。

（2）华兴会计师事务所提供的 2004 年 12 月 16 日福建省工商行政管理局颁发的《企业法人营业执照》（副本）（注册号 3500002000828）注明：营业期限自 1984 年 6 月 8 日至 2049 年 5 月 27 日，成立日期为 1984 年 6 月 8 日。

本院认为，从华兴会计师事务所的营业执照可以看出，脱钩改制前后的华兴会计师事务所在主体上有延续性。因此，华兴会计师

事务所关于其非本案适格诉讼主体的主张，本院不予支持。

《股票发行与交易管理暂行条例》第七十七条规定："违反本条例规定，给他人造成损失的，应当依法承担民事赔偿责任。"因此，本案中，被上诉人福建华兴有限责任会计师事务所及庄巍、徐强、程朝平等对九州股份应承担的部分损失承担赔偿责任。

综上，本院认为，上诉人赵娥英投资"ST 九州"股票而遭受的损失主要是由证券市场的宏观因素、市场环境变化等系统性风险造成的。被上诉人九州股份及其他各被上诉人的虚假陈述行为，也是造成赵娥英投资损失的次要原因，九州股份应赔偿其部分损失，各被上诉人应负连带责任或赔偿责任。原审驳回赵娥英对申银万国证券、招商证券、厦门国投的起诉正确，应予维持。原审对虚假陈述与损害结果之间的因果关系，赵娥英损失数额，九州股份及赵裕昌、池金明、吴健俩、周小华、于志海、吴素丹、蔡绿水、孙谦、江化开、杨幼义、熊越、周晶、董彬等 13 人的责任，以及华兴会计师事务所及庄巍、徐强、程朝平等责任的认定不当，应予纠正。依照《中华人民共和国民事诉讼法》第一百五十三条第一款第（一）、（三）项，最高人民法院《关于审理证券市场因虚假陈述引发的民事赔偿案件的若干规定》第六条、第十八条、第十九条、第二十条、第二十一条、第二十九条、第三十条、第三十一条、第三十二条、第三十三条，《股票发行与交易管理暂行条例》第七十七条的规定，判决如下：

1. 被上诉人福建九州集团股份有限公司对上诉人赵娥英的部分损失 15 228.95 元承担赔偿责任。赵裕昌、池金明、吴健俩、周小华、于志海、吴素丹、蔡绿水、孙谦、江化开、杨幼义、熊越、周晶、董彬等 13 名高级管理人员对上述损失承担连带赔偿责任。

被上诉人福建华兴有限责任会计师事务所、庄巍、徐强、程朝平对上述损失承担赔偿责任。

上述款项在判决生效之日起十日内支付。

如果未按本判决指定的期间履行给付金钱义务，应当依照《中华人民共和国民事诉讼法》第二百三十二条之规定，加倍支付迟延履行期间的债务利息。

2. 驳回上诉人赵娥英的其他诉讼请求。

二审案件受理费 7 152.03 元，由上诉人赵娥英负担 6 651.39 元，由福建九州集团股份有限公司、赵裕昌、池金明、吴健俩、周小华、于志海、吴素丹、蔡绿水、孙谦、江化开、杨幼义、熊越、周晶、董彬、福建华兴有限责任会计师事务所、庄巍、徐强、程朝平等共同负担 500.64 元。一审案件受理费按二审判决比例执行。

本判决为终审判决。

审判长　黄　宁

代理审判员　何　忠

代理审判员　詹强华

二〇〇七年十二月二十五日

书记员　蔡素洁

（三十三）

科龙电器虚假陈述民事赔偿案（A 股）

主题词：科龙电器　虚假陈述　侵权　赔偿

47. 陈卫诉海信科龙电器股份有限公司诉讼案

广东省广州市中级人民法院

民事调解书

（2007）穗中法民二初字第 221 号①

原告：陈卫，男，汉族，住福建省南平市。

委托代理人：宋一欣，上海新望闻达律师事务所律师。

委托代理人：秦桢凯，上海新望闻达律师事务所律师。

被告：海信科龙电器股份有限公司（原广东科龙电器股份有限公司），住所地：广东佛山市顺德区容桂街道容港路 8 号。

委托代理人：李敏杰，广东国鼎律师事务所律师。

委托代理人：周丹，广东国鼎律师事务所律师。

原告陈卫诉被告海信科龙电器股份有限公司（以下简称科龙公司）证券虚假陈述赔偿纠纷一案，本院受理后，依法组成合议庭进行了审理，现已审理终结。

本院查明：科龙公司成立于 1992 年 12 月 16 日，于 1999 年 7 月 13 日经中国证券监督管理委员会（以下简称中国证监会）批准在深圳证券交易所（以下简称深交所）上市，证券简称为 ST 科龙，证券

---

① 本司法裁判文书系上海新望闻达律师事务所宋一欣律师提供。

代码为 000921。

2006 年 7 月 4 日，科龙公司公告收到中国证监会证监罚字（2006）第 16 号《行政处罚决定书》，主要内容是：中国证监会查明科龙公司披露的 2002 年、2003 年、2004 年年度报告存在虚假记载、重大遗漏等违法事实，包括 2002 年至 2004 年间采取虚构主营业务收入、少计坏账准备、少计诉讼赔偿金等手段编制虚假财务报告，导致 2002 年度报告虚增利润 11 996.31 万元，2003 年度报告虚增利润 11 847.05 万元，2004 年度报告虚增利润 14 875.91 万元；2003 年度报告现金流量表的披露存在重大虚假记载；2002 年至 2004 年未披露会计政策变更等重大事项，也未披露与关联方共同投资、购买商品等关联交易事项等。2000 年至 2001 年还存在未按规定披露重大关联交易的行为。中国证监会认定上述行为违反了原《证券法》第 59 条、第 60 条、第 61 条、第 62 条的有关规定，构成原《证券法》第 177 条所述的"未按照有关规定披露信息，或者所披露的信息有虚假记载、误导性陈述或者重大遗漏"的行为，决定对科龙公司处以 60 万元罚款，对顾雏军等企业高管和董事分别给予警告和罚款。

科龙公司 2002 年、2003 年、2004 年年度报告存在虚假陈述行为，是中国证监会对其作出行政处罚所依据的主要事实。2003 年 4 月 4 日，科龙公司向公众披露其 2002 年的年度报告，中国证监会查实该年度报告虚增收入 40 330.54 万元，虚增利润 11 996.31 万元，未披露维修保证金会计政策变更事项，未披露江西科龙与江西格林柯尔资本有限公司共同投资的事项。本院确认 2003 年 4 月 4 日为科龙公司虚假陈述行为实施日。

2005 年 5 月 10 日，科龙公司董事会公告，其公司因涉嫌违反证券法规已被中国证监会立案调查。这是首次公开披露其虚假陈述行为，使市场获得了足够的警示信号，造成公司股票价格的剧烈反应，本院将此时间点确定为虚假陈述行为的揭露日。

自 2005 年 5 月 10 日起，至 2005 年 7 月 14 日，在深交所交易的科龙公司股票的累计成交量达到其可流通部分的 100%。本院确定 2005 年 7 月 14 日为投资差额损失计算的基准日。

根据上述时间点的确定，结合深交所提供的原告买卖科龙公司股票的交易记录，本院计算出原告的实际损失为 15 026.23 元（包括投资差额损失、印花税、佣金和利息），参照深圳成分股指数，扣除系统风险所致的损失额 4391.11 元，原告应得到的赔偿总额为10 635 元（原告买卖科龙公司股票的交易记录，投资差额损失、印花税、佣金、利息以及系统风险所致损失额的具体计算，详见本调解书附表，略）。

本案在审理过程中，经本院主持调解，双方当事人于 2009 年 6 月 11 日自愿达成如下调解协议：

1. 被告科龙公司于调解协议生效之日起五个工作日内一次性支付原告和解金人民币 10 635 元。

2. 案件受理费 1 354 元，法院减半收取 677 元，由被告负担。原告已预交的案件受理费 1 354 元，由被告全额垫付给原告（时间与协议第一条相同），原告应在签订本和解协议当日将预交案件受理费的收据交给被告，由被告在法院办理退费手续。

3. 原被告双方纷争已然解决，之后互不追究责任。

4. 调解协议在原被告双方签署之日起生效。

上述协议，符合法律规定，本院依法予以确认。

审判长　徐　炜

代理审判员　谢欣欣

代理审判员　袁　方

二〇〇九年六月十一日

书记员　李振鹏

（三十四）
科龙电器虚假陈述民事赔偿案（H股）

主题词：科龙电器　虚假陈述　侵权　赔偿

48. 丁德君诉海信科龙电器股份有限公司诉讼案

广东省广州市中级人民法院
民事裁定书

（2009）穗中法民二初字第 54 号①

原告：丁德君，男，汉族，住上海市。

委托代理人：宋一欣、秦桢凯，上海新望闻达律师事务所律师。

被告：海信科龙电器股份有限公司（原广东科龙电器股份有限公司），住所地：佛山市顺德区容桂街道容港路 8 号。

委托代理人：李敏杰、周丹，广东国鼎律师事务所律师。

原告丁德君诉被告海信科龙电器股份有限公司证券虚假陈述赔偿纠纷一案，原告于 2007 年 11 月向本院起诉，本院依法进行了审理，现已审理终结。

原告诉称：被告系上市公司，在深圳证券交易所和香港联合交易所分别上市，因其在 2002 年至 2004 年间存在重大虚假陈述行为，中国证券监督管理委员会作出证监罚字（2006）第 16 号《行政处罚决定书》，对被告及相关人员作出了行政处罚。原告系香港证券市场投资者，根据被告的信息披露先后购买被告发行在外的 H 股流通股股

---

① 本司法裁判文书系上海新望闻达律师事务所宋一欣律师提供。

票 410 000 股，因其虚假陈述导致投资损失合计人民币 299 389.64 元
（包括投资差额损失、印花税、佣金及利息）。关于 H 股股东的权益
维护，根据国务院《关于股份有限公司境外募集股份及上市的特别
规定》第二十九条的规定，境外上市外资股股东（包括 H 股股东）
与公司之间发生争议，依照公司章程规定的方式处理，并适用中华
人民共和国法律。国务院证券委与国家体改委发布的《到境外上市
公司章程必备条款》第一百六十三条明确规定，到香港上市的公司
必须在公司章程中载入下述内容：境外上市外资股股东与公司之间
发生争议，可提交仲裁解决，可选择中国国际经济贸易仲裁委员会
或香港国际仲裁中心仲裁，并适用中华人民共和国法律。国家体改
委发布的《到香港上市公司章程必备条款》第 9.1 条中也有类似规
定。而《广东科龙电器股份有限公司章程》第 23.1 条也作出了符合
上述规定的约定。但最高人民法院《关于适用〈中华人民共和国仲
裁法〉若干问题的解释》第五条却规定："仲裁协议约定两个以上仲
裁机构的，当事人可以协议选择其中的一个仲裁机构申请仲裁；当
事人不能就仲裁机构选择达成一致的，仲裁协议无效。"而鉴于 H 股
的原、被告双方无法就仲裁管辖地达成一致，仲裁条款无效，原告
可以根据《仲裁法》第五条的规定，提起诉讼。现根据最高人民法
院《关于审理证券市场因虚假陈述引发的民事赔偿案件的若干规定》
的精神，请求：

　　1. 判令被告向原告支付因虚假陈述引起的赔偿款项人民
币 299 389.64 元；

　　2. 判令被告承担本案诉讼费。

　　本院查明：《广东科龙电器股份有限公司章程》第 23.1 条约定：
"凡境外上市外资股股东与公司之间，境外上市外资股股东与公司董
事、监事、经理或者其他高级管理人员之间，境外上市外资股股东
与内资股股东之间，基于本章程、公司法及其他有关法律、行政法
规所规定的权利义务发生的与公司事务有关的争议或者权利主张，
有关当事人应当将此类争议或者权利主张提交仲裁解决……申请仲
裁者可以选择中国国际经济贸易仲裁委员会按其仲裁规则进行仲裁，
也可以选择香港国际仲裁中心按其证券仲裁规则进行仲裁，申请仲

裁者将争议或者权利主张提交仲裁后，对方必须在申请者选择的仲裁机构进行仲裁。"

本院认为：原告以其购买广东科龙电器股份有限公司在香港联合交易所上市的H股股票，因该公司虚假陈述导致投资损失为由，提起了本案诉讼。香港联合交易所不属于国家批准设立的证券市场，根据最高人民法院《关于审理证券市场因虚假陈述引发的民事赔偿案件的若干规定》第三条第（一）项的规定，本案不适用司法解释。

《广东科龙电器股份有限公司章程》第23.1条虽然约定了中国国际经济贸易仲裁委员会和香港国际仲裁中心两个仲裁机构，但同时也约定了"申请仲裁者将争议或者权利主张提交仲裁后，对方必须在申请者选择的仲裁机构进行仲裁"，所以约定的仲裁机构是明确的。该仲裁条款符合《中华人民共和国仲裁法》第十六条的规定，应为有效的仲裁条款。故原告的起诉不符合《中华人民共和国民事诉讼法》第一百零八条第（四）项的规定。本案已立案受理，根据最高人民法院《关于适用〈中华人民共和国民事诉讼法〉若干问题的意见》第一百三十九条的规定，裁定如下：

驳回原告丁德君的起诉。

原告已交纳的案件受理费5 791元，予以退还。

如不服本裁定，可在裁定书送达之日起十日内，向本院递交上诉状，并按照对方当事人的人数提出副本，上诉于广东省高级人民法院。

审判长　徐　炜

代理审判员　李　静

代理审判员　袁　方

二〇〇九年六月十一日

书记员　李振鹏

（三十五）

ST 方源（原华源制药）虚假陈述民事赔偿案

主题词：ST 方源　华源制药　虚假陈述　侵权　赔偿

49. 蒋彦诉东莞市方达再生资源产业股份有限公司诉讼案

广东省广州市中级人民法院
民事裁定书

（2009）穗中法民二初字第 20 号①

原告：蒋彦。

委托代理人：宋一欣，上海新望闻达律师事务所律师。

委托代理人：张瑜，上海新望闻达律师事务所律师。

被告：东莞市方达再生资源产业股份有限公司（原上海华源制药股份有限公司）。

法定代表人：麦校勋，董事长。

委托代理人：王柏林，北京市百瑞律师事务所深圳分所律师。

委托代理人：章燕，东莞方达集团有限公司法务专员。

本院在审理原告蒋彦诉被告东莞市方达再生资源产业股份有限公司证券虚假陈述赔偿纠纷一案过程中，原告蒋彦于 2009 年 11 月 10 日向本院提出撤回起诉的申请。

---

① 本司法裁判文书系上海新望闻达律师事务所宋一欣律师提供。

　　本院经审查认为，原告撤回对被告的起诉，符合法律规定。依照《中华人民共和国民事诉讼法》第一百三十一条的规定，裁定如下：

　　准许原告蒋彦撤回起诉。

　　案件受理费6416元减半收取3208元，由原告蒋彦负担。

审判长　徐　炜

审判员　李　静

代理审判员　袁　方

二〇〇九年十一月十日

书记员　李振鹏

（三十六）

粤美雅虚假陈述民事赔偿案

主题词：粤美雅　虚假陈述　侵权　赔偿

50. 陈锦棠诉广东美雅集团股份有限公司诉讼案

广东省广州市中级人民法院
民事判决书

（2009）穗中法民二初字第 60 号①

原告：陈锦棠。

被告：广东美雅集团股份有限公司。

法定代表人：崔河，该公司董事长。

委托代理人：赵汉根，广东法制盛邦律师事务所律师。

委托代理人：张锡海，广东法制盛邦律师事务所律师。

原告陈锦棠诉被告广东美雅集团股份有限公司（以下简称美雅公司）证券虚假陈述赔偿纠纷一案，本院于 2009 年 6 月 22 日受理后，依法组成合议庭，于 2009 年 8 月 3 日公开开庭进行了审理。原告陈锦棠，被告广东美雅集团股份有限公司的委托代理人赵汉根、张锡海到庭参加诉讼。本案现已审理终结。

原告陈锦棠诉称：被告作为一家上市公司，公然违反中国证券监督管理委员会的监督条例，公开发布虚假信息欺骗股民。被告在 2003 年 12 月 26 日公开发表《董事会 2003 年度预盈提示公告》，以

---

① 本司法裁判文书系上海新望闻达律师事务所宋一欣律师提供。

及在 2004 年 3 月 24 日公开发布《关于撤销退市风险警示的公告》，
造成原告多次高价买入该公司股票，结果该公司年度报告公布后，
经中国证券监督管理委员会调查确认是虚假年报，查出结果是业绩
严重亏损，此情况造成该股票股价跳水式下跌，使原告资金造成重
大损失，对原告的精神造成重大伤害。请求：

　　1. 被告赔偿股价下跌造成的损失：253 648.80 元；

　　2. 赔偿股票买入产生手续费、印花税等损失 1 770.38 元；

　　3. 当期利息损失及股票停牌时期产生的利息 64 365 元；

　　4. 赔偿诉讼费以及诉讼产生的费用；

　　5. 赔偿精神损失费，视对方态度而定。

被告广东美雅集团股份有限公司答辩称：

　　1. 原告提出的诉讼请求已过诉讼时效，应予以驳回。根据中国
证监会《行政处罚决定书》［证监罚字（2007）17 号］，中国证监会
对被告的行政处罚的作出及对外公布时间为 2007 年 5 月 29 日，且没
有发生诉讼时效中断的事由，因此原告提出的诉讼请求已过诉讼时
效，应予以驳回。

　　2. 原告在 2004 年 3 月 19 日前购入的股票不应列为本案索赔范围
内。根据中国证监会《行政处罚决定书》［证监罚字（2007）17 号］，
被告最早作出虚假陈述行为是在 2004 年 3 月 19 日（下称"陈述日"）
发布的 2003 年度报告，因此原告在 2004 年 3 月 19 日前购入的股票
不受上述行为的影响，原告的有关交易不应列入本案索赔范围内。

　　3. 原告理应知道股票买卖属于高风险交易，交易风险应由交易
双方承担而不应由被告承担。即使将原告有关交易列入索赔范围，
在我国的股票交易中，买卖股票实际是由持股者和买方通过交易所
的交易平台撮合而成，持股者和买方在交易平台上达成买卖股票的
合同，并完成相应的股票交割手续。根据我国《合同法》意思自治
原则，合同是否订立完全决定于交易双方，交易的风险也由双方承
担，不应受到第三人的影响。而且，股票买卖属于高风险交易，这
是一个常识性的问题。因此，原告理应知道股票买卖属于高风险交
易，交易风险应由交易双方承担，而不应由被告承担。

　　4. 根据 1999 年《证券法》，上市公司作为发行人需为申请发行

阶段的信息披露不实承担相应责任，但没有规定上市公司在上市后因为信息披露不实向第三人承担民事责任。根据中国证监会证监罚字（2007）17号，被告最早作出虚假陈述行为是在2004年3月19日发布的2003年度报告，在法律适用上，本案应适用1999年7月1日正式施行的《证券法》（以下简称1999年《证券法》）。根据1999年《证券法》第六十三条的规定："发行人、承销的证券公司公告招股说明书、公司债券募集办法、财务会计报告、上市报告文件、年度报告、中期报告、临时报告，存在虚假记载、误导性陈述或者有重大遗漏，致使投资者在证券交易中受到损失的，发行人、承销的证券公司应当承担赔偿责任，发行人、承销的证券公司的负有责任的董事、监事、经理应当承担连带赔偿责任。"以及第一百七十七第一款的规定："依照本法规定，经核准上市交易的证券，其发行人未按照有关规定披露信息，或者所披露的信息有虚假记载、误导性陈述或者有重大遗漏的，由证券监督管理机构责令改正，对发行人处以三十万元以上六十万元以下的罚款。对直接负责的主管人员和其他直接责任人员给予警告，并处以三万元以上三十万元以下的罚款。构成犯罪的，依法追究刑事责任。"上市公司在申请发起阶段作为发行人，其和投资者之间的关系是买卖合同关系，故其应依法进行信息披露，如有信息披露不实，须承担民事责任。但是上市后，其和二级市场的投资者之间不存在合同关系，故1999年《证券法》没有规定上市公司在上市后因信息披露不实需要向第三人承担民事责任。因此，即使将原告有关交易列入索赔范围，根据1999年《证券法》，被告不应向原告承担民事责任赔偿其实际损失。

5. 从法律性质分析，原告的索赔要求是基于第三人分割债权理论而提出的，但此项理论在现行的《合同法》立法审议时已被删除。按前述，1999年《证券法》没有规定上市公司对信息披露不实承担民事责任，而且股票买卖属于高风险交易，被告的信息披露不实和原告买卖股票损失之间不存在必然的因果关系，原告应自主决定自己的投资行为，承担投资行为的风险。如果认为被告的信息披露不实和原告的股票买卖有必然关系，并应由被告对买卖的损失承担责

任。那么，等于在合同法制度中确立第三方分割债权的制度。但此
项理论在现行的《合同法》立法审议时已被删除。因此，即使将原
告的有关交易列入索赔范围，被告也不应承担原告因股票交易产生
的损失。

　　6. 被告不应承担原告因证券市场风险所导致的股票交易损失。
即使将原告的有关交易列入索赔范围，鉴于股票交易属于高风险交
易，其股价受到包括证券市场系统等因素的影响，在 2004 年至 2005
年两年间，刚好 A 股股市处于下跌阶段，即熊市阶段，所有股票的
股价均泥沙俱下，大幅度下跌，粤美雅在此期间的股价下跌不能仅
仅归咎于被告信息披露不实的原因，而是受到整个证券市场环境的
影响。因此，原告应自行承担证券市场系统风险，被告不应承担其
因证券市场系统风险所导致的股票交易损失。

　　7. 原告进行高抛低吸产生的收益应在其主张的实际损失中扣减。
即使将原告的有关交易列入索赔范围，由于原告提供的交易记录不
完整，不能反映全部交易记录，如原告间进行高抛低吸，并获得正
收益，被告认为此项收益应在原告主张的实际损失中扣减，法院不
应予以支持。

　　8. 按照被告的股权分置方案，原告获得非流通股股东送股收益
的应在其主张的实际损失中扣减。即使将原告有关交易列入索赔范
围，根据 2008 年 9 月 24 日经股东大会通过的股权分置方案"除广弘
公司之外的其他非流通股股东将共计 21 605 809 股支付给流通股股
东，即流通股股东每 10 股将获非流通股股东支付 1 股对价股份"。
意味着原告可以每 10 股获得 1 股股份的收益，该项收益理应在其主
张的实际损失中扣减。

　　9. 印花税及佣金应按投资差额损失部分计算，不应按股票的成
交额计算。即使将原告有关交易列入索赔范围，原告主张的印花税
及佣金是按照股票交易记录的印花税及佣金（手续费），此种计算方
法是按照股票的成交额来计算的，并不合理，应该按照原告的实际
投资差额损失部分来计算。

　　10. 从 2005 年 5 月 25 日至 2005 年 7 月 28 日期间加权平均价应
为 1.14 元，非 1.13 元。即使将原告有关交易列入索赔范围，根据

粤美雅股票在 2005 年 5 月 25 日至 2005 年 7 月 28 日的行情数据计，粤美雅股票的换手率达 101.6%，加权平均价为 1.14 元，非被告所称的 1.13 元。

11. 原告于 2005 年 12 月 30 日以 1.16 元卖出 60 000 股，应以 1.16 元计算实际投资损失差额，根据原告提供的交易记录，原告在 2005 年 12 月 30 日以 1.16 元卖出 60 000 股，因此原告的实际损失应根据 1.16 元计算投资损失差额。

12. 被告恢复上市在际，原告至今仍持有股票，不存在任何实际损失。即使将原告有关交易列入索赔范围，股票的实际损失来源于股票持有者在卖出后，因与购入成本形成差额而造成的，但是原告至今仍持有股票，不存在卖出行为，因此不存在实际损失。而且一旦被告恢复上市在扣除前述提及的系统风险损失、高抛低吸收益、股权分置收益后，原告非但没有实际损失，还稍有盈利。因此，原告的实际损失并不存在。

综上所述，原告的诉讼请求缺乏事实及法律依据，请求法院依法审理，驳回原告的诉讼请求，诉讼费用由原告承担，以维护被告的合法权益。

经审理查明：广东鹤山毛纺织总厂于 1992 年 7 月 5 日经广东省企业股份制试点联审小组、广东省经济体制改革委员会以粤股审 (1992) 48 号文批准改组为广东（鹤山）美雅股份有限公司，1993 年 6 月 10 日经广东省证券委员会粤证委发〔1993〕002 号文及中国证券监督管理委员会（以下简称中国证监会）证监发审字〔1993〕56 号复审同意批准为公众股份公司，在深圳市证券交易所发行 A 股，证券代码 000529，名为广东美雅集团股份有限公司。股本总额 396 515 872 股，流通股份为 216 058 090 股，未经股权分置改革。由于粤美雅 2003 年、2004 年、2005 年连续三年亏损，2006 年 5 月 15 日被深圳证券交易所暂停上市。被告美雅公司已于 2009 年 9 月 11 日恢复上市，公司证券简称由"*ST 美雅"变更为"广弘控股"。

2003 年 12 月 26 日，美雅公司发布《广东美雅集团股份有限公司董事会 2003 年度预盈提示公告》，该公告内容为："本公司及董事会全体成员保证公告内容的真实、准确和完整，对公众的虚假记载、误导性陈述或者重大遗漏负连带责任。由于年内毛毯行业呈恢复性增长势头，本公司 2003 年产销量较上年同期大幅增长，新产品比例提高，加上第四季度产品价格上扬，本公司业绩好转，预计本公司 2003 年度实现盈利。敬请广大投资者注意投资风险。"2004 年 3 月 19 日，美雅公司发布《广东美雅股份有限公司 2003 年度报告》，该报告载明美雅公司于 2003 年度扭亏为盈，净利润为 587.13 万元。2004 年 10 月 28 日，美雅公司发布《广东美雅集团股份有限公司 2004 年第三季度报告》，该报告载明美雅公司 2004 年 1—9 月净利润为 142.5 万元。2005 年 3 月 25 日，美雅公司发布《广东美雅集团股份有限公司业绩预告修正公告》：预计美雅公司 2004 年 1 月 1 日至 2004 年 12 月 31 日期间的业绩亏损。2005 年 4 月 30 日，美雅公司发布《广东美雅集团股份有限公司关于证监会广东监管局下达立案调查通知书的公告》，公告美雅公司涉嫌信息披露违规被中国证监会广东监管局立案调查。

　　2007 年 6 月 21 日，美雅公司公布受中国证监会处罚的证监罚字（2007）17 号《行政处罚决定书》，该决定书认为，"……美雅集团（即被告，下同）存在以下违法行为：一、2003 年年度报告虚构利润：（一）通过虚增非经常性损益虚增 2003 年利润 110 675 160.25 元……（二）未及时调整价差收入导致虚增 2003 年利润 57 250 031.37 元……二、通过报表调节方式虚增 2004 年上半年及前三季度利润。在 2004 年年度报告中虚增利润 63 769 900 元，在 2004 年第三季度财务报告中虚增利润 91 848 409.46 元……美雅集团的上述行为违反了 1999 年《证券法》第五十九条所述'公司公告的股票或公司债券的发行和上市文件必须真实、准确、完整，不得有虚假记载、误导性陈述或者重大遗漏'、第六十条关于中期报告、第六十一条关于年度报告的规定，构成了 1999 年《证券法》第一百七十七条所述'未按照有关规定披露信息，或所披露的信息有虚假记载、误导性陈述或者有重大遗漏行为'"，决定对被告美雅公司及当时董事长冯国良等予以处罚。被告美雅公司主张，中国证监会作出的上述《行政处罚决定书》于 2007 年 5 月 29 日已印发。

　　被告美雅公司的流通股份总量为 216 058 090 股，在虚假陈述行为被揭露后，被告恢复上市交易的第一个交易日为 2005 年 5 月 25 日。而从该天算至 2005 年 7 月 28 日，期间 46 个交易日内，被告的股票在证券市场内成交量已达 219 506 573 股。庭审中，原、被告均确认被告发布公告公布其被中国证监会立案侦查之日，即 2005 年 4 月 30 日为证券虚假陈述行为的揭露日，确认 2005 年 7 月 28 日是投资差额损失计算的基准日。

原告主张基准价是 46 个交易日的平均收盘价为 1.13 元，被告美雅公司认为加权平均收盘价为 1.14 元。经核实，被告美雅公司自 2005 年 5 月 25 日至 2005 年 7 月 28 日期间的日均收盘价为 1.13 元。

根据被告美雅公司的申请，本院前往深圳市证券交易所调取了原告 2000 年至 2009 年的证券交易记录，原、被告对本院调取的证券交易记录均无异议。根据上述交易记录的记载，本案原告曾于 2004 年 2 月 26 日以均价 4.06 元买入美雅公司股票 20 000 股，4 月 14 日以均价 3.81 元买入 19 260 股，4 月 30 日以均价 3.6 元买入 20 000 股，6 月 10 日以均价 3.16 元买入 20 000 股，7 月 16 日以均价 2.92 元买入 800 股，11 月 24 日以均价 2.86 元买入 20 000 股，2005 年 3 月 9 日以均价 2.69 元买入 10 000 股，12 月 30 日以 1.16 元均价买入 60 000 股，2006 年 2 月 7 日以均价 1.08 元卖出 60 000 股。

原告陈锦棠于 2009 年 6 月 19 日向本院递交起诉文书，本院于 2009 年 6 月 22 日立案受理。

本院认为：1999 年《证券法》第六十三条规定，"发行人、承销的证券公司公告招股说明书、公司债券募集办法、财务会计报告、上市报告文件、年度报告、中期报告、临时报告，存在虚假记载、误导性陈述或者有重大遗漏，致使投资者在证券交易中遭受损失的，发行人、承销的证券公司应当承担赔偿责任"。最高人民法院《关于审理证券市场因虚假陈述引发的民事赔偿案件的若干规定》第二十一条第一款也规定："发起人、发行人或者上市公司对其虚假陈述给投资人造成的损失承担民事赔偿责任。"中国证监会对被告美雅公司作出的证监罚字（2007）17 号《行政处罚决定书》中载明，"……美雅集团（即被告，下同）存在以下违法行为：一、2003 年年度报告虚构利润：（一）通过虚增非经常性损益虚增 2003 年利润 110 675

160.25 元……（二）未及时调整价差收入导致虚增 2003 年利润 57 250 031.37 元……二、通过报表调节方式虚增 2004 年上半年及前三季度利润。在 2004 年年度报告中虚增利润 63 769 900 元，在 2004 年第三季度财务报告中虚增利润 91 848 409.46 元"，美雅公司披露的 2003 年、2004 年年度报告中存在虚假记载的事实，已为上述《行政处罚决定书》所查明，被告美雅公司应当对投资人因此造成的损失承担民事赔偿责任。

关于本案的诉讼时效问题。根据最高人民法院《关于审理证券市场因虚假陈述引发的民事赔偿案件的若干规定》第五条关于"投资人对虚假陈述行为人提起民事赔偿的诉讼时效期间，适用民法通则第一百三十五条的规定，根据下列不同情况分别起算：（一）中国证券监督管理委员会或其派出机构公布对虚假陈述行为人作出处罚决定之日；（二）中华人民共和国财政部、其他行政机关以及有权作出行政处罚的机构公布对虚假陈述行为人作出处罚决定之日；（三）虚假陈述行为人未受行政处罚，但已被人民法院认定有罪的，作出刑事判决生效之日。因同一虚假陈述行为，对不同虚假陈述行为人作出两个以上行政处罚；或者既有行政处罚，又有刑事处罚的，以最先作出的行政处罚决定公告之日或者作出的刑事判决生效之日，为诉讼时效起算之日"的规定，本案的诉讼时效应自中国证监会对被告美雅公司的处罚决定公布之日起计算。被告美雅公司主张中国证监会作出的上述《行政处罚决定书》于 2007 年 5 月 29 日已印发，应自该日起计算本案的诉讼时效期间，然被告直至 2009 年 6 月 21 日才公布中国证监会对其虚假陈述行为进行处罚的处罚决定书，原告也是自该日才知道自己的权利受到侵害，故本案的诉讼时效期间应自被告美雅公司公布处罚决定书之日——2009 年 6 月 21 日起计。原告陈锦棠是在 2009 年 6 月 19 日向本院提起诉讼的，故原告的起诉并未超过法定的诉讼时效期间，被告关于原告的起诉已超过诉讼时效期间的抗辩理由不能成立。

关于美雅公司虚假陈述行为实施日如何确定的问题。根据最高人民法院《关于审理证券市场因虚假陈述引发的民事赔偿案件的若干规定》第六条第一款的规定，人民法院受理投资人提出的虚假陈述赔偿纠纷案件，是以行政机关的行政处罚决定或者人民法院的刑事裁判为前置程序。原告是依据中国证监会对被告美雅公司作出的证监罚字（2007）17号《行政处罚决定书》提起本案诉讼的。中国证监会对被告美雅公司作出的证监罚字（2007）17号《行政处罚决定书》中只是认定美雅公司发布的2003年年度报告、2004年年度报告中存在虚增利润等虚假陈述行为，并未作出被告美雅公司于2003年12月26日发布的预盈公告属于证券虚假陈述行为的认定和处罚，故本案中，应当以2004年3月19日即2003年年报公布之日为美雅公司虚假陈述行为的实施日。原告主张以被告2003年12月26日发布预盈公告之日为美雅公司虚假陈述行为的实施日的主张依据不足，本院不予支持。

最高人民法院《关于审理证券市场因虚假陈述引发的民事赔偿案件的若干规定》第十八条规定："投资人具有以下情形的，人民法院应当认定虚假陈述与损害结果之间存在因果关系：（一）投资人所投资的是与虚假陈述直接关联的证券；（二）投资人在虚假陈述实施日及以后，至揭露日或者更正日之前买入该证券；（三）投资人在虚假陈述揭露日或者更正日及以后，因卖出该证券发生亏损，或者因持续持有该证券而产生亏损。"根据此规定，只有在2004年3月19日及以后，至2005年4月30日之前买入被告美雅公司的股票，且在2005年4月30日及以后卖出或持有该股票而产生的损失，才与美雅公司虚假陈述之间存在因果关系，有权利向被告美雅公司主张赔偿。原告在2004年3月19日至2005年4月30日期间买入被告美雅公司的股票，在2005年4月30日以后因卖出或持续持有而发生的亏损，与被告美雅公司的虚假陈述行为之间存在因果关系，有权要求被告美雅公司按照最高人民法院《关于审理证券市场因虚假陈述引发的民事赔偿案件的若干规定》第三十条的规定赔偿损失。

依据最高人民法院《关于审理证券市场因虚假陈述引发的民事赔偿案件的若干规定》第十九条第（四）项的规定，如果损失或部分损失是由证券市场系统风险等其他因素所导致时，虚假陈述与损害后果之间就不存在因果关系。证券市场中，虽然个股在短时间内不受股指波动的影响是有可能的，但在相当长的一段时间内，个股不可能不受股指波动影响。众所周知，从 2001 年到 2005 年，是我国股票市场长达五年的大熊市，大盘的跌幅巨大。美雅公司的股票在 2004 年至 2005 年间的价格不断下跌，不可能没有大盘风险的影响，完全否定系统风险的存在是不客观的。市场实践表明，大盘指数能够在相当程度上反映出系统风险，故本院选择以深圳成分股指数为标准，计算系统风险所致的损失额。

根据上述时间点的确定，结合原告买卖被告股票的交易记录，依照最高人民法院《关于审理证券市场因虚假陈述引发的民事赔偿案件的若干规定》第三十条、第三十一条、第三十二条的规定，经本院计算，原告的实际损失为 196 032 元（包括投资差额损失、印花税、佣金和利息），参照深圳成分股指数扣除系统风险所致的损失额 54 090 元，原告应得到的赔偿总额为 141 942 元（投资差额损失、印花税、佣金、利息以及系统风险所致损失额的具体计算，详见本判决书附表，略）。

综上所述，原告的部分诉讼请求，符合法律规定，本院予以支持。依照《中华人民共和国民法通则》第一百零六条第二款，原《中华人民共和国证券法》（1999 年 7 月 1 日起施行）第六十三条，最高人民法院《关于审理证券市场因虚假陈述引发的民事赔偿案件的若干规定》第十七条、第十八条、第十九条、第二十一条、第二十九条、第三十条、第三十一条、第三十二条、第三十三条的规定，判决如下：

1. 被告广东美雅集团股份有限公司在本判决发生法律效力之日起十日内，赔偿原告陈锦棠 141 942 元；

2. 驳回原告陈锦棠的其他诉讼请求。

如果未按本判决指定的期间履行给付金钱义务，应当依照《中华人民共和国民事诉讼法》第二百二十九条的规定，加倍支付迟延履行期间的债务利息。

案件受理费 6 097 元，由被告广东美雅集团股份有限公司负担 2 706 元，原告陈锦棠负担 3 391 元。

如不服本判决，可在判决书送达之日起十五日内，向本院递交上诉状，并按对方当事人的人数提出副本，上诉于广东省高级人民法院。

审判长　徐　炜

代理审判员　李　静

代理审判员　袁　方

二○○九年十二月十一日

书记员　李振鹏

51. 莫川东诉广东美雅集团股份有限公司上诉案

广东省高级人民法院
民事判决书

（2010）粤高法民二终字第 64 号①

上诉人（原审原告）：莫川东，男。

委托代理人：×××。

被上诉人（原审被告）：广东美雅集团股份有限公司，住所地：广东省鹤山市沙坪镇人民西路 40 号。

法定代表人：崔河，该公司董事长。

委托代理人：招嘉泳、张锡海，广东法制盛邦律师事务所律师。

上诉人莫川东因与被上诉人广东美雅集团股份有限公司（以下简称美雅公司）证券虚假陈述赔偿纠纷一案，不服广东省广州市中级人民法院（2009）穗中法民二初字第 49 号民事判决，向本院提起上诉。本院依法组成合议庭对本案进行了审理，现已审理终结。

莫川东起诉称：美雅公司为公众股份公司，在深圳证券交易所发行 A 股，证券代码 000529。由于美雅公司 2003 年、2004 年、2005 年连续三年亏损，2006 年 5 月 15 日被深圳证券交易所暂停上市。2003 年 12 月 26 日，美雅公司披露了预盈公告。2004 年 3 月 19

---

① 本司法裁判文书从相关网络取得。

日，美雅公司披露了 2003 年年度报告，净利润 587.13 万元，从 2002 年度的大额亏损一举转亏为盈，2003 年 12 月 26 日为虚假陈述行为的实施日。莫川东受美雅公司的披露误导，大量购买美雅公司的股票。2005 年 4 月 30 日，美雅公司董事会发布公告，公告美雅公司被证监会立案调查，美雅公司虚假行为被揭露，其股价也急剧下跌，2005 年 4 月 30 日为虚假陈述行为的揭露日。其被揭露后恢复交易的第一个交易日为 2005 年 5 月 25 日，从该天算至 2005 年 7 月 28 日，46 个交易日的成交量为 219 506 573 股，美雅公司流通股份为 216 058 090 股，即 2005 年 7 月 28 日是美雅公司虚假陈述基准日，基准价即 46 个交易日平均收盘价为 1.13 元。2007 年 6 月 21 日，美雅公司公布受中国证券监督管理委员会（以下简称中国证监会）处罚的证监罚字（2007）17 号《行政处罚决定书》，该决定书认为：美雅公司通过虚增非经常性损益虚增 2003 年利润 110 675 160.25 元，未及时调整价差收入导致虚增 2003 年利润 57 250 031.37 元，认定美雅公司 2003 年年度报告虚构利润，并且通过报表调整方式虚增 2004 年上半年及前三季度利润，决定对美雅公司及当时的董事长冯国良等予以处罚。美雅公司作为上市公司在其年度报告中虚增利润，误导莫川东等投资者，给莫川东等投资者造成重大损失，美雅公司应当依法承担赔偿责任。据上，请求：

1. 判令美雅公司赔偿因其虚假陈述而给莫川东造成的损失合计 10 855.12 元；

2. 本案诉讼费及因诉讼而产生的其他费用由美雅公司承担。

美雅公司答辩称：

1. 莫川东提出的诉讼请求已过诉讼时效，应予以驳回。根据中国证监会行政处罚决定书［证监罚字（2007）17 号］，中国证监会对美雅公司作出行政处罚及对外公布时间为 2007 年 5 月 29 日，且没有发生诉讼时效中断的事由，因此莫川东提出的诉讼请求已过诉讼时效，应予以驳回。

2. 莫川东在 2004 年 3 月 19 日前购入的股票不应列为本案索赔范围内。根据中国证监会行政处罚决定书［证监罚字（2007）17 号］，美雅公司最早作出虚假陈述行为是在 2004 年 3 月 19 日发布的

2003 年年度报告，因此莫川东在 2004 年 3 月 19 日前购入的股票不受上述行为的影响，莫川东的有关交易不应列为本案索赔范围。

3. 莫川东理应知道股票买卖属于高风险交易，交易风险应由交易双方承担而不应由美雅公司承担。持股者和买方在交易平台上达成买卖持股者手上股票的合同，并完成相应的股票交割，根据我国合同法意思自治原则，合同是否订立完全决定于交易双方，交易的风险也由双方承担。

4. 根据 1999 年 7 月 1 日实施的《中华人民共和国证券法》，上市公司作为发行人须承担发行阶段信息披露不实的相关民事责任，但没有规定上市公司在上市后须为信息披露不实向第三人承担民事责任。根据该法第六十三条以及第一百七十七条的规定，上市公司在申请发起阶段作为发行人，其和投资者之间的关系是买卖合同关系，但在公司上市后其与二级市场的投资者之间不存在合同关系。故该法没有规定上市公司在上市后因信息披露不实需要向第三人承担民事责任。

5. 从法律性质分析，莫川东的索赔要求是基于第三人侵害债权理论提出的，但此项理论在现行的《中华人民共和国合同法》立法审议时已被删除。

6. 美雅公司不应承担莫川东因证券市场风险所导致的股票交易损失。即使将莫川东的有关交易列入索赔范围，鉴于股票交易属于高风险交易，其股价受到包括证券市场系统等因素的影响，在 2004 年至 2005 年两年间，刚好 A 股股市处于持续下跌的熊市阶段，莫川东应自行承担证券市场系统风险。

7. 莫川东进行高抛低吸产生的收益应在其主张的实际损失中扣减。

8. 按照美雅公司的股权分置方案，莫川东获得非流通股股东的送股收益应在其主张的实际损失中扣减。根据 2008 年 9 月 24 日经股东大会通过的股权分置方案，流通股股东每 10 股将获非流通股股东支付 1 股对价股份，莫川东持有股票每 10 股可以获得 1 股的收益，该项收益理应在其主张的实际损失中扣减。

9. 印花税及佣金应按投资差额损失部分计算，不应按股票的成交额计算。

10. 从 2005 年 5 月 25 日至 2005 年 7 月 28 日期间加权平均价应为 1.14 元，非 1.13 元。

11. 美雅公司恢复上市在际，莫川东至今仍持有股票，不存在任何实际损失。综上所述，莫川东的诉讼请求缺乏事实及法律依据，请求驳回莫川东的诉讼请求，诉讼费用由莫川东承担。

广东省广州市中级人民法院经审理查明：广东鹤山毛纺织总厂于 1992 年 7 月 5 日经广东省企业股份制试点联审小组、广东省经济体制改革委员会以粤股审（1992）48 号文批准改组为广东（鹤山）美雅股份有限公司，1993 年 6 月 10 日经广东省证券委员会粤证委发（1993）002 号文及中国证监会证监发审字（1993）156 号复审同意批准为公众股份公司，在深圳市证券交易所发行 A 股，证券代码 000529，名为广东美雅集团股份有限公司。股本总额396 515 872股，流通股份为 216 058 090 股，未经股权分置改革。由于美雅公司 2003 年、2004 年、2005 年连续三年亏损，2006 年 5 月 15 日被深圳证券交易所暂停上市。美雅公司已于 2009 年 9 月 11 日恢复上市，公司证券简称由"*ST 美雅"变更为"广弘控股"。

2003 年 12 月 26 日，美雅公司发布《广东美雅集团股份有限公司董事会 2003 年度预盈提示公告》，该公告内容为："本公司及董事会全体成员保证公告内容的真实、准确和完整，对公众的虚假记载、误导性陈述或者重大遗漏负连带责任。由于年内毛毯行业呈恢复性增长势头，本公司 2003 年产销量较上年同期大幅增长，新产品比例提高，加上第四季度产品价格上扬，本公司业绩好转，预计本公司 2003 年度实现盈利。敬请广大投资者注意投资风险。"2004 年 3 月 19 日，美雅公司发布《广东美雅股份有限公司 2003 年度报告》，该报告载明美雅公司于 2003 年度扭亏为盈，净利润为 587.13 万元。2004 年 10 月 28 日，美雅公司发布《广东美雅集团股份有限公司 2004 年第三季度报告》，该报告载明美雅公司 2004 年 1—9 月净利润为 142.5 万元。2005 年 3 月 25 日，美雅公司发布《广东美雅集团股份有限公司业绩预告修正公告》，预计美雅公司 2004 年 1 月 1 日至 2004 年 12 月 31 日期间的业绩亏损。2005 年 4 月 30 日，美雅公司发布《广东美雅集团股份有限公司关于证监会广东监管局下达立案调查通知书的公告》，公告美雅公司被中国证监会广东监管局因涉嫌信息披露违规立案调查。

2007 年 6 月 21 日，美雅公司公布受中国证监会处罚的证监罚字（2007）17 号《行政处罚决定书》，该决定书认为，"……美雅公司存在以下违法行为：一、2003 年年度报告虚构利润：（一）通过虚增非经常性损益虚增 2003 年利润 110 675 160.25 元……（二）未及时调整价差收入导致虚增 2003 年利润 57 250 031.37 元……二、通过报表调节方式虚增 2004 年上半年及前三季度利润。在 2004 年年度报告中虚增利润 63 769 900 元，在 2004 年第三季度财务报告中虚增利润 91 848 409.46 元……美雅公司的上述行为违反了 1999 年《证券法》第五十九条所述'公司公告的股票或公司债券的发行和上市文件必须真实、准确、完整，不得有虚假记载、误导性陈述或者重大遗漏'、第六十条关于中期报告、第六十一条关于年度报告的规定，构成了 1999 年《证券法》第一百七十七条所述'未按照有关规定披露信息，或所披露的信息有虚假记载、误导性陈述或者有重大遗漏行为……"决定对美雅公司及当时董事长冯国良等予以处罚。美雅公司主张中国证监会作出的上述《行政处罚决定书》于 2007 年 5 月 29 日已印发。

美雅公司的流通股份总量为 216 058 090 股，在虚假陈述行为被揭露后，美雅公司恢复上市交易的第一个交易日为 2005 年 5 月 25 日。而从该天算至 2005 年 7 月 28 日，期间 46 个交易日内，美雅公司的股票在证券市场内成交量已达 219 506 573 股。庭审中，莫川东、美雅公司均确认美雅公司发布公告公布其被中国证监会立案调查之日，即 2005 年 4 月 30 日为证券虚假陈述行为的揭露日，确认 2005 年 7 月 28 日是投资差额损失计算的基准日。莫川东主张基准价是 46 个交易日的平均收盘价为 1.13 元，美雅公司认为加权平均收盘价为 1.14 元。经核实，美雅公司自 2005 年 5 月 25 日至 2005 年 7 月 28 日期间的日均收盘价为 1.13 元。根据美雅公司的申请，该院前往深圳市证券交易所调取了莫川东 2000 年至 2009 年的证券交易记录，莫川东、美雅公司对该院调取的证券交易记录均无异议。根据上述交易记录的记载，莫川东自 2000 年 10 月 10 日至 2006 年 4 月 27 日期间多次买入、卖出美雅公司的股票：于 2004 年 1 月 30 日购入美雅公司股票 2 000 股，买入均价为 3.57 元；2004 年 3 月 16 日、2004 年 3 月 17 日买进美雅公司股票各 1 000 股，买入均价分别为 4.03 元、4.04 元；2004 年 3 月 19 日至 2005 年 7 月 28 日期间无发生美雅公司股票的买入、卖出行为。莫川东于 2009 年 6 月 1 日向该院提起诉讼。

　　广东省广州市中级人民法院审理认为：原《中华人民共和国证券法》（1999 年 7 月 1 日起施行）第六十三条规定，"发行人、承销的证券公司公告招股说明书、公司债券募集办法、财务会计报告、上市报告文件、年度报告、中期报告、临时报告，存在虚假记载、误导性陈述或者有重大遗漏，致使投资者在证券交易中遭受损失的，发行人、承销的证券公司应当承担赔偿责任"。最高人民法院《关于审理证券市场因虚假陈述引发的民事赔偿案件的若干规定》第二十一条第一款也规定："发起人、发行人或者上市公司对其虚假陈述给投资人造成的损失承担民事赔偿责任。"中国证监会对美雅公司作出的证监罚字（2007）17 号《行政处罚决定书》中载明："……美雅公司存在以下违法行为：一、2003 年年度报告虚构利润：（一）通过虚增非经常性损益虚增 2003 年利润 110 675 160.25 元……（二）未及时调整价差收入导致虚增 2003 年利润 57 250 031.37 元……二、通过报表调节方式虚增 2004 年上半年及前三季度利润；在 2004 年年度报告中虚增利润 63 769 900 元，在 2004 年第三季度财务报告中虚增利润 91 848 409.46 元。"美雅公司披露的 2003 年、2004 年年度报告中存在虚假记载的事实，已为上述《行政处罚决定书》所查明，美雅公司应当对投资人因此造成的损失承担民事赔偿责任。关于本案的诉讼时效问题，根据最高人民法院《关于审理证券市场因虚假陈述引发的民事赔偿案件的若干规定》第五条关于"投资人对虚假陈述行为人提起民事赔偿的诉讼时效期间，适用民法通则第一百三十五条的规定，根据下列不同情况分别起算：（一）中国证券监督管理委员会或其派出机构公布对虚假陈述行为人作出处罚决定之日；（二）中华人民共和国财政部、其他行政机关以及有权作出行政处罚的机构公布对虚假陈述行为人作出处罚决定之日；（三）虚假陈述行为人未受行政处罚，但已被人民法院认定有罪的，作出刑事判决生效之日。因同一虚假陈述行为，对不同虚假陈述行为人作出两个以上行政处罚；或者既有行政处罚，又有刑事处罚的，以最先作出的行政处罚决定公告之日或者作出的刑事判决生效之日，为诉讼时效起算之日"的规定，本案的诉讼时效应自中国证监会对美雅公司的处罚决定公布之日起计算。美雅公司主张中国证监会作出的上述《行政处罚决定书》于2007年5月29日已印发，应自该日起计算本案的诉讼时效期间，然美雅公司直至2007年6月21日才公布了中国证监会对其虚假陈述行为进行处罚的处罚决定书，莫川东也是自该日才知道自己的权利受到侵害，故本案的诉讼时效期间应自美雅公司公布处罚决定书之日2007年6月21日起计。莫川东是在2009年6月1日向本院提起诉讼的，故起诉并未超过法定的诉讼时效期间，美雅公司关于莫川东的起诉已超过诉讼时效期间的抗辩理由不能成立。

关于美雅公司虚假陈述行为实施日如何确定的问题。根据最高人民法院《关于审理证券市场因虚假陈述引发的民事赔偿案件的若干规定》第六条第一款的规定，人民法院受理投资人提出的虚假陈述赔偿纠纷案件，是以行政机关的行政处罚决定或者人民法院的刑事裁判为前置程序。莫川东是依据中国证监会对美雅公司作出的证监罚字（2007）17号《行政处罚决定书》提起本案诉讼的。中国证监会对美雅公司作出的证监罚字（2007）17号《行政处罚决定书》中只是认定美雅公司发布的2003年年度报告、2004年年度报告中存在虚增利润等虚假陈述行为，并未作出美雅公司于2003年12月26日发布的预盈公告属于证券虚假陈述行为的认定和处罚，故本案中，应当以2004年3月19日即2003年年报公布之日为美雅公司虚假陈述行为的实施日。莫川东主张以美雅公司2003年12月26日发布预盈公告之日为美雅公司虚假陈述行为的实施日的主张依据不足，不予支持。

最高人民法院《关于审理证券市场因虚假陈述引发的民事赔偿案件的若干规定》第十八条规定："投资人具有以下情形的，人民法院应当认定虚假陈述与损害结果之间存在因果关系：（一）投资人所投资的是与虚假陈述直接关联的证券；（二）投资人在虚假陈述实施日及以后，至揭露日或者更正日之前买入该证券；（三）投资人在虚假陈述揭露日或者更正日及以后，因卖出该证券发生亏损，或者因持续持有该证券而产生亏损。"根据此规定，只有在 2004 年 3 月 19 日及以后，至 2005 年 4 月 30 日之前买入美雅公司的股票，且在 2005 年 4 月 30 日及以后卖出或持有该股票而产生的损失，才与美雅公司虚假陈述之间存在因果关系，有权利向美雅公司主张赔偿。本案莫川东曾于 2004 年 1 月 30 日、2004 年 3 月 16 日、2004 年 3 月 17 日分别买进美雅公司的股票 2 000 股、1 000 股、1 000 股，莫川东买入股票的行为均发生在 2004 年 3 月 19 日之前，故莫川东的损失与美雅公司的虚假陈述之间不存在因果关系，无权要求美雅公司赔偿。

综上所述，美雅公司的抗辩理由成立，予以支持。依照最高人民法院《关于审理证券市场因虚假陈述引发的民事赔偿案件的若干规定》第十八条、第二十条的规定，广东省广州市中级人民法院于 2009 年 12 月 11 日作出（2009）穗中法民二初字第 49 号民事判决：驳回莫川东的诉讼请求。案件受理费 71 元，由莫川东负担。

莫川东不服广东省广州市中级人民法院上述民事判决，向本院提起上诉称：

1. 一审判决仅认定美雅公司发布的 2003 年年度报告、2004 年年度报告存在虚增利润等虚假陈述行为，而未认定美雅公司于 2003 年 12 月 26 日发布的预盈公告属于证券虚假陈述行为，以 2003 年度报告公布之日 2004 年 3 月 19 日作为美雅公司虚假陈述行为的实施日，是不恰当的。美雅公司 2003 年 12 月 26 日发布了《2003 年度预盈提示公告》："预计公司 2003 年度实现盈利，公司及董事会全体成员保证公告内容的真实、准确和完整，对公告的虚假记载、误导性陈述或者重大遗漏负连带责任。"该公告是对 2003 年度报告的预告，其内容与 2004 年 3 月 19 日年度报告的内容一致，都是 2003 年度盈利，具有"同一性"，只是简单与复杂、预计与正式的区别，从本质上来说没有区别。预盈公告是年度报告的一部分，对证券市场起着同样的警示作用。因此，对于作为年度报告一部分的预盈公告，中国证监会不可能也没有必要单独作出处罚。一审判决人为地把预盈公告与年度报告分割开，使"2003年度虚增利润"变成"2003年度预计虚增利润"及"2003年度报告虚增利润"两个事件，未认定预盈公告发布日为本案虚假陈述实施日，是不准确的。

2. 证券市场从本质上来说是信息的市场，由于证券信息披露义务人违规发布信息，误导投资人，造成市场秩序混乱，投资人无法利用准确的公开信息进行投资而造成的损失，应由信息披露义务人承担。正因其如此，《关于审理证券市场因虚假陈述引发的民事赔偿案件的若干规定》明确规定了制定该规定的目的是"规范证券市场民事行为，保护投资人合法权益"，这就要求信息披露义务人必须"真实、准确、完整"地披露信息，对投资人的合法合理投资行为进行保护。本案中，莫川东看到了美雅公司2003年度扭亏为盈的公告，购进美雅公司的股票，是依据美雅公司的预盈提示公告所作出的理性行为。但美雅公司公布的这个预盈提示公告内容却是虚假的。因此，莫川东所受到的损失，应该由美雅公司承担。一审判决未支持莫川东要求美雅公司赔偿损失的诉讼请求，纵容了美雅公司在证券市场上的造假行为。

综上所述，请求二审依法撤销一审判决，改判支持莫川东的诉讼请求。

美雅公司答辩称：

1. 莫川东购买美雅公司股票的股价为每股3元多，股价现为8元多，莫川东仍持有美雅公司的股票，并没有因持有美雅公司股票造成损失，因而不存在要求美雅公司赔偿的问题。

2. 中国证监会作出的证监罚字（2007）17号《行政处罚决定书》，认定美雅公司最早实施的虚假陈述是2003年年度报告，而美雅公司发布的2003年年度报告时间为2004年3月19日，一审判决据此认定2004年3月19日为美雅公司进行虚假陈述的实施日，是正确的。

3. 有关本案纠纷已超过诉讼时效期间等意见，同美雅公司一审答辩意见。

本院认为，莫川东、美雅公司对于美雅公司虚假陈述的揭露日为 2005 年 4 月 30 日，均无异议，本院予以确认。本案二审的主要争议是，美雅公司于 2003 年 12 月 26 日发布的 2003 年度预盈提示公告是否属于虚假陈述，该预盈提示公告的发布日是否即为美雅公司虚假陈述的实施日。

最高人民法院《关于审理证券市场因虚假陈述引发的民事赔偿案件的若干规定》第六条第一款规定："投资人以自己受到虚假陈述侵害为由，依据有关机关的行政处罚决定或者人民法院的刑事裁判文书，对虚假陈述行为人提起的民事赔偿诉讼，符合民事诉讼法第一百零八条规定的，人民法院应当受理。"根据该规定，证券投资人对虚假陈述行为人提起民事赔偿诉讼，必须"依据"有关机关的行政处罚决定或者人民法院的刑事裁判文书。中国证监会于 2007 年 6 月 21 日作出证监罚字（2007）17 号《行政处罚决定书》，认定美雅公司违反了证券法规定的年度报告等法定信息披露义务，决定对美雅公司及董事长冯国良等予以处罚。中国证监会上述《行政处罚决定书》，既是莫川东对美雅公司提起因其虚假陈述所致损失赔偿诉讼的"依据"，也是法院认定美雅公司何时对何事以何形式实施何种虚假陈述的"依据"。依据该《行政处罚决定书》，可以认定美雅公司发布的 2003 年年度报告、2004 年年度报告存在虚增利润等虚假陈述行为。由于该《行政处罚决定书》并未认定美雅公司于 2003 年 12 月 26 日发布的预盈提示公告属于虚假陈述行为，莫川东上诉主张美雅公司于 2003 年 12 月 26 日发布的预盈提示公告属于证券虚假陈述以及该预盈提示公告发布日应作为美雅公司进行证券虚假陈述的实施日，缺乏事实依据。

根据中国证监会上述《行政处罚决定书》，美雅公司最早进行的证券虚假陈述行为是 2003 年年度报告虚构利润，故美雅公司发布 2003 年年度报告的日期 2004 年 3 月 19 日，应为美雅公司虚假陈述的实施日。最高人民法院《关于审理证券市场因虚假陈述引发的民事赔偿案件的若干规定》第十八条规定："投资人具有以下情形的，人民法院应当认定虚假陈述与损害结果之间存在因果关系：（一）投资人所投资的是与虚假陈述直接关联的证券；（二）投资人在虚假陈述实施日及以后，至揭露日或者更正日之前买入该证券；（三）投资人在虚假陈述揭露日或者更正日及以后，因卖出该证券发生亏损，或者因持续持有该证券而产生亏损。"根据此规定，只有在美雅公司虚假陈述实施日 2004 年 3 月 19 日及以后，至美雅公司虚假陈述揭露日 2005 年 4 月 30 日之前买入美雅公司的股票，且在 2005 年 4 月 30 日及以后卖出或持有该股票而产生的损失，才与美雅公司虚假陈述之间存在因果关系，有权利向美雅公司主张赔偿。莫川东曾于 2004 年 1 月 30 日、2004 年 3 月 16 日、2004 年 3 月 17 日分别买进美雅公司的股票 2 000 股、1 000 股、1 000 股，其三次买进美雅公司股票的行为均发生在 2004 年 3 月 19 日之前，故莫川东的损失与美雅公司的虚假陈述之间不存在因果关系。原审判决据此驳回莫川东的诉讼请求，并无不当。

综上，莫川东上诉请求美雅公司赔偿因受虚假陈述所购美雅公司股票损失，缺乏事实和法律依据，应予驳回。原审判决程序合法，认定事实清楚，适用法律正确，应予维持。依照《中华人民共和国民事诉讼法》第一百五十三条第一款第（一）项之规定，本院判决如下：

驳回上诉，维持原判。

二审案件受理费 71 元，由莫川东负担。

本判决为终审判决。

审判长　李洪堂

审判员　田　剑

代理审判员　郑捷夫

二〇一〇年四月十五日

书记员　汪瑞芊

（三十七）

中炬高新虚假陈述民事赔偿案

主题词：中炬高新　虚假陈述　侵权　赔偿

52. 王祖萍、王建华诉中炬高新技术实业（集团）股份有限公司诉讼案

广东省广州市中级人民法院

民事裁定书

（2006）穗中法民二初字第 39 号①

原告：王祖萍。

原告：王建华。

被告：中炬高新技术实业（集团）股份有限公司。

法定代表人：谢力健，董事长。

委托代理人：郭毅航，该公司副经理。

委托代理人：鲁礼荣，广东中信协诚律师事务所律师。

本院在审理原告王祖萍、王建华与被告中炬高新技术实业（集团）股份有限公司虚假证券信息纠纷一案中，原告王祖萍、王建华于 2006 年 3 月 28 日以双方当事人已达成庭外和解为由，向本院申请撤诉。

本院认为，原告王祖萍、王建华以相关纠纷已庭外和解为由自愿申请撤诉，是对其民事权利和民事诉讼权利的自主处分，符合

---

① 本司法裁判文书系上海新望闻达律师事务所宋一欣律师提供。

《中华人民共和国民事诉讼法》第十三条的规定，应予准许。依照《中华人民共和国民事诉讼法》第一百三十一条第一款的规定，裁定如下：

准许原告王祖萍、王建华撤诉。

案件受理费410元，减半由原告王祖萍、王建华负担。

审判长　刘思红

审判员　刘　浚

审判员　陈剑平

二〇〇六年四月四日

书记员　邓　军

（三十八）
三九医药虚假陈述民事赔偿案

主题词：三九医药　虚假陈述　侵权　赔偿

53. 陈某诉三九医药股份有限公司诉讼案

广东省深圳市中级人民法院

民事判决书

（2003）深中法民二初字第 489 号 [①]

原告：陈某。

委托代理人：陈亮，福建元一律师事务所律师

委托代理人：檀木林，福建元一律师事务所律师

被告：三九医药股份有限公司，住所地：广东深圳银湖路口。

法定代表人：孙晓民，董事长。

委托代理人：熊斌，北京市地平线律师事务所深圳分所律师。

委托代理人：魏剑宏，北京市地平线律师事务所深圳分所实习律师。

原告陈某诉被告三九医药股份有限公司（以下简称三九医药）虚假陈述证券民事赔偿纠纷一案，本院受理后依法组成合议庭，公开开庭进行了审理。原告的委托代理人陈亮、檀木林，被告的委托代理人熊斌、魏剑宏到庭参加诉讼。本案现已审理终结。

原告诉称，被告三九医药的股票于 2000 年 3 月 9 日在深圳证券

---

① 本司法裁判文书系福建元一律师事务所陈亮律师提供。

交易所挂牌上市。原告的证券账户号为 60789639。原告自 2000 年 3 月 9 日至 2001 年 7 月 31 日陆续买入三九医药 19 000 股。原告现在仍持有该 19 000 股三九医药股票。中国证券监督管理委员会（下称中国证监会）于 2002 年 7 月 4 日作出证监罚字（2002）12 号《关于三九医药股份有限公司及赵新先、许宁、于继武、张欣戎、荣龙章、王金锐、崔军、刘晖晖、杨战鏖违反证券法规行为的处罚决定》。由于三九医药从 1999 年起存在下列违反我国《证券法》第一百七十七条规定的违规行为：（1）三九医药未就与三九药业有限公司（以下简称"三九药业"）巨额资金往来情况进行披露；（2）三九医药未就与三九药业大量互开汇票的关联交易事项进行披露；（3）三九医药未就委托三九药业进行投资并取得收益的关联交易事项进行披露；（4）三九医药未就存款人民币 11.43 亿元到其关联公司深圳金融租赁有限公司进行详细披露。

中国证监会对三九医药作出处罚决定如下：

1. 对三九医药处以罚款人民币 50 万元；

2. 对三九医药董事长赵新先处以警告，并处罚款人民币 10 万元；对董事兼董事会秘书许宁处以警告，并处罚款人民币 5 万元；对董事于继武、张欣戎、荣龙章、王金锐、崔军、刘晖晖、杨战鏖处以警告，并各处罚款人民币 3 万元。

由于被告三九医药未对重要信息进行披露，其虚假陈述的行为误导了原告购买股票，三九医药的违规行为被中国证监会披露后，股价下跌，给原告造成了很大的经济损失，依据最高人民法院《关于审理证券市场因虚假陈述引发的民事赔偿案件的若干规定》第二十一条的规定，三九医药应对原告的损失承担民事赔偿责任。原告向法院提起诉讼，请求判令：

1. 被告赔偿原告股票损失 147 839 元及佣金、印花税和利息；

2. 判令被告承担本案全部诉讼费用。

被告三九医药答辩认为，虚假陈述实施日应为三九医药 2000 年财务年报公布日，即 2001 年 3 月 31 日。而原告购入三九医药股票的时间均在此日期之前。原告的股票损失与三九医药的虚假陈述行为之间不存在因果关系。原告股票损失系由证券市场系统风险等其他因素所导致，依据法律，其损失与虚假陈述行为之间也不存在因果关系。由于原告的诉讼请求缺乏事实和法律依据，被告请求法院驳回原告的诉讼请求。

原告为支持其诉讼请求，提交了如下证据：

证据1：原告的证券账户卡，证明原告开立证券账户买卖证券；

证据2：三九医药的工商登记电脑单；

证据3：证券交易客户对账单，证明原告买入三九医药股票的事实经过、金额以及原告目前仍持有三九医药股票19 000股；

证据4：中国证监会证监罚字（2002）12号处罚决定；

证据5：三九医药的上市公告书及1999年度财务报告。

被告对于原告提交的上述证据的真实性不持异议。

被告未就其抗辩主张提供证据。

经审理查明，1999年11月9日，被告三九医药发布招股说明书。2000年3月8日，被告三九医药发布上市公告书。2000年3月9日代码为000999的三九医药股票在深圳证券交易所挂牌上市。2001年3月31日，被告三九医药发布2000年年报。原告陈某2000年3月9日买入三九医药股票1 500股，每股单价人民币23.55元；2000年3月13日买入三九医药股票500股，每股单价人民币22.06元；2000年3月14日买入三九医药股票500股，每股单价人民币21.40元；2000年6月7日买入三九医药股票1 000股，每股单价人民币22.25元；2000年9月22日买入三九医药股票1000股，每股单价人民币19.14元；2001年5月18日买入三九医药股票5 000股，每股单价人民币18.90元；2001年5月28日买入三九医药股票1000股，每股单价人民币18.50元；2001年6月21日买入三九医药股票1 000股，每股单价人民币18.17元；2001年6月25日买入三九医药股票1 000股，每股单价人民币18.30元；2001年6月28日买入三九医药股票1 000股，每股单价人民币18.14元；2001年7月16日买入三九医药股票500股，每股单价人民币17.60元；2001年7月17日买入三九医药股票600股，每股单价人民币17.20元；2001年7月26日买入三九医药股票500股，每股单价人民币16.65元；2001年7月31日买入三九医药股票400股，每股单价人民币15.20

元；2001 年 7 月 31 日买入三九医药股票 1 000 股，每股单价人民币
14.70 元；合计买入三九医药股票 19 000 股，总金额 359 290 元，原
告持有上述股票至今。

2001 年 8 月 27 日，中国证监会发布通报，对三九医药在信息披
露、公司治理、资金管理等方面的违规行为进行批评。当晚中央电
视台报道相关消息。次日《证券时报》刊登了相关消息。2002 年 7
月 4 日，中国证监会作出证监罚字（2002）12 号《关于三九医药股
份有限公司及赵新先、许宁、于继武、张欣戎、荣龙章、王金锐、
崔军、刘晖晖、杨战鏖违反证券法规行为的处罚决定》，对三九医药
未按照《公开发行股票公司信息披露的内容与格式准则第二号〈年
度报告的内容与格式〉》《企业会计准则——关联方关系及其交易的
披露》的要求，如实披露其与大股东巨额资金往来、低息存放巨额
资金在关联公司、关联交易事项等重大信息进行详细披露的行为给
予处罚。该处罚决定于 2002 年 7 月 10 日在各证券报刊上公布。

三九医药股票自 2001 年 8 月 27 日起至累计成交量达到其可流通
部分 100% 的日期为 2002 年 3 月 8 日，即计算投资差额损失的法定
基准日。经核实累计上述期间每个交易日收盘价的平均价格为人民
币 11.14 元。深圳证券交易所股票交易的佣金和印花税分别为 0.3%
和 0.2%。

另查明，自 2001 年 4 月 2 日（三九医药公布 2000 年年报后的第
一个工作日）起至 2002 年 3 月 8 日，深证综合指数下跌 26.11%，
深证成分 A 指下跌 33.63%，三九医药股票下跌 42.11%。

本院认为，三九医药对其与大股东进行巨额资金往来、低息存
放巨额资金于关联公司以及关联交易等事项未如实披露的行为，已
被中国证监会以违反《公开发行股票公司信息披露的内容与格式准
则第二号〈年度报告的内容与格式〉》和《企业会计准则——关联方
关系及其交易的披露》的要求，认定其构成了"未按照有关规定披
露信息，或者所披露的信息有虚假记载、误导性陈述或者有重大遗
漏"的行为。根据最高人民法院《关于审理证券市场因虚假陈述行
为引发的民事赔偿案件的若干规定》（以下简称《若干规定》）第十
七条的规定，被告三九医药的行为已经构成虚假陈述。陈某以自己

受到虚假陈述侵害为由，依据中国证监会的行政处罚决定提起民事赔偿诉讼，符合《民事诉讼法》第一百零八条之规定，是适格的诉讼主体。

依据《若干规定》，投资人在我国对上市公司提起虚假陈述证券民事赔偿必须依据有关机关的行政处罚决定或法院的刑事裁判文书，即我国法律为法院受理和审理虚假陈述证券民事赔偿案件设定了前置程序。本案中，中国证监会作出的证监罚字（2002）12 号处罚决定是该会依据法律和法定程序作出的具有公定力的行政行为，也是法院受理和审理本案的前置程序。由此可见，并非所有上市公司的虚假陈述行为都符合民事侵权赔偿诉讼的要件，虚假陈述必须达到一定的严重程度、虚假陈述人受到行政处罚或者刑事判决时，法律意义上的虚假陈述行为始构成。

本案双方当事人争议的焦点有二：

1. 三九医药受到行政处罚的虚假陈述实施日应如何确定，这也是确定陈某的投资损失与被告虚假陈述行为之间是否存在因果关系的关键。根据《若干规定》第十八条第（二）、（三）项之规定，只有在虚假陈述实施日及以后购入，至揭露日或者更正日之前的与虚假陈述直接关系的证券，在虚假陈述揭露日或更正日及以后因卖出该证券发生亏损或因持续持有该证券而产生的亏损才与虚假陈述具有因果关系。

2. 证券市场的系统风险是否导致陈某投资损失的原因，被告的虚假陈述行为与原告的投资损失之间是否存在因果关系，以及被告对原告的损失应当如何承担赔偿责任的问题。

对于以上两个焦点问题，以下分述之：

1. 关于被告虚假陈述实施日的认定。经审查中国证监会证监罚字（2002）12 号处罚决定（下称中国证监会处罚决定），本院认为，被告三九医药受到中国证监会处罚的虚假陈述行为即三九医药 2000 年年报虚假陈述行为。

首先，中国证监会处罚决定中，仅明确对三九医药在 2000 年年报中未如实披露信息的行为进行处罚，该处罚决定并未提及对三九医药在《招股说明书》《上市公告书》和 2000 年中报上违反信息披露义务的行为进行处罚。虽然处罚决定中涉及的事实发生于 1999 年至 2000 年 12 月期间，但虚假陈述实施日指的是上市公司披露信息或应当披露信息的日期，而不是所披露信息中所涉及的行为发生之日。上市公司必须通过某个载体披露信息，虚假陈述行为亦需要其载体，这一载体就是法律规定上市公司限时发布的公告，包括《招股说明书》《上市公告书》、季报、中报、年报以及临时公告等。如果说三九医药应当公布有关信息的日期有：公布《招股说明书》的日期、上市公告的日期、公告中报的日期、公告年报的日期及应当作出临时报告的日期等，那么中国证监会必然会在处罚决定中明确对三九医药违反《招股说明书》和《上市公告书》或临时报告等的披露规则、存在的历次虚假陈述行为进行处罚，而中国证监会的处罚决定却未对上述行为予以认定。中国证监会明确认定的是：三九医药 2000 年年报没有按照《年度报告的内容与格式》的要求，对重大信息在年度报告中进行全面如实的披露。另外，中国证监会处罚决定所针对的三九医药四项违规行为中，有三次是直接针对三九医药 2000 年财务年报进行处罚的，用词为"三九医药在 2000 年年报中仅披露了余额"等。其中第三项违规行为虽未指明是 2000 年年报发生的遗漏，但该行为已被认定截至"2000 年 12 月 31 日止"，因而该行为也只能在 2000 年年报中进行披露。原告主张被告在《招股说明书》《上市公告书》公布之日即进行了虚假陈述，因为未得到法律规定的证券业监管机构的行政机关的认定，故本院不予支持。

此外三九医药于 1999 年 11 月 9 日公布《招股说明书》之时，三九医药股票既未上市，绝大部分违规事实亦未发生，中国证监会处罚决定认定三九医药有四次违规事实，其中第一次违规事实发生在"1999 年 6 月至 2000 年 12 月期间"；第二次违规事实发生在"1999 年 7 月开始"，"截至 2000 年末"；第三次违规事实发生在 1999 年 12 月至 2000 年 12 月 31 日期间；第四次违规事实的日期是"1999 年 12 月 31 日开始"，"截至 2000 年 12 月 31 日"。上述事实表明，中国证监会处罚三九医药的违规事实均截止于 2000 年 12 月底，正是由于三九医药在 2000 年年报中未如实披露上述信息，造成表现为重大遗漏的虚假陈述，因而中国证监会于 2002 年 7 月 4 日作出上述处罚决定，否则中国证监会在处罚决定中应对三九医药自 1999 年以来每一项违反信息披露义务的行为逐项认定和处罚，即三九医药第一次虚假陈述、第二次虚假陈述、第三次虚假陈述等何时发生、违反了何条法规，但从该处罚决定整体分析，中国证监会仅认定了三九医药在公布 2000 年年报时违反了上市公司《公开发行股票公司信息披露的内容与格式准则第二号〈年度报告的内容与格式〉》和《企业会计准则——关联方关系及其交易的披露》的规定，发生了虚假陈述，从而对三九医药进行处罚。

2. 关于证券市场的系统风险是否导致原告投资损失的原因以及被告对原告的损失应当如何承担责任的问题。

原告购买三九医药股票后发生投资损失系因三九医药股票价格下跌所致。对于三九医药股票价格下跌的原因，应当进行全面、客观的判断。股票作为一种有价证券，具有风险性、波动性均较强的特征。证券市场的系统风险包括利率风险、汇率风险、通货膨胀风险和宏观经济状况变化引发的风险等。对由于宏观因素、市场环境变化等引起股票价格波动和投资人损失的实际情况一概不顾，将投资人的所有损失均列入侵权行为人赔偿范围的做法，既不科学也不客观。综观 2001 年我国证券市场，个股价格涨跌起伏大，大盘指数处于大动荡中，大盘指数年跌幅超过了 20%，尤其是 2001 年 6 月至同年 10 月 22 日，国有股减持政策的实施、上证综合指数由 2 245 点跌至 1 514.86 点，几乎所有个股跌幅均在 40% 以上。

本案中，被告提出原告的部分投资损失是由于证券市场系统风险导致的抗辩主张，本院认为证券市场的系统风险存在与否，通过证券市场的综合指数能够得到反映，被告辩解有理，应予采纳。被告股票价格的下跌是由于证券市场系统风险和被告虚假陈述行为两方面原因导致的。但就医药股票价格跌幅超出综合指数跌幅的部分，即为被告虚假陈述造成原告的损失部分。在确定被告股票价格下跌的数额之后，虚假陈述造成陈某投资损失的比例应当按如下公式计算：（被告股票价格跌幅—综合指数跌幅）÷被告股票价格跌幅，即（42.11%－26.11%）÷42.11%＝38%。

综上，原告于 2001 年 3 月 31 日之前购入的三九医药股票所发生的损失与实际的虚假陈述行为之间不存在因果关系，原告关于该部分损失的请求因无法律依据，不予支持。被告对于原告于 2001 年 3 月 31 日之后投资三九医药股票的损失应按 38% 的比例承担赔偿责任。根据前述认定事实，陈某于 2001 年 3 月 31 日后购入三九医药股票 14 500 股，总金额为人民币 260 845 元，加权平均买入价为人民币 17.99 元。依照《中华人民共和国民事诉讼法》第一百零八条，《中华人民共和国证券法》第十九条，最高人民法院《关于审理证券市场因虚假陈述引发的民事赔偿案件的若干规定》第十八条、第十九条第（四）项、第三十条、第三十一条、第三十二条、第三十三条第（一）项之规定，判决如下：

1. 被告三九医药股份有限公司应在判决生效之日起十日内赔偿原告陈某购买股票价款损失人民币 37 743.50 元［（原告买入股票的平均价格 17.99 元－虚假陈述揭露日至基准日期间每个交易日收盘价平均价格 11.14 元）×14 500×38%］及利息（该利息以陈某自 2001 年 5 月 18 日后实际买入股票之日起计至基准日 2002 年 3 月 8 日止，按照中国人民银行同期活期存款利率计算），以及佣金、印花税损失 188.72 元（37 743.50 元×0.5%）；

2. 驳回原告陈某的其他诉讼请求。

案件受理费人民币 4 544 元，由原告陈某负担人民币 3 384.01 元，由被告三九医药股份有限公司负担人民币 1 160 元。该费用原告已预交，被告应付之数应迳付原告。

如不服本判决，可在判决书送达之日起十五日内，向本院递交上诉状，并按对方当事人的人数提交上诉状副本，上诉于广东省高级人民法院。

审判长　李江明

审判员　尤武雄

代理审判员　郑　蕾

二〇〇四年十一月十五日

书记员　陈东华

54. 陈某诉三九医药股份有限公司上诉案

广东省高级人民法院
民事调解书

（2005）粤高法民二终字第 147 号①

上诉人（原审原告）：陈某。

委托代理人：陈亮、朱芳，福建元一律师事务所律师。

被上诉人（原审被告）：三九医药股份有限公司，住所地：深圳市罗湖区银湖路口。

法定代表人：宋清，总经理。

委托代理人：付大江，男，汉族，住深圳市南山区。

上诉人陈某因与被上诉人三九医药股份有限公司（以下简称三九医药）虚假陈述证券民事赔偿纠纷一案，不服深圳市中级人民法院（2003）深中法民二初字第 489 号民事判决，向本院提出上诉。本院依法组成合议庭审理了本案。

本院查明：1999 年 11 月 9 日，三九医药发布《招股说明书》。2000 年 3 月 8 日，三九医药发布《上市公告书》。2000 年 3 月 9 日，三九医药在深圳证券交易所挂牌上市，交易代码为 000999。2001 年 3 月 31 日，三九医药发布 2000 年年报。陈某于 2000 年 3 月 9 日买入三九医药股票 1500 股，每股单价人民币 23.55 元；2000 年 3 月 13 日买入三九医药股票 500 股，每股单价人民币 22.06 元；2000 年 3 月 14 日买入三九医药股票 500 股，每股单价人民币 21.40 元；2000 年 6 月 7 日买入三九医药股票 1 000 股，每股单价人民币 22.25 元；2000 年 9 月 22 日买入三九医药股票 1 000 股，每股单价人民币 19.14 元；2001 年 5 月 18 日买入三九医药股票 5 000 股，每股单价人民币 18.90 元；2001 年 5 月 28 日买入三九医药股票 1 000 股，每

---

① 本司法裁判文书系福建元一律师事务所陈亮律师提供。

股单价人民币 18.17 元；2001 年 6 月 25 日买入三九医药股票 1 000 股，每股单价人民币 18.30 元；2001 年 6 月 28 日买入三九医药股票 1 000 股，每股单价人民币 18.14 元；2001 年 7 月 16 日买入三九医药股票 500 股，每股单价人民币 17.60 元；2001 年 7 月 17 日买入三九医药股票 600 股，每股单价人民币 17.20 元；2001 年 7 月 26 日买入三九医药股票 500 股，每股单价人民币 16.65 元；2001 年 7 月 31 日买入三九医药股票 400 股，每股单价人民币 15.20 元；2001 年 7 月 31 日买入三九医药股票 1 000 股，每股单价人民币 14.70 元；合计买入三九医药股票 19 000 股，总金额 359 290 元，并持有至今。

2001 年 8 月 27 日，中国证券监督管理委员会（以下简称中国证监会）发布通报，对三九医药在信息披露、公司治理、资金管理等方面的违规行为进行批评。当天晚上中央电视台报道了相关消息。次日《证券时报》刊登了相关消息。2002 年 7 月 4 日，中国证监会作出证监罚字（2002）12 号《关于三九医药股份有限公司及赵新先、许宁、于继武、张欣戎、荣龙章、王金锐、崔军、刘晖晖、杨战鏖违反证券法规行为的处罚决定》，对三九医药未按照《公开发行股票公司信息披露的内容与格式准则第二号〈年度报告的内容与格式〉》《企业会计准则——关联方关系及其交易的披露》的要求，如实披露其与大股东巨额资金往来、低息存放巨额资金在关联公司、关联交易事项等重大信息进行详细披露的行为给予处罚。该处罚决定于 2002 年 7 月 10 日在各证券报刊上公布。

三九医药股票自 2001 年 8 月 27 日起至累计成交量达到其可流通部分 100% 的日期为 2002 年 3 月 8 日，即计算投资差额损失的法定基准日。经核实累计上述期间每个交易日收盘价的平均价格为人民币 11.14 元。深圳证券交易所股票交易的佣金和印花税分别为 0.3% 和 0.2%。

另查明，自 2001 年 4 月 2 日（三九医药公布 2000 年年报后的第一个工作日）起至 2002 年 3 月 8 日，深证综合指数下跌 26.11%，深证成分 A 指下跌 33.63%，三九医药股票下跌 42.11%。

2003 年 10 月 27 日，陈某以三九医药未及时公布重大信息行为违反证券法有关规定，并侵害其合法权益为由，向原审法院提起本案诉讼，请求判令：

1. 三九医药赔偿陈某损失 151 700.53 元；
2. 三九医药承担诉讼费用。

原审法院审理认为，三九医药对其与大股东进行巨额资金往来、低息存放巨额资金于关联公司以及关联交易等事项未如实披露的行为，已被中国证监会以违反《公开发行股票公司信息披露的内容与格式准则第二号〈年度报告的内容与格式〉》和《企业会计准则——关联方关系及其交易的披露》的要求，认定其构成了"未按照有关规定披露信息，或者所披露的信息有虚假记载、误导性陈述或者有重大遗漏"的行为。根据最高人民法院《关于审理证券市场因虚假陈述行为引发的民事赔偿案件的若干规定》（以下简称《若干规定》）第十七条的规定，三九医药的行为已经构成虚假陈述。陈某以自己受到虚假陈述侵害为由，依据中国证监会的行政处罚决定提起民事赔偿诉讼，符合《民事诉讼法》第一百零八条之规定，是适格的诉讼主体。

依据《若干规定》，投资人在我国对上市公司提起虚假陈述证券民事赔偿必须依据有关机关的行政处罚决定或法院的刑事裁判文书，即我国法律为法院受理和审理虚假陈述证券民事赔偿案件设定了前置程序。本案中，中国证监会作出的证监罚字（2002）12 号处罚决定是该会依据法律和法定程序作出的具有公定力的行政行为，也是法院受理和审理本案的前置程序。由此可见，并非所有上市公司的虚假陈述行为都符合民事侵权赔偿诉讼的要件，虚假陈述必须达到一定的严重程度、虚假陈述人受到行政处罚或者刑事判决时，法律意义上的虚假陈述行为始构成。

本案双方当事人争议的焦点有二：

1. 三九医药受到行政处罚的虚假陈述实施日应如何确定，这也是确定陈某的投资损失与三九医药虚假陈述行为之间是否存在因果关系的关键。根据《若干规定》第十八条第（二）、（三）项之规定，只有在虚假陈述实施日及以后购入，至揭露日或者更正日之前的与虚假陈述直接关系的证券，在虚假陈述揭露日或更正日及以后因卖出该证券发生亏损或因持续持有该证券而产生的亏损才与虚假陈述具有因果关系。

2. 证券市场的系统风险是否导致陈某投资损失的原因，三九医药的虚假陈述行为与陈某的投资损失之间是否存在因果关系以及三九医药对陈某的损失应当如何承担赔偿责任的问题。

对于以上两个焦点问题，以下分述之：

1. 关于三九医药虚假陈述实施日的认定。经审查中国证监会证监罚字（2002）12 号处罚决定（下称中国证监会处罚决定），该院认为，三九医药受到中国证监会处罚的虚假陈述行为即三九医药 2000 年年报虚假陈述行为。

首先，中国证监会处罚决定中，仅明确对三九医药在 2000 年年报中未如实披露信息的行为进行处罚，该处罚决定并未提及对三九医药在《招股说明书》《上市公告书》和 2000 年中报上违反信息披露义务的行为进行处罚。虽然处罚决定中涉及的事实发生于 1999 年至 2000 年 12 月期间，但虚假陈述实施日指的是上市公司披露信息或应当披露信息的日期，而不是所披露信息中所涉及的行为发生之日。上市公司必须通过某个载体披露信息，虚假陈述行为亦需要其载体，这一载体就是法律规定上市公司限时发布的公告，包括《招股说明书》《上市公告书》、季报、中报、年报以及临时公告等。如果说三九医药应当公布有关信息的日期有：公布《招股说明书》的日期、上市公告的日期、公告中报的日期、公告年报的日期及应当作出临时报告的日期等，那么中国证监会必须会在处罚决定中明确对三九医药违反《招股说明书》和《上市公告书》或临时报告等的披露规则、存在的历次虚假陈述行为进行处罚，而中国证监会的处罚决定却未对上述行为予以认定。中国证监会明确认定的是：三九医药 2000 年年报没有按照《年度报告的内容与格式》的要求，对重大信息在年度报告中进行全面如实的披露。

另外，中国证监会处罚决定所针对的三九医药四项违规行为中，有三次是直接针对三九医药 2000 年财务年报进行处罚的，用词为"三九医药在 2000 年年报中仅披露了余额"等。其中第三项违规行为，虽未指明是 2000 年年报发生的遗漏，但该行为已被认定截至"2000 年 12 月 31 日止"，因而该行为也只能在 2000 年年报中进行披露。陈某主张三九医药在《招股说明书》《上市公告书》公布之日即进行了虚假陈述，因为未得到法律规定的证券业监管机构的行政机关的认定，故不予支持。

此外，三九医药于 1999 年 11 月 9 日公布《招股说明书》之时，三九医药股票既未上市，绝大部分违规事实亦未发生，中国证监会处罚决定认定三九医药有四次违规事实，其中第一次违规事实发生在"1999 年 6 月至 2000 年 12 月期间"；第二次违规事实发生在"1999 年 7 月开始"，"截至 2000 年末"；第三次违规事实发生在 1999 年 12 月至 2000 年 12 月 31 日期间；第四次违规事实的日期是"1999 年 12 月 31 日开始"，"截至 2000 年 12 月 31 日"。

上述事实表明，中国证监会处罚三九医药的违规事实均截止于 2000 年 12 月底，正是由于三九医药在 2000 年年报中未如实披露上述信息，造成表现为重大遗漏的虚假陈述，因而中国证监会于 2002 年 7 月 4 日作出上述处罚决定，否则中国证监会在处罚决定中应对三九医药自 1999 年以来每一项违反信息披露义务的行为逐项认定和处罚，即三九医药第一次虚假陈述、第二次虚假陈述、第三次虚假陈述等何时发生、违反了何条法规，但从该处罚决定整体分析，中国证监会仅认定了三九医药在公布 2000 年年报时违反了上市公司《年度报告的内容与格式》和《企业会计准则——关联方关系及其交易的披露》的规定，发生了虚假陈述，从而对三九医药进行处罚。

2. 关于证券市场的系统风险是否导致陈某投资损失的原因以及三九医药对陈某的损失应当如何承担责任的问题。陈某购买三九医药股票后发生投资损失系因三九医药股票价格下跌所致。对于三九医药股票价格下跌的原因，应当进行全面、客观的判断。股票作为一种有价证券，具有风险性、波动性均较强的特征。证券市场的系统风险包括利率风险、汇率风险、通货膨胀风险和宏观经济状况变化引发的风险等。对由于宏观因素、市场环境变化等引起股票价格波动和投资人损失的实际情况一概不顾，将投资人的所有损失均列入侵权行为人赔偿范围的做法，既不科学也不客观。综观 2001 年我国证券市场，个股价格涨跌起伏大，大盘指数处于大动荡中，大盘指数年跌幅超过了 20％，尤其是 2001 年 6 月至同年 10 月 22 日，国有股减持政策的实施、上证综合指数由 2 245 点跌至 1 514.86 点，几乎所有个股跌幅均在 40％以上。本案中，三九医药提出陈某的部分投资损失是由于证券市场系统风险导致的抗辩主张，该院认为证券市场的系统风险存在与否，通过证券市场的综合指数能够得到反应，三九医药辩解有理，应予采纳。三九医药股票价格的下跌是由于证券市场系统风险和三九医药虚假陈述行为两方面原因导致的。三九医药股票价格跌幅超出综合指数跌幅的部分即为三九医药虚假陈述造成陈某的损失部分。在确定三九医药股票价格下跌的数额之后，虚假陈述造成陈某投资损失的比例应当按如下公式计算：（三九医药股票价格跌幅－综合指数跌幅）÷三九医药股票价格跌幅，即 $(42.11\％-26.11\％)\div42.11\％=38\％$。

　　综上，陈某于 2001 年 3 月 31 日之前购入的三九医药股票所发生的损失与实际的虚假陈述行为之间不存在因果关系，陈某关于该部分损失的请求因无法律依据，不予支持。三九医药对于陈某于 2001 年 3 月 31 日之后投资三九医药股票的损失应按 38％的比例承担赔偿责任。根据前述认定事实，陈某于 2001 年 3 月 31 日后购入三九医药股票 14 500 股，总金额为人民币 260 845 元，加权平均买入价为人民币 17.99 元。依照《中华人民共和国民事诉讼法》第一百零八条，《中华人民共和国证券法》第十九条，最高人民法院《关于审理证券市场因虚假陈述引发的民事赔偿案件的若干规定》第十八条、第十九条第（四）项、第三十条、第三十一条、第三十二条、第三十三条第（一）项之规定，原审判决：

　　1. 三九医药在判决生效之日起十日内赔偿陈某购买股票价款损失 37 743.50 元〔（陈某买入股票的平均价格 17.99 元—虚假陈述揭露日至基准日期间每个交易日收盘价平均价格 11.14 元）×14 500×38％〕及利息（该利息以陈某自 2001 年 5 月 18 日后实际买入股票之日起计至基准日 2002 年 3 月 8 日止，按照中国人民银行同期活期存款利率计算），以及佣金、印花税损失 188.72 元（37 743.50 元×0.5％）；

2. 驳回陈某的其他诉讼请求，案件受理费人民币 4 544 元，由陈某负担 3 384.01 元，由三九医药负担 1 160 元。

陈某不服原审判决，向本院提起上诉称：

1. 原审认定 2001 年 3 月 31 日为虚假陈述实施日是错误的，应为《上市公告书》公布之日，即 2000 年 3 月 4 日。

2. 原审认定三九医药股票价格跌幅超出综合指数跌幅即为虚假陈述造成的损失是错误的。请求撤销原审判决，依法改判；判令三九医药承担一、二审诉讼费用。

在本案二审期间，双方当事人自愿达成如下和解协议：

1. 三九医药向陈某支付如下款项：除一审判决已支付的 37 932.22 元外，未支持部分 113 768.31 元按其金额的 50% 支付计 56 884.16 元；一审诉讼费 4 544 元由三九医药承担，陈某已预交二审诉讼费人民币 4 544 元，因调解结案二审法院减半收取 2 272 元由三九医药承担。综上，三九医药应向陈某支付 101 632.38 元。

2. 三九医药于 2009 年 5 月 15 日之前向陈某支付上述款项于下列账号：户名：陈某；开户行：中国银行福州鼓屏支行；账号（中国银行长城电子借记卡）：6013821600601×××××××。

3. 本协议由本人或其诉讼代理人签字，自签字之日生效。

4. 如三九医药未按上述约定日期支付上述款项，三九医药同意按陈某诉讼请求金额全额支付给陈某。

以上协议当事人意思表示真实，内容没有违反法律、行政法规的禁止性规定，合法有效，本院予以确认。

二审案件受理费 4 544 元，减半收取 2 272 元。陈某已向本院预交二审案件受理费 4 544 元，多交的 2 272 元由本院退回陈某。

> 审判长　罗　兵
> 代理审判员　陈　颖
> 代理审判员　潘晓璇
> 二〇〇九年五月六日
> 书记员　王丽华

55. 刘某诉三九医药股份有限公司诉讼案

广东省深圳市中级人民法院
民事判决书

（2004）深中法民二初字第 390 号 ①

原告：刘某。

委托代理人：陈亮，福建元一律师事务所律师。

委托代理人：冯建斌，福建建达律师事务所律师。

被告：三九医药股份有限公司，住所地：广东深圳银湖路口。

法定代表人：孙晓民，董事长。

委托代理人：熊斌，北京市地平线律师事务所深圳分所律师。

委托代理人：魏剑宏，北京市地平线律师事务所深圳分所实习律师。

原告刘某诉被告三九医药股份有限公司（以下简称三九医药）虚假陈述证券民事赔偿纠纷一案，本院受理后依法组成合议庭，公开开庭进行了审理。原告的委托代理人陈亮和被告的委托代理人熊斌、魏剑宏到庭参加了诉讼。本案现已审理终结。

原告刘某诉称，原告在深圳证券交易市场购买被告股票（代码：000999），因被告在上市公告书和中报、年报中虚假陈述，被中国证券监督管理委员会处罚，股价下跌，致使原告的投资产生亏损。根据最高人民法院《关于审理证券市场因虚假陈述引发的民事赔偿案件的若干规定》（以下简称《若干规定》）及相关法律规定，被告对原告已构成侵权，应赔偿原告的经济损失。原告起诉请求判令被告赔偿原告投资差额损失人民币 183 760 元，佣金及印花税损失人民币 1 387.20 元，利息损失人民币 1 311.40 元，共计损失人民币 186 449.60 元，并承担相应的诉讼费用。

---

① 本司法裁判文书系福建元一律师事务所陈亮律师提供。

被告三九医药答辩认为：原告诉求在事实和法律上都缺乏依据，应予驳回。最高人民法院《若干规定》第十九条规定了五种认为虚假陈述与损害结果之间不存在因果关系的情形，其中第（四）项规定："损失或者部分损失是由证券市场系统风险等其他因素所导致。"根据深交所提供的资料：深综 A 指、深成 A 指于 2001 年 4 月 2 日（被告认为自己虚假陈述实施日为 2001 年 3 月 31 日，当日及次日为双休日）分别为 678.56 和 5 503.56，三九医药当日股票收盘价为人民币 19.35元。至 2002 年 3 月 8 日，深综 A 指、深成 A 指分别为 501.38 和 3 652.58，三九医药当日股票收盘价为人民币 11.20 元。上列数据表明：从 2001 年 4 月 2 日至 2002 年 3 月 8 日，深综 A 指、深成 A 指分别下跌 26.11％和 33.63％。三九医药股票从 2001 年 4 月 2 日至 2002 年 3 月 8 日下跌 42.11％。由此可见，三九医药股票下跌的部分原因是由证券市场系统风险等其他因素所导致。本案事实表明原告股票损失系由证券市场系统风险等其他因素所导致，依据法律，其损失与被告虚假陈述之间不存在因果关系。请求法庭驳回原告的诉讼请求。

原告为支持其起诉主张，提交了如下证据：

证据 1：原告身份证；

证据 2：原告户籍证明；

证据 3：原告证券账户；

证据 4：资金卡；

证据 5：原告交易凭证；

证据 6：证监会的处罚决定；

证据 7：三九医药上市公告书即 1999 年度财务报告；

证据 8：三九医药公司登记情况。

被告对于原告提交的证据未表示异议。

被告在举证期间向本院提交了如下证据：

证据 1：2001 年 4 月 2 日深圳证券市场的概况；

证据 2：2001 年 4 月 2 日、2002 年 3 月 8 日三九医药股票收市价；

证据 3：2002 年 3 月 8 日深圳证券市场综合指数和 A 股指数情况。

被告提交上述证据的证明目的是 2001 年 4 月 2 日至 2002 年 3 月 8 日深圳证券交易市场存在严重影响大市下跌的系统风险因素，并导致三九医药股票下跌。

由于被告提交的证据均为从互联网上下载的数据，原告认为无原件核对，对其真实性不予确认。

经审理查明，1999 年 11 月 9 日，被告三九医药发布《招股说明书》。2000 年 3 月 4 日，被告三九医药发布《上市公告书》。2000 年 3 月 9 日代码为 000999 的三九医药股票在深圳证券交易所挂牌上市。2001 年 3 月 31 日，被告三九医药发布 2000 年年报。原告刘某于 2001 年 7 月 4 日以每股人民币 18.19 元的价格购入三九医药股票 10 000 股；2001 年 7 月 5 日以每股人民币 18.07 元的价格购入三九医药股票 5 000 股；2001 年 7 月 5 日以每股人民币 18.06 元的价格购入三九医药股票 5 000 股；2001 年 7 月 12 日以每股人民币 18.01 元的价格购入三九医药股票 1 500 股；2001 年 7 月 17 日以每股人民币 17.10 元的价格购入三九医药股票 2 700 股；2001 年 7 月 20 日以每股人民币 17.41 元的价格购入三九医药股票 2 300 股；2001 年 8 月 27 日以每股人民币 14.18 元的价格购入三九医药股票 4 800 股；原告共买入三九医药股票 31 300 股，总金额人民币 543 842 元，从 2001 年 7 月 4 日至 2001 年 8 月 27 日原告买入三九医药股票的加权平均价为每股人民币 17.375 元。原告于 2001 年 8 月 29 日以每股人民币 13.15 元的价格卖出三九医药股票 2 100 股；2001 年 11 月 21 日以每股人民币 11.96 元的价格卖出三九医药股票 9 200 股。原告于揭露日后基准日前卖出三九医药股票的加权平均价为每股人民币 12.181 元。2002 年 7 月 3 日原告以每股人民币 11.55 元的价格卖出三九医药股票 5 000 股。原告其余的 15 000 股三九医药股票至今持有仍未抛售。

2001 年 8 月 27 日，中国证监会发布通报，对三九医药在信息披露、公司治理、资金管理等方面的违规行为进行批评，当晚中央电视台报道相关消息。次日《证券时报》登载了相关消息。2002 年 7 月 4 日，中国证监会作出证监罚字（2002）12 号《关于三九医药股份有限公司及赵新先、许宁、于继武、张欣戎、荣龙章、王金锐、崔军、刘晖晖、杨战鏖违反证券法规行为的处罚决定》，对三九医药未按照《公开发行股票公司信息披露的内容与格式准则第二号〈年度报告的内容与格式〉》《企业会计准则——关联方关系及其交易的披露》的要求，如实披露其与大股东巨额资金往来、低息存放巨额资金在关联公司、关联交易事项等重大信息进行详细披露的行为给予处罚。该处罚决定于 2002 年 7 月 10 日在各证券报刊上公布。

三九医药股票自 2001 年 8 月 27 日起至累计成交量达到其可流通部分 100% 的日期为 2002 年 3 月 8 日，即计算投资差额损失的法定基准日。经核实累计上述期间每个交易日收盘价的平均价格为人民币 11.14 元。深圳证券交易所股票交易的佣金和印花税分别为 0.3% 和 0.2%。

另查明，自 2001 年 4 月 2 日（三九医药公布 2000 年年报后的第一个工作日）起至 2002 年 3 月 8 日，深证综合指数下跌 26.11%，深证成分 A 指下跌 33.63%，三九医药股票下跌 42.11%。

本院认为，三九医药对其与大股东进行巨额资金往来、低息存放巨额资金在关联企业以及关联交易等事项未如实披露的行为，已被中国证监会以违反《公开发行股票公司信息披露的内容与格式准则第二号〈年度报告的内容与格式〉》《企业会计准则——关联方关系及其交易的披露》的要求，认定其构成了"未按照有关规定披露信息，或者所披露的信息有虚假记载、误导性陈述或者有重大遗漏"的行为。根据最高人民法院《若干规定》第十七条的规定，被告三九医药的行为已构成虚假陈述。原告以自己受到虚假陈述侵害为由，依据中国证监会的行政处罚决定提起民事赔偿诉讼，符合《民事诉讼法》第一百零八条之规定，是适格的诉讼主体。

依据《若干规定》，投资人在我国对上市公司提起虚假陈述证券民事赔偿，必须依据有关机关的行政处罚决定或法院的刑事裁判文书，即我国法律为法院受理和审理虚假陈述证券民事赔偿案件设定了前置程序。本案中，中国证监会证监罚字（2002）12 号处罚决定是该会依据法律和法定程序作出的具有公定力的行政行为，也是本院受理和审理本案的前置程序。根据中国证监会的处罚决定，三九医药的虚假陈述实施日应当认定为三九医药 2000 年年报公布之日，即 2001 年 3 月 31 日。对于上述虚假陈述实施日，本案原告与被告均已予以确认。

本案双方当事人争议的焦点是：证券市场的系统风险是否导致原告投资损失的原因，被告的虚假陈述行为与原告的投资损失之间是否存在因果关系，以及被告对于原告的投资损失应当如何承担责任的问题。

本院认为，原告购买三九医药股票后发生投资损失系因三九医药股票价格下跌所致。对于三九医药股票价格下跌的原因，应当进行全面、客观的判断。股票作为一种有价证券，具有风险性、波动性均较强的特征。证券市场的系统风险包括利率风险、汇率风险、通货膨胀风险和宏观经济状况变化引发的风险等。对由于宏观因素、市场环境变化等引起股票价格波动和投资人损失的实际情况一概不顾，将投资人的所有损失均列入侵权行为人赔偿范围的做法，既不科学也不客观。综观 2001 年我国证券市场，个股价格涨跌起伏大，大盘指数处于大动荡中，大盘指数年跌幅超过了 20％，尤其是 2001 年 6 月至同年 10 月 22 日，上证综合指数由 2 245 点跌至 1 514.86 点，几乎所有个股跌幅均在 40％以上。

本案中，被告提出原告的部分投资损失是由于证券市场系统风险导致的抗辩主张，并提交了证券市场同期综合指数和成分指数的跌幅予以佐证，本院认为证券市场的系统风险存在与否，通过证券市场的综合指数能够得到反映，被告所举的证据能够证明其抗辩主张，其抗辩有理，应予采纳。被告股票价格的下跌是由于证券市场系统风险和被告虚假陈述行为两方面原因导致的。被告股票价格跌幅超过综合指数跌幅的部分即为被告虚假陈述造成原告的损失部分，因此，在确定被告股票价格下跌的数额之后，虚假陈述造成原告投资损失的比例应当按如下公式计算：（被告股票价格跌幅－综合指数跌幅）÷被告股票价格跌幅，即（42.11％－26.11％）÷42.11％＝38％，也就是说，被告应对原告的投资损失承担其损失总额 38％的责任。据此依照《中华人民共和国民事诉讼法》第一百零八条，最高人民法院《关于审理证券市场因虚假陈述引发的民事赔偿案件的若干规定》第十八条、第十九条第（四）项、第三十条、第三十一条、第三十二条、第三十三条第（一）项之规定，判决如下：

1. 被告三九医药股份有限公司应在本判决生效之日起十日内赔偿原告因购买三九医药股票造成的损失人民币 69 689.04 元［（原告买入股票的平均价格 17.375 元－虚假陈述揭露日至基准日期间每个交易日收盘价平均价格 11.14 元）×20 000 股×38％］＋［（原告买入股票的

平均价格 17.375 元－实际卖出日平均价格 12.181 元）×11 300 股×38％〕及利息（该利息按中国人民银行同期活期存款利率，自原告从 2001 年 5 月 30 日至 2001 年 8 月 27 日期间各次实际买入之日起按比例计算至实际卖出日或基准日止）。

2. 被告三九医药股份有限公司应在本判决生效之日起十日内赔偿原告购买三九医药股票造成的印花税及佣金损失人民币 348.45 元（69 689.06×0.5％）及利息（该利息的计算标准同第 1 项）。

3. 驳回原告刘某的其他诉讼请求。

案件受理费人民币 5 238.99 元，由原告刘某负担人民币 3143.39 元，由被告三九医药负担人民币 2 095.6 元。上述费用原告已预交，被告应付之数应迳付原告。

如不服本判决，可在判决书送达之日起十五日内，向本院递交上诉状，并按对方当事人的人数提交上诉状副本，上诉于广东省高级人民法院。

审判长　李江明

审判员　尤武雄

代理审判员　郑　蕾

二〇〇四年十一月十五日

书记员　李雪松

56. 刘某诉三九医药股份有限公司上诉案

广东省高级人民法院

民事调解书

（2005）粤高法民二终字第 127 号①

上诉人（原审原告）：刘某。

委托代理人：陈亮、朱芳，福建元一律师事务所律师。

---

①　本司法裁判文书系福建元一律师事务所陈亮律师提供。

　　被上诉人（原审被告）：三九医药股份有限公司，住所地：广东省深圳市北环大道 1028 号。

　　法定代表人：宋清，总经理。

　　委托代理人：付大江。

　　上诉人刘某因与被上诉人三九医药股份有限公司证券虚假陈述赔偿纠纷一案，不服广东省深圳市中级人民法院（2004）深中法民二初字第 390 号民事判决，向本院提出上诉。本院依法组成合议庭审理了本案。

　　本院查明：1999 年 11 月 9 日，三九医药股份有限公司（以下简称三九公司）发布招股说明书，向社会公开招股。2000 年 3 月 8 日，三九公司发布上市公告书。2000 年 3 月 9 日，三九公司在深圳证券交易所挂牌上市，交易代码为 000999。2001 年 3 月 31 日，三九公司发布 2000 年年报。刘某于 2001 年 7 月 4 日、7 月 5 日、7 月 5 日、7 月 12 日、7 月 17 日、7 月 20 日、8 月 27 日分别以每股 18.19 元、18.07 元、18.06 元、18.01 元、17.10 元、17.41 元、14.18 元的价格买入三九公司股票 10 000 股、5 000 股、5 000 股、1 500 股、2 700 股、2 300 股、4 800 股，合计 31 300 股；于 2001 年 8 月 29 日、11 月 21 日、2002 年 7 月 3 日分别以每股 13.15 元、11.96 元、11.55 元卖出 2 100 股、9 200 股、5 000 股三九公司股票，合计 16 300 股。

　　2001 年 8 月 27 日，中国证券监督管理委员会发布通报，对三九公司在信息披露、公司治理、资金管理等方面的违规行为进行批评。2002 年 7 月 4 日，中国证券监督管理委员会作出证监罚字（2002）12 号《关于三九医药股份有限公司及赵新先、许宁、于继武、张欣戎、荣龙章、王金锐、崔军、刘晖晖、杨战鏖违反证券法规行为的处罚决定》，对三九公司未按照《公开发行股票公司信息披露的内容与格式准则第二号〈年度报告的内容与格式〉》《企业会计准则——关联方关系及其交易的披露》的要求，如实披露其与大股东巨额资金往来、低息存放巨额资金在关联公司、关联交易事项等重大信息进行详细披露的行为给予处罚。

　　刘某以三九公司在上市公告书和中报、年报中虚假陈述，致使刘某的投资产生亏损为由，向原审法院提起诉讼，请求判令三九公司赔偿刘某投资差额损失人民币 183 760 元，佣金及印花税损失人民币 1 378.20 元，利息损失人民币 1 311.40 元，合计 186 449.60 元，并承担相应的诉讼费用。

一审法院经审理，于 2004 年 11 月 15 日判决：

1. 三九公司应在该判决生效之日起十日内赔偿刘某因购买三九医药股票造成的损失 69 689.04 元及利息（该利息按中国人民银行同期活期存款利率，自刘某从 2001 年 5 月 30 日至 8 月 27 日各次买入之日起按比例分别计算至实际卖出日或基准日止）。

2. 三九公司应在该判决生效之日起十日内赔偿刘某因购买三九医药股票造成的印花税及佣金损失 348.45 元及利息（该利息的计算方法同上述第 1 项）。

3. 驳回刘某的其他诉讼请求。

一审案件受理费 5 238.99 元，由刘某负担 3 143.39 元，三九公司负担 2 095.6 元。

刘某不服上述判决，向本院提起上诉。

在本案二审期间，双方当事人自愿达成如下调解协议：

1. 三九公司向刘某支付如下款项：除支付一审法院在（2004）深中法民二初字第 390 号判决中已支持的 7 0037.49 元外，未支持部分 116 412.11 元按其金额的 50% 支付计 58 206.06 元；一审诉讼费 5 238.99 元由三九公司承担，刘某已预交二审诉讼费 5 238.99 元，因调解结案二审法院将减半收取 2 619.50 元由三九公司承担。故三九公司应向刘某支付诉讼费合计 7 858.49 元。综合前述，三九公司总计应向刘某支付 136 102.04 元。

2. 三九公司于 2009 年 5 月 15 日之前向刘某支付上述款项于下列账号：户名：陈某；开户行：中国银行福州鼓屏支行；账号（中国银行长城电子借记卡）：6013821600601××××××。

3. 本协议由本人或其诉讼代理人签字，自签字之日生效。

4. 如三九公司未按上述约定日期支付上述款项，三九公司同意按刘某诉讼请求金额全额支付给刘某。

上述协议合法有效，本院予以确认。

二审案件受理费 5 238.99 元减半收取为 2 669.50 元，由三九公司负担。三九公司应负担的二审案件受理费，由其迳付给刘某；刘某已预交二审案件受理费 5 238.99 元，本院多收取的二审案件受理费 2 669.49 元，由本院退回刘某，其余款项，本院不再收退。

本调解书经各方当事人签收后，即具有法律效力。

审判长　田　剑

代理审判员　郑捷夫

代理审判员　李震东

二〇〇九年五月七日

书记员　汪瑞芊

（三十九）
华闻传媒虚假陈述民事赔偿案

主题词：华闻传媒　虚假陈述　侵权　赔偿

57. 金某诉华闻传媒投资集团股份有限公司诉讼案

海南省海口市中级人民法院

民事判决书

（2011）海中法民二初字第 497 号[①]

原告：金某，女，汉族，住杭州市。

委托代理人：厉健，浙江裕丰律师事务所律师。

委托代理人：张迎，浙江裕丰律师事务所律师。

被告：华闻传媒投资集团股份有限公司，住所地：海南省海口市海甸四东路民生大厦。

法定代表人：温子健，该公司董事长。

委托代理人：张健，该公司总裁办副主任。

委托代理人：刘旭日，该公司法律部经理。

原告金某与被告华闻传媒投资集团股份有限公司证券虚假陈述责任纠纷一案，本院立案受理后，依法组成合议庭并公开开庭进行了审理。原告委托代理人厉健、张迎，被告委托代理人张健、刘旭日到庭参加诉讼。本案现已审理终结。

原告诉称：原告系投资者，在阅读被告的信息披露文件后，出

---

① 本司法裁判文书系浙江裕丰律师事务所厉健律师提供。

于对被告的信任，曾购买了被告发行在外的股份。被告于 1997 年 7 月 29 日在深圳证券交易所上市 A 股，证券代码 000793，证券简称"华闻传媒"。2007 年 4 月 19 日，被告在《证券时报》发布 2006 年年报、2007 年一季报。2008 年 3 月 22 日，被告发布 2007 年年度报告。2009 年 3 月 3 日，被告在《证券时报》发布《关于财政部驻海南省财政监察专员办事处对公司 2007 年度会计信息质量检查结论和处理决定暨前期重大会计差错更正的公告》，财政部驻海南省财政监察专员办事处（以下简称专员办）向公司出具了《检查结论和处理决定》[财驻琼监（2008）132 号]，财政部海南专员认定被告存在以下违法事实：

1. 新会计准则执行中存在的问题：

（1）长期股权投资差额 11 995 249.63 元账务处理不当。

（2）职工福利费结余 949 539.98 元账务处理不合规，相应减少当年利润。

2. 会计核算及财务管理存在的问题：

（1）少计营业收入 3 022 503 元；

（2）少计利息收入 44 101.05 元；

（3）计提坏账准备 800 万元依据不充分；

（4）未按权责发生制和配比的原则进行会计核算，多列费用 14 903 000.00 元；

（5）记账原始凭证不合规；

（6）会计科目使用错误，造成营业收入和营业成本不配比。

因上述第（2）条第（4）、（5）、（6）款未按权责发生制核算、以内部收款凭证入账、错用会计科目等，财政部海南专员办决定对公司处以 30 000 元的行政罚款。

3. 少缴税金 313 095.91 元。

4. 典当业务违规经营，获取违规收入。

因公司及所属子公司上述各项前期差错更正影响，调整减少 2007 年期初未分配利润 18 917 730.63 元，不影响 2007 年年初少数股东权益金额；调整增加 2007 年度合并报表中归属于母公司所有者的净利润 17 277 629.44 元，少数股东损益 507 946.32 元，调增 2007

年末盈余公积1 413 299.63元。累计调整减少2007年末未分配利润3 053 400.82元。被告已按照《检查结论和处理决定》对公司2007年及以前年度有关会计差错进行了更正。同时，被告在与公告同时发布的2008年年度财务报告中已经充分考虑到该账务调整内容，2008年年度财务报告中所涉及的2007年度数据均为该账务调整后的准确数据。被告在公开披露的2007年及以前年度报告中存在重大会计差错，属于证券市场虚假陈述行为，被告的虚假陈述行为严重侵犯了原告作为投资者的合法权益，致使原告在证券交易中作出了错误的投资判断，导致原告投资"华闻传媒"股票遭受重大经济损失17 004.31元（包括投资差额损失及相应佣金、印花税、利息损失）。根据被告上述公告及《检查结论和处理决定》文件内容，可以确认《检查结论和处理决定》属于行政处罚决定，被告未提起行政复议、行政诉讼，该生效行政处罚决定符合证券虚假陈述赔偿诉讼前置条件的要求。根据《证券法》及最高人民法院《关于审理证券市场因虚假陈述引发的民事赔偿案件的若干规定》（以下简称《若干规定》）的规定，被告虚假陈述实施日（期间）为2007年4月19日至2009年3月2日，即2006年年报公布之日至检查结论和处理决定暨前期重大会计差错更正公布前一日；虚假陈述揭露日为2009年3月3日，即被告发布检查结论和处理决定暨前期重大会计差错更正的公告之日；投资差额损失计算的基准日为2009年5月18日，基准价为4.328元/股。原告在虚假陈述实施日及以后，因卖出该股票发生亏损或者因持续持有而产生的亏损，被告依法应承担赔偿责任，并承担本案全部诉讼费用。为此，请求判令：

1. 被告赔偿原告投资差额损失、佣金、印花税和利息损失等合计人民币17 004.31元；

2. 被告承担本案的诉讼费用。

被告辩称：

1. 本案不符合该类案件受理的前置条件，应以不符合受理条件为由，驳回起诉。具体理由：

（1）原告提供的证据不能证明被告受到了行政处罚，不符合立案受理的条件。根据《中华人民共和国行政处罚法》（以下简称《行政处罚法》）第三十九条的规定，行政机关给予行政处罚，应当制作行政处罚决定书。而原告提交的《检查结论和处理决定》是拟作出行政处罚之前的事先告知行为，并不是正式的、最终的行政处罚决定书。因此，原告并没有提交证明被告受到行政处罚的《行政处罚决定书》，本应以不符合受理条件为由驳回起诉。

（2）专员办文件所针对的行为，不是信息披露行为而是会计核算行为，以专员办文件不可能作出信息披露行为受到行政处罚的认定。首先，会计核算并不等同于年报，会计核算也不等同于编制年报，两者之间也不存在必然的关系，若会计核算受到了处罚也不能得出年报受到处罚的结论。本案的信息披露行为不是披露年报。

（3）被告的信息披露行为没有构成虚假陈述。专员办文件拟处理决定所涉及的 2006、2007 年的数据相对于被告来说，显然很小，均达不到"重大"的标准，从这点上来说，就不可能构成司法解释所说的虚假陈述。

2. 2006 年以来一直到原告起诉时，被告的信息披露工作是规范的，多次受到表扬，且财务报告无重大问题，因此，被告 2006 年年报、2007 年年报、2007 年第一季度报告不可能构成虚假陈述，更不可能因虚假陈述受行政处罚。首先，被告 2006、2007、2008、2009 年度的信息披露工作不但没有受到行政处罚，还被深圳证券交易所评为良好，且给予表扬。其次，被告在 2007 年以来一直为深证 100 指数的样本。再者，在深圳证券交易所网站的上市公司诚信档案栏查询处罚情况时，并没有被告被处罚的记录。以上均表明，被告的信息披露工作是规范的，多次受到主管部门的表扬，且财务报告无重大问题，没有因信息披露受处罚的记录。

3. 本案不存在《若干规定》规定的"揭露日""更正日"，原告所索赔的损失并没有合法的依据，也说明本案不存在符合《若干规定》的"虚假陈述"行为。

4. 原告在诉状中没有阐明被告属于《若干规定》中的哪种虚假陈述，是虚假记载、误导性陈述、重大遗漏还是不正当披露；也没有证据证明被告进行了虚假陈述。专员办的《检查结论和处理决定》并没有认定被告进行了虚假陈述。

5. 专员办检查的是 2007 年年度会计信息质量，涉及调整的数据也是针对 2007 年的数据，并没有要求更正 2006 年年报和 2007 年第一季度报告，只从这一点来看，2006 年年报和 2007 年第一季度报告，就不可能存在虚假陈述的问题。专员办文件第一段写明了"我办……对你公司 2007 年度会计信息质量进行了检查……"表明专员办检查的是 2007 年度会计信息，文件倒数第二段表明，拟处理的相关内容只涉及调整 2007 年有关财务数据，并没有要求调整或更正 2006 年年报的内容。只从这一点来看，2006 年年报和 2007 年第一季度报告就不可能存在虚假陈述的问题。

6. 无论原告所诉的被告行为如何认定，原告的损失与原告所诉的被告行为之间没有因果关系。根据原告全部损失的实际形成时间、被告的公告、公告当天股票交易情况和公司股价（股票代码为 000793）走势、大盘指数走势情况以及国内外市场环境，可以认定，原告的亏损是由证券市场系统风险等其他因素所导致，跟信息披露行为不存在因果关系，不存在依法可索赔的损失。

7. 原告索赔损失的计算依据不足，无法证明是否有权对其所诉的被告行为进行索赔。原告并没有提供所诉时间段里完整的、连续的交易明细，无法证明有权索赔及其所认为的"虚假陈述行为"造成的损失。

8. 本案原告不适格，应依法驳回起诉。根据司法解释《若干规定》第六条的规定，这类案件必须提交身份证明文件的原件，或者是经公证证明的复印件。原告的起诉材料里面并没有上述证明资料，因此，本案应以不符合立案的条件为由驳回。

综上所述，被告没有因虚假陈述受到行政处罚，原告所诉被告的行为与原告的损失之间并没有因果关系，原告的起诉不符合立案受理条件，且诉讼请求也没有依据，请求法院依法驳回原告的起诉或驳回原告的诉讼请求。

经审理查明：被告华闻传媒投资集团股份有限公司于 1991 年 9 月 13 日注册登记成立，1997 年 7 月 29 日在深圳证券交易所上市 A 股，证券代码为 000793，证券简称"华闻传媒"。

2007 年 4 月 19 日，被告在《证券时报》发布 2006 年年报、

2007 年第一季度报告。

2008 年 10 月 31 日，专员办向被告发出财驻琼监（2008）132 号文件《检查结论和处理决定》一份，信息公开选项为不予公开，并抄报财政部监督检查局。该文件的主要内容为：根据财政部《关于开展 2008 年会计信息质量检查和会计师事务所执业质量检查的通知》〔财监（2008）22 号〕的要求，专员办于 2008 年 7 月 4 日至 9 月 26 日对被告 2007 年度会计信息质量进行了检查，并作出如下检查结论和处理决定：

1. 检查结论：

（1）新会计准则执行中存在的问题：①长期股权投资差额 11 995 249.63 元账务处理不当；②职工福利费结余 949 539.98 元账务处理不合规，相应减少当年利润。

（2）会计核算及财务管理存在的问题：①少计营业收入 3 022 503 元；②少计利息收入 44 101.05 元；③计提坏账准备 800 万元依据不充分；④未按权责发生制和配比的原则进行会计核算，多列费用 14 903 000 元；⑤记账原始凭证不合规；⑥会计科目使用错误，造成营业收入和营业成本不配比。

（3）少缴税金 313 095.91 元。

2. 处理决定：

（1）华闻传媒做调整账务处理，调增合并资本公积金，同时调减合并留存收益 11 995 249.63 元；

（2）深圳证券时报传媒有限公司（以下简称时报传媒）做调整账务处理，调增年度利润 949 539.98 元，并向当地税务部门补缴企业所得税 142 431 元；

（3）时报传媒做调整账务处理，调增年度利润 3 022 503 元，并按营业收入 3 022 503 元向当地税务部门补缴营业税 166 237.67 元，补缴企业所得税 428 439.8 元；

（4）海南民享投资有限公司（以下简称民享公司）做调整账务处理，调增年度利润 44 101.05 元，并向当地税务部门补缴企业所得税 6 615.16 元；

（5）民享公司做调整账务处理，调增年度利润 800 万元；

（6）华闻传媒公司本部做调整账务处理，调增年度利润14 903 000元；

（7）华闻传媒公司本部做调整账务处理，调增年度利润14 903 000元；

（8）华闻传媒公司本部做调整账务处理，并向当地税务部门补缴房屋出租收入营业税17 710元；

（9）海南民生工程建设有限公司补缴税金313 095.91元，其中营业税及其附加181 266.05元，代征所得税131 829.86元；

（10）时报传媒向当地税务部门补缴企业所得税60 270元；

（11）检查结论第（2）条第④、⑤、⑥款未按权责发生制核算、以内部收款凭证入账、错用会计科目等，违反了《中华人民共和国会计法》第十四、十七、二十五条等规定；根据第四十二条第三、五款的规定，决定对华闻传媒公司处以30 000元的罚款；同时，对直接负责的主管人员金伯富处以4 000元的罚款，对其他直接责任人员刘秀菊处以3 000元的罚款。

以上处理涉及调整2007年华闻传媒本年利润18 541 641.31元，应缴税金计1 134 799.54元（其中营业税及附加365 213.72元，企业所得税769 585.82元），罚款37 000元。接本处理决定后15日内请调整相关账务，将应缴国库的款项缴入国库。同时，按照《企业会计准则》28、29、30号规定，对因利润、税收调整而影响会计列表有前期差错的，应在2008年度报表中作公开信息披露。在接到本决定之日起30日内，将执行上述决定情况书面反馈专员办。根据《中华人民共和国行政处罚法》第三十二条、第四十二条的规定，该单位有陈述和申辩的权利；如对专员办拟作出的行政处罚决定有异议，可自收到本告知书之日起30日内向财政部申请复议，也可直接向人民法院提起诉讼；复议或诉讼期间，本处理决定照常执行。被告在收到上述《检查结论和处理决定》后调整了相关账务及补缴了相关款项。

2009年3月3日，被告在中国证监会指定的信息披露网站等媒体上发布《关于财政部驻海南省财政监察专员办事处对公司2007年度会计信息质量检查结论和处理决定暨前期重大会计差错更正的公告》，主要内容为：被告已按照专员办的《检查结论和处理决定》要求及《企业会计准则》28、29、30 号的规定，对因利润、税收调整而影响会计列表有前期差错的，在 2008 年年度报表中作公开信息披露，对 2007 年及以前年度有关会计差错进行了更正；因被告及所属子公司上述各项前期差错更正影响，调整减少 2007 年期初未分配利润 18 917 730.63 元，不影响 2007 年年初少数股东权益金额；调整增加 2007 年度合并报表中归属于母公司所有者的净利润 17 277 629.44 元，少数股东损益 507 946.32 元，调增 2007 年末盈余公积 1 413 299.63 元；累计调整减少 2007 年来未分配利润 3 053 400.82 元。同时，被告在与公告同时发布的 2008 年度财务报告中已经充分考虑到该账务调整内容，2008 年度财务报告中所涉及的 2007 年度数据均为该账务调整后的准确数据。具体调整的 2007 年报表项目汇总如下：

报表项目	调整后	调整前	调整数
资产总额	3 465 434 456.18	3 454 682 019.13	+10 752 437.05
负债总额	930 831 631.76	930 942 289.47	−110 657.71
归属于母公司股东权益	1 972 191 369.30	1 961 836 220.86	+10 355 148.44
少数股东权益	562 411 455.12	561 903 508.80	+507 946.32
利润总额	378 263 222.01	359 691 581.70	+18 571 640.31
所得税	91 060 136.38	90 274 071.83	+786 064.55
归属于母公司所有者的净利润	148 311 116.90	131 033 487.46	+17 277 629.44
少数股东损益	138 891 968.73	138 384 022.41	+5 07 946.32

原告系证券投资者，在深圳证券交易所开设证券账户。自 2007 年 4 月 19 日起至 2009 年 3 月 3 日止以及 2009 年 3 月 3 日以后，原告陆续买入、卖出或持有华闻传媒股票。

2009 年 3 月 3 日，华闻传媒股票没有停止交易。根据 2009 年 3 月 3 日至 5 月 18 日期间华闻传媒股价的走势图与深证 A 股指数走势图对比，被告的股价没有下跌，而是一直上涨。

2009 年 11 月 17 日，财政部发布《中华人民共和国财政部会计信息质量检查公告（第十五号）》，主要内容为：2008 年，财政部组织各地专员办和各省、自治区、直辖市、计划单列市财政厅（局）、新疆生产建设兵团财务局以推进新会计审计准则有效实施、保障资本市场健康发展、促进社会诚信水平的提高为主要目标，共计检查了 13 942 户企业事业单位和 714 家会计师事务所。因新会计准则率先于 2007 年在上市公司施行，为及时跟踪掌握准则实施情况，财政部组织专员办对 38 户上市公司进行了重点检查，并对公允价值计价模式的应用和对会计信息的影响程序开展了专项调查。检查和调查结果表明，新会计准则在上市公司得到了平稳有效实施，公允价值计价运用没有出现明显偏差，Ａ＋Ｈ 股上市公司报表差异逐步减少，上市公司会计信息基本真实、公允，但个别上市公司存在违规核算收入和成本、操纵利润和粉饰业绩等问题。华闻传媒投资股份有限公司等公司受到了相应的行政处罚；在 2008 年的会计信息质量检查和会计师事务所执业检查中，财政部、专员办和财政厅（局）依法对 4 701 户企事业单位给予调账、补税、罚款等处理处罚。

以上事实有企业机读档案登记资料、证券交易所证券账户卡、证券交易对账单、专员办［财驻琼监（2008）132 号］《检查结论和处理决定》《关于财政部驻海南省财政监察专员办事处对公司 2007 年度会计信息质量检查结论和处理决定暨前期重大会计差错更正的公告》《中华人民共和国财政部会计信息质量检查公告（第十五号）》、2009 年 3 月 3 日至 5 月 18 日公司股价与深圳 A 股指数走势对比图、2007 年 4 月 19 日至 2009 年 5 月 18 日股价的走势图、2007 年 3 月 1 日至 2009 年 5 月 31 日指数数据及 2007 年 3 月 1 日至 2010 年 3 月 31 日被告股票价格数据，当事人的陈述及庭审笔录予以佐证。

本院认为：本案的争议焦点为：（1）专员办作出的《检查结论和处理决定》是否属于行政处罚决定，是否符合法院受理本案的前置条件？（2）被告的信息披露行为是否构成证券虚假陈述？（3）被告的信息披露行为与原告诉请的损失之间有无因果关系？

（一）关于专员办作出的《检查结论和处理决定》是否为行政处罚决定，是否符合法院受理本案的前置条件

根据《若干规定》第六条"投资人以自己受到虚假陈述侵害为

由，依据有关机关的行政处罚决定或者人民法院的刑事裁判文书，对虚假陈述行为人提起的民事赔偿诉讼，符合民事诉讼法第一百零八条规定的，人民法院应当受理"的规定，当事人提起证券虚假陈述民事赔偿诉讼时，必须提交行政处罚决定或者公告，或者提交人民法院的刑事裁判文书，不提交上述材料，则不符合人民法院受理此类民事诉讼的受理条件。本案中，原告在提起诉讼时，提供了专员办的财驻琼监（2008）132号《检查结论和处理决定》。虽然被告认为该《检查结论和处理决定》中将行政处罚告知与行政处罚决定集为一体，作出的程序也存在瑕疵，但其内容中赋予被告"如对专员办拟作出的行政处罚决定有异议，可自收到本告知书之日起三十日内向财政部申请复议，也可直接向人民法院提起诉讼"等权利，而被告在收到该文件后没有申请复议，也没有向法院起诉，故专员办的《检查结论和处理决定》可以认定是一份已生效的行政处罚决定书，原告的起诉符合法定受理条件。

（二）关于被告的信息披露行为是否构成证券虚假陈述问题

（1）根据《若干规定》第一条"本规定所称证券市场因虚假陈述引发的民事赔偿案件，是指证券市场投资人违反法律规定，进行虚假陈述并致使其遭受损失为由，而向人民法院提起诉讼的民事赔偿案件"的规定，该类民事责任案件除了受行政处罚前置条件的限制外，还要求行政处罚的对象是构成虚假陈述的信息披露行为。因此，原告诉请要求被告承担该类案件民事责任，应证明并同时满足以下三个条件：一是要求承担民事责任的行为和受行政处罚的行为必须是同一行为；二是行政处罚的是信息披露行为；三是信息披露行为构成了虚假陈述。本案中，原告提供的《检查结论和处理决定》是对被告在2007年执行新会计准则中存在问题、会计核算、财务管理中存在问题的检查结论及处理决定，虽然其内容中包括要求被告做调整账务处理、补缴税款、整改反馈以及罚款等事项，但没有认定被告进行了虚假陈述。对于原告提出《中华人民共和国财政部会计信息质量检查公告（第十五号）》已证明华闻传媒因虚假陈述行为受到了行政处罚，但该公告内容主要涉及财政部2008年例行对上市公司等率先施行2007年新会计准则的检查情况和会计信息质量检查结果的公告，并未记载对被告进行过证券虚假陈述的行政处罚以及行政处罚的内容。因此，被告受到行政处罚的并不是信息披露行为，也不是虚假陈述行为。

（2）根据《若干规定》第二十条的规定，虚假陈述实施日，是指作出虚假陈述或者发生虚假陈述之日。本案中专员办检查的是被告 2007 年执行新会计准则的情况及 2007 年度会计信息质量，处理的相关内容只涉及调整 2007 年有关财务数据，并没有要求调整或更正 2006 年年报的内容。被告于 2009 年 3 月 3 日在《证券时报》发布《关于财政部驻海南省财政监察专员办事处对公司 2007 年度会计信息质量检查结论和处理决定暨前期重大会计差错更正的公告》，是根据专员办的《检查结论和处理决定》要求在 2008 年报表中所进行的整改反馈，是针对 2007 年度会计信息质量检查中因利润、税收调整而影响会计列表有前期差错的情形公开作出的信息披露行为，并不是针对 2006 年或 2007 年度第一季度会计报告存在虚假陈述问题所进行的披露。并且，会计核算行为受处罚适用的是《会计法》，而年报在证券市场虚假陈述受处罚适用的是《证券法》及其司法解释。因此，原告关于 2007 年会计核算受处罚等同于 2007 年度会计报告受处罚的理解是错误的，原告以此主张被告的虚假陈述实施日为 2006 年度会计报告及 2007 年第一季度报告公布日即 2007 年 4 月 19 日，缺乏事实与法律依据。

（3）根据《若干规定》第二十条的规定，虚假陈述揭露日，是指虚假陈述在全国范围发行或者播放的报刊、电台、电视台等媒体上，首次被公开揭露之日。虚假陈述更正日，是指虚假陈述行为人在中国证券监督管理委员会指定披露证券市场信息的媒体上，自行公告更正虚假陈述并按规定履行停牌手续之日。本案中，被告于 2009 年 3 月 3 日自行公告披露相关信息是根据 2008 年 10 月 31 日专员办的《检查结论和处理决定》的要求在 2008 年报表中所进行的整改反馈，而不是"被公开"，因此，当天不符合"首次被公开"的规定，不是《若干规定》所说的"揭露日"。对于原告主张 2009 年 3 月 3 日是虚假陈述更正日，但根据《若干规定》第二十条的规定，虚假陈述行为人在虚假陈述更正日当天应自行公告更正虚假陈述并按规定履行停牌手续，而实际上，被告股票当天没有停牌。因此，2009年3月3日并不符合虚假陈述更正日的规定。所以，被告的信息披露行为不符合《若干规定》第十七条有关虚假陈述的规定，不构成虚假陈述。

（三）关于被告的信息披露行为与原告诉请的损失之间有无因果关系问题

根据《若干规定》第十八条第（三）项的规定，证券虚假陈述责任纠纷案件索赔限于"在虚假陈述揭露日或者更正日及以后，因卖出该证券发生亏损，或者因持续持有该证券而产生亏损"的部分。由于本案不存在"更正日"和"揭露日"，因此，原告索赔的损失并没有合法的依据。况且从相关更正信息内容和公告后的被告的股票价格走势情况来看，在2009年3月3日更正信息披露后，被告的股价没有下跌，而是一直上升的。因此，原告在2007年4月19日至2009年3月3日期间买入股票的损失是由证券市场系统风险和其他因素所导致的，与2009年3月3日被告更正信息的披露行为没有因果关系。

综上，原告的诉讼请求缺乏事实和法律依据，本院不予支持，应予以驳回。依照最高人民法院《关于审理证券市场因虚假陈述引发的民事赔偿案件的若干规定》第一条、第六条、第十七条、第二十条及《中华人民共和国民事诉讼法》第六十四条之规定，判决如下：

驳回原告金某的诉讼请求。

本案案件受理费225.1元，由原告金某负担。

如不服本判决，可在判决书送达之日起十五日内，向本院递交上诉状，并按对方当事人的人数提交副本，上诉于海南省高级人民法院。

审判长　李　燕

审判员　林道科

代理审判员　周　玲

二〇一一年十一月十九日

书记员　陆雯婷

58. 金某诉华闻传媒投资集团股份有限公司上诉案

海南省高级人民法院
民事判决书

（2012）琼民二终字第 114 号①

上诉人（原审原告）：金某，女，汉族，住杭州市。

委托代理人：厉健，浙江裕丰律师事务所律师。

委托代理人：张迎，浙江裕丰律师事务所律师。

被上诉人（原审被告）：华闻传媒投资集团股份有限公司。

法定代表人：温子健，该公司董事长。

委托代理人：刘旭日，该公司法律部经理。

委托代理人：廖波，海南瑞来律师事务所律师。

上诉人金某因与被上诉人华闻传媒投资集团股份有限公司（以下简称华闻传媒公司）证券虚假陈述责任纠纷一案，不服海南省海口市中级人民法院（2011）海中法民二初字第 497 号民事判决，向本院提起上诉。本院于 2012 年 3 月 16 日立案，依法组成合议庭，并于 2012 年 4 月 25 日公开开庭审理了本案。上诉人金某的委托代理人厉健、张迎，被上诉人华闻传媒公司的委托代理人刘旭日、廖波到庭参加诉讼。本案现已审理终结。

一审法院审理查明：华闻传媒公司于 1991 年 9 月 13 日注册登记成立，1997 年 7 月 29 日在深圳证券交易所上市 A 股，证券代码为000793，证券简称"华闻传媒"。2007 年 4 月 19 日，华闻传媒公司在《证券时报》发布 2006 年年报、2007 年第一季报。2008 年 10 月31 日，财政部驻海南省财政监察专员办事处（以下简称专员办）向华闻传媒公司发出财驻琼监（2008）132 号文件《检查结论和处理决定》一份，信息公开选项为不予公开，并抄报财政部监督检查局。

---

① 本司法裁判文书系浙江裕丰律师事务所厉健律师提供。

该文件的主要内容为：根据财监（2008）22 号财政部《关于开展 2008 年会计信息质量检查和会计师事务所执业质量检查的通知》（以下简称《财政部检查通知》）的要求，专员办于 2008 年 7 月 4 日至 9 月 26 日对华闻传媒公司 2007 年度会计信息质量进行了检查，并作出如下检查结论和处理决定：

1. 检查结论：

（1）新会计准则执行中存在的问题：

①长期股权投资差额 11 995 249.63 元账务处理不当；

②职工福利费结余 949 539.98 元账务处理不合规，相应减少当年利润。

（2）会计核算及财务管理存在的问题：

①少计营业收入 3 022 503 元；

②少计利息收入 44 101.05 元；

③计提坏账准备 800 万元依据不充分；

④未按权责发生制和配比的原则进行会计核算，多列费用 14 903 000 元；

⑤记账原始凭证不合规；

⑥会计科目使用错误，造成营业收入和营业成本不配比。

（3）少缴税金 313 095.91 元。

2. 处理决定：

（1）华闻传媒做调整账务处理，调增合并资本公积金，同时调减合并留存收益 11 995 249.63 元；

（2）深圳证券时报传媒有限公司（以下简称时报传媒）做调整账务处理，调增年度利润 949 539.98 元，并向当地税务部门补缴企业所得税 142 431 元；

（3）时报传媒做调整账务处理，调增年度利润 3 022 503 元，并按营业收入 3 022 503 元向当地税务部门补缴营业税 166 237.67 元，补缴企业所得税 428 439.8 元；

（4）海南民享投资有限公司（以下简称民享公司）做调整账务处理，调增年度利润 44 101.05 元，并向当地税务部门补缴企业所得税 6 615.16 元；

（5）民享公司做调整账务处理，调增年度利润 800 万元；

（6）华闻传媒公司本部做调整账务处理，调增年度利润 14 903 000 元；

（7）华闻传媒公司本部做调整账务处理，并向当地税务部门补缴房屋出租收入营业税 17 710 元；

（8）海南民生工程建设有限公司补缴税金 313 095.91 元，其中营业税及其附加 181 266.05 元，带征所得税 131 829.86 元；

（9）时报传媒向当地税务部门补缴企业所得税 60 270 元；

（10）检查结论第（2）条第④、⑤、⑥款未按权责发生制核算、以内部收款凭证入账、错用会计科目等，违反了《中华人民共和国会计法》（以下简称《会计法》）第十四条、第十七条、第二十五条等规定；根据《会计法》第四十二条第三、五款的规定，决定对华闻传媒公司处以 30 000 元的罚款；同时，对直接负责的主管人员金伯富处以 4 000 元的罚款，对其他直接责任人员刘秀菊处以 3 000 元的罚款。以上处理涉及调整 2007 年华闻传媒公司本年利润 18 541 641.31 元，应缴税金计 1 134 799.54 元（其中营业税及附加 365 213.72 元，企业所得税 769 585.82 元），罚款 37 000 元。接本处理决定后 15 日内请调整相关账务，将应缴国库的款项缴入国库。同时，按照《企业会计准则》28、29、30 号规定对因利润、税收调整而影响会计列表有前期差错的，应在 2008 年度报表中作公开信息披露。在接到本决定之日起 30 日内，将执行上述决定情况书面反馈专员办。根据《中华人民共和国行政处罚法》（以下简称《行政处罚法》）第三十二条、第四十二条的规定，该单位有陈述和申辩的权利；如对专员办拟作出的行政处罚决定有异议，可自收到本告知书之日起 30 日内向财政部申请复议，也可直接向人民法院提起诉讼；复议或诉讼期间，本处理决定照常执行。华闻传媒公司在收到上述专员办《检查结论和处理决定》后调整了相关账务及补缴了相关款项。2009 年 3 月 3 日，华闻传媒公司在中国证监会指定的信息披露网站等媒体上发布《关于财政部驻海南省财政监察专员办事处对公司 2007 年度会计信息质量检查结论和处理决定暨前期重大会计差错更正的公告》（以下简称《会计差错更正公告》），主要内容为：华闻传媒公司已按照专员办的

《检查结论和处理决定》要求及《企业会计准则》28、29、30 号规定，对因利润、税收调整而影响会计列表有前期差错的，在 2008 年度报表中作公开信息披露，对 2007 年及以前年度有关会计差错进行了更正；因华闻传媒公司及所属子公司上述各项前期差错更正影响，调整减少 2007 年期初未分配利润 18 917 730.63 元，不影响 2007 年年初少数股东权益金额；调整增加 2007 年度合并报表中归属于母公司所有者的净利润 17 277 629.44 元，少数股东损益 507 946.32 元，调增 2007 年末盈余公积 1 413 299.63 元；累计调整减少 2007 年末未分配利润 3 053 400.82 元。同时，华闻传媒公司在与公告同时发布的 2008 年度财务报告中已经充分考虑到该账务调整内容，2008 年度财务报告中所涉及的 2007 年度数据均为该账务调整后的准确数据。具体调整的 2007 年报表项目汇总如下：

报表项目	调整后	调整前	调整数
资产总额	3 465 434 456.18	3 454 682 019.13	＋10 752 437.05
负债总额	930 831 631.76	930 942 289.47	－110 657.71
归属于母公司股东权益	1 972 191 369.30	1 961 836 220.86	＋10 355 148.44
少数股东权益	562 411 455.12	5 61 903 508.80	＋507 946.32
利润总额	378 263 222.01	359 691 581.70	＋18 571 640.31
所得税	91 060 136.38	90 274 071.83	＋786 064.55
归属于母公司所有者的净利润	148 311 116.90	131 033 487.46	＋17 277 629.44
少数股东损益	138 891 968.73	138 384 022.41	＋507 946.32

金某系证券投资者，在深圳证券交易所开设证券账户。自 2007 年 4 月 19 日起至 2009 年 3 月 3 日止以及 2009 年 3 月 3 日以后，金某陆续买入、卖出或持有"华闻传媒"股票。2009 年 3 月 3 日，"华闻传媒"股票没有停止交易。根据 2009 年 3 月 3 日至 5 月 18 日期间"华闻传媒"股价的走势图与深证 A 股指数走势图对比，华闻传媒公司的股价没有下跌，而是一直上涨。2009 年 11 月 17 日，财政部发布《中华人民共和国财政部会计信息质量检查公告（第十五号）》

（以下简称《财政部会计检查十五号公告》），主要内容为：2008 年，财政部组织各地专员办和各省、自治区、直辖市、计划单列市财政厅（局）、新疆生产建设兵团财务局以推进新会计审计准则有效实施、保障资本市场健康发展、促进社会诚信水平的提高为主要目标，共计检查了 13 942 户企业事业单位和 714 家会计师事务所。因新会计准则率先于 2007 年在上市公司施行，为及时跟踪掌握准则实施情况，财政部组织专员办对 38 户上市公司进行了重点检查，并对公允价值计价模式的应用和对会计信息的影响程序开展了专项调查。检查和调查结果表明，新会计准则在上市公司得到了平稳有效实施，公允价值运用没有出现明显偏差，A＋H 股上市公司报表差异逐步减少，上市公司会计信息基本真实、公允，但个别上市公司存在违规核算收入和成本、操纵利润和粉饰业绩等问题。华闻传媒公司等单位受到了相应的行政处罚；在 2008 年的会计信息质量检查和会计师事务所执业检查中，财政部、专员办和财政厅（局）依法对 4701 户企事业单位给予调账、补税、罚款等处理处罚。

一审法院认定事实的依据有：企业机读档案登记资料、证券交易所证券账户卡、证券交易对账单、专员办《检查结论和处理决定》《会计差错更正公告》《财政部会计检查十五号公告》、2009 年 3 月 3 日至 5 月 18 日公司股价与深圳 A 股指数走势对比图、2007 年 4 月 19 日至 2009 年 5 月 18 日股价的走势图、2007 年 3 月 1 日至 2009 年 5 月 31 日指数数据及 2007 年 3 月 1 日至 2010 年 3 月 31 日华闻传媒公司股票价格数据，当事人的陈述及庭审笔录。

一审法院归纳的争议焦点为：

1. 专员办作出的《检查结论和处理决定》是否属于行政处罚决定，是否符合人民法院受理本案的前置条件。

2. 华闻传媒公司的信息披露行为是否构成证券虚假陈述。

3. 华闻传媒公司的信息披露行为与金某诉请的损失之间有无因果关系。

一审法院审理认为：

1. 关于专员办作出的《检查结论和处理决定》是否为行政处罚决定，是否符合人民法院受理本案的前置条件。根据《关于审理证券市场因虚假陈述引发的民事赔偿案件的若干规定》（以下简称《若干规定》）第六条"投资人以自己受到虚假陈述侵害为由，依据有关机关的行政处罚决定或者人民法院的刑事裁判文书，对虚假陈述行为人提起的民事赔偿诉讼，符合民事诉讼法第一百零八条规定的，人民法院应当受理"的规定，当事人提起证券虚假陈述民事赔偿诉讼时，必须提交行政处罚决定或者公告，或者提交人民法院的刑事裁判文书，不提交上述材料，则不符合人民法院受理此类民事诉讼的受理条件。本案金某在提起诉讼时，提供了专员办的《检查结论和处理决定》。虽然华闻传媒公司认为该《检查结论和处理决定》中将行政处罚告知与行政处罚决定集为一体，作出的程序也存在瑕疵，但其内容中赋予华闻传媒公司"如对专员办拟作出的行政处罚决定有异议，可自收到本告知书之日起 30 日内向财政部申请复议，也可直接向人民法院提起诉讼"等权利，而华闻传媒公司在收到该文件后没有申请复议，也没有向法院起诉，故专员办的《检查结论和处理决定》可以认定是一份已生效的行政处罚决定书，金某的起诉符合法定受理条件。

2. 关于华闻传媒公司的信息披露行为是否构成证券虚假陈述问题。

（1）根据《若干规定》第一条"本规定所称证券市场因虚假陈述引发的民事赔偿案件，是指证券市场投资人以信息披露义务人违反法律规定，进行虚假陈述并致使其遭受损失为由，而向人民法院提起诉讼的民事赔偿案件"的规定，该类民事责任案件除了受行政处罚前置条件的限制外，还要求行政处罚的对象是构成虚假陈述的信息披露行为。因此，金某诉请要求华闻传媒公司承担该类案件民事责任，应证明并同时满足以下三个条件：一是要求承担民事责任的行为和受行政处罚的行为必须是同一行为；二是行政处罚的是信息披露行为；三是信息披露行为构成了虚假陈述。本案金某提供的《检查结论和处理决定》是对华闻传媒公司在 2007 年执行新会计准则中存在问题、会计核算、财务管理中存在问题的检查结论及处理决定，虽然其内容中包括要求华闻传媒公司做调整账务处理、补缴税款、整改反馈以及罚款等事项，但没有认定华闻传媒公司进行了虚假陈述。对于金某提出《财政部会计检查十五号公告》已证明华闻传媒公司因虚假陈述行为受到了行政处罚，但该公告内容主要涉及财政部 2008 年例行对上市公司等率先施行 2007 年新会计准则的检查情况和会计信息质量检查结果的公告，并未记载对华闻传媒公司进行过证券虚假陈述的行政处罚以及行政处罚的内容。因此，华闻传媒公司受到行政处罚的并不是信息披露行为，也不是虚假陈述行为。

（2）根据《若干规定》第二十条的规定，虚假陈述实施日，是指作出虚假陈述或者发生虚假陈述之日。本案中，专员办检查的是华闻传媒公司 2007 年执行新会计准则的情况及 2007 年度会计信息质量，处理的相关内容只涉及调整 2007 年有关财务数据，并没有要求调整或更正 2006 年年报的内容。华闻传媒公司于 2009 年 3 月 3 日在《证券时报》发布《会计差错更正公告》，是根据专员办的《检查结论和处理决定》要求在 2008 年报表中所进行的整改反馈，是针对 2007 年度会计信息质量检查中因利润、税收调整而影响会计列表有前期差错的情形公开作出的信息披露行为，并不是针对 2006 年度或 2007 年度第一季度会计报告存在虚假陈述问题所进行的披露。并且，会计核算行为受处罚适用的是《会计法》，而年报在证券市场虚假陈述受处罚适用的是《中华人民共和国证券法》（以下简称《证券法》）及其司法解释。因此，金某关于 2007 年会计核算受处罚等同于 2007 年年度会计报告受处罚的理解是错误的，金某以此主张华闻传媒公司的虚假陈述实施日为 2006 年度会计报告及 2007 年第一季度报告公布日即 2007 年 4 月 19 日，缺乏事实与法律依据。

（3）根据《若干规定》第二十条的规定，虚假陈述揭露日，是指虚假陈述在全国范围发行或者播放的报刊、电台、电视台等媒体上，首次被公开揭露之日。虚假陈述更正日，是指虚假陈述行为人在中国证券监督管理委员会指定披露证券市场信息的媒体上，自行公告更正虚假陈述并按规定履行停牌手续之日。本案中，华闻传媒公司于 2009 年 3 月 3 日自行公告披露相关信息是根据 2008 年 10 月 31 日专员办的《检查结论和处理决定》要求在 2008 年报表中所进行的整改反馈，而不是"被公开"，因此，当天不符合"首次被公开"

的规定，不是《若干规定》所说的"揭露日"。对于金某主张 2009 年 3 月 3 日是虚假陈述更正日，但根据《若干规定》第二十条的规定，虚假陈述行为人在虚假陈述更正日当天应自行公告更正虚假陈述并按规定履行停牌手续，而实际上，华闻传媒公司股票当天没有停牌。因此，2009 年 3 月 3 日并不符合虚假陈述更正日的规定。所以，华闻传媒公司的信息披露行为不符合《若干规定》第十七条有关虚假陈述的规定，不构成虚假陈述。

3. 关于华闻传媒公司的信息披露行为与金某诉请的损失之间有无因果关系问题。根据《若干规定》第十八条第（三）项的规定，证券虚假陈述责任纠纷案件索赔限于"在虚假陈述揭露日或者更正日及以后，因卖出该证券发生亏损，或者因持续持有该证券而产生亏损"的部分。由于本案不存在"更正日"和"揭露日"，因此，金某索赔的损失并没有合法的依据。况且从相关更正信息内容和公告后华闻传媒公司的股票价格走势情况来看，在 2009 年 3 月 3 日更正信息披露后，华闻传媒公司的股价没有下跌，而是一直上升的。因此，金某在 2007 年 4 月 19 日至 2009 年 3 月 3 日期间买入股票的损失是由证券市场系统风险和其他因素所导致的，与 2009 年 3 月 3 日华闻传媒公司更正信息的披露行为没有因果关系。一审法院认为金某的诉讼请求缺乏事实和法律依据。依照最高人民法院《若干规定》第一条、第六条、第十七条、第二十条及《中华人民共和国民事诉讼法》第六十四条的规定，判决驳回金某的诉讼请求。案件受理费 225.1 元，由金某负担。金某不服一审判决，向本院提起上诉称：

1. 一审判决认定"华闻传媒公司的信息披露行为不构成证券虚假陈述"是错误的，理由如下：

（1）专员办认定华闻传媒公司违反《会计法》《企业会计准则》导致会计报表重大差错，并依法作出行政处罚，华闻传媒公司的违法行为符合《若干规定》第十七条之情形，构成证券虚假陈述行为。华闻传媒公司是上市公司，依法披露的信息，必须真实、准确、完整，不得有虚假记载、误导性陈述或者重大遗漏、不正当披露等行为。华闻传媒公司违反《会计法》《企业会计准则》导致 2007 年度会计信息重大差错的行为，被专员办予以行政处罚，足以认定华闻传媒公司信息披露违法构成证券虚假陈述。

（2）华闻传媒公司违反《会计法》被专员办予以行政处罚，起诉前置条件已成就，足以证实其构成证券虚假陈述，法院无需审查"是否属于重大事件""2006 年、2007 年会计差错更正具体金额是否符合重大性"等。法院受理民事赔偿案件之前，虚假陈述所涉信息的重大性问题应该已经在前置程序中得到解决，法院无需就相关信息的重大性加以判断，金某亦无需就信息的重大性予以举证。

（3）一审判决认定华闻传媒公司受到行政处罚的并不是信息披露行为，也不是虚假陈述行为，是错误的。一审判决没有引用明确的法律或司法解释条款，完全忽视《财政部会计检查十五号公告》强调指出的"但个别上市公司存在违规核算收入和成本、操纵利润和粉饰业绩等问题"，这恰恰指出华闻传媒公司虚假陈述行为的主要表现形式和严重危害。不实陈述的方式有很多种，其中财务报表不实是虚假记载的主要形式。

（4）一审判决认定本案没有虚假陈述实施日是错误的。既然专员办处罚决定已证实华闻传媒公司构成虚假陈述，那么，本案虚假陈述实施日是 2007 年 4 月 19 日（即 2006 年年报、2007 年第一季报公布之日）。华闻传媒公司在《会计差错更正公告》中明确"因公司及所属子公司上述各项前期差错更正影响，调整减少 2007 年期初未分配利润 18 917 730.63 元"，可见，以 2007 年 4 月 19 日作为虚假陈述实施日是正确的，符合虚假陈述司法解释规定。一审判决认为"会计核算行为受处罚适用的是《会计法》，而年报在证券市场虚假陈述受处罚适用《证券法》及司法解释"是错误的。上市公司年报必须同时符合《会计法》《证券法》之规定，因此，证监会或财政部均有权对年报、季报、中报等会计信息披露违法的上市公司，各自依据《证券法》或《会计法》作出行政处罚。根据行政处罚"一事不再罚"原则，既然财政部处罚了，那么证监会不再处罚华闻传媒公司。

（5）一审判决认定本案不存在虚假陈述揭露日（或更正日）是错误的，华闻传媒公司根据《检查结论和处理决定》作出《会计差错更正公告》，符合虚假陈述揭露日（或更正日）的规定。华闻传公司披露的 2007 年度会计信息存在重大差错，严重误导了广大投资者，导致金某作出错误投资判断，购买华闻传媒公司股票遭受重大损失。

2. 一审法院认定"华闻传媒公司的信息披露行为与金某诉请的损失之间没有因果关系"是错误的。华闻传媒公司违反《若干规定》第十八、十九、三十三条规定，应全额赔偿金某的损失。本案中不存在系统风险或其他因素导致的损失，华闻传媒公司应全额赔偿损失。一审法院依据"2009 年 3 月 3 日更正信息披露后华闻传媒股票股价没有下跌，而是一直上升"，认定"金某在 2007 年 4 月 19 日至 2009 年 3 月 3 日期间买入股票的损失是由证券市场系统风险和其他因素所导致的，与华闻传媒公司更正信息的披露行为没有因果关系"，是没有法律依据的。根据《若干规定》第三十三条的规定，2009 年 3 月 3 日更正后的股票走势，仅对"基准价"具体金额认定略有影响而已，一审判决据此认定没有因果关系是适用司法解释错误。

3. 相关判例对本案审判具有重要参考意义。因上市公司违反《会计法》等被财政部（或专员办）予以行政处罚，投资者依据虚假陈述司法解释向人民法院起诉的相关案例，如：2004 年沈阳市中级人民法院审结锦州港案，2007 年南宁市中级人民法院审结银河科技案，2010 年杭州市中级人民法院审结华盛达案，2011 年长沙市中级人民法院审结广汽长丰案；2011 年杭州市中级人民法院、浙江省高级人民法院审结数源科技案。虽然我国并非判例法国家，但其他省份法院对相似案件的调解或判决文书，对本案审判具有重要参考意义。

4. 一审判决认定专员办作出的《检查结论和处理决定》是生效行政处罚决定，符合起诉前置条件，却又认定华闻传媒公司被处罚的违法行为不构成证券虚假陈述行为，驳回金某全部诉讼请求，是自相矛盾的，一审法院违反了法定程序。退一步说，如果一审判决认定华闻传媒公司被专员办处罚行为不构成证券虚假陈述是正确的，那么，本案金某起诉不符合前置条件，一审法院应依法驳回起诉，而不是驳回全部诉讼请求。一审判决驳回金某全部诉讼请求明显违反法定程序。

金某请求：

1. 依法撤销一审判决，依法改判或将本案发回重审；

2. 依法改判华闻传媒公司赔偿金某投资差额损失、佣金和利息损失等合计 17 004.31 元。

3. 依法改判华闻传媒公司承担本案一审、二审全部诉讼费用。

华闻传媒公司答辩称：第一，审理本案最重要且最明确的法律规定是《若干规定》，能否正确审理关键在于对该司法解释的解读。本案事实与其中两条规定有联系：一是第十七条对于证券市场虚假陈述的定义，其中有两项关键：信息披露必须针对重大事件和要求违背事实真相。认定是否虚假陈述，应结合《证券法》第五十九、六十、六十一、六十二、七十二条。本案事实中财政部作出的事先告知书，都不属于《证券法》上述规定事项，故财政部的处罚不属于信息披露要求的重大事件。行政处罚针对的行为是财务核算行为，财务核算行为关联的财务事项都是关联的，只是因为核算方式发生差错可能作出处罚。故我们的行为不是违背事实真相的行为，仅核算方法发生差错。第二，本案争议的陈述更正日和揭露日，在《若干规定》第二十条中有虚假陈述揭露日、更正日的定义，结合该规定，两种方式截然不同，一种是被揭露，一种是自行主动公开，我们采取后者。其中重要的形式要件是必须履行停牌手续，自颁布以来从来没有得到修改，不能自行修改随意歪曲。

二审期间双方未向法院提供新证据。

经二审审理查明，一审查明的事实属实，本院予以确认。

根据双方当事人的诉辩主张，合议庭在当庭征询双方当事人的意见后，归纳本案的争议焦点为：

1. 2008 年 10 月 31 日专员办作出的《检查结论和处理决定》对华闻传媒公司的处罚是什么行为。

2. 若处罚的是信息披露行为是否构成虚假陈述。

3. 华闻传媒公司被处罚的信息披露行为与金某投资华闻传媒公司股票上的投资损失之间是否存在因果关系。

4. 若处罚的是信息披露行为且与金某投资损失之间存在因果关

系，金某损失如何计算。

1. 关于专员办作出的《检查结论和处理决定》中对华闻传媒公司处罚行为的性质问题。本院认为，专员办《检查结论和处理决定》对华闻传媒公司作出的处罚，是针对华闻传媒公司的会计报表中存在的问题进行的处罚，华闻传媒公司会计报表中存在的问题反映在2006年年报、2007年第一季度报和2007年年报中，并在2008年年报中依《检查结论和处理决定》的要求进行了更正。专员办对华闻传媒公司2007年度执行会计法的有关情况进行了处罚，华闻传媒公司也认可了该处罚决定。因此，该行政处罚处罚的是华闻传媒公司的信息披露行为。

2. 关于该信息披露行为是否构成虚假陈述的问题。本院认为，《若干规定》第十七条第一款规定："证券市场的虚假陈述，是指信息披露义务人违反证券法律规定，在证券发行或者交易过程中，对重大事件作出违背事实真相的虚假记载、误导性陈述，或者在披露信息时发生重大遗漏、不正当披露信息的行为。"即构成虚假陈述的前提是要"违反证券法律"，而且要具体针对"重大事件"。何为"重大事件"，《若干规定》第十七条第二款规定："对重大事件，应当结合证券法第五十九条（现在第六十三条）、第六十条（现在第六十五条）、第六十一条（现在第六十六条）、第六十二条（现在第六十七条）、第七十二条（现在第七十七条）及相关规定的内容认定。"因此本案应重点审查华闻传媒公司年报中存在的问题是否属于对"重大事件"的虚假陈述。根据《检查结论和处理决定》，华闻传媒公司年报中被查处的错误是：

（1）新会计准则执行存在的问题，主要是应当作为年利润处理的没有作为年利润处理。

（2）会计核算及财务管理存在的问题，主要是应当确认为收入的却没有确认；不该计提坏账却计提了坏账；多列了权责发生制的费用；记账原始凭证不合规定；会计科目使用错误。

（3）少缴税金，违反了《会计法》《会计准则》《税收征收管理法》《企业所得税法》等财税法律、法规及规章，其结果是年报少计了企业利润。这些错误，既不属于违反证券法律规定的错误，也不属于对《证券法》所规定的"重大事件"作出的违背事实真相的虚假记载、误导性陈述，或者在披露信息时发生重大遗漏、不正当披露信息的行为，而是违反了会计、税收法律、法规或者规章，而且，从华闻传媒公司按《检查结论和处理决定》在 2008 年年报中调整的数据来看，其资产总额由 3 454 682 019.13 元调整为 3 465 434 456.18 元，调整数为 10 752 437.05 元，调增 0.31％；负债总额由 930 942 289.47 元调整为 930 831 631.76 元，调整数为－110 657.71 元，调减 0.01％；归属于母公司股东权益由 1 961 836 220.86 元调整为 1 972 191 369.30 元，调整数为 10 355 148.44 元，调增 0.52％；少数股东权益由 561 903 508.80 元调整为 562 411 455.12 元，调整数为 507 946.32 元，调增 0.09％；利润总额由 359 691 581.70 元调整为 378 263 222.01 元，调整数为 18 571 640.31元，调增 5.16％；所得税由 90 274 071.83 元调整为 91 060 136.38 元，调整数为 786 064.55 元，调增 0.87％；归属于母公司所有者的净利润由 131 033 487.46 元调整为 148 311 116.90 元，调整数为 17 277 629.44 元，调增 13.18％；少数股东损益由 138 384 022.41元调整为 138 891 968.73 元，调整数为 507 946.32 元，调增 0.37％，除归属于母公司所有者的净利润和利润总额调整的幅度较大以外，其余科目调整幅度均很小，难以影响股票市场，且不符合《证券法》第五十九条（现在第六十三条）、第六十条（现在第六十五条）、第六十一条（现在第六十六条）、第六十二条（现在第六十七条）、第七十二条（现在第七十七条）规定的"重大事件"的构成条件。此外，就投资者的心理而言，证券市场的一般规律是"大盘看走势，个股看业绩"，即上市公司的业绩是投资者选择股票时考量的重要元素，上市公司的业绩越好，越能吸引投资者的投资。2006、2007 年华闻传媒公司少报了企业利润，年报中披露的业绩比实际业绩差。2009 年 3 月 3 日，华闻传媒公司在中国证监会指定的信息披露网站等媒体上发布的《会计差错更正公告》中，调整后的资产总额、归属于母公司股东权益、少数股东权益、利润总额、所得税、归属于母公司所有者的净利润、少数股东损益等均比原来公布的增加而负债总额是减少的。这些纠错后的客观调整，增加了华闻传媒公司资产利润总额。这对投资者而言，无疑是利好消息，而非利差消息；对华闻传媒公司而言，也是正面信息，而非负面信息。综上所述，专员办查处的华闻传媒公司错误的信息披露，不是《若干规定》所指的违反证券法律规定在证券发行或者交易过程中，对重大事件作出违背事实真相的虚假记载、误导性陈述，或者在披露信息时发生重大遗漏、不正当披露信息的行为，也不会对投资者起错误诱导的作用，故华闻传媒公司年报信息披露行为中存在的错误，不构成虚假陈述。

3. 关于华闻传媒公司被处罚的信息披露行为与金某投资华闻传媒公司股票上的投资损失之间是否存在因果关系，以及华闻传媒公司是否应赔偿金某的投资损失问题。本院认为，由于华闻传媒公司被处罚的信息披露行为不构成虚假陈述，所以该行为与金某投资华闻传媒公司股票上的投资损失之间不存在因果关系，也就不存在如何计算金某损失的问题。

据中国证券市场行情显示，2007年上海、深圳两个交易所的所有股票价格曾全线上扬，2007年10月，上证指数最高达6 124.04点，深圳成指最高达19 600.03点，其后开始下滑，到2008年10月，上证指数最低滑落到1 664.93点，深圳成指亦曾滑落到5 577.23点。华闻传媒同样水涨船高，2007年最高价为16.29元；水落船低，2008年最低价为2.60元。金某起诉称其在2007年4月19日以后2009年3月3日以前买进华闻传媒股票，于2009年3月3日后仍然持有或卖出，给其造成了损失。"股市有风险，入市需谨慎"是股票市场的常识，大盘的急跌就是证券市场的系统风险。金某投资华闻传媒股票的损失是由证券市场系统风险等其他因素所导致。因此金某投资华闻传媒股票的损失与华闻传媒公司被专员办检查处理的会计错误没有关联。

综上所述，华闻传媒公司2007年度会计信息质量、信息披露行为虽然存在问题和错误，但这些问题和错误均不属于违反证券法律规定，均不属于在证券发行或者交易过程中，对重大事件作出违背事实真相的虚假记载、误导性陈述，或者在披露信息时发生重大遗漏、不正当披露信息的行为。华闻传媒公司会计上的错误行为，与金某投资华闻传媒公司股票的损失之间不存在因果关系，金某的损失系由证券市场系统风险等其他因素所导致，华闻传媒公司不应对其承担赔偿责任。一审判决认定事实清楚，证据充分，适用法律正确，程序合法，应予维持。金某的上诉主张缺乏事实和法律依据，本院不予支持。依照《中华人民共和国民事诉讼法》第一百五十三条第一款第（一）项之规定，经本院审判委员会讨论决定，判决如下：

驳回上诉，维持原判。

二审案件受理费 225.1 元，由金某负担。

本判决为终审判决。

审判长　　赵　立

审判员　　刘振勇

审判员　　王　娅

代理审判员　祁永杰

代理审判员　程　序

二〇一二年六月五日

书记员　　钟垂林

（四十）
银河科技虚假陈述民事赔偿案

主题词：银河科技　虚假陈述　侵权　赔偿

59. 何某某诉北海银河高科技产业股份有限公司、潘琦、华寅会计师事务所有限责任公司诉讼案

广西壮族自治区南宁市中级人民法院
民事判决书

（2007）南市民二初字第 115 号①

原告：何某某，女，汉族，住上海市。

委托代理人：王国利，上海市中茂律师事务所律师。

被告：北海银河高科技产业股份有限公司，住所地：广西壮族自治区北海市广东南路银河科技大厦 8 楼。

法定代表人：顾勇彪，董事长。

委托代理人：唐捷，该公司职员。

委托代理人：蔡琼瑶，该公司法律事务室职员。

被告：潘琦，男，汉族，原北海银河高科技产业股份有限公司董事长。

被告：华寅会计师事务所有限责任公司，住所地：北京市西城区德外五路通街 19 号院 2 号楼。

法定代表人：柳协春，董事长。

---

① 本司法裁判文书系上海新望闻达律师事务所宋一欣律师提供。

委托代理人：刘文俊，该公司广西分所所长。

委托代理人：黄贻帅，该公司广西分所副所长。

原告何某某与被告北海银河高科技产业股份有限公司（以下简称北海银河公司）、被告潘琦、被告华寅会计师事务所有限责任公司（以下简称华寅会计所）虚假陈述侵权纠纷一案，本院于 2007 年 6 月 11 日受理后，依法组成合议庭，于 2007 年 11 月 16 日公开开庭审理了本案。原告何某某的委托代理人王国利、被告北海银河公司的委托代理人唐捷和蔡琼瑶、被告华寅会计所的委托代理人黄贻帅到庭参加诉讼。被告潘琦经本院传票传唤，无正当理由拒不到庭，本院依法缺席审理。本案经批准延长审理期限，现已审理终结。

原告何某某诉称：何某某根据北海银河公司所披露的财务会计报告、上市报告文件、临时报告、2003 年年报等文件及其他文件和相关信息，经认真阅读后，据此得出北海银河公司业绩优良的判断，进而作出对北海银河公司的股票（证券名称为银河科技）进行投资的判断。何某某在 2004 年 2 月 10 日以后买进银河科技股票，并于 2006 年 1 月 11 日后仍持有或卖出。2005 年 6 月 8 日，财政部作出了财监（2005）71 号《行政处罚决定书》，认定：

1. 北海银河公司虚增销售收入 2.63 亿元，隐瞒银行借款 2.7 亿元；

2. 华寅会计所在对北海银河公司 2003 年度会计报表进行审计时，未对该公司的银行账户、应收账款有效实施函证及必要的替代审计程序，在未获取充分适当的审计证据的情况下，对该公司虚增销售收入 2.63 亿元、隐瞒银行借款 2.7 亿元的报表数据予以确认，发表了不恰当的审计意见。2006 年 1 月 11 日，北海银河公司发布董事会澄清公告，承认该公司大股东广西银河集团有限公司在 2002、2003 年以现金出资为北海银河公司包装了经营业绩。北海银河公司通过将与大股东及其关联企业的资金往来确认为收入的方法，虚增销售收入 2.63 亿元（不含税收入 2.25 亿元）、虚增净利润 4 300 万元。根据财政部的处罚认定，北海银河公司的不法行为是虚增销售收入 2.63 亿元，其虚假陈述的行为，违反《中华人民共和国证券法》规定的信息披露义务，在公布的信息披露文件中作出违背事实真相的陈述或记载，或者没有按照规定公布重大信息，严重侵犯了何某某作为投资者的合法权益，致使作为投资者的何某某在证券交易中作出了错误的投资判断，使何某某遭受巨大的经济损失。潘琦是北海银河公司的董事及高层管理人员，对北海银河公司披露的所有事项都已声明承诺对其真实性承担责任，而根据最高人民法院《关于审理证券市场因虚假陈述引发的民事赔偿案件的若干规定》第二十八条的规定，对上市公司虚假行为应当负有责任的董事、监事和经理等高级管理人员对投资人的损失承担连带责任，因此潘琦对北海银河公司发布的虚假陈述行为负有连带赔偿责任。华寅会计所是北海银河公司聘请的会计师事务所，在其审计的过程中违反了《中华人民共和国证券法》的规定，未对北海银河公司的银行账户、应收账款有效实施函证及必要的替代审计程序，在未获取充分恰当的审计证据的情况下，对北海银河公司虚增的销售收入、隐瞒银行借款的报表数据予以确认，并发表了不恰当的审计意见，其违规行为使何某某对于北海银河公司的公司状况作出了错误的判断，侵犯了何某某作为投资者的合法权益，使何某某遭受了经济损失，所以，华寅会计所应对何某某因北海银河公司的虚假陈述行为而造成的经济损失负有连带赔偿责任。根据最高人民法院《关于审理证券市场因虚假陈述引发的民事赔偿案件的若干规定》的规定，可以认定北海银河公司的虚假陈述实施日为其 2003 年年报公布日即 2004 年 2 月 10 日，虚假陈述揭露日为 2006 年 1 月 11 日。何某某在 2004 年 2 月 10 日至 2006 年 1 月 11 日之间购买了北海银河公司于深圳证券交易所上市的股票。按照最高人民法院《关于审理证券市场因虚假陈述引发的民事赔偿案件的若干规定》的规定，何某某持有与三被告之侵权行为有因果关系的银河科技股票，因而遭受损失 13 450.23 元，即买入银河科技 9 500 股的成交总额 50 935 元－卖出银河科技 9 875 股（包括红股 375 股）的成交总额 37 837.5 元＋买入佣金总额 81.39 元＋卖出佣金总额 71 元＝13 249.89 元＋利息 200.34 元（13 249.89 元×活期存款利率日万分之零点二×揭露日至基准日的天数 756 天）＝13 450.23 元。

　　综上，三被告侵害了何某某的知情权，应对何某某的上述经济损失承担赔偿责任。请求法院判令北海银河公司赔偿何某某损失13 450.23元，判令潘琦与华寅会计所对此承担连带赔偿责任。

原告何某某对其陈述事实在举证期限内提供的证据材料有：

1. 何某某的证券账户卡，欲以此证明何某某开立证券账户的事实；

2. 户名为何某某的《证券变动情况表》，欲以此证明何某某买进卖出北海银河公司股票的股票价格和股票数量；

3. 损失计算表，欲以此证明何某某遭受的损失金额；

4. 北海银河公司的《2003年年度报告摘要》、附有财监（2005）71号《行政处罚决定书》《系列审计失败启示录：贷款卡查询为审计必需程序》、北海银河公司的《董事会澄清公告》，欲以此证明虚假陈述证券信息的事实。

被告北海银河公司辩称：

1. 何某某在2004年2月10日至2006年1月10日期间，因卖出银河科技股票所遭受的损失与北海银河公司虚假陈述之间没有因果关系。何某某在2004年2月10日至2006年1月11日期间共计投入资金50 935元，在此期间内及2006年5月8日全部卖出后，共计收回资金39 443.18元，造成损失共计11 491.82元。按最高人民法院相关司法解释的规定，投资人在虚假陈述披露日或更正日及以后，因卖出或持续持有股票而产生的亏损才能认定为与虚假陈述相关的损失，何某某在2004年2月10日至2006年1月10日期间4次卖出股票共计亏损11 221.25元与虚假陈述之间没有因果关系。在2004年2月10日至2006年1月10日期间何某某每次卖出股票的实际亏损为：第一次系2005年6月14日何某某以4.62元/股卖出1 375股，在此之前，何某某在2004年2月10日至2005年6月14日期间，共买入5笔，共计支出30 105元，买入股票3 500股，送红股375股，因此何某某在2005年6月14日卖出股票前的实际持股成本为30 105÷3 875＝7.77元/股；何某某当次以4.62元/股的价格卖出，造成实际亏损1 375×（4.62－7.77）＝－4 331.25元；在2005年6月15日至第二次卖出时间点2005年6月21日期间，何某某又买入一笔共1 000股，支出4 390元，在2005年6月21日何某某第二次卖出股票，股票

的实际成本为 $(7.77 \times 2\,500 + 4\,390) \div (2\,500 + 1\,000) = 6.8$ 元/股，此次卖出亏损额为 $(4.49 - 6.8) \times 1\,000 = -2\,310$ 元；以此种计算方法，何某某第三次卖出股票亏损 3\,480 元，第四次卖出股票亏损 1\,100 元。因此，何某某在 2004 年 2 月 10 日至 2006 年 1 月 10 日期间卖出股票共计亏损 11\,221.25 元。

2. 未考虑大盘因素前提下何某某与虚假陈述相关的损失为 1\,603.91 元。按最高人民法院相关司法解释的规定，何某某与北海银河公司虚假陈述有因果关系的损失，应为在 2004 年 2 月 10 日至 2006 年 1 月 11 日期间买入、在 2006 年 1 月 11 日后卖出或持有的 5\,013 股银河科技股票所遭受的损失。此 5\,013 股的买入实际成本价格为 2.41 元/股，其损失额计算方法为（买入平均价－基准价）×揭露日后卖出的股数＋佣金损失＋印花税损失＋利息，即 $(2.41 - 2.72) \times 5\,013 + 21.3 + 28.5 = -1\,603.91$ 元。

3. 如考虑大盘因素，北海银河公司虚假陈述并未对何某某造成实际损失。因深圳 A 指在 2004 年 2 月 10 日至 2006 年 1 月 11 日期间下跌 33.21%，深圳综指在 2004 年 2 月 10 日至 2006 年 1 月 11 日期间下跌 32.9%。按银河科技股票 2004 年 2 月 10 日收盘价 10.3 元/股，进行 4 次除权后每股价格为 $10.3 \div 1.16 \div 1.15 \div 1.2 \div 1.6709 = 3.85$ 元，大盘下跌导致每股下跌 $3.85 \times 0.33 = 1.27$ 元，仅考虑大盘因素对股价的影响，在 2006 年 1 月 11 日银河科技股票的除权价为 $3.85 - 1.27 = 2.58$ 元/股，而当日银河科技股票收盘价为 2.64 元/股，直到基准日 2006 年 3 月 7 日，银河科技股票的股价走势一直比较平稳，当日的收盘价为 2.66 元。因此，实际情况是北海银河公司进行虚假陈述后的股价走势仍强于大盘，证明北海银河公司虚假陈述并未对银河科技股票二级市场股价造成实际损失。因此如果考虑大盘因素的话，北海银河公司不应对何某某在 2006 年 1 月 11 日后卖出银河科技股票的损失承担任何责任。

综上所述，北海银河公司虽然进行了虚假陈述，但是按最高人民法院相关司法解释规定的损失的计算范围、方法及考虑大盘等综合因素，何某某因买卖银河科技股票所遭受的损失与虚假陈述没有法律上的因果关系，不属于赔偿范围。请求法院驳回何某某的全部诉讼请求。

被告北海银河公司对其陈述事实在举证期限内提供的证据材料有:

1.《银河科技历年分配情况》和下载于大智慧软件的电脑截图《实施 2003 年度分红方案的 K 线图》《实施 2004 年度分红方案的 K 线图》《实施股权分置改革方案的 K 线图》,欲以此证明银河科技股票在 2004 年 2 月 10 日至 2006 年 1 月 11 日期间除权的情况;

2. 下载于大智慧软件的电脑截图《深证 A 指区间 K 线图》《深证综指区间 K 线图》《银河科技区间 K 线图》《许继电器区间 K 线图》,欲以此证明深证 A 指、深证 Z 综指、银河科技股价、许继电器股价在 2004 年 2 月 10 日至 2006 年 1 月 11 日期间下跌的幅度;

3. 下载于巨潮资讯网公司资讯板块中银河科技定期公告的《银河科技 2006 年年报》第 20 页,欲以此证明银河科技 2004 年至 2006 年业绩下降原因之一是电力设备行业在 2004—2006 年度原材料涨价、销售受到影响等的事实;

4. 下载于巨潮资讯网公司资讯板块中许继电器定期公告的《许继电器 2006 年年报》第 15、16 页,欲以此证明许继电器作为电力设备行业代表企业之一,其业绩也受到 2004—2006 年度原材料涨价、销售价格下降等的影响的事实。

被告华寅会计所辩称:

1. 审计自身固有局限。审计本身是一种公允性审计,由于审计自身的特性、审计成本效益的存在以及现代审计技术的局限,审计本身具有自身的局限性。现代审计理论和方法的固有局限性决定了审计报告意见的真实性只能是相对的,而不是绝对的。会计师事务所对整个企业的年度财务状况采用的抽样判断审计,不能保证发现企业会计报表所存在的全部错误和虚假行为。对企业整体中存在的个别虚假信息,除非采用特殊的审计手段才能被发现,比如特殊权力。会计师事务所不具有特殊权力,难以发现个别虚假信息。因此,对北海银河公司 2003 年度会计报表审计,华寅会计所没有发现存在虚假信息的情况。

2. 外部审计证据存在瑕疵。会计师事务所的审计范围主要以被审计单位的内部资料为准，其审计范围通常局限在被审计单位内部财务资料的编制是否合理、是否公允等方面。基于审计成本效益原理、审计技术自身的局限性等因素，会计师事务所对其所出具的审计报告并不承担绝对的保证责任。基于独立审计的天然缺陷性，并非被审计单位的所有的舞弊行为都能被审计出来。独立审计的重要基础是：技术永远是技术，任何技术都具有局限性。会计师事务所在审计中必然要假定一部分事实和资料是不需要会计师事务所去识别的，即独立审计对于外部审计证据存在依赖性和局限性。诸如，华寅会计所取得了北海银河公司全部银行对账单，没有理由怀疑对账单的真实性；华寅会计所取得了北海银河公司购销合同，没有理由怀疑购销合同的真实性；华寅会计所取得了北海银河公司原材料购置发票，也没有理由怀疑购销合同的真实性。否则，审计成本将无限提高，违反正常的审计理论。因此，在会计师事务所以虚假或不实的外部证据为基础而出具不实的审计报告的情形下，应当认定会计师事务所没有过错，不承担侵权责任。

3. 虚假行为在前，审计行为在后。会计师事务所只是对企业的历史财务信息所进行的审计，企业历史财务信息存在的虚假行为与会计师事务所的事后审计行为不是在同一时点上。企业的会计虚假行为与会计师事务所的事后审计没有发现会计虚假行为不是同一性质的问题。会计师事务所按照审计准则规定的程序进行事后审计，是要求尽可能规避审计风险，但它不能保证发现企业会计报表所存在的全部错误和虚假行为。华寅会计所没有发现北海银河公司会计报表存在虚假收入的情况。如果北海银河公司会计报表存在虚假信息的行为，那只能说明该公司采用了超出会计准则的手段编制会计报表。这些手段避开了审计准则规定的程序，华寅会计所难以发现银河科技的虚假信息。

4. 企业的会计责任与会计师事务所的审计责任应当区别分开。会计师事务所的审计意见虽然与企业的年度会计信息同时公开披露，但也不能由此就推断会计师事务所的审计责任行为与企业的会计责任行为是"同时行为"。中国证券监督管理委员会和各证券交易所早就有明文规定，上市公司的会计信息不论是经过会计师事务所审计还是没有经过会计师事务所审计，都要定期或临时对外公开披露，比如季报和临时公告，如果没有特殊要求，一般都不需要会计师事务所出具审计意见，而企业的虚假会计信息早就存在于没有经过会计师事务所审计而且公开披露过的季报或临时公告中。会计师事务所的审计行为远远滞后于企业的会计行为。企业的会计责任与会计师事务所的审计责任应当区别分开，不应推断为存在连带责任。

5. 财政部对会计师事务所的行政处罚是行业管理的需要，但它不能作为推断会计师事务所承担民事责任的依据。会计师事务所如果发生无胜任能力的业务行为，发表了不恰当的审计意见，财政部有权力对会计师事务所进行相关规定的处罚。会计师事务所的专业胜任能力问题与企业存在的虚假会计信息问题不能相提并论。财政部对华寅会计所的处罚已于 2005 年 7 月 29 日公告，何某某在此后日期的股票买卖损失与华寅会计所更无关系。因此，财政部对会计师事务所的行政处罚，不能作为推断会计师事务所承担民事责任的依据。综上所述，华寅会计所对银河科技 2003 年年报的虚假陈述的审计行为主观上无过错，不应承担连带赔偿责任。请求法院驳回何某某对华寅会计所的诉讼请求。

经过庭前交换证据和开庭质证，被告北海银河公司和被告华寅会计所对原告何某某提供的证据均无异议，被告华寅会计所对被告北海银河公司提供的证据材料亦无异议，原告何某某对于被告北海银河公司提供的证据材料，则以需核实和与本案无关为由，未予认可，但三方当事人均对虚假陈述客观存在的事实、何某某交易股票的事实、财政部作出行政处罚的事实无异议，并确认虚假陈述实施日为 2004 年 2 月 10 日、虚假陈述揭露日为 2006 年 1 月 11 日、投资差额损失计算的基准日为 2006 年 3 月 7 日及基准价为 2.72 元。本院认为，被告潘琦已放弃其答辩及质证的诉讼权利，对原告何某某、被告北海银河公司、被告华寅会计所无异议的证据材料和事实，应予以认定。被告北海银河公司提供的证据材料系通过电脑软件生成的技术性资料和在互联网上发布的公告性资料，来源合法，内容真实，亦应予采纳，但《许继电器区间 K 线图》《许继电器 2006 年年报》与本案纠纷无关，不应作为认定本案事实的依据。

　　综合全案证据，本院确认以下法律事实：北海银河公司为上市公司，其股票在深圳证券交易所上市交易，证券名称为银河科技。北海银河公司于 2004 年 2 月 10 日公告发布银河科技 2003 年年度报告，该年度报告摘要中载明："1. 重要提示：1.1 本公司董事会及其董事保证本报告所载资料不存在任何虚假记载、误导性陈述或者重大遗漏，并对其内容的真实性、准确性和完整性负个别及连带责任。本年度报告摘自年度报告全文，投资者欲了解详细内容，应阅读年度报告全文。1.2 华寅会计师事务所有限责任公司为本公司出具了标准无保留意见的审计报告。1.3 本公司董事长潘琦、财务负责人龙晓荣、财务部经理欧付忠声明：保证本报告中财务报告的真实、完整。2. 上市公司基本情况简介：……3. 会计数据和财务指标摘要：3.1 主要会计数据——2003 年主营业务收入 958 900 657.62 元、比上年增长 40.67%……2003 年净利润 123 369 267.35 元、比上年增长 60.36%……2003 年经营活动产生的现金流量净额 176 551 142.03 元、比上年增长 177.39%。3.2 主要财务指标——2003 年每股收益 0.41 元、比上年增长 64%……2003 年每股净资产 4.04 元、比上年增长 13.17%。……9. 财务报告：9.1 审计意见。本报告年度，华寅会计师事务所有限责任公司出具了寅会（2004）3030 号的标准无保留意见的审计报告……"2005 年 6 月 8 日，财政部对华寅会计所予以行政处罚，并作出财监（2005）71 号《行政处罚决定书》，认定华寅会计所在对北海银河公司、北海国发海洋生物产业股份有限公司 2003 年度会计报表进行审计时，未对上述两公司的银行账户、应收账款有效实施函证及必要的替代审计程序，在未获取充分适当的审计证据的情况下，对北海银河公司虚增销售收入 2.63 亿元、隐瞒银行借款 2.7 亿元的报表数据和北海国发海洋生物产业股份有限公司虚增利润 4 502 万元、隐瞒银行借款 2.5 亿元的报表数据予以确认，发表了不恰当的审计意见，决定对华寅会计所予以警告。2006 年 1 月 11 日，北海银河公司公告发布《董事会澄清公告》，披露其虚增收入和利润问题、大股东占用资金及银行贷款余额账实不符问题，承认其 2003 年度虚增销售收入 2.63 亿元（不含税收入 2.25 亿元）、虚增净利润 4 300 万元和隐瞒银行贷款 2.7 亿元。并通报对前述问题的整改措施和结果，以及董事会的应对措施，同时"鉴于公司已根据北海市人民政府的内部整改意见针对上述问题做出及时处理，因此未对相关事项进行披露，对于上述事项给投资者带来的影响，公司在此向全体投资者郑重致歉"。在虚假陈述实施日2004年2月10日，银河科技的收盘价为10.3元/股。在虚假陈述揭露日2006年1月11日，银河科技的收盘价为2.64元/股。在此期间，银河科技的股价于2004年5月12日实施以公积金每10股送1.5股派0.5元的2003年度分红方案而按上一个交易日收盘价除以1.15进行除权（其2004年5月11日的收盘价为9.22元/股、2004年5月12日的开盘价为8.07元/股），另于2005年6月27日因实施以公积金每10股转增2股的2004年度分红方案而按上一个交易日收盘价除以1.2进行除权（其2005年6月27日的收盘价为4.68元/股、2005年6月28日的开盘价为3.88元/股），还于2006年1月9日因实施流通股由原每10股变更为16.709股的股权分置改革方案而按上一个交易日收盘价除以1.670 9进行除权（其股改前最后一个交易日2005年11月30日收盘价为4元/股、股改后第一个交易日2006年1月9日开盘价为2.8元/股）。自2006年1月11日起，银河科技累计成交量达到其可流通部分100%之日即基准日为2006年3月7日，2006年1月11日至3月7日期间，银河科技每个交易日收盘价的平均价格即基准价为2.72元/股。另外，北海银河公司《2006年年度报告》第七节"董事会报告"中就该公司2006年经营业绩亏损陈述的原因之一为"主要原材料铜、变压器油价格在2006年中期大幅上涨"。

　　1998年3月20日，何某某于申银万国浦东分公司开立账号为5932×××的证券账户，领取深圳证券登记有限公司颁发的证券账户卡。2004年4月15日，何某某以10.53元/股买入银河科技500股，成交金额5 265元，佣金7元；2004年4月16日，何某某以10.28元/股买入银河科技500股，佣金7元，成交金额5 140元；2004年4月22日，何某某以10.32元/股买入银河科技1 000股，成交金额10 320元，佣金15元；2004年4月29日，何某某以9.98元/股买入银河科技500股，成交金额4 990元，佣金7元；2004年5月11日，何某某取得银河科技红股入账375股；2005年6月8日，何某某以 4.39 元/股买入银河科技 1 000 股，成交金额 4 390 元，佣金 7.90 元；2005 年 6 月 14 日，何某某以 4.62 元/股卖出银河科技 1 375 股，成交金额 6 352.5 元，佣金 11.43 元；2005 年 6 月 16 日，何某某以 4.39 元/股买入银河科技 1 000 股，成交金额 4 390 元，佣金 7.90 元；2005 年 6 月 21 日，何某某以 4.49 元/股卖出银河科技 1 000 股，成交金额 4 490 元，佣金 8.08 元；2005 年 6 月 27 日，何某某取得银河科技红股入账 500 股；2005 年 7 月 12 日，何某某分别以 3.2 元/股、3.16 元/股买入银河科技 2 000 股、1 000 股，成交金额分别为 6 400 元、3 160 元，佣金分别为 11.52 元、5.69 元；2005 年 7 月 28 日，何某某以 3.27 元/股卖出银河科技 3 000 股，成交金额 9 810 元，佣金 17.66 元；2005 年 8 月 5 日，何某某分别以 3.45 元/股、3.43 元/股各买入银河科技 1 000 股，成交价格分别为 3 450 元、3 430 元，佣金分别为 6.21 元、6.17 元；2005 年 8 月 12 日，何某某以 3.48 元/股卖出银河科技 2 000 股，成交金额 6 960 元，佣金 12.53 元；2006 年 1 月 5 日，何某某取得银河科技红股入账 1 140 股；2006 年 1 月 6 日，何某某取得银河科技红股入账 873 股；2006 年 5 月 8 日，何某某以 2.36 元/股卖出 G 银河（银河科技）5 013 股，成交金额 11 830.68 元，佣金 21.30 元。至此，何某某不再持有银河科技股票。

本院认为：1998 年 12 月 29 日公布的《中华人民共和国证券法》第五十九条明确规定，"公司公告的股票或者公司债券的发行和上市文件，必须真实、准确、完整，不得有虚假记载、误导性陈述或者重大遗漏"，2004 年 8 月 28 日修正的《中华人民共和国证券法》仍为上述规定，2005 年 12 月 27 日修订的《中华人民共和国证券法》第六十三条规定，"发行人、上市公司依法披露的信息，必须真实、准确、完整，不得有虚假记载、误导性陈述或者重大遗漏"，因此真实、准确、完整披露信息是上市公司等信息披露义务人的法定义务，违之则构成证券市场虚假陈述，即最高人民法院《关于审理证券市场因虚假陈述引发的民事赔偿案件的若干规定》（以下简称《若干规定》）第十七条规定的"信息披露义务人违反证券法律规定，在证券发行或者交易过程中，对重大事件作出违背事实真相的虚假记载、误导性陈述，或者在披露信息时发生重大遗漏、不正当披露信息的行为"。北海银河公司作为上市公司，在其公告的银河科技2003年年度报告中虚增销售收入2.63亿元（不含税收入2.25亿元）、虚增净利润4 300万元和隐瞒银行贷款2.7亿元，已对重大事件作出虚假记载和在披露信息时发生重大遗漏，其行为确为证券市场虚假陈述，应对投资人因其虚假陈述而遭受的损失承担民事赔偿责任。

何某某作为在证券市场上从事证券认购和交易的自然人，其投资与北海银河公司虚假陈述直接关联的银河科技股票确为事实，如遭受与虚假陈述有因果关系的亏损，则应由北海银河公司给予赔偿。根据《若干规定》第十八条、第十九条的规定，何某某在虚假陈述揭露日2006年1月11日之前已经卖出包括除权而得的875股红股在内的7 375股银河科技股票，其基于该部分股票所主张的损害结果与北海银河公司虚假陈述无因果关系。何某某所主张的损害结果与北海银河公司虚假陈述存在因果关系的，应为何某某在虚假陈述实施日2004年2月10日及以后至2006年1月11日之前买入，并在2006年1月11日及以后，于基准日2006年3月7日之后的2006年5月8日卖出包括除权而得的2 013股红股在内的5 013股银河科技股票所产生的亏损。上述5 013股银河科技股票中，扣除红股2 013股后，由何某某以其资金买入的股票数量为3 000股，此3 000股股票依"先买进先卖出、后买进后卖出"原则应为何某某买入的最后三笔银河科技股票，即何某某分别于2005年7月12日以3.16元/股买入的1 000股、于2005年8月5日以3.46元/股买入的1 000股、于2005年8月5日以3.43元/股买入的1 000股，买入平均价为3.35元/股。又根据《若干规定》第三十条的规定，在排除投资人因证券市场系统风险等所造成的亏损的基础上，虚假陈述行为人在证券交易市场导致投资人损失承担民事赔偿责任的范围，是投资人因虚假陈述实际发生的损失，包括投资差额损失、投资差额损失部分的佣金和印花税以及该两项资金自买入至卖出证券日或者基准日，按银行同期活期存款利率计算的利息损失。因此，上述损失是以投资人的投资差额损失为基础的。对于投资差额损失的计算，《若干规定》第三十二条规定了投资人在基准日之后卖出或者仍持有证券的投资差额损失计算方法，即"以买入证券平均价格与虚假陈述揭露日或者更正日起至基准日期间，每个交易日收盘价的平均价格之差，乘以投资人所持证券数量计算"，故何某某所主张的与虚假陈述有因果关系的投资差额损失在未考虑证券市场系统风险的情况下直接运用相关数据而适用上述方法计算，则应为：（买入证券平均价格 3.35 元/股－基准价 2.72 元/股）×5 013 股。但是，《若干规定》第三十五条规定，已经除权的证券，计算投资差额损失时，证券价格和证券数量应当复权计算。银河科技的股价在何某某于 2005 年 7 月 12 日、8 月 5 日共计买入 3 000 股股票后，于 2006 年 1 月 9 日因实施股权分置改革方案而以上一个交易日收盘价除以 1.6709 进行除权，故上述投资差额损失计算方式应当复权计算为：（买入证券平均价格 3.35 元/股－基准价 2.72 元/股×1.670 9）×（5 013 股÷1.670 9）＝（3.35－4.54）×3 000。由此可知，基准价大于买入平均价，何某某最终卖出 3 000 股银河科技股票的股价为 2.36 元/股，复权后亦为 3.94 元/股，也大于买入平均价，且上述计算尚未考虑证券市场系统风险，故何某某并未因北海银河公司的虚假陈述而在从事银河科技股票买卖时发生买大卖小的价格差额而遭受投资利益损失，其所主张的因北海银河公司虚假陈述而遭受的损害并不存在，北海银河公司无须对其承担民事赔偿责任。

　　鉴于北海银河公司不应对何某某承担民事赔偿责任，何某某要求潘琦和华寅会计所承担连带赔偿责任的诉讼请求亦不能成立。

　　综上所述，依照《中华人民共和国民法通则》第五条、第一百零六条、第一百一十七条，《中华人民共和国民事诉讼法》第一百零八条第（三）项的规定，判决如下：

　　驳回原告何某某的诉讼请求。

　　本案案件受理费 138 元，由原告何某某负担。

　　如不服本判决，可在本判决送达之日起十五日内，向本院或广西壮族自治区高级人民法院递交上诉状，并按对方当事人的人数提交副本，同时预交上诉案件受理费（开户名称：广西壮族自治区高级人民法院诉讼费专户，开户银行：农行南宁市古城支行，账号：009101040××××××），上诉于广西壮族自治区高级人民法院。

审判长　宋桂芬

审判员　张志基

审判员　蒙恪民

二○○七年十二月二十日

书记员　张青莲

60. 何某某诉北海银河高科技产业股份有限公司、潘琦、华寅会计师事务所有限责任公司上诉案

广西壮族自治区高级人民法院
民事判决书

（2008）桂民二终字第 56 号^①

上诉人（原审原告）：何某某，女，汉族，住上海市。

委托代理人：宋一欣，上海新望闻达律师事务所律师。

委托代理人：张瑜，上海新望闻达律师事务所律师。

被上诉人（原审被告）：北海银河高科技产业股份有限公司，住所地：广西壮族自治区北海市广东南路银河科技大厦 8 楼。

法定代表人：顾勇彪，董事长。

委托代理人：杨宋波，该公司副总裁。

委托代理人：蔡琼瑶，天惠律师事务所律师。

被上诉人（原审被告）：潘琦，男，汉族，原北海银河高科技产业股份有限公司董事长。

被上诉人（原审被告）：华寅会计师事务所有限责任公司，住所地：北京市西城区德外五路通街 19 号院 2 号楼。

法定代表人：柳协春，董事长。

---

①　本司法裁判文书系上海新望闻达律师事务所宋一欣律师提供。

委托代理人：刘文俊，该公司广西分所所长。

委托代理人：黄贻帅，该公司广西分所副所长。

何某某与北海银河高科技产业股份有限公司（以下简称北海银河公司）、潘琦、华寅会计师事务所有限责任公司（以下简称华寅会计所）虚假陈述侵权纠纷一案，本院于 2008 年 4 月 10 日受理后，依法组成合议庭，于 2008 年 5 月 8 日公开开庭审理了本案。何某某的委托代理人宋一欣、北海银河公司的委托代理人杨宋波和蔡琼瑶、华寅会计所的委托代理人黄贻帅到庭参加诉讼。潘琦经本院传票传唤，无正当理由拒不到庭，本院依法缺席审理。本案现已审理终结。

南宁市中级人民法院审理查明：北海银河公司为上市公司，其股票在深圳证券交易所上市交易，证券名称为银河科技。北海银河公司于 2004 年 2 月 10 日公告发布银河科技 2003 年年度报告，该年度报告摘要中载明："1. 重要提示：1.1 本公司董事会及其董事保证本报告所载资料不存在任何虚假记载、误导性陈述或者重大遗漏，并对其内容的真实性、准确性和完整性负个别及连带责任。本年度报告摘自年度报告全文，投资者欲了解详细内容。应阅读年度报告全文。1.2 华寅会计师事务所有限责任公司为本公司出具了标准无保留意见的审计报告。1.3 本公司董事长潘琦、财务负责人龙晓荣、财务部经理欧付忠声明：保证本报告中财务报告的真实、完整。2. 上市公司基本情况简介：……3. 会计数据和财务指标摘要：3.1 主要会计数据——2003 年主营业务收入 958 900 657.62 元、比上年增长 40.67％……2003 年净利润 123 369 267.35 元、比上年增长 60.36％……2003 年经营活动产生的现金流量净额 176 551 142.03 元、比上年增长 177.39％。3.2 主要财务指标——2003 年每股收益 0.41 元、比上年增长 64％……2003 年每股净资产 4.04 元、比上年增长 13.17％……9. 财务报告：9.1 审计意见。本报告年度，华寅会计师事务所有限责任公司出具了寅会（2004）3030 号的标准无保留意见的审计报告……"2005 年 6 月 8 日，财政部对华寅会计所予以行政处罚，并作出财监（2005）71 号《行政处罚决定书》，认定华寅会计所在对北海银河公司、北海国发海洋生物产业股份有限公司 2003 年度会计报表进行审计时，未对上述两公司的银行账户、应收账款有效实施函证及必要的替代审计程序，在未获取充分适当的审计证据的情况下，对北海银河公司虚增销售收入2.63亿元、隐瞒银行借款2.7亿元的报表数据和北海国发海洋生物产业股份有限公司虚增利润4 502万元、隐瞒银行借款2.5亿元的报表数据予以确认，发表了不恰当的审计意见，决定对华寅会计所予以警告。2006年1月11日，北海银河公司公告发布《董事会澄清公告》，披露其虚增收入和利润问题、大股东占用资金及银行贷款余额账实不符问题，承认其2003年度虚增销售收入2.63亿元（不含税收入2.25亿元）、虚增净利润4 300万元和隐瞒银行贷款2.7亿元，并通报对前述问题的整改措施和结果，以及董事会的应对措施，同时"鉴于公司已根据北海市人民政府的内部整改意见针对上述问题作出及时处理，因此未对相关事项进行披露，对于上述事项给投资者带来的影响，公司在此向全体投资者郑重致歉"。在虚假陈述实施日2004年2月10日，银河科技的收盘价为10.3元/股。在虚假陈述揭露日2006年1月11日，银河科技的收盘价为2.64元/股。在此期间，银河科技的股价于2004年5月12日因实施每10股送1.5股派0.5元的2003年度分红方案而按上一个交易日收盘价除以1.15进行除权（其2004年5月11日的收盘价为9.22元/股、2004年5月12日的开盘价为8.07元/股），另于2005年6月27日因实施以公积金每10股转赠2股的2004年度分红方案而按上一个交易日收盘价除以1.2进行除权（其2005年6月27日收盘价为4.68元/股、2005年6月28日开盘价为3.88元/股），还于2006年1月9日因实施流通股由原每10股变更为16.709股的股权分置改革方案而按上一个交易日收盘价除以1.670 9进行除权（其股改前最后一个交易日2005年11月30日收盘价为4元/股、股改后第一个交易日2006年1月9日开盘价为2.8元/股）。自2006年1月11日起，银河科技累计成交量达到其可流通部分100%之日即基准日为2006年3月7日，2006年1月11日至3月7日期间，银河科技每个交易日收盘价的平均价格即基准价为2.72元/股。另外，北海银河公司《2006年年度报告》第七节"董事会报告"中就该公司2006年经营业绩亏损陈述的原因之一为"主要原材料铜、变压器油价格在2006年中期大幅上涨"。

1998 年 3 月 20 日，何某某于申银万国浦东分公司开立账号为 5932×××× 的证券账户，领取深圳证券登记有限公司颁发的证券账户卡。2004 年 4 月 15 日，何某某以 10.53 元/股买入银河科技 500 股，成交金额 5 265 元，佣金 7 元；2004 年 4 月 16 日，何某某以 10.28 元/股买入银河科技 500 股，佣金 7 元，成交金额 5 140 元；2004 年 4 月 22 日，何某某以 10.32 元/股买入银河科技 1 000 股，成交金额 10 320 元，佣金 15 元；2004 年 4 月 29 日，何某某以 9.98 元/股买入银河科技 500 股，成交金额 4 990 元，佣金 7 元；2004 年 5 月 11 日，何某某取得银河科技红股入账 375 股；2005 年 6 月 8 日，何某某以 4.39 元/股买入银河科技 1 000 股，成交金额 4 390 元，佣金 7.90 元；2005 年 6 月 14 日，何某某以 4.62 元/股卖出银河科技 1 375 股，成交金额 6 352.5 元，佣金 11.43 元；2005 年 6 月 16 日，何某某以 4.39 元/股买入银河科技 1 000 股，成交金额 4 390 元，佣金 7.90 元；2005 年 6 月 21 日，何某某以 4.49 元/股卖出银河科技 1 000 股，成交金额 4 490 元，佣金 8.08 元；2005 年 6 月 27 日，何某某取得银河科技红股入账 500 股；2005 年 7 月 12 日，何某某分别以 3.2 元/股、3.16 元/股买入银河科技 2 000 股、1 000 股，成交金额分别为 6 400 元、3 160 元，佣金分别为 11.52 元、5.69 元；2005 年 7 月 28 日，何某某以 3.27 元/股卖出银河科技 3 000 股，成交金额 9 810 元，佣金 17.66 元；2005 年 8 月 5 日，何某某分别以 3.45 元/股、3.43 元/股各买入银河科技 1000 股，成交金额分别为 3 450 元、3 430 元，佣金分别为 6.21 元、6.17 元；2005 年 8 月 12 日，何某某以 3.48 元/股卖出银河科技 2 000 股，成交金额 6 960 元，佣金 12.53 元；2006 年 1 月 5 日，何某某取得银河科技红股入账 1 140 股；2006 年 1 月 6 日，何某某取得银河科技红股入账 873 股；2006 年 5 月 8 日，何某某以 2.36 元/股卖出 G 银河（银河科技）5 013 股，成交金额 11 830.68 元，佣金 21.30 元。至此，何某某不再持有银河科技股票。

南宁市中级人民法院审理认为：1998 年 12 月 29 日公布的《中华人民共和国证券法》第五十九条明确规定，"公司公告的股票或者公司债券的发行和上市文件，必须真实、准确、完整，不得有虚假记载、误导性陈述或者重大遗漏”，2004 年 8 月 28 日修正的《中华人民共和国证券法》仍为上述规定，2005 年 12 月 27 日修订的《中华人民共和国证券法》第六十三条规定，“发行人、上市公司依法披露的信息，必须真实、准确、完整，不得有虚假记载、误导性陈述或者重大遗漏”，因此真实、准确、完整披露信息是上市公司等信息披露义务人的法定义务，违之则构成证券市场虚假陈述，即最高人民法院《关于审理证券市场因虚假陈述引发的民事赔偿案件的若干规定》（以下简称《若干规定》）第十七条规定的“信息披露义务人违反证券法律规定，在证券发行或者交易过程中，对重大事件作出违背事实真相的虚假记载、误导性陈述，或者在披露信息时发生重大遗漏、不正当披露信息的行为”。北海银河公司作为上市公司，在其公告的银河科技 2003 年年度报告中虚增销售收入 2.63 亿元（不含税收入 2.25 亿元）、虚增净利润 4 300 万元和隐瞒银行贷款 2.7 亿元，已对重大事件作出虚假记载和在披露信息时发生重大遗漏，其行为确为证券市场虚假陈述，应对投资人因其虚假陈述而遭受的损失承担民事赔偿责任。

何某某作为在证券市场上从事证券认购和交易的自然人，其投资与北海银河公司虚假陈述直接关联的银河科技股票确为事实，如遭受与虚假陈述有因果关系的亏损，则应由北海银河公司给予赔偿。根据《若干规定》第十八条、第十九条的规定，何某某在虚假陈述揭露日 2006 年 1 月 11 日之前已经卖出包括除权而得的 875 股红股在内的 7 375 股银河科技股票，其基于该部分股票所主张的损害结果与北海银河公司虚假陈述无因果关系。何某某所主张的损害结果与北海银河公司虚假陈述存在因果关系的，应为何某某在虚假陈述实施日 2004 年 2 月 10 日及以后至 2006 年 1 月 11 日之前买入，并在 2006 年 1 月 11 日及以后，于基准日 2006 年 3 月 7 日之后的 2006 年 5 月 8 日卖出包括除权而得的 2 013 股红股在内的 5 013 股银河科技股票所产生的亏损。上述 5013 股银河科技股票中，扣除红股 2 013 股后，由何某某以其资金买入的股票数量为 3 000 股，此 3 000 股股票依“先买进先卖出、后买进后卖出”原则应为何某某买入的最后三笔银河科技股票，即何某某分别于 2005 年 7 月 12 日以 3.16 元/股买入的

1 000 股、于 2005 年 8 月 5 日以 3.46 元/股买入的 1 000 股、于 2005 年 8 月 5 日以 3.43 元/股买入的 1 000 股，买入平均价为 3.35 元/股。又根据《若干规定》第三十条的规定，在排除投资人因证券市场系统风险等所造成的亏损的基础上，虚假陈述行为人在证券交易市场导致投资人损失承担民事赔偿责任的范围，是投资人因虚假陈述实际发生的损失，包括投资差额损失、投资差额损失部分的佣金和印花税以及该两项资金自买入至卖出证券日或者基准日，按银行同期活期存款利率计算的利息损失。因此，上述损失是以投资人的投资差额损失为基础的。对于投资差额损失的计算，《若干规定》第三十二条规定了投资人在基准日之后卖出或者仍持有证券的投资差额损失计算方法，即"以买入证券平均价格与虚假陈述揭露日或者更正日起至基准日期间，每个交易日收盘价的平均价格之差，乘以投资人所持证券数量计算"，故何某某所主张的与虚假陈述有因果关系的投资差额损失在未考虑证券市场系统风险的情况下直接运用相关数据而适用上述方法计算，则应为：（买入证券平均价格 3.35 元/股－基准价 2.72 元/股）×5 013 股。但是，《若干规定》第三十五条规定，已经除权的证券，计算投资差额损失时，证券价格和证券数量应当复权计算。银河科技的股价在何某某于 2005 年 7 月 12 日、8 月 5 日共计买入 3 000 股股票后，于 2006 年 1 月 9 日因实施股权分置改革方案而以上一个交易日收盘价除以 1.6 709 进行除权，故上述投资差额损失计算方式应当复权计算为：（买入证券平均价格 3.35 元/股－基准价 2.72 元/股×1.670 9）×（5 013 股÷1.670 9）＝（3.35－4.54）×3 000。由此可知，基准价大于买入平均价，何某某最终卖出 3 000 股银河科技股票的股价为 2.36 元/股，复权后亦为 3.94 元/股，也大于买入平均价，且上述计算尚未考虑证券市场系统风险，故何某某并未因北海银河公司的虚假陈述而在从事银河科技股票买卖时发生买大卖小的价格差额而遭受投资利益损失，其所主张的因北海银河公司虚假陈述而遭受的损害并不存在，北海银河公司无须对其承担民事赔偿责任。鉴于北海银河公司不应对何某某承担民事赔偿责任，何某某要求潘琦和华寅会计所承担连带赔偿责任的诉讼请求亦不能成立。因此依照《中华人民共和国民法通则》第五条、第一百零六条、第一百一十七条，《中华人民共和国民事诉讼法》第一百零八条第（三）项的规定，判决驳回何某某的诉讼请求。案件受理费 138 元，由何某某负担。

何某某上诉称：一审判决适用错误的计算方法，认定上诉人未受到损失，属于认定事实错误。首先，一审计算的买入均价不对，应当按照 5.362 元/股来计算，司法解释规定不能扣除的情况下才除权，如果能扣除的情况就不用除权。其次，一审使用"先进先出法"不对，应采用算术加权平均法来计算。经计算，何某某因北海银河公司虚假陈述行为造成的损失为 13 701.89 元。因此请求撤销一审判决，依法改判，支持其在一审中的全部诉讼请求，一、二审诉讼费由北海银河公司承担，华寅公司依法承担连带责任。

北海银河公司口头答辩称：

1. 上诉人提出买入均价要把红股剔除是错误的，与实际情况不符。最高人民法院《关于审理证券市场因虚假陈述引发的民事赔偿案件的若干规定》第 35 条写明"已经除权的证券……应当复权计算"。北海银河公司在一审中已提供了除权的证据，如果按照上诉人的计算方法用买入均价时的总成本减去红股，平均价就高了，与银河科技的实际股价有很大的差距，与实际情况不符。

2. 一审法院按照先买进先卖出计算的方法是正确的，请求维持一审判决，驳回上诉人的上诉请求。

华寅会计所答辩称：

1. 审计自身固有局限，难以发现个别虚假信息。

2. 外部审计证据存在瑕疵，不可能对有关资料的真实性进行识别。

3. 虚假行为在前，审计行为在后，难以发现银河科技的虚假信息。

4. 企业的会计责任与会计所的审计责任应当区别分开，因为会计所的审计行为远远滞后于企业的会计行为，不应推断存在连带责任。

5. 财政部对会计所的行政处罚，不能作为推断华寅会计所承担民事责任的证据。

因此，华寅会计所对银河科技 2003 年年报的虚假陈述行为的审计行为主观上没有过错，不应承担连带责任。

二审期间，各方当事人没有提供新证据，对一审查明的事实没有异议，本院依法予以确认。

综合诉辩三方意见，归纳本案的争议焦点为：北海银河公司的虚假陈述行为是否给何某某造成损失？如果有，应当是多少？华寅会计所是否承担连带责任？

根据最高人民法院《关于审理证券市场因虚假陈述引发的民事赔偿案件的若干规定》第三十二条"投资人在基准日之后卖出或者仍持有证券的，其投资差额损失，以买入证券平均价格与虚假陈述揭露日或者更正日起至基准日期间，每个交易日收盘价的平均价格之差，乘以投资人所持证券数量计算"的规定，只要确定何某某在虚假陈述实施日后至揭露日之前买入的银河科技股票的买入平均价和虚假陈述揭露日至基准日的卖出平均价以及揭露日的持股数量，就可以计算出投资差额损失。本案的三方当事人对北海银河公司虚假陈述实施日、虚假陈述揭露日、基准日、基准价为 2.72 元/股及基准日后的持股数量 5 013 股的事实均没有异议，主要的分歧是何某某在虚假陈述实施日后至揭露日之前买入的银河科技股票的买入平均价的确定，由此导致何某某买卖银河科技股票是否存在损失的争议。

何某某在二审时提供了一份买入均价的计算方法，先剔除红股和该期间的相应卖出股份后，用加权平均法计算出揭露日前的买入均价为 5.362 元/股，根据该买入股价，计算出何某某的投资差额损失为（5.362－2.72）×5 013＝13 244.34 元。本院认为该计算方法存在两个问题：一是何某某在北海银河公司虚假陈述实施日至虚假陈述揭露日期间四次卖出银河科技股票，其已收回部分成本，对该部分成本应从其持仓成本中剔除但其没有剔除；二是何某某关于买入平均价和基准价在除权计算上不平衡。其买入平均价是剔除了红股后的价格，没有考虑除权的影响，但本案的基准价 2.72 元/股是在 2006 年 1 月 9 日北海银河公司按 1.6709 除权系数实施股权分置方案后的除权价，何某某在基准日后持有的 5 013 股也是经除权后的股票数量，其中 2 013 股是分红所得。这种方法在买入均价的计算上剔除了除权的影响，但基准价和持有股票数量又受到除权的影响，造成除权对买入均价和基准价影响的不平衡，导致买入均价偏高，投资差额损失加大，因此本院对此计算方法不予采纳。

一审法院是采用先进先出法和算术平均法相结合的计算方法来计算何某某在虚假陈述实施日后至揭露日之前买入的银河科技股票的买入平均价，即用先进先出方法将买入股票和卖出股票逐次剔除，得出可索赔数，再对有关买入股票进行算术平均，得出买入均价，然后计算出投资差额损失。即假设先购进的股票最先卖出，何某某在揭露日之后持股 5 013 股，其中的 2 013 股是北海银河公司在 2006 年 1 月 9 日以 1.6709 除权系数除权而得，经复权后股票数量为 3 000 股，以此推断何某某受到虚假陈述影响的股票是其在 2005 年 7 月 12 日以 3.16 元/股买入的 1 000 股、2005 年 8 月 5 日以 3.46 元/股买入的 1 000 股和 2005 年 8 月 5 日以 3.43 元/股买入的 1 000 股，因此计算买入平均价为（3.16 元/股＋3.46 元/股＋3.43 元/股）/3＝3.35 元/股。由于何某某在买入该 3 000 股股票后北海银河公司于 2006 年 1 月 9 日以 1.6709 除权系数进行股权分置改革，2006 年 1 月 11 日为虚假陈述揭露日，因此基准价是含权价，为和虚假陈述实施日后买入的 3 000 股保持平衡，应对揭露日后的卖出价和含权股票数量进行复权，故投资差额损失的计算公式为（买入均价 3.35 元/股－基准价 2.72 元/股×1.670 9）×5 013/1.670 9＝（3.35－4.54）×3 000，经计算，何某某没有损失。一审判决没有违反最高人民法院《关于审理证券市场因虚假陈述引发的民事赔偿案件的若干规定》中关于投资差额损失计算和复权的规定，本院依法予以维持。

由于目前对投资差额损失计算没有统一的计算方法，而先进先出法又建立在假定的基础上，争议较大。为准确、客观计算出何某某是否存在投资差额损失，本院采用移动加权平均法来计算何某某对银河科技的买入均价。移动加权平均法即每次买入证券后，以新买进的证券成本加上原来的持仓成本，除以本次买进的数量加上原有的持仓数。在移动加权平均法的计算过程中，卖出股票的成本以前一次计算所得买入平均价为计价依据，这样无论卖出数量如何变化，买入均价均不受影响。何某某买入股票的平均价具体计算如下：

日期	交易情况	价格 （元/股）	数量 （股）	金额 （元）
2004.4.10	买入	10.53	500	5 265
2004.4.16	买入	10.28	500	5 140
加权平均		10.41	1 000	10 405
2004.4.22	买入	10.32	1 000	10 320
加权平均		10.36	2 000	20 725
2004.4.29	买入	9.98	500	4 990
加权平均		10.29	2 500	25 715
2004.5.11	分红		375	
加权平均		8.94	2 875	25 715
2004.6.8	买入	4.39	1 000	4 390
加权平均		7.77	3 875	30 105
2004.6.14	卖出	4.62	−1 375	6 352.5（10 682.42）
小计		7.77	2 500	19 422.58
2004.6.16	买入	4.39	1 000	4 390
加权平均		6.8	3 500	23 812.58
2004.6.21	卖出	4.49	−1 000	4 490（6 800）
小计		6.8	2 500	17 012.58
2004.6.27	分红		500	
加权平均		5.67	3 000	17 012.58
2004.7.12	买入	3.2	2 000	6 400
加权平均		4.68	5 000	23 412.58
2004.7.12	买入	3.16	1 000	3 160
加权平均		4.43	6 000	26 572.58
2005.7.28	卖出	3.27	−3 000	9 810（13 286.29）
小计		4.43	3 000	13 286.29
2005.8.5	买入	3.45	1 000	3 450
加权平均		4.18	4 000	16 736.29
2005.8.5	买入	3.43	1 000	3 430
加权平均		4.03	5 000	20 166.29
2005.8.12	卖出	3.48	−2 000	6 960（8 066.52）
小计		4.03	3 000	12 099.77
2006.1.5	分红		1 140	

（续表）

日期	交易情况	价格 （元/股）	数量 （股）	金额 （元）
加权平均		2.92	4 140	12 099.77
2006.1.6	分红		873	
加权平均		2.41	5 013	12 099.77

　　经计算，何某某买入均价为 2.41 元/股，因此何某某的投资差额损失为（买入平均价 2.41 元/股－基准价 2.72 元/股）×5 013，何某某没有损失。因此北海银河公司不应承担民事赔偿责任。华寅会计所因此不承担连带责任。

　　综上，何某某上诉没有事实和法律依据，本院依法予以驳回，一审判决认定事实清楚，适用法律正确，本院依法予以维持。根据《中华人民共和国民事诉讼法》第一百五十三条第一款的规定，判决如下：

　　驳回上诉，维持原判。

　　上诉费 138 元（何某某已预交），由何某某负担。

　　本判决为终审判决。

审判长　鲍容琴
代理审判员　张国华
代理审判员　张　捷
二〇〇八年九月十七日
书记员　王有恒

（四十一）

ST 天颐虚假陈述民事赔偿案

主题词：ST 天颐　虚假陈述　侵权　赔偿

61. 杨建飞诉天颐科技股份有限公司、湖北立华有限责任会计师事务所诉讼案

湖北省武汉市中级人民法院

民事裁定书

（2003）武经初字第 46 号①

原告：杨建飞，女，汉族，住浙江省宁波市。

委托代理人：宋一欣，上海新望闻达律师事务所律师。

被告：天颐科技股份有限公司，住所地：湖北省荆州市沙市区高新科技开发区三湾路 1 号。

被告：湖北立华有限责任会计师事务所，住所地：湖北省武汉市武昌区中北路 66 号金穗大厦 B 座 11 楼。

本院在审理原告杨建飞诉被告天颐科技股份有限公司（以下简称天颐公司）、湖北立华有限责任会计师事务所（以下简称立华会计师事务所）虚假陈述证券赔偿纠纷一案中，原告杨建飞于 2003 年 2 月 12 日向本院提出撤诉申请。

本院认为，原告杨建飞自愿撤回对被告天颐公司、立华会计师

---

① 本司法裁判文书系上海新望闻达律师事务所宋一欣律师提供。

事务所的起诉，符合法律规定。依照《中华人民共和国民事诉讼法》第一百三十一条第一款的规定，裁定如下：

准许原告杨建飞撤回起诉。

本案案件受理费 2 881 元，减半收取 1 440.5 元，由原告杨建飞负担。

审判长　樊小娟

代理审判员　林　琳

代理审判员　苏志刚

二〇〇三年二月二十四日

书记员　林宏文

（四十二）

生态农业（原蓝田股份）虚假陈述民事赔偿案

主题词：生态农业　蓝田股份　虚假陈述　侵权　赔偿

62. 王某诉湖北江湖生态农业股份有限公司诉讼案

湖北省武汉市中级人民法院
民事判决书

（2008）武民商初字第 23 号①

原告：王某，男，汉族，住河北省石家庄市裕华区。

委托代理人：薛洪增，河北功成律师事务所律师。

委托代理人：霍继强，河北功成律师事务所律师。

被告：湖北江湖生态农业股份有限公司，住所地：洪湖市瞿家湾开发区唐城大道 18 号。

法定代表人：邹贤林，董事长。

原告王某与被告湖北江湖生态农业股份有限公司（以下简称生态农业公司）虚假陈述证券民事赔偿纠纷一案，本院受理后，依法组成合议庭，于 2008 年 4 月 28 日公开开庭进行了审理。原告王某的委托代理人薛洪增、霍继强到庭参加诉讼，被告生态农业公司经本院合法传唤无正当理由拒不到庭，本院依法缺席审理。本案现已审理终结。

---

① 本司法裁判文书系河北功成律师事务所薛洪增律师提供。

原告王某诉称：被告生态农业公司作为高成长的农业股自上市以来一直业绩良好，特别是在 1998 年以后在中央电视台上天天可以看到其广告，宣传其发展前景十分广阔，并且其年报收益相对于其他农业股也比较高。于是原告购买了生态农业公司的股票，谁知生态农业公司的利润是通过提高虚假财务报告的方式编造出来的，更为严重的是其提供虚假财务报告的行为导致其连续三年亏损，直至退市，同时也给原告造成了巨大的经济损失。原告的损失与生态农业公司进行虚假陈述之间有直接的因果关系，对该损失，生态农业公司应当予以赔偿。因生态农业公司对其法定代表人及其他高级管理人员因提供虚假财会报告罪被判处刑罚的结果没有在中国证监会指定的媒体上进行披露，作出终审判决的法院也没有在媒体上对该判决进行公告，直到 2006 年 8、9 月份《中国证券报》《上海证券报》等中国证监会指定的信息披露媒体在报道中提到了 2003 年年底生态农业公司高级管理人员因提供虚假财务报告罪被处罚的内容，原告才知晓了该结果，根据《民法通则》关于诉讼时效的规定，原告的诉讼请求仍在诉讼时效保护期限之内，并未超过诉讼时效。请求判令：

1. 生态农业公司赔偿原告经济损失人民币 10 345 元；

2. 本案诉讼费用由生态农业公司承担。

原告提交的证据有王某交易账户资料、交易记录、湖北省高级人民法院（2003）鄂刑终字第 220 号刑事判决书、2006 年 9 月 6 日《中国证券报》。

被告生态农业公司未应诉答辩。

本院对原告所提交证据的真实性予以认定。

经审理查明：生态农业公司原名称"湖北蓝田股份有限公司"，股票简称"蓝田股份"，股票代码为 600709。1999 年初至 2001 年 6 月间，该公司共制作虚假财会凭证 208 册，共计虚增收入 435 981 万元，利润 162 948 万元，并于 1999 年 8 月 11 日至 2001 年 8 月 20 日分别通过 1999、2000 年中报、年度报告及 2001 年中报向股东和社会公众发布。2001 年 11 月 26 日，湖北蓝田股份有限公司变更名称为"湖北江湖生态农业股份有限公司"。2002 年 1 月 23 日，因生态农业公司涉嫌提供虚假财会报告接受公安机关调查的信息向上海证券交易所报告，并在有关媒体上公告，"生态农业"股票于当日至 25 日连续三天跌停，股票市值减少 78 948.94 万元。2003 年 5 月 23 日，上海证券交易所根据有关规定决定生态农业公司股票终止上市。

原告王某于 2000 年 6 月 20 日至 2001 年 5 月 22 日期间陆续买进生态农业公司股票共计 800 股，成交均价 18.075 元，总金额 14 460 元，至 2003 年 5 月 23 日生态农业公司股票终止上市时仍未卖出。

2003 年 12 月 31 日，湖北省高级人民法院以（2003）鄂刑终字第 220 号判决书对保田、瞿兆玉、黎洪福、薛厚炎提供虚假财会报告罪一案作出终审判决。判决认定：1999 年初至 2001 年 6 月间，湖北蓝田股份有限公司制作虚假财会凭证虚增收入、利润。其中，1999 年中报经瞿兆玉签字；1999 年年报，2000 年中报、年报，2001 年中报经保田签字。这些财会报告均经上海证券交易所提供给股东和社会公众。瞿兆玉、保田及薛厚炎身为公司的主管和直接责任人员，采用弄虚作假的手段，夸大公司业绩，编制虚假的财会报告并向社会公布，严重损害了股东的利益，扰乱了证券市场的正常秩序，其行为均已构成提供虚假财会报告罪。判决对瞿兆玉、保田、薛厚炎提供虚假财会报告罪分别处以了相应的刑罚。

本院认为，被告生态农业公司自 1999 年 8 月 11 日至 2001 年 8 月 20 日期间，连续采用弄虚作假的手段，夸大公司业绩，编制虚假的财务报告并向社会公布，违反了公司信息披露的诚实义务，其行为已构成虚假陈述。依据最高人民法院《关于审理证券市场因虚假陈述引发的民事赔偿案件的若干规定》第十八条、第十九条的规定，投资人在虚假陈述实施日及以后，至揭露日或者更正日之前买入该证券，并在虚假陈述揭露或者更正日及以后，因卖出或者继续持有该证券而产生的亏损，应认定虚假陈述与损害结果之间存在因果关系，虚假陈述行为人应承担民事赔偿责任。本案生态农业公司虚假陈述行为的实施日应为 1999 年 8 月 11 日该公司发布 1999 年中报之日；虚假陈述的揭露日，本院认为虚假陈述行为的揭露应是对虚假陈述行为实质性的揭露，并且该揭露行为应当对投资市场产生直接的、明显的影响，根据湖北省高级人民法院［2003］鄂刑终字第220号判决书的认定，2002年1月23日生态农业公司涉嫌提供虚假财会报告接受公安机关调查的信息在有关媒体上公告，"生态农业"股票于当日至25日连续三天跌停，股票市值减少78 948.94万元，因此，该时间符合虚假陈述行为揭露日的条件，应认定2002年1月23日为本案虚假陈述行为的揭露日。原告王某买入生态农业公司股票在1999年中报公布后即虚假陈述行为实施日之后，且至虚假陈述揭露日后仍继续持有，故王某的亏损与生态农业公司的虚假陈述之间存在因果关系，生态农业公司应承担赔偿责任。根据最高人民法院《关于审理证券市场因虚假陈述引发的民事赔偿案件的若干规定》第三十条的规定，王某的损失应为：

（1）投资差额损失10 268元；

（2）投资差额损失部分的佣金和印花税77元；

（3）上述损失资金自股票买入日起至股票卖出日或基准日期间的银行活期存款利息，该部分损失王某并未向人民法院请求，故依法不予保护。

依照《中华人民共和国民事诉讼法》第一百三十条、最高人民法院《关于审理证券市场因虚假陈述引发的民事赔偿案件的若干规定》第二十一条第一款的规定，判决如下：

被告生态农业公司于本判决生效后十五日内赔偿原告王某经济损失10 345元。

如被告生态农业公司未按本判决指定的期间履行上述给付义务，应当依照《中华人民共和国民事诉讼法》第二百二十九条之规定，加倍支付迟延履行期间的债务利息。

本案案件受理费58.6元，由被告生态农业公司负担。

如不服本判决，可在判决书送达之日起十五日内，向本院递交上诉状，并按对方当事人的人数提交副本，上诉于湖北省高级人民法院。上诉人应在提交上诉状时，根据不服本判决的上诉请求数额及《诉讼费交纳办法》第十三条第一款的规定，预交上诉案件受理费，款汇开户银行：农行湖北省分行东湖支行，户名：湖北省财政厅预算外资金财政专户，账号：052101040×××××，清算行号：879078，上诉人在上诉期满后七日内仍未预交诉讼费用的，按自动撤回上诉处理。

审判长　李　兵

代理审判员　周　冰

代理审判员　林宏文

二〇〇八年六月十日

书记员　赵　琳

（四十三）
天一科技虚假陈述民事赔偿案（第一次）

主题词：天一科技　虚假陈述　侵权　赔偿

63. 周燕芬诉湖南天一科技股份有限公司诉讼案

湖南省长沙市中级人民法院
民事调解书

（2007）长中民三初字第 0488 号①

原告：周燕芬。

委托代理人：唐晓军。

被告：湖南天一科技股份有限公司。

委托代理人：殷进文、唐治。

原告周燕芬与被告湖南天一科技股份有限公司（以下简称天一公司）虚假证券信息纠纷一案，于 2007 年 10 月 9 日向本院提起诉讼。本院受理后，依法组成合议庭，于 2008 年 3 月 4 日公开开庭进行了审理。原告周燕芬及其委托代理人唐晓军，被告委托代理人殷进文、唐治到庭参加了诉讼。本案现已审理终结。

原告诉称：2000 年 5 月 29 日至 2004 年 5 月 21 日，原告购入被告股票共计 230 442.95 元，并于 2004 年 7 月 5 日至 2007 年 1 月 8 日卖出该股票收益及红利共计 108 855 元。原告累计在被告公司的股票上亏损 121 587.95 元。后原告得知被告因发布虚假证券信息被证监

会处罚。被告公开发布虚假证券信息，致使原告受蒙蔽，经济上遭受巨大损失。故恳请人民法院依法判令：

1. 被告赔偿原告经济损失 121 587.95 元；

2. 被告承担本案的诉讼费用。

被告辩称：原告的损失与被告的虚假陈述行为之间没有因果关系，被告的虚假陈述不是股价跌涨的原因。通过查询被告股价走势可以证实，被告的虚假陈述公布之后对股价的走势没有任何影响，被告股价的跌涨是其他因素造成的。虚假陈述的揭露日（更正日）应为 2005 年 1 月 19 日，被告首次在《中国证券报》上公开更正了部分虚假的陈述内容，根据相关司法解释的规定，首次公开披露的日期应认定为揭露日。人民法院应当依法驳回原告的诉讼请求。

本案审理过程中，经本院主持调解，双方自愿达成如下协议：

1. 被告湖南天一科技股份有限公司自愿一次性补偿原告周燕芬人民币 70 000 元整，此款由被告湖南天一科技股份有限公司在调解协议签订之后五个工作日内支付，该款支付到原告周燕芬指定的账号；

2. 双方当事人请求法院以调解协议制作民事调解书，在民事调解书中不写查明事实内容；

3. 其他无争议，本调解书生效后，原告周燕芬不再就本案主张任何权利；

4. 本案诉讼费 2 732 元，减半收取 1 366 元，原告自愿负担。上述协议符合有关法律规定，本院予以确认。

本调解书经双方当事人签收后，即具有法律效力。

审判长　廖　征

审判员　熊　萍

审判员　许运请

二○○九年三月十二日

书记员　游　彬

（四十四）
天一科技虚假陈述民事赔偿案（第二次）

主题词：天一科技　虚假陈述　侵权　赔偿

64. 张子庆诉湖南天一科技股份有限公司诉讼案

湖南省长沙市中级人民法院
民事调解书

（2012）长中民四初字第0016号①

原告：张子庆，男，汉族，住上海市。

委托代理人：宋一欣，上海新望闻达律师事务所律师。

委托代理人：袁啸，湖南全胜律师事务所律师。

被告：天一科技股份有限公司，住所地：湖南省平江县城关镇南街。

法定代表人：王海，该公司董事长。

委托代理人：刘龙辉，湖南银联律师事务所律师。

案由：证券虚假陈述赔偿纠纷。

原告张子庆诉被告天一科技股份有限公司证券虚假陈述赔偿纠纷一案，本院受理后，依法组成合议庭公开开庭进行了审理。原告张子庆委托代理人袁啸，被告天一科技股份有限公司委托代理人刘龙辉均到庭参加诉讼。本案现已审理终结。

原告张子庆诉称：天一科技股份有限公司因其虚假陈述给其造

---

① 本司法裁判文书系上海新望闻达律师事务所宋一欣律师提供。

成了损失，请求法院判令天一科技股份有限公司赔偿其 9 989.08 元，并由天一科技股份有限公司承担本案的诉讼费。

被告天一科技股份有限公司答辩称：

1. 张子庆实际损失因对揭露日的确定有误，故计算存在一定问题，双方算法有差异。

2. 天一科技股份有限公司对张子庆损失的赔偿应剔除系统性风险所造成的损失。

本案经本院主持调解，双方当事人自愿达成如下协议：

1. 由被告天一科技股份有限公司于 2012 年 5 月 10 日前一次性补偿原告张子庆 5 494 元。

2. 双方因本案证券虚假陈述赔偿产生的争议就此一次性解决，原告不得再向被告提出任何要求。

3. 双方一致同意由长沙市中级人民法院按照本调解协议制作民事调解书，在民事调解书中不写查明事实的内容。

4. 本案诉讼费 50 元，因调解减半收取 25 元，由原告负担 12.5 元，被告负担 12.5 元（该 12.5 元已由原告垫付，双方同意该款由被告支付给原告）。

5. 其他无争议。

以上协议，经双方当事人（或委托代理人）签字后即具有法律效力。

上述协议符合有关法律规定，本院予以确认。

审判长　卢　苇

审判员　唐珍枝

代理审判员　黄红萍

二〇一二年四月二十五日

书记员　邱丽丽

（四十五）
广汽长丰虚假陈述民事赔偿案

主题词：广汽长丰　虚假陈述　侵权　赔偿

65. 李某某诉广汽长丰汽车股份有限公司诉讼案

湖南省长沙市中级人民法院
民事调解书

（2011）长中民四初字第 0075 号①

原告：李某某，汉族。

委托代理人：刘国华，广东奔犇律师事务所律师。

被告：广汽长丰汽车股份有限公司，住所地：湖南省长沙经济技术开发区漓湘路 1 号。

法定代表人：张房有，该公司董事长。

委托代理人：何亚伟，湖南通程律师集团事务所律师。

委托代理人：王雄伟，男。

案由：证券虚假陈述赔偿纠纷。

原告李某某诉被告广汽长丰汽车股份有限公司证券虚假陈述赔偿纠纷一案，本院于 2010 年 1 月 10 日受理后，依法组成合议庭。于 2011 年 4 月 13 日公开开庭对本案进行了审理，原告的委托代理人刘国华及被告的委托代理人何亚伟、王雄伟到庭参加了诉讼。本案现已审理终结。

---

① 本司法裁判文书系广东奔犇律师事务所刘国华律师提供。

原告李某某诉称：广汽长丰汽车股份有限公司因其虚假陈述给李某某造成了损失，请求法院判令广汽长丰汽车股份有限公司赔偿李某某投资差额损失、投资差额损失部分的佣金和印花税损失及以上各项的利息损失，共计 184 729 元，并由广汽长丰汽车股份有限公司承担本案的诉讼费。

被告广汽长丰汽车股份有限公司答辩称：

1. 李某某实际损失的计算存在一定问题，双方算法有差异，应该由法院确定同一的计算方法进行计算。

2. 广汽长丰汽车股份有限公司对李某某损失的赔偿应剔除系统性风险所造成的损失。

本案经本院主持调解，双方当事人自愿达成如下协议：

1. 由被告广汽长丰汽车股份有限公司于 2011 年 5 月 15 日前一次性补偿原告李某某 100 055.54 元；该款支付至中国银行账户。

2. 双方因本案证券虚假陈述赔偿产生的争议就此一次性解决，原告不得再向被告提出任何要求。

3. 双方一致同意由长沙市中级人民法院按照本调解协议制作民事调解书，在民事调解书中不写查明事实的内容。

4. 本案诉讼费 3 995 元，因调解减半收取 1 997.5 元，原告负担998.75 元，被告负担 998.75 元（该 998.75 元已由原告垫付，双方同意由被告按本协议第一款约定的时间和账号支付给原告）。

其他无争执。

以上协议，经双方当事人（或委托代理人）签字后即具有法律效力。

上述协议符合有关法律规定，本院予以确认。

审判长　廖　征

审判员　卢　苇

审判员　盛知霜

二〇一一年五月三日

书记员　邱丽丽

（四十六）
红河光明虚假陈述民事赔偿案

主题词：红河光明　虚假陈述　侵权　赔偿

66. 北京德都投资顾问有限公司诉云南红河光明股份有限公司等诉讼案

云南省昆明市中级人民法院
民事裁定书

（2007）昆民四初字第 160 号①

原告：北京德都投资顾问有限公司，住所地：北京市宣武区。

法定代表人：杨桂林，董事长。

委托代理人（特别授权代理）：胡凤滨，北京市中高盛律师事务所律师。

委托代理人（特别授权代理）：张俊国，该公司职员。

被告：云南红河光明股份有限公司，住所地：云南省开远市西南路 120 号。

法定代表人：王劲松，董事长。

委托代理人（特别授权代理）：张迪，北京市尚公律师事务所昆明分所律师。

被告：张仕发。

被告：徐晖。

---

① 本司法裁判文书系上海新望闻达律师事务所宋一欣律师提供。

被告：许虹。

被告：张琳。

被告：苏乔宝。

被告：冯斌泽。

被告：王铨。

本院在审理原告北京德都投资顾问有限公司诉被告云南红河光明股份有限公司、张仕发、徐晖、许虹、张琳、苏乔宝、冯斌泽、王铨虚假证券信息纠纷一案中，经本院传票合法传唤，原告无正当理由拒不到庭应诉，依照《中华人民共和国民事诉讼法》第一百二十九条的规定，裁定如下：

本案按原告北京德都投资顾问有限公司撤诉处理。

案件受理费 50 元，减半收取，计 25 元，由原告北京德都投资顾问有限公司承担。

审判长　陈寒梅

代理审判员　李能熊

代理审判员　李鸿鸣

二〇〇八年二月四日

（四十七）
贵研铂业虚假陈述民事赔偿案

主题词：贵研铂业　虚假陈述　侵权　赔偿

67. 屠妙龙诉贵研铂业股份有限公司等上诉案

云南省高级人民法院
民事裁定书

（2011）云高民二终字第 21 号①

上诉人（原审原告）：屠妙龙。

被上诉人（原审被告）：贵研铂业股份有限公司。

法定代表人：汪云曙，该公司董事长。

上诉人屠妙龙因与被上诉人贵研铂业股份有限公司（以下简称贵研公司）证券虚假陈述赔偿纠纷一案，不服云南省昆明市中级人民法院（2010）昆民四初字第 132 号民事裁定，向本院提起上诉。本院于 2011 年 2 月 17 日受理后，依法组成合议庭审理了本案。本案现已审理终结。

原审认为，根据最高人民法院《关于审理证券市场因虚假陈述引发的民事赔偿案件的若干规定》第六条"投资人以自己受到虚假陈述侵害为由，依据有关机关的行政处罚决定或者人民法院的刑事裁判文书，对虚假陈述行为提起的民事赔偿诉讼，符合民事诉讼法第一百零八条规定的，人民法院应当受理。投资人提起虚假陈述证

---

① 本司法裁判文书系上海新望闻达律师事务所宋一欣律师提供。

券民事赔偿诉讼，除提交行政处罚决定或者公告，或者人民法院的刑事裁判文书以外，还需提交以下证据……"之规定，人民法院作为民事案件受理的证券虚假陈述赔偿纠纷案件，须以满足此类案件的前置程序为条件。即对于证券虚假陈述行为，须以经过证券监督管理行政机关的行政处罚或者人民法院的刑事裁判为前提，当事人提起证券虚假陈述赔偿诉讼时，必须提交行政处罚决定或者公告，或者提交人民法院的刑事裁判文书，不提交上述材料，则不符合人民法院受理此类民事诉讼的受理条件。本案中，屠妙龙在提起诉讼时，并未提交贵研公司因证券虚假陈述行为被有关机关进行行政处罚的决定或者公告，也没有提交人民法院的刑事裁判文书，因此，屠妙龙以贵研公司为被告提起证券虚假陈述赔偿的诉讼不符合此类案件的受理条件，故对屠妙龙的起诉依法应予驳回。屠妙龙主张案外人章卫明就贵研公司的虚假陈述行为曾向中国证券监督管理委员会（以下简称证监会）反映，证监会于2009年2月27日函复称其已对贵研公司的虚假陈述行为进行过处罚。原审经审查认为，该函件仅为证监会对反映问题的答复，并未记载对贵研公司进行过行政处罚以及行政处罚的内容，屠妙龙对该函件理解错误，其主张依法不能成立。原审据此裁定：驳回屠妙龙的起诉。已收取的案件受理费人民币3 507元（本裁定书所涉货币币种均为人民币，以下不再专门指明）退还屠妙龙。

原审裁定后，屠妙龙不服，向本院提起上诉，请求撤销原审裁定，依法进行审理并判决被上诉人贵研公司赔偿屠妙龙股票实际损失及精神损失共80 159.03元。其上诉理由为：上诉人屠妙龙与贵研公司的纠纷发生于2008年，应当适用2006年1月1日起施行的《中华人民共和国证券法》第六十九条之规定作出裁判。原审不适用《中华人民共和国证券法》的规定而以2003年2月1日方开始执行的最高人民法院《关于审理证券市场因虚假陈述引发的民事赔偿案件的若干规定》第六条作为裁定依据，无视《中华人民共和国证券法》修订时间在后且效力等级高于最高人民法院司法解释的事实，属于适用法律错误，从而导致错误裁定。

被上诉人贵研公司未作答辩。

本院经审理认为，从《中华人民共和国证券法》第六十九条"发行人、上市公司公告的招股说明书、公司债券募集办法、财务会计报告、上市报告文件、年度报告、中期报告、临时报告以及其他信息披露资料，有虚假记载、误导性陈述或者重大遗漏，致使投资者在证券交易中遭受损失的，发行人、上市公司应当承担赔偿责任；发行人、上市公司的董事、监事、高级管理人员和其他直接责任人员以及保荐人、承销的证券公司，应当与发行人、上市公司承担连带赔偿责任，但是能够证明自己没有过错的除外；发行人、上市公司的控股股东、实际控制人有过错的，应当与发行人、上市公司承担连带赔偿责任"的规定内容看，其界定的是发行人、上市公司违反信息披露义务所应承担的法律责任，属于实体法律范畴，即案件进入实体审理后确定责任如何承担时方可适用的法律规定。而本案还没有进入实体审理，尚在受理与否的程序审查阶段，此时仅能根据是否符合受理条件的相关法律规定进行审查，不能适用《中华人民共和国证券法》等实体法律规定进行规范。最高人民法院《关于审理证券市场因虚假陈述引发的民事赔偿案件的若干规定》第六条规定的就是证券虚假陈述赔偿纠纷的受理条件，原审适用该规定作为判断案件能否受理的依据并无不当，屠妙龙主张原审适用法律错误的理由不能成立，本院依法不予支持。该规定系最高人民法院为此类案件专门设立的前置程序，要求对虚假陈述行为人提起的民事赔偿诉讼，除了符合《民事诉讼法》第一百零八条规定的条件外，还必须提交行政处罚决定、公告或者人民法院相关刑事裁判文书，方予受理。在此之前，最高人民法院《关于受理证券市场因虚假陈述引发的民事侵权纠纷案件有关问题的通知》第二条"人民法院受理的虚假陈述民事赔偿案件，其虚假陈述行为，须经中国证券监督管理委员会及其派出机构调查并作出生效处罚决定。当事人依据查处结果作为提起民事诉讼事实依据的，人民法院方予依法受理"之规定，也就此进行了明确。本案中，屠妙龙既不能提交贵研公司因证券虚假陈述行为被有关机关行政处罚的决定或公告，也不能提交人民法院相关刑事裁判文书，依法不符合案件受理条件，原审裁定不予受理此案并无不当。

综上所述，上诉人屠妙龙的上诉理由均不能成立。依照《中华人民共和国民事诉讼法》第一百五十四条之规定，裁定如下：

驳回上诉，维持原裁定。

本裁定为终审裁定。

审判长　师　清

审判员　张　宇

代理审判员　王　超

二〇一一年三月三日

书记员　吴丽萍

（四十八）

红光实业虚假陈述民事赔偿案

主题词：红光实业　虚假陈述　侵权　赔偿

68. 邵某诉国泰君安证券股份有限公司、成都福地科技股份有限公司诉讼案

四川省成都市中级人民法院

民事调解书

（2002）成民初字第 871 号^①

原告：邵某，男，汉族，住上海市。

委托代理人：严义明，上海市锦天城律师事务所律师。

委托代理人：张战民，上海市锦天城律师事务所律师。

被告：国泰君安证券股份有限公司，住所地：上海市浦东新区商城路 618 号。

法定代表人：金建栋，该公司董事长。

委托代理人：王琤，该公司法律事务总部工作人员。

委托代理人：陈钢，该公司法律事务总部工作人员。

被告：成都福地科技股份有限公司，住所地：成都市科华北路 58 号亚太广场 5 楼。

法定代表人：刘国真，该公司董事长兼总经理。

委托代理人：相里麒，该公司证券事务代表。

---

① 本司法裁判文书系投资者邵永德先生提供。

委托代理人：孙国林，北京市泰德律师事务所律师。

案由：虚假证券信息纠纷。

1998 年 10 月 26 日，中国证券监督管理委员会作出了证监查字〔1998〕75 号《关于成都红光实业股份有限公司违反证券法规行为的处罚决定》。同日，中国证券监督管理委员会又作出了证监查字〔1998〕77 号《关于国泰证券有限公司、成都证券公司违反证券法规行为的处罚决定》。邵某于 2002 年 3 月诉至上海市第一中级人民法院，要求被告国泰君安证券股份有限公司赔偿其损失 10 775.1 元。后上海市第一中级人民法院追加成都福地科技股份有限公司为本案共同被告，并将该案移送本院审理。

本案在审理过程，经本院主持调解，双方当事人自愿达成如下协议：

1. 原告邵某放弃其诉讼请求 10 775.1 元的 10％（即 1 077.51 元）。

2. 被告国泰君安证券股份有限公司于本调解书生效之日起十五日内，向邵某支付 1 077.51 元。

3. 被告成都福地科技股份有限公司于本调解书生效之日起十五日内，向邵某支付 8 620.08 元。

4. 本案案件受理费 441 元，由原告邵某承担 44.1 元，由被告国泰君安证券股份有限公司承担 44.1 元，由被告成都福地科技股份有限公司承担 352.8 元（本案案件受理费由邵某预交，执行时一并结清）。

上述协议，符合有关法律规定，本院予以确认。

本调解书经双方当事人签收后，即具有法律效力。

审判长　王　强

审判员　何开元

代理审判员　周　文

二○○二年十一月二十五日

书记员　王薇娜

（四十九）
重庆实业虚假陈述民事赔偿案

主题词：重庆实业　虚假陈述　侵权　赔偿

69. 王全胜诉重庆国际实业投资股份有限公司上诉案

重庆市高级人民法院
民事判决书

（2008）渝高法民终字第 208 号[①]

上诉人（原审原告）：王全胜，男，汉族，住新疆维吾尔自治区乌鲁木齐市。

委托代理人：杨大福，北京市金诚同达律师事务所四川分所律师。

委托代理人：肖红波，湖南海天律师事务所律师。

被上诉人（原审被告）：重庆国际实业投资股份有限公司，住所地：重庆市渝北区紫荆路 4 号佳华世纪新城 D 区 6 栋。

法定代表人：顾玫，董事长。

委托代理人：徐来庆，重庆维祯律师事务所律师。

委托代理人：苟婷，重庆维祯律师事务所律师。

王全胜与重庆国际实业投资股份有限公司（以下简称重庆实业）证券虚假陈述赔偿纠纷一案，前由重庆市第一中级人民法院（以下简称一中院）于 2008 年 7 月 22 日作出（2008）渝一中法民初字第

---

footnote
①　本司法裁判文书系上海新望闻达律师事务所宋一欣律师提供。

46 号民事判决。宣判后，王全胜不服，向本院提起上诉。本院依法组成合议庭，于 2008 年 11 月 4 日公开开庭审理了本案。王全胜的委托代理人杨大福、肖红波，重庆实业的委托代理人徐来庆、苟婷到庭参加诉讼。本案现已审理终结。

一审查明：2005 年 12 月 7 日，中国证券监督管理委员会（以下简称证监会）作出证监罚字（2005）39 号行政处罚决定书，认定重庆实业存在如下违法行为：

1. 重庆实业在 2000 年公开披露的配股说明书（该配股说明书公开披露的时间为 2000 年 10 月 23 日）中披露虚假信息。

（1）在 1999 年度财务报告（该报告公开披露时间为 2000 年 4 月 4 日）中披露的净利润为 2 107.68 万元，虚增 1 432.21 万元，占当年年报披露净利润的 67.94%；

（2）在配股说明书所附 2000 年度中期报告中披露的净利润为 427.18 万元，实际虚增净利润 356.36 万元，占当期中报披露净利润的 83.42%。

2. 在 2000 年、2001 年、2002 年和 2003 年年度报告中所披露的信息有虚假记载和重大遗漏。

（1）披露虚假财务信息；

（2）未依法披露德隆与重庆实业之间的控制性关联关系；

（3）未依法披露对外担保情况，也没有对实际发生的担保行为及时作出临时公告；

（4）未依法披露与德隆之间的关联交易行为。

证监会认为重庆实业的上述行为违反了《中华人民共和国证券法》（以下简称《证券法》）第六十一条和第六十二条的规定，构成《证券法》第一百七十七条所述的行为，并据此决定：

1. 责令重庆实业改正违法行为，并处以 50 万元罚款；

2. 对直接负责的主管人员副董事长兼总经理罗敏给予警告，并处以 25 万元罚款；

3. 对直接负责的主管人员原董事长富庶给予警告，并处以 20 万元罚款；

4. 对其他直接责任人员吕俊、何霖、张鹏、虞留海、盛学军分别给予警告，并各处以 10 万元罚款；

5. 对其他直接责任人员独立董事周新长给予警告，并处以 5 万元罚款；对独立董事王东、孟凡萍和董事会秘书徐明华分别给予警告，并处以 3 万元罚款；

6. 对独立董事郭维平给予警告。

2005 年 12 月 29 日，证监会向重庆实业送达了该行政处罚决定书。次日，重庆实业在《中国证券报》上发布公告，将该行政处罚决定书的全文进行了公告。2006 年 2 月 15 日，证监会亦在其网站（网址：Http：//www. csrc. gov. cn）上对该行政处罚决定书进行了公告。

另查明，2000 年 4 月 26 日至 2004 年 11 月 24 日，王全胜在深圳证券交易所 5135××××证券账户，合计买入重庆实业股票 1 040 股，卖出 1 040 股，截至 2008 年 2 月 1 日，该证券账户已无重庆实业股票。2008 年 2 月 1 日王全胜向一中院提起诉讼，要求重庆实业赔偿其投资损失共计 11 825 元，并承担案件诉讼费用。重庆实业答辩称，王全胜应于 2005 年 12 月 30 日即知道或应当知道重庆实业虚假陈述行为及被证监会处罚事实，至王全胜 2008 年 2 月 1 日起诉时，已超过诉讼时效期间。

原审法院认为，证监会作出的证监罚字（2005）39 号行政处罚决定书，已经认定重庆实业存在虚假陈述行为并对之进行了处罚，且该行政处罚决定书已经发生法律效力，故重庆实业存在虚假陈述行为的事实可以依法予以确认。而因其虚假陈述行为给投资者造成的损失，重庆实业依法应当承担赔偿责任。但权利人请求人民法院保护其权利，应当在法定的诉讼时效期间内。《中华人民共和国民法通则》（以下简称《民法通则》）第一百三十五条规定："向人民法院请求保护民事权利的诉讼时效期间为二年，法律另有规定的除外。"第一百三十七条规定，"诉讼时效期间从知道或者应当知道权利被侵害时起计算"。故王全胜应当在其知道或应当知道其合法权利被重庆实业的虚假陈述行为损害之日起两年内，向人民法院请求保护。本案存在一个特殊的事实，即在证监会公布该处罚决定之前，重庆实业就已于 2005 年 12 月 30 日在全国发行的《中国证券报》上将该处罚决定书全文进行了公告，此时包括王全胜在内的社会公众，特别是证券投资者，就应当知道重庆实业因虚假陈述被处罚的事实。故本案的诉讼时效期间应从 2005 年 12 月 30 日起计算两年，至 2007 年 12 月 30 日止。而本案中，王全胜于 2008 年 2 月 1 日才向原审法院起诉，已超过两年的诉讼时效期间，其权利已不能再受到法律保护。重庆实业关于王全胜的起诉已过诉讼时效，其请求应当驳回的辩解理由成立。根据《中华人民共和国民事诉讼法》第一百二十八条，《中华人民共和国民法通则》第一百三十五条、第一百三十七条之规定，判决如下：

驳回原告王全胜的诉讼请求。

本案案件受理费 96 元，由原告王全胜负担 9.6 元，被告重庆国际实业投资股份有限公司负担 86.4 元。

原审法院判决后，王全胜不服，向本院提起上诉。请求依法撤销（2008）渝一中法民初字第 46 号民事判决，依法改判或发回一中院重新审理，本案一切诉讼费由重庆实业承担。其理由为：

1. 一审法院判决无视证券市场虚假陈述民事赔偿案件的实际情况，错误适用《民法通则》关于诉讼时效的规定。最高人民法院《关于审理证券市场因虚假陈述引发的民事赔偿案件的若干规定》（以下简称《若干规定》）第五条明确规定投资人对虚假陈述行为人提起民事赔偿的诉讼时效期间，这一司法解释应受到遵守和执行；一审法院判决以"本案存在一个特殊的事实"为由，将重庆实业董事会发布"关于受到中国证监会行政处罚"的时间作为诉讼时效起算点，没有任何法律依据，不仅不符合广大投资者真实主观心理，也会导致投资者权益无法得到保障，违背了民商法保护弱者的立法宗旨和精神，侵害了上诉人的合法权益。

2. 重庆实业虚假陈述实施日应认定为 2000 年 4 月 4 日。其一，证监会（2005）39 号行政处罚决定书查明认定的第（一）条违法行为第一款载明："经查，1999 年重庆实业虚增净利润 1 432.21 万元，占当年年报披露净利润的 67.94％。"结合我方提供的证据《1999 年年度报告摘要》可证实，重庆实业在 2000 年 4 月 4 日公布的 1999 年度报告中未对上述重大事件披露，重庆实业在公布 1999 年年报之日已作出或者发生了虚假陈述。

3. 虚假陈述揭露日应认定为 2003 年 10 月 17 日。该日，《南方都市报》以"德隆幕后掌控重庆实业"一文揭露德隆与重庆实业之间控制性关联关系。这一揭露符合"揭露日"应具备的真实性、公开传播性、时间性上的首次性等特征。2004 年 6 月 9 日的《重庆实业 2003 年年度报告补充公告》不能作为认定"揭露日"的时间标准。

4. 上诉人的损失与重庆实业的虚假陈述存在法定和事实上的因果关系，重庆实业应对其造成的实际损失承担赔偿责任。

被上诉人重庆实业答辩称：

1. 上诉人的起诉已超过法律规定的诉讼时效，其权利不受法律保护，2005 年 12 月 30 日重庆实业在《中国证券报》及《证券日报》上发布公告，将证监会（2005）39 号处罚决定书予以公告。上诉人应自该日起就知道或应当知道重庆实业的相关虚假陈述行为及证监会的处罚决定。

2. 重庆实业虚假陈述揭露日应以 2004 年 6 月 9 日重庆实业发布《重庆实业 2003 年年度报告补充公告》为准，《南方都市报》"德隆幕后掌控重庆实业"一文只反映了重庆实业与德隆的合作关系。

3. 上诉人请求重庆实业赔偿虚假陈述实施日之前购入股票的损失没有依据。

二审中，双方当事人未向本院举示新证据。双方当事人对一审法院查明事实并无异议。本院对一审查明事实予以确认。

本院认为，本案争议焦点为诉讼时效是否已经经过。

本院认为，本案已经过诉讼时效。《民法通则》第一百三十五条规定："向人民法院请求保护民事权利的诉讼时效期间为二年，法律另有规定的除外。"第一百三十七条规定，"诉讼时效期间从知道或者应当知道权利被侵害时起计算"。最高人民法院《关于审理证券市场因虚假陈述引发的民事赔偿案件的若干规定》第五条对诉讼时效起算点列举了三种情形，但其是适用法律的司法解释，当依照《民法通则》已能明确诉讼时效起算点的，就应依照《民法通则》的规定。同时，我国证券法相关规定明确上市公司应当及时披露所有对上市公司股票价格可能产生重大影响的信息，而《中国证券报》《证券日报》又是中国证监会指定的上市公司信息刊登报刊。证监会于2005年12月7日作出证监罚字（2005）39号行政处罚决定书。同月30日重庆实业在《中国证券报》及《证券日报》上将证监会（2005）39号处罚决定书全文予以公告。无论上市公司自行在《中国证券报》还是证监会在其网站上公告行政处罚决定书，均应推定投资人自公告之日起即知道或应当知道重庆实业的相关虚假陈述行为及证监会的处罚决定。本案诉讼时效应从2005年12月31日起算，王全胜于2008年2月1日向法院提起诉讼，已经经过两年的诉讼时效期间。王全胜的上诉理由不能成立。原审判决并无不当，应予维持。本案经本院审判委员会研究决定，根据《中华人民共和国民事诉讼法》第一百五十三第一款第（一）项之规定，判决如下：

驳回上诉，维持原判。

二审案件受理费96元，由王全胜负担。

本判决为终审判决。

审判长　涂　华

审判员　何正兰

审判员　刘玉妹

代理审判员　朱鸿春

代理审判员　张小波

二○○九年八月十三日

书记员　苏秋丹

（五十）
长运股份虚假陈述民事赔偿案

主题词：长运股份　虚假陈述　侵权　赔偿

70. 邹桂英诉重庆长江水运股份有限公司等诉讼案

重庆市第五中级人民法院
民事判决书

（2006）渝五中民初字第 37 号①

原告：邹桂英，女，汉族，下岗工人，住江西省赣州市。

委托代理人：郭起洪，男，下岗职工，住江西省赣州市。

委托代理人：宋一欣，上海新望闻达律师事务所律师。

被告：重庆长江水运股份有限公司，住所地：重庆市渝中区陕西路1号。

法定代表人：许少才，董事长。

委托代理人：李清忠，男，汉族，该公司员工，住重庆市。

被告：许少才，男，汉族，重庆长江水运股份有限公司董事长，住北京市。

被告：肖宗华，男，重庆市涪陵区国有资产经营公司副总经理，住重庆市。

被告：李元发，男，重庆长江水运股份有限公司副总经理，住重庆市。

---

① 本司法裁判文书系上海新望闻达律师事务所宋一欣律师提供。

被告：饶正力，女，重庆长江水运股份有限公司副总经理兼董事会秘书，住重庆市。

被告：刘平，女，重庆长江水运股份有限公司副总经理兼总会计师，住重庆市。

以上六被告共同的委托代理人许昆，北京盛安达律师事务所律师。

原告邹桂英与被告重庆长江水运股份有限公司（以下简称长运公司）、许少才、肖宗华、李元发、饶正力、刘平等证券虚假陈述损害赔偿纠纷一案，原由重庆市第一中级人民法院受理。起诉时，邹桂英曾将李立、刘龙铸、曹明贵三人作为共同被告，但其随后撤回对此三名被告的起诉，原重庆市第一中级人民法院已当庭口头裁定准许撤诉。因原重庆市第一中级人民法院经批准分设为重庆市第一中级人民法院和本院，本案由重庆市高级人民法院指定本院审理。本院于 2006 年 8 月 10 日立案受理后，依法组成合议庭于 2006 年 10 月 25 日公开开庭进行了审理。原告邹桂英的委托代理人宋一欣和六被告的委托代理人许昆均到庭参加了诉讼。本案现已审理终结。

原告邹桂英诉称：从 2003 年 1 月 15 日开始，原告邹桂英在华夏证券赣州营业部分 8 次以每股约 9 元的价格买入被告长运公司发行的股票（股票简称为 ST 长运）43 000 股。2004 年初，原告邹桂英才得知被告长运公司在股票发行上市过程中虚构收益、虚假陈述而被中国证券监督管理委员会（以下简称证监会）处罚。此事曝光后，股票价格一路下跌。原告邹桂英为减少损失，分几次以每股平均价格约 4 元的价格卖出股票。现该股票已跌至每股 1 元多，面临退市风险，原告因此蒙受经济损失 20 万余元，遂起诉请求：判令六被告赔偿其经济损失 23 万元并承担本案诉讼费用和差旅费。在庭审中，原告邹桂英先变更其诉讼请求为：

1. 判令六被告赔偿其经济损失 140 357.60 元（其中投资差额 137 065.50 元、印花税 1 150.89 元、契税 746.95 元、利息 1 375.91 元——按年利率 0.99％计算一年）；

2. 由六被告承担本案的诉讼费用及差旅费。

在听取六被告关于差旅费没有证据支持的答辩意见后，原告邹桂英又放弃了关于差旅费的诉讼请求。

　　六被告共同答辩称：长运公司在《2001 年中期报告》（以下简称《2001 年中报》）和《2001 年年度报告》（以下简称《2001 年年报》）中对虚假陈述进行了更正，原告邹桂英在长运公司自行更正虚假陈述之后才购入 ST 长运，属于在虚假陈述更正日后购入股票的情形，其投资损失与长运公司的虚假陈述行为之间没有因果关系。长运公司发布受到证监会处罚的公告后，ST 长运不跌反升，而在邹桂英持有股票期间，市场上多数股票价格下跌，可见，邹桂英的投资损失由系统风险造成；而且，在邹桂英持股期间，长江航运萎缩，致使被告长运公司的收入和利润减少，使得股票价格走低。邹桂英还写信给长运公司，自称购买 ST 长运是因为"长江三峡大坝蓄水成功，将给长江的水运、物流带来无限的商机"，可见其购买 ST 长运是出于对未来长江水运趋势的主观预测，并非长运公司的虚假陈述行为所诱使。故应驳回原告邹桂英的诉讼请求。

　　经审理，当事人各方对下述事实无争议，本院予以确认：

　　1. 原告邹桂英交易 ST 长运的情况。在 2003 年 1 月 15 日至 2004 年 7 月 27 日期间，原告邹桂英多次在华夏证券股份有限公司赣州营业部买入和卖出长运公司所发行的股票 ST 长运（在上海证券交易所上市交易，证券代码为 600369）。交易详情见下表：

交易日期	交易类别	成交价格（元）	成交数量（股）	成交金额（元）	佣金（元）	印花税（元）
2003 年 1 月 15 日	买入	8.980	8 800	79 024.00	237.07	158.05
2003 年 1 月 15 日	买入	8.970	12 800	114 816.00	344.45	229.63
2003 年 1 月 15 日	买入	8.970	20 100	180 297.00	540.89	360.59
2003 年 1 月 17 日	买入	8.860	300	2 658.00	7.97	5.32
2003 年 1 月 17 日	买入	8.900	300	2 670.00	8.01	5.34
2003 年 10 月 29 日	买入	5.080	100	508.00	5.00	1.02

（续表）

交易日期	交易类别	成交价格（元）	成交数量（股）	成交金额（元）	佣金（元）	印花税（元）
2003 年 11 月 6 日	卖出	4.630	800	3 704.00	11.11	7.41
2003 年 11 月 21 日	买入	5.000	500	2 500.00	7.50	5.00
2004 年 3 月 9 日	买入	5.550	100	555.00	5.00	1.11
2004 年 7 月 9 日	卖出	4.751	11 200	53 212.00	159.64	106.42
2004 年 7 月 26 日	卖出	4.010	210	842.10	5.00	1.68
2004 年 7 月 26 日	卖出	4.000	21 000	84 002.90	252.01	168.01
2004 年 7 月 26 日	卖出	4.000	8 400	33 600.00	100.80	67.20
2004 年 7 月 27 日	卖出	4.020	1 390	5 587.80	16.76	11.18

2. 证监会对长运公司及许少才等人予以行政处罚的事实。2003年 12 月 26 日，证监会作出证监罚字（2003）28 号《行政处罚决定书》，因长运公司在上市过程中的虚假陈述行为，对长运公司及李立、刘平、饶正力、李光炳、许少才、刘隆铸、曹明桂、肖宗华、李元发等人予以行政处罚。经证监会调查核实，长运公司存在如下违法行为：

（1）虚构收回应收账款 56 612 344.56 元，从而虚增银行存款。其中虚构 1996 年收回 14 954 782.07 元；虚构 1997 年收回 18 308 423.15元；虚构 1999 年收回 10 184 439 元；虚构 2000 年收回 13 164 700.34 元，共计虚构收回 56 612 344.56 元。以上违法行为主要通过以虚假的银行进账单、信汇凭证入账的手段进行。

（2）虚构委托贷款 4 620 万元及利息 700 万元。1998 年至 1999年，长运公司虚构与四川省信托投资公司涪陵办事处（以下简称川信涪陵办事处）委托贷款 4 620 万元，并虚构由川信涪陵办事处贷款给安和房地产开发有限公司，通过虚假银行进账单虚构 1998 年委贷利息 525 万元和 1999 年委贷利息 175 万元，并用虚假银行进账单虚构收回 4 620 万元。所形成的虚构的委贷利息 700 万元分别冲减 1998年财务费用 525 万元和 1999 年财务费用 175 万元，从而使 1998 年和1999 年利润虚增 525 万元和 175 万元。

（3）虚增资产 10 664 008.99 元。长运公司招股说明书披露 1994年暂不分配，1995 年度每 10 股派现金 1.5 元，两年共计分红 990 万元。但长运公司 1994 年实际分红 8 412 006.67 元，1995 年实际分红12 152 002.32 元，两年实际分红总额为 20 564 008.99 元，与披露数差异 10 664 008.99 元，致使虚增资产 10 664 008.99 元。

（4）虚构收回其他应收款 3 600 万元。长运公司 1999 年 1 月以虚构银行进账单虚构收回涪陵国有资产经营有限公司为重庆市涪陵长天康利实业有限公司代付其他应收款 2 000 万元；长运公司 2000年 12 月以虚构的银行进账单虚构收回对重庆北部仓储加工基地建设有限公司应收账款 1 600 万元。

（5）虚构收到出资 14 454 006 元，从而虚增银行存款。1995 年长运公司根据四川川府发〔1995〕146 号文件调减涪陵市国有资产管理局（以下简称涪陵国资局）对长运公司出资的高估的固定资产、无形资产、材料成本差异合计 14 454 006 元，同时增记"其他应收款—国资局"，拟由涪陵国资局补足该部分出资。1995 年 10 月至 12 月，在涪陵国资局未实际补足该部分出资的情况下，长运公司以虚假的银行进账单，虚构收到涪陵国资局的出资款，虚增银行存款 14 454 006 元。

（6）虚构收回长期投资款 2 341.5 万元。长运公司招股说明书披露，分别于 1998 年 3 月 15 日、1998 年 3 月 25 日、1999 年 2 月 27日与广西北海现代租赁有限公司签订出资转让协议，转让所持有的重庆涪陵钢陵旅游轮船有限公司、宜昌恒川轮船公司、重庆涪陵天信轮船有限公司股权。与川东电力公司签订协议转让所持有的四川信托投资公司涪陵办事处的股权，转让金额分别为 856.5 万元、925万元、360 万元和 200 万元，合计 2 341.5 万元，并在招股说明书中称合同已经履行完毕。经查，长运公司系通过虚假的银行进账单虚构收回上述股权转让款。

(7) 虚构股权投资 4 610 万元。长运公司在招股说明书中披露，持有重庆北部仓储加工基地建设有限公司（以下简称，北部仓储）47％股权，长运公司财务资料反映 1998 年 12 月 28 日将银行存款 4 610 万元划入银行专户用于投资设立北部仓储。经查，长运公司 1998 年 12 月 28 日并未划出该笔资金，长运公司系根据虚假的银行汇票做账。1999 年 11 月 5 日长运公司向北部仓储打入 4 610 万元用于北部仓储的验资，验资后即将此款抽离。证监会认为，当事人长运公司原董事长李立，董事李光炳、许少才、刘龙铸、曹明贵、肖宗华、李元发均在招股说明书上签字，须依法确保招股说明书内容真实、准确、完整，不得有虚假记载、误导性陈述或者重大遗漏，其对长运公司的上述违法行为负有责任；长运公司总会计师刘平直接参与了制作虚假财务资料的活动，董事会秘书饶正力参与了招股说明书等材料的制作，对长运公司的上述违法行为也负有责任；长运公司的上述行为违反了《中华人民共和国证券法》（以下简称《证券法》）第十三条和第五十九条的规定，构成了《证券法》第一百七十七条第一款"依照本法规定，经核准上市交易的证券，其发行人未按照有关规定披露信息，或者所披露的信息有虚假记载、误导性陈述或者重大遗漏的"情形；长运公司原董事长李立属于《证券法》第一百七十七条规定的直接负责的主管人员；长运公司原总经理李光炳、总会计师刘平、董事会秘书饶正力及在招股说明书上签字的其他长运公司董事许少才、刘龙铸、曹明贵、肖宗华、李元发等八人属于《证券法》第一百七十七条规定的其他直接责任人员。证监会根据《证券法》第一百七十七条的规定，作出如下处罚决定：①责令长运公司改正虚假陈述行为，罚款 60 万元；②对长运公司原董事长李立处以警告并处罚款 30 万元；③对长运公司总会计师刘平处以警告并处罚款 10 万元；④对长运公司董事会秘书饶正力、其他在招股说明书上签字的董事李光炳、许少才、刘龙铸、曹明贵、肖宗华、李元发分别处以警告，并各处罚款 3 万元。

此《行政处罚决定书》于 2004 年 1 月 7 日送达给长运公司。受处罚人均未提起行政复议或行政诉讼。

3. 证监会行政处罚的公布日期。2004 年 1 月 10 日，长运公司在《中国证券报》和《上海证券报》上，发布了受到证监会上述行政处罚的公告，同时声明："对于受处罚所涉事项，（长运公司）已在 2001 年上半年对上市前虚构事项按规定进行了妥善处理和解决，并进行了相应的重大会计差错更正和追溯调整，消除了隐患，没有对本公司（即长运公司）上市后的财务状况造成不利影响。"

4. 发布受行政处罚公告前后（2004 年 1 月 9 日至 2004 年 4 月 2 日），ST 长运的收盘价、交易量及当时可流通部分的股票数。

2004 年 1 月 9 日至 2004 年 4 月 2 日期间，ST 长运的流通股数量为 7 255.75 万股，其中含在禁售期内的高管股 82 130 股，实际可以上市流通的股票数量为 72 549 287 股。该期间内，ST 长运的收盘价和交易量见下表：

日　期	涨跌幅	收盘价（元）	成交量（手）
2004 年 1 月 9 日	−0.81%	4.88	9 019
2004 年 1 月 12 日	−1.02%	4.83	16 452
2004 年 1 月 13 日	+1.45%	4.9	12 527
2004 年 1 月 14 日	+1.84%	4.99	10 966
2004 年 1 月 15 日	−2.02%	4.88	7 513
2004 年 1 月 16 日	0.00%	4.88	8 820
2004 年 1 月 29 日	+3.48%	5.05	8 848
2004 年 1 月 30 日	+1.78%	5.14	15 927
2004 年 2 月 2 日	+4.47%	5.37	18 732
2004 年 2 月 3 日	+1.30%	5.44	14 505
2004 年 2 月 4 日	+2.94%	5.6	21 104
2004 年 2 月 5 日	+3.57%	5.8	22 621
2004 年 2 月 6 日	−4.48%	5.54	20 870
2004 年 2 月 9 日	+1.62%	5.63	12 996
2004 年 2 月 10 日	+2.31%	5.76	18 659
2004 年 2 月 11 日	+3.99%	5.99	33 663
2004 年 2 月 12 日	+0.83%	6.04	17 220
2004 年 2 月 13 日	−4.14%	5.79	17 545
2004 年 2 月 16 日	+2.07%	5.91	12 588
2004 年 2 月 17 日	+1.52%	6	15 905

（续表）

日期	涨跌幅	收盘价（元）	成交量（手）
2004 年 2 月 18 日	+3.83％	6.23	36 425
2004 年 2 月 19 日	+1.12％	6.3	23 707
2004 年 2 月 20 日	−0.48％	6.27	15 554
2004 年 2 月 23 日	−1.44％	6.18	17 894
2004 年 2 月 24 日	+1.13％	6.25	25 710
2004 年 2 月 25 日	−5.76％	5.89	20 769
2004 年 2 月 26 日	−0.68％	5.85	15 450
2004 年 2 月 27 日	−0.17％	5.84	7 672
2004 年 3 月 1 日	+1.71％	5.94	6 777
2004 年 3 月 2 日	−0.67％	5.9	7 636
2004 年 3 月 3 日	−3.05％	5.72	8 417
2004 年 3 月 4 日	+0.70％	5.76	5 688
2004 年 3 月 5 日	+0.35％	5.78	5 648
2004 年 3 月 8 日	−3.81％	5.56	9 334
2004 年 3 月 9 日	−1.62％	5.47	4 927
2004 年 3 月 10 日	+2.01％	5.58	3 955
2004 年 3 月 11 日	+2.15％	5.7	7 698
2004 年 3 月 12 日	−1.05％	5.64	5 523
2004 年 3 月 15 日	+0.35％	5.66	7 001
2004 年 3 月 16 日	+1.77％	5.76	6 854
2004 年 3 月 17 日	−0.87％	5.71	5 770
2004 年 3 月 18 日	−1.05％	5.65	7 431
2004 年 3 月 19 日	+2.48％	5.79	21 259
2004 年 3 月 22 日	+0.69％	5.83	9 952
2004 年 3 月 23 日	−0.51％	5.8	6 618
2004 年 3 月 24 日	−0.52％	5.77	8 408
2004 年 3 月 25 日	−0.35％	5.75	8 068
2004 年 3 月 26 日	+1.57％	5.84	14 307
2004 年 3 月 29 日	+0.17％	5.85	14 142
2004 年 3 月 30 日	+2.74％	6.01	23 702
2004 年 3 月 31 日	0.00％	6.01	14 281
2004 年 4 月 1 日	+5.32％	6.33	31 695
2004 年 4 月 2 日	0.00％	6.33	38353

注："—"表示"跌幅"，"＋"表示"涨幅"。"一手"等于 100 股

5. 印花税、佣金及利率的计算。在 2006 年 10 月 25 日的庭审中，当事人双方认可，投资差额损失部分的印花税按照 2‰ 计算，佣金按照 3‰ 计算，利息按照年利率 0.72％ 计算一年。

当事人双方对下列事实各持己见，现逐一剖析如下：

1. 在受证监会处罚前，长运公司是否已自行公告更正了处罚所涉及的虚假陈述事项？此争议的实质在于：如何认定"虚假陈述更正日"和"虚假陈述揭露日"？

被告长运公司认为：在《2001 年中报》中，其已对证监会处罚所涉及的重大会计差错进行了更正和追溯调整，且对重大会计差错所形成的债权已由长运公司的大股东以支付现金的方式协议收购。其中，重庆涪陵国有资产经营管理公司收购长运公司债权 7 132.67 万元，华融投资有限公司收购长运公司债权 7 998.23 万元，合计 15 130.92 万元。有关大股东收购长运公司债权的事宜，已在 2001 年 8 月 15 日公告发布的《2001 年中报》和 2002 年 4 月 4 日公告发布的《2001 年年报》（均载于当天的《中国证券报》和《上海证券报》，以及上海证券交易所网站 www.see.com.cn）中进行了相关的信息披露。对北部仓储股权投资 4610 万元，1998 年资金没有实际到位，1999 年 11 月实际出资验资后即将此款借回，但事后已全部归还了北部仓储。2003 年 6 月，已将持有的北部仓储股权置换了东莞市宝达船舶有限公司股权，有关股权置换的公告刊登于 2003 年 6 月 27 日的《中国证券报》和《上海证券报》。目前，股权置换的相关手续已经完成，长运公司已不再持有北部仓储的股权，转为持有东莞市宝达船舶有限公司 4 770 万元股权（占该公司注册资本的 90％）。故，所涉处罚事项早已更正完毕。

长运公司举示了下列证据来证明其观点：

（1）两份《购买债权协议书》。

其一，华融投资有限公司与长运公司于 2001 年 6 月 23 日签订的《购买债权协议书》。其中约定：华融投资有限公司以现金购买长运公司 79 982 544.93 元的不良债权，并在协议签订后 30 日内支付现金；具体的不良债权为北海租赁有限公司所欠应付款 2 341.5 万元、应收账款共计 56 612 344.56 元（明细详见所附清单）、以前年度损益调整 44 799.62 元；华融投资有限公司购买的 79 982 544.93 元的不良债权中，含有代资产新闻有限公司购买的部分份额，资产新闻有限公司不再与长运公司另行签订购买债权协议，华融投资有限公司与资产新闻有限公司各自购买的债权数额由其自行商定，与长运公司无关。长运公司称，该协议中所称的"资产新闻有限公司"就是"资产新闻实业有限公司"。

其二，重庆市涪陵国有资产经营公司与长运公司于 2001 年 6 月 23 日签订的《购买债权协议书》。其中约定：重庆市涪陵国有资产经营公司用现金购买长运公司 71 326 659.99 元不良债权，并在协议签订后 30 日内支付；具体标的为涪陵国资局应付款（股本金）1 475 万元、因多支付红利造成的其他应收款 11 576 659.99 元、补交资金占用费 700 万元、康利公司所欠应付款 3 800 万元。

（2）2001 年 7 月 17 日的《资金汇划（贷方）补充凭证》两份，其上分别记载：2001 年 7 月 17 日，资产新闻实业有限公司汇款 6 100 万元入长运公司在中国工商银行重庆枳城支行营业部的账户；同日，华融投资有限公司也汇款 8 900 万元进入长运公司的该账户。

（3）长运公司涪陵结算中心 2001 年 7 月 31 日制作的《2863 号记账凭证》以及 2001 年 12 月 31 日制作的《4861 号记账凭证》。其中《2863 号记账凭证》记载：在"长运公司本部的银行存款"科目的借方栏增记 150 000 000 元，同时在"对北京华融公司的其他应收款"科目的贷方栏增记 79982544.93 元，在"对涪陵国有资产管理局的其他应收款"科目的贷方栏增记 70 017 455.07 元。该记账凭证的摘要栏的记载为"华融公司、新闻实业公司划款"。长运公司称，从《2863 号记账凭证》可见，该公司在收到华融投资公司和资产新闻实业有限公司共计 1.5 亿元的款项后，分别冲减了华融投资有限公司和重庆市涪陵国有资产经营公司名下所欠的其他应收款，而该两笔其他应收款正是两公司依照两份《购买债权协议书》所应支付的款项。而《4861 号记账凭证》记载：因更正会计账目，将应收涪陵国有资产管理局 1 309 204.92 元调整为应付涪陵国有资产经营公司 1 309 204.92 元。

（4）《2001 年中报》和《2011 年年报》。在《2001 年中报》第六部分"财务会计报告（未经审计）"之"会计报表附注"中第（七）部分"合并会计报表主要项目注释"中对第 4 项会计科目"其他应收款"注释如下："期末余额较期初余额增加 109 354 023.33 元，增幅达 137.23％，主要原因是本公司本期对以前年度的会计差错进行更正，由股东协议购买债权，故调整增加对本公司的股东重庆涪陵国有资产经营公司的应收款 7 132.67 万元，对华融投资有限公司的应收款 7 998.25 万元，上述两项合计 15 130.92 万元。由于该款项已收回，所以未计提坏账准备。由于会计差错更正 2000 年 12 月 31 日其他应收款调增 23 184 235.24 元。有关会计差错及更正，见本附注十三、2."在"会计报表附注"第十三部分"其他重大事项"第 2 节"会计差错更正"（即上述的"本附注十三、2."）中述称："本公司在以前年度为改善财务结构，先后通过重庆涪陵国有资产经营公司、华融投资有限公司划入款项，冲减了一部分账龄较长的应收账款、其他应收款等债权项目和处置了一些未产生收益的长期股权投资项目，并通过对外投资等途径划出上述款项。为达到上市公司规范运作要求和保证公司今后健康发展，本公司在本期对以前年度的会计差错予以更正，更正上述会计差错所形成的债权由各大股东协议收购，并已以现金支付。其中：重庆涪陵国有资产经营公司收购公司债权 7 132.67 万元，华融投资有限公司收购公司债权 7 998.25 万元。本公司本期对上述会计差错更正中，已调整有关的债权、债务及其他相关项目，其中更正 1998 年度利润分配错误，调增未分配利润 2 046 万元，调增盈余公积 272.42 万元，上述更正利润分配错误进行了追溯调整。"

在《2001 年年报》第十节"财务报告"之第三部分"会计报表附注"中第（三）小结"主要会计政策、会计估计和合并会计报表的编制方法"下属第 19 项"重大会计差错更正"中也述称："本公司在上市前为改善财务结构，先后通过重庆涪陵国有资产经营公司、华融投资有限公司划入款项，冲减了一部分账龄较长的应收账款、其他应收款等债权项目和处置了一些未产生效益的长期股权投资项目，并通过对外投资等途径划出上述款项。为达到上市公司规范运作要求和保证公司今后健康发展，本公司在本期对以前年度的会计差错予以更正，更正上述会计差错所形成的债权由各大股东协议承担，并以现金购买了上述债权。其中：重庆涪陵国有资产经营公司收购公司债权 7 132.67 万元，华融投资有限公司收购公司债权 7 998.25 万元。"

（5）《北部仓储的公司章程》（签署时间为 2002 年 3 月 15 日）。该章程记载："长运公司以货币形式出资 4 610 万元，占公司 47% 的股份。"长运公司认为，根据北部仓储的 2002 年公司章程的记载，长运公司已实际成为北部仓储的股东，故处罚所涉及的"虚构股权投资 4 610 万元"事项已在 2002 年予以更正。

原告邹桂英则提出异议称：

1. 两份《购买债权协议书》《资金汇划（贷方）补充凭证》、两份《记账凭证》《北部仓储的公司章程》均与本案无关。而且，两份《购买债权协议书》中所述及的部分不良债权金额与证监会处罚所涉及的虚构资产金额不吻合，《北部仓储的公司章程》也不能体现北部仓储公司的财务状况，不能表明该部分出资已经到位。而与证监会处罚所涉及的虚假陈述事项相比，《2001 年中报》和《2001 年年报》中所谈及的会计差错调整在差错事项的数量上更小，涉及的金额也更小，仅仅是部分调整账目，而没有全面更正；虽然《2001 年中报》和《2001 年年报》中都提到了会计差错更正和追溯调整，但没有明确表达出过去进行了虚假陈述的意思，投资者阅读后仅会认为是账目调整，而不会想到是更正虚假陈述；普通投资者并非会计专业人士，不可能通过对年报和中报中冷冰冰的数据的分析得出上市公司作了假账的信息。故其认为，在受证监会处罚前，长运公司并未自行全面公告更正其虚假陈述。

本院认为，从长运公司所提交的证据来看，长运公司的股东借购买呆账之名以现金注入上市公司，并通过股权置换等方式充实了长运公司的资产，但长运公司在其《2001 年中报》和《2001 年年报》中仅简单地述称为改善财务结构、调整会计差错，未明确是更正虚假陈述。而且对于股权置换事项，虽然长运公司在 2003 年 6 月 27 日发布了公告，但该日 ST 长运并未停牌。最高人民法院《关于审理证券市场因虚假陈述引发的民事赔偿案件的若干规定》（以下简称《证券虚假陈述赔偿规定》）第二十条第三款规定："虚假陈述更正日，是指虚假陈述行为人在中国证券监督管理委员会指定披露证券市场信息的媒体上，自行公告更正虚假陈述并按规定履行停牌手续之日。"故虽然长运公司调整了会计报表，但其对有关事项并未明确公告，亦未按照规定履行停牌手续，不应认定长运公司自行进行了更正。

本案中不存在确定更正日的问题，应以证监会处罚的公告日（2004年1月10日）作为虚假陈述揭露日。

2. 基准日。原告邹桂英认为，基准日应当按照《证券虚假陈述赔偿规定》第三十三条第（一）项的规定来确定，即自"揭露日或者更正日起，至被虚假陈述影响的证券累计成交量达到其可流通部分100%之日"，本案中虚假陈述揭露日为2004年1月10日，当日为周六，按此计算基准日应当为2004年4月2日。而被告方则认为，即使把揭露日确定为2004年1月10日，也不应按照《证券虚假陈述赔偿规定》第三十三条第（一）项的规定来确定基准日，因为直至庭审前尚不能确定可流通部分的股票是否全部易手，故应按照《证券虚假陈述赔偿规定》第三十三条第（二）项之规定来确定基准日，即"以揭露日或者更正日后第30个交易日为基准日"，基准日应为2004年1月10日后的第30个交易日。

本院认为，根据ST长运自2004年1月10日之后的每日成交量累计，至2004年4月2日，累计成交量达到了ST长运可流通部分的100%（截至当日累计成交量为75 408 600股）。《证券虚假陈述赔偿规定》第三十三条第（一）项之规定，应以2004年4月2日为基准日。

基于上述事实，本院认为：

1. 关于投资损失与虚假陈述之间的因果关系。根据《证券虚假陈述赔偿规定》第十八条的规定，只有在揭露日前买进ST长运，并持有至揭露日之后，才能认定其损失与虚假陈述之间存在因果关系。邹桂英于2004年3月9日购入的100股ST长运，系在揭露日之后购入，其持有该100股股票所造成的损失与虚假陈述没有因果关系，不能得到赔偿。邹桂英于2003年11月6日前卖出的800股，系于揭露日之前卖出，其卖出该 800 股股票所造成的损失也与虚假陈述没有因果关系。

在确定是否存在因果关系的问题上，《证券虚假陈述赔偿规定》采取了"推定信赖"的立场，不论投资人因何原因购买股票，只要符合该规定第十八条的条件，则推定投资人的损失与虚假陈述之间存在因果关系，除非被告方能够证明存在该规定第十九条的情形。邹桂英在信件中所陈述的对 ST 长运的股价走势分析，不能成为被告方的免责事由。

被告方还提出 ST 长运的股价在揭露日后不跌反升，邹桂英的投资损失是由证券市场系统风险造成，同时长江航运业萎缩也造成了股价下跌，此理由同样不能成立。《证券虚假陈述赔偿规定》第十九条并未将揭露日后股票价格上涨的，作为否定虚假陈述与损害结果间因果关系的理由。仅凭揭露日至基准日之间股票价格的上涨，也并不能证明投资者的损失系系统风险所导致。按证券业通常理解，证券市场系统风险是指，与证券市场的整体运行相关联的风险，即某种因素对市场所有证券都会带来收益或损失的可能性，如购买力风险、利率风险、政策风险等，它使所有同类证券价格向相同方向变化，是单一证券所无法控制的风险，也不能通过投资组合分散。被告方既然提出这一主张，首先应当举证证明造成系统风险的事由存在，其次应当证明该事由对股票市场产生了重大影响，引起全部股票价格大幅度涨跌，导致了系统风险发生。但综观被告方提交的所有证据，并不能证明 2003 年 1 月 15 日至 2004 年 4 月 2 日期间，证券市场存在着足以影响所有股票价格下跌的合理事由，更不能证明该事由与股市价格波动的逻辑关系。对虚假陈述行为和所谓的系统风险、长江航运业萎缩如何影响股价变动以及各自影响的程度，被告方也没有提出具体的区分判断标准和有说服力的理由。

据此，邹桂英虽投资了 43 000 股 ST 长运，其中仅 42 100 股 ST 长运的投资损失与虚假陈述之间存在因果关系，依据《证券虚假陈述赔偿规定》第二十一条第一款的规定，应由长运公司予以赔偿。

2. 损失的计算。截至基准日（2004 年 4 月 2 日），邹桂英仍持有 42 100 股 ST 长运，从揭露日至基准日期间，每个交易日收盘价的平均价格为 5.72 元，依照《证券虚假陈述赔偿规定》第三十二条之规定，邹桂英的投资差额损失应为 134 509.5 元 [（8.915－5.72）× 42 100]。投资差额损失部分的印花税应为 269.02 元（按 2‰计算），佣金为 403.53 元（按 3‰计算）。当事人双方均同意按照年利率 0.72%计算一年利息，应予准许。按此计算，利息金额应为 973.31 元 [（134 509.5＋269.02＋403.53）×0.72%＝973.31]。长运公司共计应当赔偿邹桂英 136 155.36 元。

3. 长运公司高级管理人员的责任。许少才、肖宗华、李元发、饶正力、刘平等五名被告，均系长运公司的高级管理人员，依照《证券虚假陈述赔偿规定》第二十一条第二款的规定，均应对上述损失承担连带赔偿责任。

据此，应依照《中华人民共和国证券法》第六十三条，最高人民法院《关于审理证券市场因虚假陈述引发的民事赔偿案件的若干规定》第十八条、第二十条、第二十一条、第三十条、第三十二条、第三十三条以及《中华人民共和国民事诉讼法》第一百二十八条的规定，判决如下：

1. 被告重庆长江水运股份有限公司在本判决生效后十日内赔付原告邹桂英损失 136 155.36 元；

2. 被告许少才、肖宗华、李元发、饶正力、刘平对上述款项承担连带赔偿责任；

3. 驳回原告邹桂英的其他诉讼请求。

本案案件受理费 4 317 元、其他诉讼费用 1 000 元，由被告重庆长江水运股份有限公司负担（已由原告邹桂英预交，被告重庆长江水运股份有限公司在本判决生效后十日内直接支付给原告邹桂英）。

如果未按本判决指定的期间履行给付金钱义务，应当依照《中华人民共和国民事诉讼法》第二百三十二条之规定，加倍支付迟延履行期间的债务利息。

如不服本判决，可在判决书送达之日起十五日内向本院递交上诉状，并按对方当事人的人数提交副本，上诉于重庆市高级人民法院。

自本判决生效后，权利人可以向本院申请强制执行。申请执行

的期限，双方当事人是自然人的为一年，一方或双方是法人或其他
组织的为六个月，该期限从法律文书规定履行期间的最后一日起计
算；法律文书规定分期履行的，从规定的每次履行期间的最后一日
起计算。

审判长　秦　　文

审判员　陶康年

代理审判员　彭　超

二〇〇七年八月九日

书记员　原　　烨

71. 江某某诉重庆长江水运股份有限公司上诉案

重庆市高级人民法院

民事裁定书

（2008）渝高法民终字第 25 号①

上诉人（原审被告）：重庆长江水运股份有限公司，住所地：重
庆市渝中区陕西路 1 号。

法定代表人：许少才，该公司董事长

委托代理人：李清忠，男，汉族，该公司员工，住重庆市。

委托代理人：许昆，北京市盛安达律师事务所律师。

被上诉人（原审原告）：江某某，女，汉族，住北京市。

委托代理人：宋一欣，上海新望闻达律师事务所律师。

委托代理人：谢某，男，汉族，住北京市。

关于上诉人重庆市长江水运股份有限公司与被上诉人江某某证
券虚假陈述赔偿纠纷一案，重庆市第五中级人民法院于 2007 年 8 月
9 日作出（2006）渝五中民初字第 36 号民事判决书，重庆长江水运
股份有限公司对该判决不服，向本院提起上诉。在本院审理期间，

---

① 本司法裁判文书系上海新望闻达律师事务所宋一欣律师提供。

原审原告江某某于 2008 年 5 月 22 日向本院申请撤回起诉。

本院经审理认为，江某某申请撤回起诉的意思表示真实，不违反法律规定。根据最高人民法院《关于适用〈中华人民共和国民事诉讼法〉若干问题的意见》第一百九十一条、《诉讼费用交纳办法》第十五条的规定，裁定如下：

1. 撤销重庆市第五中级人民法院（2006）渝五中民初字第 36 号民事判决；

2. 准予江某某撤诉。

一审案件受理费用 5 359 元由江某某承担。二审案件受理费减半收取 2 159 元，由重庆长江水运股份有限公司承担。

本裁定为终审裁定。

审判长　涂　华

审判员　何正兰

代理审判员　王　敏

二〇〇八年五月二十二日

书记员　刘　杨

（五十一）
东盛科技虚假陈述民事赔偿案

主题词：东盛科技　虚假陈述　侵权　赔偿

72. 王霞琴诉东盛科技股份有限公司、西安东盛集团有限公司、陕西东盛药业股份有限公司诉讼案

陕西省西安市中级人民法院
民事调解书

（2010）西民四初字第 00286 号 [①]

原告：王霞琴，女，汉族，住浙江省嵊州市。

委托代理人：宋一欣，上海新望闻达律师事务所律师。

委托代理人：张瑜，上海新望闻达律师事务所律师。

被告：东盛科技股份有限公司，住所地：陕西省西安市高新科技开发区唐延路 23 号东盛大厦。

法定代表人：张斌，该公司董事长。

委托代理人：王建平，北京德恒律师事务所律师。

委托代理人：李娜，北京德恒律师事务所律师。

被告：西安东盛集团有限公司，住所地：陕西省西安市高新科技开发区唐延路 23 号东盛大厦。

法定代表人：郭家学，该公司董事长。

[①] 本司法裁判文书系上海新望闻达律师事务所宋一欣律师提供。

委托代理人：王建平，北京德恒律师事务所律师。

委托代理人：李娜，北京德恒律师事务所律师。

被告：陕西东盛药业股份有限公司，住所地：陕西省西安市高新二路12号。

法定代表人：王定珠，该公司董事长。

委托代理人：王建平，北京德恒律师事务所律师。

委托代理人：李娜，北京德恒律师事务所律师。

案由：证券虚假陈述责任纠纷。

原告王霞琴诉称：被告东盛科技股份有限公司（以下简称东盛科技）未将其向股东西安东盛集团有限公司（以下简称东盛集团）、陕西东盛药业股份有限公司（以下简称东盛药业）提供资金，以及其对外担保和银行借款事项及时履行信息披露义务，构成证券市场虚假陈述，已经受到中国证券监督管理委员会的处罚。被告东盛科技的虚假陈述行为使原告在投资东盛科技股票中遭受损失。请求法院判令：

1. 被告东盛科技赔偿原告经济损失 11 672.90 元；

2. 被告东盛集团、东盛药业承担连带赔偿责任；

3. 被告承担本案诉讼费用。

本案在审理过程中，经本院主持调解，双方当事人自愿达成如下协议：

1. 东盛科技因证券虚假陈述受到中国证券监督管理委员会行政处罚，相关事实于 2006 年 10 月 31 日和 2007 年 11 月 13 日被公开揭露；

2. 东盛科技于本协议签订之日起十日内向王霞琴支付 10 318 元，逾期王霞琴可依法申请强制执行；

3. 若东盛科技在本协议第二项履行期限届满后三个月内仍不能付款，则按《中华人民共和国民事诉讼法》第二百二十九条之规定执行，东盛集团和东盛药业对东盛科技承担补充赔偿责任；

4. 案件受理费 45 元（王霞琴已预交 90 元，本院减半收取 45 元），由王霞琴负担；

5. 双方对本案再无其他争议。

上述协议，符合有关法律规定，本院予以确认。

本调解书经双方当事人签收后，即具有法律效力。

审判长　党晓娟

审判员　张　军

代理审判员　郝海辉

二〇一二年十一月七日

书记员　李　敏

（五十二）

兰光科技虚假陈述民事赔偿案

主题词：兰光科技　虚假陈述　侵权　赔偿

73. 陈某某诉甘肃兰光科技股份有限公司、深圳兰光经济发展公司诉讼案

甘肃省兰州市中级人民法院

民事判决书

（2011）兰法民二初字第 00006 号①

原告：陈某某。

被告：甘肃兰光科技股份有限公司（以下简称兰光科技公司），住所地：兰州市高新技术开发区张苏滩 573 号 8 楼。

法定代表人：顾地民，该公司董事长。

委托代理人：杨军、赵小革，甘肃正天合律师事务所律师。

被告：深圳兰光经济发展公司（以下简称兰光经济公司），住所地：深圳市福田区振华路 56 号。

法定代表人：王兴志，该公司总经理。

委托代理人：杨军、赵小革，甘肃正天合律师事务所律师。

原告陈某某与被告兰光科技公司、兰光经济公司一般股东权纠纷一案，本院受理后，依法组成合议庭公开开庭进行了审理，原告陈某某、被告兰光科技公司和兰光经济公司的委托代理人赵小革到

---

① 本司法裁判文书系甘肃正天合律师事务所赵小革律师提供。

庭参加诉讼。本案现已审理终结。

原告陈某某诉称，2007 年 8 月 10 日原告根据被告兰光科技公司所披露的财务会计报告、上市报告文件、临时公告、年报等相关信息，经认真阅读后，得出兰光科技公司运作规范、业绩优良的判断。进而在中国建银投资证券有限责任公司广州水荫路营业部以每股均价 12.47 元，购入深交所上市的兰光科技公司（000981）股票共计 23 800 股。

2008 年 12 月 11 日，中国证券监督管理委员会作出了（2008）50 号《中国证监会行政处罚决定书》。决定书认定：

1. 2005 年，兰光科技公司通过第三方账户借款给兰光经济公司，发生额 300 万元以上的共 20 笔，合计 65 125 万元，每笔借款业务均达到了应披露关联交易的金额标准，兰光科技公司未及时在 2005 年临时公告中披露。

2. 2006 年 1 月 1 日至 6 月 30 日，兰光科技公司因担保、直接或通过第三方，被兰光经济公司及其关联方占用资金共发生 5 笔，发生额合计 33 930 万元，每笔业务均达到了应披露关联交易的金额标准，兰光科技公司未及时在 2006 年临时公告中披露。

3. 2005 年 6 月至 2006 年 1 月，兰光科技公司以其控股子公司的名义直接或通过第三方，为兰光集团全资子公司或直接为兰光经济公司以银行存单质押、保证金质押等方式，提供担保共计 9 笔，发生额合计 50 570 万元，均达到了应披露关联交易的标准，兰光科技公司未及时在临时公告中披露。

4. 2005 年 1 月至 6 月，兰光科技公司直接或间接通过第三方给兰光经济公司等关联方单位借款、担保共计 14 笔，涉及金额 47 300 万元，未在 2005 年中期报告中披露。

5. 2005 年 6 月至 12 月，兰光科技公司给兰光经济公司等关联方提供担保共计 3 笔，涉及金额 8 500 万元，未在 2005 年年度报告中披露。

根据最高人民法院《关于审理证券市场因虚假陈述引发的民事赔偿案件的若干规定》，可以认定被告的多次虚假陈述实施时间开始日为 2005 年 1 月 12 日，虚假陈述揭露日为 2008 年 12 月 11 日即中国证监会行政处罚决定之日。原告在 2007 年 8 月 10 日以每股 12.47 元购买了被告公司于深交所上市的股票共计 23 800 股，在揭露日前卖出 1 400 股，按照最高人民法院《关于受理证券市场因虚假陈述引发的民事侵权纠纷案件有关问题的通知》，与被告虚假陈述有因果关系的股票数为 22 400 股，投资成本为 280 506.07 元。原告分别于基准日 2009 年 2 月 16 日前以每股均价 4.02 元卖出股票 2 400 股，以每股均价 3.40 元卖出股票 5 000 股。基准日后卖出 10 000 股，现仍持有股票 5 000 股。由于被告虚假陈述致使原告直接遭受损失人民币 195 357.33 元（详细计算方法见附件三，略）。

综上，根据《中华人民共和国证券法》《中华人民共和国民事诉讼法》《民事案件案由规定》以及最高人民法院《关于审理证券市场因虚假陈述引发的民事赔偿案件的若干规定》等法律、法规，被告因虚假陈述严重侵害了原告的经济利益，直接造成财产巨大损失，被告应对原告的上述经济损失承担赔偿责任。请求：

1. 被告赔偿原告投资差额损失 192 530 元；

2. 被告赔偿原告买入股票产生的手续费、印花税等损失 1 231.81 元；

3. 被告赔偿原告投资所涉资金利息 1 595.52 元；

4. 被告承担本案的全部费用。

被告兰光科技公司答辩称：

1. 答辩人在 2006 年 7 月 25 日收到中国证券监督管理委员会甘肃监管局立案调查通知书后，于 2006 年 8 月 10 日就资金占用问题和担保问题继续发布公告，在 2008 年 12 月 11 日中国证监会对被告作出行政处罚决定后，被告随即于 2008 年 12 月 22 日发布致歉公告。答辩人"虚假陈述"的事实已被中国证监会处理，答辩人对此也进行了披露且程序合法。

2. 被答辩人的权利主张已经超过了诉讼时效。答辩人早在 2006 年 7 月 25 日即发布公告称，"因涉嫌违反证券法律法规一案，中国证券监督管理委员会甘肃监管局已决定对本公司立案调查"。违反"证券法律法规"的内容涵盖很广，既包括违反《证券法》《公司法》，也包括最高人民法院《关于审理证券市场因虚假陈述引发的民事赔偿案件的若干规定》的相关内容，即有关"虚假陈述"的有关规定，因而，2006年7月25日应为"虚假陈述"揭露日。而且被告在2006年8月10日实际上就证监会处罚决定所涉及的"虚假陈述"内容又发布了公告，那么，揭露日最迟也应在2006年8月10日。鉴于答辩人"虚假陈述"的揭露日在2006年7月25日，最迟至2006年8月10日。而被答辩人在2010年12月才主张权利，早已超过了法律规定的诉讼时效。

3. 答辩人的"虚假陈述"与被答辩人的损害结果之间不存在因果关系。由于答辩人"虚假陈述"的揭露日在2006年7月25日，最迟到2006年8月10日，而被答辩人购买该证券的时间为2007年8月10日，按照相关法律规定，被告的"虚假陈述"与其损害结果之间不存在因果关系。

4. 被答辩人的损失计算方式没有证据予以支持。

请求人民法院依法驳回被答辩人的诉讼请求，以保护答辩人的合法权益。

被告兰光经济公司答辩称：

1. 答辩人主体不适格，答辩人并非"虚假陈述"行为人。

2. 其他答辩理由与兰光科技公司答辩相同。

请求：依法驳回被答辩人的诉讼请求。

经审理查明，2007年8月10日，陈某某在中国建银投资证券有限责任公司广州水荫路营业部买入 S* ST兰光（股票代码为000981）股票23 800股，成交价格为每股12.470元，成交金额296 786元；2008年3月6日，陈某某在中国建银投资证券有限责任公司广州水荫路营业部卖出 S* ST兰光股票1 400股，成交价格为每股15.070元，成交金额21 098元；2008年12月17日，陈某某在中国建银投资证券有限责任公司广州水荫路营业部分两次卖出 S* ST兰光股票2 400股，成交价格为每股4.02元，成交金额9 648元；2008年12月31日，陈某某在中国建银投资证券有限责任公司广州水荫路营业部卖出 S* ST兰光股票5 000股，成交价格为每股3.40元，成交金额17 000元；2009年2月19日，陈某某在中国建银投资证券有限责任公司广州水荫路营业部卖出 S* ST兰光股票10 000股，成交价格为每股 5.55 元，成交金额 55 500 元。到 2009 年 3 月 3 日 S*ST 兰光股票被深圳证券交易所停止上市交易时，陈某某持股数量为 5 000 股，该股当日收盘价为 5.55 元。

另查明，2008 年 12 月 11 日中国证券监督管理委员会作出（2008）50 号行政处罚决定书、（2008）26 号中国证监会市场禁入决定书，对兰光科技公司作出给予警告，并处以 30 万元罚款的行政处罚决定，对兰光科技公司路有志等 16 名责任人员给予警告、罚款的行政处罚决定，并宣布兰光科技公司路有志等 9 名责任人员为市场禁入者。（2008）50 号行政处罚决定书、（2008）26 号中国证监会市场禁入决定书均认定兰光科技公司存在以下违法行为：

1. 2005 年，兰光科技公司通过第三方账户借款给兰光经济公司，发生额 300 万元以上的共 20 笔，合计 65 125 万元，每笔借款业务均达到了应披露关联交易的金额标准，兰光科技公司未及时在 2005 年临时公告中披露。

2. 2006 年 1 月 1 日至 6 月 30 日，兰光科技公司因担保、直接或通过第三方，被兰光经济公司及其关联方占用资金共发生 5 笔，发生额合计 33 930 万元，每笔业务均达到了应披露关联交易的金额标准，兰光科技公司未及时在 2006 年临时公告中披露。

3. 2005 年 6 月至 2006 年 1 月，兰光科技公司以其控股子公司的名义直接或通过第三方，为兰光集团全资子公司或直接为兰光经济公司以银行存单质押、保证金质押等方式，提供担保总计 9 笔，发生额合计 50 570 万元，均达到了应披露关联交易的标准，兰光科技公司未及时在临时公告中披露。

4. 2005 年 1 月至 6 月，兰光科技公司直接或间接通过第三方给兰光经济公司等关联方单位借款、担保共计 14 笔，涉及金额 47 300 万元，兰光科技公司未在 2005 年中期报告中披露。

5. 2005 年 6 月至 12 月，兰光科技公司给兰光经济公司等关联方提供担保共计 3 笔，涉及金额 8 500 万元，兰光科技公司未在 2005 年年度报告中披露。2008 年 12 月 22 日，兰光科技公司董事会就其公司的上述违法行为发布了 S*ST 兰光致歉公告。

再查明：2006 年 7 月 25 日兰光科技公司在《证券时报》和深圳

证券交易所网站上发布《甘肃兰光科技股份有限公司被立案调查的公告》，公告内容为："公司于 2006 年 7 月 24 日收到中国证券监督管理委员会甘肃监管局立案调查通知（甘证监立通字 6 号），因涉嫌违反证券法律法规一案，中国证券监督管理委员会甘肃监管局已决定对本公司立案调查。"2006 年 8 月 10 日兰光科技公司在《证券时报》和深圳证券交易所网站上发布了《甘肃兰光科技股份有限公司关于关联方占用资金及担保情况的公告》，公告披露了截至 2005 年 12 月 31 日控股股东深圳兰光经济公司及其关联方占用兰光科技公司资金额为 411 173 280.61 元。现经兰光科技公司全面财务核查，发现了兰光经济公司及其关联方 2006 年新增占用兰光科技公司资金合计 53 731 467.83 元，其间还款 1 852 500.00 元，截至 2006 年 8 月 9 日，兰光经济公司及其关联方自 2006 年以来非经营性占用兰光科技公司资金余额为 463 052 248.44 元。

以上事实，有中国建银投资证券有限责任公司广州水荫路营业部历史成交费用明细查询单、中国证券监督管理委员会（2008）50 号行政处罚决定书、（2008）26 号中国证监会市场禁入决定书、S*ST 兰光致歉公告、《甘肃兰光科技股份有限公司被立案调查的公告》《甘肃兰光科技股份有限公司关于关联方占用资金及担保情况的公告》等证据在卷予以佐证。

本院认为，本案的争议焦点问题为：第一，何时为兰光科技公司虚假陈述的揭露日；第二，陈某某请求之经济损失与兰光科技公司虚假陈述行为之间是否存在因果关系；第三，兰光科技公司是否应当对陈某的经济损失承担民事赔偿责任。

关于何时为兰光科技公司虚假陈述的揭露日。根据相关行政法规的规定，中国证券监督管理委员会作为国家证券监管机构，只有在掌握较为充分的证据的前提下，才能对涉嫌证券市场违法、违规者进行立案稽查。因此，2006 年 7 月 25 日兰光科技公司在《证券时报》和深圳证券交易所网站上发布了《甘肃兰光科技股份有限公司被立案调查的公告》后，又于 2006 年 8 月 10 日在《证券时报》和深圳证券交易所网站上发布了《甘肃兰光科技股份有限公司关于关联方占用资金及担保情况的公告》，向投资者公布了其公司在资金占用及担保事项上，存在未及时发现并履行相关的决策程序和信息披露义务，侵犯了投资者的利益。此公告对于所有投资者都应属于具有较强警示性的投资信息，足以影响投资者的投资决策，符合有关虚假陈述"揭露"之客观要求。最高人民法院《关于审理证券市场因虚假陈述引发的民事赔偿案件的若干规定》（以下简称《关于虚假陈述赔偿的规定》）第二十条第二款规定："虚假陈述揭露日，是指虚假陈述在全国范围发行或者播放的报刊、电台、电视台等媒体上，首次被公开揭露之日。"故本院据此并结合本案案情，确定兰光科技公司虚假陈述的揭露日为 2006 年 8 月 10 日，即兰光科技公司在《证券时报》和深圳证券交易所网站上发布《甘肃兰光科技股份有限公司关于关联方占用资金及担保情况的公告》之日。

关于陈某某请求之经济损失与兰光科技公司虚假陈述行为之间是否存在因果关系以及兰光科技公司是否应当对陈某某的经济损失承担民事赔偿责任。本院认为，《关于虚假陈述赔偿的规定》第十八条"投资人具有以下情形的，人民法院应当认定虚假陈述与损害结果之间存在因果关系"第（二）项规定："投资人在虚假陈述实施日及以后，至揭露日或者更正日之前买入该证券"、第（三）项规定："投资人在虚假陈述揭露日或者更正日及以后，因卖出该证券发生亏损，或者因持续持有该证券而产生亏损"。据此，本案确定兰光科技公司虚假陈述的揭露日为 2006 年 8 月 10 日，而原告陈某在揭露日之后即 2008 年 2 月 27 日买入兰光科技公司的股票，并因持续持有该公司股票而产生的损失不应当被认定为与兰光科技公司虚假陈述行为之间存在因果关系，故兰光科技公司不应当对陈某某的经济损失承担民事赔偿责任。

综上，本院认为原告陈某某提供的山西证券股份有限公司太原西矿街证券营业部历史成交情况表、对账单、中国证券监督管理委员会（2008）50 号行政处罚决定书、（2008）26 号中国证监会市场禁入决定书、S*ST 兰光致歉公告、《甘肃兰光科技股份有限公司被立案调查的公告》《甘肃兰光科技股份有限公司关于关联方占用资金及担保情况的公告》等证据所证明的内容，均不能支持其诉讼理由成立。依照最高人民法院《关于审理证券市场因虚假陈述引发的民事赔偿案件的若干规定》第一条、第十七条、第十八条、第十九条、第二十条和最高人民法院《关于民事诉讼证据的若干规定》第二条之规定，判决如下：

驳回原告陈某某全部诉讼请求。

案件受理费 4 207 元，由原告陈某某负担。

如不服本判决，可在判决书送达之日起十五日内向本院提出上诉，并按对方当事人的人数提交副本，同时在递交上诉状之日起七日内预交上诉案件受理费，上诉于甘肃省高级人民法院。

审判长　姜亚理

代理审判员　桑毅智

代理审判员　何　媛

二〇一一年六月十日

书记员　孙学红

（五十三）

荣华实业虚假陈述民事赔偿案

主题词：荣华实业　虚假陈述　侵权　赔偿

74. 赵某诉甘肃荣华实业(集团)股份有限公司诉讼案

甘肃省兰州市中级人民法院
民事判决书

（2011）兰法民二初字第 00119 号①

原告：赵某。

委托代理人：汪政、张会佳，浙江泰杭律师事务所律师。

被告：甘肃荣华实业（集团）股份有限公司（以下简称荣华实业），住所地：甘肃省武威市东关街荣华路 1 号。

法定代表人：刘永，荣华实业董事长。

委托代理人：孙勇、孙晨炜，上海市汇业律师事务所兰州分所律师。

原告赵某诉被告荣华实业证券虚假陈述纠纷一案，本院受理后，依法组成合议庭，公开开庭进行了审理。原告赵某委托代理人张会佳，被告荣华实业委托代理人孙勇、孙晨炜到庭参加了诉讼。本案现已审理终结。

原告赵某诉称：2009 年 9 月 25 日证监会向荣华实业出具的《中国证监会行政处罚决定书》认定：荣华实业擅自将 5 万吨赖氨酸项

---

① 本司法裁判文书系浙江泰杭律师事务所汪政律师提供。

目改扩建年产 12 万吨谷氨酸项目，未按规定对变更情况予以披露；擅自处置年产 10 万吨玉米淀粉生产线项目，未按规定予以披露；荣华实业第一大股东武威荣华工贸有限公司（以下简称荣华工贸）与原并列第三大股东的武威市华信食品供销有限责任公司（以下简称华信食品）、武威市融达饲料有限责任公司（以下简称融达饲料）之间存在关联关系，荣华实业未能在 2005 年中期报告、2005 年年度报告、2006 年中期报告、2006 年年度报告中如实披露。荣华实业的虚假陈述实施日为 2005 年 8 月 17 日，虚假陈述更正日为 2009 年 9 月 25 日。赵某在 2005 年 8 月 17 日至 2009 年 9 月 25 日之间购买了荣华实业的股票，并且在 2009 年 9 月 25 日以后卖出或持有荣华实业股票，其遭受损失 4 093.1 元与荣华实业的虚假陈述行为之间具有法定的因果关系。现赵某提起诉讼，请求判令荣华实业赔偿赵某的经济损失 4 093.1 元及负担本案诉讼费用。

被告荣华实业辩称：

1. 本案的基本事实是，2007 年 4 月 6 日荣华实业因涉嫌违反证券法规接受证监会甘肃监管局立案调查，调查期间荣华实业发现因不熟悉上市公司信息披露有关规定，存在未在适当期限内公开披露资产处置或改变募集资金用途等相关事项的问题，荣华实业遂积极进行整改：2006 年 12 月 29 日《关于处置募集资金在建项目"年产 10 万吨玉米淀粉生产线"的议案》已在证监会指定的媒体上予以披露；2007 年 4 月 10 日，荣华实业又主动在证监会指定的媒体上公开披露了未及时披露的涉及"改建年产 12 万吨谷氨酸生产线项目"的《变更募集资金用途》。信息披露更正日为 2006 年 12 月 29 日和 2007 年 4 月 10 日。针对荣华实业股东荣华工贸与融达饲料、华信食品之间是否存在关联关系，荣华实业按照工商登记机关的登记资料以及荣华实业对事实的理解于 2006 年 9 月 29 日在上交所官网发布了澄清公告。2009 年 9 月 25 日中国证监会以（2009）36 号《行政处罚决定书》对上述事实予以认定。

2. 本案中信息披露的更正日是 2006 年 12 月 29 日和 2007 年 4 月 10 日，而赵某是在 2009 年 7—9 月开始购入荣华实业股票的，因此其损害结果与荣华实业虚假陈述之间不存在因果关系。

3. 荣华实业的损失是股票市场系统性风险造成的。荣华实业只是未在适当期限内披露相关事项，从未作出任何虚假陈述，亦非足以对荣华实业股价造成影响的"重大事件"，因此不存在影响赵某主观投资选择的法律事实。赵某在 2009 年 7—9 月开始购入荣华实业股票时，上证指数当日的收盘指数为 3 438 点，至 2009 年 9 月 1 日近一个月的股票交易中，上证指数下降了 800 多点，至今也没有收高在赵某买入股票的指数点位之上。赵某的损失，是其主观投资选择和市场系统性风险竞合的结果，由其自行承担。请求驳回赵某的诉讼请求。

经审理查明：荣华实业成立于 1998 年 11 月 12 日，其早在证监会立案调查前，即 2006 年 9 月 29 日，荣华实业针对《上海证券报》2006 年 9 月 28 日刊登的题为"双面荣华，华而不实"的文章，在《中国证券报》上发布《甘肃荣华实业（集团）股份有限公司澄清公告》关于股东关联关系的声明："1. 在荣华工贸收购甘肃省武威淀粉厂的过程中，荣华工贸与融达饲料和华信食品分别出具了承诺，承诺彼此之间不存在关联关系，也不属于一致行为人；2. 各股东相互独立，彼此之间不存在股权控制关系。"该公告刊登于上海证券交易所官网。

2006 年 12 月 28 日，荣华实业发出《甘肃荣华实业（集团）股份有限公司 2006 年第二次临时股东大会决议公告》，对《关于处置募集资金在建项目"年产 10 万吨淀粉生产线"的议案》予以披露。该公告于同年 12 月 29 日在《中国证券报》上进行了公告。

2007 年 4 月 7 日，荣华实业收到证监会甘肃监管局甘证监立通字 7 号《立案调查通知书》并予以重大事项公告。

2007 年 4 月 8 日，荣华实业发出《甘肃荣华实业（集团）股份有限公司变更募集资金用途公告》：本次变更募集资金用途公告的项目为年产 1 万吨赖氨酸生产线和 4 万吨赖氨酸生产线，改建为年产 12 万吨谷氨酸生产线项目，该项交易不构成关联交易。该公告于同年 4 月 10 日在《中国证券报》进行了公告。

2009 年 9 月 10 日，证监会对荣华实业、张严德等 20 名责任人作出（2009）36 号《行政处罚决定书》，并于同年 9 月 25 日公告，该决定书查明的违法事实如下：

1. 擅自改变募集资金用途，未按规定予以披露：

（1）擅自将 5 万吨赖氨酸项目改扩建年产 12 万吨谷氨酸项目，未按规定对变更情况予以披露；

（2）擅自处置年产 10 万吨玉米淀粉生产线项目，未按规定予以披露。

2. 未如实披露股东关联关系。经查荣华实业第一大股东武威荣华工贸有限公司与并列的第三大股东武威市华信食品供销有限责任公司和武威市融达饲料有限责任公司存在关联关系，荣华实业未能在 2005 年中期报告、2005 年年度报告、2006 年中期报告、2006 年年度报告中如实披露。

故证监会根据《中华人民共和国证券法》第一百七十七条、第一百九十三条、第一百九十四条的规定，决定：

1. 责令荣华实业改正违法行为，给予警告，并处以 30 万元罚款；

2. 对张严德给予警告，并处以 20 万元罚款；对其余人员分别给予了警告并处罚款的处罚。

又查，赵某在上海证券交易所开户，其证券账户号为 A52099×××。2009 年 8 月 5 日赵某以每股 14.66 元买入荣华实业股票 2000 股，成交金额 29 320 元；2010 年 3 月 31 日，赵某以 9.83 元每股的价格卖出荣华实业 2 000 股，成交金额 19 660 元。赵某以 2009 年 11 月 20 日为基准日，基准价为 12.65 元，合计计算损失 4 093.1元。

庭审中，原告赵某共提交了四份证据：

证据一：上海证券交易证券账户卡；

证据二：证监会行政处罚公告；

证据三：证监会行政处罚决定书；

证据四：赵某交易记录及损失计算表。

被告荣华实业对原告赵某举证的证据一真实性无异议，但认为赵某股东账户卡原件上无身份证号，无法确定与原告是否为同一主体；对证据二、三的真实性无异议，但认为荣华实业的陈述行为和赵某的损失之间无因果关系；对证据四的真实性、证明的目的均有异议，赵某提供的股东卡不能证明交易的主体是赵某，也没有相应的证据予以证明。经合议庭评议认为，原告赵某举证的证据一、二、三真实、合法，与本案具有关联性，可以作为本案证据使用；对于证据四本院将结合全案的证据及事实予以判定。

被告荣华实业共提交了九份证据：

证据一：2007 年 4 月 9 日荣华实业重大事项报告；

证据二：2006 年 12 月 7 日荣华实业第三届董事会第二次临时会议决议公告暨召开 2006 年第二次临时股东大会的通知；

证据三：2006 年 12 月 28 日荣华实业 2006 年第二次临时股东大会决议公告；

证据四：2007 年 4 月 8 日荣华实业变更募集资金用途公告；

证据五：2007 年 4 月 9 日荣华实业第三届董事会第十二次会议决议公告；

证据六：2007 年 4 月 16 日荣华实业资产处置暨关联交易公告；

证据七：2007 年 5 月 12 日荣华实业 2007 年第一次临时股东大会决议公告；

证据八：2006 年 9 月 29 日荣华实业澄清公告；

证据九：2009 年 9 月 10 日证监会行政处罚决定书。

原告赵某对被告荣华实业举证的证据一真实性无异议，对证明问题有异议，认为荣华实业存在虚假陈述的行为，否则证监会不会处罚；对证据二、三、四、五、六、七真实性有异议，不能证明荣华实业的公告符合证监会的规定，对证明的目的亦有异议，认为自行更正但没有履行停牌手续，应认定为无效；对证据八、九真实性无异议，但认为证据八证明荣华实业虚假陈述的事实；证据九已经查证荣华实业虚假陈述的违法行为。合议庭认为被告荣华实业举证的九份证据真实、合法，与本案具有关联性，可以作为本案证据使用。

本院认为，原告赵某在申请上海证券交易股票账户后从事股票交易，同时购买被告荣华实业股票的行为属实，依法应予确认。

中国证监会行政处罚决定书认定："荣华实业在相关定期报告中

未如实披露股东关联关系和募集资金用途改变的行为，违反了原《证券法》第五十九条、第六十三条、第一百九十三条所述'未按照规定披露信息，或者所披露的信息有虚假记载、误导性陈述或者重大遗漏的行为'，即荣华实业的行为构成虚假陈述行为"本案荣华实业在证监会行政处罚之前于2007年4月10日在证监会指定的媒体上对变更募集资金用途及资产处置进行了披露更正，但对股东关联关系于2006年9月29日所作的澄清公告上认为无关联关系。因此，本院仅就荣华实业股东之间的关联关系未如实披露问题与赵某股票的损害之间是否存在因果关系进行认定。

本案原告赵某是2009年8月5日购进荣华实业股票的。上证收盘指数在前一日达到最高点3 478点，至2009年9月1日达到2 649点，可见在近一个月的股票交易中，上证指数下降了800多点，至今也未收高到赵某买入股票的指数点位之上。由此可见，赵某的损失是由其主观投资选择和市场系统风险竞合的结果，与荣华实业股东之间的关联关系未如实披露之间无因果关系，赵某的损失应由其自行承担。

依照《中华人民共和国证券法》第七十条，最高人民法院《关于审理证券市场因虚假陈述引发的民事赔偿案件的若干规定》第十七条、第十八条之规定，判决如下：

驳回原告赵某的诉讼请求。

案件受理费50元，由原告赵某承担。

如不服本判决，可在判决书送达之日起十五日内，向本院递交上诉状，并按对方当事人的人数提交副本，同时在递交上诉状次日起七日内预交上诉费，上诉于甘肃省高级人民法院。

审判长　　景化冰

代理审判员　魏长青

代理审判员　王晓花

二〇一二年三月五日

书记员　　孙学红

（五十四）

银广夏虚假陈述民事赔偿案

主题词：银广夏　虚假陈述　侵权　赔偿

75. 阎皂定等诉广夏（银川）实业股份有限公司、宁夏回族自治区综合投资公司（第三人）诉讼案

宁夏回族自治区银川市中级人民法院

民事调解书

（2004）银民商初字第 144 号①

原告：阎皂定等二十人（姓名详件附表略）。

委托代理人：陶雨生，北京市大成律师事务所律师。

被告：广夏（银川）实业股份有限公司，住所地：银川市高新技术开发区 15 号路东。

法定代表人：周敏敏，该公司董事局主席。

委托代理人：张岩，北京市隆安律师事务所律师。

委托代理人：梁胜权，广夏（银川）实业股份有限公司监事会监事。

第三人：宁夏回族自治区综合投资公司，住所地：银川市开元东路南侧 8 号。

法定代表人：焦连新，该公司总经理。

委托代理人：张岩，北京市隆安律师事务所律师。

案由：虚假陈述证券民事赔偿纠纷。

原告阎皂定等二十人与被告广夏（银川）实业股份有限公司（以下简称银广夏）虚假陈述证券民事赔偿纠纷一案，在审理过程中，第三人宁夏回族自治区综合投资公司于2006年3月30日向本院提交参加诉讼的书面申请，称根据广夏（银川）实业股份有限公司股改方案，作为银广夏非流通股股东，愿意以其持有的银广夏相应股份协商解决银广夏公司民事赔偿纠纷。

经本院主持调解，原、被告及第三人自愿达成如下协议：

1. 本案二十位原告诉讼赔偿请求金额为 3 671 502.97 元。本协议各方同意，宁夏回族自治区综合投资公司应于银广夏公司股权分置改革方案的实施日，按照附表规定的股份数向附表中所列的支付对象支付银广夏的股份，过户手续及过户费用由宁夏回族自治区综合投资公司承担。

2. 各原告不再要求银广夏就本案承担民事责任。

3. 各原告认可上述宁夏回族自治区综合投资公司所支付的股份将在银广夏公司股权分置改革方案实施满一年之日起，方可在 A 股市场流通。

宁夏回族自治区综合投资公司所支付的股份中包含对本案各原告预交的诉讼费的补偿。

上述协议，符合有关法律规定，本院予以确认。

本调解书经双方当事人签收后，即具有法律效力。

审判长　董　军

审判员　李慧芹

代理审判员　盛维平

二〇〇六年四月十日

书记员　马　丽

76. 大成基金管理有限公司诉广夏（银川）实业股份有限公司
上诉案

宁夏回族自治区高级人民法院
民事判决书

（2007）宁民商终字第 74 号 ①

上诉人（原审原告）：大成基金管理有限公司，住所地：广东省
深圳市福田区深南大道 7088 号招商银行大厦 32 层。

法定代表人：胡学光，该公司董事长。

委托代理人：张杰，北京市金杜律师事务所律师。

委托代理人：夏东霞，北京市金杜律师事务所律师。

被上诉人（原审被告）：广夏（银川）实业股份有限公司，住所
地：宁夏回族自治区银川市高新技术产业开发区 15 号路东。

法定代表人：周敏敏，该公司董事局主席。

委托代理人：张岩，北京市隆安律师事务所律师。

上诉人大成基金管理有限公司（以下简称大成公司）为与被上
诉人广夏（银川）实业股份有限公司（以下简称广夏公司）虚假陈
述证券民事赔偿纠纷一案，不服宁夏回族自治区银川市中级人民法
院（2007）银民商初字第 29 号民事判决，向本院提起上诉。本院依
法组成合议庭，进行了审理。本案现已审理终结。

原审宁夏回族自治区银川市中级人民法院审理查明，原告大成
公司于 1999 年 4 月成立后，经中国证券监督管理委员会批准，与光
大证券有限责任公司等四家发起人发起设立了景宏证券投资基金，
原告依据基金景宏的基金契约和相关法律、法规作为基金管理人负
责基金景宏的投资管理活动。

从 2000 年 8 月 8 日起至 2000 年 12 月 7 日止，原告买入被告广

---

① 本司法裁判文书系上海新望闻达律师事务所宋一欣律师提供。

夏公司在深圳证券交易所上市交易的银广夏 A 股票共计 7 009 622 股，买入平均价格为 31.31 元。此后于 2001 年 3 月 22 日和 2001 年 3 月 23 日分别卖出银广夏 A 股票 3 300 股和 286 322 股，卖出后原告仍持有被告银广夏 A 股票 6 720 000 股。被告是 1994 年 6 月 10 日在深圳证券交易所上市的上市公司，股票代码为 000557，原证券类别为银广夏 A，现为 ST 银广夏，总股本中流通股为 28 081.95 万股。2001 年 8 月 2 日，银广夏股票收盘价为 30.79 元。2001 年 8 月 3 日，银广夏被深圳证券交易所紧急停牌，停牌持续至 2001 年 9 月 9 日。期间，2001 年 8 月 5 日，《财经》杂志刊登"银广夏陷阱"一文，对广夏公司虚假陈述行为予以披露。2001 年 9 月 10 日，银广夏复牌，因虚假陈述被揭露，当日股价跌停至 27.71 元，随后又是连续 10 个交易日的跌停板，至 2001 年 9 月 26 日，股价跌至 8.70 元（收盘价）。同日，原告将剩余所持被告银广夏 A 股票 67 200 00 股全部卖出。2002 年 4 月 23 日，证监会作出证监罚字（2002）10 号《关于广夏（银川）实业股份有限公司违反证券法规行为的处罚决定》（以下简称《处罚决定》），对广夏公司违反证券法规的行为进行处罚。2002 年 5 月 29 日，广夏公司因亏损等原因被深圳证券交易所暂停交易。2002 年 12 月 16 日银广夏复牌，恢复交易至今。

原审法院另查明，1999 年 12 月 7 日银广夏股票价格探底 12.91 元后开始启动上升，至 2000 年 4 月 19 日，仅 83 个交易日银广夏股价最高达到 36.50 元，绝对涨幅为 182.73%。同年 4 月 20 日，银广夏实施每 10 股转增 10 股的分红方案，当天除权收盘价为 18.31 元。同年 8 月 8 日，基金景宏开始买入银广夏的当日，收盘价为 27.78 元，复权股价为 55.56 元，相对于银广夏股价启动之日，只交易了 157 天，而股价绝对涨幅达到 330.36%。2000 年 12 月 29 日，银广夏股价创下历史高价 37.99 元，复权股价为 75.98 元，相对于股价启动之日仅一年的时间，银广夏股价的绝对涨幅为 488.54%。基金景宏买入银广夏的时间为 2000 年 8 月至 2000 年 12 月，平均买入价格 31.31 元，复权价格为 62.62 元，共计 7 009 622 股，是在银广夏股价绝对涨幅达到 330.36% 以后并创下历史高价期间买入的。

原审法院还查明，广夏公司 1999 年底年报的公布日期为 2000

年 3 月 8 日，2000 年度中报的公布日期为 2000 年 8 月 10 日。《处罚决定》认定，广夏公司以上信息披露均存在严重虚构利润等虚假陈述的情况。

原审法院认为，证监会已经生效的证监罚字（2002）10 号《处罚决定》，对广夏公司违反证券法规、隐瞒重大事实、虚报利润、披露虚假信息的事实作出了认定，据此并根据最高人民法院《关于审理证券市场因虚假陈述引发的民事赔偿案件的若干规定》（以下简称《若干规定》）第十七条的规定，可以认定被告的行为构成证券市场虚假陈述。原告代表原基金份额持有人有权提起诉讼，符合《中华人民共和国证券投资基金法》（以下简称《基金法》）关于"以基金管理的名义，代表基金份额持有人利益行使诉讼权利或者实施其他法律行为"规定的形式要件，被告关于原告起诉不能代表原基金份额持有人的理由不能成立。依照《若干规定》，证券市场虚假陈述属于侵权行为。追究虚假陈述行为人的民事赔偿责任，应当符合侵权行为的构成要件，即损害结果与虚假陈述行为之间须具有因果关系。由于证券交易主要采取集中竞价、交易所主机撮合成交的方式进行，虚假陈述行为人（侵权人）与受害人之间的联系无法特定化，因此，虚假陈述作为一种侵权行为，与传统意义上的一般侵权行为有重大区别，遭受损失的投资人难以就其损失与虚假陈述行为人行为之间的因果关系举证证明。《若干规定》根据"欺诈市场理论"，针对非特定个人之间的证券交易市场，将投资人"合理信赖"这一连接虚假陈述行为与损害结果之间的要件，通过投资人信赖股票价格，进而信赖虚假陈述的推定方式来确定。这种推定信赖原则，是为保护善意投资人而设定的，如果证据证明投资人是非善意的或者是有其他因素作出的投资行为，则不能运用推定信赖。依照《若干规定》，如果被告能够提出相反的证据证明投资人的交易是基于其他原因，或即使原告知道信息虚假也仍然会进行交易等，只要被告能够证明其一，就可以推翻这种推定的信赖，进而否定损害结果与虚假陈述行为之间的因果关系。应当明确，《若干规定》确定的现阶段民事赔偿的价值取向是：从我国基本国情和证券市场现状出发，兼顾市场主体各方合法权益，通过依法追究虚假陈述行为人的民事赔偿责任，有效填补投资人的合理损失，从而预防和遏止侵权行为的发生，依法规范证券市场程序。据此，结合本案具体情况，对上述合理信赖的判断，应根据投资人情况的不同而有区分，并作为进一步认定能否推翻推定信赖的依据。基金公司属于专业投资机构，其具备证券市场投资的特别技能、知识、经验及专业分析研究能力，也有着严格的投资决策程序，因此，基金公司不同于普通证券市场投资人。基金公司进行证券投资，不但要严格遵循其投资决策程序，而且必须对其专业分析研究能力、特别技能、知识和经验加以运用，否则，如果其信赖一个不具备这些条件的普通投资人可能合理的信赖的虚假陈述，那么就是不合理信赖。本案中，原告是具备专业分析研究能力、技能、知识和经验的专业投资机构，其为广大基金持有人利益投资时，尤其是重仓持有某一只股票时，应尽到充分的审核、注意义务。原告称，媒体报道、股评分析人员的点评是其投资的重要依据，并且从 2000 年 8 月至 2001 年 6 月先后派研究员、基金经理以及相关投资人员等十余人次分别前往被告银川总部、天津广夏及芜湖广夏进行实地调研，没有发现被告存在虚假陈述的情况。但是，从 2001 年 8 月被告虚假陈述行为被有关媒体披露，中国证券监督管理委员会对被告连续数年重大虚假陈述事实的认定来看，难以确定原告通过其所谓的实地调查、调研等措施及对部分媒体报道、股评分析人员点评的信赖是尽到了充分的审慎、注意义务。基金景宏是在广夏公司实施每 10 股转增 10 股分红方案，股价短期内再次急速攀升，绝对涨幅达到 330.36% 以后，股价处于异常高位期间而连续、大量买入银广夏股票的。原告作为专业投资机构，其投资行为具有重大不合理性。尤其是被告举证证明，原告开始大笔买入银广夏股票始于 2000 年 8 月 8 日，而广夏公司公布包括虚假财务数据的 2000 年中报的日期却是在 2000 年 8 月 10 日。原告的行为使人难以相信其是正常、善意地对待上市公司公开披露的重要信息。被告主张原告买入银广夏股票的行为属于恶意投资、操纵证券价格，证据虽然不充分，但根据被告提供的证据以及原告买入银广夏股票的时间段、买入的价格、基金公司的性质等事实，认定原告的损失结果与被告的虚假陈述之间不存在因果关系。综上，原告的诉讼请求不能成立。

原审法院依照《若干规定》第十九条的规定，判决：驳回原告大成公司的诉讼请求。案件受理费763 194元，由原告大成公司负担。

一审宣判后，原告大成公司不服，向本院提起上诉称：

1. 上诉人的一审诉讼请求完全符合法律及司法解释的规定，应当得到支持。根据《若干规定》第十八条的规定，投资人获得赔偿的必要条件是损害结果与虚假陈述之间存在因果关系，上诉人的投资行为及投资损失完全符合以上规定。《若干规定》第三十一条还规定："投资人在基准日及以前卖出证券的，其投资差额损失，以买入平均价格与实际卖出证券平均价格之差，乘以投资人所持有证券数量计算。"本案中，原告管理的基金景宏买入银广夏的股票平均价格是31.31元，卖出银广夏股票的平均价格是9.82元，每股损失21.49元。根据《若干规定》的规定，基金景宏的损失为150 636 776元，应由被告赔偿。

2. 一审判决是将专业投资机构排除在获得虚假陈述赔偿的主体之外，从根本上违反了《证券法》及司法解释的立法本意。不论是《证券法》还是《若干规定》，都没有对一般投资者与专业投资机构在获得赔偿方面规定不同的认定标准，但一审判决却为专业投资机构设定畸高的注意义务；同时，根据《若干规定》第十九条、第二十一条第一款之规定，上市公司在虚假陈述案件中为无过错责任，实行举证责任倒置，只有在其举证证明不存在因果关系的情况下才可免责。除此免责条件之外，法律和司法解释并没有规定专业投资者未尽注意义务时也可导致上市公司免责。因此，在法律和司法解释已有明文规定的情况下，裁判者应当严格按照现行法律规定作出裁判。一审判决给上诉人设定的高于一般投资人的"充分注意义务"，已超出法律赋予裁判者的合理的自由裁量范围。

3. 一审判决未予明确本案属于司法解释规定的哪一种不存在因果关系的情形；一审判决认定本案不存在因果关系没有事实根据和法律依据。

4. 纠正一审判决结果对于证券市场健康发展具有重要意义。上诉人提起的本案诉讼是"保护投资者合法权益"这一证券法基本原则在实践中的有益探索，对于提高中小投资者的维权信心，威慑上市公司虚假陈述行为，均具有深远的意义。

综上所述，上诉人的诉讼请求完全符合《若干规定》规定的可以赔偿的全部条件；被上诉人无一证据可以证明本案不存在因果关系或是其他免责事由存在，在被上诉人无证据证明的情况下，一审判决本应认定因果关系存在，但一审判决却以推定的方式设定因果关系不存在。请求撤销一审判决，改判被上诉人赔偿上诉人损失150 636 776元，并判令由被上诉人承担本案一、二审诉讼费用。

被上诉人广夏公司辩称：

1. 基金管理公司不同于普通证券市场投资人。基金管理公司决策程序严格。正是由于基金管理公司具备普通证券市场投资人所不具备的专业分析研究能力、特别技能、知识和经验，基金的存在才有其现实意义，普通证券市场投资人才有可能去根据基金管理公司的招募购买证券投资基金；

2. 大成公司未履行其法定和合同约定的义务，其投资具有重大不合理性；

3. 一审判决并未违反司法解释的相关规定。本案应予维持。

二审中，本院就有关事实和证据问题依法询问了双方当事人，双方当事人均作了详细陈述。同时，上诉人大成公司新提交两份证据：

证据一：银川市中级人民法院刑事判决书。证明广夏公司高管人员与会计师相互勾结、分工协作伪造虚假业务资料及财务数据，手段较为隐蔽，局外人无法识别。

证据二：中国证监会稽查一局致证监会基金部的函，证明证监会稽查一局经调查后认定："从目前调查结果看，大成基金管理公司的景福基金和景宏基金在2000年8月至2001年8月期间重仓持有银广夏股票，但在调查中未发现该公司有单独或与他人联手操纵银广夏股票价格行为或其他交易违规行为的证据。"

被上诉人广夏公司对上诉人大成公司的两份证据质证认为，两份证据的真实性无法确定，一审法院对上诉人是否操纵证券价格的行为并未作出认定，该两份证据与本案无必然联系；另外，上诉人认为原判认定虚假陈述实施日不全面。

被上诉人广夏公司未提交证据。

本院除确认原审法院查明的事实外，另查明：广夏公司虚假陈述实施日应当以证监会（2002）证监罚字第 10 号《处罚决定》中的认定为准。

本院认为，《若干规定》的基本出发点是，证券交易市场的投资人在推定合理信赖虚假陈述的情况下，可以确认虚假陈述行为与损害结果之间具有因果关系，这种"推定信赖原则"是为保护合理投资人而设定的；《若干规定》第十九条中所列举的不存在因果关系的情形，则是表明如果有证据能够证明上述合理信赖的推定不成立，即投资人的投资行为是非正常的或者是基于其他原因作出的，则不能认为损害结果与虚假陈述行为之间存在因果关系。本案中，双方就被上诉人广夏公司的行为构成证券市场虚假陈述并无异议，双方争议的焦点是，上诉人购买银广夏股票的行为是否符合《若干规定》第十九条中虚假陈述与损害结果之间不存在因果关系的情形；核心问题是上诉人所举证据能否证明其投资银广夏股票的结果与被上诉人虚假陈述行为之间存在因果关系，或者说，被上诉人的抗辩证据是否可以推翻以上"合理信赖推定"，从而否定上诉人的投资结果与被上诉人虚假陈述之间的因果关系。

根据《基金法》的规定，基金管理人应当依照法律和基金合同的约定履行其运用基金资产进行证券投资等各项职责。《基金法》对基金管理人的设立条件以及基金管理人的经理和其他高级管理人员的任职资格均设定了明确的要求。在上诉人所管理基金景宏的基金合同中，对基金管理人的投资决策程序也作出了非常明确的规定。以上事实表明，作为基金管理人的上诉人属于专业投资机构，其应当具备与普通证券市场投资人不同的市场投资技能和专业研究分析能力。因此，原审法院在判断"合理信赖推定"是否成立的问题上，对基金管理人适用高于普通证券市场投资人的标准并无不妥。在本案中，上诉人是否依照基金契约的规定，运用其专业知识和技能，严格履行投资决策程序，是判断上诉人能否合理信赖被上诉人虚假陈述的关键。

根据上诉人一审中的举证和陈述，其购买银广夏股票在相当程度上依赖的是媒体报道、股票分析人员的点评及从 2000 年 8 月至 2001 年 6 月先后派研究员、基金景宏经理以及相关投资人员等 10 余人次分别前往被上诉人银川总部、天津广夏及芜湖广夏进行实地调研的结果；本案证据同时也显示，上诉人的研究人员就银广夏股票分析过程中已经对广夏公司的业绩提出疑问，并要求上诉人对天津海关的进出口数据及其他涉及广夏公司的相关状况做进一步调查的情况下，上诉人最终仍然作出了投资购买银广夏股票的决定，且大量的银广夏股票是在该股股价处于高位、2000 年度中报接近公布之日买入的。上诉人的上述行为表明其未能合理运用自身专业知识和专业技能对银广夏股票的投资价值进行判断，在投资购买银广夏股票的实际决策过程中存在不周全和瑕疵之处，其并未按照基金景宏基金契约的规定履行完全的证券投资决策程序，使人不能确信上诉人投资银广夏股票尽到了充分的审慎义务和正常对待广夏公司公开披露重要信息的注意义务。上诉人作为专业投资机构，其投资银广夏股票的行为确有重大不合理性。原审法院依据被上诉人提供的上诉人买入银广夏股票时间段、买入的价格以及基金公司的性质等事实认定上诉人的投资结果与被上诉人的虚假陈述之间不存在因果关系并无不当，上诉人的上诉理由不能成立，原判应予维持。

综上，依照《中华人民共和国民事诉讼法》第一百五十三条第一款第（一）项、第一百五十八条的规定，判决如下：

驳回上诉，维持原判。

二审案件受理费 794 984 元，由上诉人大成基金管理有限公司负担。

本判决为终审判决。

审判长　马明夫

审判员　曾宪斌

代理审判员　周爱芬

二〇〇八年二月十四日

书记员　张耀方

（五十五）

银星能源虚假陈述民事赔偿案

主题词：银星能源　虚假陈述　侵权　赔偿

77. 傅岳富诉宁夏银星能源股份有限公司诉讼案

宁夏回族自治区银川市中级人民法院
民事判决书

（2008）银民商初字第 95 号①

原告：傅岳富，男。

委托代理人：王树军、罗婧，上海市汇业律师事务所律师。

被告：宁夏银星能源股份有限公司，住所地：宁夏回族自治区吴忠市朝阳街 67 号

法定代表人：何怀兴，该公司董事长。

委托代理人：李铎，金世永业律师事务所律师。

委托代理人：孟祥琳，宁夏麟祥律师事务所律师。

原告傅岳富与被告宁夏银星能源股份有限公司虚假陈述证券民事赔偿纠纷一案，本院受理后，依法组成合议庭，公开开庭进行了审理。原告傅岳富的委托代理人罗婧，被告宁夏银星能源股份有限公司委托代理人李铎、孟祥琳到庭参加诉讼。本案现已审理终结。

原告傅岳富诉称：原告根据被告［原宁夏吴忠仪表股份有限公司（以下简称吴忠仪表）］所披露的财务会计报告、上市报告文件临

---

① 本司法裁判文书系上海汇业律师事务所王树军律师提供。

时公告、年报及其他文件和相关信息，经认真阅读后，得出被告业绩优良的判断，进而对被告的股票进行投资。原告在 1999 年 8 月 2 日以后买进被告股票，于 2005 年 4 月 26 日后仍持有或卖出，或者在 2002 年 8 月 1 日以后买入股票，并于 2005 年 3 月 16 日以后仍持有或卖出，因此遭受的损失。

2006 年 3 月 1 日，中国证监会作出的证监罚字（2006）6 号《行政处罚决定书》，认定吴忠仪表 2003 年和 2004 年半年度报告存在虚假陈述行为，配股资金的使用、控股股东的资金占用及担保情况大部分未及时、准确公告，也未在定期报告中完整披露。

根据证监会的处罚决定，被告的不法行为是虚假陈述行为，违反《中华人民共和国证券法》规定的信息披露义务，公布的信息披露文件中作出违背事实真相的陈述或记载，或者没有按照规定公布重大信息，严重侵犯了原告作为投资者的合法权益，致使原告在证券交易中作出了错误的判断，遭受了巨大经济损失。

由于被告存在多个虚假陈述行为，均被证监会处罚。根据最高人民法院《关于审理证券市场因虚假陈述引发的民事赔偿案件的若干规定》（以下简称《若干规定》），可以认定被告主要的虚假陈述实施日为 1999 年 8 月 2 日和 2002 年 8 月 1 日，虚假陈述揭露日或更正日为 2005 年 4 月 26 日和 2005 年 3 月 16 日。原告在上述期限内合理信赖被告的信息披露，购买了被告于深交所上市的股票，按照《若干规定》，原告的损失与被告的虚假陈述之间有因果关系，被告应承担赔偿责任。请求判令：

1. 被告赔偿原告所遭受的损失；

2. 被告承担本案的诉讼费用和公证费用。

原告提交了以下证据：

1. 原告证券交易股票账户，用以证明原告具有本案的诉讼主体资格；

2. 被告公司法定名称及股票简称变更公告，用以证明被告于 2007 年 5 月 11 日进行了更名，即公司名称由"吴忠仪表股份有限公司"变更为"宁夏银星能源股份有限公司"，公司证券简称由"ST 仪表"变更为"银星能源"；

3. 吴忠仪表重大事项公告（2005 年 3 月 16 日发布），用以证明被告对外担保和委托理财情况进行了公告，被告对部分虚假陈述进行更正；

4. 被告 2004 年年报摘要（2005 年 4 月 26 日发布），用以证明被告进行虚假陈述，未能按照法律规定及时披露重要事项，使原告相信从而投资被告股票；

5. 中国证监会 2006 年 3 月 1 日作出的证监罚字（2006）6 号《行政处罚决定书》、2006 年 3 月 25 日被告发布的本公司及高管受到中国证监会处罚的公告，用以证明处罚决定确认被告实施虚假陈述的内容、时间、情况等详情，以及被告被行政处罚的事实；

6. 原告的交易记录资料及损失计算，用以证明原告因为被告的违规事实所受到的损失。

被告宁夏银星能源股份有限公司未作出书面答辩，庭审中辩称：原告关于 2005 年 4 月 26 日及 2005 年 3 月 16 日为虚假陈述揭露日及更正日的理由，不符合最高人民法院相关司法解释的规定，我方认为，2006 年 3 月 1 日中国证监会作出处罚决定之日为虚假陈述揭露日。另外，原告主张的损失没有剔除证券市场系统风险的影响，应扣除 14.87％的市场风险系数。

被告提交了以下证据：

1. 吴忠仪表重大事项公告（2005 年 3 月 1 日），用以证明构成虚假陈述更正日的条件是"自行公告更正并按规定履行停牌手续"，而此次被告公告并未履行停牌手续，故不构成虚假陈述更正日；

2. 中国证监会 2006 年 3 月 1 日作出的证监罚字（2006）6 号《行政处罚决定书》、2006 年 3 月 25 日被告发布的本公司及高管受到中国证监会处罚的公告，用以证明虚假陈述揭示日（揭露日）为 2006 年 3 月 1 日，而非原告认为的 2005 年 4 月 26 日。被告认为，虚假陈述揭示之日的准确界定将会对损害结果的有无和大小产生影响；

3. 被告 2004 年年报摘要（2005 年 4 月 26 日发布），用以证明该年报第 2.22 条重大会计差错的内容、更正金额、更正原因，被告认为属于按照《企业会计准则》进行的追溯调整，不构成对虚假陈述

的更正;

4. 证券市场系统风险对原告主张赔偿损失的影响（图标），图表反映，2000 年 1 月 28 日—2006 年 7 月 18 日，被告股票、深圳成分指数、工业机械指数、两支相近股票跌幅情况。

原、被告对对方提交的证据的真实性均无异议。被告并对原告证据 1.2 的证明目的没有异议，但对其他证据的证明目的均不认可。原告对被告证据的证明目的均不认可。

经审理查明：原告是深圳证券市场投资人。被告原名称为宁夏吴忠仪表股份有限公司，是在深圳证券交易所挂牌上市的上市公司，2007 年 5 月 11 日变更名称为宁夏银星能源股份有限公司。原告在 1999 年 10 月 19 日至 2003 年 1 月 6 日期间买入被告股票 4 200 股。2003 年 1 月 15 日，原告卖出 200 股，剩余 4 000 股。

2005 年 3 月 16 日，吴忠仪表发布重大事项公告，主要内容为，新一届董事会对公司进行资产核查时，发现存在以下问题：

1. 截至本公告发布日，公司对外担保余额中尚有 25 743 万元未在定期报告和临时报告中披露；

2. 公司存在委托理财情况且已形成亏损，截至 2004 年底委托理财资金余额 18 000 万元，委托理财事项未经公司董事会、股东大会会议决议，亦未经签署相关协议，故未能在定期报告和临时报告中进行信息披露。

2005 年 4 月 26 日，吴忠仪表发布 2004 年年度报告。其中第 2.22 条重大会计差错的内容、更正金额、更正原因及其影响部分的内容为：本公司 2003 年会计报表将短期投资——股票投资 18 000 万元计入预付账款、存货、在建工程及固定资产中，本年对此项做追溯调整，并按照 2003 年 12 月 31 日该项资产的市价计提了短期投资跌价损失准备，由此影响 2003 年 12 月 31 日资产总额 161 532 766.68 元，净利润 161 532 766.68 元。公告后，吴忠仪表按规定履行了停牌手续。

2006 年 3 月 1 日，中国证监会作出证监罚字（2006）6 号《行政处罚决定》。主要内容为："吴忠仪表信息披露违法案，我会于 2004 年 12 月立案调查，现已调查完毕。查明，吴忠仪表信息披露存在如下违法行为：一、2003年和2004年半年度报告存在虚假陈述。吴忠仪表1999年至2003年12月末虚增资产19 500万元、2003年度期初未分配利润虚增2 091.92万元、2003年度虚增净利润4 233.28万元、2004年度虚增利润104.94万元、虚做销售收入391.17万元、虚结转成本583.48万元。具体包括：1. 自1999年至2003年12月末，吴忠仪表通过虚增固定资产、长期股权投资、存货和在建工程等形式虚增资产19 500万元形成账外资金，用作二级市场股票买卖。2.……二、对配股资金的使用、控股股东的资金占用及担保情况大部分未能及时、准确公告，也未在定期报告中完整披露，吴忠仪表上述行为……构成原《证券法》第177条所述'依照本法规定，经核准上市交易的证券，其发行人未按照有关规定披露信息，或者所披露的信息有虚假记载、误导性陈述或者有重大遗漏的'行为……"

2006年3月25日，吴忠仪表按规定发布了受到中国证监会处罚的公告。

2006年2月15日，原告傅岳富将持有的被告股票4 000股卖出800股，剩余股票继续持有。

审理中，原、被告对自己及对方为适格诉讼主体、对被告的行为构成虚假陈述并应按照最高人民法院《若干规定》承担民事责任，对对方关于损失计算的方法、范围（即投资差额损失、投资差额损失部分的佣金和印花税、按银行同期活期存款利率计算的前两部分的资金利息）没有异议。审理中，原告将其诉状中两个实施日的主张变更为主张实施日为1999年8月1日，对此，被告没有异议。关于投资差额损失计算的基准日，原被告双方确认，应按照《若干规定》第三十三条第（一）项的规定确定，即基准日为"揭露日或者更正日起，至被虚假陈述影响的证券累计成交量达到其可流通部分100％之日"。

原、被告争议的问题是：

1. 按照《若干规定》的规定，虚假陈述被揭示，即揭示日，可分为两种情况：一是揭露日，二是更正日。本案中，被告虚假陈述揭示日是按更正日确定，还是按揭露日确定。对此，原告认为应以更正日确定，理由是被告《2004年年报》第2.22条即是被告对部分虚假陈述进行了更正，年报公告后被告并按规定履行了停牌手续，符合《若干规定》要求的条件，所以原告选择2005年4月26日被告发布《2004年年报》之日作为更正日。被告认为应以揭露日确定，理由是《2004年年报》第2.22条属于按照《企业会计准则》进行的追溯调整，不构成对虚假陈述的更正。中国证监会处罚决定是对虚假陈述的首次正式披露，所以2006年3月1日处罚决定日应确定为揭露日，而不应再选取更正日。

根据前述双方关于基准日的意见，如果虚假陈述揭示日按原告主张的2005年4月26日确定，那么基准日为2005年9月14日；如果揭示日按被告主张的2006年3月1日确定，那么基准日为2006年7月18日。

2. 证券市场系统风险能否认定，确定原告损失时是否扣除系统风险的影响。被告认为应认定系统风险，并在计算原告损失时应扣除一定的风险系数。原告对此不予认可。

本院认为，原、被告对自己及对方为适格诉讼主体，对被告的行为构成虚假陈述并应按照最高人民法院《若干规定》承担民事责任，对对方关于损失计算的方法、范围（即投资差额损失、投资差额损失部分的佣金和印花税、按银行同期活期存款利率计算的前两部分的资金利息）没有异议，应予以认定，《若干规定》第十八条规定："投资人具有以下情形的，人民法院应当认定虚假陈述与损害结果之间存在因果关系：（一）投资人所投资的是与虚假陈述直接关联的证券；（二）投资人在虚假陈述实施日及以后，至揭露日或者更正日之前买入该证券；（三）投资人在虚假陈述揭露日或者更正日及以后，因卖出该证券发生亏损，或者因持续持有该证券而产生亏损。"第二十条规定："本规定所指的虚假陈述实施日，是指作出虚假陈述或者发生虚假陈述之日。虚假陈述揭露日，是指虚假陈述在全国范围发行或者播放的报刊、电台、电视台等媒体上，首次被公开揭露之日。虚假陈述更正日，是指虚假陈述行为人在中国证券监督管理委员会指定披露证券市场信息的媒体上，自行公告更正虚假陈述并按规定履行停牌手续之日。"本案中，原、被告对被告虚假陈述实施

日确定为 1999 年 8 月 2 日没有异议，予以认定。被告认为虚假陈述
揭示日应以揭露日确定，并认为 2006 年 3 月 1 日中国证监会处罚日
为揭露日，该理由与《若干规定》关于揭露日的规定不符，理由不
能成立。原告认为虚假陈述揭示日应以更正日确定，并选择 2005 年
4 月 26 日被告公布 2004 年年报之日为更正日。对此，本院认为，中
国证监会处罚决定反映，该会 2004 年 12 月立案调查，2006 年 3 月 1
日作出处罚决定，查明被告自 1999 年至 2004 年存在虚假陈述行为，
说明被告虚假陈述呈连续性，而此期间虚假陈述行为实际对被告股
价产生了促使异常波动的影响。2005 年 1 月 16 日被告公告对部分虚
假陈述予以更正，同年 4 月 26 日被告在年报中又对有关情况予以调
整，因该两次公告均是在中国证监会指定披露证券市场信息的媒体
上作出，所以均会产生对虚假陈述揭示的效果。因没有证据证明
2005 年 3 月 16 日公告后被告履行了停牌手续，所以依照《若干规
定》不能认定成为更正日。2005 年 4 月 26 日被告公布年报，虽然相
关内容与之后中国证监会认定的虚假陈述不完全对应，但实质属于
自行公告虚假陈述的情形，而且，被告随之按规定履行了停牌手续。
因此，原告选择该日为更正日适当，应予以认定。原告买卖被告股
票的情形符合《若干规定》要求的条件，应当认定原告的投资损失
与被告的虚假陈述之间有因果关系。据此，确定原告损失计算合理
期间的基准日可以认定为 2005 年 9 月 14 日。

关于双方争议的第二个问题，本院认为，根据《若干规定》第
十九条第（四）项的规定，被告举证证明原告的损失或者部分损失
是由证券市场系统风险等其他因素所导致的，人民法院应当认定虚
假陈述与损害结果之间不存在因果关系。此条虽然将系统风险作为
免除民事责任的条件之一，但是对系统风险这一概念未作明确定义，
双方当事人也对系统风险有不同理解。从被告提交的相应证据来看，
并不能证明在被告划定的期间内，证券市场存在足以影响所有股票
价格下跌的合理事由，更不能证明该事由与原告投资损失之间有因
果关系。因此，被告该辩解理由亦不能成立。

综上，原告关于损失的计算适当，诉讼请求应予支持，按照最
高人民法院《关于审理证券市场因虚假陈述引发的民事赔偿案件的

若干规定》第十八条、第十九条、第二十条、第二十九条、第三十条、第三十一条、第三十二条、第三十三条第（一）项的规定，判决如下：

被告宁夏银星能源股份有限公司于本判决生效之日起十五日内赔偿原告。

如果未按本判决指定期间履行给付金钱义务，应当依照《中华人民共和国民事诉讼法》第二百二十九条之规定，加倍支付迟延履行期间的债务利息。

本案诉讼费×××元由宁夏银星能源股份有限公司负担。

如不服本判决，可在判决书送达之日起十五日内向本院递交上诉状，并按对方当事人的人数提交副本，上诉于宁夏回族自治区高级人民法院。

审判长　陈宁霞

审判员　范佐政

审判员　李玉霞

二〇〇八年十一月六日

书记员　边海鹰

78. 陈永锋诉宁夏银星能源股份有限公司上诉案

宁夏回族自治区高级人民法院

民事判决书

（2009）宁民商终字第 6 号①

上诉人（原审被告）：宁夏银星能源股份有限公司，住所地：宁夏回族自治区吴忠市朝阳街 67 号。

法定代表人：何怀兴，该公司董事长。

委托代理人：孟祥琳，宁夏麟祥律师事务所律师。

---

① 本司法裁判文书系上海汇业律师事务所王树军律师提供。

被上诉人（原审原告）：陈永锋，男，汉族，住海南省海口市。

委托代理人：王树军，上海市汇业律师事务所律师。

委托代理人：罗婧，上海市汇业律师事务所律师。

上诉人宁夏银星能源股份有限公司（以下简称银星能源）为与被上诉人陈永锋证券虚假陈述赔偿纠纷一案，不服宁夏回族自治区银川市中级人民法院（2008）银民商初字第 98 号民事判决，向本院提起上诉。本院依法组成合议庭，于 2009 年 3 月 20 日公开开庭审理了本案。上诉人银星能源的委托代理人孟祥琳、被上诉人陈永锋的委托代理人罗婧到庭参加诉讼。本案现已审理终结。

原审宁夏回族自治区银川市中级人民法院审理查明，原告是深圳证券市场投资人。被告原名称宁夏吴忠仪表股份有限公司（以下简称吴忠仪表），是在深圳证券交易所挂牌上市的上市公司，2007 年 5 月 11 日变更名称为宁夏银星能源股份有限公司。原告在 2002 年 1 月至 2003 年 7 月期间买入被告股票 3 200 股。

2005 年 3 月 16 日，吴忠仪表发布重大事项公告，主要内容为，新一届董事会在对公司进行资产核查时，发现存在以下问题：

1. 截至本公告发布日，公司对外担保余额中尚有 25 743 万元未在定期报告和临时报告中披露；

2. 公司存在委托理财情况且已形成亏损，截至 2004 年底委托理财资金余额 18 000 万元，委托理财事项未经公司董事会、股东大会会议决议，亦未签署相关协议，故未能在定期报告和临时报告中进行信息披露。

2005 年 4 月 26 日，吴忠仪表发布 2004 年年度报告。其中第 2.22 条重大会计差错的内容、更正金额、更正原因及其影响部分的内容为：本公司 2003 年会计报表将短期投资——股票投资 18 000 万元计入预付账款、存货、在建工程及固定资产中，本年对此项做追溯调整，并按照 2003 年 12 月 31 日该项资产的市价计提了短期投资跌价损失准备，由此影响 2003 年 12 月 31 日资产总额 161 532 766.68 元，净利润 161 532 766.68 元。公告后，吴忠仪表按规定履行了停牌手续。

2006 年 3 月 1 日，中国证监会作出证监罚字（2006）6 号《行政处罚决定》。主要内容为："吴忠仪表信息披露违法案，我会于 2004 年 12 月立案调查，现已调查完毕。查明，吴忠仪表信息披露存在如下违法行为：一、2003 年和 2004 年半年度报告存在虚假陈述。吴忠仪表 1999 年至 2003 年 12 月末虚增资产 19 500 万元、2003 年度期初未分配利润虚增 2 091.92 万元、2003 年度虚增净利润 4 233.28 万元、2004 年度虚增利润 104.94 万元、虚做销售收入 391.17 万元、虚结转成本 583.48 万元。具体包括：1. 自 1999 年至 2003 年 12 月末，吴忠仪表通过虚增固定资产、长期股权投资、存货和在建工程等形式，虚增资产 19 500 万元形成账外资金，用作二级市场股票买卖。2. ……二、对配股资金的使用、控股股东的资金占用及担保情况大部分未能及时、准确公告，也未在定期报告中完整披露。吴忠仪表上述行为……构成原《证券法》第 177 条所述'依照本法规定，经核准上市交易的证券，其发行人未按照有关规定披露信息，或者所披露的信息有虚假记载、误导性陈述或者有重大遗漏的'行为……"

2006 年 3 月 25 日，吴忠仪表按规定发布了受到中国证监会处罚的公告。

2007 年 1 月 12 日，原告陈永锋将持有的被告股票 3 200 股全部卖出。

审理中，原、被告对自己及对方为适格诉讼主体、对被告的行为构成虚假陈述并应按照最高人民法院《关于审理证券市场因虚假陈述引发的民事赔偿案件的若干规定》（以下简称《若干规定》）承担民事责任，对对方关于损失计算的方法、范围（即投资差额损失、投资差额损失部分的佣金和印花税、按银行同期活期存款利率计算的前两部分的资金利息）没有异议。原告将其诉状中两个实施日的主张变更为主张实施日为 1999 年 8 月 2 日，且放弃对公证费的诉请，对此，被告没有异议。关于投资差额损失计算的基准日，原、被告双方确认，应按照《若干规定》第三十三条第（一）项的规定确定，即基准日为"揭露日或者更正日起，至被虚假陈述影响的证券累计成交量达到其可流通部分 100％之日"。

原、被告争议的问题是：1. 按照《若干规定》的规定，虚假陈述被揭示，即揭示日，可分为两种情况：一是揭露日，二是更正日。本案中，被告虚假陈述揭示日是按更正日确定，还是按揭露日确定。对此，原告认为应以更正日确定，理由是被告《2004 年年报》第 2.22 条即是被告对部分虚假陈述进行了更正，年报公布后被告并按规定履行了停牌手续，符合《若干规定》要求的条件，所以原告选择 2005 年 4 月 26 日被告发布《2004 年年报》之日作为更正日。被告认为应以揭露日确定，理由是《2004 年年报》第 2.22 条属于按照《企业会计准则》进行的追溯调整，不构成对虚假陈述的更正。中国证监会的处罚决定是对虚假陈述的首次正式披露，所以 2006 年 3 月 1 日处罚决定日应确定为揭露日，而不应再选取更正日。

根据前述双方关于基准日的意见，如果虚假陈述揭示日按原告主张的 2005 年 4 月 26 日确定，那么基准日为 2005 年 9 月 14 日；如果揭示日按被告主张的 2006 年 3 月 1 日确定，那么基准日为 2006 年 7 月 18 日。

2. 证券市场系统风险能否认定，确定原告损失时是否扣除系统风险的影响。被告认为应认定系统风险，并在计算原告损失时应扣除一定的风险系数。原告对此不予认可。

原审法院认为，原、被告对自己及对方为适格诉讼主体、对被告的行为构成虚假陈述并应按照最高人民法院《若干规定》承担民事责任，对对方关于损失计算的方法、范围（即投资差额损失、投资差额损失部分的佣金和印花税、按银行同期活期存款利率计算的前两部分的资金利息）没有异议，应予以认定。《若干规定》第十八条规定："投资人具有以下情形的，人民法院应当认定虚假陈述与损害结果之间存在因果关系：（一）投资人所投资的是与虚假陈述直接关联的证券；（二）投资人在虚假陈述实施日及以后，至揭露日或者更正日之前买入该证券；（三）投资人在虚假陈述揭露日或者更正日及以后，因卖出该证券发生亏损，或者因持续持有该证券而产生亏损。"第二十条规定："本规定所指的虚假陈述实施日，是指作出虚假陈述或者发生虚假陈述之日。虚假陈述揭露日，是指虚假陈述在全国范围发行或者播放的报刊、电台、电视台等媒体上，首次被公开揭露之日。虚假陈述更正日，是指虚假陈述行为人在中国证券监督管理委员会指定披露证券市场信息的媒体上，自行公告更正虚假陈述并按规定履行停牌手续之日。"本案中，原、被告对被告虚假陈述实施日确定为 1999 年 8 月 2 日没有异议，予以认定。被告认为虚假陈述揭示日应以揭露日确定，并认为 2006 年 3 月 1 日中国证监会处罚日为揭露日，该理由与《若干规定》关于揭露日规定的条件不符，理由不能成立。原告认为虚假陈述揭示日应以更正日确定，并选择 2005 年 4 月 26 日被告公布 2004 年年报之日为更正日。对此，该院认为，中国证监会处罚决定反映，该会 2004 年 12 月立案调查，2006 年 3 月 1 日作出处罚决定，查明被告自 1999 年至 2004 年存在多项虚假陈述行为，说明被告虚假陈述呈连续性，而此期间虚假陈述行为实际对被告股价产生了促使异常波动的影响。2005 年 3 月 16 日被告公告对部分虚假陈述予以更正，同年 4 月 26 日被告在年报中又对相关情况予以调整，因该两次公告均是在中国证监会指定披露证券市场信息的媒体上作出，所以均会产生对虚假陈述揭示的效果。因没有证据证明 2005 年 3 月 16 日公告后被告履行了停牌手续，所以依照《若干规定》不能认定成为更正日。2005 年 4 月 26 日被告公布年报，虽然相关内容与之后中国证监会认定的虚假陈述不完全对应，但实质属于自行公告虚假陈述的情形，而且，被告随之按规定履行了停牌手续。因此，原告选择该日为更正日适当，应予以认定。原告买卖被告股票的情形符合《若干规定》要求的条件，应当认定原告的投资损失与被告的虚假陈述之间有因果关系。据此，确定原告损失计算合理期间的基准日可以认定为 2005 年 9 月 14 日。

关于双方争议的第二个问题，该院认为，根据《若干规定》第十九条第（四）项的规定，被告举证证明原告的损失或者部分损失是由证券市场系统风险等其他因素所导致的，人民法院应当认定虚假陈述与损害结果之间不存在因果关系。此条虽然将系统风险作为免除民事责任的条件之一，但是对系统风险这一概念未作明确定义，双方当事人也对系统风险有不同理解。从被告提交的相应证据来看，并不能证明在被告划定的期间内，证券市场存在足以影响所有股票价格下跌的合理事由，更不能证明该事由与原告投资损失之间有因果关系。因此，被告该辩解理由亦不能成立。

　　综上，原告关于其损失的计算适当，诉讼请求应予支持。依照最高人民法院《关于审理证券市场因虚假陈述引发的民事赔偿案件的若干规定》第十八条、第十九条、第二十条、第二十九条、第三十条、第三十一条、第三十二条、第三十三条第（一）项的规定，判决被告银星能源于本判决生效之日起十五日内赔偿原告陈永锋经济损失 17 401.70 元。如果未按本判决指定期间履行给付金钱义务，应当依照《中华人民共和国民事诉讼法》第二百二十九条之规定，加倍支付迟延履行期间的债务利息。案件受理费 235 元，由被告银星能源负担。

　　宣判后，银星能源不服，向本院提起上诉称：

　　1. 原审判决认定"2005 年 4 月 26 日被告公布年报，虽然相关内容与之后中国证监会认定的虚假陈述不完全对应，但实质属于自行公告虚假陈述情形，而且，被告随之履行了停牌手续，因此，原告选择该日为更正日适当，应当予以认定"无事实和法律依据，是错误的。首先，2005 年 4 月 26 日公布《2004 年年报》中第 2.22 条按照《企业会计准则》属于会计政策变更范围，因此采用追溯调整法进行调整，不是会计差错更正。其次，2005 年 4 月 26 日停牌一小时，是按照深圳证券交易所规则，上市公司公布年报例行停牌，并非上诉人按规定在虚假陈述更正时主动履行停牌手续。再次，根据 2006 年 3 月 1 日中国证监会证监罚字（2006）6 号《行政处罚决定书》第一项，认定 1999 年至 2003 年 12 月末，吴忠仪表通过虚增固定资产、长期股权投资、存货和在建工程等形式，虚增资产 19 500 万元，形成账外资金，用于二级市场股票买卖。这一认定包括 2004 年年报中第 2.22 条调整事项，如果该年报已经对其中 18 000 万元虚假陈述内容做出更正，中国证监会在进行处罚时至少应当认定更正行为，根据中国证监会的处罚决定书，显然不认为吴忠仪表在 2004 年度年报中对虚假陈述已经予以更正。因此，本案中被上诉人主张以 2005 年 4 月 26 日作为更正日，并以此推定 2005 年 9 月 14 日为基准日是错误的。应当以中国证监会行政处罚日为揭露日，基准日为 2006 年 7 月 18 日。被上诉人损失为 8 224.03 元。

　　2. 原审判决认定"根据《若干规定》第十九条第（四）项的规

定，被告举证证明原告的损失或者部分损失是证券市场系统风险等其他因素所导致，人民法院应当认定虚假陈述与损害结果之间不存在因果关系。此条虽然将系统风险作为免除民事责任的条件之一，但是对系统风险这一概念未作明确定义，双方当事人也对系统风险有不同理解。从被告提交的相应证据来看，并不能证明在被告划定的期间内，证券市场存在足以影响所有股票价格下跌的合理事由，更不能证明该事由与原告投资损失之间有因果关系。因此，被告该辩解理由亦不能成立"是错误的。既然最高人民法院在《若干规定》中将系统风险作为免责事由，法院在裁判案件中就必须严格遵照执行。系统风险是证券市场固有的因素导致，包括法律政策变化、整个经济运行情况、产业和区域因素、上市公司基本面以及其他市场因素，这些因素并非上诉人所能控制，2002 年至 2006 年适逢中国股票市场低迷期，深证成指从 4 000 余点一路下跌，最低只有 2 500 余点，从上诉人股票 K 线走势看来，和大盘走势基本同步，在 2006 年 3 月 1 日前，没有大的异常波动。上诉人从深证成指、相关行业指数等因素考虑系统风险并得出相应结果是：2000 年 1 月 8 日至 2006 年 7 月 18 日，银星能源名义跌幅为 49.5%；深证成指名义跌幅 6.67%；工业机械指数名义跌幅 14.87%；天兴仪表名义跌幅 42.42%；自仪股份名义跌幅 51.64%，上诉人以最密切关联的板块指数作为系统风险考虑，被上诉人损失中有 14.87% 是系统风险造成的，与上诉人虚假陈述行为无关，应当减除。

综上，请求二审法院依法撤销原审判决，发回重审或改判，以维护上诉人合法民事权益。

被上诉人陈永锋未作书面答辩。

本院二审期间，上诉人银星能源新提交两份证据。

证据一：退市风险警示公告。

证明目的：（1）原审判决关于 2005 年 4 月 26 日上诉人公布年报属于自行公告虚假陈述的情形，而且随之履行停牌手续的认定是错误的；（2）被上诉人主张以 2005 年 4 月 26 日作为更正日，并以此推定 2005 年 9 月 14 日为基准日不正确。

证据二：公告确认证明书。

证明目的：（1）上诉人履行了上市公司发布公告的手续；（2）深交所收到并确认该公告；（3）《中国证券报》刊登公告的依据。

被上诉人陈永锋质证认为，该两份证据不属于二审新证据，原审认定是在年报中更正而不是在退市风险公告上更正。

本院除对一审查明的事实予以确认外，还查明，2005年4月26日，银星能源发布五个公告，其中包括2004年年度报告、风险警示公告、重大事项公告等。重大事项公告内容为：重大会计差错的内容、更正金额、更正原因及其影响公司2003年会计报表将短期投资——股票投资18 000万元计入预付账款、存货、在建工程及固定资产中，公司董事会决定2004年对此项做追溯调整，并按照2003年12月31日该项资产的市价计提了短期投资跌价损失准备，由此影响2003年12月31日资产总额161 532 766.68元，净利润161 532 766.68元。该内容与当日年度报告中公告内容一致。

本院认为，本案二审争议焦点为：

1. 投资差额损失计算的基准日如何确定的问题。

2. 证券市场系统风险能否认定，确定原告损失时是否扣除系统风险的影响的问题。

关于投资差额损失计算的基准日如何确定的问题。依据《若干规定》的规定，当事人可以选择以揭露日或者更正日计算基准日，从而确定投资差额损失。根据《若干规定》第二十条第三款"虚假陈述更正日，是指虚假陈述行为人在中国证券监督管理委员会指定披露证券市场信息的媒体上，自行公告更正虚假陈述并按规定履行停牌手续之日"的规定，2005年4月26日，上诉人银星能源发布了五个公告，分别在年度公告和重大事项公告中对虚假陈述行为进行了公告，并在当天履行了停牌手续，该行为符合《若干规定》的相关规定，一审法院对虚假陈述更正日及基准日的认定，事实清楚，证据充分，本院予以确认。银星能源提出虚假陈述更正日不成立，应当以虚假陈述揭露日来计算基准日的上诉理由不能成立。

关于证券市场系统风险能否认定，确定原告损失时是否扣除系统风险影响的问题。银星能源一、二审所举证据不能证明证券投资人在投资该股票期间内，证券市场系统风险有足以影响所有股票价格下跌的具体事由，也不能证明该事由与自然人投资损失之间有因果关系，故不应扣减。

综上，原判认定事实清楚，证据充分，适用法律正确。上诉人银星能源的上诉理由均不能成立。依照《中华人民共和国民事诉讼法》第一百五十三条第一款第（一）项、第一百五十八条之规定，判决如下：

驳回上诉，维持原判。

二审案件受理费 50 元，由上诉人宁夏银星能源股份有限公司负担。

本判决为终审判决。

审判长　汤　娟

审判员　周爱芬

代理审判员　张耀方

二〇〇九年五月十九日

书记员　郭晓赟

（五十六）

九发股份虚假陈述民事赔偿案/破产重整案

主题词：九发股份　虚假陈述　侵权　赔偿

79. 朱锦川诉山东九发食用菌股份有限公司诉讼案

山东省烟台市中级人民法院
民事判决书

（2009）烟商初字第 79 号 [①]

原告：朱锦川，汉族，住上海市杨浦区。

委托代理人：陶雨生、武峰，北京大成律师事务所律师。

被告：山东九发食用菌股份有限公司，住所地：烟台市胜利路 201—209 号汇丰大厦。

法定代表人：纪晓文，董事长。

委托代理人：王建文，山东鼎然律师事务所律师。

原告朱锦川诉被告山东九发食用菌股份有限公司证券虚假陈述赔偿纠纷一案，本院受理后，依法组成合议庭，公开开庭进行了审理。原告委托代理人武峰和被告委托代理人王建文到庭参加了诉讼，本案现已审理终结。

原告朱锦文诉称，因被告实施虚假陈述行为，误导了作为投资人的原告，使原告在被告实施虚假陈述行为之日及以后至 2008 年 6 月 14 日前高价买入九发股份，自被告的虚假陈述行为被公开揭露之

---

① 本司法裁判文书系北京大成律师事务所陶雨生律师提供。

后，从 2008 年 6 月 27 日九发股份复牌之日起股份就应声下跌，连续六个跌停板。造成原告的投资损失。请求：

1. 判令被告赔偿原告因虚假陈述造成的投资损失共计人民币 2 244 099.83 元（包括投资差额损失、印花税、佣金及利息）；

2. 由被告承担本案全部诉讼费用。

被告山东九发食用菌股份有限公司辩称：

1. 本案的审理应当区别于普通的证券虚假陈述赔偿纠纷。

（1）九发股份已经裁定破产重整，且破产重整已经完成，因此赔偿主体是需要研究的首要问题。

（2）按照破产重整方案，对所有债权人的赔偿都应当按照依法确定的债权清偿比例进行赔偿。

（3）按照破产重整方案，所有持有九发股份的股东都应当削减持有股份的 30%，然后再考虑其他计算赔偿的办法。

（4）作为债权人，应当在法定期限内申报债权，没有申报的，将得不到赔偿。

2. 关于系统风险对九发股份的影响。

分析大盘和九发股份在虚假陈述被揭露以前的运行情况，再分析虚假陈述被揭露以后的状况，九发股份股价的涨跌与虚假陈述存在一定的因果关系，且与大盘共同作用对股价的波动产生影响。

本院审理查明，被告山东九发食用菌股份有限公司于 1998 年 6 月 25 日以募集方式设立，于 1998 年 7 月 3 日，首次公开发行 A 股股票，并在上海证券交易所挂牌上市交易。

2008 年 6 月 13 日，九发股份在媒体发布公告，主要内容如下："目前，九发股份信息披露违法案已经中国证券监督管理委员会调查完毕，拟依法对九发股份及相关个人作出行政处罚，并对相关个人实施市场禁入措施。"第二天，《上海证券报》披露案件的事实，被告第一大股东为九发集团，蒋绍庆为九发集团董事长，兼任九发股份董事长。蒋绍庆通过九发集团的关联企业将九发股份资金转出，由九发集团无偿使用，涉及金额超过 6 亿元，至今未归还。另外，上市公司还存在未按规定披露其与关联公司的往来和重大担保事项，定期报告存在虚假记载等违规行为。

2008 年 8 月 4 日，九发股份又在媒体发布公告，其主要内容为：公司于 2008 年 7 月 29 日收到中国证券监督管理委员会《行政处罚决定书》《市场禁入决定书》。公司存在以下信息披露违法行为：

1. 虚假记载。2005 年和 2006 年九发股份向山东九发集团的关联公司签发银行汇票 23 笔，金额 720 000 000 元，商业承兑汇票 4 笔，金额 80 500 000 元，上述票据未记账。票据到期付款时亦不及时入账，且补记入账时，错误地冲减了短期借款、应付款等其他科目，导致相关期间定期财务报表虚假记载。

2. 重大遗漏：

（1）未按规定披露与其关联公司的资金往来。山东省烟台市牟平区正大物贸中心（以下简称正大物贸）实际上受九发集团控制，九发集团与其往来属于关联交易。2005 年九发股份与正大物贸关联往来发生额合计 2 185 053 629.55 元，2006 年九发股份与正大物贸关联往来发生额合计 883 687 344.86 元。对上述关联交易，九发股份均未按照规定发布临时公告，也未在 2005 年和 2006 年定期报告中按规定披露。

（2）未按规定披露重大担保事项。2005 年和 2006 年，九发股份使用定期存单和土地房产证为控股股东九发集团、关联公司烟台麒润投资有限公司等单位银行贷款提供担保，合计担保金额 291 000 000 元。

上述贷款担保事项为重大担保事项，九发股份均未按照规定发布临时公告，也未在 2005 年和 2006 年定期报告中按规定披露。

中国证券会决定：

1. 责令九发股份改正信息披露违法，给予警告，并处以 50 万元的罚款。

2. 对蒋绍庆给予警告，并处以 30 万元的罚款；对王龙给予警告，并处以 10 万元的罚款，对张本明、袁睁、许爱民和姜海林分别给予警告，并处以 5 万元的罚款；对宫云科和李廷芳分别给予警告，并处以 3 万元的罚款。公司原董事长蒋绍庆为以上各定期报告信息披露违法行为的直接负责主管人员。同时，对九发股份未按规定披露与正大物贸关联资金往来和未按规定披露重大担保事项，蒋绍庆是直接负责的主管人员。九发股份和蒋绍庆上述违反《证券法》的行为情节严重，根据当事人违法行为的事实、性质、情节与社会危害程度，依据《证券法》第二百三十三条和《证券市场禁入规定》第三条、第五条，我会认定蒋绍庆为市场禁入者，10年内不得从事证券业务或担任上市公司的董事、监事或高级管理人员。

原告在2007年至今多次买卖九发股票，每股平均买入价格为7.69元，卖出平均价格为4.41元。与该股虚假陈述发生因果关系股份为400 000股，产生投资差额损失1 311 447.04元，佣金和印花税共计10 491.58元，利息14 403.83元。

以上事实，有原告证券交易所证券交易卡公证书、中国证监会告知书、证券交易对账单、损失计算明细表、被告实施破产重整裁定书、被告在《上海证券报》的公告、中国证券登记有限责任公司上海分公司投资者记名证券持有变动记录、开庭笔录等在案为凭，足以认定。

本院认为，被告虚假陈述事实经中国证监会调查认定，事实清楚，被告和责任人员受到了相应的行政处罚。由于被告的虚假陈述，导致九发股份的股价在短时间内急剧下跌，给包括原告在内的投资者造成了损失。原告要求被告赔偿投资损失及佣金和印花税、利息损失，符合法律规定，应予支持。本案双方争执的焦点在于原告的损失数额范围应否扣除系统风险部分造成的损失。原告买入九发股份股票时上证A指为4 499.55点，而卖出时上证A指为3 075.63点，整个市场正处于下跌过程当中，相关指数出现了大幅度的波动，该市场风险应视为一种系统风险。系统风险对原告造成的损失不应由被告承担。计算系统风险应按上证A指下跌的比例作为依据，经计算其损失为422 896.67元，应从其实际损失中扣除，原告该部分损失的请求不应支持。对超过10万元以上损失部分，应按照破产重整中确定的比例清偿。

综上，根据最高人民法院《关于审理证券市场因虚假陈述引发的民事赔偿案件的若干规定》第二十一条、第三十条、第三十一条的规定，判决如下：

1. 被告山东九发食用菌股份有限公司于判决生效后十日内赔偿原告朱锦川各种损失 217 520.95 元；

2. 驳回原告朱锦川其他诉讼请求。

如果未按判决指定的期间履行给付金钱义务，应当按照《中华人民共和国民事诉讼法》第二百三十二条之规定，加倍支付迟延履行期间的债务利息。

案件受理费 24 753 元，由被告承担 2 399 元，原告承担 22 354元。

如不服本判决，可在判决书送达之日起十五日内，向本院递交上诉状，并按对方当事人的人数提交副本，上诉于山东省高级人民法院。

审判长　李学泉

审判员　张建庆

审判员　王汝娟

二〇一一年五月二十六日

书记员　王鲁华

（五十七）
万福生科虚假陈述民事赔偿案

主题词：万福生科　虚假陈述　侵权　赔偿

80. 中国证券投资者保护基金公司《关于万福生科虚假陈述事件投资者利益补偿专项基金的管理人公告》

中国证券投资者保护基金公司

《关于万福生科虚假陈述事件投资者利益

补偿专项基金的管理人公告》[①]

重要提示：

1. 中国证券投资者保护基金有限责任公司是经国务院批准设立的不以营利为目的的国有独资公司，现接受平安证券委托，担任万福生科虚假陈述事件投资者利益补偿专项基金的管理人，负责该基金的日常管理及运作，不收取任何报酬。我们将勤勉尽责，履行好管理人职责，切实维护投资者合法权益。

2. 因万福生科虚假陈述而遭受投资损失的投资者应及时关注平安证券发布的相关公告，并重点关注其中万福生科虚假陈述事件投资者利益补偿专项基金的补偿对象及补偿金额的计算方法等实质性内容。

3. 因万福生科虚假陈述而遭受投资损失的投资者，可以接受万福生科虚假陈述事件投资者利益补偿专项基金的补偿，也可以不接受补偿。如果不接受补偿，投资者可以依照国家有关规定提起民事

---

① 本法律文件系上海新望闻达律师事务所宋一欣律师提供。

赔偿诉讼。如未能与平安证券达成和解的投资者与平安证券发生纠纷，中国证券投资者保护基金有限责任公司将不作为证人出庭或将有关材料作为呈堂证据出示，以免对各方当事人产生有利或不利影响。

为先行补偿因万福生科（湖南）农业开发股份有限公司（以下简称"万福生科"）虚假陈述而遭受投资损失的投资者（以下简称"适格投资者"），平安证券有限责任公司（以下简称"平安证券"）出资人民币 3 亿元，设立万福生科虚假陈述事件投资者利益补偿专项基金（以下简称"专项补偿基金"）。中国证券投资者保护基金有限责任公司（以下简称"保护基金公司"）接受平安证券委托，担任专项补偿基金的管理人。现将有关事项公告如下：

一、专项补偿基金基本情况

（一）专项补偿基金出资人

平安证券。

（二）专项补偿基金管理人

保护基金公司。

（三）专项补偿基金托管银行

中国建设银行股份有限公司。

（四）专项补偿基金规模

人民币三亿元

二、专项补偿基金补偿的对象和补偿金额的计算方法

专项补偿基金的补偿对象和补偿金额的计算方法由平安证券确定并发布公告。

三、专项补偿基金管理人的职责

（一）保护基金公司接受平安证券的委托，担任专项补偿基金的管理人，负责专项补偿基金的日常管理及运作。对前述委托事项不收取任何报酬。

（二）保护基金公司将以客观、中立为原则，管好、用好专项补偿基金财产，勤勉尽责地履行好管理人职责，保证专项补偿基金财产的安全和完整，专款专用。

（三）为使投资者能够便捷、及时地获知专项补偿基金相关信息，保护基金公司将在中国证券投资者保护网（www.sipf.com.cn）、专项补偿基金网（www. wfskjj. com）及其他媒体及时发布专项补偿基金的相关信息。

（四）保护基金公司将按照平安证券提供的补偿金额计算方法对补偿金额进行核算确定，依照适格投资者与平安证券达成和解的相关约定，办理资金划拨事宜。

（五）为更好地管理和运作专项补偿基金，保护基金公司聘请江平、方流芳、郭锋、叶檀、陈建明、黄世忠等法律、财经界专家组成专家委员会，对专项补偿基金管理和运作过程中的重大问题提供咨询意见［专家委员会委员简历详见中国证券投资者保护网（www. sipf. com. cn）及专项补偿基金网（www. wfskjj. com）］。

（六）保护基金公司将建立专门的客服团队，负责接受投资者的咨询：

1. 专项补偿基金网：http：//www. wfskjj. com。

2. 热线电话：4008666789（周一至周日8：30—22：00）。

3. 邮箱：wfskjj@vip. sina. com。

4. 通信地址：湖南省长沙市芙蓉区芙蓉中路八一桥西北侧金帆大厦609、610、612室，邮编410005。

（七）保护基金公司成立专项补偿基金补偿工作组（以下简称"补偿工作组"），负责专项补偿基金日常事务。

地址：湖南省长沙市芙蓉区芙蓉中路八一桥西北侧金帆大厦609、610、612室，邮编410005。

四、支付补偿资金的基本流程

保护基金公司将自本公告刊登之日起六十天内按照以下流程完成补偿金额的计算及补偿资金的划付。

（一）补偿金额的计算

补偿工作组根据有效的交易数据，按照平安证券确定的计算方法计算出应向每一适格投资者支付的补偿金额，并聘请独立的第三方会计师事务所进行审计，并出具专项审计报告。

（二）和解的达成

接受补偿金额、与平安证券达成和解是适格投资者获得补偿金的必备条件。适格投资者应当在指定的期限内按以下流程办理：

1. 自 2013 年 5 月 20 日起，专项补偿基金网（网址：http://www.wfskjj.com）开放适格投资者注册及查询补偿金额功能。适格投资者应在 2013 年 6 月 11 日 23 时前完成专项补偿基金网站注册，登录查询可获得的补偿金额及计算方法，并在该时限前完成《和解承诺函》点击确认；

2. 在 2013 年 6 月 17 日至 6 月 28 日期间，适格投资者应登录 http://wltp.cninfo.com.cn，通过深圳证券交易所上市公司股东大会网络投票系统（以下简称"网络投票系统"），发出对补偿金额的有效确认指令。

以上 1、2 两项流程须依次进行，只有在完成第 1 项流程后方可进入第 2 项流程。

适格投资者在专项补偿基金网站（网址：http://www.wfskjj.com）点击确认《和解承诺函》及通过网络投票系统发出对补偿金额的有效确认指令，即表明接受补偿，与平安证券达成和解。

特别提请适格投资者注意，适格投资者在专项补偿基金网站（网址：http://www.wfskjj.com）点击确认《和解承诺函》，及后续通过网络投票系统发出对补偿金额的有效确认指令前，应认真阅读专项补偿基金公告以及包括但不限于《和解承诺函》在内的专项补偿基金网站公布的有关文件，并确保已经理解相关文件的各项条款及其内容的含义。

未在指定的期限内通过专项补偿基金网站点击确认《和解承诺函》并通过网络投票系统发出有效确认指令的投资者，视为不接受专项补偿基金的补偿。

（三）支付补偿金

2013 年 6 月 28 日起，保护基金公司向专项补偿基金托管银行下达划款指令，将补偿金划入投资者在证券公司开立的证券交易结算资金账户。适格投资者应于 2013 年 7 月 5 日前对补偿金的到账情况进行查询，若到账金额与适格投资者在专项补偿基金网站查询获知的补偿金额不一致，可以通过服务热线向补偿工作组提出核查请求。

五、后续公告

敬请投资者务必密切关注专项补偿基金的后续公告，切实维护自身的合法权益。

特此公告

中国证券投资者保护基金有限责任公司

二〇一三年五月十日

81. 平安证券有限责任公司《关于设立万福生科虚假陈述事件投资者利益补偿专项基金的公告》

平安证券有限责任公司

《关于设立万福生科虚假陈述事件投资者利益
补偿专项基金的公告》①

重要提示：

（一）基金设立的目的在于补偿符合条件的投资者因万福生科虚假陈述而遭受的投资损失。

（二）基金采取"先偿后追"方式，即平安证券先行以基金财产偿付符合条件的投资者，再通过法律途径向万福生科虚假陈述事件的主要责任方及其他连带责任方追偿。

（三）基金依据最高人民法院《关于审理证券市场因虚假陈述引发的民事赔偿案件的若干规定》所确定的规则和标准，本着有利于投资者的原则确定基金补偿范围，本着充分补偿的原则确定补偿金额计算方法。

基金补偿范围及补偿金额计算方法一经公告，即对平安证券产生约束力，在基金存续期间内不可变更及撤销。

（四）本次以设立基金方式先行偿付符合条件的投资者，是在司法途径之外，为符合条件的投资者提供一条相对高效、便捷的渠道，使其及时获得补偿。

因万福生科虚假陈述而遭受投资损失的符合条件的投资者，如果接受补偿，则表明其自愿放弃向万福生科虚假陈述事件的责任方

---

① 本法律文件系上海新望闻达律师事务所宋一欣律师提供。

再行请求赔偿的权利；如果不接受补偿，可以依法提起诉讼，但需自行承担相应的诉讼成本及诉讼风险。

（五）投资者于 2012 年 9 月 15 日之前卖出万福生科股票或于 2013 年 3 月 2 日之后买入万福生科股票所产生的投资损失不属于基金的补偿范围，敬请投资者注意投资风险。

（六）万福生科虚假陈述事件责任方买卖万福生科股票产生的损失不属于基金的补偿范围。

平安证券有限责任公司（以下简称"平安证券"）作为万福生科（湖南）农业开发股份有限公司（以下简称"万福生科"）首次公开发行并上市的保荐机构及主承销商，为切实承担中介机构责任，维护投资者合法权益，出资设立"万福生科虚假陈述事件投资者利益补偿专项基金"（以下简称"基金"），用基金财产先行偿付符合条件的投资者因万福生科虚假陈述而遭受的投资损失。

现将基金相关事项公告如下：

一、基金基本情况

（一）基金出资人

平安证券。

（二）基金管理人

中国证券投资者保护基金有限责任公司（以下简称"基金管理人"）同意接受平安证券的委托，担任基金的管理人，负责基金的日常管理及运作。

基金管理人聘请江平教授、方流芳教授、郭锋教授、叶檀博士、陈建明博士、黄世忠教授等法律、财经界专家组成专家委员会，就基金管理及运作过程中的重大问题提供咨询意见［专家委员会委员简历详见基金网站（www.wfskjj.com）］。

基金管理人成立补偿工作组执行基金日常事务。

（三）基金托管银行

基金托管银行为中国建设银行股份有限公司。

基金托管银行负责开立基金资金监管专户，独立保管基金财产，确保基金财产的安全与完整。

（四）基金规模

基金规模为人民币三亿元。

平安证券已于本公告刊登前将人民币三亿元足额划付至在托管银行开立的基金资金监管专户。

（五）基金的成立

基金自本公告首次刊登之日起成立。

（六）基金存续期间

基金的存续期间为自成立之日起两个月，基金管理人可根据基金运作的实际情况延长基金存续期间，但最迟不超过 2013 年 12 月 31 日。

基金存续期间届满由基金管理人聘请独立的第三方会计师事务所对基金进行审计，并组织清算，剩余财产返还平安证券。

二、基金的补偿范围

投资者对万福生科股票的交易具备如下情形之一的，属于基金的补偿范围：

（一）自 2011 年 9 月 14 日起，至 2012 年 9 月 15 日之前买入万福生科股票，且在 2012 年 9 月 15 日之后因卖出或持续持有万福生科股票而产生亏损的；

（二）自 2011 年 9 月 14 日起，至 2012 年 10 月 26 日之前买入万福生科股票，且在 2012 年 10 月 26 日之后因卖出或持续持有万福生科股票而产生亏损的；

（三）自 2011 年 9 月 14 日起，至 2013 年 3 月 2 日之前买入万福生科股票，且在 2013 年 3 月 2 日之后因卖出或持续持有万福生科股票而产生亏损的。

同时符合上述两项或以上情形的，分别计算每种情形下的补偿金额，按照有利于投资者的原则确定最终的补偿金额。

说明 1：

（1）2011 年 9 月 14 日：万福生科发布《首次公开发行股票并在创业板上市招股说明书》之日，是万福生科招股说明书虚假陈述的实施日；

（2）2012 年 9 月 15 日：万福生科发布《被立案稽查公告》之日；

（3）2012 年 10 月 26 日：万福生科发布《关于重要信息披露的补充和 2012 年中报更正的公告》之日，为 2012 年中报虚假陈述更正日；

（4）2013 年 3 月 2 日：万福生科发布《关于重大事项披露及股票复牌的公告》之日，是万福生科 2008 年至 2011 年定期报告虚假陈述的揭露日。

三、补偿金额的计算方法

基金补偿的金额以符合条件的投资者因万福生科虚假陈述而实际发生的直接损失为限。

基金将按照以下公式计算每一符合条件的投资者的补偿金额：

补偿金额＝投资差额损失＋投资差额损失部分的佣金和印花税＋资金利息

投资者持股期间基于股东身份取得的收益，包括红利、红股、公积金转增所得的股份以及投资者持股期间出资购买的配股、增发股和转配股，不冲抵其补偿金额。

具体计算方法如下：

（一）计算投资差额损失

1. 确定投资差额损失计算的基准日

投资差额损失计算的基准日，是指虚假陈述揭露或者更正后，为将投资者应获补偿金额限定在因虚假陈述所造成的损失范围内，确定损失计算的合理期间而规定的截止日期。

在万福生科虚假陈述事件中，自揭露日或更正日起，万福生科股票累计成交量（不含大宗交易成交量）达到万福生科股票全部可流通部分 100％之日为基准日。已经除权的股票，成交数量复权计算。

2. 投资差额损失的计算方法

投资者在揭露日或更正日及以后、基准日及以前卖出万福生科股票的，其投资差额损失，以买入平均价格与实际卖出平均价格之差，乘以投资者所持万福生科股票数量计算。

投资者在基准日之后卖出或持续持有万福生科股票的，其投资差额损失，以买入平均价格与揭露日或更正日起至基准日期间，每个交易日收盘价的平均价格之差，乘以投资者所持万福生科股票数量计算。

说明 2：

（1）不存在投资差额损失的，不计算补偿；

（2）在确定投资者的投资差额损失时采用先进先出法，即假设先买入的股票被最先卖出，卖出成本以最先买入的股票价格确定；

（3）已经除权的股票，计算投资差额损失时，股票价格和数量复权计算。

（二）计算投资差额损失部分的佣金及印花税

投资差额损失部分的佣金及印花税按 3‰的佣金费率、1‰的印花税率计算。

（三）计算资金利息

对前述（一）、（二）部分的资金利息，自买入至卖出万福生科股票日或者基准日，按银行同期活期存款利率计算。

四、支付补偿的基本流程及咨询、联系方式

基金支付补偿的基本流程及基金的咨询、联系方式详见基金管理人发布的公告。

特别提请投资者关注，投资者通过深圳证券交易所上市公司股东大会网络投票系统发出对补偿金额的有效确认指令，即表明其接受补偿、与平安证券达成和解，自愿放弃向万福生科虚假陈述事件的责任方再行请求赔偿的权利。

五、后续公告

敬请投资者务必密切关注基金后续发布的关于基金补偿支付具体流程与操作要求的持续提示公告，并严格按公告提示进行操作，以避免因未能在公告列明的期限内有效实施操作而带来的不利后果。

六、支持、配合与责任承担

基金存续期间，平安证券承诺在不干预基金独立运作的前提下，全力支持基金管理人及补偿工作组开展工作，尽可能为基金运作提供便利与配合，督促基金管理人及补偿工作组为投资者提供优质、高效的服务，并对基金运作结果承担最终责任。

七、权利声明

对于平安证券支付的超出自身应承担责任份额的补偿金额，平安证券将通过法律途径向万福生科虚假陈述事件主要责任方及其他连带责任方进行追偿，并将就自身因万福生科虚假陈述事件所受损失依法追究相关责任方的法律责任。

特此公告

平安证券有限责任公司

二〇一三年五月十日

82. 平安证券有限责任公司《关于设立万福生科虚假陈述事件投资者利益补偿专项基金的公告》问答

平安证券有限责任公司

《关于设立万福生科虚假陈述事件投资者

利益补偿专项基金的公告》问答①

一、平安证券发起设立"万福生科虚假陈述事件投资者利益补偿专项基金"的出发点是什么？

平安证券有限责任公司（以下简称"平安证券"或"公司"）作为万福生科（湖南）农业开发股份有限公司（以下简称"万福生科"）首次公开发行并在创业板上市的保荐机构，虽未参与或协助万福生科的造假行为，但未充分勤勉尽责，未能及时发现并有效遏止这一造假案件的发生，公司对此深感痛心和自责，对投资者因此遭受的损失，诚挚地表示歉意。

公司认为，万福生科的投资者是无辜的，此次造假事件造成的最严重后果体现为对投资者利益的损害。只有投资者利益补偿问题更高效更充分地得到解决，整个事件才有机会真正得到妥善解决，公司应负有的责任才能真正得到切实履行，才能够真正表达公司知错、纠错、弥补过失的诚意。为了上述目标的实现，公司愿意以实际行动切实承担起相应责任。

在现有的法律法规框架下，公司相应责任的承担可有两种模式：

---

① 本法律文件系上海新望闻达律师事务所宋一欣律师提供。

一是在原有解决模式下，公司在等待行政处罚和民事诉讼前置条件成立后，被动地接受民事诉讼程序的展开和落实，并最终按照责任划分结果履行法定义务，但将经历较长时间的处置过程；公司希望开创另一种新的模式，规避后续程序的长时间等待，独家先行解决投资者利益补偿问题，更主动地承担责任。

公司希望主动承担责任亦是出于品牌、声誉和尽快恢复正常业务秩序的考虑。平安证券一直重视品牌和声誉，将其视为宝贵财富和立业根本，并本着长远发展的理念，矢志于成为中国证券市场有责任感、有进取心、长期而重要的参与主体。万福生科事件对公司的品牌和声誉已经造成了较为严重的负面影响。投资者利益补偿问题长时间得不到解决，后续争端及诉讼将持续影响公司的正常业务经营，给公司的持续发展带来不利影响。公司希望通过主动承担责任、真正为保护投资者利益做些实事的行为，使公司品牌和声誉有所恢复，以更坦诚、更积极的心态面对市场、客户和投资者，创造公司各项业务良性的发展环境。

具体而言，平安证券采用"先偿后追"的处理模式，搁置复杂的责任认定和划分等问题，主动独家出资 3 亿元人民币设立专项基金，先行补偿符合条件投资者的损失，再通过法律手段向其他相关责任方进行追偿，并将就自身因万福生科事件所遭受损失依法通过仲裁或诉讼程序追究相关责任方的法律责任。为了达到更好保护投资者利益的效果，平安证券愿意承担设立基金带来的较大的财务压力和执行责任，并尽力做好相关工作。

在以往类似事件中，公众投资者特别是中小投资者的利益保护一直是个难题，现有法规虽然赋予了投资者通过民事诉讼手段获得赔偿的权利，但由于诉讼本身尤其是在证券市场虚假陈述民事赔偿诉讼方面，对程序、举证等环节要求较为严谨，往往导致耗时长、成本高、举证程序复杂、诉讼结果不确定等情况，最终获得赔偿的投资者比例有限。本次平安证券设立该基金，是为了在司法解决途径之外，为投资者提供一个相对更为快速便捷的可选渠道，以使其获得较为高效、依法适额的补偿。此种模式是类似事件解决方向上的新探索。同时也要注意到，万福生科事件也具有其特殊性，其解决方式的可行需要具备多方面条件，并非可以随意推行于每个个案，而应就单个事件的具体情况、牵涉主体的主观意愿和自身条件进行选择，或在此种模式思路的基础上推衍，寻求适合不同个案的具体方案。

公司深知，设立专项基金仅是事后补救、减少损害的行为。更加根本的，应是从源头上避免类似事件的再次发生。万福生科事件对平安证券的教训是深刻的，反映出公司在业务模式、文化导向、行为准则、组织流程、激励机制、问责机制、风控体系等多方面都存在着问题。从 2011 年开始，平安证券投行业务启动了业务模式和风控体系的全面改革，包括推行投行业务模式从"通道制投行"向"交易型投行"的转变，在激励考核机制上从项目直接挂钩向综合评价体系转变，内控和风险管理体系的全面优化，问责机制的明确和完善等，力争从根源上探索一条符合市场需要和平安证券未来长远发展的道路。万福生科事件的爆发，也再一次以惨痛的教训表明，过往的模式再难以为继，平安证券投行业务的改革和转型之路必须坚决地走下去。正因为此，公司才更应该主动承担起投资者利益补偿的责任，重新获得健康发展的机会。医病还需重药，付出 3 个亿沉重代价，使得公司和全体上下员工通过切肤之痛，深刻感受到公司转型和改革的决心，丢掉幻想和侥幸心理，统一共识、凝聚信心、重整旗鼓，全力以赴发展成为最合法合规、稳健经营的创新型证券公司。

二、平安证券主动独家发起设立投资者利益补偿专项基金，是否意味着平安证券准备承担全部责任？

设立该基金并不意味着平安证券需要或准备承担全部责任。本次万福生科虚假陈述事件的直接责任方为万福生科，平安证券作为万福生科上市的中介机构之一，虽未参与或协助其造假行为，但未能及时发现并遏止这一造假案件的发生，应当也愿意承担中介机构相应的责任。

平安证券主动独家出资 3 亿元人民币发起设立专项基金，是为了搁置复杂的责任认定和划分等问题，避免较长的司法程序，使符合条件投资者的损失得到先行补偿。这是公司本着纠错、负责的态度，从有效保护万福生科投资者利益的角度出发做出的决定。

平安证券本次采用"先偿后追"的模式，在设立基金先行补偿投资者损失的同时，对平安证券支付的超出自身应承担责任份额的补偿金额，公司将依法向万福生科虚假陈述事件的其他责任方进行追偿，并将就自身因万福生科事件所受损失依法追究相关责任方的法律责任。

三、万福生科事件投资者利益补偿专项基金在架构设置和运作机制上的主要原则是什么？

通过设立投资者利益补偿专项基金以解决万福生科事件的模式，在证券市场尚无先例，实际操作中也确实可能会面临多方面难题。为了充分、有效地达到保护投资者利益的目的，基金在架构设置和运行机制中将坚持以下原则：

第一，依法合规。本次基金的设立及运作，将严格遵照《证券法》等法律并参照最高人民法院《关于审理证券市场因虚假陈述引发的民事赔偿案件的若干规定》，从源头上保护投资者利益，并切实避免可能的争议。

第二，公信力。中国证券投资者保护基金有限责任公司（以下简称"中证投保基金公司"）同意担任基金管理人。基金聘请中国政法大学终身教授江平先生，中国政法大学一级教授方流芳先生，中央财经大学法学院院长、中国法学会证券法研究会会长郭锋先生，厦门国家会计学院副院长黄世忠先生，德勤华永会计师事务所合伙人陈建明先生等法学、会计学专家以及知名财经评论家叶檀女士，组成专家委员会，就基金设立、补偿方案以及基金管理运作过程中的重大问题提供咨询意见。中国建设银行担任基金托管银行确保基金财产安全完整。上述举措在基金管理和运行的各个环节体现了公信力。

第三，及时高效。本次基金充分利用了我国证券市场成熟的电子化系统，投资者通过基金网站和深圳证券交易所（以下简称"深交所"）上市公司股东大会网络投票系统确认接受补偿方案并自愿与平安证券达成和解，补偿金的划付由中国证券登记结算有限责任公司（以下简称"中登公司"）通过结算系统统一完成，整个过程高度电子化和自动化，避免了投资者信息查询、证据收集、身份公证和书面确认等复杂手续，最大程度降低了投资者获得补偿的成本。基金管理人还将聘请国内知名的会计师和律师团队，组成补偿工作组，专职高效地处理基金的日常工作。

第四，公平性。所有适合条件投资者都会得到公平对待。基金由中证投保基金公司独立运作，避免基金运作受到干预。基金设立专属网站、热线电话和专设邮箱等多种沟通渠道，为各类投资者提供公平便利的查询沟通途径。

四、基金如何认定符合条件投资者的范围？

最高人民法院《关于审理证券市场因虚假陈述引发的民事赔偿案件的若干规定》对于虚假陈述损害赔偿的范围认定有明确规定：

"第十八条　投资人具有以下情形的，人民法院应当认定虚假陈述与损害结果之间存在因果关系：

（一）投资人所投资的是与虚假陈述直接关联的证券；

（二）投资人在虚假陈述实施日及以后，至揭露日或者更正日之前买入该证券；

（三）投资人在虚假陈述揭露日或者更正日及以后，因卖出该证券发生亏损，或者因持续持有该证券而产生亏损。

第十九条　被告举证证明原告具有以下情形的，人民法院应当认定虚假陈述与损害结果之间不存在因果关系：

（一）在虚假陈述揭露日或者更正日之前已经卖出证券；

（二）在虚假陈述揭露日或者更正日及以后进行的投资；

（三）明知虚假陈述存在而进行的投资；

（四）损失或者部分损失是由证券市场系统风险等其他因素所导致；

（五）属于恶意投资、操纵证券价格的。

第二十条　本规定所指的虚假陈述实施日，是指作出虚假陈述或者发生虚假陈述之日。

虚假陈述揭露日，是指虚假陈述在全国范围发行或者播放的报刊、电台、电视台等媒体上，首次被公开揭露之日。

虚假陈述更正日，是指虚假陈述行为人在中国证券监督管理委员会指定披露证券市场信息的媒体上，自行公告更正虚假陈述并按规定履行停牌手续之日。"

最高人民法院《关于审理证券市场因虚假陈述引发的民事赔偿案件的若干规定》对于符合条件投资者范围确定的核心在于认定虚假陈述与投资者遭受损害结果之间的因果关系，其立法本意是使得因虚假陈述而直接导致的二级市场交易损失获得补偿。

本次基金严格依据《证券法》等相关法律，参照最高人民法院《关于审理证券市场因虚假陈述引发的民事赔偿案件的若干规定》，在广泛听取投资者、法学专家、会计学专家及社会各界的意见和建议后，本着有利于投资者的原则确定符合补偿条件的投资者范围，本着充分补偿的原则确定补偿金额的计算方法：

首先，将"首次公开发行信息披露日"2011年9月14日作为虚假陈述实施日，将2013年3月2日作为"2008年至2011年财务信息虚假陈述更正日"，把以上跨度较大的时间段视为虚假陈述的持续影响区间，使得凡是在此时间段内买入且持有至2013年3月2日以后的投资者，均可获得补偿。

其次，将"被立案稽查公告日"2012年9月15日作为对市场产生重大影响的重要日期，视同虚假陈述揭露日，使得在此前买入且在该日期后卖出而遭到损失的投资者，纳入到基金补偿对象范围。

同时，将2012年10月26日认定为"中报虚假陈述更正日"，将因中报虚假陈述而遭受损失的投资者纳入基金补偿对象。

以上关键时点的认定，使得从2011年9月14日起至2013年3月2日期间买入万福生科股票，且在2012年9月15日、2012年10月26日、2013年3月2日三个关键时点中任一时点持有万福生科股票的投资者均属于本基金的补偿对象。

具体而言，投资者对万福生科股票的交易具备如下情形之一的，属于基金的补偿范围：

（一）自2011年9月14日起，至2012年9月15日之前买入万福生科股票，且在2012年9月15日之后因卖出或持续持有万福生科股票而产生亏损的；

（二）自2011年9月14日起，至2012年10月26日之前买入万福生科股票，且在2012年10月26日之后因卖出或持续持有万福生科股票而产生亏损的；

（三）自 2011 年 9 月 14 日起，至 2013 年 3 月 2 日之前买入万福生科股票，且在 2013 年 3 月 2 日之后因卖出或持续持有万福生科股票而产生亏损的。

同时符合上述两项或以上情形的，分别计算每种情形下的补偿金额，按照有利于投资者的原则确定最终的补偿金额。

其他具体规定请参见《平安证券有限责任公司关于设立万福生科虚假陈述事件投资者利益补偿专项基金的公告》。

五、投资者应如何具体操作？

秉承"便捷操作"的基本原则，基金管理人将自公告刊登之日起 60 天内完成计算补偿金额、达成和解与支付补偿金。投资者可通过基金专设网站（www.wfskjj.com）和深交所上市公司股东大会网络投票系统［包括深交所交易系统、互联网投票系统（wltp.cninfo.com.cn）］，方便快捷地完成操作。提醒投资者注意，接受补偿金额、与平安证券达成和解是投资者获得补偿金的必备条件。

投资者需在 2013 年 5 月 20 日至 6 月 11 日期间登录基金专设网站查询补偿金额并点击确认《和解承诺函》，再于 2013 年 6 月 17 日至 6 月 28 日期间通过深交所上市公司股东大会网络投票系统发出对补偿金额的有效确认指令，确认接受专项补偿基金的补偿并与平安证券达成和解。2013 年 6 月 28 日后基金管理人将下达划款指令，投资者应于 2013 年 7 月 5 日前对补偿金到账情况进行查询。具体流程请参见《万福生科虚假陈述事件投资者利益补偿专项基金管理人公告》。敬请投资者务必密切关注基金后续发布的关于补偿支付具体流程与操作要求的持续提示公告，并严格按公告提示进行操作。

六、如投资者不愿接受基金提出的补偿方案，是否可以通过其他路径解决损失补偿问题？

基金补偿方案的制订严格遵照《证券法》等法律并参照最高人民法院《关于审理证券市场因虚假陈述引发的民事赔偿案件的若干规定》，广泛征求各方意见，力求拥有更坚实的法律基础，并给予投资者利益更大程度的保护，在现有法律框架下，更大限度地实现合法性、公平性和充分性，减少可能的争议。

平安证券本次通过设立投资者利益补偿专项基金以解决事件的

模式，是一种探索，探索过程中也难免会面临多方面难题。公司设立基金的本意，旨在司法机制之外，增加一条可供投资者选择的更为快速便捷的解决路径，而非带给各方争议和困扰。如投资者确对补偿方案持有异议，或不愿接受补偿方案，可迅速做出选择，通过司法途径解决损失补偿问题。

七、本次基金的规模是如何估算的？

平安证券作为出资人，根据万福生科流通股的二级市场交易情况，依据最高人民法院《关于审理证券市场因虚假陈述引发的民事赔偿案件的若干规定》确定的计算原则，参考以往类似事件中的补偿情况，初步估算符合条件投资者应受补偿金额总额，加算基金的管理费用，并预留一定的余量，确定了 3 亿元人民币的基金规模。公司通过自有交易数据和市场份额估计，进行了多种计算方法下的模拟测算，测算结果显示基金规模足以补偿符合条件投资者的损失。基金存续期间届满将由基金管理人组织清算，剩余财产返还平安证券。未接受补偿方案的投资者，可保留依法向有管辖权的人民法院提起诉讼，并追偿案件相关责任方的权利。

八、为何本次基金计划两个月内完成投资者的补偿操作？

基金运作通过机制和流程创新，充分利用便利的深交所上市公司股东大会网络投票系统，并通过中登公司结算系统实现批量划款支付，为在两个月内高效完成投资者损失补偿工作提供了良好的机制保障。基金管理人可根据基金运作的实际情况延长基金存续期间，但最迟不超过 2013 年 12 月 31 日。

平安证券设立专项基金的本意，是在司法解决途径之外，为投资者提供一个相对更为快捷、高效的可选渠道。如基金操作时间过长，相对于现有司法解决机制，通过基金获得补偿的途径将失去其快捷高效的意义，不利于更有效地保护投资者的利益。

九、对投资者的补偿金额如何计算？

1. 计算原则

万福生科投资者利益补偿专项基金的具体补偿计算贯彻"充分补偿"原则，对于同时符合多种不同情形的投资者，分别计算并按有利于投资者的原则确定最终补偿金额。在具体的算法选择、公式参数和细节设定等方面，基金均做了合理的可为投资者带来更优补偿结果的安排，例如补偿金额计算中未扣除证券市场系统性风险，佣金费率按照目前市场最高标准3‰计算，资金利息在无法明确区间情况下按照最早起点计算等。

2. 计算公式

补偿金额＝投资差额损失＋投资差额损失部分的佣金和印花税＋资金利息

计算中涉及的基准日是为确定损失计算的合理期间而规定的截止日期，是指虚假信息被揭露或更正后，换手率达到100％的交易日。

具体计算方法和基准日概念解释请参见《平安证券有限责任公司关于设立万福生科虚假陈述事件投资者利益补偿专项基金的公告》。

3. 案例

案例一：

投资者操作如下：

序号	操作日期	买卖方向	成交数量（股）	成交价格（元）
1	2011年9月27日	买入	1000	30.0
2	2011年10月12日	买入	1000	26.0
3	2012年9月18日	卖出	4000	8.5
4	2013年1月23日	买入	2000	7.5
5	2013年3月25日	卖出	2000	6.1

计算过程如下：

由于该投资者的操作分别符合赔偿范围的两种情形，且不同情形下对应的持股不存在时间重合的情况，因此分别计算两种情形的金额再加总即为该投资者的投资差额损失。

第一种情形：基于"被立案稽查公告日"2012年9月15日计算：

（1）买入均价和持股数量：

a. 2011年9月27日操作后，买入均价为30元，持股数量为1 000股。

b. 2011年10月12日操作后，买入均价调整为（30×1 000＋26×

1 000)/2 000＝28 元，持股数量调整为 2 000 股。

c. 2012 年 6 月 12 日，除权除息日（2011 年分红 10 转 10 派 3），买入均价调整为（28－0.3）/2 = 13.85 元，持股数量调整为 4 000股。

（2）卖出均价：

因在对应基准日 2012 年 11 月 5 日前一次性卖出全部 4 000 股，卖出均价为实际交易价格 8.5 元。

（3）投资差额损失：

$$结果＝（买入均价－卖出均价）×持股数量$$
$$＝（13.85－8.5）×4 000＝21 400 元$$

第二种情形：基于"2008 年至 2011 年财务信息虚假陈述更正日"2013 年 3 月 2 日计算：

（1）买入均价和持股数量：

仅有一笔买入，2013 年 1 月 23 日操作后，买入均价为 7.5 元，持股数量为 2 000 股。

（2）卖出均价：

因卖出日在对应基准日 2013 年 3 月 8 日之后，卖出均价为 2013 年 3 月 2 日至 2013 年 3 月 8 日间所有交易日收盘价的算术平均值 6.63 元。

（3）投资差额损失：

$$结果＝（买入均价－卖出均价）×持股数量$$
$$＝（7.5－6.63）×2 000 = 1 740 元$$

两种情形下的计算结果相加，该投资者的投资差额损失为：投资差额损失＝21 400＋1 740＝23 140 元。

案例二：

投资者如下操作：

序号	操作日期	买卖方向	成交数量（股）	成交价格（元）
1	2011 年 9 月 27 日	买入	1 000	30.0
2	2011 年 10 月 12 日	买入	1 000	26.0
3	2013 年 3 月 6 日	卖出	4000	6.5

计算过程如下：

如果投资者操作及对应的持股全部或部分同时符合赔偿范围的多种情形，则应按不同标准分别计算重合部分持股的损失差额损失，再按照有利于投资者的原则，择一情形确定金额。

第一种情形：基于"被立案稽查公告日"2012年9月15日计算：

（1）买入均价和持股数量：

a. 2011年9月27日操作后，买入均价为30元，持股数量为1 000股。

b. 2011年10月12日操作后，买入均价调整为（30×1 000＋26×1 000）/2 000＝28元，持股数量调整为2 000股。

c. 2012年6月12日，除权除息日（2011年分红10转10派3），买入均价调整为（28－0.3）/2 ＝ 13.85元，持股数量调整为4 000股。

（2）卖出均价：

卖出均价为2012年9月15日至对应基准日2012年11月5日间所有交易日收盘价的算术平均值7.66元。

（3）投资差额损失金额：

$$结果＝（买入均价－卖出均价）×持股数量$$
$$＝（13.85－7.66）×4 000 ＝ 24 760元$$

第二种情形：基于"中报虚假陈述更正日"2012年10月26日计算：

（1）买入均价和持股数量：

同上，2012年10月26日前的买入均价为13.85元，持股数量为4 000。

（2）卖出均价：

卖出均价为2012年10月26日至对应基准日2012年11月8日间所有交易日收盘价的算术平均值7.3元。

（3）投资差额损失：

$$结果＝（买入均价－卖出均价）×持股数量$$
$$＝（13.85－7.3）×4 000 ＝ 26 200元$$

第三种情形：基于"2008 年至 2011 年财务信息虚假陈述更正日"2013 年 3 月 2 日计算：

（1）买入均价和持股数量：

同上，2012 年 3 月 2 日前的买入均价为 13.85，持股数量为 4 000。

（2）卖出均价：

因在对应基准日 2013 年 3 月 8 日前全部卖出，卖出均价为实际交易价格，即为 6.5 元。

（3）投资差额损失：

$$结果 = （买入均价 - 卖出均价）\times 持股数量$$
$$= （13.85 - 6.5）\times 4\,000 = 29\,400 元$$

比较三种情形下的投资差额损失计算结果，按照有利于投资者的原则，确定投资者适用于第三种情形，投资差额损失为 29 400 元。

83. 万福生科（湖南）农业开发股份有限公司《关于控股股东出具承诺函的公告》

万福生科（湖南）农业开发股份有限公司
《关于控股股东出具承诺函的公告》①

万福生科（湖南）农业开发股份有限公司（以下简称"公司"）于 2013 年 3 月 2 日在巨潮资讯网刊登了《关于重大事项披露及股票复牌的公告》，披露了公司 2008 年至 2011 年财务数据存在的虚假记载情形。对此，公司控股股东兼实际控制人龚永福先生诚恳地向全体投资者郑重道歉，并出具了《关于虚假陈述民事赔偿有关事项的承诺》，具体情况披露如下：

"本人支持平安证券推出对受损投资者的先行补偿方案，同意由平安证券先垫付依法应由本人承担的部分，并承诺下一步将承担依

---

① 本法律文件系上海新望闻达律师事务所宋一欣律师提供。

法应当赔偿的份额。根据国家有关赔偿的法律规定，上市公司万福生科负有直接赔偿责任，负有责任的实际控制人、中介机构和其他责任人对投资者损失承担连带赔偿责任。

本人自愿将所持上市公司的股份质押给中国证券投资者保护基金有限责任公司，用实际行动作为履行赔偿承诺的保证。由于本人名下所持万福生科的股票已全部对外质押，为此，经本人的妻子杨荣华同意，承诺将杨荣华所持3 000万股万福生科股票质押给中国证券投资者保护基金有限责任公司。质押的股票用于保证龚永福赔付因万福生科虚假陈述行为造成投资者损失而应当承担的赔偿份额。

具体分担的赔偿数额由龚永福与保荐机构平安证券协商确定，或由法院裁定。

本人承诺将尽快在中国登记结算公司办理质押手续。"

特此公告

万福生科（湖南）农业开发股份有限公司

二〇一三年五月十日

附录一

中国证券民事赔偿典型案例案情回溯①

目录

---

① 这些典型案例的裁判文书及相关情况，大多可以通过本书"中国证券民事赔偿涉诉案件索引表"部分检索到。

一、虚假陈述民事赔偿诉讼案例

1. 东方电子虚假陈述民事赔偿案

2001 年 8 月，中国证监会进驻东方电子进行调查，不久，被调查的信息为市场所悉知，2002 年 4 月，案件移交公安机关，由山东省公安厅成立专案组进行调查。10 月，针对东方电子的虚假陈述，烟台市人民检察院提起了公诉，2003 年 1 月 17 日，经烟台市中级人民法院查实，隋元柏和前董秘高峰、前财务总监方跃犯有编制虚假财会报告罪，故分别对上述三人判处有期徒刑或缓刑，在法定上诉期限内，上述三人均未上诉。

2003 年 1 月 9 日，最高人民法院公布了《关于审理证券市场因虚假陈述引发的民事赔偿案件的若干规定》，根据该司法解释，被法院认定有罪并判决生效的刑事判决书也可以作为民事赔偿案的前置条件文件，这样，东方电子案就成为第一个以刑事判决书起诉的证券民事赔偿案件。2 月 8 日，上海投资者曹小妹等七位股民将材料送到青岛市中级人民法院（以下简称青岛中院），为法院所受理。直到 2005 年 1 月底该案诉讼时效到期，在青岛中院立案的案件为 2 716 起（部分为共同诉讼），起诉总标的 4.424 2 亿元，诉讼费 1 800 万元，涉及原告达 6 989 人，该案无论从标的额或起诉人数，还是从社会影响，在国内都堪称迄今为止最大的一起虚假陈述证券民事赔偿案。

2007 年 7 月 28 日，在青岛中院民三庭法官主持下，召开了由代理律师为主参加的东方电子案集中调解会议，与会的 60 余家律师事务所律师作为原告代理人，同东方电子签订了框架性的《调解协议》。7 月 30 日，东方电子公司发布《重大诉讼事件进展公告》，初步公布了东方电子民事赔偿案的进展情况，表示"公司将采取合理有效的措施，妥善解决虚假证券信息纠纷案，尽可能减少案件对公司的影响"，并重申了控股股东将在股改中的承诺，"以其合法持有的不超过本公司 60 211 200 股股份向适格原告履行责任"，另外，宣布东方电子股票从 2007 年 7 月 30 日起停牌两周。

2009 年 5 月 26 日，东方电子公司刊登公告称，日前接到青岛中院通知：关于青岛中院受理的各地投资人诉公司及东方电子集团虚假陈述民事赔偿纠纷案，共涉及股民 6 989 人，案件数量 2 716 件，涉案标的约为 4.42 亿元，所有案件现已审结，其中，签发民事调解书 6 836 份、民事裁定书 152 份、民事判决书 1 份。同时，截至公告披露日，青岛中院已经通过中国证券登记有限责任公司深圳分公司办理过户 6 793 人，过户 44 504 014 股，因原告资料信息不具备过户条件而无法办理过户等原因尚有未过户 43 人，未过户股数 70 544 股。

2. 银广夏虚假陈述民事赔偿案

银广夏的全称是广夏（银川）实业股份有限公司，1994 年 6 月 17 日在深圳证券交易所上市，代码为 000557。2001 年 8 月 2 日，北京《财经》杂志发表署名文章，称其财务报告存在严重的信息披露虚假，在证券市场上引起轩然大波，股价由此暴跌，市值迅速贬损。2002 年 4 月 23 日，中国证监会认定银广夏存在虚假陈述行为，因而对其作出行政处罚决定，5 月 16 日，银广夏公司对此发布公告。中国证监会认定，银广夏自 1998 年至 2001 年期间，累计虚构销售收入 104 962.60 万元，少计费用 4845.34 万元，导致虚增利润 77 156.70 万元。其中：1998 年虚增利润 1 776.10 万元，由于银广夏主要控股子公司天津广夏 1998 年及以前年度的财务资料丢失，银广夏 1998 年度利润的真实性无法确定；1999 年虚增利润 17 781.86 万元，实际亏损 5 003.20 万元；2000 年虚增利润 56 704.74 万元，实际亏损 14 940.10 万元；2001 年 1—6 月虚增利润 894 万元，实际亏损 2 557.10 万元。另外，2003 年 9 月 16 日，宁夏回族自治区银川市中级人民法院（以下简称银川中院）对李有强等银广夏原高管人员以编制虚假财务报告追究其刑事责任，判处有期徒刑。

2002 年 7 月底至 8 月初，银川中院受理了六起股民诉银广夏民事赔偿案件。在股权分置改革中，银广夏公司控股股东中联实业提出了股改和证券民事赔偿的联动，宣布通过资本公积金转增股本方式，使流通股股东获得每 10 股转增 3 股的股份（相当于对价 10 送 1.14 股），并使原告每 10 元的诉讼请求额能获得 2.2 股由控股股东提供的银广夏非流通股股份（一年后上市），由此在民事诉讼中双方达成和解，由法院出具民事调解书，并在中国证券登记结算有限公司深圳分公司完成过户。2006 年 4 月，银广夏公司共与 332 名投资者达成调解协议（另有 1 人撤诉），解决了 10 266.52 万元的起诉标的，其余 503 人执意要求法院判决，不愿庭外达成和解，涉及起诉标的 7 165.16 万元。

不愿庭外和解的 503 人，最后经过了银川中院的开庭审理，一审判决前达成和解的 27 人，其余案件于 2006 年 12 月 30 日由银川中院作出一审判决，判决由自愿进入该案的第三人银川培鑫投资有限责任公司，以类似于庭外和解方案的方式承担银广夏公司对有关原告的赔偿责任，而银广夏公司则另外向培鑫公司资本公积金定向转增股本 1 543.5 万股。一审判决后，29 人未上诉而判决生效，447 人向宁夏回族自治区高级人民法院（以下简称宁夏高院）上诉，2007 年 2 月 14 日，宁夏高院作出维持原判的终审判决，涉及诉讼金额 7 311.9万元（含部分利息）。

另外，大成基金管理有限公司于 2004 年 8 月 9 日在银川中院起诉银广夏公司，要求公司赔偿其作为基金管理人所管理的景福证券投资基金和景宏证券投资基金的损失合计人民币 24 640.013 9 万元，银川中院于 2007 年 2 月 14 日立案，这一案件开了基金管理公司参与证券民事赔偿案件的先河。2007 年 7 月 4 日，银川中院作出判决，一审驳回了大成基金管理公司的诉讼请求，案件受理费由大成基金管理公司承担，理由是基金管理人无法作为专业管理人对其尽责勤勉举证。后大成基金管理有限公司向宁夏回族自治区高级人民法院提出上诉，仍被驳回。

3. 万福生科虚假陈述民事赔偿案

2013 年 5 月 10 日，中国证监会宣布对万福生科欺诈发行上市及虚假陈述案的行政处罚预先告知，内称：2012 年 9 月 14 日，中国证监会对万福生科（湖南）农业开发股份公司（以下简称万福生科，300268）涉嫌财务造假等违法违规行为立案稽查。而该行政处罚的作出，成为中国首例创业板上市公司涉嫌欺诈发行股票的案件。

中国证监会认定，万福生科《招股说明书》披露的 2008—2010 年财务数据存在虚假记载；2011 年年度报告、2012 年半年度报告存在虚假记载；未就 2012 年上半年停产事项履行及时报告、公告义务。而虚假记载金额累计高达 111 868 万元。由此，中国证监会依据《证券法》第一百八十九、一百九十三条，对万福生科、龚永福（董事长兼总经理及实际控制人）、覃学军（财务总监）及严平贵等其他 19 名高管给予行政处罚。此外，对龚永福、覃学军采取终身证券市场禁入措施，对涉嫌犯罪部分，已移送公安机关追究刑事责任。

同时，鉴于相关中介机构在万福生科上市保荐工作中未能勤勉尽责，中国证监会根据《证券法》和《证券发行上市保荐业务管理办法》，作出处罚及行政监管措施如下：对保荐机构平安证券给予警告并没收业务收入 2 555 万元，并处以两倍的罚款，暂停其保荐机构资格 3 个月；对保荐代表人吴文浩、何涛给予警告并分别处以 30 万元罚款，撤销保荐代表人资格，撤销证券从业资格，采取终身证券市场禁入措施；对保荐业务负责人、内核负责人、保荐项目协办人亦作出处理。对审计机构中磊会计师事务所和法律服务机构湖南博鳌律师事务所亦作出行政处罚。

在中国证监会查处万福生科案过程中，保荐机构平安证券推出了对万福生科适格投资者的先行补偿方案。当日，平安证券有限责任公司公布《关于设立万福生科虚假陈述事件投资者利益补偿专项基金的公告》，中国证券投资者保护基金公司公布《关于万福生科虚假陈述事件投资者利益补偿专项基金的管理人公告》，万福生科（湖南）农业开发股份有限公司公布《关于控股股东出具承诺函的公告》。

其补偿方案如下：平安证券出资人民币 3 亿元，设立万福生科虚假陈述事件投资者利益补偿专项基金，先行补偿因万福生科虚假陈述而遭受投资损失的适格投资者（经认定与核算后）。而中国证券投资者保护基金公司则成为该补偿专项基金的管理人。

属于该基金认定的适格投资者与补偿范围为：（1）自 2011 年 9 月 14 日起，至 2012 年 9 月 15 日之前买入万福生科股票，且在 2012 年 9 月 15 日之后因卖出或持续持有万福生科股票而产生亏损的；（2）自 2011 年 9 月 14 日起，至 2012 年 10 月 26 日之前买入万福生科股票，且在 2012 年 10 月 26 日之后因卖出或持续持有万福生科股票而产生亏损的；（3）自 2011 年 9 月 14 日起，至 2013 年 3 月 2 日之前买入万福生科股票，且在 2013 年 3 月 2 日之后因卖出或持续持有万福生科股票而产生亏损的。

当然，万福生科案适格投资者可以不接受补偿，如果不接受补偿，投资者可以依法提起民事赔偿诉讼。

而万福生科公司的公告称，公司控股股东兼实际控制人龚永福诚恳地向全体投资者郑重道歉，并出具了《关于虚假陈述民事赔偿有关事项的承诺》，表示支持平安证券推出的先行补偿方案，同意由平安证券先垫付依法应由龚永福承担的部分，并承诺下一步将承担依法应当赔偿的份额。龚永福自愿并经其妻子杨荣华同意，将杨荣华所持 3 000 万股万福生科股票质押给中国证券投资者保护基金有限责任公司，用于保证龚永福赔付因万福生科虚假陈述行为造成投资者损失而应当承担的赔偿份额。

这是中国证券市场发展史上，监管部门针对券商投行业务作出的最严厉处罚，也是券商对虚假陈述受害者作出的最大金额赔偿方案。

之后，在市场各界质疑下，平安证券表示，基金管理人可根据基金运作的实际情况延长基金存续期间，但最迟不超过 2013 年 12 月 31 日。

4. 华闻传媒虚假陈述民事赔偿案

2009 年 3 月 3 日，华闻传媒公布《关于财政部驻海南省财政监察专员办事处对公司 2007 年度会计信息质量检查结论和处理决定暨前期重大会计差错更正的公告》，对其 2006—2008 年间的重大财务会计差错作出更正。公告称，财政部驻海南省财政监察专员办事处于 2008 年 7 月 4 日至 9 月 26 日对华闻传媒 2007 会计信息质量进行了检查，并出具了《检查结论和处理决定》（财驻琼监〔2008〕132 号），指出了华闻传媒在新会计准则执行、会计核算及财务管理方面存在的若干问题，要求华闻传媒按照新会计准则和相关规定调整账务、补缴税金及罚款。其中，会计核算及财务管理存在的问题包括少计营业收入、少计利息收入、计提坏账准备依据不充分、多列费用等。华闻传媒由此被处以 30 000 元的罚款。同时，财政部驻海南省财政监察专员办事处要求华闻传媒按照《企业会计准则》28、29、30 号规定，对因利润、税收调整而影响会计列表有前期差错的，在 2008 年度报表中作公开信息披露。

2011 年 9 月中、下旬，海口市中级人民法院（以下简称海口中院）集中开庭审理了 859 位股民起诉华闻传媒证券虚假陈述赔偿纠纷案，索赔金额合计约 1 亿元。

2011 年 12 月中旬，海口中院一审判决驳回 859 位原告诉讼请求，海口中院认定，"海南专员办作出的《检查结论和处理决定》是生效行政处罚决定，原告起诉符合法定受理条件"，又认定"华闻传媒公司的信息披露行为不构成证券虚假陈述"，"华闻传媒信息披露行为与原告诉请的损失之间没有因果关系"。

对此，部分原告不服，有 193 名股民向海南省高级人民法院提出上诉，最终仍被驳回。

5. 佛山照明、粤照明 B 虚假陈述民事赔偿案

2013 年 3 月 7 日，佛山照明公司公布《关于收到广东监管局行政处罚决定书的公告》，披露公司因虚假陈述被中国证监会行政处罚。中国证监会行政处罚决定书涉及如下事项。中国证监会认定，公司存在以下违法事实：2010 年、2011 年定期报告、临时报告信息披露违法。

其中，2010 年度违法事项主要包括：（1）未依法披露重大担保

事项。对控股子公司锂电正极为关联公司 4 000 万元银行贷款提供担保事项未履行临时信息披露义务，也未在 2010 年年报中披露。（2）未依法披露有关关联方及与日常经营相关的关联交易。2010 年，佛山照明与关联公司存在与日常经营相关的关联交易，交易金额合计约 1.1 亿元，未在 2010 年年报和中报中依法披露上述关联方和关联交易。（3）未如实披露与关联方共同投资、共同增资及收购股权事项。

其中，2011 年度违法事项主要包括：（1）未及时披露向关联方提供借款事项。2011 年，控股子公司锂电正极向关联公司佛照锂提供 2 500 万元借款事项未依法披露。在补充披露时，未如实披露其与两公司股东的关联关系。（2）未依法披露有关关联方及与日常经营相关的关联交易。2011 年，佛山照明与多家关联公司存在与日常经营相关的关联交易，交易金额累计约 1.3 亿元，未在 2011 年年报和中报中披露上述关联方和关联交易。

2013 年 3 月 27 日，投资者委托律师起诉佛山照明公司虚假陈述民事赔偿案，已为广州市中级人民法院所受理。

6. 科龙电器虚假陈述民事赔偿案

2006 年 7 月 5 日，科龙电器发布公告，宣布中国证监会因其违反《证券法》，作出证监罚字（2006）16 号《行政处罚决定书》。中国证监会认定，科龙电器从 2002 年至 2004 年，采取虚构主营业务收入、少计坏账准备、少计诉讼赔偿金等手段编造虚假财务报告，导致科龙电器 2002 年年度报告虚增利润 11 996.31 万元，2003 年年度报告虚增利润 11 847.05 万元，2004 年年度报告虚增利润 14 875.91 万元；认定科龙电器 2003 年年度报告现金流量表披露存在重大虚假记载；认定科龙电器从 2002 年至 2004 年未披露会计政策变更等重大事项，也未披露与关联方共同投资、购买商品等关联交易事项。据此，对科龙电器处以 60 万元罚款；对顾雏军处以 30 万元罚款；对严友松、张宏、刘从梦等各处以 20 万元、10 万元不等的罚款。

2006 年 4 月 9 日，来自全国 22 个省市的 65 位律师共同组成了"科龙、德勤虚假陈述证券民事赔偿案全国律师维权团"，发表了《行动宣言》，为各位权益受损的科龙电器投资者提供法律服务。

2006 年 7 月 6 日，中国证监会公布对科龙电器行政处罚后的第一时间，已有深圳、上海的两位律师代理科龙电器投资者向广州市中级人民法院（以下简称广州中院）起诉。截至诉讼时效到期日，广州市中级人民法院共收到 202 件案件（包括补裁定的 H 股案件 1 件），起诉总标的约为 2 900 多万元（包括 H 股案件）。由此，在科龙电器案中，产生了首位 H 股股民的起诉。

2009 年 6 月 11 日上午，在广州中院四楼"新闻发布中心"，广州中院民二庭举行科龙电器案集中调解会，原、被告代理律师共十多人与会。根据计算，广州中院认定的适格原告案件共 178 件，不适格原告案件共 24 件，可参与和解的案件占总案件的 88%。据了解，可和解总额在起诉总标的中平均约为 66%，但分摊到每个原告却是不同的，有的原告必须撤诉，有的原告必须追加诉讼请求。而这次参与调解会的和解案件共 130 件，涉及标的约为 2 500 万元。

7. 东盛科技虚假陈述民事赔偿案

2010 年 5 月 8 日，东盛科技发布公告称：公司于近日收到中国证监会下达的（2010）17 号《行政处罚决定书》，中国证监会认定：东盛科技 2002 年至 2008 年期间，未按规定披露将资金提供给控股股东及其他关联方使用、未按规定披露对外担保和银行借款事项，涉案金额合计近 27.7 亿元。东盛科技的行为违反了《证券法》相关规定，中国证监会决定：对东盛科技给予警告，并处以 60 万元罚款；对时任董事长郭家学、董事张斌分别给予警告，并处以 30 万元和 20 万元罚款；对杨红飞等其他十三名时任董事分别给予警告，并分别处以 3 万元罚款。同时，中国证监会还决定：认定郭家学为市场禁入者，自宣布决定之日起，10 年内不得担任任何上市公司和从事证券业务机构的高级管理人员职务。

2010 年 7 月 22 日，投资者王霞琴等两人诉东盛科技股份有限公司、大股东西安东盛集团有限公司与陕西东盛药业股份有限公司虚假证券信息纠纷赔偿两案为西安市中级人民法院（以下简称西安中院）受理。2010 年 10 月 26 日，该两案在西安中院首次开庭。庭后不久，2011 年 2 月 21 日，西安中院对两案下达了《民事裁定书》，宣布此两案中止诉讼，理由为：该案存在应当中止诉讼的情形。

2012 年 6 月 18 日下午，投资者施某等六人诉东盛科技虚假证券信息纠纷赔偿案首批六起案件在西安中院重新开庭。

2012 年 12 月 7 日，东盛科技发布《关于股民诉讼案件情况的公告》，称王霞琴等 148 名小股东向西安中院起诉公司虚假陈述请求民事赔偿一案，经人民法院主持调解后，已获得全部结案。截至 2012 年 12 月 7 日，公司与这 148 名原告自愿协商达成如下协议：（1）公司于和解协议签订之日起 10 日内向王霞琴等 148 名股民共支付 1 295.84 万元，逾期各原告可依法申请强制执行；（2）若公司在履行期限届满后 3 个月内仍不能付款，则按《中华人民共和国民事诉讼法》第二百二十九条之规定，西安东盛集团有限公司和陕西东盛药业股份有限公司等对公司承担补充赔偿责任。此外，该公告还提示，公司虚假陈述案仍有一件因由福建省厦门市中级人民法院移送至陕西省西安市中级人民法院管辖途中，尚未进入实体审理程序，公司对此将根据案件的进展情况及时履行信息披露义务。

8. 大庆联谊虚假陈述民事赔偿案

中国证监会对大庆联谊欺诈上市及 1997 年年报虚假陈述问题进行了调查。认定其存在如下违规事实。其一，欺诈上市。经查，大庆联谊石化总厂是于 1996 年筹划用其部分下属企业组建大庆联谊股份公司，其目的是申报上市。1997 年 3 月 20 日，黑龙江省体改委以黑体改复〔1993〕495 号文批复同意大庆市体改委的请示，落款时间为 1993 年 10 月 8 日。1997 年 1 月，大庆市工商管理局为大庆联谊出具签有 1993 年 12 月 20 日的工商营业执照。1997 年 3 月，黑龙江证券登记有限公司为大庆联谊提供虚假股权托管证明，将时间提前到 1994 年 1 月。大庆联谊编制了股份公司 1994 年、1995 年、1996 年的会计记录；经查，股份公司三年利润比相应企业同期多出 16 176 万元。此外，大庆联谊将大庆市国税局一张 400 万余元的缓交税款批准书涂改为 4 400 万余元，以满足证监会对其申报材料的要求。其二，大庆联谊 1997 年年报虚假，利润虚增 2 848.89 万元，募集资金未按上市公告书说明的投向使用。（1）大庆联谊 1997 年年报虚增利润2 848.89万元。（2）募集资金未按招股说明书披露的投向使用。

因此，2000年3月，中国证监会对大庆联谊、承销商、证券登记公司、会计师事务所、律师事务所及直接责任人员作出了处罚。

投资者委托律师提起对大庆联谊虚假陈述民事赔偿案的诉讼，正式揭开了中国证券民事赔偿的序幕。2002年1月24日，该案被哈尔滨市中级人民法院正式受理，其后，有679名投资者以共同诉讼方式向哈尔滨市中级人民法院起诉，总标的为2 000多万元。2004年8月20日，哈尔滨中院对该案作出一审判决，由此，出现了首份虚假陈述证券民事赔偿的判决法律文书。2004年12月21日，黑龙江省高级人民法院二审判决大庆联谊赔偿相关99起案件的464名投资者883.60万元，申银万国证券公司部分承担连带责任608.60万元。

2005年1月9日，原告律师代理投资者向哈尔滨市中级人民法院执行局提出了强制执行申请。2007年2月1日，历时五年的大庆联谊案执结完成。

2008年4月1日，上海证券交易所因大庆联谊公司在2003年、2004年和2005年连续3年亏损，作出了终局决定，维持此前所作的终止大庆联谊股票上市的决定，大庆联谊股票转入代办转让系统。

9. 九发股份虚假陈述民事赔偿案

2008年8月5日，九发股份公布《关于收到中国证券监督管理委员会〈行政处罚决定书及市场禁入决定书〉的公告》。公告中称，经中国证监会调查，九发股份存在虚假记载、重大遗漏的信息披露违法行为。（1）虚假记载。2005年和2006年九发股份向山东九发集团的关联公司签发银行承兑汇票23笔，金额720 000 000元，商业承兑汇票4笔，金额80 500 000元，共计800 500 000元，上述票据未记账。票据到期付款时亦不及时入账，且补记入账时，错误地冲减了短期借款、应付账款等其他科目，导致相关期间定期报告财务报表虚假记载。（2）重大遗漏。①未按规定披露与其关联公司的资金往来。山东省烟台市牟平区正大物贸中心（以下简称正大物贸）实际上受九发集团控制，九发股份与其之间的往来属于关联交易。2005年九发股份与正大物贸关联往来发生额合计2 185 053 629.55元，

2006年九发股份与正大物贸关联往来发生额合计883 687 344.86元。对上述关联交易，九发股份均未按照规定发布临时公告，也未在2005年和2006年定期报告中按规定披露。②未按规定披露重大担保事项。2005年和2006年，九发股份使用定期存单和土地房产证等资产为控股股东九发集团、关联公司烟台麒润投资有限公司等单位银行贷款提供担保，合计担保金额291 000 000元。上述贷款担保事项为重大担保事项，九发股份均未按照规定发布临时公告，也未在2005年和2006年定期报告中按规定披露。因此，中国证监会根据《证券法》的有关规定，责令九发股份改正信息披露违法，给予警告，并处以50万元的罚款，对前董事长蒋绍庆等人给予警告，并处以罚款，还给予蒋绍庆10年市场禁入的行政处罚。

2008年9月11日，33位股民诉九发股份虚假陈述民事赔偿的诉状呈交到青岛市中级人民法院，涉案标的额合计855万余元，法院很快立了案。

2008年9月16日，债权人烟台市牟平区投资公司以公司无法偿还两笔到期借款（本息共计121 193 375.20元）且资产不足以清偿全部债务存在破产清算的危险为由，向烟台市中级人民法院申请公司重整。最终，法院裁定了九发重整计划。2008年11月4日，九发股份召开破产重整第一次债权人会议。

2009年7月，该案经最高人民法院的指定管辖，由青岛市中级人民法院移交到烟台市中级人民法院。2009年7月17日，该案首次开庭。2010年6月上旬，第二批37名*ST九发受损中小投资者终于获得立案，诉讼请求金额逾550多万元。该案成为首例与破产重整程序合并的、首例被最高人民法院指定管辖的虚假陈述民事赔偿案件。

最后，该虚假陈述民事赔偿案的全部原告按破产重整案的清偿率得到赔付，赔付率较低。

10. 五粮液虚假陈述民事赔偿案

2009年9月9日中午，宜宾五粮液股份有限公司突然发布公告称，其因涉嫌违反证券法规受到中国证监会立案调查。消息一出，这个备受市场追捧的股票价格应声狂跌，在当天下午开盘后21分钟内即被封至跌停。

9月23日，中国证监会罕见地对调查中的五粮液案之初步调查结论向媒体作了通报，称据举报，2009年7月28日，中国证监会已对五粮液涉嫌违法违规行为立案稽查，经初步调查，发现涉嫌存在三方面违法违规行为，即未按照规定披露重大证券投资行为及较大投资损失、未如实披露重大证券投资损失、披露的主营业务收入数据存在差错等。并称目前该案仍在进一步的调查中，中国证监会将尽快查清事实，并依法按程序作出行政处罚。

2011年5月28日，五粮液公司刊登关于收到中国证监会行政处罚决定书的公告。公告称：（1）2009年3月17日，五粮液公司刊登的关于在亚洲证券的证券投资款的《澄清公告》中存在重大遗漏；（2）五粮液公司在中科证券的证券投资信息披露不及时、不完整；（3）五粮液公司2007年年度报告存在录入差错未及时更正；（4）五粮液公司未及时披露董事王子安被司法羁押事项。

因此，依据《证券法》的规定，中国证监会决定：对五粮液公司给予警告，并处以60万元罚款；对唐桥、王国春等八名高级管理人员均给予警告，并分别处以25万元至3万元不等罚款。公告同时称，五粮液公司接受证监会的行政处罚，将不申请行政复议和提起行政诉讼。

之后，有五粮液投资者继续向成都市中级人民法院提起民事赔偿诉讼，到诉讼时效截止日时，送至成都市中级人民法院的五粮液案起诉者已过150人，金额达2 000万元。

11. 生态农业虚假陈述民事赔偿案

2003年12月31日，生态农业原董事长保田、瞿兆玉等四名主要高级管理人员因提供虚假财务报告罪、虚假注册资金罪等罪名，于2003年12月31日由湖北省高级人民法院（以下简称湖北高院）终审判处有期徒刑一年半至三年并立即生效，之前，湖北荆州市中级人民法院作了相同的一审判决。

正常情况下，湖北高院对保田、瞿兆玉等人的刑事判决在2003年12月31日作出，那么生态农业民事赔偿案的诉讼时效应截止于

2005 年 12 月 31 日。但生态农业公司和相关法院都没有披露这一判决，直到 2005 年 11 月初，才被某一媒体偶然提及生态农业高管被判承担刑事责任，投资者才开始了解相关情况。根据最高人民法院《关于审理证券市场因虚假陈述引发的民事赔偿案件的若干规定》与《民法通则》的有关规定，该案的诉讼时效应当从这时开始计算。由此，律师开始代理生态农业民事赔偿案的诉讼。

　　2005 年 12 月 30 日，原告陈建宝等 83 名原告诉生态农业、华伦会计师事务所、保田、瞿兆玉等 11 个被告的虚假陈述民事赔偿案，由武汉市中级人民法院立案。2007 年 4 月 23 日，该案在武汉市中级人民法院（以下简称武汉中院）开庭。2006 年 7 月 31 日，武汉中院作出一审判决，判决生态农业向原告作出赔偿，华伦会计师事务所、保田、瞿兆玉等 8 被告承担连带赔偿责任，赔偿总金额近 548 万元。2007 年 11 月，第二批 40 名原告诉生态农业案也由武汉中院作出一审判决，赔偿总金额为 260 万元。在该案中，因虚假陈述行为，会计师事务所第一次被法院判决承担民事赔偿责任。由于被告均未到庭，所有法律文书都由法院公告送达，送达后也没有被告提起上诉，在公告结束后，这两批案件判决均已生效。

　　由于判决生效后，各被告均未履行赔偿责任，原告于 2007 年 4 月、2008 年 5 月向武汉中院申请强制执行。目前，生态农业已连续四年没有参加工商年检，原有资产早已在多年前被查封、冻结，几无新的财产可供执行，而承担连带责任的华伦会计师事务所在判决后已杳无音讯，似在人间蒸发。

　　武汉中院在收到第一批执行案件后，指定武汉市汉南人民区法院执行，不久，武汉市汉南区人民法院又委托给荆州洪湖市人民法院执行，而第二批执行案件也由武汉中院指定武汉市汉阳区人民法院执行。至今，原告没有收到任何赔付款项。

　　12. 杭萧钢构虚假陈述民事赔偿案
　　2007 年 5 月 14 日，杭萧钢构发布《重大事项公告》与《致歉公告》，披露中国证监会对杭萧钢构作出的行政处罚决定和上海证券交易所对杭萧钢构作出的公开谴责决定。

在中国证监会证监罚字（2007）16 号《行政处罚决定书》中，中国证监会认定杭萧钢构在信息披露中存在以下违法违规行为：（1）未按照规定披露信息：①2007 年 2 月 12 日董事长单银木在内部会议上发表讲话中谈及重要信息并没有及时披露；②在信息外泄后，杭萧钢构公司仍称没有异常情况。（2）披露的信息有误导性陈述：③2 月 15 日，杭萧钢构公司公告内容与事实严重不符；④3 月 13 日，杭萧钢构公司公告没有披露其未看到中基公司与安哥拉政府签订的《公房发展合同》这一重大事实；⑤4 月 4 日，中国证监会向杭萧钢构公司下发《立案调查通知书》，而公司董事会秘书潘金水却向媒体发表调查"已基本结束"等言论。而这些行为均被中国证监会认定为已构成了虚假陈述行为，故根据《证券法》，中国证监会对杭萧钢构公司及杭萧钢构董事长单银木、总裁周金法、董事并代行董事会秘书责的潘金水、总经理陆拥军、证券办副主任罗高峰等高管人员进行行政处罚。

在上海证券交易所作出的《公开谴责决定》中，对杭萧钢构公司及单银木、周金法、潘金水作出公开谴责。

应该说，在众多上市公司虚假陈述中，因误导性陈述受罚的很少，而杭萧钢构却是一例。

2007 年 7—8 月间，有 30—40 件股民诉讼杭萧钢构案件送到杭州市中级人民法院要求立案，从 2007 年 5 月 25 日起，到诉讼时效截止日的 2009 年 5 月 14 日，杭州市中级人民法院共受理了 127 位投资者（127 案）的起诉，诉讼总标的为 590 万元。

2009 年 5 月 20 日，在杭州市中级人民法院民二庭主持下，杭萧钢构案原被告双方成功地实现了全面和解。双方最终认定 118 位投资者的近 500 万元索赔金额有效，并由杭萧钢构以起诉额的 82% 的比例一次性支付现金，总计约 400 万元，支付时限将在 6 月 30 日之前。另外，由于 7 件案件不符合起诉资格，故由原告代理律师撤诉，此外，有 2 件案件因双方对索赔金额计算标准存在分歧，故法院在 5 月 20 日上午开庭，择日作出判决。

13. 渤海集团虚假陈述民事赔偿案

现在的证券市场中，已经听不到渤海集团这个名字了，因为在

2005年5月21日，渤海集团已被改名为银座股份，渤海集团的全称是渤海集团股份有限公司，1994年5月6日在上海证券交易所上市。

1996年7月，渤海集团公布其1996年中报。后经中国证监会认定，该中报存在严重失实，并违反会计制度，已构成虚假陈述及信息误导。当年10月9日，中国证监会作出行政处罚决定。这是继石油大明虚假陈述行政处罚后，证监会作出的第二件此类行政处罚决定。

渤海集团受到行政处罚后不久，就有一位名叫刘中民的投资者，以该行政处罚为依据，向山东省济南市历下区人民法院提起民事诉讼，要求渤海集团赔偿因虚假陈述致使其股票交易发生的亏损。刘中民当时系安徽大学图书管理员，他是在渤海集团中报公布后的7月30日买入股票的，处罚决定公布后又卖出，共损失1 040元。刘中民在诉状中称，由于渤海集团的违法违规行为，对自己的投资行为产生严重误导，并造成股票交易直接损失，故要求赔偿。

但是，济南市历下区人民法院审理后认为，无充足证据证明渤海集团的虚假陈述及信息误导行为与刘中民股票交易的损失之间有必然的因果关系。1997年底，济南市历下区人民法院判决驳回原告刘中民的起诉。1998年初，不服一审判决的刘中民上诉到济南市中级人民法院。1998年8月12日，济南市中级人民法院作出终审裁定，驳回刘中民的上诉，维持原判。

但这个刘中民，却是中国证券民事赔偿史上的"吃螃蟹者"。

14. 红光实业虚假陈述民事赔偿案

经中国证监会查实，成都红光实业股份有限公司（以下简称红光公司）存在下述虚假陈述行为。其一，编造虚假利润，骗取上市资格。红光公司在股票发行上市申报材料中称1996年度盈利5 400万元。经查实，红光公司通过虚构产品销售、虚增产品库存和违规账务处理等手段，虚报利润15 700万元，1996年实际亏损10 300万元。其二，少报亏损，欺骗投资者。红光公司上市后，在1997年8月公布的中期报告中，将亏损6 500万元虚报为净盈利1674万元，虚构利润8174万元；在1998年4月公布的1997年年度报告中，将实际亏损 22 952 万元（相当于募集资金的 55.9%）披露为亏损 19 800 万元，少报亏损 3 152 万元。其三，隐瞒重大事项。红光公司在股票发行上市申报材料中，对其关键生产设备彩玻池炉废品率上升，不能维持正常生产的重大事实未作任何披露。其四，未履行重大事件的披露义务。红光公司在招股说明书中称"募集资金将全部用于扩建彩色显像管生产线项目"。经查实，红光公司仅将 41 020 万元募集资金中的 6 770 万元（占募集资金的 16.5%）投入招股说明书中所承诺的项目，其余大部分资金被改变投向，用于偿还境内外银行贷款，填补公司的亏损，红光公司改变募集资金用途属于重大事件，但该公司对此却未作披露。因此，1998 年 10 月，中国证监会对红光实业、承销商、上市推荐人、会计师事务所、资产评估事务所、财务顾问公司、律师事务所及直接责任人员作出了处罚。2000 年 12 月，成都市中级人民法院认定其欺诈发行罪成立，依法对其作出刑事罚金。

红光实业民事赔偿案是在 2002 年 3 月 6 日由上海市第一中级人民法院受理的。起诉的原告是符合诉讼时效条件的九名投资者，被告是红光实业公司的承销商国泰君安证券有限责任公司。后依法移至成都市中级人民法院。2002 年 10 月，原被告双方在法院主持下达成和解。

15. 嘉宝实业虚假陈述民事赔偿案

1999 年 4 月 29 日，嘉宝实业公布了 1998 年年报。2000 年 8 月 15 日，中国证监会认定该年报存在信息披露的虚假陈述行为，如删改了《审计报告》中会计报表附注说明，没有及时披露关联企业超比例持股情况和对子公司借款担保情况等，因此，中国证监会作出了两份行政处罚决定，即《关于上海嘉宝实业（集团）股份有限公司违反证券法规行为的处罚决定》《关于林东模、傅林生违反证券法规行为的处罚决定》，对嘉宝实业公司、十三名董事、两名注册会计师作出了行政处罚。2000 年 9 月 3 日，嘉宝实业对处罚决定作出了公告。

2002 年 1 月 24 日，彭森秋女士向上海市第二中级人民法院（以下简称上海二中院）提起诉讼，当时起诉的被告一共有十六位，除了嘉宝实业公司外，还有嘉宝实业的十三位董事与上海众华沪银会计师事务所有限公司这两位注册会计师，后来，因一位董事已经去世而撤除其作为被告，故法院审理时正式列为被告的只有十五位。起诉金额为 1 213.32 元。2 月 22 日，上海二中院正式立案受理该案。

9 月 10 日，双方签订了《和解协议书》，和解双方分别是彭淼秋和嘉宝实业公司、八位董事，签字人是彭淼秋女士的代理律师、嘉宝实业董事会秘书。结局则是作为被告之一的嘉宝实业现董事陈伯兴先生自愿向彭淼秋女士支付一次性补偿款项 800.00 元了结此案，彭淼秋女士则向法院提出撤诉申请。11 月 11 日，彭淼秋女士的撤诉申请为上海二中院批准，法院作出了（2002）沪二中民三（商）初字第 53 号《民事裁定书》。由此，中国证券民事赔偿历史上出现和解的第一案。嘉宝实业案中，产生了中国证券市场首次获赔的股民。

16. 锦州港虚假陈述民事赔偿案

2001 年 9 月至 12 月，财政部对锦州港的 2000 年及以前年度执行《会计法》情况进行了检查，2002 年 9 月，财政部对其作出了行政处罚决定，要求其对不符合《会计法》会计制度的行为限期整改，予以纠正，同时处以罚款 10 万元。其违反《会计法》的行为有：在 2000 年及以前年度多确认收入 3.6717 亿元，少计财务费用 4 945 万元，少计主营业务成本 780 万元，多列资产 1.196 9 亿元。对此，锦州港公司在 2002 年 10 月 22 日、10 月 28 日和 12 月 17 日作出了《董事会公告》《关于 2002 年第三季度报告更正公告》《监事会决议公告》共五份，披露了有关被处罚及整改情况，更正并调减了包括上市前的 1996 年度、1997 年度在内的 1996—2000 年度财务报表。出现这样的问题，除了锦州港本身的会计责任外，实际上进行审计并出具审计报告的审计机构也应当承担相应的审计责任。

2003 年 2 月 8 日，B 股投资者徐女士向辽宁省沈阳市中级人民法院递交了诉状，故在锦州港案中产生了首位 B 股股民的起诉。几个月后，在沈阳市中级人民法院开了一次庭，其后，进行了多次庭外谈判，两年后，徐女士与锦州港双方在法院主持下达成了和解。

17. 郑百文虚假陈述民事赔偿案

2001 年 9 月 27 日，中国证监会依法作出证监罚字（2001）19 号《关于郑州百文股份有限公司（集团）及有关人员违反证券法规行为的处罚决定》，对郑百文公司及李福乾、卢一德、陆家豪等人加以行政处罚，10 月 24 日，该处罚决定在有关证券信息披露媒体上刊登。在处罚决定中，中国证监会认定郑百文公司存在虚假上市和上市后信息披露虚假等行为，虚假上市包括虚增利润、股本金不实和上市公告书重大遗漏等情况，上市后信息披露虚假包括虚增利润、配股资金实际使用情况与信息披露不符、隐瞒大额投资及投资收益事项、编制虚假会计报表和重大遗漏等情况。

2002 年 11 月 14 日，郑州市中级人民法院（以下简称郑州中院）根据检察院的公诉，以提供虚假财会报告罪对郑百文公司原董事长李福乾、原总经理卢一德、原财务处主任都群福作出认定其有罪的判决。

2003 年 1 月 15 日，最高人民法院公布了受理虚假陈述证券民事赔偿案件的通知，权益受损的郑百文投资者因此得以向河南省郑州中院提起诉讼。2004 年 11 月，郑百文民事赔偿案终于在郑州中院开庭。2005 年 12 月，郑州中院终于下达了一审判决，判令三联商社对其虚假陈述给 5 位投资者造成的实际损失进行全额赔偿。在上诉规定的时间内，三联商社不服一审判决，向河南省高级人民法院提出上诉。2006 年 10 月 20 日，郑百文虚假陈述纠纷上诉案在河南省高级人民法院开庭。二十多天后，河南省高级人民法院作出了二审判决，维持了郑州市中级人民法院的一审判决，即 100％支持了原告投资者的诉讼请求。

18. 绿大地虚假陈述民事赔偿案

绿大地欺诈发行上市与虚假陈述一案的历程一波三折。

早在 2010 年 4 月 29 日，绿大地公司就发布《关于前期会计差错更正情况的专项说明》的公告，对 2008 年因销售退回未进行账务处理，本期对该项前期差错进行更正，实际上是部分更正了虚假陈述的内容。

2010 年 7 月 9 日，公司收到深圳证券交易所《关于对云南绿大地生物科技股份有限公司及相关当事人给予处分的决定》，对绿大地公司、原董事长何学葵等人给予公开谴责。由此，公司发布《致歉公告》。深交所认定其存在如下违规行为。其一，公司 2009 年度业绩预告、业绩快报披露违规。其二，公司 2008 年年度报告存在重大会计差错，对 2008 年公司销售退回未进行账务处理。其三，公司 2009 年年度报告相关文件存在多处错漏。

2011 年 3 月 18 日，绿大地公司公告，3 月 17 日晚，公司接云南省公安机关通知，公司控股股东、董事长何学葵因涉嫌欺诈发行股票罪，经当地检察机关批准，已于 2011 年 3 月 17 日逮捕。公告一出，一石激起千层浪，引起社会与市场各方广泛关注。

2011 年 3 月 21 日，中国证监会有关部门负责人表示，中国证监会于 2010 年 3 月因绿大地公司涉嫌信息披露违规对其进行立案稽查。

2011 年 12 月 2 日，云南省昆明市官渡区人民法院对绿大地公司、何学葵等人作出刑事判决，认定其犯有欺诈发行股票罪，判处绿大地公司罚金人民币 400 万元，判处何学葵有期徒刑 3 年，缓刑 4 年，其他人也一并判处缓刑。所有被告并未在法定上诉期内上诉，该判决生效。

但是，2012 年 1 月 31 日，昆明市人民检察院向昆明市中级人民法院提出抗诉，认为该判决存在错误，原审法院对欺诈发行股票罪部分量刑偏轻，应当认定被告单位及各被告人违规披露重要信息罪，原审审级违法。3 月 29 日，昆明市中级人民法院作出裁定，裁定撤销云南省昆明市官渡区人民法院的判决，发回重审。

接着，昆明市人民检察院直接向昆明市中级人民法院以涉嫌欺诈发行股票罪、违规披露重要信息罪、伪造金融票证罪、故意销毁会计凭证罪对绿大地公司及何学葵等人提起刑事诉讼。

2013 年 2 月 7 日，昆明市中级人民法院作出一审判决，法院认定绿大地公司犯欺诈发行股票罪、伪造金融票证罪、故意销毁会计凭证罪，判处罚金 1 040 万元；何学葵被判处有期徒刑 10 年并处罚金，蒋凯西、庞明星、赵海丽、赵海艳等也分别被判处 6 年至 2 年零 3 个月不等的有期徒刑并处罚金。

法院认定：（1）2004 年至 2007 年 6 月，何学葵、蒋凯西、庞明星共同策划让被告公司发行股票并上市，赵海丽、赵海艳登记注册了一批由绿大地公司实际控制或者掌握银行账户的关联公司，并利用相关银行账户操控资金流转，采用伪造合同、发票、工商登记资料等手段，少付多列，将款项支付给其控制的公司，虚构交易业务、虚增资产 7 000 万余元、虚增收入 2.9 亿元。绿大地公司招股说明书中包含了上述虚假内容。2007 年 12 月 21 日，绿大地公司在深圳证券交易所首次发行股票并上市，非法募集资金达 3.462 9 亿元。（2）2005 年至 2009 年期间，绿大地公司为达到虚增销售收入和规避现金交易、客户过于集中的目的，在何学葵、蒋凯西、庞明星安排下，由赵海丽利用银行空白进账单，填写虚假资金支付信息后，私刻银行印章加盖于单据上，伪造了各类银行票证共计 74 张。（3）绿大地公司上市后，依法负有向股东和社会公众如实披露真实信息的义务，但该公司经何学葵、蒋凯西、庞明星共同策划，赵海丽、赵海艳具体实施，采用伪造合同、伪造收款发票等手段虚增公司资产和收入，多次将上述虚增的资产和收入发布在被告公司的半年报告及年度报告中。2010 年 3 月中国证监会立案对此调查期间，绿大地公司为掩盖公司财务造假的事实，在何学葵的指示下，赵海丽将依法应当保存的 66 份会计凭证替换并销毁。

在法定上诉期内，有何学葵等五名被告向云南省高级人民法院提出上诉，2013 年 4 月 3 日，云南省高级人民法院作出《刑事裁定书》，裁定驳回上诉，维持原判，故该刑事判决生效。

2013 年 2 月 27 日，中国证监会宣布，拟对绿大地案相关中介机构联合证券有限责任公司、四川天澄门律师事务所、深圳市鹏城会计师事务所有限公司行政处罚，撤销深圳鹏城的证券服务业务许可，拟对相关责任人员行政处罚和终身证券市场禁入，撤销相关保荐代表人资格和证券从业资格。

早在 2011 年 12 月中旬，就有投资者委托律师向昆明市中级人民法院起诉绿大地公司，不久，发生昆明市官渡区人民法院作出的刑事判决被检察院抗诉一节，昆明市中级人民法院由此暂停绿大地民事赔偿案的立案，直至 2013 年 5 月初，方才恢复绿大地民事赔偿案立案。

2013 年 5 月 25 日，绿大地公司发布《关于控股股东出具承诺书的公告》，称控股股东云南省投资控股集团有限公司（以下简称云投集团）对今后出现的民事赔偿诉讼作出如下承诺：按照民事赔偿判决结果，在民事赔偿判决书生效后 6 个月内，云投集团将推动何学葵以其借给绿大地公司的 58 229 582 元（人民币）款项及其所持绿大地公司股份承担赔偿，赔偿金额不足或何学葵未予赔偿的，由云投集团代为偿付。云投集团代为偿付后，保留对何学葵及其他相关责任人（不含绿大地公司）追偿的权利。

二、内幕交易民事赔偿诉讼案例

1. 陈宁丰诉陈建良证券内幕交易民事赔偿案

陈建良系上市公司新疆天山水泥股份有限公司（以下简称天山股份）原副总经理，天山股份控股子公司江苏天山水泥集团有限公司自然人股东、总经理。在任职天山股份期间的 2004 年 6 月 21 日至 6 月 29 日，利用内幕消息和其控制的资金账户、下挂证券账户，合计买入天山股份股票 164.675 7 万股，卖出 19.519 3 万股。被中国证监会认定为存在内幕交易行为，中国证监会于 2007 年 4 月 28 日对被告作出罚款 20 万元，并禁入证券市场 5 年，天山股份于 2007 年 5 月 15 日做了公告。

陈宁丰系广东股民，工作单位在广州天河区体育局，2004 年 6 月 21 日至 29 日前后曾买卖天山股份股票，而陈宁丰正是在陈建良内幕交易期间买卖股票产生了一定的经济损失，导致了相应的投资损失（包括投资差额损失、印花税、佣金及利息）9 383.68 元。故于 2008 年 1 月下旬依法起诉，要求陈建良承担侵权民事责任，赔偿损失，以维护自己的合法权益。6 月底，南京市中级人民法院立案。2008 年 9 月 4 日，陈宁丰诉陈建良证券内幕交易纠纷案准时在南京

市中级人民法院开庭，后该案应原告要求撤诉，该案终结。该案系
中国内幕交易民事赔偿首起案件。

2. 陈祖灵诉潘海深证券内幕交易民事赔偿案

潘海深系电信科学技术研究院副院长，曾担任大唐电信科技股
份有限公司董事、副总经理，并担任过大唐公司董事会审计与监督
委员会委员。在任职大唐公司期间，潘海深曾发生卖出大唐电信股
票的内幕交易行为，2008 年 3 月 20 日，被中国证监会认定为存在内
幕交易行为，并受到行政处罚（中国证监会行政处罚书（2008）
12 号）。

陈祖灵系投资者，在潘海深内幕交易期间买入或持有大唐电信
股票而受到内幕交易影响，并导致了相应的投资损失，故诉至法院，
请求判令潘海深向陈祖灵支付因内幕交易引起的侵权赔偿款。

该案于 2009 年 5 月 31 日为北京市第一中级人民法院受理，2009
年 7 月 22 日，公开开庭审理，2009 年 10 月 22 日，作出一审判决。
判决认为，陈祖灵诉讼请求之经济损失与潘海深卖出股票行为之间
不存在因果关系，故潘海深对陈祖灵的经济损失不应承担民事赔偿
责任，因而驳回了原告的诉讼请求。

判决后，原被告双方均未提起上诉。之后，陈祖灵向最高人民
法院提出了申诉。

3. 李岩、吴屹峰诉黄光裕证券内幕交易民事赔偿案

2010 年 4 月 22 日，国美电器原董事局主席黄光裕案在北京市第
二中级人民法院开庭，检方指控他的罪名有三，即非法经营罪、单
位行贿罪、内幕交易罪。5 月 18 日，北京市第二中级人民法院以黄
光裕犯非法经营罪判处其有期徒刑 8 年，并处没收个人部分财产人
民币 2 亿元；以犯内幕交易罪判处其有期徒刑 9 年，并处罚金人民
币 6 亿元；以犯单位行贿罪判处其有期徒刑 2 年。数罪并罚，决定
执行有期徒刑 14 年，并处罚金人民币 6 亿元，没收个人财产人民币
2 亿元。法院以内幕交易罪判处黄光裕妻子杜鹃有期徒刑 3 年零 6 个
月，并处罚金人民币 2 亿元。以内幕交易、泄露内幕信息罪，判处

北京中关村科技发展（控股）股份有限公司原董事长许钟民有期徒刑 3 年，并处罚金人民币 1 亿元；以单位行贿罪判处许钟民有期徒刑 1 年，决定执行有期徒刑 3 年，并处罚金人民币 1 亿元。国美电器有限公司（以下简称国美公司）、北京鹏润房地产开发有限责任公司（以下简称鹏房公司）也因单位行贿罪分别被判处罚金人民币 500 万元与 120 万元。

宣判后，黄光裕认为自己不构成内幕交易罪和非法经营罪以及罚金过重，向北京市高级人民法院提出上诉。一同提出上诉的还有杜娟和许钟民。杜娟上诉认为一审量刑过重，其参与内幕交易的程度不严重，且系从犯，请求法庭对其判处缓刑；许钟民则认为其所获刑期和罚金均过重。黄光裕内幕交易案，是迄今为止国内最大之内幕交易案，在该案中还产生内幕交易案中最大之罚金。8 月 30 日，北京市高级人民法院对黄光裕案进行了二审宣判。黄光裕三罪并罚被判 14 年有期徒刑以及罚没 8 亿元人民币的判决维持不变；其妻子杜鹃被改判缓刑，即被判处有期徒刑 3 年缓期 3 年，并当庭释放。据悉，杜鹃已全部缴清罚款 2 亿元，黄光裕也已上缴部分罚金。

9 月，股民李岩向北京市第二中级人民法院提起对黄光裕内幕交易民事赔偿诉讼，为法院立案受理，之后又有四名股民提出起诉。2011 年 9 月 6 日，李岩案首次开庭，之后，黄光裕方提出管辖权异议，2012 年 2 月 10 日，管辖权异议被北京市第二中级人民法院驳回，旋即，黄光裕向北京市高级人民法院提出上诉。2012 年 5 月，北京市高级人民法院驳回黄光裕方管辖权异议上诉，裁定北京市第二中级人民法院对此案具有管辖权。2012 年 7 月，该案在北京市第二中级人民法院再次开庭。

北京市第二中级人民法院审理后认为，该案被告黄光裕系香港居民，故该案参照涉外民事诉讼的规定，相关程序问题适用《民事诉讼法》第四编关于"涉外民事诉讼程序的特别规定"。该案系证券内幕交易责任纠纷，根据《涉外民事关系法律适用法》第 44 条"侵权责任，适用侵权行为地法律"的规定，该案黄光裕、杜鹃的内幕交易行为地属中国境内，故该案应当适用中华人民共和国法律作为准据法解决双方争议。

2012 年 12 月 20 日,北京市第二中级人民法院一审判决驳回原告吴屹峰、李岩的全部诉讼请求。法院认为,股票价格的涨跌受到经济环境及股市大盘指数等多种因素影响,投资者根据自身的投资经验从事买卖股票的交易行为,应当自行承担由此产生的投资风险。现投资者未举证证明其在卖出中关村股票所产生的交易金额、佣金、印花税等损失与黄光裕、杜鹃的内幕交易行为之间存在因果关系,故投资者要求黄光裕、杜鹃赔偿其上述损失及利息的诉讼请求,缺乏事实和法律依据,法院不予支持。

三、操纵股价民事赔偿诉讼案例

1. 股民诉程文水、刘延泽等操纵股价民事赔偿案

2009 年 4 月 16 日,中国证监会以程文水、刘延泽存在操纵"中核钛白"(002145)股票价格行为为由,对其作出行政处罚决定。

中国证监会认定的事实如下:程文水、刘延泽作为实际控制人,实际控制了北京嘉利九龙商城有限公司、天津联盛伟业科技开发有限公司、西安浩拓商贸有限公司、甘肃新秦陇投资管理有限公司、海南太昊贸易有限公司等五公司,并通过上述五公司设立的股票账户进行了涉及操纵中核钛白股票价格的股票交易。而河北夏成龙拉链有限公司则将其营业执照出借给程文水、刘延泽办理证券账户,并由程文水、刘延泽指使的个人进行了涉及操纵中核钛白股票价格的股票交易活动。因此,在 2008 年 9 月 10 日至 9 月 12 日期间,程文水、刘延泽利用持股优势、资金优势以连续买卖和在自己实际控制的账户组中买卖中核钛白股票的方式,操纵和影响中核钛白交易价格和交易数量。根据统计,账户组在 2008 年 9 月 10 日至 9 月 12 日交易"中核钛白"的账面收益为 $-5\ 806\ 527.67$ 元。

因此,中国证监会认定,程文水、刘延泽的上述行为违反了《证券法》第七十七条第一款"禁止任何人以下列手段操纵证券市场:(一)单独或者通过合谋,集中资金优势、持股优势或者利用信息优势联合或者连续买卖,操纵证券交易价格或者证券交易量……(三)在自己实际控制的账户之间进行证券交易,影响证券交易价格

或者证券交易量"的规定，构成《证券法》第二百零三条所述"操纵证券市场"的违法行为。故按照《证券法》第二百零三条之规定，中国证监会决定：对程文水处以 300 万元的罚款，对刘延泽处以 200 万元的罚款。

2009 年 7 月 10 日，股民诉程文水、刘延泽操纵中核钛白股价民事赔偿案材料为北京市第二中级人民法院收案，陆续加入的股民共计 18 人。该案成为操纵股价民事赔偿首案。

2011 年 12 月 15 日，北京市第二中级人民法院对股民诉程文水、刘延泽操纵中核钛白股价民事赔偿案作出一审判决，均以现行法律、法规规定不详为由，判决股民败诉。

部分股民不服一审判决，向北京市高级人民法院提出了上诉。最终仍被驳回。

2. 王永强诉汪建中操纵股价民事赔偿案

2008 年 11 月 19 日，中国证监会对汪建中、北京首放投资顾问有限公司操纵股价行为作出行政处罚决定。中国证监会认定汪建中、北京首放投资顾问有限公司（以下简称北京首放）存在以下违法行为：

北京首放是一家具备证券投资咨询业务资格的证券投资咨询机构。汪建中是该公司控股股东，并任执行董事、经理。汪建中利用本人及汪公灿、汪小丽、段月云、汪伟、何玉文、吴代祥、汪建祥、汪谦益等 9 人的身份证开立资金账户 17 个、银行账户 10 个，并下挂上述个人名义开立的股票账户进行股票、权证交易。上述账户由汪建中管理、使用和处置，汪建中为上述账户的实际控制人。

2007 年 1 月 1 日至 2008 年 5 月 29 日期间，北京首放向社会公众发布咨询报告，方式包括在首放证券网上发布名为"掘金报告"的咨询报告，并提供给东方财富网、新浪网、搜狐网、全景网、《上海证券报》《证券时报》发布或刊载，北京首放的咨询报告对投资者有比较广泛、重要的影响。在北京首放的咨询报告发布前，汪建中利用其实际控制的账户买入咨询报告推荐的证券，并在咨询报告向社会公众发布后卖出该种证券，实施了操纵证券市场的违法行为。

　　汪建中以上述方式买卖的证券包括"工商银行""交大博通""中国联通""四川长虹""＊ST夏新""深康佳A""上海贝岭""士兰微""新疆天业""重庆钢铁""马钢CWB1""武钢CWB1""长江电力""马钢股份""一汽夏利""一汽轿车""五粮液""中国铝业""包头铝业""金证股份""北大荒""中信银行""红豆股份""好当家""中信证券""中国石化""华泰股份""深发SFC2""万科A""伊利CWB1""申能股份""皖通高速""梅雁水电""民生银行""三佳科技""中海集运""上港CWB1"和"吉林化纤"等38只股票和权证。以上买卖证券行为中，买入证券金额累计5 260 460 467.75元；卖出金额累计5 386 218 067.25元。根据统计，上述账户买卖证券行为合计55次，其中45次合计获利150 785 934.71元，10次合计亏损25 028 335.21元，累计净获利125 757 599.50元。

　　故中国证监会决定没收汪建中违法所得125 757 599.50元，并处以罚款125 757 599.50元。同时，按照《证券法》第二百二十六条第三款的规定，决定撤销北京首放的证券投资咨询业务资格。

　　这是中国证监会有史以来作出的仅次于亿安科技的第二大罚单。亿安科技案起于2001年4月。当年4月23日，中国证监会宣布对联手操纵亿安科技股价的广东欣盛投资顾问有限公司、广东中百投资顾问有限公司、广东百源投资顾问有限公司、广东金易投资顾问有限公司等4家公司没收违法所得4.49亿元，并处以4.49亿元罚款的处罚。

　　2009年7月，股民王永强诉汪建中操纵中信银行、中国石化、万科A股价民事赔偿案材料也为北京市第二中级人民法院收案。

　　2011年12月16日，北京市第二中级人民法院对股民王永强诉汪建中操纵中信银行、中国石化、万科A股价民事赔偿案作出一审判决，以现行法律、法规规定不详为由，判决股民败诉。

附录二

上海市律师协会《律师代理投资者证券 市场民事赔偿案件业务操作指引》

(2012年版，在2004年版基础上修订)

第一章　总则

第一条　为了保障律师依法履行职责，规范律师代理投资者证券市场民事赔偿案件的执业行为和保护证券市场投资者的合法权益，根据《中华人民共和国律师法》和《上海律师协会章程》，上海律师协会特下发本业务操作指引。

第二条　本业务操作指引由上海律师协会制定，对上海律师协会属下的团体会员和个人会员仅起建设性、规范性、指导性作用。

第三条　根据《中华人民共和国证券法》，律师代理投资者证券市场民事赔偿案件应当包括虚假陈述、内幕交易和操纵市场三类，由于《中华人民共和国证券法》立法中基础性规定存在缺失和受到最高人民法院相关司法解释的限制，目前各地法院可正常受理并审理虚假陈述证券民事赔偿案件，故本业务操作指引仅限于对虚假陈述证券民事赔偿案件做出提示。在最高人民法院《民事案件案由规定》中，规定了证券虚假信息纠纷的案由，从实体法与程序法上，律师代理虚假陈述证券民事赔偿案件，首先并主要参考最高人民法院《关于审理证券市场因虚假陈述引发的民事赔偿案件的若干规定》。

2007年5月30日，最高人民法院奚晓明副院长在全国民商审判工作会议（南京会议）发表讲话，表示投资者因内幕交易或操纵股价而对侵权行为人提起的民事诉讼，法院应当受理。公安部、中国证监会则试行了《内幕交易认定办法》《证券市场操纵价格认定办法》，最高人民检察院、公安部出台了《关于经济犯罪案件追诉标准的补充规定》《关于公安机关管辖的刑事案件立案追诉标准的规定（二）》。2012年5月22日，最高人民法院、最高人民检察院联合公布内幕交易刑案处理司法解释《关于办理内幕交易、泄露内幕信息刑事案件具体应用法律若干问题的解释》。在最高人民法院《民事案件案由规定》中，规定了证券内幕交易纠纷和操纵证券交易市场纠纷两种案由。

根据奚晓明副院长的讲话精神，有律师分别提起内幕交易民事赔偿案、操纵股价民事赔偿案，但均被有关法院以无法律规定判决败诉或驳回。故律师代理投资者内幕交易民事赔偿案或操纵股价民事赔偿案在相关司法解释出台前宜慎重。

而基于《中华人民共和国证券法》的证券市场侵权行为民事赔偿的司法解释（包括虚假陈述、内幕交易和操纵市场），早在2010年间最高人民法院就拟出了内部讨论稿，但之后一直无进展。

第四条　由于最高人民法院相关司法解释的救济范围只限于诱多型虚假陈述，未认定诱空型虚假陈述，故本业务操作指引仅限于诱多型虚假陈述证券民事赔偿案件，不包含诱空型虚假陈述证券民事赔偿案件。

诱多型虚假陈述是指虚假陈述行为人故意违背事实真相发布虚假的积极利多消息，或者隐瞒实质性的利空消息不予公布或及时公布，以使投资者在股价向上运行或处于相对高位时，持有积极投资心态进行追涨买入、在虚假陈述被揭露或被更正后股价下挫导致投资损失的行为。诱空型虚假陈述是指虚假陈述行为人故意违背事实真相发布虚假的消极利空消息，或者隐瞒实质性的利好消息不予公布或及时公布，以使投资者在股价向下运行或处于相对低位时，持有消极投资心态进行追跌卖出、在虚假陈述被揭露或被更正后股价上扬导致投资损失的行为。

随着股指期货及做空机制的逐渐推出后，诱空型虚假陈述已出现征兆，值得律师在代理诉讼时重视。

第五条　审理虚假陈述证券民事赔偿案件的宪法基础是根据《中华人民共和国宪法》及宪法修正案中有关保护公民合法的私有财产所有权的条文。

第六条　审理虚假陈述证券民事赔偿案件所适用的实体法主要有：

《中华人民共和国民法通则》；

最高人民法院《关于贯彻执行〈中华人民共和国民法通则〉若干问题的意见（试行）》；

《中华人民共和国刑法》及各《中华人民共和国刑法修正案》；

《中华人民共和国公司法》（2005年修订）；

《中华人民共和国证券法》（2005年修订）；

国务院证券委《股票发行与交易管理暂行条例》；

国务院证券委《禁止证券欺诈行为暂行办法》；

中国证监会《上市公司信息披露管理办法》；

中国证监会《关于规范上市公司信息披露及相关各方行为的通知》；

中国证监会《上市公司重大资产重组管理办法》；

中国证监会、公安部《操纵市场行为认定指引》；

中国证监会、公安部《内幕交易行为认定指引》；

中国证监会《限制证券买卖实施办法》；

中国证监会《上市公司董事、监事和高级管理人员所持本公司股份及其变动管理规则》；

中国证监会、国家经贸委《上市公司治理准则》；

最高人民法院《关于审理证券市场因虚假陈述引发的民事赔偿案件的若干规定》；

最高人民法院《关于审理涉及会计师事务所在审计业务活动中民事侵权赔偿案件的若干规定》；

最高人民检察院、公安部《关于经济犯罪案件追诉标准的规定》；

最高人民检察院、公安部《关于经济犯罪案件追诉标准的补充规定》；

最高人民法院、最高人民检察院《关于办理内幕交易、泄露内幕信息刑事案件具体应用法律若干问题的解释》。

第七条 审理虚假陈述证券民事赔偿案件所适用的程序法主要有：

《中华人民共和国民事诉讼法》（2012年修订）；

最高人民法院《关于适用〈中华人民共和国民事诉讼法〉若干

问题的意见》；

最高人民法院《民事案件案由规定（试行）》（2011 年修订）；

最高人民法院《关于民事诉讼证据的若干规定》；

最高人民法院《关于审理民事案件适用诉讼时效制度若干问题的规定》；

最高人民法院《关于人民法院民事调解工作若干问题的规定》；

国务院《诉讼费用交纳办法》；

最高人民法院《关于涉证券民事赔偿案件暂不予受理的通知》；

最高人民法院《关于受理证券市场因虚假陈述引发的民事侵权纠纷案件有关问题的通知》；

最高人民法院奚晓明副院长在 2007 年全国法院民商审判工作会议上的讲话（南京会议，2007 年 5 月 31 日）。

第八条　虚假陈述证券民事赔偿案件具有涉案内容新颖性、专业性、复杂性的特征，一般审案法院对争议问题无法确实作出判断时，往往会向高级人民法院甚至最高人民法院请示，故审案周期较长。

第九条　鉴于虚假陈述证券民事赔偿案件的被告一般是上市公司，故在信息披露上具有敏感性，也为新闻媒体所关注，虽然代理律师无须依照信息披露规定约束，但仍须注意在新闻媒体发布消息时保持准确、客观、公正，以免产生不必要的误解和不良影响。

第十条　鉴于虚假陈述证券民事赔偿案件的原告一般具有群体性和全国性的特点，故律师在代理时应考虑到维权与维护社会稳定的因素与关系，做好权益受损的投资者的说服劝导工作，使其在法律许可及司法救济范围内行事，尽可能防止其产生过激的维权行为。

律师在代理群体性虚假陈述证券民事赔偿案件时，应符合上海市律师协会的相关要求。

第二章　定义与前置条件

第十一条　司法解释（本指引中特指最高人民法院《关于审理证券市场因虚假陈述引发的民事赔偿案件的若干规定》，下同）将虚假陈述证券民事赔偿案件定义为：证券市场投资者以信息披露义务人违反法律规定，进行虚假陈述并致使其遭受损失为由，而向人民法院提起诉讼的民事赔偿案件。

第十二条 司法解释将证券市场定义为：发行人向社会公开募集股份的发行市场，通过证券交易所报价系统进行证券交易的市场，证券公司代办股份转让市场以及国家批准设立的其他证券市场。但在国家批准设立的证券市场以外进行的交易和在国家批准设立的证券市场上通过协议转让方式进行的交易除外。

司法实践的结果确认，司法解释所指向的对象，仅限于 A 股、B 股市场的虚假陈述证券民事赔偿案件，H 股不在其列。

第十三条 司法解释强调审理时法院应当着重调解，鼓励当事人和解。这样的表述在司法解释中很罕见，带有明确的导向性，也符合迄今为止国内虚假陈述证券民事赔偿案件审理的实际情况。

第十四条 司法解释规定了诉讼的前置条件和前置条件文件（中国证监会或其派出机构、财政部等其他行政机关作出的处罚决定，法院认定有罪的并生效的刑事判决）是我国审理虚假陈述证券民事赔偿案件的重要特征。

第十五条 前置条件的规定，一方面造成司法审判须以行政处罚决定文件或有罪刑事判决文书为前提、限制了投资者可诉范围，另一方面却又有利于简化投资者举证责任。而前置条件文件在性质上既是程序性的，又是证据性的，就律师代理而言，存在一个前置条件文件有效、及时、方便取得的问题。若提交前置条件文件的确存在困难，应向法院提供有关前置条件文件的公告或公告线索。

第十六条 投资者提起诉讼的时效期间，根据民法通则第一百三十五条的规定为二年，但起算时间则为行政机关在指定信息披露媒体上公布处罚决定或法院刑事判决生效之日，由此构成处罚决定公布日/刑事判决生效日。在同一虚假陈述行为中，存在几个虚假陈述行为人和几个行政处罚决定书/刑事判决书的，诉讼时效起算日应以主要虚假陈述行为人的最先公布的行政处罚决定书/刑事判决书为准。

第十七条 在特殊情况下，诉讼时效可因诉讼以外的权利主张而中断，例如：管辖法院因故暂不受理案件，而投资者或代理人有证据证明已要求起诉、上诉、附带诉讼、申诉或抗诉等的；发现行政处罚决定书存在瑕疵、民事诉讼案件被法院驳回或行政处罚决定书需撤销后重新处罚的；已生效的刑事判决书因故被提起审判监督程序的，等等。

第三章　原告与被告

第十八条　作为原告的投资者是指在证券市场上从事证券认购和交易的自然人、法人或者其他组织。

第十九条　作为原告的投资者提起虚假陈述证券民事赔偿诉讼的理由是自己受到虚假陈述侵害，起诉的案由为虚假证券信息纠纷。为此，作为原告的投资者应向法院提供下列材料：

（一）自然人、法人或者其他组织具有真实身份的身份证明文件（如身份证、户口簿、护照、军官证、营业执照、法人执照等），不能提供原件的，应当提交经公证证明的复印件。为此，司法部在2003年专门颁布了《关于公证处办理居民身份证复印件与原件相符公证的批复》文。若当事人在境外的，在起诉前应办妥相应的认证或公证手续。在起诉时，若原告死亡，继承人应办妥继承权公证。

（二）为周到起见，可提供股东账户卡、所在证券公司发放的资金账户卡（若有）或开户证明书复印件。

（三）有关行政机关作出的行政处罚决定书或法院作出的刑事判决书复印件，亦可由中国证监会指定信息披露媒体上发布的公告复印件代替。

（四）投资损失证明材料复印件，如进行交易的交割单、对账单、成交记录、存量股数记录等凭证，这些凭证最好应当由所在证券公司盖章。

（五）投资损失计算表，应包括股票买卖过程、诉请股数、买入均价、卖出均价、佣金计算、印花税计算、利息计算。

（六）为计算基准日所使用的相关期间内每个交易日的收盘价记录。

第二十条　虚假陈述证券民事赔偿案件的被告是虚假陈述行为人，范围相当广泛。但鉴于提高庭审效率、尽快结案、保证胜诉后有财产可执行，应找准有财产可执行的被告起诉，但被告数量不宜太多。并鉴于专业中介服务机构的责任性质与范围在法律上存在争议，故将专业中介服务机构列为被告时应仔细考虑。被告范围可以包括如下：

（一）发起人、控股股东等实际控制人。所谓实际控制人是指通过直接或间接控制股份公司多数股权、或者通过一致行动达到控制股份公司的股东。

（二）发行人或者上市公司。

（三）证券承销商。

（四）证券上市推荐人。

（五）会计师事务所、律师事务所、资产评估机构等专业中介服务机构。

（六）发行人或者上市公司、证券承销商、证券上市推荐人所涉单位中负有责任的董事、监事和经理等高级管理人员以及专业中介服务机构中直接责任人。

（七）其他做出虚假陈述的机构或者自然人。

需要指出的是，实际控制人并不完全限于股东，根据中国证监会《上市公司收购管理暂行办法》的规定，具有下列情形之一的，收购人构成对一个上市公司的实际控制：

（一）在一个上市公司股东名册中持股数量最多的；但是有相反证据的除外；

（二）能够行使、控制一个上市公司的表决权超过该公司股东名册中持股数量最多的股东的；

（三）持有、控制一个上市公司股份、表决权的比例达到或者超过百分之三十的；但是有相反证据的除外；

（四）通过行使表决权能够决定一个上市公司董事会半数以上成员当选的；

（五）中国证监会认定的其他情形。

为了提高诉讼效率及尽快使投资者获得赔付，并非所列被告越多越好。

第四章　管辖、裁定中止或终结

第二十一条　虚假陈述证券民事赔偿案件首先按级别管辖进行，即案件由省、直辖市、自治区人民政府所在的市、计划单列市和经济特区中级人民法院管辖，全国共 47 家。具体如下：哈尔滨中院、长春中院、沈阳中院、大连中院、北京中院（两家）、天津中院（两家）、石家庄中院、呼和浩特中院、太原中院、郑州中院、济南中院、青岛中院、合肥中院、南京中院、杭州中院、宁波中院、上海中院（两家）、南昌中院、福州中院、厦门中院、广州中院、深圳中院、珠海中院、汕头中院、海口中院、南宁中院、武汉中院、长沙中院、贵阳中院、昆明中院、成都中院、重庆中院（五家）、西安中院、兰州中院、银川中院、西宁中院、乌鲁木齐中院、伊宁中院、喀什中院、拉萨中院等。

在司法实践中，有例外情况，即发生虚假陈述证券民事赔偿案件与破产重整案件交叉时，依最高人民法院批复，实施指定管辖在破产重整案件管辖法院。

第二十二条　其次是按地域管辖原则、移送管辖原则适用，即投资者对多个被告提起证券民事赔偿诉讼的，按下列原则确定管辖：

（一）由发行人或者上市公司所在地有管辖权的中级人民法院管辖。但有除外情形，即法院受理以发行人或者上市公司以外的虚假陈述行为人为被告提起的诉讼后，经当事人申请或者征得所有原告同意后，可以追加发行人或者上市公司为共同被告。法院追加后，应当将案件移送发行人或者上市公司所在地有管辖权的中级人民法院管辖。当事人不申请或者原告不同意追加，法院认为确有必要追加的，应当通知发行人或者上市公司作为共同被告参加诉讼，但不得移送案件。

（二）对发行人或者上市公司以外的虚假陈述行为人提起的诉讼，由被告所在地有管辖权的中级人民法院管辖。

（三）仅以自然人为被告提起的诉讼，由被告所在地有管辖权的中级人民法院管辖。

第二十三条　法院受理虚假陈述证券民事赔偿案件后，受到行政处罚的当事人对行政处罚决定不服而申请行政复议或者提起行政诉讼的，法院可以裁定民事赔偿案件中止审理，这时，相关民事诉讼只能等待，律师应及时告知投资者相应的情况和可能的后果。

法院受理虚假陈述证券民事赔偿案件后，发生所依据的刑事判决书所基于的刑事案件，被发回重审时，相关民事诉讼只能等待，律师应及时告知投资者相应的情况和可能的后果，如果最终该刑事判决书被撤销，那么，相关民事诉讼只能终结，律师应及时将结果告知投资者。

第二十四条 法院受理虚假陈述证券民事赔偿案件后，有关行政处罚决定被撤销的，应当裁定民事赔偿案件终结诉讼，律师应及时将结果告知投资者。

第五章 诉讼方式

第二十五条 虚假陈述证券民事赔偿案件的原告可以选择单独诉讼或者共同诉讼的方式提起诉讼。共同诉讼中，虽然《民事诉讼法》对人数不确定的诉讼代表人制度和人数确定的诉讼代表人制度均有规定，但司法解释规定只限于人数确定的诉讼代表人的共同诉讼，并明确规定不采取美国式的集团诉讼制度。

第二十六条 多个原告因同一虚假陈述事实对相同被告提起的诉讼，既有单独诉讼也有共同诉讼的，法院可以通知提起单独诉讼的原告参加共同诉讼。而多个原告因同一虚假陈述事实对相同被告同时提起两个以上共同诉讼的，法院可以将其合并为一个共同诉讼。律师应将相应的后果告知投资者。

第二十七条 共同诉讼的原告人数应当在开庭审理前确定。原告人数众多的可以推选二至五名诉讼代表人，每名诉讼代表人可以委托一至二名诉讼代理人。诉讼代表人应当经过其所代表的原告特别授权，代表原告参加开庭审理、变更或者放弃诉讼请求、与被告进行和解或者达成调解协议。

第二十八条 在司法习惯上，虽然法律与司法解释并未对共同诉讼中的人数上限作过限定，但法院在操作时往往会对人数上限作限定，对此，需要代理律师做出努力。

第二十九条 单独诉讼中的原告与单独诉讼原告在共同诉讼中作为原告之一时，由于在起诉标的中所占比例不同，相应付出的诉讼受理费也不同，作为共同诉讼的原告之一较之单独诉讼原告所付出的诉讼受理费少，故代理律师应努力采用共同诉讼，以利于投资者。

第三十条 《民事诉讼法》对诉讼保全有明确规定，但有的法院在司法实践中却对虚假陈述证券民事赔偿案件的诉讼保全加以限制，对此，需要代理律师做出努力。

第六章　虚假陈述的认定

第三十一条　证券市场虚假陈述是指信息披露义务人违反证券法律规定，在证券发行或者交易过程中，对重大事件做出违背事实真相的虚假记载、误导性陈述，或者在披露信息时发生重大遗漏、不正当披露信息的行为。其中，虚假记载是指信息披露义务人在披露信息时，将不存在的事实在信息披露文件中予以记载的行为。误导性陈述是指虚假陈述行为人在信息披露文件中或者通过媒体，做出使投资人对其投资行为发生错误判断并产生重大影响的陈述。重大遗漏是指信息披露义务人在信息披露文件中，未将应当记载的事项完全或者部分予以记载。不正当披露是指信息披露义务人未在适当期限内或者未以法定方式公开披露应当披露的信息。

第三十二条　虚假陈述内容必须具有重大性。根据《证券法》的相关条款，主要列举如下：

其一，公司公告的股票或者公司债券的发行和上市文件，必须真实、准确、完整，不得有虚假记载、误导性陈述或者重大遗漏。

其二，股票或者公司债券上市交易的公司，应当在每一会计年度的上半年结束之日起二个月内，向国务院证券监督管理机构和证券交易所提交记载以下内容的中期报告，并予公告：

（一）公司财务会计报告和经营情况；

（二）涉及公司的重大诉讼事项；

（三）已发行的股票、公司债券变动情况；

（四）提交股东大会审议的重要事项；

（五）国务院证券监督管理机构规定的其他事项。

其三，股票或者公司债券上市交易的公司，应当在每一会计年度结束之日起四个月内，向国务院证券监督管理机构和证券交易所提交记载以下内容的年度报告，并予公告：

（一）公司概况；

（二）公司财务会计报告和经营情况；

（三）董事、监事、经理及有关高级管理人员简介及其持股情况；

（四）已发行的股票、公司债券情况，包括持有公司股份最多的前十名股东名单和持股数额；

（五）国务院证券监督管理机构规定的其他事项。

其四，发生可能对上市公司股票交易价格产生较大影响、而投资者尚未得知的重大事件时，上市公司应当立即将有关该重大事件的情况向国务院证券监督管理机构和证券交易所提交临时报告，并予公告，说明事件的实质。下列情况为前款所称重大事件：

（一）公司的经营方针和经营范围的重大变化；

（二）公司的重大投资行为和重大的购置财产的决定；

（三）公司订立重要合同，而该合同可能对公司的资产、负债、权益和经营成果产生重要影响；

（四）公司发生重大债务和未能清偿到期重大债务的违约情况；

（五）公司发生重大亏损或者遭受超过净资产百分之十以上的重大损失；

（六）公司生产经营的外部条件发生的重大变化；

（七）公司的董事长，三分之一以上的董事，或者经理发生变动；

（八）持有公司百分之五以上股份的股东，其持有股份情况发生较大变化；

（九）公司减资、合并、分立、解散及申请破产的决定；

（十）涉及公司的重大诉讼，法院依法撤销股东大会、董事会决议；

（十一）法律、行政法规规定的其他事项。

其五，禁止国家工作人员、新闻传播媒介从业人员和有关人员编造并传播虚假信息，严重影响证券交易。禁止证券交易所、证券公司、证券登记结算机构、证券交易服务机构、社会中介机构及其从业人员，证券业协会、证券监督管理机构及其工作人员，在证券交易活动中作出虚假陈述或者信息误导。各种传播媒介传播证券交易信息必须真实、客观，禁止误导。

第三十三条 上述公告或信息披露作出或者发生虚假陈述之日，便构成虚假陈述实施日。

第三十四条 投资者所投资的必须是与虚假陈述直接关联的证券，司法解释所设定的因果关系范围是狭义的，投资者具有以下情形的，法院应当认定虚假陈述与损害结果之间存在因果关系：

（一）投资者在虚假陈述实施日及以后，至揭露日或者更正日之前买入该证券；

（二）投资者在虚假陈述揭露日或者更正日及以后，因卖出该证券发生亏损，或者因持续持有该证券而产生亏损。

第三十五条 虚假陈述证券民事赔偿案件的被告举证证明原告具有以下情形的，法院应当认定虚假陈述与损害结果之间不存在因果关系：

（一）在虚假陈述揭露日或者更正日之前已经卖出证券；

（二）在虚假陈述揭露日或者更正日及以后进行的投资；

（三）明知虚假陈述存在而进行的投资；

（四）损失或者部分损失是由证券市场系统风险等其他因素所导致；

（五）属于恶意投资、操纵证券价格的。

需要指出的是，目前法律、司法解释中并未明确对系统风险作出明确的界定，也没有相应的计算标准与计算方法，法学与经济学理论界对此也没有一个明确的定论。但是，计算系统风险首先应确定可赔范围，然后再确定部分或全部系统风险，若仅以存在系统风险而否定因果关系的存在，显然是曲解法律。在司法实践中，存在少数法院将系统风险扩大化使用的倾向，投资者代理律师对此应予重视。

第三十六条 虚假陈述揭露日是指虚假陈述在全国范围发行或者播放的报刊、电台、电视台等媒体上，首次被公开揭露之日。虚假陈述揭露日应具备三个要件：揭露虚假陈述内容；发表于全国性媒体；首次公开揭露。

第三十七条 虚假陈述更正日是指虚假陈述行为人在中国证券监督管理委员会指定披露证券市场信息的媒体上，自行公告更正虚假陈述并按规定履行停牌手续之日。虚假陈述更正日应具备四个要件：更正虚假陈述内容；在证监会指定披露信息媒体上；自行公告；

履行停牌手续。

第三十八条　确立虚假陈述揭露日与虚假陈述更正日的立法目的在于有一个可赔偿的范围和可计算的起点。在正常情况下，虚假陈述揭露日与虚假陈述更正日一般不会同时出现，故不可能同时适用，只有在非常特殊的情形下，对虚假陈述行为既自我曝光又有人揭露时，虚假陈述揭露日与虚假陈述更正日才会重合。虚假陈述揭露日与虚假陈述更正日是一个在实践中激烈争论的话题，除了必须符合有关司法解释规定的要件外，还应关注该日后的股价波动、成交量、卖盘大于买盘等情况。

第七章　归责、免责与共同侵权责任

第三十九条　发起人、发行人或者上市公司对其虚假陈述给投资者造成的损失承担无过错的民事赔偿责任，即有虚假陈述有投资损失就应赔偿，不问其主观动机上是否有过错都应承担责任，除非能证明不存在因果关系或起诉已超过诉讼时效等的，方可免责。

需要指出的是，无论发起设立还是募集设立，发起人的无过错责任应当是阶段性的，在公司成立后，除需要承担出资填补责任外，发起人的责任应告终止，发起人也没有直接信息披露的义务，这时，主要信息披露义务人是发行人。除非有下列情形之一时，发起人才对虚假陈述承担责任：

（一）发起人作为实际控制人，支配发行人实施虚假陈述；

（二）发起人在为发行人提供的信息披露材料存在虚假陈述；

（三）发起人为发行人的信息披露提供担保。

第四十条　为发行人信息披露作担保的发起人与发行人一起对其虚假陈述给投资者造成的损失承担无过错的民事连带赔偿责任。

第四十一条　发行人、上市公司负有责任的董事、监事和经理等高级管理人员虚假陈述，应当认定为共同虚假陈述，与发行人、上市公司一起对其虚假陈述给投资者造成的损失承担过错推定的民事连带赔偿责任，即有证据证明无过错、已尽到勤勉与注意义务、不存在因果关系或起诉已超过诉讼时效等的，方可免责。这里的"负有责任"是指：

（一）参与虚假陈述的；

（二）知道或者应当知道虚假陈述而未明确表示反对的；

（三）其他应当负有责任的情形。

第四十二条　实际控制人对其虚假陈述给投资者造成的损失承担无过错的民事赔偿责任（尽管这种责任应间接承担）。若其操纵发行人或者上市公司违反证券法律规定，以发行人或者上市公司名义虚假陈述并给投资人造成损失的，可以由发行人或者上市公司承担民事赔偿责任。发行人或者上市公司承担民事赔偿责任后，可以再向实际控制人追偿。

第四十三条　证券承销商、证券上市推荐人与发行人、上市公司一起对其虚假陈述给投资者造成的损失承担过错推定的民事连带赔偿责任。

第四十四条　证券承销商、证券上市推荐人负有责任的董事、监事和经理等高级管理人员虚假陈述，应当认定为共同虚假陈述，与证券承销商、证券上市推荐人一起对其虚假陈述给投资者造成的损失承担过错推定的民事连带赔偿责任。这里的"负有责任"是指：

（一）参与虚假陈述的；

（二）知道或者应当知道虚假陈述而未明确表示反对的；

（三）其他应当负有责任的情形。

第四十五条　专业中介服务机构（会计师事务所、律师事务所、资产评估机构等）就其在专业文件中负有责任的部分即在知道或者应当知道发行人或者上市公司虚假陈述的情形下，却未拒绝出具专业文件或者在专业文件中出具无保留意见的，则应当认定共同虚假陈述和共同侵权，为此，专业中介服务机构与发行人、上市公司一起对其虚假陈述给投资者造成的损失承担过错推定的民事赔偿责任。若存在恶意串通，与发行人或者上市公司共同制造虚假陈述的，专业中介服务机构及其直接在专业文件上签字负责的注册会计师、执业律师和注册资产评估师，将与发行人或者上市公司一起承担过错推定的民事连带赔偿责任。这里的"专业文件"是指会计师事务所的审计报告、律师事务所的法律意见书和资产评估机构的评估报告书。而这里的"负有责任"是指专业中介服务机构对专业文件予以签署、出具或验证。

第四十六条　根据最高人民法院《关于审理涉及会计师事务所在审计业务活动中民事侵权赔偿案件的若干规定》：因合理信赖或者使用会计师事务所出具的不实报告，与被审计单位进行交易或者从事与被审计单位的股票、债券等有关的交易活动而遭受损失的自然人、法人或者其他组织，应认定为注册会计师法规定的利害关系人。会计师事务所违反法律法规、中国注册会计师协会依法拟定并经国务院财政部门批准后施行的执业准则和规则以及诚信公允的原则，出具的具有虚假记载、误导性陈述或者重大遗漏的审计业务报告，应认定为不实报告。

利害关系人未对被审计单位提起诉讼而直接对会计师事务所提起诉讼的，人民法院应当告知其对会计师事务所和被审计单位一并提起诉讼；利害关系人拒不起诉被审计单位的，人民法院应当通知被审计单位作为共同被告参加诉讼。利害关系人对会计师事务所的分支机构提起诉讼的，人民法院可以将该会计师事务所列为共同被告参加诉讼。

第四十七条　最高人民法院《关于审理涉及会计师事务所在审计业务活动中民事侵权赔偿案件的若干规定》又规定如下。

其一，会计师事务所因在审计业务活动中对外出具不实报告给利害关系人造成损失的，应当承担侵权赔偿责任，但其能够证明自己没有过错的除外。注册会计师在审计业务活动中存在下列情形之一，出具不实报告并给利害关系人造成损失的，应当认定会计师事务所与被审计单位承担连带赔偿责任：

（一）与被审计单位恶意串通；

（二）明知被审计单位对重要事项的财务会计处理与国家有关规定相抵触，而不予指明；

（三）明知被审计单位的财务会计处理会直接损害利害关系人的利益，而予以隐瞒或者作不实报告；

（四）明知被审计单位的财务会计处理会导致利害关系人产生重大误解，而不予指明；

（五）明知被审计单位的会计报表的重要事项有不实的内容，而不予指明；

（六）被审计单位示意其作不实报告，而不予拒绝。

对被审计单位有前款第（二）至（五）项所列行为，注册会计师按照执业准则、规则应当知道的，人民法院应认定其明知。

其二，会计师事务所在审计业务活动中因过失出具不实报告，并给利害关系人造成损失的，人民法院应当根据其过失大小确定其赔偿责任。

其中，注册会计师在审计过程中未保持必要的职业谨慎，存在下列情形之一，并导致报告不实的，人民法院应当认定会计师事务所存在过失：

（一）违反注册会计师法第二十条第（二）、（三）项的规定；

（二）负责审计的注册会计师以低于行业一般成员应具备的专业水准执业；

（三）制定的审计计划存在明显疏漏；

（四）未依据执业准则、规则执行必要的审计程序；

（五）在发现可能存在错误和舞弊的迹象时，未能追加必要的审计程序予以证实或者排除；

（六）未能合理地运用执业准则和规则所要求的重要性原则；

（七）未根据审计的要求采用必要的调查方法获取充分的审计证据；

（八）明知对总体结论有重大影响的特定审计对象缺少判断能力，未能寻求专家意见而直接形成审计结论；

（九）错误判断和评价审计证据；

（十）其他违反执业准则、规则确定的工作程序的行为。

其三，会计师事务所能够证明存在以下情形之一的，不承担民事赔偿责任：

（一）已经遵守执业准则、规则确定的工作程序并保持必要的职业谨慎，但仍未能发现被审计的会计资料错误；

（二）审计业务所必须依赖的金融机构等单位提供虚假或者不实的证明文件，会计师事务所在保持必要的职业谨慎下仍未能发现其虚假或者不实；

（三）已对被审计单位的舞弊迹象提出警告并在审计业务报告中

予以指明；

（四）已经遵照验资程序进行审核并出具报告，但被验资单位在注册登记后抽逃资金；

（五）为登记时未出资或者未足额出资的出资人出具不实报告，但出资人在登记后已补足出资。

其四，利害关系人明知会计师事务所出具的报告为不实报告而仍然使用的，人民法院应当酌情减轻会计师事务所的赔偿责任。

第四十八条　专业中介服务机构直接责任人就其负有责任的部分，与专业中介服务机构一起对其虚假陈述给投资者造成的损失承担过错推定的民事连带赔偿责任。这里的"直接责任人"是指以个人名义并代表所任职的专业服务机构签署相关专业验证文件的人士和其他被证明直接对相关专业中介机构及其从业人员，证券业协会、证券监督管理机构及其工作人员对其虚假陈述专业验证文件负责的人士。

第四十九条　其他机构或自然人（证券交易所、证券公司、证券登记结算机构、证券交易服务机构等）对社会投资者造成的损失承担过错的民事赔偿责任，即其主观上有过错、客观上造成投资者损失并具有因果关系时，方才赔偿。

第五十条　国家工作人员、新闻传播媒介从业人员和有关人员编造并传播虚假信息，严重影响证券交易时，对其虚假陈述给投资者造成的损失承担过错的民事赔偿责任。

第八章　投资损失认定

第五十一条　在虚假陈述证券民事赔偿案件中，存在违约责任与侵权责任两种责任的竞合，但大多数是侵权责任。违约责任一般在证券发行市场的虚假陈述，律师代理时，可根据实际情况，选择以违约责任索赔或以侵权责任索赔，从虚假陈述证券民事赔偿案件的性质而论，选择以侵权责任索赔更妥当。虚假陈述行为人在证券发行市场虚假陈述，导致投资人损失的，投资者有权要求虚假陈述行为人赔偿投资差额损失及相应的佣金、印花税和利息；导致证券被停止发行的，投资者有权要求返还和赔偿所缴股款及银行同期活期存款利率的利息。

第五十二条　虚假陈述行为人在证券交易市场承担民事赔偿责任的范围，以投资者因虚假陈述而实际发生的损失为限。投资者实际损失包括：

（一）投资差额损失；

（二）投资差额损失部分的佣金和印花税；

（三）上述（一）、（二）项所涉及的资金利息，利息计算期限自买入至卖出证券日或者基准日，按银行同期活期存款利率计算。

第五十三条　在司法实践上，佣金和印花税有复杂之处，表现为：在投资者多笔买卖证券的情况下，佣金率和印花税率在不同时期是变动的，佣金率一度自由化到零，分次分段计算工作量大而金额实际上又不大，除非适用专门的软件（须法院认可），故建议以相对低的佣金率和印花税率为标准提出诉请，以利于提高工作效率。利息计算则更复杂，除了分次分段计算因素和不同时期利率可变性因素外，司法解释中对"买入"概念并不明确，第一次买入还是最后一次买入？而"卖出"则相对明确，基准日前最后一次卖出日或以基准日为最后一次卖出日，故建议，为利于提高工作效率计，利息计算期间从最后一次买入日开始，终结于基准日前最后一次卖出日或以基准日为最后一次卖出日。这样计算出的佣金、印花税、利息金额一定低于实际金额（虽然两种金额差距并不太大），而原告既然以低于实际金额的金额提出诉请，法院也没有理由不接受。

第五十四条　投资者在基准日及以前卖出证券的，其投资差额损失，以买入证券平均价格与实际卖出证券平均价格之差，乘以投资者所持证券数量计算。

第五十五条　投资者在基准日之后卖出或者仍持有证券的，其投资差额损失，以买入证券平均价格与虚假陈述揭露日或者更正日起至基准日期间，每个交易日收盘价的平均价格之差，乘以投资人所持证券数量计算。

第五十六条　投资差额损失计算基准日是指虚假陈述揭露或者更正后，为将投资者应获赔偿限定在虚假陈述所造成的损失范围内，确定损失计算的合理期间而规定的截止日期。基准日分别按下列情况确定：

（一）揭露日或者更正日起，至被虚假陈述影响的证券累计成交量达到其可流通部分100％之日。但通过大宗交易协议转让的证券成交量不予计算。

（二）按前项规定在开庭审理前尚不能确定的，则以揭露日或者更正日后第30个交易日为基准日。

（三）已经退出证券交易市场的，以摘牌日前一交易日为基准日。

（四）已经停止证券交易的，可以停牌日前一交易日为基准日；恢复交易的，可以本条第（一）项规定确定基准日。

第五十七条 形成投资差额损失计算基准日的目的，在于形成基准价。

第五十八条 计算投资差额损失的会计计算方法，在律师业务实践中一般采用下列两种方式，即加权算术平均法方式，先进先出法和加权算术平均法相结合的方式。虽然会计计算方法中还有移动算术平均法，且移动算术平均法具有准确、细致的特征，但在计算上比较烦琐复杂、需逐笔逐次对应，然而，要求分别对应的法律依据并不充分，故为提高工作效率计，建议在多笔多次买卖的计算时不宜采用，而单笔单次买卖则是自然适用的。

第五十九条 计算投资差额损失的会计计算方法，采用加权算术平均法方式时，具体为：在损失计算的合理期间内，先将所有股票以加权平均方法分别计算出买入均价和卖出均价；再根据买卖情况算出可索赔股数；其后，计算出投资差额损失，在基准日前卖出的，将买入均价减卖出均价并乘以可索赔股数，若在基准日后卖出或起诉时仍持有的，卖出均价以基准价为准；最后，以投资差额损失为基础，计算出投资损失的佣金、印花税及利息。

第六十条 计算投资差额损失的会计计算方法，采用先进先出法和加权算术平均法相结合方式时，具体为：在损失计算的合理期间内，先将买入股票与卖出股票按先进先出方法逐次剔除，得出可索赔股数；再对所余的买入股票与卖出股票分别加权平均，得出买入均价和卖出均价；其后，计算出投资差额损失，在基准日前卖出的，将买入均价减卖出均价并乘以可索赔股数，若在基准日后卖出或起诉时仍持有的，卖出均价以基准价为准；最后，以投资差额损失为基础，计算出投资损失的佣金、印花税及利息。

第六十一条　投资者持股期间基于股东身份取得的收益，包括红利、红股、公积金转增所得的股份以及投资人持股期间出资购买的配股、增发股和转配股，不得冲抵虚假陈述行为人的赔偿金额。

第六十二条　已经除权的证券，计算投资差额损失时，证券价格和证券数量应当复权计算。

第九章　律师诉讼代理

第六十三条　律师从事投资者证券市场民事赔偿案件代理业务，除应按《中华人民共和国律师法》《中华人民共和国民法通则》《中华人民共和国民事诉讼法》《中华人民共和国合同法》等法律所规定的律师或受托人义务履行职责外，还应按《中华律师协会章程》《上海律师协会章程》及上海律师协会相关业务规范的要求自律约束，保证执业时的勤勉尽责，而在这类案件中其律师代理的勤勉尽责义务还应包括下列方面：

（一）充分注意这类案件的新颖性、专业性、群体性特征；

（二）对委托人作一定的案情介绍与诉讼前景介绍；

（三）向委托人充分提示可能出现的诉讼风险与诉讼成本；

（四）向委托人及时告知诉讼周期与诉讼进度；

（五）对委托人作一定的诉讼专业知识、证据规则要求的法律知识说明。

第六十四条　律师代理投资者证券市场民事赔偿案件时，应同投资者签订《聘请律师合同》和《委托书》，考虑到这类案件的特殊性，建议代理范围应包括一审、二审和执行全过程，委托权限为特别授权代理。如有可能，《委托书》在身份证件公证复印件与原件相符时一并公证，若投资者在境外或系海外人士，应要求在所在国法律机构公证、或我驻外使领馆认证、或经司法部认可的港澳律师公证、或台湾当地公证处公证。

第六十五条　律师代理投资者证券市场民事赔偿案件时，应要求投资者签收《风险揭示书》，提示存在下列诉讼风险与诉讼成本：

（一）法律认可的损失额不等于投资者直观感受到的损失额，客观事实不等于民事诉讼中法律事实；

（二）任何虚假陈述揭露日或更正日的变化，可能会导致许多投资者不符合起诉条件而只能撤诉，也可能会导致许多投资者可诉金额大大减少，而虚假陈述揭露日或更正日的最终认定在法院；

（三）认定与计算证券市场系统风险因素的后果是系统风险会导致许多投资者可诉金额大大减少，虽然对系统风险问题存在争议，司法解释也没有规定系统风险的定义、计算标准与计算方法，但系统风险的最终认定在法院；

（四）还存在其他诉讼风险，如诉讼时效、原告资格、投资是否属于善意、证据合法性、被告责任范围与免责事由、被告履行判决能力等；

（五）被告会利用一切法律赋予的权利，拖延到诉讼时效后再考虑解决，诉讼存在长期性；

（六）诉讼成本包括法院案件受理费、保全费、律师费与差旅费分摊，投资者应注意诉讼的费效比关系。

第六十六条 律师代理投资者证券市场民事赔偿案件时，除按正常的共同诉讼民事案件代理外，应注意下列问题（不限于此）：

（一）查验身份证件或公证书；

（二）查验交易材料时，注意当事人是否多头开户、多方交易、存在违规交易的，是否属于非善意投资者；

（三）查验交易材料时，一定要看盖章的原件，不要让当事人自行裁剪、涂抹，保持证据的完整性、真实性；

（四）尽可能取得投资者较详尽的联系方式，要求投资者联系方式有变时，及时告知；

（五）阅读材料后，发现问题后及时与投资者沟通，重要事项应采取书面挂号邮寄方式，凡不符合起诉条件或经计算无投资损失的投资者，应及时退还所寄材料；

（六）对投资者采取分类管理，如电函或现场咨询类、已寄材料类、需补寄材料类、需退材料类、已委托未付款类、已委托已付款类、已起诉类（还可按进度细分）、已执行类等；

（七）付款宜通过设立银行专用账户进行，以备查验；

（八）告知投资者诉讼周期，并定期或不定期告知投资者有关案件进展情况，一有结果及时通知。

第六十七条　鉴于大多数拟起诉的投资者一般均缺乏诉讼的专业知识，故律师应对委托人做一定的诉讼专业知识、证据规则要求的法律知识说明，应对其签字、邮寄、汇款及举证方面的要求尽可能做详细说明。

第六十八条　诉讼方式是采取共同诉讼还是单独诉讼，应由律师与当事人协商一致，并写入《聘请律师合同》中，律师并应事先说明采取不同诉讼方式的效果、诉讼成本及可能的后果。

第六十九条　律师代理投资者证券市场民事赔偿案件宜采取风险代理收费方式，这是由这类案件的特殊性所决定，也符合国际惯例，遇到收费争议时，应寻求律师协会协调解决。但对个别的、大宗的高端客户，代理时也可采用传统的收费方式。

第七十条　风险代理收费方式有三种：（1）全风险代理方式：律师在全包委托人应缴的诉讼费和应付的差旅费分摊后，实施根据委托人实际获得赔款额按比例分成；（2）半风险代理方式：律师在不包委托人应缴的诉讼费但包应付的差旅费分摊后，实施根据委托人实际获得赔款额按比例分成；（3）部分风险代理方式：律师在不包委托人应缴的诉讼费并让投资者据实少量支付差旅费分摊后，实施根据委托人实际获得赔款额按比例分成。

第七十一条　考虑到目前中国律师事务所抗风险能力、律师在这类案件中投入的主要风险是律师服务，以及诉讼方式是人数固定的共同诉讼，故建议采用第三种的"部分风险代理方式"为宜，但律师费约定的分成比例应有所不同，全风险代理方式最高，半风险代理方式次之，部分风险代理方式最少。

第七十二条　实施风险代理收费的，应符合上海市有关规定，并还应参照上海市律师协会相关的律师法律服务协议收费规则调整执行。

第七十三条　考虑到律师代理投资者证券市场民事赔偿案件具有全国性特征，可以开展一些各地间的律师业务合作。这种律师业务合作可以包括（不限于此）：分类、分案、分地区分别/共同承接业务；共同承办案件；共同进行业务探讨和研究；协商风险代理收费比例区间，防止行业内压价竞争和无序竞争，扰乱全国统一市场，维护当事人与律师的合法权益。

第十章　附则

第七十四条　随着投资者证券市场民事赔偿案件业务的深入展开、案例的增多和相关法律、法规、司法解释的继续颁布或修订，本业务操作指引将根据实际情况在当年内及时予以修订，并以 200 * 年版方式予以重新公布。

第七十五条　本业务操作指引的最终解释权归上海市律师协会。

（起草/修改人：宋一欣律师）

中国证券民事赔偿涉讼案件索引表[①]

说明:

截至 2013 年 5 月 31 日,据不完全统计,证券市场虚假陈述、内幕交易、操纵股价民事赔偿案件共有 101 起,其中,虚假陈述民事赔偿案件 95 起,内幕交易民事赔偿案件 3 起,操纵股价民事赔偿案件 3 起。

序号	案名	一审管辖法院	页码
1	大庆联谊虚假陈述民事赔偿案	哈尔滨中院	001
2	圣方科技虚假陈述民事赔偿案	哈尔滨中院	037
3	阿继电器虚假陈述民事赔偿案	哈尔滨中院	039
	(暂无)	长春中院	
4	锦州港虚假陈述民事赔偿案(A 股)	沈阳中院	042
5	锦州港虚假陈述民事赔偿案(B 股)	沈阳中院	046
6	沈阳新开虚假陈述民事赔偿案	沈阳中院	049
7	美罗药业虚假陈述民事赔偿案	大连中院	
8	大唐虚假陈述民事赔偿案	北京一中院	051
9	潘海深内幕交易大唐电信民事赔偿案	北京一中院	073
10	中电广通虚假陈述民事赔偿案	北京一中院	
11	首放与汪建中股价操纵民事赔偿案	北京一中院	
12	中关村虚假陈述民事赔偿案	北京一中院	
13	黄光裕中关村内幕交易民事赔偿案	北京二中院	
14	程文水、刘延泽操纵中核钛白股价民事赔偿案	北京二中院	081
	(暂无)	天津一中院	
15	天津磁卡虚假陈述民事赔偿案	天津二中院	090

[①] 本表按一审管辖法院地域分布排列:"页码"和该案"司法裁判文书"或"案情回溯"在本书出现的页码。

（续表）

序号	案名	一审管辖法院	页码
16	廊坊发展虚假陈述民事赔偿案	石家庄中院	
	（暂无）	呼和浩特中院	
	（暂无）	太原中院	
17	三联商社（原郑百文）虚假陈述民事赔偿案	郑州中院	092
18	天方药业虚假陈述民事赔偿案	郑州中院	
19	神火股份虚假陈述民事赔偿案	郑州中院	
20	渤海股份虚假陈述民事赔偿案	济南历城区法院	099
21	银座股份（原渤海股份）虚假陈述民事赔偿案	济南中院	104
22	山东京博/国通管业虚假陈述民事赔偿案	济南中院	
23	济南轻骑虚假陈述民事赔偿案	济南中院	
24	德棉股份虚假陈述民事赔偿案	济南中院	122
25	ST鲁北虚假陈述民事赔偿案	济南中院	
26	东方电子虚假陈述民事赔偿案	青岛中院	140
27	巨力股份虚假陈述民事赔偿案	青岛中院	
28	科达股份虚假陈述民事赔偿案	青岛中院	
29	中宏地产虚假陈述民事赔偿案	合肥中院	144
30	纵横国际虚假陈述民事赔偿案	南京中院	
31	陈建良内幕交易天山股份民事赔偿案	南京中院	146
32	江苏三友虚假陈述民事赔偿案	南京中院	
33	杭萧钢构虚假陈述民事赔偿案	杭州中院	148
34	中捷股份虚假陈述民事赔偿案	杭州中院	150
35	刚泰控股虚假陈述民事赔偿案	杭州中院	152
36	航天通信虚假陈述民事赔偿案	杭州中院	154
37	数源科技虚假陈述民事赔偿案	杭州中院	163
38	香溢融通虚假陈述民事赔偿案	宁波中院	
39	宁波富邦虚假陈述民事赔偿案	宁波中院	
40	ST同达虚假陈述民事赔偿案	上海一中院	172
41	外高桥虚假陈述民事赔偿案	上海一中院	174
42	ST沪科虚假陈述民事赔偿案	上海一中院	176
43	丰华股份虚假陈述民事赔偿案	上海一中院	180
44	嘉宝实业虚假陈述民事赔偿案	上海二中院	189
45	海鸟股份虚假陈述民事赔偿案	上海二中院	
46	安信信托虚假陈述民事赔偿案	上海二中院	

（续表）

序号	案名	一审管辖法院	页码
47	九龙山虚假陈述民事赔偿案	上海二中院	192
48	开开实业虚假陈述民事赔偿案	上海二中院	
	（暂无）	南昌中院	
49	闽越花雕虚假陈述民事赔偿案	福州中院	194
50	新智科技（原宏智科技）虚假陈述民事赔偿案	福州中院	210
51	福建三农虚假陈述民事赔偿案	福州中院	218
52	九州股份虚假陈述民事赔偿案	厦门中院	220
53	夏新电子虚假陈述民事赔偿案	厦门中院	
54	罗成等操纵亿安科技股价民事赔偿案	广州中院	
55	科龙电器虚假陈述民事赔偿案（A股）	广州中院	260
56	科龙电器虚假陈述民事赔偿案（H股）	广州中院	263
57	ST方源（原华源制药）虚假陈述民事赔偿案	广州中院	266
58	粤美雅虚假陈述民事赔偿案	广州中院	268
59	中炬高新虚假陈述民事赔偿案	广州中院	289
60	香江控股虚假陈述民事赔偿案	广州中院	
61	佛山照明虚假陈述民事赔偿案（A股）	广州中院	487
62	粤照明B虚假陈述民事赔偿案（B股）	广州中院	487
63	三九医药虚假陈述民事赔偿案	深圳中院	291
64	四通高科虚假陈述民事赔偿案	深圳中院	
65	深圳能源虚假陈述民事赔偿案	深圳中院	
66	彩虹精化虚假陈述民事赔偿案	深圳中院	
67	国药一致虚假陈述民事赔偿案	深圳中院	
68	中粮地产虚假陈述民事赔偿案	深圳中院	
69	宝安地产虚假陈述民事赔偿案	深圳中院	
	（暂无）	珠海中院	
	（暂无）	汕头中院	
70	华闻传媒虚假陈述民事赔偿案	海口中院	315
71	银河科技虚假陈述民事赔偿案	南宁中院	342
72	ST天颐虚假陈述民事赔偿案	武汉中院	366
73	生态农业（原蓝田股份）虚假陈述民事赔偿案	武汉中院	368
74	武昌鱼虚假陈述民事赔偿案	武汉中院	
75	天一科技虚假陈述民事赔偿案（第一次）	长沙中院	373
76	天一科技虚假陈述民事赔偿案（第二次）	长沙中院	375

（续表）

序号	案名	一审管辖法院	页码
77	大湖股份虚假陈述民事赔偿案	长沙中院	
78	广汽长丰虚假陈述民事赔偿案	长沙中院	377
79	湖南投资虚假陈述民事赔偿案	长沙中院	
80	岳阳兴长虚假陈述民事赔偿案	长沙中院	
81	＊ST 国创（原 ST 四维）虚假陈述民事赔偿案	贵阳中院	
82	绿大地虚假陈述民事赔偿案	昆明中院	499
83	红河光明虚假陈述民事赔偿案	昆明中院	379
84	贵研铂业虚假陈述民事赔偿案	昆明中院	381
85	同人华塑虚假陈述民事赔偿案	成都中院	
86	红光实业虚假陈述民事赔偿案	成都中院	385
87	＊ST 托普虚假陈述民事赔偿案	成都中院	
88	五粮液虚假陈述民事赔偿案	成都中院	492
89	重庆实业虚假陈述民事赔偿案	重庆一中院	387
	（暂无）	重庆二中院	
	（暂无）	重庆三中院	
	（暂无）	重庆四中院	
90	长运股份虚假陈述民事赔偿案	重庆五中院	393
91	＊ST 威达虚假陈述民事赔偿案	重庆五中院	
92	东盛科技虚假陈述民事赔偿案	西安中院	410
93	兰光科技虚假陈述民事赔偿案	兰州中院	413
94	荣华实业虚假陈述民事赔偿案	兰州中院	421
95	银广夏虚假陈述民事赔偿案	银川中院	427
96	银星能源虚假陈述民事赔偿案	银川中院	437
97	ST 贤成虚假陈述民事赔偿案	西宁中院	
98	天山股份虚假陈述民事赔偿案	乌鲁木齐中院	
99	啤酒花虚假陈述民事赔偿案	乌鲁木齐中院	
	（暂无）	伊宁中院	
	（暂无）	喀什中院	
	（暂无）	拉萨中院	
100	九发股份虚假陈述民事赔偿案（依最高人民法院批复指定管辖）	烟台中院	453
101	万福生科虚假陈述民事赔偿案（保荐人平安证券主动补偿）	长沙中院（不愿非讼补偿者）	458

主题词索引

后 记

截至 2013 年 5 月 31 日，中国证券民事赔偿案件共有 101 起，本书实际收录了其中的 57 起案件的 83 件司法裁判文件或其他法律文件，这是目前相对较全面的中国证券民事赔偿案件司法裁判文书汇编。

在这些司法裁判文书或其他法律文件中，部分文件在成书前已在相关网站中公开，其余均为下述各位律师或投资者提供，特此鸣谢。其中，浙江裕丰律师事务所厉健律师还帮助我整理出部分司法裁判文书，在此，特别鸣谢。

陶雨生律师　北京大成律师事务所
杨兆全律师　北京威诺律师事务所
张洪明律师　北京未名律师事务所
宣伟华律师　国浩律师（集团）上海事务所
宋一欣律师　上海新望闻达律师事务所
王树军律师　上海汇业律师事务所
许峰律师　上海华荣律师事务所
厉健律师　浙江裕丰律师事务所
汪政律师　浙江泰杭律师事务所
刘英新律师　北京齐致律师事务所济南分所
薛洪增律师　河北功成律师事务所
刘国华律师　广东奔犇律师事务所
陈亮律师　福建元一律师事务所
王建徽律师　福建方圆统一律师事务所
赵小革律师　甘肃正天合律师事务所
邵永德　投资者

其余文件，或者由于案件目前正在诉讼过程中，尚无司法裁判文书，或者因原、被告之间签有保密协议或其他原因而无法公开。另外，还有少数几起案件系投资者自行起诉的，因无法取得联系，故而相关司法裁判文件难以浮出水面，很是遗憾。

从形式上看，这些司法裁判文书均以《民事判决书》《民事调解书》《民事裁定书》形式出现，有时，难以窥案件之全貌的是《民事裁定书》，除了法院裁定驳回的外，许多裁定是法院裁定准予撤诉的，这中间，部分案件是原告认识到不合起诉条件而撤诉的，但更多的是庭内外双方和解后主动撤诉的。

但有些案件的司法裁判文书，由于各种原因暂时尚收集不到或无法公开，很是遗憾。我盼望将来本书再版时，有机会能够弥补这一缺憾，也希望各位朋友或读者能够将您手边的那些中国证券民事赔偿案件的司法裁判文书不吝赠予我，我先行致谢于此。我的电子邮箱如下：

songyixin0214@hotmail.com

songyixin0214@sina.com

1634900268@qq.com。

严格地讲，从学术研究的角度，本书仅仅是一块原料，希望今后能有机会汇聚一些专家学者，在本书基础上，选出经典案例与优秀司法裁判文书予以评析，出版一本"中国证券民事赔偿案件点评与观点集成"，由此，将中国证券民事赔偿制度建设推向前进。

从中国证券民事赔偿案件法律文书汇编的角度，若条件允许的话，还可把司法裁判文书收集齐全，如可包括判决书、调解书、裁定书等各类裁判文书，以及对各类主体如自然人、一般法人、投资性特殊法人等的不同处理结果。若把中国证监会、财政部的行政处罚决定与监管决定、证券交易所的公开谴责、法院的刑事判决书及虚假陈述行为人的公告等加入其中，虽然数量较大，但却是更完整了。

需要指出的是，本书后记中所提及的各位律师，或曾是这十多年间从事中国证券民事赔偿维权律师的主体与核心，多数人也是"中国证券民事赔偿案件原告律师维权团"的骨干成员。"中国证券民事赔偿案件原告律师维权团"是一个分布于全国的、松散的、非正式的证券维权律师同业交流与维权协作群体，从 2003 年以来，相继在石家庄（2003）、北京（2004）、福州（2005）、无锡（2007）、长沙（2009）、合肥（2011）举办过六次"证券市场投资者保护律师论坛"会议，2013 年夏天将在北京举行第七次论坛会议，讨论过或将讨论东方电子案、银广夏案、华闻传媒案、科龙电器案、五粮液案及佛山照明案、万福生科案、绿大地案等，也研讨法律修订、司法解释修改、制度建设与同行协作事宜。

　　而中国证券民事赔偿案司法裁判文书汇编本身，也并非只是若干司法文件的编纂，它也体现了中国证券民事赔偿维权律师的整体业绩与形象，在这些司法裁判文书中，浸淫了各位证券维权律师在代理证券民事赔偿案中的成功与失败、技巧与策略、欢悦与悲哀、激昂与无奈、认知与盼望。同时，这些司法裁判文书也是上至最高人民法院、下至基层人民法院的各位法官的心智的结晶、力量的显示与法律精神的体现，没有他们的努力、他们的思考、他们的探索和他们的胸怀，是产生不了如此众多优质司法裁判文书的。当然，这些司法裁判文书的形成，离不开原告投资者的参与和理解（面对压力与失败），也不能或缺被告当事人的反诘与异议、被告代理律师的理性与质疑（对立方的正义与法律维护者），这些因素，都使得这些司法裁判文书变得更加公允、沉稳，更加经得起时间与正义的考验。

　　为了更清晰地解读这些司法裁判文书，在本书中，我专门写了一篇导言"中国证券民事赔偿诉讼的回顾与展望（1990—2013）"，并附上"中国证券民事赔偿涉讼案件索引表"及主要证券民事赔偿案件介绍，上海市律师协会《律师代理投资者证券市场民事赔偿案件业务操作指引》，而由刘俊海教授写了一个带有前瞻性、战略性的序文。上述这些文字，希望对各位读者有用。

　　本书的形成过程，其实很简单，源于一年前我与刘俊海教授的一次国际电话聊天，当时他在美国，我在加拿大，我们都感慨中国证券民事赔偿诉讼已历经十余年，涉及诉讼的案件也有几十件，但资料却并不完整，故商定分头利用各自渠道与资源，填补这一个空白。2012 年年底，刘教授忽然来电，告诉我已联系好出版社，成书的计划可以开始了。2013 年 3 月底，完成了本书的初稿，之后，在北京大学出版社陆建华编辑的具体指导下，又修订了一稿，到 5 月底，最终定稿付梓。在此，特别鸣谢为本书的出版付出心血的陆建华先生。

另外，还要专门鸣谢中证投资者发展中心责任有限公司刘磊先生，在我与他交流的过程中，他为本书的编写提供了许多有益的建议。而在本书成书过程中，北京盈科律师事务所臧小丽律师、国浩律师集团（福州）事务所檀木林律师、上海市律师协会业务部潘瑜先生、上海新望闻达律师事务所杨冰嫱女士曾对本书编辑工作的大力支持，在此亦表鸣谢。

最后，以一副对联作为本书的结语吧。这副对联产生于网上 QQ 群里的聊天，但多少反映了证券维权律师的执业境遇与心路历程，故用之，至于横批，看官自定吧。

捧小碗 吃大餐 甘辛自知；（薛洪增）

扛大棒 打小妖 苦乐相杂。（宋一欣）

宋一欣

2013 年 5 月 31 日

图书在版编目（CIP）数据

中国证券民事赔偿案件司法裁判文书汇编/刘俊海，宋一欣主编.
—北京：北京大学出版社，2013.12
ISBN 978-7-301-23423-5

I.①中… II.①刘…②宋… III.①证券投资－民事诉讼－赔偿－
案例－法律文书－汇编－中国 IV.①D922.287.9

中国版本图书馆CIP数据核字（2013）第260269号

书　　　名：中国证券民事赔偿案件司法裁判文书汇编
著作责任者：刘俊海　宋一欣　主编
策 划 编 辑：陆建华
责 任 编 辑：陈　康
标 准 书 号：ISBN 978-7-301-23423-5/D·3449
出 版 发 行：北京大学出版社
地　　　址：北京市海淀区成府路205号　100871
网　　　址：http://www.yandayuanzhao.com
新 浪 微 博：@北大出版社燕大元照法律图书
电 子 信 箱：yandayuanzhao@163.com
电　　　话：邮购部62752015　发行部62750672　编辑部62117788
　　　　　　出版部62754962
印 刷 者：北京汇林印务有限公司
经 销 者：新华书店
　　　　　　880毫米×1230毫米　32开本　18.375印张　523千字
　　　　　　2013年12月第1版　2013年12月第1次印刷
定　　　价：49.00元